掌握你的得分關鍵

第一章　國際防制洗錢及打擊資恐概述

本章重點依據命題重要度區分，最高為✿✿✿，最低為✿

重點一　國際防制洗錢及打擊資恐的歷史沿革　✿

國際間有鑑於毒品犯罪所獲得巨額利潤和財富，使得犯罪集團能夠滲透、腐蝕各級政府機關、合法商業或金融企業，以及社會各階層，因此1988年維也納會議時，訂定「聯合國禁止非法販運麻醉藥品及精神藥物公約」（簡稱維也納公約）即要求締約國立法處罰毒品犯罪的洗錢行為。七大工業國體認到毒品犯罪所涉洗錢行為，對於銀行體系與金融機構產生嚴重威脅，於1989年之高峰會議中決議設置「防制洗錢金融行動工作組織」（Financial Action Task Force，下稱：FATF），並於1990年制訂四十項反洗錢建議，至1996年FATF修正四十項建議，更進一步將洗錢的前置犯罪擴大至毒品犯罪以外其他的重大犯罪行為。2001年及2004年，FATF針對打擊資恐分別頒布8項及1項資恐特別建議。2012年2月，FATF重新檢視前述建議，整併建議及特別建議後，頒布40項建議，作為防制洗錢／打擊〔...〕國際標準。於2019年6月，FATF針對〔...〕原則適用之新指引，並進一步說明洗錢暨〔...〕虛擬資產（Virtual Asset, VA）及虛擬資產〔...〕provider, VASP）之管制，例如將風險〔...〕RBA）應用於產業活動、監督虛擬資產服〔...〕國應對虛擬資產服務業者採取之許可或註〔...〕查，記錄保存和可疑交易報告等預防措施〔...〕執法方式等。

重點二　洗錢及資恐簡介　✿

一、洗錢

(一)**洗錢的定義**：洗錢是指將毒品犯罪、〔...〕犯罪、走私犯罪或者其他犯罪的違法〔...〕段掩飾、隱瞞其來源和性質，使其在〔...〕律對洗錢的解釋不完全相同，金融〔...〕

12　第一章　國際防制洗錢及打擊資恐概述

恐怖組織利用非營利組織的原因

1　容易獲得民眾信任

2　提供極佳的國際作業及資金移轉平台

3　法令對非營利組織的成立條件與營運監理要求比較寬鬆

4　享有賦稅優惠

5　非營利組織可依設立宗旨，公開地活動

6　捐獻者不會堅持拿到收據

7　匿名捐款箱可以不開收據

8　民眾對非營利組織極為友善

9　非營利組織之間的跨國資金移轉通常不會特別引人注目

10　合法非營利組織掩飾非法恐怖活動

【牛刀小試】

(　　) 1　為了規避反洗錢措施，洗錢者必須制定更加複雜隱蔽的洗錢計劃。要想增加洗錢活動的複雜性，對於大多數並不具備專業技能的洗錢者而言，他們必須求助於專家，請問下列何者不屬於上述專家的範圍？　(A)律師　(B)會計師　(C)公證員　(D)金融顧問。

(　　) 2　下列何者不屬於洗錢的常見的形式？　(A)利用空殼公司　(B)利用現金密集行業　(C)偽造商業票據　(D)現金走私。

重要度分析

本書各個段落依據命題重要度區分為三個等級，分為三個等級：✿✿✿（非常重要）、✿✿（重要）、✿（普通）。非常重要的段落必須要多加複習。

牛刀小試

收錄與該段落相關的考題，建議研讀內容後練習，可加深印象，有助釐清觀念！

試題演練

透過大量的試題練習來驗收學習成果，讓「Input + Output」轉化為深層記憶，你只要手拿著原子筆和2B鉛筆，一題一題將試題逐題演練，實力必可提昇。

試題演練

問答題

一、國際上對洗錢的定義為何？

答 洗錢是指將毒品犯罪、黑社會性質的組織犯罪、恐怖活動犯罪、走私犯罪或者其他犯罪的違法所得及其產生的收益，通過各種手段掩飾、隱瞞其來源和性質，使其在形式上合法化的行為。

二、洗錢的常見的形式的有那些？

答 洗錢方式多種多樣，常見洗錢方式有利用銀行等存款類金融機構，包括：利用銀行存儲、轉帳、匯兌等掩飾犯罪收益。分述如下：
(一)利用避稅型的離岸金融中心：利用一些國家和地區對銀行對個人資產過度的保密限制，這類國家和地區主要是指避稅型的離岸金融中心，一般具有以下特徵：一是有嚴格的銀行保密法。除了法律特許的例外情況，披露帳戶信息即構成刑事犯罪。二是有寬鬆的金融遊戲規則。設立金融機構幾乎沒有任何限制。三是有自由的公司法和嚴格的公司保密法。允許建立空殼公司、信箱公司等不具名公司。並因有公司保密制度，瞭解這些公司的真實面目非□□□□□和地區有瑞士、開曼、巴拿馬、巴哈馬□□□的一些島國。
□□□□亦稱隱名公司。公司的實名股東往往為□□□□國律師的指令而登記成立公司，其對公□□□□一無所知。空殼公司的上述特點特別有□□□□公司的註冊地也主要是避稅型離岸金融

□□□□銀行現金交易報告制度的限制，大量現□□□□，越來越多的洗錢者開始利用現金密集□□□場、娛樂場所、酒吧、金銀首飾店作掩□□□理收益宣佈為經營的合法收入。

第七章　近年試題及解析

108年　臺灣銀行新進人員甄試（法遵人員）

一、根據銀行評估洗錢及資恐風險及訂定相關防制計畫指引中，提到針對高風險客戶與具特定高風險因子之客戶採取不同的管控措施，以有效管理和降低已知風險，請列舉三項進行加強客戶審查措施。

答 依銀行評估洗錢及資恐風險及訂定相關防制計畫指引第七點第二項規定：「對於風險之管控措施，應由銀行依據其風險防制政策及程序，針對高風險客戶與具特定高風險因子之客戶採取不同的管控措施，以有效管理和降低已知風險，舉例說明如下：
(一)進行加強客戶審查措施（Enhanced Due Diligence），例如：
　1.取得開戶與往來目的之相關資料：預期帳戶使用狀況（如預期交易之金額、目的及頻率）。
　2.取得個人客戶財富來源、往來資金來源及去向、資產種類與數量等資訊。其中資金來源如為存款，應進一步瞭解該存款之來源。
　3.取得法人、團體或信託之受託人客戶進一步之商業資訊：瞭解客戶最新財務狀況、商業活動與業務往來資訊，以建立其資產、資金來源及資金去向。
　4.取得將進行或已完成交易之說明與資訊。
　5.依據客戶型態進行實地或電話訪查，以確認客戶之實際營運情形。
(二)在建立或新增業務往來關係前，應依銀行內部風險考量，所訂核准層級之高階管理人員同意。
(三)增加進行客戶審查之頻率。
(四)對於業務往來關係應採取強化之持續監督。」

最新試題及解析

收錄最新試題，題題均有詳細精闢解析，到了考場相信不管題目怎麼出，你都能輕鬆破題！

千華數位文化
Chien Hua Learning Resources Network

中華郵政從業人員
筆試科目一覽表

依據中華郵政於109年6月9日
最新修正公告內容，節錄如下。

完整考試資訊

https://reurl.cc/arjkqG

一、營運職

甄選類科		專業科目	共同科目
金融外匯		1.會計學及貨幣銀行學　　2.外匯業務及票據法	1.國文(含作文與公文寫作) 2.英文(含中翻英、英翻中及閱讀測驗) 3.郵政三法(含郵政法、郵政儲金匯兌法、簡易人壽保險法)及金融科技知識
金融保險		1.保險學及保險法規　　2.民法及強制執行法	
投資管理		1.投資學及財務分析 2.經濟學及衍生性金融商品理論與實務	
系統分析		1.資訊系統開發設計(含系統分析、程式設計、開發程序、資料庫系統、網際網路服務及應用) 2.問題解析及處理(問題分析與解決、邏輯推理能力)	
機械工程		1.工程力學與材料力學　　2.機械設計與機動學	
電機工程		1.電力系統與控制系統　　2.電路學與電子學	
郵儲業務	甲	1.管理個案分析及行銷管理　2.民法及經濟學	
	乙	1.金融法規(含票據法、保險及公司法)及民事訴訟法與強制執行法 2.民法及行政法	
	丙	1.會計學及經濟學　　　　2.民法及票據法	
	丁	1.資訊系統開發(含系統分析、程式設計、開發程序、程式語言) 2.資訊規劃與管理(含作業系統、資料庫系統、網際網路服務及應用、資訊安全)(資訊處)	

二、專業職(一)

甄選類科	專業科目	共同科目
電子商務(網頁設計)	1.電子商務與網路行銷 2.多媒體概論與設計實務	1.國文(含短文寫作與閱讀測驗)及英文 2.郵政三法概要(含郵政法、郵政儲金匯兌法、簡易人壽保險法)及金融科技知識
電子商務(企劃行銷)	1.電子商務 2.行銷學	
一般金融	1.會計學概要及貨幣銀行學概要 2.票據法概要	
儲壽法規	1.金融法規概要(含郵政儲金匯兌法、保險法)及洗錢防制法概要 2.民法概要及強制執行法概要	

甄選類科	專業科目	共同科目
壽險核保	1.人身保險概論　　2.人身保險核保理論與實務	1.國文（含短文寫作與閱讀測驗）及英文 2.郵政三法概要（含郵政法、郵政儲金匯兌法、簡易人壽保險法）及金融科技知識
金融投資	1.經濟學概要　　　2.投資學概要	
程式設計	1.邏輯推理 2.資訊系統開發與維護概要（含程式設計、開發程序、資料分析及資料庫設計）	
電力工程	1.輸配電學概要　　2.基本電學	
營建工程	1.營建法規與施工估價概要 2.建築設計與圖學概要	
房地管理	1.民法概要 2.土地法規概要（包括土地法、土地稅法、土地登記規則）	

三、專業職(二)

甄選類科	專業科目	共同科目
內勤－櫃台業務	1.企業管理大意及洗錢防制法大意 2.郵政三法大意（含郵政法、郵政儲金匯兌法、簡易人壽保險法）及金融科技知識	國文（含短文寫作與閱讀測驗）及英文
內勤－外匯櫃台		
內勤－郵務處理		
外勤－郵遞業務	1.臺灣自然及人文地理 2.郵政法規大意(含郵政法及郵件處理規則)及交通安全常識（含道路交通安全規則第四章、道路交通管理處罰條例及道路交通事故處理辦法）	國文（單選題與閱讀測驗）及英文
外勤－運輸業務		

～以上資訊僅供參考，詳情請參閱甄試簡章～

千華數位文化股份有限公司

・新北市中和區中山路三段136巷10弄17號　・千華公職資訊網 http://www.chienhua.com.tw
・TEL：02-22289070、02-23923558　　　・FAX：02-22289076

防制洗錢與打擊資恐專業人員測驗

一 辦理依據

依據「銀行業及電子支付機構電子票證發行機構防制洗錢及打擊資恐內部控制要點」、「證券期貨業防制洗錢及打擊資恐內部控制要點」、「保險業防制洗錢及打擊資恐內部控制要點」、「農會漁會信用部防制洗錢及打擊資恐內部控制要點」規定辦理。

二 報名資格

(一)銀行業及電子支付機構、電子票證發行機構之防制洗錢及打擊資恐專責主管、專責人員及國內營業單位督導主管。

(二)證券期貨業之防制洗錢及打擊資恐專責人員、專責主管及國內營業單位督導主管。

(三)保險業之防制洗錢及打擊資恐專責主管、專責人員及國內營業單位督導主管。

(四)農會、漁會之防制洗錢及打擊資恐專責主管、專責人員、信用部及其分部督導主管。

(五)依洗錢防制法指定之非金融事業或人員。

(六)對防制洗錢與打擊資助恐怖主義之相關法規與領域有興趣者。

三 報名費用

每位應考人報名費用為新台幣800元整。

四 報名方式

(一)個人報名:一律採個人網路報名方式辦理,恕不受理現場報名。

(二)團體報名:團體報名方式僅適用於同一機構10人(含)以上集體報名,團體報名機構先行統一建檔與繳款。

111年測驗日期及辦理機構

依正式簡章公告為主。

 測驗科目、時間及內容

節次	測驗科目	測驗時間	試題題數	測驗題型及方式
全一節	防制洗錢與打擊資恐法令及實務	90分鐘	80題	・60題四選一單選題 ・20題複選題 　(每題全對才給分) ・採答案卡作答

七 測驗科目及內容

(一)防制洗錢與打擊資恐政策及法令解析

　　1. 國際防制洗錢及打擊資恐概述

　　2. 國際防制洗錢及打擊資恐組織與措施

　　3. 我國防制洗錢及打擊資恐政策與法令

　　4. 我國銀行業防制洗錢及打擊資恐政策法令與執行重點

　　5. 我國證券、期貨暨投信顧業防制洗錢及打擊資恐政策法令與執行重點

　　6. 我國保險業防制洗錢及打擊資恐執行重點

(二)防制洗錢及打擊資恐實務與案例

　　1. 國際洗錢及資恐態樣與案例

　　2. 我國洗錢態樣與案例

　　3. 金融機構防制洗錢及打擊資恐執行實務(銀行篇)

　　4. 金融機構防制洗錢及打擊資恐執行實務(證券、期貨暨投信顧篇)

　　5. 金融機構防制洗錢及打擊資恐執行實務(保險篇)

 千華數位文化股份有限公司

新北市中和區中山路三段136巷10弄17號

TEL: 02-22289070　FAX: 02-22289076

目 次

第五章　我國證券、期貨暨投信顧業防制洗錢及打擊資恐政策法令與執行重點

第六章　我國保險業防制洗錢及打擊資恐執行重點

第七章　近年試題及解析

防制洗錢與打擊資恐要考什麼

洗錢犯罪可以和絕大多數的犯罪共生，對經濟、安全和社會都造成了極其嚴重的後果。為販毒者、恐怖主義份子、非法武器交易商、腐敗官員以及其他罪犯的運作提供了管道。洗錢已經變得越來越國際化，而與犯罪活動有關的金融問題也由於科技的日新月異以及金融服務業的全球化而變得日益複雜化。從金融管理秩序角度來看，洗錢活動往往借助合法的金融網路清洗大筆黑錢，這不僅侵害了金融管理秩序而且也嚴重破壞了公平競爭規則，破壞了市場經濟主體之間的自由競爭，從而對正常、穩定的經濟秩序帶來一定的負面影響。根據「國家洗錢及資恐風險評估報告」，包括毒品販運、詐欺、組織犯罪、第三方洗錢等9大類犯罪，平均每年合計約新台幣1000億元犯罪所得，從台灣流出及流入其他國家或地區。

根據調查局洗錢防制中心的統計排行，國內檯面上的熱門洗錢方式包括人頭帳戶、國外匯款、親屬帳戶、支票、郵政禮券、償還債務、無存單定存、銀樓、地下匯款公司，以及買賣高價值商品（包括珠寶、古董、名畫）等洗錢管道。而這些台灣常見鉅額洗錢手法簡述如下：

國外匯款洗錢	將大筆資金透過銀行分成多筆、不定期匯出，每筆金額不超過新台幣 50 萬元（等值貨幣）以規避通報，錢到海外後，再以相同手法轉匯數次到不同帳戶，最後才將分散各處的錢存進特定帳戶。
成立海外紙上公司洗錢	在開曼等免稅天堂設立紙上公司，從國內把錢匯到海外紙上公司做投資，購買國外有價證券，或轉投資、清算、退資，把錢洗進特定帳戶。
藝術品洗錢	藝術品、古董等具備買賣品本身有價、但價值難評估的特質，由於鑑價困難，有心洗錢的人可以利用價值缺乏合理性的特點，買進畫作或雕塑作品，再以遠高過行情的價碼，賣給特定人士，交易沒有紀錄，很難查證。

地下匯款公司洗錢	匯款公司作業流程的方式，台灣顧客帶現金到地下金融匯款點，這一邊收到現金後，透過電話或傳真，聯繫海外據點付款，顧客再將錢匯入海外特定帳戶，完全沒有任何紀錄。
人頭帳戶洗錢	找可信賴的朋友當人頭，透過人頭戶最後存進特定帳戶。
銀樓洗錢	找可靠的銀樓業者合作，先把現金換成外幣，利用銀樓的外匯業務將錢匯出到海外特定帳戶。

我國於民國85年公布了亞洲第一個洗錢防制法，86年加入亞太洗錢防制組織（APG），在95年至96年間，我國積極增修防制洗錢、打擊資恐之相關法令，於95年7月施行資恐防制法，同年12月亦大幅修訂洗錢防制法。新法規之大幅修訂，使洗錢和資恐防制之體制建構、人力和系統需求急速提升，亦使我國的洗錢防制品質急速提升，至97年11月7日，洗錢防制法和資恐防制法再度大篇幅修正，APG對我國第3輪實地相互評鑑已於107年11月完成，108年6月發布初步報告，我國已達最佳的「一般追蹤」等級，並於同年8月在澳洲坎培拉APG年會大會中採認通過，為亞太地區會員國的最佳成績。若我國無法提升洗錢及資恐防制之效能，將使我國資金匯出入大受影響、金融機構在海外的業務受到限縮、國人赴海外投資遭受嚴格審查等種種不利結果，我國的國際聲譽與地位也將大幅貶落。我國金融業者亦兢兢業業，目前在防制洗錢與打擊資恐無不加強因應及防制，金融業者徵才的考題為因應從業人員對防制洗錢與打擊資恐的知識，也陸續將此科列入考試範圍，本科雖然相關規範法令多且雜，但都有一定的脈絡可尋，本書除介紹相關規定外，並將最新考題及考題類型，比附援引的加強題目的範圍，以供考生練習，加強臨考的反應。

而防制洗錢與打擊資恐命題重點多半落在以下單元：

(一) **我國銀行業防制洗錢及打擊資恐政策法令與執行重點**：這個章節是防制洗錢與打擊資恐法令與實務的重點章節之一，幾乎出題比率逼近一半，原因是洗錢與打擊資恐，最大的資金洗錢方式是透過銀行業來匯款，再透過包

裝的方式，以達到把黑錢洗白或白錢洗黑等的洗錢目的，無論是以國外匯款的方式洗錢或以轉投資等方式把錢洗進特定帳戶，均與銀行業脫離不了關係。

(二) **我國防制洗錢及打擊資恐政策與法令**：這個章節是防制洗錢與打擊資恐法令與實務的重點章節之一，是因為係我國洗錢及資恐防制的法令規定，也是法規對防制洗錢及打擊資恐的保護。

參考資料

1. 李天德等，洗錢與反洗錢的金融學分析，四川大學出版社
2. 孔祥毅，中央銀行通論，中國金融出版社
3. 金融監督管理委員會網站資訊
4. 防制洗錢與打擊資恐，台灣金融研訓院、證券暨期貨市場發展基金會共同出版（2019年版）

國際防制洗錢及打擊資恐概述

本章重點依據命題重要度區分,最高為✔✔✔,最低為✔

重點一 國際防制洗錢及打擊資恐的歷史沿革 ✔

國際間有鑑於毒品犯罪所獲得巨額利潤和財富,使得犯罪集團能夠滲透、腐蝕各級政府機關、合法商業或金融企業,以及社會各階層,因此1988年維也納會議時,訂定「聯合國禁止非法販運麻醉藥品及精神藥物公約」(簡稱維也納公約)即要求締約國立法處罰毒品犯罪的洗錢行為。七大工業國體認到毒品犯罪所涉洗錢行為,對於銀行體系與金融機構產生嚴重威脅,於1989年之高峰會議中決議設置「防制洗錢金融行動工作組織」(Financial Action Task Force,下稱:FATF),並於1990年制訂四十項反洗錢建議,至1996年FATF修正四十項建議,更進一步將洗錢的前置犯罪擴大至毒品犯罪以外其他的重大犯罪行為。2001年及2004年,FATF針對打擊資恐分別頒布8項及1項資恐特別建議。2012年2月,FATF重新檢視前述建議,整併建議及特別建議後,頒布40項建議,作為防制洗錢/打擊資恐及打擊資助大規模武器擴散之國際標準。於2019年6月,FATF針對虛擬資產(virtual asset)發布洗錢防制原則適用之新指引,並進一步說明洗錢暨資恐防制之建議規則應如何適用於虛擬資產(Virtual Asset, VA)及虛擬資產服務提供者(Virtual Asset service provider, VASP)之管制,例如將風險基礎方法(Risk-Based Approach, RBA)應用於產業活動、監督虛擬資產服務業者之反洗錢及反資恐措施、各國應對虛擬資產服務業者採取之許可或註冊方式,業者應採取如客戶盡職調查,記錄保存和可疑交易報告等預防措施,以及國際制裁、國際合作及其他執法方式等。

重點二 洗錢及資恐簡介 ✔

一、洗錢

(一)**洗錢的定義**:洗錢是指將毒品犯罪、黑社會性質的組織犯罪、恐怖活動犯罪、走私犯罪或者其他犯罪的違法所得及其產生的收益,通過各種手段掩飾、隱瞞其來源和性質,使其在形式上合法化的行為。現代各國法律對洗錢的解釋不完全相同,金融機構反洗錢比較權威的機構巴塞爾

銀行法規及監管實踐委員會，從金融交易角度對洗錢進行了描述：犯罪份子及其同伙利用金融系統將資金從一個帳戶向另一個帳戶作制服或轉移，以掩蓋款項的真實來源和受益所有權關係；或者利用金融系統提供的資金保管服務存放款項。即常言之「洗錢」。狹義的洗錢是指為了掩蓋犯罪收入的真實來源和存在，通過各種手段使其合法化的過程。廣義的洗錢除了狹義的洗錢含義外，還包括：

1. **把合法資金洗成黑錢用於非法用途**：把合法資金洗成黑錢用於非法用途，即把白錢洗黑，如把銀行貸款通過洗錢而用於走私。
2. **把一種合法的資金洗成另一種表面也合法的資金**：把一種合法的資金洗成另一種表面也合法的資金，以達到占用的目的，即把白錢洗白，如把國有資產通過洗錢轉移到個人帳戶。
3. **把合法收入通過洗錢逃避監管**：如外資企業把合法收入通過洗錢轉移到境外。洗錢是指犯罪份子通過一系列金融帳戶轉移非法資金，以便掩蓋資金的來源、擁有者的身份，或是使用資金的最終目的。需要「清洗」的非法錢財一般都可能與恐怖主義、毒品交易或是集團犯罪有關。洗錢罪的主體是金融機構或個人，有五種行為：
   (1) 提供資金帳戶。
   (2) 協助將財產轉換為現金或者金融票據。
   (3) 通過轉帳或者其他結算方式協助資金轉移。
   (4) 協助將資金匯往境外。
   (5) 以其他方法掩飾、隱瞞犯罪的違法所得及其收益的來源和性質。
   洗錢是指通過金融或其他機構將非法所得轉變為「合法財產」的過程，這已成為犯罪集團生存發展的一個非常關鍵的環節。一方面，通過洗錢，有組織犯罪掩蓋了其犯罪活動蹤跡，得以「正當地享受」犯罪所得；另一方面，洗錢為犯罪集團介入合法企業提供了資金，使其能夠以合法掩護非法，不斷擴大犯罪勢力。洗錢的客體即黑錢，包括：販毒、走私、販賣軍火、詐騙、盜竊、搶劫、貪污、逃漏稅等犯罪所產生的收入。
   我國洗錢防制法第2條所稱洗錢，指下列行為：
1. 意圖掩飾或隱匿特定犯罪所得來源，或使他人逃避刑事追訴，而移轉或變更特定犯罪所得。
2. 掩飾或隱匿特定犯罪所得之本質、來源、去向、所在、所有權、處分權或其他權益者。
3. 收受、持有或使用他人之特定犯罪所得。

(二)**洗錢的過程**：完成一個完整的洗錢過程包括三個階段。

1. **處置階段（placement）**：處置階段又稱「放置」的過程，是洗錢的開始階段，該階段是對來自犯罪活動的財產通過進行有形的處理，並把它投入到清洗系統中。較為常見的形式是把作為犯罪收益的零散現金轉化便於控制、隱藏的財產形式。如犯罪份子通過街頭零星的毒品交易獲取了大量的小額現金，由於這些小額現金既不便於攜帶，大量的小額現金聚集到一起，還容易讓人發現，暴露目標。因此，犯罪份子極需把小額現金的形式進行轉化，於是，他們可以採取把錢存入銀行、用錢購買價值較大的各種有價證券。一旦大量的小額現金存了銀行裡開立的戶頭或是轉變成便於攜帶的有價證券，處置的過程就已完成。從實踐中看，處置過程可以採取多種的手段，如走私大量的貨幣現金、將贓款轉作金融機構存款以便與合法存款混同等。由於現代金融市場的發達，洗錢分子在對犯罪收益進行處置時，從傳統的櫃臺業務、匯款、信用卡到新興的電話銀行、電子銀行，他們可以藉助的手段已經越來越多了。經過這一階段後，不法份子就對上游犯罪得來的收益進行了初步的加工和處理後，使得犯罪收益變得更為方便進行交易和隱藏，為以下步驟的順利實施提供了條件，成為了整個洗錢活動的基礎。

2. **分層階段（layering）**：分層階段，也有人稱其為攪動（agitation）過程。分層階段是洗錢的關鍵環節，不法份子目標在於經過這一階段裡財產的交易或轉移，實現分散和聚集犯罪所得、變換財產的外在形態，使分別置於各處的犯罪所得與其最初的來源脫鉤，從而逐步地讓犯罪收益的真實性質、來源變得模糊，以求逃避監管。不法份子往往充分利用現代複雜而完備的市場體系，通過銀行、保險公司、證券公司到黃金市場、汽車市場甚至是街頭零售業，製造出複雜的交易層次，多次轉移或多次交易，甚至不惜採用匿名交易，刻意矇蔽或規避審計，將非法的資金與其來源之間

的聯繫人為地割斷。常見的是通過實施以假名或受託人的名義開立銀行帳戶，虛擬貿易收支或買賣無記名證券等複雜的金融操作，以此來掩蓋犯罪資金的來龍去脈和真實所有權關係，模糊其非法特徵。隨著跨國洗錢的出現和發展，洗錢分子在分層階段所使用的手段、所構築起的複雜交易層次，足以讓人眼花繚亂，簡直像一個迷宮。如果這個時期的洗錢活動又在那些所謂的保密港（secrecy havens）以及其他的洗錢監管死角進行的話，更為犯罪收益的性質來源和去向蒙上了層層的迷霧，讓監管當局實難分辨和追蹤。

3. **整合階段（integration）**：整合階段又稱「歸併」、「融合」的過程。整合階段是洗錢行為的完成階段，在這一階段，不法份子把經過分層後、一般人難以覺察其非法性質和來源的財產以合法財產的名義轉移到與犯罪集團或犯罪份子無明顯聯繫的合法機構或個人的名下，投放到正常的社會經濟活動中去。如果分層的過程能夠順利實施，犯罪收益已經與一般的正常收入混同，普通人難以覺察其非法的本來面目。而犯罪份子就可以將以合法面目出現的犯罪收益進行自由地支配和使用，把資金轉移至與犯罪組織或個人無明顯聯繫的合法組織或個人的帳戶之中，像一般的商業資金往來過程那樣，讓洗淨的資金再次進入金融系統。

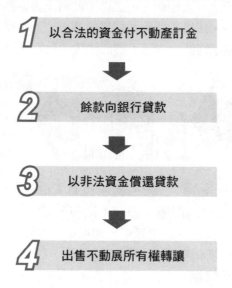

1　以合法的資金付不動產訂金

2　餘款向銀行貸款

3　以非法資金償還貸款

4　出售不動展所有權轉讓

(三)**洗錢的常見的形式**：洗錢方式多種多樣，常見洗錢方式有利用銀行等存款類金融機構，包括：利用銀行存儲、轉帳、匯兌等掩飾犯罪收益。分述如下：

1. **利用避稅型的離岸金融中心**：利用一些國家和地區對銀行對個人資產過度的保密限制，這類國家和地區主要是指避稅型的離岸金融中心，一般具有以下特徵：一是有嚴格的銀行保密法。除了法律特許的例外情況，披露帳戶信息即構成刑事犯罪。二是有寬鬆的金融遊戲規則。設立金融機構幾乎沒有任何限制。三是有自由的公司法和嚴格的公司保密法。允許建立空殼公司、信箱公司等不具名公司。並因有公司保密制度，瞭解這些公司的真實面目非常困難。較為典型的國家和地區有瑞士、開曼、巴拿馬、巴哈馬以及加勒比海和南太平洋的一些島國。

2. **利用空殼公司**：空殼公司亦稱隱名公司。公司的實名股東往往為收取一定管理費而根據外國律師的指令而登記成立公司，其對公司的真實情況、運作情況一無所知。空殼公司的上述特點特別有利於掩飾犯罪收益。空殼公司的註冊地也主要是避稅型離岸金融中心。

3. **利用現金密集行業**：由於銀行現金交易報告制度的限制，大量現金存入銀行容易引起懷疑，越來越多的洗錢者開始利用現金密集行業進行洗錢，他們以賭場、娛樂場所、酒吧、金銀首飾店作掩護，通過虛假的交易將犯罪收益宣佈為經營的合法收入。

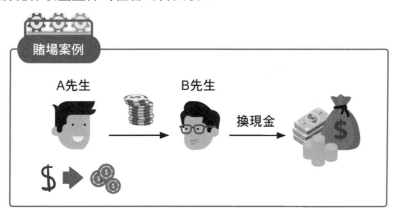

4. **偽造商業票據**：洗錢者首先將犯罪收益存入甲國銀行，並用其購買信用狀，該信用狀用於某項虛構的從乙國到甲國的商品進口交易，然後用偽造的提貨單在乙國的銀行兌現。有時犯罪者也利用一些真實的商業交易來隱瞞或掩飾犯罪收益，但在數量和價格上做文章。

5. **現金走私**：洗錢者將現金通過種種方式偷運到其他國家，由其他的洗錢者對偷運的現金進行處理。除了現金走私外，洗錢者還通過貴金屬或藝術品的走私來清洗犯罪收益。

6. **用犯罪所得直接購置不動產或動產**：直接購買別墅、飛機、金融債券等，然後再轉賣套取現金存入銀行，逐漸演變成合法的貨幣資金。

7. **通過證券和保險業洗錢**：在世界經濟一體化和現代化電腦網路等高科技的技術支持下，巨額金融交易瞬間在全球範圍內完成，使一些洗錢者正在利用國際證券市場進行洗錢，股價變化較大且交易難以被調查是他們看中的因素。還有一些洗錢者在保險市場購買高額保險，然後再以折扣方式低價贖回，中間的差價則是通過保險公司「淨化」的錢。

(四) **新型的洗錢形式**：所謂新型的洗錢形式，是指在科技進步和金融創新的形勢下出現的洗錢形式。與傳統的洗錢活動相比，利用電腦、網際網路、電子支付工具等高新技術已經成為現代洗錢的重要手段，此外，受利益驅使，一些擁有財經專業背景的人才被吸納加入洗錢犯罪組織，這些人利用專業技術為洗錢提供服務，使司法當局反洗錢任務變得更為複雜和艱鉅。下述五種洗錢方法就是新近出現的更加隱蔽的洗錢方法：

1. **利用互聯網洗錢**：網際網路的發展是20世紀發生的一場深刻革命，網際網路在為人們帶來方便的同時，也帶來了一系列的問題。利用網際網路洗錢就是各國反洗錢機構面臨的新問題。網際網路洗錢是指利用電腦系統、網路和電腦數據，隱瞞或掩飾犯罪收益並使之成為表面來源合法的所有犯罪活動和過程的總稱。網上銀行、網上賭博等網站的存在，涵蓋了大多數傳統的銀行業務和其他業務，使得犯罪份子利用網際網路洗錢變得十分方便，犯罪份子可以非常輕鬆地將資金從一個帳戶轉到另一個帳戶，瞬間就完成了資金的轉移。利用網際網路洗錢具有登錄便利、電子交易迅捷、無紙化、大容量、客戶與機構不用面對面接觸等特點，從而使隱瞞或掩飾犯罪收益的活動進一步隱蔽化、專業化、複雜化，金融機構難以辨別客戶的真實身份和對帳戶及交易進行日常監督，並且難以確定網上交易的地點，進而確定管轄也比較困難，因此也就無法確定應由哪個地方的偵查部門開展調查，尋找與洗錢活動有關的書面證據。由於傳統的監督方法無法應用，由此極大地增加了控制和打擊洗錢犯罪的難度。

2. **利用新的支付技術進行洗錢**：新的支付如電子錢包，具有高速、無紙化、大容量等特徵。這些特徵極大地方便了洗錢犯罪，同時也給司法調查帶來了困難。智能卡晶片能以電子形式存儲現金，已成為紙幣的備選物，尤其當智能卡可以跨國使用時，洗錢風險會大為增加。新支付技術可能被洗錢者利用是由於其本身的5個特性：

   (1) 無法認定利用新支付技術的人。

   (2) 交易不透明。

(3) 缺乏查帳線索、記錄保留及可疑交易報告。

(4) 交易活動紀錄加密程度高，難以破除。

(5) 交易不在目前法律規章定義之內。

3. **利用SWIFT系統洗錢**：環球銀行（SWIFT）作為世界範圍內的資金劃撥清算組織，為全球銀行提供金融數據處理與通訊網路服務。SWIFT系統長期以來是銀行間轉移資金的最常用手段，由於其用戶數量眾多，且不同國家對洗錢控制的法律要求程度不同，加之方便快捷的電子資金轉移，客戶身份識別的模糊性，使得藉助電子資金劃撥系統進行洗錢活動，尤其是進行跨國跨地區的非法資金轉移成為現實。SWIFT系統的開放性、電子現金的匿名性、銀行服務的不間斷性反給洗錢控制增加了很大的難度。

跨境交易簡示圖

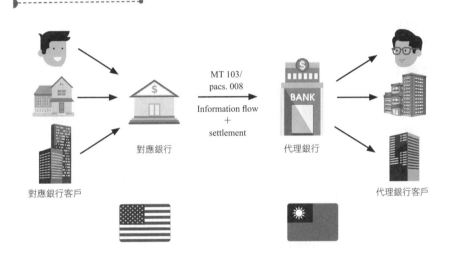

MT 103/
pacs. 008

Information flow
+
settlement

對應銀行

代理銀行

對應銀行客戶

代理銀行客戶

4. **利用信託方式洗錢**：信託是委託人將財產轉移於受託人，受託人依信託契約所定，為受益人和特定目的而管理或處分信託財產的法律關係。信託財產獨立存在，並不構成受託人資產的一部分，受益人享有對信託財產的收益權，受託人依據信託契約向受益人支付信託財產的收益，也不需要有資產轉移或提供服務等理由。有些國家，甚至沒有規定披露信託的委託人和受益人身份的要求，也不過問信託的真實目的，從而使信託可能被洗錢者利用。如洗錢者首先將自己的一家公司通過信託契約交由受託人管理，同時指定自己為受益人，然後將存於其他帳戶上的犯罪收益匯入該公司的帳戶中，再以受益人的身份收取這份信託收益，使犯罪收益合法化。

5. **利用律師、會計師和其他專門職業者的服務幫助洗錢**：各國政府打擊洗錢活動的持續努力，使洗錢變得越來越困難。為了規避反洗錢措施，洗錢者必須制定更加複雜隱蔽的洗錢計劃。要想增加洗錢活動的複雜性，對於大多數並不具備專業技能的洗錢者而言，他們必須求助於法律專家、會計師、金融顧問以及其他專門職業者，尤其是律師和會計師。上述人員提供的下列服務或幫助，對洗錢都是非常有用的：

(1) 幫助洗錢者創立法人工具或其他複雜的法律協議（如信託），以模糊犯罪收益和犯罪行為之間的聯繫。

(2) 可以代為購買或出售財產，這種財產轉移在處置階段可能是掩蓋犯罪收益來源的財產轉移，在整合階段則可能是洗後財產的最終投資。

(3) 可以完成相關的金融交易，以委託人的名義實施各種金融操作，如存取現金、撤銷帳戶、簽發支票、購買和出售股票等。

(4) 提供有關金融和稅收方面的建議，幫助犯罪份子儘可能減少納稅數額或逃避將來的納稅義務。

(5) 幫助洗錢者和金融機構建立聯繫。

此外，洗錢者不僅依賴各種專門職業者在上述活動中發揮重要作用，而且還利用他們和他們的地位減少外界對其犯罪活動的懷疑。為此，洗錢者不惜以重金聘用律師、會計師、金融專家、銀行高級職員等，從事洗錢活動。

(五) **洗錢的危害**：洗錢活動既是其他犯罪活動的一項重要組成部分，又是一個獨立的犯罪行為。洗錢犯罪的危害日益為公眾與國際社會所認識，其危害還具有國際性。具體而言，洗錢犯罪的社會危害有以下幾個方面。

1. **擾亂金融秩序，危害金融穩定**：金融體系是洗錢活動的一個重要工具，洗錢對於金融體系的危害十分明顯。一方面，洗錢者在洗錢後，有可能通過投資行為而對金融機構進行控制。金融機構一旦被洗錢者控制，那麼它就完全不能履行正常的資金配置功能，而成為洗錢者的提款機或者進一步侵犯其他資金所有人利益的工具。同時，被控制的金融機構會使用各種非法手段進行業務競爭。另一方面，洗錢者除了利用正規金融體系進行洗錢外，還頻頻利用各種非法的金融機構，如地下錢莊，進行洗錢。無論哪一個方面，都會擾亂金融秩序。金融機構被洗錢者利用或者參與洗錢後，將面臨司法起訴與刑事處罰，結果是金融機構將面臨嚴重危機，最終將對整個金融體系穩定造成嚴重危害。

2. **助長地下經濟以及其他非健康經濟**：洗錢者往往把黑錢投入各種娛樂場
所，如非法賭場、歌廳、舞廳等純消費場所。這些場所現金流通量大，
而且不易為政府部門所有效管治。這些地下經濟部門既浪費了社會本來
就已經稀缺的資源，又侵害了社會公平競爭，破壞政府經濟政策與宏觀
調控的貫徹實施。地下經濟還使得一國國民經濟統計數據失真，從而對
政府施政造成負面影響。

洗錢者

黑錢

投入

娛樂場所

非法賭場

舞廳

歌廳

3. **加劇嚴重的有組織犯罪活動，危害社會穩定**：洗錢犯罪天生就與有組織
犯罪具有緊密聯繫，尤其是進入21世紀以來，洗錢者把獲得的資金再用
於其非法活動，比如恐怖犯罪。這些有組織犯罪嚴重危害社會穩定與公
眾生命與財產安全，是世界各國共同的打擊對象。2001年，美國遭受的
其有史以來最為嚴重的一次襲擊就是一起恐怖犯罪，該犯罪背後需要巨
大的資金融通。此外，毒品犯罪屢禁不止，就是因為其背後有巨大的資
金來源。洗錢為毒品犯罪提供了巨額資金，兩者互相促進。

綜合而言，洗錢犯罪危害甚大，無論是對經濟，還是對個人與國家乃至
整個國際社會都是一種潛在的威脅。

危害社會穩定

二、資恐

(一)**資恐的定義**：1999年聯合國「制止向恐怖主義提供資助國際公約（International
Convention for the Suppression of the Financing of Terrorism）」對資助恐怖份子
定義如下：任何人以直接、間接手段，非法、故意提供或募集資金，其
意圖是將全部或部分資金用於，或者明知全部或部分資金將用於實施：
1. 經其定義為犯罪之行為。
2. 意圖致使一般民眾或在武裝衝突中未積極參與敵對行動之任何其他人死
亡或重傷之行為，而這些行為之性質及相關情況旨在恐嚇民眾，以迫使
某一政府或國際組織採取或不採取任何行動。

聯合國第1373號決議第1條規定，所有國家應：

1. 防範和制止資助恐怖主義行為。
2. 將下述行為定為犯罪：本國國民或在本國領土內，以任何直接、間接手段，故意提供或籌集資金，意圖將這些資金用於恐怖主義行動或明知資金將用於此種行動之行為。
3. 立即凍結參與恐怖主義行動者直接、間接擁有或控制之事業體的資金、金融資產、經濟資源等，包括由這些人和事業體直接、間接控制之財產所衍生或產生的資金。
4. 禁止本國國民或本國領土內任何個人和事業體以直接、間接方式提供資金、金融資產、經濟資源及其他服務以協助參與恐怖主義行動者及其直接、間接擁有或控制之事業體。

(二)**洗錢與資助恐怖份子之關係**：用於洗錢之技術與隱匿資助恐怖份子資金來源及用途之方式，在本質上是相同的。支持恐怖主義之資金可能源自合法收入、犯罪所得或兩者兼有之，但掩飾其來源卻非常重要。若能妥適隱匿資金來源，對後續資助恐怖份子行動便具有相當價值。同樣地，恐怖份子隱匿其資金來源及用途，便可避免在籌資過程中被偵查發掘。為此，FATF建議各國將資助恐怖主義、恐怖行動及恐怖組織之行為予以罪刑化，並明定此類犯行為洗錢之前置犯罪，另將9項打擊資助恐怖份子特別建議與40項反洗錢建議結合，建立預防、偵查及制止洗錢與資助恐怖份子基本架構，從而訂定評鑑標準，以檢視各國執行情形。此外，國際在打擊資助恐怖份子行動中亦要求各國將反洗錢架構擴展到非營利組織，尤其運用在慈善事業體，以確保此類組織不被直接或間接利用於資助或支持恐怖主義行動，並且要求檢討替代性金錢傳送或匯款系統，積極採取行動以杜絕這些事業體被洗錢者及恐怖份子利用。

合法所得 + 非法所得 → 資助者 → 犯罪行為

恐怖組織利用非營利組織的原因

1	容易獲得民眾信任
2	提供極佳的國際作業及資金移轉平台
3	法令對非營利組織的成立條件與營運監理要求比較寬鬆
4	享有賦稅優惠
5	非營利組織可依設立宗旨，公開地活動
6	捐獻者不會堅持拿到收據
7	匿名捐款箱可以不開收據
8	民眾對非營利組織極為友善
9	非營利組織之間的跨國資金移轉通常不會特別引人注目
10	合法非營利組織掩飾非法恐怖活動

【牛刀小試】

(　　) **1** 為了規避反洗錢措施，洗錢者必須制定更加複雜隱蔽的洗錢計劃。要想增加洗錢活動的複雜性，對於大多數並不具備專業技能的洗錢者而言，他們必須求助於專家，請問下列何者不屬於上述專家的範圍？ (A)律師 (B)會計師 (C)公證員 (D)金融顧問。

(　　) **2** 下列何者不屬於洗錢的常見的形式？ (A)利用空殼公司 (B)利用現金密集行業 (C)偽造商業票據 (D)現金走私。

(　　) **3** 下列何者不屬於新型的洗錢形式？　(A)利用SWIFT系統洗錢　(B)利用信託方式洗錢　(C)利用互聯網洗錢　(D)利用跑單幫的人洗錢。

(　　) **4** 有關「防制洗錢」與「打擊資恐」的關聯性，下列敘述何者錯誤？(A)防制洗錢與打擊資恐的共通性同在於金流秩序的規範　(B)防制洗錢與打擊資恐皆在FATF40項建議中規定　(C)我國分別訂定洗錢防制法與資恐防制法顯見兩者並無關聯　(D)兩者都在遏止犯罪發生，防制洗錢避免犯罪份子坐享不法收益，打擊資恐避免金流用於資助恐怖份子。　【108年第二次防制洗錢與打擊資恐測驗】

解答與解析　答案標示為#者，表官方曾公告更正該題答案。

1 (C)。各國政府打擊洗錢活動的持續努力，使洗錢變得越來越困難。為了規避反洗錢措施，洗錢者必須制定更加複雜隱蔽的洗錢計劃。要想增加洗錢活動的複雜性，對於大多數並不具備專業技能的洗錢者而言，他們必須求助於法律專家、會計師、金融顧問以及其他專門職業者，尤其是律師和會計師。

2 (B)。洗錢方式有利用銀行等存款類金融機構，包括：利用銀行存儲、轉帳、匯兌等掩飾犯罪收益。分述如下：(1)利用避稅型的離岸金融中心。(2)利用空殼公司。(3)利用現金密集行業。由於銀行現金交易報告制度的限制，大量現金存入銀行容易引起懷疑，故洗錢方式仍受其限制，現金密集行業非屬現金常見的洗錢方式。(4)偽造商業票據。(5)現金走私。(6)用犯罪所得直接購置不動產或動產。(7)通過證券和保險業洗錢。

3 (D)。所謂新型的洗錢形式，是指在科技進步和金融創新的形勢下出現的洗錢形式。與傳統的洗錢活動相比，利用電腦、網際網路、電子支付工具等高新技術已經成為現代洗錢的重要手段：(1)利用互聯網洗錢。(2)利用新的支付技術進行洗錢。(3)利用SWIFT系統洗錢。(4)利用信託方式洗錢。(5)利用律師、會計師和其他專門職業者的服務幫助洗錢。

4 (C)。洗錢行為的客體是來源或去向不法的財產利益，資助恐怖組織之資金和物資就是屬於去向不法的財產利益；對資恐行為而言，掩飾交易軌跡是最能躲避追緝的方式。再參照資恐防制法第2條立法理由：「基於資恐防制與洗錢防制均以金流為規範重心，以防免因金流斷點產生資恐及洗錢風險，參照洗錢防制法由法務部為主管機關，爰本法之主管機關為法務部。」因此，防制洗錢和打擊資恐之間具有直接的關聯。

試題演練

⊿ 問答題

一、國際上對洗錢的定義為何？

答 洗錢是指將毒品犯罪、黑社會性質的組織犯罪、恐怖活動犯罪、走私犯罪或者其他犯罪的違法所得及其產生的收益，通過各種手段掩飾、隱瞞其來源和性質，使其在形式上合法化的行為。

二、洗錢的常見的形式的有那些？

答 洗錢方式多種多樣，常見洗錢方式有利用銀行等存款類金融機構，包括：利用銀行存儲、轉帳、匯兌等掩飾犯罪收益。分述如下：

(一)利用避稅型的離岸金融中心：利用一些國家和地區對銀行對個人資產過度的保密限制，這類國家和地區主要是指避稅型的離岸金融中心，一般具有以下特徵：一是有嚴格的銀行保密法。除了法律特許的例外情況，披露帳戶信息即構成刑事犯罪。二是有寬鬆的金融遊戲規則。設立金融機構幾乎沒有任何限制。三是有自由的公司法和嚴格的公司保密法。允許建立空殼公司、信箱公司等不具名公司。並因有公司保密制度，瞭解這些公司的真實面目非常困難。較為典型的國家和地區有瑞士、開曼、巴拿馬、巴哈馬以及加勒比海和南太平洋的一些島國。

(二)利用空殼公司：空殼公司亦稱隱名公司。公司的實名股東往往為收取一定管理費而根據外國律師的指令而登記成立公司，其對公司的真實情況、運作情況一無所知。空殼公司的上述特點特別有利於掩飾犯罪收益。空殼公司的註冊地也主要是避稅型離岸金融中心。

(三)利用現金密集行業：由於銀行現金交易報告制度的限制，大量現金存入銀行容易引起懷疑，越來越多的洗錢者開始利用現金密集行業進行洗錢，他們以賭場、娛樂場所、酒吧、金銀首飾店作掩護，通過虛假的交易將犯罪收益宣佈為經營的合法收入。

(四)偽造商業票據：洗錢者首先將犯罪收益存入甲國銀行，並用其購買信用狀，該信用狀用於某項虛構的從乙國到甲國的商品進口交易，然後用偽造的提貨單在乙國的銀行兌現。有時犯罪者也利用一些真實的商業交易來隱瞞或掩飾犯罪收益，但在數量和價格上做文章。

(五)現金走私：洗錢者將現金通過種種方式偷運到其他國家，由其他的洗錢者對偷運的現金進行處理。除了現金走私外，洗錢者還通過貴金屬或藝術品的走私來清洗犯罪收益。

(六)用犯罪所得直接購置不動產或動產：直接購買別墅、飛機、金融債券等，然後再轉賣套取現金存入銀行，逐漸演變成合法的貨幣資金。

(七)通過證券和保險業洗錢：在世界經濟一體化和現代化電腦網路等高新技術支持下，巨額金融交易瞬間在全球範圍內完成，使一些洗錢者正在利用國際證券市場進行洗錢，股價變化較大且交易難以被調查是他們看中的因素。還有一些洗錢者在保險市場購買高額保險，然後再以折扣方式低價贖回，中間的差價則是通過保險公司「淨化」的錢。

三、新型的洗錢形式的有那些？

答 所謂新型的洗錢形式，是指在科技進步和金融創新的形勢下出現的洗錢形式。與傳統的洗錢活動相比，利用電腦、網際網路、電子支付工具等高新技術已經成為現代洗錢的重要手段。下述五種洗錢方法就是新近出現的更加隱蔽的洗錢方法：

(一)利用互聯網洗錢：網際網路的發展是20世紀發生的一場深刻革命，網際網路在為人們帶來方便的同時，也帶來了一系列的問題。利用網際網路洗錢就是各國反洗錢機構面臨的新問題。網際網路洗錢是指利用電腦系統、網路和電腦數據，隱瞞或掩飾犯罪收益並使之成為表面來源合法的所有犯罪活動和過程的總稱。

(二)利用新的支付技術進行洗錢：新的支付技術如電子錢包，具有高速、無紙化、大容量等特徵。這些特徵極大地方便了洗錢犯罪，同時也給司法調查帶來了困難。智能卡晶片能以電子形式存儲現金，已成為紙幣的替代品，尤其當智能卡可以跨國使用時，洗錢風險會大為增加。

(三)利用SWIFT系統洗錢：環球銀行（SWIFT）作為世界範圍內的資金劃撥清算組織，為全球銀行提供金融數據處理與通訊網路服務。SWIFT系統長期以來是銀行間轉移資金的最常用手段，由於其用戶數量眾多，且不同國家對洗錢控制的法律要求程度不同，加之方便快捷的電子資金轉移，客戶身份識別的模糊性，使得藉助電子資金劃撥系統進行洗錢活動，尤其是進行跨國跨地區的非法資金轉移成為現實。SWIFT系統的開放性、電子現金的匿名性、銀行服務的不間斷性反給洗錢控制增加了很大的難度。

(四)利用信託方式洗錢：有些國家，沒有規定披露信託的委託人和受益人身份的要求，也不過問信託的真實目的，從而使信託可能被洗錢者利用。如洗錢者首先將自己的一家公司通過信託契約交由受託人管理，同時指定自己為受益人，然後將存於其他帳戶上的犯罪收益匯入該公司的帳戶中，再以受益人的身份收取這份信託收益，使犯罪收益合法化。

(五)利用律師、會計師和其他專門職業者的服務幫助洗錢：各國政府打擊洗錢活動的持續努力，使洗錢變得越來越困難。為了規避反洗錢措施，洗錢者必須制定更加複雜隱蔽的洗錢計劃。要想增加洗錢活動的複雜性，對於大多數並不具備專業技能的洗錢者而言，他們必須求助於法律專家、會計師、金融顧問以及其他專門職業者，尤其是律師和會計師。

↘ 單選題

( )**1** 為了規避反洗錢措施，洗錢者必須制定更加複雜隱蔽的洗錢計劃。要想增加洗錢活動的複雜性，對於大多數並不具備專業技能的洗錢者而言，他們必須求助於專家，請問下列何者不屬於上述專家的範圍？　(A)律師　(B)會計師　(C)期貨經紀商　(D)金融顧問。

( )**2** 下列有關洗錢的危害，何者有誤？　(A)擾亂金融秩序，危害金融穩定　(B)助長地下經濟　(C)助長非健康經濟　(D)加劇嚴重的有組織犯罪活動，危害政治穩定。

( )**3** 有關「制止向恐怖主義提供資助國際公約」對資助恐怖份子定義，下列敘述者有誤？　(A)任何人以直接、間接手段，非法、故意提供或

募集資金　(B)其意圖是將全部或部分資金用於，或者明知全部或部分資金將用於實施經其定義為犯罪之行為　(C)其意圖是將全部或部分資金用於，或者明知全部或部分資金將用於實施意圖致使一般民眾或在武裝衝突中未積極參與敵對行動之任何其他人死亡或重傷之行為，而這些行為之性質及相關情況旨在恐嚇民眾，以迫使某一政府或國際組織採取或不採取任何行動　(D)以上皆非。

(　　) **4** 下列何者不屬於洗錢防制之工作內容？　(A)金融機構進行對客戶審查　(B)金融機構進行對高風險客戶測謊　(C)金融機構對可疑交易進行申報　(D)海關跨境大額通貨通報。

【107年第一次防制洗錢與打擊資恐測驗】

(　　) **5** 甲、乙約定由乙將甲之販毒犯罪共新臺幣（下同）一千萬元所得移轉至海外人頭帳戶，乙則收取手續費五十萬元。今甲、乙二人行為被查獲，乙持有該五十萬元遭政府凍結，是基於以下何種理由？(A)民事賠償　(B)犯罪所得　(C)行政罰鍰　(D)刑事罰金。

【107年第一次防制洗錢與打擊資恐測驗】

(　　) **6** 有關「防制洗錢」與「打擊資恐」的關聯性，下列敘述何者錯誤？(A)防制洗錢與打擊資恐的共通性同在於金流秩序的規範　(B)防制洗錢與打擊資恐皆在FATF40項建議中規定　(C)我國分別訂定洗錢防制法與資恐防制法顯見兩者並無關聯　(D)兩者都在遏止犯罪發生，防制洗錢避免犯罪份子坐享不法收益，打擊資恐避免金流用於資助恐怖份子。　【107年第一次防制洗錢與打擊資恐測驗】

(　　) **7** 有關資恐交易特點之敘述，下列何者錯誤？　(A)只能依靠系統監控，無法依賴櫃台人員判斷　(B)資金大都是小額的電匯　(C)資恐交易的匯款人不一定是罪犯或犯罪組織　(D)資金的來源大都是合法的。　【107年第一次防制洗錢與打擊資恐測驗】

(　　) **8** 下列何者不屬於使用人頭帳戶洗錢常用之手法？　(A)帳戶突有達特定金額以上存款　(B)帳戶每筆存提金額相當，相距時間不久，且達特定金額以上　(C)存款帳戶密集存入多筆款項，並迅速移轉　(D)將活期性存款轉存定期性存款。　【107年第一次防制洗錢與打擊資恐測驗】

解答與解析 答案標示為#者，表官方曾公告更正該題答案。

1 (C)。各國政府打擊洗錢活動的持續努力，使洗錢變得越來越困難。為了規避反洗錢措施，洗錢者必須制定更加複雜隱蔽的洗錢計劃。要想增加洗錢活動的複雜性，對於大多數並不具備專業技能的洗錢者而言，他們必須求助於法律專家、會計師、金融顧問以及其他專門職業者，尤其是律師和會計師。

2 (D)。洗錢活動既是其他犯罪活動的一項重要組成部分，又是一個獨立的犯罪行為。洗錢犯罪的危害日益為公眾與國際社會所認識，其危害還具有國際性。具體而言，洗錢犯罪的社會危害有以下幾個方面。
(1) 擾亂金融秩序，危害金融穩定。
(2) 助長地下經濟以及其他非健康經濟。
(3) 加劇嚴重的有組織犯罪活動，危害社會穩定。

3 (D)。1999年聯合國「制止向恐怖主義提供資助國際公約」對資助恐怖份子定義如下：任何人以直接、間接手段，非法、故意提供或募集資金，其意圖是將全部或部分資金用於，或者明知全部或部分資金將用於實施：
(1) 經其定義為犯罪之行為。
(2) 意圖致使一般民眾或在武裝衝突中未積極參與敵對行動之任何其他人死亡或重傷之行為，而這些行為之性質及相關情況旨在恐嚇民眾，以迫使某一政府或國際組織採取或不採取任何行動。

4 (B)。洗錢防制之工作內容：
(1) 金融機構進行對客戶審查。
(2) 加強金融機構進行對高風險客戶審查及持續監控。
(3) 金融機構對可疑交易進行申報。
(4) 海關跨境大額通貨通報。

5 (B)。甲、乙約定由乙將甲之販毒犯罪共新臺幣一千萬元所得移轉至海外人頭帳戶，乙則收取手續費五十萬元。今甲、乙二人行為被查獲，乙持有該五十萬元遭政府凍結，是基於該筆所得來為犯罪所得。

6 (C)。防制洗錢與打擊資恐的共通性同在於金流秩序的規範，兩者都在遏止犯罪發生，防制洗錢避免犯罪份子坐享不法收益，打擊資恐避免金流用於資助恐怖份子，具關聯性。

7 (A)。資恐交易特點：
(1) 能依靠系統監控及櫃台人員判斷。
(2) 資金大都是小額的電匯。
(3) 資恐交易的匯款人不一定是罪犯或犯罪組織。
(4) 資金的來源大都是合法的。

8 (D)。使用人頭帳戶洗錢常用之手法：
(1) 帳戶突有達特定金額以上存款。
(2) 帳戶每筆存提金額相當，相距時間不久，且達特定金額以上。
(3) 存款帳戶密集存入多筆款項，並迅速移轉。

↘ 複選題

(　) **1** 雖然專業人士被要求必須陳報可疑交易，但實際上各國收到報告數量極少，防制洗錢專家分析可能的原因為下列何者？　(A)專業人士對防制洗錢的認識不足　(B)專業人士基於傳統觀念，對客戶的隱私嚴加保密　(C)專業人士均會協助洗錢　(D)專業人士對防制洗錢風險意識不足。　　　　　　　　　　【107年第一次防制洗錢與打擊資恐測驗】

(　) **2** 公職人員收受賄賂時，可能採取下列何項方式洗錢？　(A)拆成多筆小額存款　(B)使用人頭帳戶進行交易　(C)利用親屬或多個帳戶掩飾現金匯款　(D)結匯匯往境外後，以賭博彩金名義匯回可洗清不法所得。　　　　　　　　　　【107年第一次防制洗錢與打擊資恐測驗】

解答與解析　　答案標示為#者，表官方曾公告更正該題答案。

1 (ABD)。
雖然專業人士被要求必須陳報可疑交易，但實際上各國收到報告數量極少，防制洗錢專家分析可能的原因為：
(1) 專業人士對防制洗錢的認識不足。
(2) 專業人士基於傳統觀念，對客戶的隱私嚴加保密。
(3) 專業人士對防制洗錢風險意識不足。

2 (ABCD)。
公職人員收受賄賂時，可能採取下列方式洗錢：
(1) 拆成多筆小額存款。
(2) 使用人頭帳戶進行交易。
(3) 利用親屬或多個帳戶掩飾現金匯款。
(4) 結匯匯往境外後，以賭博彩金名義匯回可洗清不法所得。

第二章　國際防制洗錢及打擊資恐組織與措施

本章重點依據命題重要度區分，最高為✿✿✿，最低為✿

重點一　國際防制洗錢及打擊資恐的組織　✿

「打擊清洗黑錢財務行動特別組織」（FATF）注意到洗錢手法愈趨複雜與專業，諸如利用法人等團體控制「非法所得」並掩飾「利益真實擁有者」，以及利用專業人士提供清洗犯罪資金諮詢與協助等。考量這些因素以及處理「不合作國家與地區」之相關經驗和一些國際間採取的行動作為，使得FATF訂立「四十項建議」，強化其架構以打擊「洗錢和資助恐怖活動」。

「四十項建議」包括「防制資助恐怖活動九項特別建議」中有關防制洗錢及防制資助恐怖活動之精髓，不僅針對洗錢，亦將涵蓋資助恐怖活動之反制作為。FATF亦認知各國法律架構和金融體系之差異性，無法採取一致的步驟以達成目標。因此，「四十項建議」僅訂定最精簡之行動標準，讓各國可以依據各自的特殊環境與法律架構，採取不同之細部作為。包括了一個國家在刑事司法和監督制度應採取之措施、金融機構及其他相關行業和專門職業應採取之預防性作為、國際合作等。

打擊洗錢和反制資助恐怖活動重要環節之一，即是各國依據這些國際標準所採取之作為需接受監督和評鑑。由FATF和相關區域性組織所發起之相互評鑑以及「國際貨幣基金會」（IMF）和「世界銀行」（World Bank）之評鑑，均是確保FATF建議在所有國家能夠有效遂行的重要機制。

洗錢犯罪常為跨國性的犯罪，為有效打擊跨國洗錢犯罪、資助恐怖主義及資助大規模毀滅性武器擴散等，有賴各國政府凝聚共識並攜手合作。洗錢防制處積極參與國際防制洗錢組織，並透過與各國金融情報中心相互合作的機制以追查洗錢行為及扣押、凍結犯罪所得，使犯罪者無從享受其收益或投入後續犯罪。本國目前參與之國際防制洗錢組織有艾格蒙聯盟（Egmont Group of Financial Intelligence Units）及亞太防制洗錢組織（Asia／Pacific Group on Money Laundering），以下就國際防制洗錢組織分述如下：

(一)**艾格蒙聯盟（Egmont Group of Financial Intelligence Units）**：

FATF第29項建議：「各國應設立金融情報中心作為全國性統一受理、分析可疑交易報告及其他有關洗錢、相關前置犯罪及資助恐怖活動之資

訊，並分送分析結果。」而金融情報中心係提供世界各國執法機關情報交換之重要管道，各國金融情報中心於1995年在比利時布魯塞爾之艾格蒙宮決議設立艾格蒙聯盟，藉以共同協商合作方式，特別是情報交換範圍、訓練與技術分享。我國是在1998年6月第六屆年會時加入，現行會籍名稱為（Anti-Money Laundering Division）AMLD，Taiwan。該組織迄今已有164個會員國，會員間透過安全網路進行情資交換。

(二)**亞太防制洗錢組織（APG）：**

亞太防制洗錢組織（APG）於1997年設立，為區域性防制洗錢組織（FATF-Style Regional Body，簡稱：FSRB），其目的在於協助其會員國接受與履行FATF所制訂有關防制洗錢、打擊資恐及打擊資助大規模毀滅性武器擴散之國際標準。目前APG計有41個會員國、觀察員8國及32個國際組織觀察員，並為FATF之準會員，我國係APG之創始會員國，名稱係「中華臺北」（Chinese Taipei）。我國得以APG會員之身分參與FATF之會務活動，應參與亞太區之相互評鑑，評鑑結果由優至劣可分為：「一般追蹤」、「加強追蹤」、「緊急加強追蹤」、「不合作名單」。全球計有APG等9個類似FATF之地區性防制洗錢組織。

(三)**「國際刑警組織」**（International Criminal Police Organization，INTERPOL）：

「國際刑警組織」成立於1923年，總部位於法國里昂，現有194個會員國。該組織1984年大會屈服於中國大陸入會所附無理條件，以致我國在該組織之會籍為其所取代。臺灣做為國際社會的一員，有意願與能力參與如INTERPOL之國際安全體系，以具體行動及專業參與，為全球打擊恐怖主義及跨國犯罪貢獻心力。臺灣盼以觀察員身分參與INTERPOL並作出具體貢獻，藉由以觀察員身分參與INTERPOL會議、活動及機制，臺灣將得以直接參與國際安全體系情資分享，合作打擊恐怖主義及跨國犯罪，並與各國刑事警察機關共同維護全球治安防護網。

(四)**「防制洗錢金融行動小組」**（FATF）：

「防制洗錢金融行動小組」成立於1989年，總部設於法國巴黎，現有39個會員，旨在打擊國際洗錢犯罪，設立相關規範與策略。該組織所制訂之「四十點建議」（Forty Recommendations）及「關於恐怖主義財源之九點特別建議」（Nine Special Recommendations on Terrorists Financing）為國際反洗錢工作之準則。我國雖非FATF會員，惟自2006年起以「亞太洗錢防制組織」（APG）會員身分參與FATF會議。

(五)「亞太區追討犯罪所得機構網絡」（ARIN-AP）：

2013年11月韓國在「聯合國毒品控制與犯罪預防辦公室」（United Nations Office on Drugs and Crimes，UNODC）協助下，成立「亞太區追討犯罪所得機構網絡」（Asset Recovery Inter- Agency Network of Asia／Pacific，ARIN-AP），旨在建構亞太各國交換司法互助情資、提高司法互助效能，並掃除犯罪資產返還障礙之平台，秘書處設於首爾。我國於2014年1月加入ARIN-AP，為創始會員國之一。

【牛刀小試】

(　　) **1** 下列何者不是國際防制洗錢組織？　(A)FASB　(B)ARIN-AP　(C)APG　(D)FATF。

(　　) **2** 下列何者為訂定四十點建議？　(A)FASB　(B)ARIN-AP　(C)APG　(D)FATF。

解答與解析　答案標示為#者，表官方曾公告更正該題答案。

1 (A)。美國財務會計準則委員會（US Financial Accounting Standard Board；US FASB）。

2 (D)。「防制洗錢金融行動小組」（FATF）成立於1989年，總部設於法國巴黎，現有39個會員（含2個區域組織）旨在打擊國際洗錢犯罪，設立相關規範與策略。該組織所制訂之「四十點建議」（Forty Recommendations）及「關於恐怖主義財源之九點特別建議」（Nine Special Recommendations on Terrorists Financing）為國際反洗錢工作之準則。我國雖非FATF會員，惟自2006年起以「亞太洗錢防制組織」（APG）會員身分參與FATF會議。

重點二　FATF四十項建議

認知採取行動以打擊資助恐怖主義之重要性，「打擊清洗黑錢財務行動特別組織」已經同意將這些建議併同反洗錢四十項建議，作為偵測、預防和抑制資助恐怖主義和恐怖份子行動之基本架構。FATF四十項建議可分為以下七大類架構：

一、防制洗錢及打擊資恐之政策與協調措施（建議1至2）

建議1：評估風險及應用風險基礎方法

各國應識別、評估和了解本國的洗錢與恐怖融資風險，併採取相應的措施，包括指定專責機關來協調上開行動、應用資源，目的在於確保能夠有效率的降低風險。在評估基礎上，各國應適用風險基礎方法（Risk-Based Approach, 簡稱RBA），確保防範或降低洗錢和資恐風險的措施，與已辨識出的風險相對應。如發現風險較高，各國應確保其反洗與反恐融資體系能充分解決這些風險。如發現風險較低，各國可以決定在特定情況下，允許對某些FATF建議採取簡化的措施。各國應要求金融機構和特定非金融行業與職業，識別、評估，併採取有效措施低洗錢與恐怖融資風險。

建議2：國內合作與協調

各國應當根據已經識別出的風險，制定並定期審查本國反洗錢與反資恐政策，指定某一部門，或者建立協調機制或其他機制負責該政策的實施。各國應當確保政策制定者、金融情報中心、執法機關、監管機構和其他相關主管部門，在政策制定和執行層面，建立有效機制，加強合作和必要的協調，打擊洗錢、恐怖融資和毀滅性武器擴散融資。

二、沒收制度（建議3至4）

建議3：洗錢罪刑化

各國應當根據《維也納公約》、《巴勒莫公約》，將洗錢行為規定為犯罪。各國應當檢視所有重大犯罪案件，如有牽涉洗錢行為者，均應適用洗錢防制罪刑。

建議4：沒收與臨時措施

各國應當採取類似於《維也納公約》、《巴勒莫公約》和《制止向恐怖主義提供資助公約》規定的措施，使主管機關能夠在不損害第三者權益的情況下，凍結、查封或沒收以下財物：

(1)洗錢行為之標的，即需要被漂白之財產。

(2)由犯罪行為所得之財物，或其衍生之利益，或已經用於、或預備用於犯罪行為或洗錢行為之財物。

(3)用於，或預備用於資恐的財物，或其衍生之利益。

(4)由洗錢或犯罪行為所得之財物或利益，或準備用於資恐之財物或利益，轉化而成之等值財物。

主管機關應具備相當權責如下：

(1)能夠對執行（沒收）標的進行辨識、追蹤及估價。

(2)能夠採取凍結或查封等保全措施，防止沒收標的被交易或移轉。

(3)應具備當歹徒試圖妨害公權力沒收執行時之反制能力。

(4)能夠採取任何適宜的調查行動。

三、資恐與資助武器擴散（建議5至8）

建議5：資恐罪刑化

各國應立法將資助恐怖活動的行為規定為犯罪，且定罪範圍應擴大至各種資助恐怖組織和單個恐怖分子的行為。

建議6：與恐怖主義和資恐犯罪相關的金融制裁

各國應當建立金融制裁機制，以遵守聯合國安理會關於防範和制止恐怖主義和恐怖融資的決議，配合凍結其所指定之個人或團體之資金或其他資產。這些決議要求各國不應遲延凍結指定個人或實體的資金或其他資產，並確保沒有任何資金或其他資產，直接或間接地提供給被指定的個人或實體或者使其受益。

建議7：與資助巨大毀滅性武器擴散相關的金融制裁

各國應執行金融制裁機制，以遵守聯合國安理會關於防範、制止、瓦解大規模殺傷性武器擴散及擴散融資的決議。這些決議要求各國不應遲延凍結指定個人或實體的資金或其他資產，並確保沒有任何資金或其他資產，直接或間接地提供給被指定的個人或實體或者使其受益。

建議8：非營利性組織

對於可能被恐怖融資濫用的非營利組織，各國應當審查有關法律規範是否完備。非營利性組織容易被濫用，各國應當確保非營利性織不會以下列方式被濫用：

(1)恐怖組織利用非營利性織的合法身份。

(2)利用合法實體的非營利性組織作為恐怖融資的渠道，包括以逃避資產凍結措施為目的。

(3)利用非營利性組織，將合法用途的資金秘密轉移至恐怖組織予以掩飾或混淆。

四、風險預防措施（建議9至23）

(一)金融機構保密（建議9）。

建議9：金融機構保密法

各國應當確保金融機構保密法不妨礙FATF40項建議的實施。

(二)客戶身分審查與紀錄保存（建議10至11）。

建議10：客戶審查（CDD）

金融機構應禁止客戶以匿名或假名開立帳戶。金融機構應在下列時機執行客戶審查：

(1)建立業務關係。

(2)進行臨時性交易：例如超過適用的規定限額、特定情況下的電匯（建議16所揭示之情況）。

(3)有洗錢或資恐嫌疑。

(4)金融機構懷疑先前獲得的客戶身份數據的真實性或完整性。

可採取的詳細調查措施如下：

(a)確定客戶身份，並利用可靠的、獨立來源的文件、數據或信息核實客戶身份。

(b)確定受益所有人身份，並採取合理措施核實受益所有人身份，以使金融機構確信了解其受益所有人。對於法人和法律安排，金融機構應當了解其所有權和控制權結構。

(c)了解並在適當情形下獲取關於業務關係目的和意圖的信息。

(d)對業務關係採取持續的詳細調查，對整個業務關係存續期間發生的交易進行詳細審查，以確保進行的交易符合金融機構對客戶及其業務、風險狀況等方面的認識。

如果金融機構不能遵循上述(a)～(b)項規定的措施，則不應讓客戶開立帳戶、建立業務關係或進行交易，或者應當終止業務關係，並考慮提交相關客戶的可疑交易報告。這些要求適用於所有新客戶，但金融機構還應當根據重要性和風險程度，將本建議適用於現有客戶，並在適當時候對現有業務關係開展詳細調查。

建議11：記錄保存

各國應當要求金融機構將所有必要的國內和國際交易記錄至少保存五年，以使其能迅速提供主管部門所要求的信息。這些信息必須足以重現每一筆交易的實際情況，以便在必要時提供起訴犯罪活動的證據。

(三)針對特殊客戶與活動之例外措施（建議12至16）。

建議12：政治公眾人物

對於外國重要政治性職務人士（Politically Exposed Persons, 簡稱PEPs），除採取正常的客戶詳盡調查措施外，不論其身分是客戶本身或實質受益人，均另應採取以下措施：

(1)建立適當的風險管理系統，以確定客戶或受益所有人是否為重要政治性職務人士。

(2)獲得高級管理層的批准方可建立業務關係。

(3)採取合理措施確定其財產和資金來源。

(4)對業務關係進行強化的持續監測。

金融機構應當採取合理措施，確定客戶或實質受益人是否為本國的政治公眾人物，或者在國際組織擔任或曾經擔任重要公職的人員。上述(2)～(4)措施也適用於與重要政治性職務人士關係密切之人，例如男／女朋友、機要秘書、家人等等……。

建議13：通匯銀行

對於跨境通匯銀行及其他類似的業務關係，除採取正常的客戶詳盡調查措施外，另應採行以下措施：

(1)收集通匯銀行的資訊，以全面了解通匯銀行的業務性質，並通過公開資訊判斷通匯銀行的信譽和業務監督品質，包括是否因洗錢或資恐事件遭受調查或監管。

(2)評估通匯銀行的反洗錢與反資恐內部控制制度。

(3)在建立新的通匯業務關係之前，獲得高階主管的批准。

(4)明確瞭解各通匯往來機構的相應權責。

(5)對於「過渡帳戶（Payable-through Accounts）」，需確認通匯銀行有善盡客戶審查措施，並且能夠於提出要求時提供客戶審查資訊。

各國應當禁止金融機構與空殼銀行建立或維持通匯關係。

建議14：資金或價值轉移服務（Money or Value Transfer Services, MVTS）

各國應當採取措施，確保本國提供資金或價值轉移服務的自然人或法人獲得許可或註冊登記，並受到有效系統的監測，以符合FATF建議要求的相關措施。各國應當採取行動，發現未經許可或登記註冊而提供資金或價值轉移服務的自然人和法人，應予適當處罰。

建議15：新科技

金融機構應當在發布新產品、開展新業務以及應用新科技前進行風險評估，採取適當措施管理和降低此類風險。

建議16：電匯

各國應當確認金融機構在辦理電匯和處理相關報文時，填寫規定的、準確的匯款人、受款人資訊，並確保這些資訊保留在支付流程的每一個環節。

(四)第三方協力廠商、內部控制與集團性措施（建議17至19）。

建議17：第三方協力廠商

金融機構得委託第三人或仲介機構，實施客戶審查程序或仲介業務。但是有關確認及核對客戶身分之應負最終責任者，仍是委託第三人之金融機構。第三方協力廠商受託進行客戶審查至少應達到以下標準：

(a)應使委託金融機構立即取得第三方協力廠商執行建議10所要求之客戶審查步驟(1)至(3)所得之必要資訊。

(b)委託金融機構應採取必要措施，確保第三方協力廠商於金融機構提出要求時能立即提供客戶審查之身分資料與其他相關文件，不得延誤。

(c)委託金融機構應確保第三方協議廠商有遵守建議10及建議11對客戶審查及記錄保存之規定。

(d)擇定第三方協力廠商時，應考慮其所屬的國家風險因素。

建議18：國外分行及分支機構的內部控制

金融機構應以「集團層級」之資訊分享標準，來規劃國外分行及分支機構適用防制洗錢或資恐之政策及程序。

各國應當要求金融機構確保其國外分行及持有多數股權之分支機構，執行與母國落實FATF建議相一致的反洗錢與反恐怖融資要求。

建議19：高風險國家

金融機構與來自不遵守或不完全遵守FATF建議國家之人（包括公司及金融機構）的業務關係及交易，應特別注意。其交易經常有經濟目的不明顯或無合法目的之情形時，應於可能的限度內調查其背景及目的，權責機關應得利用調查結果之文書。對不遵守或不完全遵守FATF建議之國家，各國應得採取適當的制裁措施。

(五)陳報可疑交易（建議20至21）。

建議20：可疑交易報告

如果金融機構懷疑或有合理理由懷疑資金為犯罪收益，或與恐怖融資有關，金融機構應當依據法律要求，立即向金融情報中心報告。

建議21：洩密與保密

金融機構之董事、管理職員或受雇人，因善意向金融情報中心申報可疑交易時，縱使其不知犯罪為何，亦不問是否確有犯罪，仍應受法律保障，不因違反契約、法令或行政法令所定保密義務之規定而負擔刑事或民事責任。法律應禁止洩漏向金融情報中心申報可疑交易報告或相關情報之事實。

(六)指定之非金融事業或職業人員（建議22至23）。

建議22：特定非金融行業和職業人員的客戶（Designated Non-Financial Business and Professions, 簡稱DNFBPs）審查程序

對指定非金融機構業者及專門技術職業人員進行客戶審查時，於下列情形下，應符合客戶審查及記錄保存之相關要求：

(1)賭場：客戶進行達一定金額以上之交易。

(2)不動產業者：客戶參與有關不動產買賣之交易。

(3)貴金屬商及寶石商：客戶進行達一定金額以上之交易。

(4)律師、公證人、其他獨立法律專業技術人員及會計師為客戶準備或實行交易之下列行為：買賣不動產、管理客戶資金、管理證券或其他資產、管理銀行、管理儲蓄、管理證券帳戶、協助公司組織之設立、經營、管理、法人或法律架構之設立、經營、管理及企業買賣。

(5)信託及公司服務提供者為客戶準備或實行以下交易行為：擔任成立之法人代理人、擔任（或安排他人擔任）公司、法人或法律架構中之董事或合夥人，或董事會秘書、提供公司或法人或類似組織註冊地址、辦公室、擔任（或安排他人擔任）「任意信託」之受託人、擔任（或安排他人擔任）他人之名義股東。

建議23：特定非金融行業和職業人員的其他措施

建議18至21所定之義務，於指定非金融機構業者及專門技術職業人員符合要件時適用之：

(a)律師、公證人、其他獨立法律專業技術人員以及會計師，在代表客戶或為客戶處理建議22所列之特定交易時，應陳報可疑交易。

(b)貴金屬及寶石商與客戶之現金交易達到或超過指定門檻時，即應陳報。

(c)信託及公司服務提供者如涉及建議22所指之特定交易者，應陳報可疑交易。

五、法人與法律協議之透明度、實質受益權（建議24至25）

建議24：法人的透明度與實質受益權

各國應尋求防制洗錢者不法利用法人的適當措施。各國權責機關應確保充分、正確且及時取得有關利用法人之受益所有人或控制人之情報。特別是得發行無記名證券之國家，應尋求適當之措施以防止無記名證券不會因洗錢而被不法利用。

建議25：法律協議的透明度以及實質受益權

各國應尋求洗錢者不法利用法律協議的防制措施。特別是各國權責機關應能確保充分、正確且及時取得任意信託（Express Trust）有關信託人、受託人及受益人之情報。

六、主管機關之權責及其他制度（建議26至35）

建議26：對金融機構的監督和管理

各國應使金融機構遵從適當的規範及監督，為確保實施FATF勸告的效果。權責機關應為必要之法律及規範措施，禁止犯罪者或其他關係人為金融機構重要或足以控制之資本持分的所有人或受益人，或禁止其具有經營金融機構之機能；不應允許空殼銀行之設立或持續運作，受洗錢及資恐相關的核心原則規範之金融機構，應以防制洗錢及打擊資恐為目的，審慎執行相關原則，其他金融機構則應持有營業執照或經註冊登記。

建議27：監管機構的權力

監督機關應有包括檢查在內的適當權限，以監督金融機構遵守防制洗錢及提供恐怖活動資金之義務，並得要求金融機構提出全部有關遵守情形的情報，以及於金融機構不遵守義務時課以適當行政處分之權限。

建議28：對特定非金融行業和職業人員的監管
指定非金融機構或專門職業技術人員應遵守有關之規範及監督措施：
(1)賭場必須持有營業執照；主管機關必須採取必要的法治措施，防止犯罪者或其同夥或其實質受益人持有賭場之多數股權或控制權，成為賭場之經營者。主管機關更應確保能夠有效規範、監督賭場遵循防制洗錢及打擊資恐之規定。為確保實施防制洗錢及提供恐怖活動資金之效果，應遵守全面性之規範制度及監督體制。
(2)各國應確保賭場以外之特定非金融事業或職業人員，基於風險敏感基礎、遵守防制洗錢及打擊資恐之規定，由監管機關或自律團體執行有效的監督機制。

建議29：金融情報中心
各國應設立金融情報中心作為統一受理、分析及提供可疑交易報告及其他可能與洗錢及提供恐怖活動資金有關情報任務之行政機關。金融情報中心為執行包括分析可疑交易報告在內的各項工作，得及時且直接或間接的利用金融、行政及法律執行機關有關的情報。

建議30：執法和調查部門職責
各國應確保被指定之法律執行機關具有偵查洗錢及打擊資恐之權責。被指定之法律執行機關，應主動進行洗錢及洗錢前置犯罪與資恐調查，各國應確保指定的執法機關能夠迅速辨識、追查並發動凍結或查封已確認或可能為沒收標的之犯罪所得財物。

建議31：執法和調查部門的權力
權責機關於偵查洗錢及其前置犯罪之際，應有權強制取得偵查、起訴及相關行為所使用之書類及情報。包括為使金融機構或其他之人提示保存之紀錄、搜索人及建築物、扣押及取得證據而採取強制措施之權限。各國應設立可於不事先通知所有人之情形下，查明相關重要人士持有資產之機制。

建議32：現金跨境運送
各國應當採取措施，包括通過申報、揭露以及具勸誠效果之處罰制度，規範現金和無記名可轉讓票據等金融工具的跨境攜帶活動。

建議33：數據統計
各國權責機關為檢討（review）防制洗錢及提供恐怖活動資金制度之實效性，應建立綜合性之有效性及效率性的統計制度。

建議34：指引與回饋

權責機關為協助金融機構、被指定之非金融機構或專門職業技術人員，於其適用國內防制洗錢及提供恐怖活動資金措施，特別是發現及申報可疑交易報告，應建立指導方針並提供回饋（feedback）。

建議35：處罰

各國應確保對於不遵守本建議6、建議8至23中列舉之有關防制洗錢或提供恐怖活動資金措施之自然人或法人，採取適當有效且具有抑制力之刑事、民事或行政上的制裁措施。

七、國際合作（建議36至40）

建議36：國際協議

各國應立即簽署並完全實施維也納公約、巴勒莫公約及1999年防止資助恐怖活動公約。其次，獎勵各國簽署、實施1990年歐洲議會有關洗錢、搜索、扣押及沒收公約及2002年美洲反恐怖公約等或其他相關國際公約等。

建議37：雙邊司法協助

各國對於洗錢及提供恐怖活動資金案件之偵查、起訴及相關程序，應儘可能限度內提供迅速、建設且有效之法律互助，並建立案件管理系統來執行、監控各項請求之辦理進度。各國對於並非在兩國領域內皆構成犯罪之案件（Dual Criminality）的司法互助請求，仍應儘最大之可能提供協助，只要該行為在雙方均構成犯罪，即便雙方對於該犯罪行為之歸類或定義有所歧異，仍可視為滿足提出司法互助之要件。對於所接獲之互助請求，在遵循國內法之前提下，應維護偵查機密性，如果請求對象之國家無法遵循保密要求，須立即向其提出請求。

建議38：雙邊司法協助（凍結和沒收）

各國應確保有權因應外國之司法互助請求，採取迅速行動，對清洗的資產、洗錢、上游犯罪及恐怖融資收益、實施或計畫用於實施犯罪的工具或同等價值的財產予以識別、凍結、扣押和沒收。該權力應該包括接受不以刑事判決為基礎的收益沒收請求，和其他臨時措施基礎上做出的請求。

建議39：引渡

各國應確保洗錢罪和資恐罪為可引渡之犯罪行為，盡量簡化引渡機制，允許引渡本國國民至他國接受審判，或在無法引渡本國國民情形下，應

依據辦理引渡國之要求,迅速將案件移交權責機關就請求內容所述之犯罪進行調查、起訴。受理機關對該案件之處理,應比照國內法律對相同犯罪之處理態度,而各相關國家應在訴訟程序和證據調查上相互合作,以確保起訴能夠順利進行。

建議40:其他形式的國際合作

各國應確保權責機關能夠提供國際間對等單位最大可能之協助,不問基於主動或被動,應有明確與有效的管道,使相互間能夠迅速且直接的交換有關洗錢及其前置犯罪情報,此種交換情報不應受到不當的限制。

【牛刀小試】

(　　) **1** FATF四十項建議有關將提供恐怖活動資金及其洗錢行為罪刑化的建議,何者有誤? 　(A)洗錢罪只有直接之證明,應依循維也納公約及巴勒莫公約規定之標準,非直接洗錢則不必依循維也納公約及巴勒莫公約規定之標準　(B)權責機關於偵查洗錢及其前置犯罪之際,應取得偵查、起訴及相關行為所使用之書類及情報　(C)各國應於可能之限度內,以擴大洗錢罪之前置犯罪為目標　(D)法人應課以刑事責任,如不可能課以刑事責任時,則應課以民事或行政責任。

(　　) **2** FATF四十項建議有關申報與恐怖活動有關之可疑交易的建議,何者有誤? 　(A)各國應設立分區金融情報中心作為分區受理、分析及提供可疑交易報告及其他可能與洗錢及提供恐怖活動資金有關情報任務之行政機關　(B)金融機構有合理依據懷疑資金係犯罪收益或與提供恐怖活動有關時,應儘速直接依法令所定之義務向金融情報中心提出申報　(C)金融機構之董事、管理職員或受雇人,因善意向金融情報中心申報可疑交易時,縱使其不知犯罪為何,亦不問是否確有犯罪,仍應受法律保障　(D)以上皆非。

(　　) **3** 下列何者非屬四十項建議指定之非金融事業或人員(DNFBPs)? (A)公證人　(B)Fintech公司　(C)貴重金屬商　(D)公司秘書。

【108年第二次防制洗錢與打擊資恐測驗】

解答與解析　答案標示為#者，表官方曾公告更正該題答案。

1 (A)。洗錢罪直接或不確定故意（intent and knowledge）之證明，應依循維也納公約及巴勒莫公約規定之標準，包括得依客觀的事實狀況推認之方法。

2 (A)。各國應設立金融情報中心作為統一受理、分析及提供可疑交易報告及其他可能與洗錢及提供恐怖活動資金有關情報任務之行政機關。金融情報中心為執行包括分析可疑交易報告在內的各項工作，得及時且直接或間接的利用金融、行政及法律執行機關有關的情報。

3 (B)。FATF建議22對於DNFBPs的定義為具有下列身分者：
(1)賭場：客戶進行達一定金額以上之交易。
(2)不動產業者：客戶參與有關不動產買賣之交易。
(3)貴金屬商及寶石商：客戶進行達一定金額以上之交易。

(4)律師、公證人、其他獨立法律專業技術人員及會計師為客戶準備或實行交易之下列行為：買賣不動產、管理客戶資金、管理證券或其他資產、管理銀行、管理儲蓄、管理證券帳戶、協助公司組織之設立、經營、管理、法人或法律架構非法人團體之設立、經營、管理及企業買賣。

(5)信託及公司服務提供者為客戶準備或實行以下名詞解釋中所列舉之相關交易行為：擔任成立之法人代理人、擔任（或安排他人擔任）公司、法人或法律架構中之董事或合夥人，或董事會秘書、提供公司或法人或類似組織註冊地址、辦公室、擔任（或安排他人擔任）「任意信託」之受託人、擔任（或安排他人擔任）他人之名義股東。

重點三　FATF評鑑方法如何防制洗錢及打擊資恐

以現行臺灣證券業防制洗錢及打擊資恐相關法令規範而言，不論是母法「洗錢防制法」及「資恐防制法」、授權子法「金融機構防制洗錢辦法」、內控要點及券商公會訂定之注意事項範本等，大架構之應辦事項包括確認客戶身分、紀錄保存及申報可疑交易等皆已接軌FATF國際標準建議中與金融機構相關之項目或參考其他國家相關規範，並參考APG相互評鑑方法，以自評角度及認定標準先行自我評估防制洗錢及打擊資恐的有效性。

(一)**技術遵循與效能評鑑**：依據FATF新出版的評鑑方法論（AML／CFT），評估方式有兩大面向，除技術遵循評鑑外，並增加效能評鑑。「技術遵循」主要是以文件審查為主，偏重在AML／CFT相關法制面的建構及政

府機關的相關權責及作業程序，包括訂定完整的法律、規章及徹底執行相關規定的強制性措施等。至於「效能評鑑」是以現地評鑑為主，主要是要能合理舉證確認受評鑑國執行AML／CFT的系統機制達成符合FATF所要求標準的落實程度，並找出相關缺點，透過後續的一般追蹤或加強追蹤督促受評鑑國對AML／CFT能採行有效的改善措施。

技術遵循	效能評鑑
完全遵循	高度有效
大部分遵循	相當有效
部分遵循	中度有效
未遵循	低度有效

(二)**效能評鑑中與金融機構攸關項目**：「效能評鑑」最重要的就是辨識受評鑑國執行成果的達成程度，而非著重於產出資料，依現行的評鑑方法論「效能評鑑」有11項直接成果（Immediate Outcome，IO），根據這11項IO評估會員之AML／CFT機制有效性，其中與金融機構攸關的是IO.4：金融機構和DNFBPs是否能夠充分運用與風險相當之防制洗錢／打擊資恐預防性作為，並申報可疑交易。這也是金融機構在接受APG第三輪相互評鑑前應予關注並提早自我評估是否與FATF相關建議接軌的準備重點。

(三)**IO.4的六項核心議題評鑑項目**（參照行政院洗錢防制辦公室提供「FATF評鑑方法論（中文）」（2013年2月版本、2017年2月更新）第116頁，網頁：https://reurl.cc/pdoR9x）：

1. 金融機構及指定之非金融事業或人員是否充分理解本身業務涉及之洗錢／資恐風險，以及防制洗錢／打擊資恐之義務？
2. 金融機構及指定之非金融事業或人員，如何採取程度相當之降低風險或避險措施？
3. 金融機構及指定之非金融事業或人員是否有、如何實施客戶審查及紀錄保存之措施（包括有關實質受益人資訊及持續性監控）？因客戶審查未完成而拒絕業務往來之實際狀況如何？
4. 金融機構及指定之非金融事業或人員如何對於下列對象採取強化或特別措施？
   (1) 重要政治性職務人士。　　　　(2) 通匯銀行。
   (3) 新科技。　　　　　　　　　　(4) 匯款規則。
   (5) 有關洗錢或資恐之目標性金融制裁。
   (6) FATF所認定之較高風險國家。

5. 金融機構及指定之非金融事業或人員對於可疑犯罪所得及資恐之資金履行申報義務之程度為何？是否有保密或防止洩密之措施？

6. 金融機構及指定之非金融事業或人員如何內部／自主控制（包括在金融集團層級）以確保遵循防制洗錢／打擊資恐之規定？法律或相關規定（如金融保密規定）妨礙其執行之程度為何？

【牛刀小試】

(　　) 1 效能評鑑中與金融機構攸關項目為何？　(A)IO.3　(B)IO.4　(C)IO.6　(D)IO.7。

(　　) 2 依據FATF新出版的評鑑方法論（AML／CFT），評估方式有兩大面向，除技術遵循評鑑外，並增加效能評鑑。「技術遵循」主要是以什麼主？　(A)文件審查　(B)觀察　(C)實地訪談　(D)抽樣。

解答與解析　答案標示為#者，表官方曾公告更正該題答案。

1 **(B)**。「效能評鑑」最重要的就是辨識受評鑑國執行成果的達成程度，而非著重於產出資料，依現行的評鑑方法論「效能評鑑」有11項直接成果（Immediate Outcome，IO），根據這11項IO評估會員之AML／CFT機制有效性，其中與金融機構攸關的是IO.4。

2 **(A)**。依據FATF新出版的評鑑方法論（AML／CFT），評估方式有兩大面向，除技術遵循評鑑外，並增加效能評鑑。「技術遵循」主要是以文件審查為主。

試題演練

↘ 問答題

請概略說明FATF四十項建議有關非營利組織的建議？

答 各國應重新評估可能被濫用為資助恐怖主義之社團組織相關法令。並應確保非營利組織無下列被不當利用情形：恐怖份子組織偽裝成合法團體。利用合法團體作為資助恐怖份子管道，包括作為規避資產凍結之目的。以合法目的隱匿、掩飾恐怖份子組織資金之不法勾當。

(一)建議33：各國應尋求防制洗錢者不法利用法人的適當措施。各國權責機關應確保充分、正確且及時取得有關利用法人之受益所有人或控制人之情報。特別是得發行無記名證券之國家，應尋求適當之措施以防止無記名證券不會因洗錢而被不法利用。各國得檢討第五項建議所定義務，以取得有關金融機構受益所有人及控制人情報之措施。

(二)建議34：各國應尋求洗錢者不法利用法律合意的防制措施。特別是各國權責機關應能確保充分、正確且及時取得明確信託（express trust）有關設定人、受託人及受益人之情報，並檢討第五項建議所定義務，以取得有關金融機構受益所有人及控制人情報之措施。

☑ 單選題

(　　) **1** 下列何者非屬防制洗錢金融行動工作組織（FATF）針對重要政治性職務人士（PEPs）提出防制洗錢建議？ (A)採用風險管理系統機制來判定客戶或實質受益人是否擔任PEPs (B)採取確認客戶財富與資金來源的合理措施 (C)強化且持續地監控相關業務關係 (D)先建立關係後再請高階主管審查。 【107年第一次防制洗錢與打擊資恐測驗】

(　　) **2** 下列哪個國際組織會針對防制洗錢及打擊資恐工作執行情況來台進行相互評鑑？ (A)WTO (B)APG (C)OECD (D)APEC。 【107年第一次防制洗錢與打擊資恐測驗】

解答與解析 答案標示為#者，表官方曾公告更正該題答案。

1 (D)。防制洗錢金融行動工作組織（FATF）針對重要政治性職務人士（PEPs）提出防制洗錢建議：
(1)採用風險管理系統機制來判定客戶或實質受益人是否擔任PEPs。
(2)採取確認客戶財富與資金來源的合理措施。
(3)強化且持續地監控相關業務關係。
(4)先審查再建立關係。

2 (B)。APG會針對防制洗錢及打擊資恐工作執行情況來台進行相互評鑑。目前即將進行為第三輪相互評鑑。

↘ 複選題

(　　) **1** FATF40項建議最新規範係採用風險基礎方法來貫穿40項建議，在評鑑方法論中，哪些風險評估更受強調？　(A)信用風險評估　(B)系統風險評估　(C)國家風險評估　(D)機構風險評估。

【107年第一次防制洗錢與打擊資恐測驗】

(　　) **2** 依防制洗錢金融行動工作組織（FATF）相互評鑑方法論之一般指引，下列何者規定應明訂於法律或其他可執行的工具中？　(A)客戶審查(B)紀錄留存　(C)交易監控　(D)申報可疑交易。

【107年第一次防制洗錢與打擊資恐測驗】

解答與解析　答案標示為#者，表官方曾公告更正該題答案。

1 (CD)。
FATF40項建議最新規範係採用風險基礎方法來貫穿40項建議，在評鑑方法論中，國家風險評估及機構風險評估更受強調。

2 (ABD)。
依防制洗錢金融行動工作組織（FATF）相互評鑑方法論之一般指引，客戶審查、紀錄留存、申報可疑交易應明訂於法律或其他可執行的工具中。

第三章 我國防制洗錢及打擊資恐政策與法令

本章重點依據命題重要度區分，最高為✿✿✿，最低為✿

重點一 洗錢防制法 ✿✿

第1條 （立法目的）

<u>為防制洗錢，打擊犯罪，健全防制洗錢體系，穩定金融秩序，促進金流之透明，強化國際合作</u>，特制定本法。

【釋義】

1. 本法於民國八十五年間制定時，為亞洲地區率先通過洗錢防制法專法之國家。惟二十年來犯罪集團洗錢態樣不斷推陳出新，洗錢管道不再囿於金融機構，甚至利用不動產、保險、訴訟管道等，然而本法歷次修正均以後階段之刑事追訴行為為核心，未能與國際規範接軌，建置完善洗錢防制體制，強化洗錢防制作為，建立透明化之金流軌跡與可疑金流通報機制為目標，致我國雖有專法，但防制洗錢效果仍屬有限。隨著各國對於洗錢防制之重視日增，特別是國際間金融活動往來日益密切，非法金流利用層層複雜的各種名目、態樣，而移轉、分散至跨國不同據點，取得形式上合法來源的樣態以躲避查緝，檢調單位所面臨的被告，已非傳統個人被告，而係擁有龐大資金、法律專業團隊為後盾之犯罪集團。**目前國際上有關打擊犯罪之討論**，亦一再強調打擊犯罪除正面打擊，**更重要的應自阻斷其金流著手，包括金流透明化之管制及強化洗錢犯罪之追訴，才能徹底杜絕犯罪**。

2. 我國為亞太防制洗錢組織（Asia／Pacific Group on Money Laundering，以下稱APG）之會員國，有遵守防制洗錢金融行動工作組織（Financial Action Task Force，以下簡稱FATF）於2012年發布之防制洗錢及打擊資助恐怖主義與武器擴散國際標準四十項建議（以下簡稱FATF四十項建議）規範之義務，而我國近來司法實務亦發現金融、經濟、詐欺及吸金等犯罪所佔比率大幅升高，嚴重戕害我國金流秩序，影響金融市場及民生經濟，**本次修法目的在重建金流秩序為核心，特別是落實公、私部門在洗錢防制之相關作為，以強化我國洗錢防制體質，並增進國際合作之法制建構為主**，爰修正本條之立法目的。

第2條　（洗錢之定義）

本法所稱洗錢，指下列行為：

一、**意圖掩飾或隱匿特定犯罪所得來源，或使他人逃避刑事追訴，而移轉或變更特定犯罪所得。**

二、**掩飾或隱匿特定犯罪所得之本質、來源、去向、所在、所有權、處分權或其他權益者。**

三、**收受、持有或使用他人之特定犯罪所得。**

【釋義】

1. 「洗錢」一詞乃源自外來語（money laundering）翻譯而來，並非固有法律名詞，且本法係新創立法，為期適用明確，爰參酌我國刑法第三百四十九條及外國立法例予以定義。

2. 為明確區別犯罪行為人洗錢行為之態樣係為自己或他人，爰將第一款界定為犯罪行為人將他人犯罪所得加以漂白之行為，至於明知是非法資金，卻仍為重大犯罪行為人漂白黑錢之行為，則規定於第二款。

3. 第三款係規定持有、使用之洗錢態樣，例如：(一)知悉收受之財物為他人特定犯罪所得，為取得交易之獲利，仍收受該特定犯罪所得；(二)專業人士（如律師或會計師）明知或可得而知收受之財物為客戶特定犯罪所得，仍收受之。爰參酌英國犯罪收益法案第七章有關洗錢犯罪釋例，縱使是公開市場上合理價格交易，亦不影響洗錢行為之成立，判斷重點仍在於主觀上是否明知或可得而知所收受、持有或使用之標的為特定犯罪之所得。

第3條　（特定犯罪）

本法所稱特定犯罪，指下列各款之罪：

一、最輕本刑為六月以上有期徒刑以上之刑之罪。

二、刑法第一百二十一條第一項、第一百二十三條、第二百零一條之一第二項、第二百六十八條、第三百三十九條、第三百三十九條之三、第三百四十二條、第三百四十四條、第三百四十九條之罪。

三、懲治走私條例第二條第一項、第三條第一項之罪。

四、破產法第一百五十四條、第一百五十五條之罪。

五、商標法第九十五條、第九十六條之罪。

六、廢棄物清理法第四十五條第一項後段、第四十七條之罪。

七、稅捐稽徵法第四十一條、第四十二條及第四十三條第一項、第二項之罪。

八、政府採購法第八十七條第三項、第五項、第六項、第八十九條、第九十一條第一項、第三項之罪。

九、電子支付機構管理條例第四十四條第二項、第三項、第四十五條之罪。

十、證券交易法第一百七十二條第一項、第二項之罪。

十一、期貨交易法第一百十三條第一項、第二項之罪。期貨交易法第一百十三條第一項、第二項之罪。

十二、資恐防制法第八條、第九條之罪。

十三、本法第十四條之罪。

【釋義】

1. 原條文有關洗錢犯罪之前置犯罪（predicate offense），係著眼於「重大犯罪」為規範，而**所指之「重大犯罪」**，則兼採法定刑門檻及列舉罪名之混合規範方式。其中有關法定刑門檻部分，現行法係以最輕本刑為五年以上有期徒刑以上之刑之罪為要件。然洗錢犯罪之處罰，其有關前置犯罪之聯結，並非洗錢犯罪之成立要件，僅係對於違法、不合理之金流流動起訴洗錢犯罪，作不法原因之聯結。現行重大犯罪係指最輕本刑三年以上有期徒刑之罪，過度限縮洗錢犯罪成立之可能，亦模糊洗錢犯罪之前置犯罪之規定，僅在對於不法金流進行不法原因之聯結而已。本次修法**參考FATF四十項建議之第三項建議採取門檻式規範者**，其最低標準應至少採取最重本刑為一年以上有期徒刑之罪，或最輕本刑為六個月以上有期徒刑之罪之規範模式。相較之下，我國洗錢犯罪之前置犯罪因以「重大犯罪」為規範，造成洗錢犯罪成立門檻似嫌過高，而為APG於2007年第二輪相互評鑑指出我國前置犯罪的法定刑門檻規範過嚴，致洗錢犯罪難以追訴。為徹底打擊洗錢犯罪行為，並匡正前置犯罪之功能，爰修正第一項本文為「特定犯罪」，並於第一款**明定採取最輕本刑六月以上有期徒刑以上之刑之罪為規範門檻**。

2. 配合第一款規定門檻降低，原各款之法定刑符合最輕本刑六月以上有期徒刑以上之刑之罪者，即有修正必要，爰修正原第一項第二款至第四款、第七款、第八款及第十款之款次後，列為修正條

文第一項第二款、第三款、第四款、第十款；另刪除原第一項第
五款、第六款、第八款、第九款、第十一款至第十七款之規定。

3. FATF四十項建議要求各國之洗錢犯罪前置特定犯罪至少應包括其
所列之特定犯罪，即包含參與組織犯罪、恐怖主義行為（包含資助
恐怖主義）、販賣人口與移民偷渡、性剝削（包含兒童性剝削）、
非法買賣毒品及麻醉藥品、非法買賣軍火、贓物販售、貪污行賄、
詐騙、偽造貨幣、仿造品及產品剽竊、環保犯罪、謀殺及重傷害、
綁架非法拘禁及強押人質、強盜或竊盜、走私、勒索、偽造、著
作權侵害、內線交易及市場操作、稅務犯罪等類型（見遵循FATF
四十項建議之評鑑方法論）。經檢視現行條文並審酌我國洗錢風險
後，因多數罪名已可為第一款最輕本刑六個月以上涵括，故增列第
五款商標法第九十五條侵害商標或團體商標罪、第九十六條第一項
侵害證明標章罪、第九十六條第二項販賣或意圖販賣而持有他人註
冊證明標章之標籤罪；第六款廢棄物清理法第四十五條第一項後
段、第四十七條之罪；第七款稅捐稽徵法第四十一條詐術逃漏稅捐
罪、第四十二條詐術未扣繳或未代徵稅捐罪及第四十三條第一項、
第二項教唆或幫助詐術逃漏稅捐罪。

4. 電子支付機構管理條例第四十七條已明定第四十四條及第四十五
條之罪為本法第三條所定之重大犯罪；資恐防制法第十條亦明定
第八條及第九條為本法所稱之重大犯罪。考量本法為洗錢防制專
法，且已將「重大犯罪」用語更改為「特定犯罪」，爰將上開相
關規定併予規範於第九款、第十二款。

5. 原第二項所列犯罪均須以犯罪所得達新臺幣五百萬元以上，始屬
本法所稱重大犯罪，其立法目的在合理限縮洗錢犯罪適用範圍。
然九十四年二月二日修正公布之刑法已刪除連續犯、常業犯規
定，基於一罪一罰原則而分別認定行為人每次犯罪行為犯罪所
得，致犯罪集團總犯罪金額龐大。惟因單一犯罪金額難以達新臺
幣五百萬元，非屬本法所稱重大犯罪，而無洗錢犯罪之適用。另
參酌FATF四十項建議第三項建議，就洗錢犯罪之前置特定犯罪，
得以列舉特定犯罪類型，或以最重本刑一年以上有期徒刑之罪或
最輕本刑六個月以上有期徒刑之罪方式規範，並無以犯罪所得之
金額為規範方式，且APG於2007年相互評鑑時已具體指摘我國洗
錢罪門檻過高。綜合上述，爰刪除本項犯罪所得在新臺幣五百萬

元以上之限制規定，將第二項第一款、第二款所列罪名酌修後，分別移列至修正條文第二款、第八款中規範，以茲明確。

第4條　（特定犯罪所得）
本法所稱特定犯罪所得，指犯第三條所列之特定犯罪而取得或變得之財物或財產上利益及其孳息。
前項特定犯罪所得之認定，不以其所犯特定犯罪經有罪判決為必要。
【釋義】

1. 本法係以特定犯罪所得為規範對象，爰訂明第一項特定犯罪所之定義，以資明確。

2. FATF四十項建議之第三項建議註釋強調洗錢犯罪應擴及任何類型直接或間接代表刑事不法收益之財產。原條文第一款僅規定直接取得之財物或財產上利益，並未包含轉得之財物或財產上利益及其孳息。為符合上開國際標準，爰修正原條文第一款規定，將因特定犯罪而間接取得之財物或財產上利益亦納入本法所稱特定犯罪所得內涵，併入修正條文第一項。

3. 有關洗錢犯罪之追訴，主要係透過不法金流流動軌跡，發掘不法犯罪所得，經由洗錢犯罪追訴遏止犯罪誘因。因此，洗錢犯罪之追訴，不必然僅以特定犯罪本身經有罪判決確定為唯一認定方式。況洗錢犯罪以特定犯罪為前置要件，主要著眼於對不法金流軌跡之追查，合理建構其追訴基礎，與前置之特定犯罪成立與否，或是否有罪判決無關，故不以該特定犯罪行為經有罪判決為唯一證明方法。縱該特定犯罪行為因程序問題（如因被告經通緝而無法進行審判程序者）或其他原因（如被告因心神喪失）而無法或尚未取得有罪判決者，檢察官仍得以判決以外之其他積極事證證明財物或財產上利益屬特定犯罪所得。況FATF四十項建議第三項建議，要求各國於進行洗錢犯罪之立法時，應明確規定『證明某資產是否為特定犯罪所得時，不須其前置特定犯罪經有罪判決為必要』且APG二〇〇七年第二輪相互評鑑及其後進展分析報告中，均多次質疑我國未立法明定而有缺失，為因應上開國際組織建議，爰訂第二項，以資明確。

第5條　（金融機構）常考
一、本法所稱金融機構，包括下列機構：

(一)銀行。　　　　　　　　(二)信託投資公司。
(三)信用合作社。　　　　　(四)農會信用部。
(五)漁會信用部。　　　　　(六)全國農業金庫。
(七)辦理儲金匯兌、簡易人壽保險業務之郵政機構。
(八)票券金融公司。　　　　(九)信用卡公司。
(十)保險公司。　　　　　　(十一)證券商。
(十二)證券投資信託事業。　(十三)證券金融事業。
(十四)證券投資顧問事業。　(十五)證券集中保管事業。
(十六)期貨商。　　　　　　(十七)信託業。
(十八)其他經目的事業主管機關指定之金融機構。

二、**辦理融資性租賃、虛擬通貨平台及交易業務之事業，適用本法關於金融機構之規定**。

三、本法**所稱指定之非金融事業或人員，係指從事下列交易之事業或人員**：

(一)**銀樓業**。

(二)**地政士及不動產經紀業從事與不動產買賣交易有關之行為**。

(三)律師、公證人、會計師為客戶準備或進行下列交易時：
   1. 買賣不動產。
   2. 管理客戶金錢、證券或其他資產。
   3. 管理銀行、儲蓄或證券帳戶。
   4. 有關提供公司設立、營運或管理之資金籌劃。
   5. 法人或法律協議之設立、營運或管理以及買賣事業體。

(四)**信託及公司服務提供業為客戶準備或進行下列交易時**：
   1. 擔任法人之名義代表人。
   2. 擔任或安排他人擔任公司董事或秘書、合夥人或在其他法人組織之類似職位。
   3. 提供公司、合夥或其他型態商業經註冊之辦公室、營業地址、居住所、通訊或管理地址。
   4. 擔任或安排他人擔任信託或其他類似契約性質之受託人或其他相同角色。
   5. 擔任或安排他人擔任實質持股股東。

(五)**其他業務特性或交易型態易為洗錢犯罪利用之事業或從業人員**。

四、第二項辦理融資性租賃、虛擬通貨平台及交易業務事業之範圍、第三項第五款指定之非金融事業或人員，其適用之交易型態，及得不適用第九條第一項申報規定之前項各款事業或人員，由法務部會同中央目的事業主管機關報請行政院指定。

五、第一項金融機構、第二項辦理融資性租賃業務事業及第三項指定之非金融事業或人員所從事之交易，必要時，得由法務部會同中央目的事業主管機關指定其使用現金以外之支付工具。

六、第一項、第二項及前二項之中央目的事業主管機關認定有疑義者，由行政院指定目的事業主管機關。

前三項之指定，其事務涉司法院者，由行政院會同司法院指定之。

【釋義】

1. 依九十二年七月二十三日公布之農業金融法第二條，所謂農業金融機構，包括農會信用部、漁會信用部及全國農業金庫。財政部前於92年10月1日以台財融字(四)第0924000003號令，指定信託業為第一項所稱之金融機構，爰於第一項第十七款包括信託業。為配合行政院金融監督管理委員會之設置，行政院業於93年6月24日以院臺財字第0930027180號公告變更管轄機關為行政院金融監督管理委員會之法律條文，包括：本法第五條第一項第十六款、第六條第一項序文、第六條第四款、第七條第二項、第八條第三項等。然依照農業金融法第五條，農會信用部、漁會信用部及全國農業金庫之主管機關，在中央為農業委員會，並非行政院金融監督管理委員會。

2. 本法所稱之銀樓業，係指由經濟部會同內政部依商業團體法第四條所定之商業團體分業標準中之金銀珠寶商業。按經營金銀珠寶商業之銀樓，雖非金融機構，然易遭犯罪集團利用，而淪為犯罪者洗錢之管道。

3. 依農業金融法第五條，農業金融法所指之主管機關，在中央為行政院農業委員會；在直轄市為直轄市政府，在縣（市）為縣（市）政府。是為免爭議，明確規定為中央目的事業主管機關。至於外幣收兌處，係對持有外國護照之外國旅客及來臺觀光之華僑辦理外幣現鈔或外幣旅行支票兌換新台幣之業者。依照外幣收兌處設置及管理辦法第五條規定，包括：觀光旅館、旅行社、百貨公司或其他從事國外來臺旅客服務之機構團體等，均得向臺灣

銀行申請設置外幣收兌處。「亞太防制洗錢組織」（Asia/Pacific Group on Money Laundering，以下簡稱APG）早已對各國外幣收兌管理提出警告。然我國外幣收兌處之組織型態各異，目前雖尚未發現有遭利用為洗錢犯罪，然依日後具體情況，如有必要，即可適用第二項第二款之規定，由法務部會同中央目的事業主管機關即中央銀行指定為應適用本法之機構。

4. 我國於2007年接受APG第二輪相互評鑑時，即經指出融資性租賃業未經納入洗錢防制法規範之金融活動。考量融資性租賃在近日金融活動中轉趨重要，且為洗錢態樣之一，風險趨高，爰於第二項增訂辦理融資性租賃業務之事業，適用本法關於金融機構之規定。

5. 有下列狀況應遵循『第十項建議』客戶審查要求及『第十一項建議』交易紀錄保存要求：(一)賭場、(二)不動產經紀人、(三)貴金屬與寶石交易商、(四)律師、公證人、或其他獨立法律專業人士與會計師為客戶進行下列交易時：買賣不動產；管理客戶金錢、證券或其他資產；管理銀行、或證券帳戶；為公司設立、營運或管理所需之資金安排（organization of contributions for the creation, operation or management of companies）；設立、營運或管理法人或信託或其他與信託類似之協議（creating, operating or management of legal persons or arrangements, and buying and selling of business entities）⋯⋯」，第二十三項建議係非金融專業人員應適用申報可疑交易報告義務。因此，律師、公證人、其他獨立法律專業人員及會計師代理客戶或為客戶進行特定金融交易時，應負有客戶審查義務、交易紀錄保存義務，及申報可疑交易報告義務。惟原條文第二項僅限於「機構」，而未及於自然人，為使相關機關得依法指定獨立執業之專業人士納入洗錢防制體系，爰修正原第二項規定增訂第三項定明指定之非金融事業或人員。

6. 第三項各款之實際適用內容，應參照上開國際規範精神認定，並於本法相關授權命令中明定，俾利遵循。又另保留原第二項第二款規定，移列為第三項第五款，由法務部參考國際規範，評估我國洗錢態樣與風險，斟酌我國國情，對於未來其他業務特性或交易型態易為洗錢犯罪利用之事業及從業人員，得會同中央目的事業主管機關報請行政院指定之。

7. 指定對於特定之非金融事業或人員影響甚大，且涉及我國防制洗

錢政策之決定，宜由本法主管機關法務部會同中央目的事業主管
機關報請行政院指定。惟其事務涉司法院時，考量會同指定之機
關層級對等，宜由行政院會同司法院指定之。

8. 依第二項指定之事業或人員，本質上非金融機構，僅因所從事之
交易類型，或從業特性易為洗錢犯罪利用，而指定納入洗錢防制
體系，其業務內容、交易型態及適用本法規定之範圍與金融機構
並非全然相同，爰定明於指定時得一併指定其適用交易類型及第
九條有關大額交易通報之排除適用，以資明確。

9. 交易類型之指定，例如銀樓業部分，原即為法律規定適用本法之
業別，因我國國情文化，民眾有購買飾金供作佳節喜慶賀禮用
途，相對於購買金磚金塊等，非屬洗錢高風險行為，可由中央目
的事業主管機關於適用之交易型態類型內排除。

10. 有關第九條大額交易通報義務，並非一律適合適用於辦理融資性
租賃業務及非金融事業或人員，且國際規範有關非金融事業或人
員之通報義務亦以可疑交易通報為必備要件。因此，法務部會同
中央目的事業主管機關指定適用之事業及人員時，可依其交易態
樣，指定排除第九條大額交易通報義務之適用。

11. 防制洗錢金融行動工作組織（Financial Action Task Force on
Money Laundering，以下簡稱FATF）對於虛擬通貨之洗錢風險
已曾警示，並於2015年6月間即已發布虛擬貨幣風險基礎方法指
引，而參考相關國家立法例，多數在法制架構上至少納入洗錢防
制之低度規範，我國之洗錢防制規範亦有正視此風險，予以最低
度規範之必要，爰修正第二項。至於虛擬通貨平台及交易業務事
業之定義、範圍及其他相關事項之規範，待行政院指定目的事業
主管機關後，立即規範，附此敘明。

第6條　（訂定防制洗錢注意事項）

一、金融機構及指定之非金融事業或人員應依洗錢與資恐風險及業
務規模，建立洗錢防制內部控制與稽核制度；其內容應包括下
列事項：

(一)**防制洗錢及打擊資恐之作業及控制程序**。

(二)**定期舉辦或參加防制洗錢之在職訓練**。

(三)**指派專責人員負責協調監督第一款事項之執行**。

(四)**備置並定期更新防制洗錢及打擊資恐風險評估報告**。

(五)**稽核程序**。

(六)**其他經中央目的事業主管機關指定之事項**。

二、前項制度之執行，中央目的事業主管機關應定期查核，並得委託其他機關（構）、法人或團體辦理。

三、第一項制度之實施內容、作業程序、執行措施，前項查核之方式、受委託之資格條件及其他應遵行事項之辦法，由中央目的事業主管機關會商法務部及相關機關定之；於訂定前應徵詢相關公會之意見。

四、違反第一項規定未建立制度，或前項辦法中有關制度之實施內容、作業程序、執行措施之規定者，由中央目的事業主管機關限期令其改善，屆期未改善者，**處金融機構新臺幣五十萬元以上一千萬元以下罰鍰；處指定之非金融事業或人員新臺幣五萬元以上一百萬元以下罰鍰**。

五、金融機構及指定之非金融事業或人員規避、拒絕或妨礙現地或非現地查核者，由中央目的事業主管機關處金融機構新臺幣五十萬元以上五百萬元以下罰鍰；處指定之非金融事業或人員新臺幣五萬元以上五十萬元以下罰鍰。

【釋義】

1. 有關高風險國家或地區之防制措施，金融機構有另訂相關注意事項以利執行之必要，爰訂有第一項第一款，定明金融機構應將所採取相關處分及措施之內部程序納入其防制洗錢注意事項。且洗錢防制之成效，須有健全之內稽內控制度，FATF四十項建議之第一項建議明文要求金融機構及指定之非金融事業或人員應採取必要程序辨識、評估並瞭解風險，而第十八項建議亦明文指出專責人員、訓練、稽核程序、內控事項等均為內稽內控制度之必要環節。雖就部分金融機構，我國現行法律對其內稽內控有相關強制規定，但本法現行條文有關內稽內控程序之規定僅具行政指導性質，並無強制力，核與國際規範要求不符，亦影響洗錢防制政策推動成效；況觀諸目前各國除向來針對金融機構之內稽內控要求外，更持續在強化指定之非金融事業或人員在洗錢防制執行上之內稽內控要求，蓋洗錢防制不僅是對外風險的控管，更重要的是內部流程制度與警覺，始能達成以風險為基礎之洗錢防制成效，此參諸英國、馬來西亞、香港等地亦均發布相關實務指引文件強

化執行作為，爰修正第一項序文應依所涉之洗錢與資恐風險及其業務規模建立內稽內控稽核制度，在所涉風險較高或業務規模較大情形，應採取較高強度的內稽內控，例如完整之內控程序與獨立稽核；在所涉風險較低或業務規模較小情形，可採取簡化方式，例如在僅一至二人之小型商業，可採行自我審視與稽核之簡化措施。

2. 第二項定明得由中央目的事業主管機關訂定指定之非金融事業或人員之防制洗錢注意事項之規定。

3. 我國為APG之會員，應踐履會員執行防制洗錢政策責任，**依FATF四十項建議之第一項建議，國家應持續更新國家洗錢風險評估並採取策進作為**，為使洗錢防制政策能持續性推行，爰訂第三項及第四項定明中央目的事業主管機關之查核權及違反之效果，**並定明中央目的事業主管機關之查核權得委託其他機關（構）、法人或團體辦理**。第四項就第一項之金融機構及第二項指定之非金融事業或人員規避、拒絕或妨礙查核者，應處之罰鍰。

4. 依FATF四十項建議之第二十八項建議權責機關應有適當之權能監督洗錢防制及打擊資恐規範之執行，並能有裁罰權限確保制度遵循。該項建議更明確規定，對於未遵循洗錢防制及打擊資恐相關要求者，包含內稽內控之規定，應得課予處罰。原第四項針對內稽內控之規範僅在規避、拒絕檢查時得課予處罰，就違反內稽內控之相關規定則無任何裁罰措施強制力，爰增訂第四項明定違反內稽內控規定之裁罰。

第7條 （確認客戶身分程序及留存所得資料）常考

金融機構及指定之非金融事業或人員應進行確認客戶身分程序，並留存其確認客戶身分程序所得資料；其確認客戶身分程序應以風險為基礎，並應包括實質受益人之審查。

前項確認客戶身分程序所得資料，應自業務關係終止時起至少保存五年；臨時性交易者，應自臨時性交易終止時起至少保存五年。但法律另有較長保存期間規定者，從其規定。

金融機構及指定之非金融事業或人員對現任或曾任國內外政府或國際組織重要政治性職務之客戶或受益人與其家庭成員及有密切關係之人，應以風險為基礎，執行加強客戶審查程序。

第一項確認客戶身分範圍、留存確認資料之範圍、程序、方式及前項加強客戶審查之範圍、程序、方式之辦法，由中央目的事業主管機關會商法務部及相關機關定之；於訂定前應徵詢相關公會之意見。前項重要政治性職務之人與其家庭成員及有密切關係之人之範圍，由法務部定之。

違反第一項至第三項規定及前項所定辦法者，由中央目的事業主管機關處金融機構新臺幣五十萬元以上一千萬元以下罰鍰、處指定之非金融事業或人員新臺幣五萬元以上一百萬元以下罰鍰。

【重點提示】
1. 洗錢防制法第7條第1項至第3項所要求之確認客戶身分程序、範圍等技術性規定，由金融監督管理委員會制定「金融機構防制洗錢辦法」規範之，性質屬法規命令。
2. 至於洗錢防制法第7條第4項後段，授權法務部制定「重要政治性職務之人與其家庭成員及有密切關係之人範圍認定標準」，對於「重要政治性職務之人」、「家庭成員」、「有密切關係之人」賦予國內法之定義。

【釋義】
1. 確認客戶身分程序依FATF四十項建議應以風險為本，並應包括實質受益人（Beneficial Owner）之審查。
2. FATF四十項建議之第十二項建議，金融機構對於擔任政治上重要職務之客戶或受益人與其家庭成員及有密切關係之人（close associates）等，除執行一般客戶審查措施外，應以風險為基礎，執行加強客戶審查程序，爰為第三項規定。另依FATF四十項建議第十項及第二十二項建議，無法完成客戶審查程序時，應不得開立帳戶、開始業務關係、執行交易，或應終止業務關係，並應考量對客戶申報可疑交易報告（where FIs／DNFBPs is unable to comply with relevant measures：(1)it should be required not to open the account，commence business relations or perform the transaction； or should be required to terminate the business relationship； and(2)it should be required to consider making a suspicious transaction report（STR）in relation to the customer.），是如第五條第一項至第三項之機構或人員因無法完成客戶審查程序而終止業務關係，或申報可疑交易報告並同時終止業務關係，均屬業務終止之正當事由，併此敘明。

3. 考量各業別有其執業特性，主管機關於訂定前應徵詢相關公會之
意見，爰為第四項規定。

4. 第五項就違反第一項至第三項規定及前項所定辦法者，應處金融
機構及指定之非金融事業或人員之罰鍰，分別修正為新臺幣五十
萬元以上一千萬元以下及五萬元以上一百萬元以下。

第8條　（辦理國內外交易留存交易紀錄） 常考
**金融機構及指定之非金融事業或人員因執行業務而辦理國內外交
易，應留存必要交易紀錄。**
前項交易紀錄之保存，自交易完成時起，應至少保存五年。 但法律
另有較長保存期間規定者，從其規定。
第一項留存交易紀錄之適用交易範圍、程序、方式之辦法，由中央
目的事業主管機關會商法務部及相關機關定之；於訂定前應徵詢相
關公會之意見。
違反第一項、第二項規定及前項所定辦法者，由中央目的事業主管
機關處金融機構新臺幣五十萬元以上一千萬元以下罰鍰、處指定之
非金融事業或人員新臺幣五萬元以上一百萬元以下罰鍰。

【釋義】

1. FATF四十項建議之第十一項（金融機構對於無明顯經濟目的或無
明白合法目的之不尋常大額複雜交易，應特別注意。對於此種交易
之背景及目的，應於可能之限度內進行調查，並建立書面資料，以
便協助權責機關、監督機關及內部稽核人員。）及第二十二項（金
融機構之海外分公司或其所有股份超過二分之一之從屬公司，特別
是位於不遵守或不完全遵守FATF建議國家之分公司或其所有股份
超過二分之一之從屬公司，於所在地法令允許之限度內適用前述原
則。若所在地法令禁止時，金融機構之控制公司應向其國內權責機
關報告無法適用FATF建議之情形。）建議，金融機構及指定之非
金融事業或人員對國內外交易所有必要紀錄，應至少保存五年，以
確保迅速提供權責機關對相關資訊之請求；該相關交易紀錄須足以
重建個別交易，爰為第一項、第二項規定。

2. 參酌原條文第七條第二項、第八條第三項之立法體例，授權中央
目的事業主管機關會商法務部及相關機關訂定留存交易紀錄之適
用交易範圍、程序及方式之辦法，爰為第三項規定。

3. 有關違反第一項、第二項規定及第三項所定辦法之處罰，於第四項定明之。

第9條　（一定金額以上通貨交易之申報）　常考
金融機構及指定之非金融事業或人員對於達一定金額以上之通貨交易，除本法另有規定外，應向法務部調查局申報。
金融機構及指定之非金融事業或人員依前項規定為申報者，免除其業務上應保守秘密之義務。該機構或事業之負責人、董事、經理人及職員，亦同。
第一項一定**金額、通貨交易之範圍、種類、申報之範圍、方式、程序及其他應遵行事項之辦法，由中央目的事業主管機關會商法務部及相關機關定之**；於訂定前應徵詢相關公會之意見。
違反第一項規定或前項所定辦法中有關申報之範圍、方式、程序之規定者，由中央目的事業主管機關處金融機構新臺幣五十萬元以上一千萬元以下罰鍰；處指定之非金融事業或人員新臺幣五萬元以上一百萬元以下罰鍰。

【重點提示】
1 第3條所定之「一定金額」、「通貨交易」，依金融機構防制洗錢辦法第2條規定分別如下：

一定金額	指新臺幣五十萬元（含等值外幣）。
通貨交易	指單筆現金收或付（在會計處理上，凡以現金收支傳票記帳者皆屬之）或換鈔交易。

2. 對於一定金額以上之通貨交易，應依下列程序、時限辦理：
金融機構防制洗錢辦法第13條
金融機構對達一定金額以上之通貨交易，應依下列規定辦理：
一、應確認客戶身分並留存相關紀錄憑證。應確認客戶身分並留存相關紀錄憑證。
二、確認客戶身分措施，應依下列規定辦理：
　　(一)憑客戶提供之身分證明文件或護照確認其身分，並將其姓名、出生年月日、住址、電話、交易帳戶號碼、交易金額及身分證明文件號碼等事項加以記錄。但如能確認客戶為交易帳戶本人者，可免確認身分，惟應於交易紀錄上敘明係本人交易。

　　　　　(二)交易如係由代理人為之者,應憑代理人提供之身分證明
　　　　　　　文件或護照確認其身分,並將其姓名、出生年月日、住
　　　　　　　址、電話、交易帳戶號碼、交易金額及身分證明文件號
　　　　　　　碼等事項加以記錄。
　　　　　(三)交易如係屬臨時性交易者,應依第3條第4款規定確認客
　　　　　　　戶身分。
　　三、除第14條規定之情形外,應依法務部調查局(以下簡稱調查
　　　　局)所定之申報格式,**於交易完成後五個營業日內以媒體申**
　　　　報方式,向調查局申報。無法以媒體方式申報而有正當理由
　　　　者,得報經調查局同意後,以書面申報之。
　　四、向調查局申報資料及相關紀錄憑證之保存,應依第12條規定
　　　　辦理。
　3. 金融機構防制洗錢辦法第15條
　　金融機構對疑似洗錢或資恐交易之申報,應依下列規定辦理:
　　一、金融機構對於符合第9條第5款規定之監控型態或其他異常情
　　　　形,應依同條第4款及第6款規定,儘速完成是否為疑似洗錢
　　　　或資恐交易之檢視,並留存紀錄。
　　二、**對於經檢視屬疑似洗錢或資恐交易者,不論交易金額多寡,**
　　　　均應依調查局所定之申報格式簽報,並於專責主管核定後立
　　　　即向調查局申報,核定後之申報期限不得逾二個營業日。交
　　　　易未完成者,亦同。
　　三、對屬明顯重大緊急之疑似洗錢或資恐交易案件之申報,應立
　　　　即以傳真或其他可行方式儘速向調查局申報,並應補辦書面
　　　　資料。但經調查局以傳真資料確認回條確認收件者,無需補
　　　　辦申報書。金融機構並應留存傳真資料確認回條。
　　四、前二款申報書及傳真資料確認回條,應依調查局規定之格式
　　　　辦理。
　　五、向調查局申報資料及相關紀錄憑證之保存,應依第12條規定
　　　　辦理。
　【釋義】
　1. 依本法規定,金融機構同時負有通報可疑交易義務及大額通貨交
　　易義務;又FATF四十項建議之第二十一項建議,雖僅要求對金
　　融機構依法通報可疑交易義務者予以免責,而未明確提及金融機

關申報大額通貨交易之免責規定。惟金融機構依法申報可疑交易者，既得依原條文第八條第二項免除其業務上應保守秘密之義務，同理金融機構依本條申報大額通貨交易者，亦應免除其保守秘密義務，始得強化金融機構申報大額通貨交易報告義務。又依FATF四十項建議之第二十一項及第二十三項建議，金融機構、指定之非金融事業或人員，及該機構或事業之董事、經理人及職員，於申報可疑交易報告時，應免除業務上應保守秘密義務。我國於申報義務考量國內現金基礎較高，定有大額交易申報強化措施，申報人員亦應免除保守秘密義務規範，又考量我國中小型商業型態居多，為免在無董事職務之商業型態未能完整規範，併列機構或事業之負責人亦得免除業務上應保守秘密之義務。

2. 涉及人民權利義務，以授權訂定法規命令之方式為之（即金融機構對達一定金額以上通貨交易及疑似洗錢交易申報辦法）。另考量各業別有其執業特性，主管機關於訂定前應徵詢相關公會之意見。

第10條　（金融機構及指定之非金融事業或人員之申報義務）

金融機構及指定之非金融事業或人員對疑似犯第十四條、第十五條之罪之交易，應向法務部調查局申報；其交易未完成者，亦同。

金融機構及指定之非金融事業或人員依前項規定為申報者，免除其業務上應保守秘密之義務。該機構或事業之負責人、董事、經理人及職員，亦同。

第一項之申報範圍、方式、程序及其他應遵行事項之辦法，由中央目的事業主管機關會商法務部及相關機關定之；於訂定前應徵詢相關公會之意見。

前項、第六條第三項、第七條第四項、第八條第三項及前條第三項之辦法，其事務涉司法院者，由司法院會商行政院定之。

違反第一項規定或第三項所定辦法中有關申報之範圍、方式、程序之規定者，由中央目的事業主管機關處金融機構新臺幣五十萬元以上一千萬元以下罰鍰；處指定之非金融事業或人員新臺幣五萬元以上一百萬元以下罰鍰。

【釋義】

1. FATF四十項建議之第二十三項建議（各國應使金融機構遵從適當的規範及監督，為確保實施FATF勸告的效果。權責機關應為必要

之法律及規範措施，禁止犯罪者或其他關係人為金融機構重要或足以控制之資本持分的所有人或受益人，或禁止其具有經營金融機構之機能。金融機構應遵循以健全業務為主要目的之核心原則（Core Principles）的規範及監督措施，如同時與防制洗錢有關時，應等同專為防制洗錢及提供恐怖活動資金目的而設之心態加以執行。其他之金融機構，應考慮所屬單位防制洗錢及提供恐怖活動資金之風險而適當的規範其許可或登錄制度，使其遵守洗錢防制之監督。至少匯兌及換鈔業者之許可及登錄制度應遵守國家所課以之防制洗錢及提供恐怖活動資金義務，以確保其效果之制度。）若指定之非金融事業或人員懷疑資金來源不法時，應儘速依法律規定，向金融情報中心申報該可疑交易。

2. 依FATF四十項建議之第二十一項建議明確要求申報可疑交易者應受免除業務秘密義務保障並禁止洩漏可疑交易申報資訊之義務，原第二項免除應保守秘密義務之主體，僅限於第一項之金融機構及指定之非金融事業或人員，惟可能接觸可疑交易申報資訊之負責人、董事、經理人及職員未明確免除其業務上應保守秘密之義務，為避免適用之疑義，爰修正第二項增訂免除之行為主體包括金融機構、指定之非金融事業或人員、該機構或事業之負責人、董事、經理人及職員，以資周全。又考量我國中小型商業型態居多，為免在無董事職務之商業型態未能完整規範，併列機構或事業之負責人亦得免除業務上應保守秘密之義務。

3. 另依FATF四十項建議第十項（金融機構應依權責機關的要求儘速提供情報，其有關國內及國際的全部必要交易紀錄至少應保存五年。前述紀錄於必要時，得提供作為追訴犯罪使用，並應足以或可能重現個別交易情形金融機構經由客戶審查程序取得之有關確認本人資料之紀錄、帳戶紀錄及通信文書，至少應於業務關係終止後保存五年。國內權責機關應得基於適當的權力，利用確認本人資料或交易紀錄。）及第二十二項（金融機構之海外分公司或其所有股份超過二分之一之從屬公司，特別是位於不遵守或不完全遵守FATF建議國家之分公司或其所有股份超過二分之一之從屬公司，於所在地法令允許之限度內適用前述原則。若所在地法令禁止時，金融機構之控制公司應向其國內權責機關報告無法適用FATF建議之情形。）建議，無法完成客戶審查程序時，

應不得開立帳戶、開始業務關係、執行交易，或應終止業務關係，並應考量對客戶申報可疑交易報告（where FIs/DNFBPs is unable to comply with relevant measures: (1)it should be required not to open the account, commence business relations or perform the transaction； or should be required to terminate the business relationship； and (2) it should be required to consider making a suspicious transaction report(STR) in relation to the customer.），是如第五條第一項至第三項之機構或人員因無法完成客戶審查程序而終止業務關係，或申報可疑交易報告並同時終止業務關係，均屬業務終止之正當事由，併此敘明。

4. 第三項規定涉及人民權利義務，其授權應以訂定法規命令之方式為之，且考量各業別有其執業特定，主管機關於訂定前應徵詢相關公會之意見。

5. 本法規範之監理措施均係由中央目的事業主管機關執行，又可能造成金融機構以訂定內稽內控規定方式免除責任，為真正落實洗錢防制旨趣，乃回歸行政罰法相關規定之適用。

第11條　（洗錢或資恐高風險國家或地區及防制措施）

為配合防制洗錢及打擊資恐之國際合作，金融目的事業主管機關及指定之非金融事業或人員之中央目的事業主管機關得自行或經法務部調查局通報，對洗錢或資恐高風險國家或地區，為下列措施：

(一)令金融機構、指定之非金融事業或人員強化相關交易之確認客戶身分措施。

(二)限制或禁止金融機構、指定之非金融事業或人員與洗錢或資恐高風險國家或地區為匯款或其他交易。

(三)採取其他與風險相當且有效之必要防制措施。

前項所稱洗錢或資恐高風險國家或地區，指下列之一者：

(一)經國際防制洗錢組織公告防制洗錢及打擊資恐有嚴重缺失之國家或地區。

(二)經國際防制洗錢組織公告未遵循或未充分遵循國際防制洗錢組織建議之國家或地區。

(三)其他有具體事證認有洗錢及資恐高風險之國家或地區。

【釋義】

1. 依據FATF四十項建議之第十九項建議與註釋（各國應考慮下列情事：a.於不妨礙資本自由移動且得確保適當使用情報的嚴格保護措施之下，對於跨國移轉之通用貨幣及可轉讓無記名金融工具（bearer negotiable instruments）得實施監控及調查的可能措施。b.於得確保適當使用情報的嚴格保護措施之下，銀行、其他金融機構及其仲介機構得將全部之一定金額以上國內及國際現金交易以電磁紀錄向該國之中央機關提出申報，權責機關對於洗錢及提供恐怖活動資金案件有利用前述資料之可能性或有效性的制度。）對於高風險國家，各國應能夠要求或獨立採取適當防制措施（counter-measure），此等防制措施包含要求金融機構運用特定之強化客戶審查措施、對於與被列名國家或該國個人之業務往來關係或金融交易予以限制、禁止金融機構信賴位於被列名國家之第三者所為之客戶審查程序、要求金融機構審查、修正或在必要情形下終止與列名國家金融機構之通匯關係等。

2. 目前我國對於防止FATF所列明之高風險國家，僅依據原條文第八條與金融機構對達一定金額以上通貨交易及疑似洗錢交易申報辦法第七條第四款規定進行疑似洗錢交易申報，未獨立採取高風險國家防制措施，與前開建議規範未符。考量現行高風險國家名單均係由法務部調查局轉知，爰定明金融目的事業主管機關得要求金融機構採取與風險相當且有效之防制措施之明確法源依據。

3. 將指定之非金融事業或人員定為洗錢防制措施之執行主體，依FATF四十項建議之第十九項及第二十三項建議，指定之非金融事業或人員之主管機關亦應針對洗錢或資恐高風險國家或地區採行相關防制措施。

第12條　（一定金額、有價證券、黃金及物品之申報義務）常考
旅客或隨交通工具服務之人員出入境攜帶下列之物，應向海關申報；海關受理申報後，應向法務部調查局通報：
一、總價值達一定金額以上之外幣、香港或澳門發行之貨幣及新臺幣現鈔。
二、總面額達一定金額以上之有價證券。
三、總價值達一定金額以上之黃金。

四、其他總價值達一定金額以上，且有被利用進行洗錢之虞之物品。
以貨物運送、快遞、郵寄或其他相類之方法運送前項各款物品出入
境者，亦同。

前二項之一定金額、有價證券、黃金、物品、受理申報與通報之範
圍、程序及其他應遵行事項之辦法，由財政部會商法務部、中央銀
行、金融監督管理委員會定之。

外幣、香港或澳門發行之貨幣未依第一項、第二項規定申報者，由海
關沒入之；申報不實者，其超過申報部分由海關沒入之；有價證券、
黃金、物品未依第一項、第二項規定申報或申報不實者，由海關處以
相當於未申報或申報不實之有價證券、黃金、物品價額之罰鍰。

新臺幣依第一項、第二項規定申報者，超過中央銀行依中央銀行法
第十八條之一第一項所定限額部分，應予退運。未依第一項、第二
項規定申報者，由海關沒入之；申報不實者，其超過申報部分由海
關沒入之，均不適用中央銀行法第十八條之一第二項規定。

大陸地區發行之貨幣依第一項、第二項所定方式出入境，應依臺灣
地區與大陸地區人民關係條例相關規定辦理，總價值超過同條例第
三十八條第五項所定限額時，海關應向法務部調查局通報。

【重點提示】

1. 洗錢防制法第12條第3項授權財政部關務署制定「洗錢防制物
   品出入境申報及通報辦法」，該辦法第2條對於「有價證券」、
   「有被利用進行洗錢之虞之物品」定義如下：
   「有價證券」：指無記名之旅行支票、其他支票、本票、匯票或
   得由持有人在本國或外國行使權利之其他有價證券。
   「有被利用進行洗錢之虞之物品」：指超越自用目的之鑽石、寶
   石及白金。

2. 所謂一定金額之外幣、港澳發行貨幣及新台幣現鈔，具體數額規
   定如下：
   洗錢防制物品出入境申報及通報辦法第3條
   旅客或隨交通工具服務之人員出入境，同一人於同日單一航
   （班）次攜帶下列物品，應依第4條規定向海關申報；海關受理
   申報後，應依第5條規定向法務部調查局通報：
   一、總價值逾等值一萬美元之外幣、香港或澳門發行之貨幣現鈔。
   二、總價值逾新臺幣十萬元之新臺幣現鈔。

三、**總面額逾等值一萬美元之有價證券。**
四、**總價值逾等值二萬美元之黃金。**
五、**總價值逾等值新臺幣五十萬元，且有被利用進行洗錢之虞之**
　　物品。
同一出進口人於同一航（班）次運輸工具以貨物運送、快遞、其
他相類之方法，或同一寄收件人於同一郵寄日或到達日以郵寄運
送前項各款所定物品出入境者，依前項規定辦理。
大陸地區發行之貨幣依前二項所定方式出入境，應依臺灣地區與
大陸地區人民關係條例相關規定辦理，總價值超過同條例第38條
第5項所定限額時，海關應依第5條規定向法務部調查局通報。

【釋義】

1. FATF四十項建議之第三十二項（各國權責機關為檢討（review）
防制洗錢及提供恐怖活動資金制度之實效性，應建立綜合性之有
效性及效率性的統計制度。此種制度應包括有關受理及提供可疑
交易報告之統計，偵查、起訴、審判洗錢及提供恐怖活動資金案
件之統計，凍結、扣押、沒收財產之統計，及法律互助或其他國
際協助請求之統計。）建議，要求各國應該有相關措施可以偵測
現金和無記名可轉讓金融工具之跨國運送，包括憑藉申報制度或
其他揭露制度。且各國應確保相關機關有法律授權，可以對被懷
疑與洗錢有關或未據實申報、揭露之現金或無記名可轉讓金融工
具能夠加以扣留及沒收。

2. 原條文規定申報物品限於旅客攜帶外幣現鈔及有價證券，惟對於
旅客攜帶新臺幣現鈔、黃金或一定金額以上有可能被利用做洗錢
之金融商品，卻均無申報義務、處罰及沒入規定。為與國際洗錢
防制立法趨勢接軌，並呼應國內執法機關實務上需求，爰修正第
一項第一款增列新臺幣現鈔，並增訂第一項第三款、第四款申報
義務之範圍。

3. 香港澳門關係條例第三十三條第一項規定香港或澳門發行之幣
券，在臺灣地區之管理準用管理外匯條例之有關規定。是其洗錢
防制管理，自亦應比照外幣予以規範，爰納入第一項第一款及第
四項規範。

4. 入出境之物品，除經由旅客隨身攜帶入出境外，尚包含貨物運送
及郵件包裹寄送等途徑，而貨物運送若涉及進出口，雖亦有相關

申報規定,惟如未依法申報,僅限於應稅貨物或管制物品有相關裁罰規定,為徹底防制利用通關進出口洗錢途徑,爰增訂第二項規定。其以郵件包裹運送情形,依郵包物品進出口通關辦法第六條、第十五條應辦理報關程序。

5. 有關新臺幣出入境,原條文第三項係以有無依規定申報而為放行或沒入之;與中央銀行法係依有無超過限額而為是否予以退運而不同處理。為明確適用原則俾兼顧避免新臺幣國際化之行政管理目的及防制洗錢之立法目的,爰訂第五項規定。

6. 鑒於臺灣地區與大陸地區人民關係條例第三十八條及第九十二條規定,已就大陸地區發行之貨幣進出入臺灣地區定有相關規範,且明定該等貨幣僅限額內得進出入臺灣地區,與第四項有關外幣入出境之管理,係以有無依規定申報而為放行或沒入之處理不同。為明確法規適用原則並兼顧防制洗錢之立法目的,爰訂第六項,定明大陸地區發行之貨幣進出入臺灣地區,應依上開條例相關規定辦理,並就總價值超過該條例第三十八條第五項所定限額時,規定海關應向法務部調查局通報,不適用第一項至第五項規定。

第13條　（禁止處分）

檢察官於偵查中,有事實足認被告利用帳戶、匯款、通貨或其他支付工具犯第十四條及第十五條之罪者,得聲請該管法院指定六個月以內之期間,對該筆交易之財產為禁止提款、轉帳、付款、交付、轉讓或其他必要處分之命令。其情況急迫,有相當理由足認非立即為上開命令,不能保全得沒收之財產或證據者,檢察官得逕命執行之。但應於執行後三日內,聲請法院補發命令。法院如不於三日內補發或檢察官未於執行後三日內聲請法院補發命令者,應即停止執行。

前項禁止提款、轉帳、付款、交付、轉讓或其他必要處分之命令,法官於審判中得依職權為之。

前二項命令,應以書面為之,並準用刑事訴訟法第一百二十八條規定。

第一項之指定期間如有繼續延長之必要者,檢察官應檢附具體理由,至遲於期間屆滿之前五日聲請該管法院裁定。但延長期間不得逾六個月,並以延長一次為限。

對於外國政府、機構或國際組織依第二十一條所簽訂之條約或協定或基於互惠原則請求我國協助之案件,如所涉之犯罪行為符合第三

條所列之罪,雖非在我國偵查或審判中者,亦得準用前四項規定。
對第一項、第二項之命令、第四項之裁定不服者,準用刑事訴訟法
第四編抗告之規定。

【釋義】

1. FATF防制資助恐怖行動第三項特別建議謂:各國應採取儘速凍結
提供恐怖行動資金者或恐怖行動組織所有之資金或其他財產之措
施。現行第一項規定範圍僅限於「從事洗錢」之財產,而不及於
第十一條第三項供資助恐怖行動之財產,爰予酌修使臻周延;另
配合行政院於九十七年三月十日以院臺財字第0970082395號函請
立法院審議之「管理外匯條例」第十九條之三修正草案用語,將
「其他相關處分」文字修正為「其他必要處分」,使符合比例原
則之要求,第二項亦同。

2. 為保障受禁止處分之財產之持有人的交易自由,當檢察官逕命執
行禁止處分時,倘其未於執行後三日內報請法院補發命令,原執
行命令應停止執行,爰修訂第一項。

3. 第一項所定之指定期間最長僅能六個月,然洗錢所牽涉者多為重
大犯罪,情節複雜,更常涉及國際間之司法互助,偵辦時程較之
一般犯罪更長。為兼顧對財產所有權之合理尊重,爰訂第四項規
定,如有繼續延長之必要者,檢察官應檢附具體理由聲請該管法
院以裁定延長之,且聲請延長以一次為限。

4. FATF第三十六項建議(各國對於洗錢及提供恐怖活動資金案件
之偵查、起訴及相關程序,應儘可能限度內提供迅速、建設且有
效之法律互助。各國應特別考慮下列情形:a.不應以不合理或不
適當之限制條件妨礙法律互助。b.為確保法律互助請求之實施,
應有明確且有效率之程序。c.不得以犯罪與租稅上問題有關在內
之理由,拒絕法律互助之請求。d.不得以金融機構保密義務之理
由,拒絕法律互助之請求。各國為配合法律互助之要求,應確保
權責機關依第二十八項建議有效。),各國應在反洗錢與打擊資
助恐怖份子之調查上、起訴及相關程式上,提供最廣泛之司法互
助。且APG於九十年五月所提出之第一輪相互評鑑報告即指出,
「由於我國國際地位特殊,迄今未與任何國家就偵查之合作事宜
簽署任何正式之多邊或雙邊協議,因而形成我國與其他國家之間
跨境從事犯罪調查合作之最大障礙。」值此跨國洗錢已形成國際

犯罪嚴重問題，我國更應積極與他國合作，建立國際司法互助之互惠氣氛。為呼應國際司法互助之潮流，並顧及洗錢防制之國際特殊性，彰顯我國政府願意參與國際間共同打擊洗錢犯罪之決心，爰參照香港澳門關係條例第五十六條、證券交易法第二十一條之一第一項等，將原第五項增列「或基於互惠原則」等文字，以增加國際合作之機會。

第14條　（洗錢行為之處罰）
有第二條各款所列洗錢行為者，處七年以下有期徒刑，併科新臺幣五百萬元以下罰金。
前項之未遂犯罰之。
前二項情形，不得科以超過其特定犯罪所定最重本刑之刑。

【釋義】

1. 關於洗錢行為定義已有修正，爰配合修正原條文第一項及第二項規定。另原條文第一項、第二項區分為為自己或為他人洗錢罪，而有不同罪責，惟洗錢犯罪本質在於影響合法資本市場並阻撓偵查，不因犯罪行為人係為自己或為他人洗錢而有差異，僅在其行為態樣不同。
2. 維也納公約要求對洗錢行為之未遂犯應予以刑罰化，爰訂第二項，定明未遂行為之處罰。
3. 洗錢犯罪之前置特定不法行為所涉罪名之法定刑若較洗錢犯罪之法定刑為低者，為避免洗錢行為被判處比特定不法行為更重之刑度，有輕重失衡之虞，參酌澳門預防及遏止清洗黑錢犯罪第三條第六項增訂第三項規定，定明洗錢犯罪之宣告刑不得超過特定犯罪罪名之法定最重本刑。

第15條　（罰則）
收受、持有或使用之財物或財產上利益，有下列情形之一，而無合理來源且與收入顯不相當者，處六月以上五年以下有期徒刑，得併科新臺幣五百萬元以下罰金：
一、冒名或以假名向金融機構申請開立帳戶。
二、以不正方法取得他人向金融機構申請開立之帳戶。
三、規避第七條至第十條所定洗錢防制程序。
前項之未遂犯罰之。

【釋義】

1. 洗錢犯罪之偵辦在具體個案中經常只見可疑金流，未必了解可疑金流所由來之犯罪行為，是以多數國家就洗錢犯罪之立法，多以具備前置犯罪為必要，以合理限制洗錢犯罪之成立，至於前置犯罪是否經判決有罪則非所問。亦即，只要有證據證明該可疑金流與特定犯罪有所連結即可，蓋從犯罪者之角度觀察，犯罪行為人為避免犯行遭查獲，會盡全力滅證，但對於犯罪之成果及犯罪所得，反而會盡全力維護，顯見洗錢犯罪之本質上本無從確知犯罪行為之存在，僅為合理限制洗錢犯罪之處罰，乃以不法金流與特定犯罪有連結為必要。然在不法金流未必可與特定犯罪進行連結，但依犯罪行為人取得該不法金流之方式，已明顯與洗錢防制規定相悖，有意規避洗錢防制規定，為落實洗錢防制，避免不法金流流動，對於規避洗錢防制規定而取得不明財產者，亦應處罰，爰參考澳洲刑法立法例予以規範，增訂第一項。惟此種特殊洗錢罪，應適度限制其適用範圍，定明其所收受、持有、使用之財產無合理來源，與收入顯不相當，且其取得以符合下列列舉之類型者為限：

(1) 類型一：行為人冒名或以假名向金融機構申請開立之帳戶。行為人特別使用冒名或假名方式進行金融交易，規避金融機構之客戶審查機制，產生金流追蹤斷點，影響金融交易秩序，參酌澳洲刑法第四百條第九項第二款第二目，於第一項第一款規定。

(2) 類型二：行為人以不正方法取得他人向金融機構申請開立之帳戶。行為人雖未使用冒名或假名之方式為交易，然行為人以不正方法，例如：向無特殊信賴關係之他人租用、購買或施用詐術取得帳戶使用，製造金流斷點，妨礙金融秩序。此又以我國近年詐欺集團車手在臺以複製或收受包裹取得之提款卡大額提取詐騙款項案件為常見。況現今個人申請金融帳戶極為便利，行為人捨此而購買或租用帳戶，甚至詐取帳戶使用，顯具高度隱匿資產之動機，更助長洗錢犯罪發生，爰為第一項第二款規定。

(3) 類型三：行為人以不正方法規避本法所定客戶審查、紀錄保存及大額與可疑交易申報及入出境申報等規範，例如：提供不實資料，或為規避現金交易五十萬元以上即須進行大額通貨交易申報規定，刻意將單筆四百萬元款項，拆解為十筆四十萬元交

易，顯亦有隱匿其資產用意，參酌澳洲刑法第四百條第九項第二款第一目，爰為第一項第三款規定。

2. 為徹底防制洗錢，第一項特殊洗錢罪之未遂行為，諸如車手提款時即為警查獲，連續在金融機構進行低於大額通報金額之金融交易過程中即為警查獲等情形，均應予以處罰，爰為第二項規定。

第16條　（罰則）

一、法人之代表人、代理人、受雇人或其他從業人員，因執行業務犯前二條之罪者，除處罰行為人外，對該法人並科以各該條所定之罰金。

二、犯前二條之罪，在偵查或審判中自白者，減輕其刑。

三、前二條之罪，於中華民國人民在中華民國領域外犯罪者，適用之。

四、第十四條之罪，不以本法所定特定犯罪之行為或結果在中華民國領域內為必要。但該特定犯罪依行為地之法律不罰者，不在此限。

【釋義】

1. 本條文係規範有關法人之處罰、偵審中自白之減刑及域外效力條款等規定。法人之代表人或自然人對於犯罪之發生，已盡力監督或為防止行為者，不在此限。乃允許受罰之法人舉證證明其已盡力監督或防止而免責。然我國兩罰規定者（如：著作權法、銀行法、管理外匯條例等），多未規定受罰者得舉證免責，是上開舉證免責規定即與一般立法體例不合。

2. 犯前項之罪，於犯罪後六個月內自首者，免除其刑；逾六個月者，減輕或免除其刑；在偵查或審判中自白者，減輕其刑。然洗錢行為使犯罪所得得以為犯罪行為人坐享，助長犯罪誘因，具高度可罰性，且縱於六個月內自首，亦不當然可阻止犯罪發生，不宜僅因於犯後六個月內自首即當然可受免刑之寬典；至於六個月後自首者，益難認屬及時悔過，更不宜逕減免其刑。

3. 參諸FATF頒布之四十項建議第3.6項建議要求，洗錢前置犯罪應擴及發生在國內構成前置犯罪，且如發生在他國亦構成犯罪之行為。該項建議旨在使會員國得對特定犯罪之不法金流移動進行洗錢犯罪之訴追，蓋不法金流跨境移動頻繁，如無此規定，將造成特定犯罪發生在域外，而無法追訴洗錢犯罪之情形，故透過此項

建議之規範，方能真正遏阻跨境不法金流移動。惟如特定犯罪之行為依行為地之法律並不構成犯罪，此時應適用雙重可罰原則。應注意的是，是否屬本法之特定犯罪，係以是否合致於本法第三條所列特定犯罪之構成要件為認定，而特定犯罪行為地之法律是否處罰，亦係以該特定犯罪行為本身，是否合致於行為地法律之構成要件為判斷標準，並非以實務司法審判結果是否具有可罰性為依據，併此敘明。

第17條 （洩漏或交付罪責）

一、公務員洩漏或交付關於申報疑似犯第十四條、第十五條之罪之交易或犯第十四條、第十五條之罪嫌疑之文書、圖畫、消息或物品者，處三年以下有期徒刑。

二、第五條第一項至第三項不具公務員身分之人洩漏或交付關於申報疑似犯第十四條、第十五條之罪之交易或犯第十四條、第十五條之罪嫌疑之文書、圖畫、消息或物品者，處二年以下有期徒刑、拘役或新臺幣五十萬元以下罰金。

【釋義】

1. 辦理融資性租賃業務及指定之非金融事業或人員納入洗錢防制之客戶審查、紀錄保存及申報義務主體，自應就其洩漏或交付責任予以定明，以強化洗錢防制規範，爰於第二項酌作修正。又參諸FATF四十項建議第二十一項建議「金融機構及其董事、經理人與職員依法禁止洩漏可疑交易之申報或相關資訊（Financial institutions and their directors, officers and employees should be prohibited by law from disclosing the fact that an STR or related information is being filed with the Financial Intelligence Unit）」，此項建議依FATF四十項建議第二十三項建議，於非金融機構之事業及人員亦有準用。是以本條之罪之成立，係指洩漏或交付關於已申報之相關文書、圖畫、消息或物品，如係未申報者，不在規範之列。且依FATF四十項建議之第二十一項建議明確要求申報可疑交易者應受免除業務秘密義務保障並禁止洩漏可疑交易申報資訊之義務。

2. 為達金融機構防制洗錢目的並兼顧本條立法意旨，有關金融機構依國際標準及我國相關法規執行集團內資訊分享，應在符合本條保密規範下執行。

第18條　（洗錢犯罪所得之沒收範圍） 常考

犯第十四條之罪，其所移轉、變更、掩飾、隱匿、收受、取得、持有、使用之財物或財產上利益，沒收之；犯第十五條之罪，其所收受、持有、使用之財物或財產上利益，亦同。

以集團性或常習性方式犯第十四條或第十五條之罪，有事實足以證明行為人所得支配之前項規定以外之財物或財產上利益，係取自其他違法行為所得者，沒收之。

對於外國政府、機構或國際組織依第二十一條所簽訂之條約或協定或基於互惠原則，請求我國協助執行扣押或沒收之案件，如所涉之犯罪行為符合第三條所列之罪，不以在我國偵查或審判中者為限。

【釋義】

1. FATF四十項建議之第四項建議（各國應確保有關金融機構保守秘密義務之法令不得妨礙FATF建議之實施。），各國應立法允許沒收洗錢犯罪行為人洗錢行為標的之財產。原條文僅限於沒收犯罪所得財物或財產上利益，而未及於洗錢行為標的之財物或財產上利益，爰予修正，並配合一百零四年十二月三十日修正公布之中華民國刑法，將追繳及抵償規定刪除。至於洗錢行為本身之犯罪所得或犯罪工具之沒收，以及發還被害人及善意第三人之保障等，應適用一百零四年十二月三十日及一百零五年六月二十二日修正公布之中華民國刑法沒收專章之規定。

2. 考量一百零五年六月二十二日修正公布之刑事訴訟法關於保全扣押之一般性規定，為避免重複規定，回歸適用刑事訴訟法爰刪除原條文第二項。

3. 我國近來司法實務常見吸金案件、跨境詐欺集團案件、跨國盜領集團案件等，對國內金融秩序造成相當大之衝擊，因其具有集團性或常習性等特性，且因集團性細膩分工，造成追訴不易。另常習性犯罪模式，影響民生甚鉅，共通點均係藉由洗錢行為獲取不法利得，戕害我國之資金金流秩序。惟司法實務上，縱於查獲時發現與本案無關，但與其他違法行為有關聯且無合理來源之財產，如不能沒收，將使洗錢防制成效難盡其功，且縱耗盡司法資源仍未能調查得悉可能來源，而無法沒收，產生犯罪誘因，而難以杜絕犯罪行為。為彰顯我國對於金流秩序公平正義之重視，而有引進擴大沒收之必要。所謂擴大沒收，係指就查獲被告本案違

　　　　法行為時，亦發現被告有其他來源不明而可能來自其他不明違法
　　　　行為之不法所得，雖無法確定來自特定之違法行為，仍可沒收
　　　　之。因此，為杜絕不法金流橫行，如查獲以集團性或常習性方式
　　　　之洗錢行為時，又查獲其他來源不明之不法財產時，參考二○一四
　　　　歐盟沒收指令第五條、德國刑法第七十三d條、第二百六十一條、
　　　　奧地利刑法第二十b條第二項、第一百六十五條，增訂擴大沒收違
　　　　法行為所得規定，爰訂有第二項。

4. 關於有事實足以證明被告財產違法來源之心證要求，參諸2014
　／42／EU歐盟沒收指令第五條及立法理由第二十一點指出，法
　院在具體個案上綜合檢察官所提出之直接證據、間接證據或情況
　證據，依個案權衡判斷，系爭財產實質上較可能源於其他違法行
　為。而法院在認定財產係源於其他不明違法行為時，所得參考之
　相關事實情況，例如行為人所得支配之財產價值與其合法的收入
　不成比例，亦可作為源於其他違法行為之認定基礎。

第19條　（沒收財產）

犯本法之罪沒收之犯罪所得為現金或有價證券以外之財物者，得由
法務部撥交檢察機關、司法警察機關或其他協助查緝洗錢犯罪之機
關作公務上使用。

**我國與外國政府、機構或國際組織依第二十一條所簽訂之條約或協
定或基於互惠原則協助執行沒收犯罪所得或其他追討犯罪所得作為
者，法務部得依條約、協定或互惠原則將該沒收財產之全部或一部
撥交該外國政府、機構或國際組織，或請求撥交沒收財產之全部或
一部款項。**

前二項沒收財產之撥交辦法，由行政院定之。

【釋義】

1. 因應一百零四年十二月三十日修正公布之中華民國刑法第三十八
　條之一及本法第四條已就犯罪所得及特定犯罪所得為定義，爰不
　包括「財物或財產上利益」。

2. 為呼應國際司法互助之潮流，並兼顧洗錢防制之國際特殊性，以
　建立國際司法互助之互惠關係。倘有其他國家政府或國際組織願
　意在與我國無任何條約或協定之前提下，即同意協助我國執行沒
　收犯罪所得或財產上利益，我國自無反而將他國政府或國際組織

協助我國執行所得之財產分享，限縮於應與我國有簽訂條約或協定者之必要，「基於互惠原則」可將收財產之全部或一部撥交該外國政府、機構或國際組織，或請求撥交沒收財產之全部或一部款項。

3. 聯合國反貪腐公約第五十七條明定有關國際互助追討犯罪所得之返還與分享。惟原條文之規範僅在外國政府、機構或國際組織協助我國執行沒收時，可由法務部撥交全部或一部款項予協助方，然就我國協助外國政府、外國機構或國際組織執行沒收場合，卻無具體請求分享規範，使實務運作無從遵循，故應由法務部向受協助之外國政府、機構或國際組織請求國際分享，爰修正第二項規定，在我國與外國政府、機構或國際組織互為協助之情形，均有沒收分享機制之適用；又國際合作追討犯罪所得之法制規定不盡相同，如英美法系國家在刑事沒收制度外，多設有民事沒收之對物訴訟制度，為利國際合作，沒收分享制度不應限於執行沒收犯罪所得，亦應包含其他追討犯罪所得之作為在內。

第20條　（設置基金）

法務部辦理防制洗錢業務，得設置基金。

【釋義】　「任何人均不得坐享犯罪所得」係司法正義價值所在，實則，龐大之犯罪所得係犯罪主要誘因，且犯罪所得經由洗錢行為移轉變更、分層化後，造成追討困難，不僅未能遏止犯罪，司法正義亦難以實踐。考量追討犯罪所得涉及廣大資源運用，包括人力建置、金流分析、查扣鑑價、查扣物變價、沒收物管理、境外執行司法折衝費用、律師費用等諸多困難因素，以及現行實務在跨境犯罪處理上往往有應發還之跨境被害人不明而影響發還時程之情形，參酌美國、英國等國均有基金法制，於犯罪所得追討之運用成效卓著，為提升追討犯罪所得效能，充實執法機關執行此類特殊業務所需經費，並使現有跨境犯罪之贓款發還被害人流程標準化，參酌美國聯邦法典第二十八章第五百二十四條規定，定明法務部得設置基金。

第21條　（國際合作條約或協定之簽訂）

為防制洗錢，政府依互惠原則，得與外國政府、機構或國際組織簽訂防制洗錢之條約或協定。

對於外國政府、機構或國際組織請求我國協助之案件，除條約或協定另有規定者外，得基於互惠原則，提供第九條、第十條、第十二條受理申報或通報之資料及其調查結果。

臺灣地區與大陸地區、香港及澳門間之洗錢防制，準用前二項規定。

【釋義】

1. 法務部為強化與各國政府之聯繫，積極參與國際洗錢防制組織，並利用參與國際組織促進我國與各國從事洗錢情報之交換與犯罪偵查之合作，近年來更已與多國政府簽署洗錢防制備忘錄或協定。

2. 然有關疑似洗錢交易報告、大額通貨交易報告或其他海關通報資料等金融情報之國際交換，雖得以促進國際防制洗錢之共同合作，然均不免有涉及個人隱私資料外洩之疑慮。查電腦處理個人資料保護法第八條規定：公務機關對於個人資料之利用，應於法令職掌必要範圍內為之，並與蒐集之特定目的相符；第九條規定：公務機關對個人資料之國際傳遞及利用，應依相關法令為之。為符合電腦處理個人資料保護法之規定，並兼顧國際刑事司法互助之宗旨，爰訂明對於外國政府、機構或國際組織請求我國協助之案件，除條約或協定另有規定者外，得基於互惠原則，提供第九條、第十條、第十二條受理申報或通報之資料及其調查結果。

3. 為強化臺灣地區與大陸地區、香港及澳門間之洗錢防制，訂第三項準用規定。

第22條　（定期陳報查核成效）

第六條第二項之查核，第六條第四項、第五項、第七條第五項、第八條第四項、第九條第四項、第十條第五項之裁處及其調查，中央目的事業主管機關得委辦直轄市、縣（市）政府辦理，並由直轄市、縣（市）政府定期陳報查核成效。

【釋義】

1. 本法第六條至第十條涉及防制洗錢注意事項之執行、客戶審查、交易紀錄保存、大額交易及可疑交易通報等義務之實踐。其執行層面包括高度監理之金融機構及低度監理之經指定之非金融事業或人員，為落實我國洗錢防制政策，並考量執行層面涉及各相關業別，為使中央目的事業主管機關得依據其推行政策執行查核與裁罰之實際需求，委辦地方政府辦理，並由地方政府定期陳報查核成效，爰定明委辦依據。

2. 依財政收支劃分法第三十七條第二項規定,中央目的事業主管機關委辦地方政府執行時,應負擔委辦經費。

第23條　（施行日）

本法自公布日後六個月施行。

本法修正條文自公布日施行。

【釋義】　本次修正條文範圍甚大,涉及公部門之機關部會及私部門之配合執行層面甚廣,更有相當多之授權法規須訂定,規定籌備期間,俾各相關機關部會因應,以利法制之推行。

【牛刀小試】

(　　) **1** 下列何者非洗錢防制法所稱洗錢或資恐高風險國家或地區?　(A)經國際防制洗錢組織公告未遵循或未充分遵循國際防制洗錢組織建議之國家或地區　(B)經國際防制洗錢組織公告防制洗錢及打擊資恐有嚴重缺失之國家或地區　(C)經交通部觀光局公告旅遊紅色警戒之國家或地區　(D)其他有具體事證認有洗錢及資恐高風險之國家或地區。　　　　　　　　　　　　　　　　【106年彰化銀行新進人員甄試】

(　　) **2** 依據2016年底修正通過之洗錢防制法,下列何者錯誤?　(A)特定犯罪係指最輕本刑為5年以上有期徒刑以上之刑之罪　(B)律師、公證人有確認客戶身分,並留存其交易資料之義務　(C)可處罰境外洗錢行為　(D)本法可處罰法人,但僅限於罰金。　　【106年警特三等】

(　　) **3** 依洗錢防制法金融機構應訂定防制洗錢注意事項,報請主管機關備查,下列何者非為應包括之事項?　(A)定期舉辦或參加防制洗錢之在職訓練　(B)對外資訊揭露作業管理程序　(C)指派專責人員負責協調監督本注意事項之執行　(D)防制洗錢及打擊資恐之作業及內部管制程序。　　　　　　　　　　　　【106年彰化銀行新進人員甄試】

(　　) **4** 洗錢罪的構成要件為何?　(A)只罰為他人重大犯罪所得財物或財產上利益掩飾隱匿,不罰為自己重大犯罪所得之洗錢　(B)最輕本刑為3年以上有期徒刑以上之刑之罪,皆為洗錢防制法第3條所稱重大犯罪　(C)不論因犯罪直接取得之財物或財產上利益、或因犯罪取得之報酬,皆屬犯罪所得　(D)只要有犯罪所得並對不法所得進行掩飾隱匿即有洗錢罪之該當。　　　　　　　　【104年警特四等】

( ) **5** 依民國105年12月28日修正之洗錢防制法規定，有關打擊跨境電信詐欺犯罪之敘述，下列何者錯誤？ (A)將現行重大犯罪之門檻，由最輕本刑5年以上有期徒刑之罪，修正為最輕本刑6月以上有期徒刑之罪 (B)放寬洗錢犯罪之重大犯罪範圍，刪除犯罪所得門檻新臺幣300萬元之規定 (C)增訂「人頭帳戶條款」，將「提供人頭帳戶供他人從事不法」之行為，列入洗錢行為 (D)增訂「車手條款」，將「收受、持有或使用他人之特定犯罪所得」之行為，列入洗錢行為。 【106年警特三等】

( ) **6** 下列敘述何者正確？ (A)境外基金銷售機構對於一定金額以上之境外基金交易，其申購、買回或轉換不需留存交易紀錄 (B)境外基金銷售機構以自己名義為投資人申購境外基金者，不需執行短線交易防制措施 (C)境外基金機構或總代理人對銷售機構所提供投資人之資料，應保守秘密，如致所屬基金投資人受損害，因其為外國公司，無法依法請求賠償 (D)總代理人如發現疑似洗錢之境外基金交易，應依洗錢防制法規定辦理。 【104年投顧】

( ) **7** 金融機構對於客戶每筆存、提金額相當且相距時間不久之大量頻繁交易異常情形，若有疑似洗錢，應切實依據下列何項法規，向指定之機構申報？ (A)個人資料保護法 (B)公司法 (C)公平交易法 (D)洗錢防制法。 【第18期銀行內控】

( ) **8** （複選）我國於106年7月20日APG年會大會中，正式獲得各會員的支持，已順利脫離亞太防制洗錢組織（APG）之過渡追蹤國家名單，其中之一的努力，即為我國於105年制定資恐防制法及修正洗錢防制法。下列何者屬於洗錢防制法規定之洗錢行為？ (A)至銀行存款新臺幣50萬元 (B)意圖掩飾或隱匿特定犯罪所得來源，或使他人逃避刑事追訴，而移轉或變更特定犯罪所得 (C)掩飾或隱匿特定犯罪所得之本質、來源、去向、所在、所有權、處分權或其他權益者 (D)收受、持有或使用他人之特定犯罪所得。 【106年自來水】

解答與解析　答案標示為#者，表官方曾公告更正該題答案。

1 (C)。洗錢防制法第11條規定：
「……前項所稱洗錢或資恐高風險國家或地區，指下列之一者：一、經國際防制洗錢組織公告防制洗錢及打擊資恐有嚴重缺失之國家或地區。二、經國際防制洗錢組織公告未遵循或未充分遵循國際防制洗錢組織建議之國家或地區。三、其他有具體事證認有洗錢及資恐高風險之國家或地區。」

2 (A)。洗錢防制法第3條規定：「本法所稱特定犯罪，指下列各款之罪：一、最輕本刑為六月以上有期徒刑以上之刑之罪。……」。

3 (B)。洗錢防制法第6條規定：「金融機構及指定之非金融事業或人員應依洗錢與資恐風險及業務規模，建立洗錢防制內部控制與稽核制度；其內容應包括下列事項：一、防制洗錢及打擊資恐之作業及控制程序。二、定期舉辦或參加防制洗錢之在職訓練。三、指派專責人員負責協調監督第一款事項之執行。四、備置並定期更新防制洗錢及打擊資恐風險評估報告。五、稽核程序。六、其他經中央目的事業主管機關指定之事項。……」

4 (C)。
(1)洗錢防制法第2條規定：「本法所稱洗錢，指下列行為：一、意圖掩飾或隱匿特定犯罪所得來源，或使他人逃避刑事追訴，而移轉或變更特定犯罪所得。二、掩飾或隱匿特定犯罪所得之本質、來源、去向、所在、所有權、處分權或其他權益者。三、

收受、持有或使用他人之特定犯罪所得。」
(2)故洗錢罪的構成要件為不論因犯罪直接取得之財物或財產上利益、或因犯罪取得之報酬，皆屬犯罪所得。

5 (B)。犯罪所得門檻原定為新臺幣500萬元。

6 (D)。
(1)境外基金銷售機構對於一定金額以上之境外基金交易，其申購、買回或轉換需留存交易紀錄。
(2)境外基金銷售機構以自己名義為投資人申購境外基金者，需執行短線交易防制措施。
(3)境外基金機構或總代理人對銷售機構所提供投資人之資料，應保守秘密，如致所屬基金投資人受損害，依法請求賠償。
(4)總代理人如發現疑似洗錢之境外基金交易，應依洗錢防制法規定辦理。

7 (D)。金融機構對於客戶每筆存、提金額相當且相距時間不久之大量頻繁交易異常情形，若有疑似洗錢，應切實依據洗錢防制法，向指定之機構申報。

8 (BCD)。洗錢防制法第2條規定：「本法所稱洗錢，指下列行為：一、意圖掩飾或隱匿特定犯罪所得來源，或使他人逃避刑事追訴，而移轉或變更特定犯罪所得。二、掩飾或隱匿特定犯罪所得之本質、來源、去向、所在、所有權、處分權或其他權益者。三、收受、持有或使用他人之特定犯罪所得。」

重點二　資恐防制法　☆☆

第1條　（立法目的） 常考

為防止並遏止對恐怖活動、組織、分子之資助行為（以下簡稱資恐），維護國家安全，保障基本人權，強化資恐防制國際合作，特制定本法。

【釋義】　本法之目的係為防止並遏止資助恐怖主義之行為，以維護國家安全、保障基本人權，並強化國際資恐防制合作。

第2條　（主管機關） 常考

本法之主管機關為法務部。

【釋義】　基於資恐防制與洗錢防制均以金流為規範重心，以防免因金流斷點產生資恐及洗錢風險，參照洗錢防制法由法務部為主管機關，爰本法之主管機關為法務部。

第3條　（資恐防制審議會之設置及指定機關組成員）

行政院為我國資恐防制政策研議、法案審查、計畫核議及業務督導機關。

主管機關應設資恐防制審議會（以下簡稱審議會），為個人、法人或團體列入制裁名單或除名與相關措施之審議；**由法務部部長擔任召集人**，並為當然委員；其餘委員由下列機關副首長兼任之：

一、國家安全局。　　　　　二、內政部。
三、外交部。　　　　　　　四、國防部。
五、經濟部。　　　　　　　六、中央銀行。
七、金融監督管理委員會。　八、其他經行政院指定之機關。

審議會之組成、運作及相關事項之辦法，由主管機關定之。

【釋義】

1. 依FATF國際標準之第六項及第七項關於防制資恐及武器擴散建議，均要求各國應建立權責機關，執行聯合國安全理事會第一二六七號決議及其後續決議及防制武器擴散目標性金融制裁之程序。考量行政院設置國土安全辦公室以辦理反恐政策研議、法案審查、計畫核議及業務督導等事項，並透過行政院國土安全政策會報運作機制，協調、管考與整合有關反恐怖事宜，為期完備

行政院於資恐防制政策上之地位與職掌，參考行政院處務規程所訂反恐業務職掌內容，爰於第一項明定行政院為我國資恐防制政策研議、法案審查、計畫核議及業務督導機關。

2. 指定制裁個人、法人或團體為特定措施即目標性金融制裁，其性質為行政制裁，非司法性處置，惟為求程序慎重，其指定程序以經審議會之決議為必要，考量指定之程序涉及國家安全、外交政策、犯罪偵查、社會治安及金融監理等多面向，應多方採納各權責機關意見，參酌新加坡、韓國、日本實務運作及泰國反資助恐怖份子法第五條第一項規定，爰於第二項明定由主管機關設審議會，決議相關事項。復考量國際組織所定目標性金融制裁國際最佳實踐作為或是我國履行國際社會打擊資助恐怖份子要求標準現況，外交、法務、安全、財政、經濟等部會在資恐防制層面上均有其重要角色，且依據行政院國土安全政策會報設置要點規定有會報組成委員，國家安全會議組織法第四條亦規定國家安全會議出席成員。為使審議會之組成員有因應需求彈性調整之空間，於第二項第八款增訂行政院得指定機關為組成員之概括性條款。

3. 第三項明定審議會之組成、運作及相關事項之辦法，另授權由主管機關定之。

第4條　（主管機關認個人、法人或團體得指定為制裁名單並公告之事由）

常考

一、主管機關依法務部調查局提報或依職權，認個人、法人或團體有下列情事之一者，經審議會決議後，得指定為制裁名單，並公告之：

(一)涉嫌犯第八條第一項各款所列之罪，以引起不特定人死亡或重傷，而達恐嚇公眾或脅迫政府、外國政府、機構或國際組織目的之行為或計畫。

(二)依資恐防制之國際條約或協定要求，或執行國際合作或聯合國相關決議而有必要。

二、前項指定之制裁名單，不以該個人、法人或團體在中華民國領域內者為限。

三、第一項指定制裁個人、法人或團體之除名，應經審議會決議，並公告之。

【重點提示】

資恐防制法第4條、第5條規範適用情況異同區辨如下：

	第4條	第5條
提報來源	資恐防制審議會決議	1.聯合國安全理事會資恐相關決議案及其後續決議所指定。 2.聯合國安全理事會依有關防制與阻絕大規模毀滅性武器擴散決議案所指定。
法律效果	指定為制裁名單並公告	
救濟方式	行政救濟（資恐防制法第13條）	
制裁名單除名之請求	針對審議會決議、公告處分做行政救濟，成功後可以請求除名。	非經聯合國安全理事會除名程序，不得為之。

【釋義】

1. 依聯合國安全理事會第一三七三號決議，要求各國應建立自行對恐怖組織及成員，及經外國政府或國際組織請求或國內機關提報之可疑恐怖分子名單之審議及指定程序。又依FATF國際標準之第六項及第七項建議，各國應遵循制止資助及有關防制與阻絕大規模毀滅性武器擴散之聯合國安全理事會決議案，對相關決議所指定名單對象，施行目標性金融制裁而凍結其資產。為符合FATF國際標準之上開建議，執行相關聯合國決議，並參考韓國制止資助恐嚇公眾安全法第四條、我國貿易法第六條、國際金融業務條例第五條之二及管理外匯條例第十九條之三等配合聯合國決議採取之國家防制措施立法例。

2. 為落實打擊資恐，以維護民眾安全，爰於第二項定明，經指定之制裁名單不以在我國境內之個人、團體或法人為限。

3. 恐怖活動雖可能透過各種樣態進行，不必然得與恐怖組織發動之攻擊有直接關聯之證明，為避免提案條文之適用範圍過廣而囊括與恐怖主義無關，僅單純宗教性或政治性之活動或陳抗案件，爰增列本條項第一款主觀要件。

4. 鑒於受指定制裁之個人、法人或團體之除名，應經由審議會決議並公告，指定制裁個人、法人或團體之除名，應經審議會決議，並公告之。

第5條　（主管機關應即指定為制裁名單並公告之個人、法人或團體）常考
主管機關依法務部調查局提報或依職權，應即指定下列個人、法人或團體為制裁名單，並公告之：
一、經聯合國安全理事會資恐相關決議案及其後續決議所指定者。
二、聯合國安全理事會依有關防制與阻絕大規模毀滅性武器擴散決議案所指定者。
前項所指定制裁個人、法人或團體之除名，非經聯合國安全理事會除名程序，不得為之。

【重點提示】
資恐防制法第4條、第5條規範適用情況異同區辨如下：

	第4條	第5條
提報來源	資恐防制審議會決議	1.聯合國安全理事會資恐相關決議案及其後續決議所指定。 2.聯合國安全理事會依有關防制與阻絕大規模毀滅性武器擴散決議案所指定。
法律效果	指定為制裁名單並公告	
救濟方式	行政救濟（資恐防制法第13條）	
制裁名單除名之請求	針對審議會決議、公告處分做行政救濟，成功後可以請求除名。	非經聯合國安全理事會除名程序，不得為之。

【釋義】
1. 依FATF國際標準之第六項及第七項建議，要求各國凍結依聯合國憲章第七章授權安全理事會所提列之特定對象，例如第一二六七號與第一九八九號蓋達組織Al-Qaida決議案、第一九八八號塔利班Taliban決議案、第二二五三號伊拉克及黎凡特伊斯蘭國Islamic

State in Iraq and the Levant（ISIL、ISIS）決議案及相關後續決議，及依有關防制與阻絕大規模毀滅性武器擴散決議案所指定之個人、法人或團體之資金或資產。我國雖非聯合國會員國，然為維護我國國家安全，保障基本人權，並落實資恐防制之國際合作，參考泰國反資助恐怖份子法第三條第三項及第四條第一項規定，爰於第一項第一款及第二款規定，對此類聯合國安全理事會決議案業已指定之個人、法人或團體，無須另行審議，於經法務部調查局提報，或依職權，直接指定予以制裁。

2. 第一項所謂指定之制裁名單，屬行政機關對特定人限制權利之行政處分。若相對人不服該處分，本得依訴願法及行政訴訟法尋求救濟。惟若受指定制裁者僅係主張欲由聯合國相關決議名單除名者，因我國係配合聯合國決議為制裁，並無對除名與否為具體判斷之資料及標準，不宜為除名與否之審查，應由被指定制裁之個人、法人或團體向聯合國安全理事會為申請除名，並參酌泰國反資助恐怖份子法第四條第二項規定，爰規定於第二項。

第5-1條（主管機關在指定制裁名單前，得不給予該個人、法人或團體陳述意見之機會）

主管機關依第四條第一項或前條第一項指定制裁名單前，得不給予該個人、法人或團體陳述意見之機會。

【釋義】 鑒於指定制裁名單涉及國際安全維護及跨國情資交換，且旨在避免被制裁者移轉資產，為有效執行制裁，爰明定主管機關在指定制裁名單前，得不給予該個人、法人或團體依行政程序法第一百零二條規定陳述意見之機會。

第6條 （主管機關得為之措施及限制程序）常考

一、主管機關得依職權或申請，許可下列措施：

(一)酌留經指定制裁之個人或其受扶養親屬家庭生活所必需之財物或財產上利益。

(二)酌留經指定制裁之個人、法人或團體管理財物或財產上利益之必要費用。

(三)對經指定制裁之個人、法人或團體以外之第三人，許可支付受制裁者於受制裁前對善意第三人負擔之債務。

二、前項情形，得於必要範圍內，限制經指定制裁之個人、法人或團體之財物或財產上利益之使用方式。

三、前二項之許可或限制，主管機關得請各中央目的事業主管機關提供意見。違反第二項之限制或於限制期間疑似有第四條第一項各款情事之一者，主管機關得廢止第一項許可之措施。

四、第一項許可措施及第二項限制相關事項之辦法，由主管機關定之。

【釋義】

1. 依第四條第一項程序所指定制裁之個人、法人或團體，乃我國政府所指定，若被指定制裁之個人、法人或團體，嗣後已確實斷絕與恐怖主義之關聯者，自應由我國政府自行建置除名程序。且目標性金融制裁執行後之許可措施樣態繁多且持續發生，而其內容可能涉及個人生活所需及用度，又審議會之召開慎重，未必能因應持續發生之許可申請；考量許可措施係有利受指定制裁者之處分，且有持續審視核可其需求之必要，毋須經審議會決議及公告。

2. 被指定制裁之個人，無論係因聯合國決議而指定或係經我國政府所指定，均有個人生活或扶養親屬之基本需求及管理所需，為兼顧人權保障及確保被凍結資產之保存，爰於第一項第二款及第三款規定得酌留其財產。

3. 為保障善意第三人之權益，爰為第一項第四款規定，允許許可支付受制裁者於受制裁指定前已對善意第三人所負擔之債務。

4. 被指定制裁之個人因其個人生活或扶養親屬之基本需求及管理所需，雖係其人道最低限度考量，惟為貫徹遏止恐怖組織及其成員之資助行為，爰於第二項及第三項定明，主管機關經審議會決議後，得為防止恐怖主義之必要限制，及違反該限制或於限制期間疑似有第四條第一項各款情事時之效果。

5. 為落實第一項之措施及第二項之限制程序，爰於第四項規定授權由主管機關訂定辦法。

第7條　（指定制裁之個人、法人或團體之禁止行為）常考

對於依第四條第一項或第五條第一項指定制裁之個人、法人或團體，除前條第一項所列措施外，不得為下列行為：

一、對其金融帳戶、通貨或其他支付工具，為提款、匯款、轉帳、付款、交付或轉讓。

二、**對其所有財物或財產上利益，為移轉、變更、處分、利用或其他足以變動其數量、品質、價值及所在地。**

三、**為其收集或提供財物或財產上利益。**

洗錢防制法第五條第一項及第二項所定之機構，因業務關係知悉下列情事，應即通報法務部調查局：

一、**其本身持有或管理經指定制裁之個人、法人或團體之財物或財產上利益。**

二、**經指定制裁之個人、法人或團體之財物或財產上利益所在地。**

依前項規定辦理通報者，免除其業務上應保守秘密之義務。

第二項通報方式、程序及其他應遵行事項之辦法，由該機構之中央目的事業主管機關會商主管機關及中央銀行定之。

【釋義】

1. 依FATF國際標準之第六項及第七項建議，要求各國「毫不延遲」凍結相關資金和其他資產，並確保沒有任何資金或其他資產會被直接或間接利用於經指定之特定對象。是為達成凍結資產之效果，即應凍結其於金融機構相關資產；並為澈底執行制裁，除金融機構內資產外，任何人亦均不得為足以變動經指定制裁個人、法人或團體其他財物或財產上利益之數量、品質、價值及所在地之行為；以及為避免任何財物或財產上利益為經指定制裁之個人、法人或團體所利用，故任何人均不得為其收集或提供財物或財產上利益，爰為第一項規定。

2. 為使我國金融情報中心確實掌握經指定制裁之個人、法人或團體資產情況，以進行情資分析，爰於第二項定明洗錢防制法第五條第一項及第二項所定之機構（含該條第一項金融機構、第二項銀樓業及經指定之其他機構）之通報義務。

3. 第一項措施係為防制資助恐怖組織及分子所必要者，且係配合聯合國決議及政府公告，為使洗錢防制法第五條第一項及第二項所定之機構，因業務關係知悉所為之立即通報，免除其保守秘密之義務，爰為第三項規定。

4. 有關第二項通報方式、程序及其他應遵行事項之辦法，授權該機構之中央目的事業主管機關會商主管機關、中央銀行定之，爰為第四項規定。

第8條　（資助恐怖主義犯罪行為之處罰）

明知他人有實行下列犯罪之一以引起人員死亡或重傷，而達恐嚇公眾或脅迫政府、外國政府、機構或國際組織之目的之具體計畫或活動，直接或間接為其收集或提供財物或財產上利益者，處一年以上七年以下有期徒刑，得併科新臺幣一千萬元以下罰金：

一、刑法第一百七十三條第一項、第三項、第一百七十六條準用第一百七十三條第一項、第三項、第一百七十八條第一項、第三項、第一百八十三條第一項、第四項、第一百八十四條第一項、第二項、第五項、第一百八十五條、第一百八十五條之一第一項至第五項、第一百八十五條之二、第一百八十六條之一第一項、第二項、第四項、第一百八十七條之一、第一百八十七條之二第一項、第二項、第四項、第一百八十七條之三、第一百八十八條、第一百九十條第一項、第二項、第四項、第一百九十條之一第一項至第三項、第一百九十一條之一、第百九十二條第二項、第二百七十一條第一項、第二項、第二百七十八條、第三百零二條、第三百四十七條第一項至第三項、第三百四十八條、第三百四十八條之一；對於公務機關之電腦或其相關設備犯第三百五十八條至第三百六十條之罪。

二、槍砲彈藥刀械管制條例第七條之罪。

三、民用航空法第一百條之罪。

前項之未遂犯罰之。

【釋義】

1. 有鑑於現行洗錢防制法第十一條第三項之資助恐怖活動罪，並未明文規定間接提供或募集資金之類型，惟依FATF國際標準之第五項第二款建議，資助恐怖主義犯罪應擴及任何人自願使用任何方法，直接或間接提供或募集資金，故意或明知該資金會被全部或部分利用於遂行恐怖活動，以及因網路駭客行為，已成為新興恐怖攻擊手法，且其攻擊標的為公務機關所持有電腦設備或網路者，對公眾利益影響甚大，遂有必要納入刑法第三百六十一條之罪，爰為第一項規定。

2. 依FATF國際標準之第五項第八款建議，恐怖活動之處罰應及於未遂犯，以遏止防範恐怖活動之進行，並考量恐怖活動之施行，若未能及時察覺及遏止，將造成廣泛性之大規模傷亡結果，其處罰

　　　　　不以結果發生為必要；又其未遂之認定係就資助行為而言，非指
　　　　　恐嚇行為，爰為第二項規定。

3. 恐怖活動雖可能透過各種樣態進行，不必然得與恐怖組織發動之
　　攻擊有直接關聯之證明，惟為避免提案條文之適用範圍過廣而囊
　　括與恐怖主義無關之單純宗教性或政治性之活動或陳抗案件，且
　　係以處罰直接或間接收集或提供財物或財產上利益之資助行為為
　　主，爰明列主觀要件。

第9條　　（資助恐怖主義犯罪者之處罰）

　　　　　明知為下列個人、法人或團體，而仍直接或間接為其收集或提供財
　　　　　物或財產上利益者，處六月以上五年以下有期徒刑，得併科新臺幣
　　　　　五百萬元以下罰金：

一、依第四條第一項或第五條第一項指定制裁之個人、法人或團體。

二、以犯前條第一項各款之罪，而恐嚇公眾或脅迫政府、外國政
　　　府、機構或國際組織為其設立目的之團體。

三、以犯前條第一項各款之罪，而達恐嚇公眾或脅迫政府、外國政
　　　府、機構或國際組織之目的或計畫之個人、法人或團體。

　　　　　明知為前項各款所列之個人、法人或團體訓練所需之相關費用，而
　　　　　直接或間接提供財物或財產上利益之資助者，亦同。

　　　　　前二項所列犯罪之成立，不以證明該財物或財產上利益為供特定恐
　　　　　怖活動為必要。

　　　　　第一項及第二項之未遂犯罰之。

　　【釋義】

1. 依FATF國際標準之第五項建議，各國應以反資恐公約為基礎，
　　將資恐犯罪予以罪刑化，其罪刑化之範圍應為資助恐怖活動
　　罪、資助恐怖組織罪及資助恐怖份子罪三者。現行洗錢防制法
　　第十一條第三項規定須以資助特定恐怖活動為要件，屬資助
　　恐怖活動罪，惟亞太防制洗錢組織（Asia／Pacific Group on
　　MoneyLaundering，APG）於2011年分析報告亦指出，上開規定
　　之處罰係與特定恐怖活動相連結，並未包含單純資助恐怖組織及
　　恐怖份子之犯罪類型。為完備我國資恐防制體系，並呼應相關國
　　際組織要求，參酌加拿大刑法第八十三條第三項立法例，爰於第
　　一項規定資助恐怖組織與其成員罪。

2. 復參考聯合國安全理事會第二一七八號決議，要求各國對於為滲透、規劃、準備或參與恐怖活動，或提供及獲得訓練，而赴其居住國或國籍國以外國家之個人，資助與訓練目的相關之移動、旅行等費用，應課予刑責，即外國恐怖主義戰鬥人員條款（foreign terrorist fighters），爰為第二項規定。

3. 又資恐犯罪之偵辦著重在資助行為本身之可責性，是以行為人只須明知個人、法人或團體屬於第一項及第二項所列之個人、法人或團體，而仍為其收集或提供財物或財產上利益者，即應獨立予以處罰，而不以其提供資金係為支付特定恐怖活動之用途為必要，爰為第三項規定。

4. 因反資恐公約第二條第四項要求對於資恐行為之未遂犯應予以刑罰化，爰為第四項規定。

第10條　（資恐犯罪為洗錢犯罪之前置犯罪）

前二條之罪，為洗錢防制法所稱之特定犯罪。

【釋義】 依FATF國際標準之第五項建議要求，資助恐怖主義犯罪應列為洗錢罪之前置犯罪，爰為本條規定。

第11條　（法人資恐犯罪之處罰）

法人之代表人、代理人、受雇人或其他從業人員，因執行業務犯第八條或第九條之罪者，除處罰行為人外，對該法人並科以各該條所定之罰金。

犯第八條或第九條之罪，於犯罪後六個月內自首者，免除其刑；逾六個月者，減輕或免除其刑；在偵查或審判中自白者，減輕其刑。

第八條或第九條之罪，於中華民國人民在中華民國領域外犯罪者，適用之。

【釋義】

1. 依FATF國際標準之第五項建議要求，資恐犯罪應考量避免遭到以法人型態規避，爰為第一項之規定。

2. 資恐犯罪之偵辦因金流與原因行為不易勾稽，以及金流多層化增加其查緝困境，為鼓勵犯罪者自首或自白，賦予其減免其刑之機會，爰為第二項規定。

3. 依FATF國際標準之第五項建議，強調資恐犯罪之防免著重在國際合作與規範統一，以利擴張審判權範圍，爰為第三項規定。

第12條　（金融機構違反規定之處罰）

洗錢防制法第五條第一項至第三項所定之機構、事業或人員違反第七條第一項至第三項規定者，由中央目的事業主管機關處新臺幣二十萬元以上一百萬元以下罰鍰。

【釋義】　洗錢防制法第五條第一項至第三項所定之機構、事業或人員違反第七條第一項或第三項規定，由各該機構之中央目的事業主管機關裁罰。又依FATF四十項建議之第六項建議，各國應要求金融機構及指定之非金融事業或人員向權責機關申報任何依據聯合國安全理事會決議之凍結財產或行動，包括未完成之交易。

第13條　（行政救濟）

一、依第四條、第五條所為之指定或除名，自公告時生效。

二、不服主管機關所為之公告者，得依法提起行政救濟。

【釋義】　依本法所為之公告，屬行政機關對特定人限制權利之行政處分。若相對人不服該處分，本得依訴願法及行政訴訟法尋求救濟，為求明確，爰明定於本條。且為落實FATF四十項建議之第六項建議及第七項建議，均要求各國應毫不遲延地執行目標性金融制裁措施，係旨在確保國際安全與合作及有效執行制裁措施。

第14條　（簽訂防制資恐之條約或協定）

為防制國際資恐活動，政府依互惠原則，得與外國政府、機構或國際組織簽訂防制資恐之條約或協定。

【釋義】　為防制國際資恐活動，促進國際合作，增進國際間資恐情資交換，爰仿洗錢防制法第十六條明定得簽訂防制資恐之條約或協定之法源。

第15條　（施行日）

本法自公布日施行。

【釋義】　本法施行日期。

【牛刀小試】

(　) **1** 依資恐防制法第4條規定，下列何機關，在其認為個人、法人或團體涉嫌資恐，以引起不特定人死亡或重傷，而達恐嚇公眾或脅迫政府、外國政府、機構或國際組織目的之行為或計畫之情況，有權限向「資恐防制審議會」提報，而將其列為制裁名單？　(A)國家安全局　(B)法務部調查局　(C)內政部警政署　(D)內政部警政署刑事警察局。　【106年普考】

(　) **2** 依據資恐防制法第8條規定，明知他人有實行特定的犯罪，諸如實行刑法第173條第1項、第3項（放火罪），從而引起人員死亡或重傷，以達恐嚇公眾或脅迫政府、外國政府、機構或國際組織之目的之具體計畫或活動，直接或間接為其收集或提供財物或財產上利益者，在處罰的刑度上，「最重」可科處多少年以下之有期徒刑？　(A)7　(B)6　(C)5　(D)4。　【106年普考】

(　) **3** 下列何者為資恐防制法的主管機關？　(A)國家安全局　(B)總統府　(C)法務部　(D)國防部。　【106年普考】

解答與解析　答案標示為#者，表官方曾公告更正該題答案。

1 (B)。資恐防制法第4條規定：「主管機關依法務部調查局提報或依職權，認個人、法人或團體有下列情事之一者，經審議會決議後，得指定為制裁名單，並公告之：……。」

2 (A)。資恐防制法第8條規定：「明知他人有實行下列犯罪之一以引起人員死亡或重傷，而達恐嚇公眾或脅迫政府、外國政府、機構或國際組織之目的之具體計畫或活動，直接或間接為其收集或提供財物或財產上利益者，處一年以上七年以下有期徒刑，得併科新臺幣一千萬元以下罰金：……」

3 (C)。資恐防制法第2條規定：「本法之主管機關為法務部。」

試題演練

↓ 問答題

一、什麼是洗錢？洗錢防制法為什麼規定金融機構必須進行確認客戶身分程序？

答 所謂洗錢，是指不法份子透過以不法所得（黑錢）購買資產、存入金融機構帳戶，或匯至第三人等方式，讓黑錢漂白，以逃避檢調機關追查的行為。金融機構因為提供各種便利的金融服務，因此最容易被不法份子覬覦做為洗錢的管道。所以國際標準要求金融機構必須執行確認客戶身分程序，包括瞭解客戶的身分、背景、交易目的甚至資金來源等，以於不法份子透過金融機構洗錢時能夠及時發現，共同防止犯罪並保障民眾及社會的安全。

二、洗錢防制法第七條要求金融機構應進行確認客戶身分程序，該程序包括那些事項？

答 (一)洗錢防制法第7條第4項前段、第8條第3項、第9條第3項及第10條第3項規定授權金融監督管理委員會訂定「金融機構防制洗錢辦法」。

(二)金融機構防制洗錢辦法第3條規定金融機構確認客戶身分之審查程序：「金融機構確認客戶身分措施，應依下列規定辦理：

(一)金融機構不得接受客戶以匿名或使用假名建立或維持業務關係。

(二)金融機構於下列情形時，應確認客戶身分：

　　1.與客戶建立業務關係時。

　　2.進行下列臨時性交易：

　　　(1)辦理一定金額以上交易（含國內匯款）或一定數量以上電子票證交易時。多筆顯有關聯之交易合計達一定金額以上時，亦同。

　　　(2)辦理新臺幣三萬元（含等值外幣）以上之跨境匯款時。

　　3.發現疑似洗錢或資恐交易時。

　　4.對於過去所取得客戶身分資料之真實性或妥適性有所懷疑時。

(三)前款1目於電子支付機構,係指接受客戶申請註冊時;於電子票證發行機構,係指接受客戶辦理電子票證記名作業時。

(四)金融機構確認客戶身分應採取下列方式

　　1.以可靠、獨立來源之文件、資料或資訊,辨識及驗證客戶身分,並保存該身分證明文件影本或予以記錄。

　　2.對於由代理人辦理者,應確實查證代理之事實,並以可靠、獨立來源之文件、資料或資訊,辨識及驗證代理人身分,並保存該身分證明文件影本或予以記錄。

　　3.辨識客戶實質受益人,並以合理措施驗證其身分,包括使用可靠來源之資料或資訊。

　　4.確認客戶身分措施,應包括瞭解業務關係之目的與性質,並視情形取得相關資訊。

(五)前款規定於客戶為法人、團體或信託之受託人時,應瞭解客戶或信託(包括類似信託之法律協議)之業務性質,並至少取得客戶或信託之下列資訊,辨識及驗證客戶身分:

　　1.客戶或信託之名稱、法律形式及存在證明。

　　2.規範及約束客戶或信託之章程或類似之權力文件。但下列情形得不適用:

　　　(1)第7款第3目所列對象及辦理第7款第4目所列保險商品,其無第6條第1項第3款但書情形者。

　　　(2)辦理電子票證記名業務者。

　　　(3)團體客戶經確認其未訂定章程或類似之權力文件者。

　　3.在客戶中擔任高階管理人員者之姓名。

　　4.客戶註冊登記之辦公室地址,及其主要之營業處所地址。

(六)客戶為法人時,應瞭解其是否可發行無記名股票,並對已發行無記名股票之客戶採取適當措施以確保其實質受益人之更新。

(七)第4款第3目規定於客戶為法人、團體或信託之受託人時,應瞭解客戶或信託之所有權及控制權結構,並透過下列資訊,辨識客戶之實質受益人,及採取合理措施驗證:

　　1.客戶為法人、團體時:

　　　(1)具控制權之最終自然人身分。所稱具控制權係指直接、間接持有該法人股份或資本超過百分之二十五者,金融機構得請客戶提供股東名冊或其他文件協助完成辨識。

(2)依前小目規定未發現具控制權之自然人，或對具控制權自然
　人是否為實質受益人有所懷疑時，應辨識有無透過其他方式
　對客戶行使控制權之自然人。

(3)依前二小目規定均未發現具控制權之自然人時，金融機構應
　辨識高階管理人員之身分。

2. 客戶為信託之受託人時：應確認委託人、受託人、信託監察
　人、信託受益人及其他可有效控制該信託帳戶之人，或與上述
　人員具相當或類似職務者之身分。

3. 客戶或具控制權者為下列身分者，除有第6條第1項第3款但書情
　形或已發行無記名股票情形者外，不適用第4款第3目辨識及驗
　證實質受益人身分之規定。

(1)我國政府機關。　　　(2) 我國公營事業機構。

(3)外國政府機關。　　　(4) 我國公開發行公司或其子公司。

(5)於國外掛牌並依掛牌所在地規定，應揭露其主要股東之股票
　上市、上櫃公司及其子公司。

(6)受我國監理之金融機構及其管理之投資工具。

(7)設立於我國境外，且所受監理規範與防制洗錢金融行動工作
　組織（FATF）所定防制洗錢及打擊資恐標準一致之金融機
　構，及該金融機構管理之投資工具。

(8)我國政府機關管理之基金。

(9)員工持股信託、員工福利儲蓄信託。

4. 金融機構辦理財產保險、傷害保險、健康保險或不具有保單價
　值準備金之保險商品，除客戶有第6條第1項第3款但書情形者
　外，不適用第4款第3目辨識及驗證實質受益人身分之規定。

(八)保險業應於人壽保險、投資型保險及年金保險契約之保險受益人
　確定或經指定時，採取下列措施：

1. 對於經指定為保險受益人者，應取得其姓名或名稱及身分證明
　文件號碼或註冊設立日期。

2. 對於依據契約特性或其他方式指定為保險受益人者，應取得充
　分資訊，以使保險業於支付保險金時得藉以辨識該保險受益人
　身分。

3. 於支付保險金時，驗證該保險受益人之身分。

(九)金融機構完成確認客戶身分措施前，不得與該客戶建立業務關係或進行臨時性交易。但符合下列各目情形者，得先取得辨識客戶及實質受益人身分之資料，並於建立業務關係後，再完成驗證：

1. 洗錢及資恐風險受到有效管理。包括應針對客戶可能利用交易完成後才驗證身分之情形，採取風險管控措施。

2. 為避免對客戶業務之正常運作造成干擾所必須。

3. 會在合理可行之情形下儘速完成客戶及實質受益人之身分驗證。如未能在合理可行之時限內完成客戶及實質受益人之身分驗證，須終止該業務關係，並應事先告知客戶。

(十)金融機構對於無法完成確認客戶身分相關規定程序者，應考量申報與該客戶有關之疑似洗錢或資恐交易。

(十一)金融機構懷疑某客戶或交易可能涉及洗錢或資恐，且合理相信執行確認客戶身分程序可能對客戶洩露訊息時，得不執行該等程序，而改以申報疑似洗錢或資恐交易。

(十二)電子支付帳戶之客戶身分確認程序應依電子支付機構使用者身分確認機制及交易限額管理辦法相關規定辦理，不適用第4款至第7款規定。

(十三)辦理電子票證記名作業，不適用第4款第3目及第6款規定。」

三、洗錢防制法第七條要求金融機構應進行確認客戶身分程序，是不是每次到金融機構辦理業務，金融機構都會依Q2程序要求客戶提供證件確認身分？

答　金融機構防制洗錢辦法第6條第1項規定：「第3條第4款與前條規定之確認客戶身分措施及持續審查機制，應以風險基礎方法決定其執行強度，包括：

(一)對於高風險情形，應加強確認客戶身分或持續審查措施，其中至少應額外採取下列強化措施：

1. 在建立或新增業務往來關係前，應取得高階管理人員同意。

2. 應採取合理措施以瞭解客戶財富及資金來源。其中資金來源係指產生該資金之實質來源。

3. 對於業務往來關係應採取強化之持續監督。

(二)對於來自洗錢或資恐高風險國家或地區之客戶，應採行與其風險相當之強化措施。

(三)對於較低風險情形，得採取簡化措施，該簡化措施應與其較低風險因素相當。但有下列情形者，不得採取簡化確認客戶身分措施：

　　1.客戶來自未採取有效防制洗錢或打擊資恐之高風險地區或國家，包括但不限於本會函轉國際防制洗錢組織所公告防制洗錢與打擊資恐有嚴重缺失之國家或地區，及其他未遵循或未充分遵循國際防制洗錢組織建議之國家或地區。

　　2.足資懷疑該客戶或交易涉及洗錢或資恐。」

四、臨時性交易的意思為何？民眾如何減少某些臨時性交易需要確認客戶身分的不便？

答 (一)臨時性交易係指民眾到「非」已開戶金融機構辦理之交易。如果民眾是到某銀行辦理存款、提款或帳戶轉帳，因為在這家銀行已經開有存款帳戶，所辦理的交易就不是所謂的臨時性交易。

(二)為了減少某些臨時性交易需要特別審查之不便，建議民眾可儘量到已開戶的金融機構辦理交易。

五、民眾代理家人或公司至銀行辦理超過新臺幣五十萬元（含）以上之現金交易（例如匯款或換鈔），若不是到家人或公司已開戶的銀行（即屬臨時性交易時），需要出示什麼證明文件？

答 (一)個人戶：本人、代理人之身分證明文件及代理事實證明。

(二)非個人戶：法人登記證照（如：公司為設立或變更事項登記表）、股東／出資人名冊、實際受益人（持有25%以上自然人股東／出資人或其他具控制權人）身分資料、代理人身分證明文件及代理事實證明。

(三)前述代理事實證明，是指由被代理人或委託人出具之授權書、委託書。

六、依洗錢防制規定，在什麼情況下金融機構會拒絕受理開戶或交易？

答　金融機構防制洗錢辦法第4條規定，金融機構確認客戶身分時，有下列
　　情形之一者，應予以婉拒建立業務關係或交易：
(一)疑似使用匿名、假名、人頭、虛設行號或虛設法人團體開設帳
　　戶、投保或辦理儲值卡記名作業。
(二)客戶拒絕提供審核客戶身分措施相關文件。
(三)對於由代理人辦理開戶、儲值卡記名作業、註冊電子支付帳戶、
　　投保、保險理賠、保險契約變更或交易者，且查證代理之事實及
　　身分資料有困難。
(四)持用偽、變造身分證明文件。
(五)出示之身分證明文件均為影本。但依規定得以身分證明文件影本
　　或影像檔，輔以其他管控措施辦理之業務，不在此限。
(六)提供文件資料可疑、模糊不清，不願提供其他佐證資料或提供之
　　文件資料無法進行查證。
(七)客戶不尋常拖延應補充之身分證明文件。
(八)建立業務關係對象為資恐防制法指定制裁之個人、法人或團體，
　　以及外國政府或國際組織認定或追查之恐怖分子或團體。但依資
　　恐防制法第6條第1項第1款至第3款所為支付不在此限。
(九)建立業務關係或交易時，有其他異常情形，客戶無法提出合理
　　說明。

七、依洗錢防制規定，在什麼情況下金融機構會拒絕業務往來或逕行關戶？

答　於契約有約定之下列情形發生，銀行得拒絕業務往來或逕行關戶：
(一)對於辦理開戶對象為受經濟制裁、外國政府或國際洗錢防制組織
　　認定或追查之恐怖份子或團體者。
(二)對於不配合審視、拒絕提供實際受益人或對客戶行使控制權之人
　　等資訊、對交易之性質與目的或資金來源不願配合說明等客戶，
　　銀行得暫時停止交易，或暫時停止或終止業務關係。
(三)其他依各銀行開戶約定事項或依法令規定辦理情況。

八、什麼是「實質受益人」?

答　所謂「實質受益人」是指對該法人、團體「具最終控制權的自然人」。
依據國際標準,金融機構應依下列順序確認客戶的實質受益人:
(一)持有法人股份或資本超過百分之二十五之自然人。
(二)若依(一)未發現具控制權之自然人,應瞭解有無透過其他方式對客
　　戶行使控制權之自然人。
(三)上述(一)及(二)均未發現具控制權之自然人,應確認擔任高階管理職位
　　(如董事或總經理或其他具相當或類似職務之人)之自然人身分。

九、資恐防制法要求金融機構通報並凍結指定制裁對象之財物或財產上利益,從哪裡可以獲得最新的制裁名單或相關措施之資訊?

答　(一)制裁名單公告於法務部及法務部調查局之資恐防制專區,制裁名
　　單主要涵蓋四種對象:
　　1. 涉嫌犯資恐防制法第8條第1各款所列之罪,以引起不特定人死
　　　亡或重傷,而達恐嚇公眾或脅迫政府、外國政府、機構或國際
　　　組織目的之行為或計畫。
　　2. 依資恐防制之國際條約或協定要求,或執行國際合作或聯合國
　　　相關決議而有必要。
　　3. 經聯合國安全理事會資恐相關決議案及其後續決議所指定者。
　　4. 聯合國安全理事會依有關防制與阻絕大規模毀滅性武器擴散決
　　　議案所指定者。
　　(二)其他資恐防制法相關措施(如依資恐防制法第6條所為之除名、酌
　　留費用或許可為特定支付之決議),亦會公告於資恐防制專區。

十、何謂資恐防制法上「財物或財產上利益」?

答　(一)資恐防制法將「財物」與「財產上利益」並列,在解釋「財物」
　　之意,應與刑法上財產犯罪所稱之「物」相當,即原則上須有財
　　產價值之物;而「財產上利益」則可解釋為「(財)物」以外,
　　具有經濟上一切價值之權利或利益等。

(二)舉例而言，包括金錢、支票、匯票、金條、銀行存款、儲蓄帳戶、
票據、股票、債券、優惠券、抵押權、質權、或其他擔保物權、倉
單、提單、受託憑證、銷售單、或其他任何所有權或債券憑據、貸
款或授信、選擇權、可轉讓票據、商業承兌匯票、應付帳款、保
單、保管箱及其內容物、年金、或任何相同性質的金融服務。

十一、 金融機構應多久確認一次客戶是否為制裁名單上的人？

答 應由金融機構根據內部決策及風險評估結果自行訂定。惟請留意，如
果金融機構未能有效識別並凍結經指定制裁對象之財物或財產上利益
（例如：恐怖份子之帳戶），後果將十分嚴重，金融機構將可能面臨
資恐防制法及相關金融法規裁罰處分及聲譽受損。

十二、 本國金融機構的海外分支／分支機構／子公司之帳戶及金融往來，金融機構如因業務關係知悉有資恐防制法第7條第2項情事，是否須通報回我國？是否適用金融機構對經指定制裁對象之財物及財產上利益及所在地通報辦法？

答 本國金融機構的海外分支／分支機構／子公司之帳戶及金融往來，金
融機構如因業務關係知悉有資恐防制法第7條第2項情事，不需通報回
我國法務部調查局，惟仍須注意外國當地法規之遵循。

十三、 經指定制裁對象之通報和可疑交易申報之關係？

答 (一)依據交易最終受益人或交易人為金融監督管理委員會函轉外國政府
所提供之恐怖份子或團體者；或國際洗錢防制組織認定或追查之恐
怖組織；或交易資金疑似或有合理理由懷疑與恐怖活動、恐怖組織
或資恐有關聯者，金融機構應依洗錢防制法確認客戶身分及留存交
易紀錄憑證，並應向法務部調查局為疑似洗錢交易之申報。

(二)金融機構知悉客戶或其他交易人為經指定制裁對象，其時點不限
於交易發生時，因此資恐防制法通報規定與洗錢防制法可疑交

易申報規定判斷標準及應申（通）報資料各異，應分別依規定辦理，並無已依資恐防制法通報者即不需依洗錢防制法申報可疑交易，反之亦然。

十四、依據金融機構對經指定制裁對象之財物及財產上利益及所在地通報辦法，如因業務關係知悉有資恐防制法第七條第二項之情事，金融機構應自知悉之日起二個營業日通報法務部調查局，所謂「自知悉之日起」從何時起算？

答　「自知悉之日起」是指金融機構於進行檢核後，確認客戶及其他交易人身份或背景與經指定制裁對象的資料確實相符（True Match）時起算。一旦經查證確實相符即構成知悉，自該日起二個營業日內，金融機構應立即通報法務部調查局。

十五、如果懷疑客戶進行之交易涉及經指定制裁對象，但因資料不完全而無法確認是否確實為經指定制裁對象時，該如何處理？

答　因資料不完全而無法確認交易人是否為經指定制裁對象時，金融機構在未能確認是否為經指定制裁對象之前應暫停交易。金融機構宜儘速與客戶再次確認交易人是否係資恐防制法之經指定制裁對象，如確認交易人係資恐防制法之經指定制裁對象時，應拒絕交易並依資恐防制法凍結該筆交易款項，同時提出資恐通報並連繫法務部調查局。

十六、金融機構持有或管理客戶財物或財產上利益，而其實質受益人為經指定制裁對象者，金融機構應否依資恐防制法第7條凍結或通報？

答　有關金融機構持有或管理客戶財物或財產上利益，而其實質受益人為經指定制裁對象者，因該客戶未被指定為制裁對象，金融機構對該客戶無須依資恐防制法第7條進行凍結，惟仍應向法務部調查局通報。

十七、金融機構持有或管理經指定制裁對象之財物或財產上利益時，應及時通報並依資恐防制法第7條第1項予以凍結，惟如發現有酌留管理之必要費用、支付金融機構或其他第三人之債務、抵銷等其他及時處置之需求時，該如何處理？

答 (一)金融機構就其所持有或管理經指定制裁對象之財物或財產上利益，如有支付必要費用或債務、抵銷等處置之需求時，應依資恐防制法第6條第1項申請並取得資恐防制審議會之許可後，始得為之。

(二)如金融機構於依資恐防制法第7條第3項提出通報時，已有前述處置之需求者，金融機構得在通報書「潛在第三人權利義務」、「稅費評估」、「即時處置需求」等相應欄位中敘明相關情事，以即時由法務部調查局呈報給資恐防制審議會決議是否許可。

十八、金融機構如依資恐防制法第7條第3項之規定通報，會不會違反對客戶之保密義務？

答 不會，依據資恐防制法第7條第4項之規定，金融機構因業務上知悉經指定制裁對象之財物或財產上利益及所在地通報法務部調查局者，免除其業務上應保守秘密之義務。

十九、依資恐防制法應通報之財物或財產上利益有金額門檻限制嗎？

答 沒有，應通報之財物或財產上利益不論金額大小皆應依資恐防制法通報。

二十、該年度若無通報，是否須提供年度報告予法務部調查局？

答 「金融機構對經指定制裁對象之財物或財產上利益及所在地通報辦法」第3條第3款規定金融機構以每年12月31為結算基準日，應依法務部調查局所定之格式編制年度報表，記載該金融機構於結算基準日當日依本法第7條所管理或持有一切經指定制裁之個人、法人或團體之財物或財產上利益，並於次年3月31日前提報法務部調查局備查。經向法務部調查局確認，若當年度並無通報案件，毋庸提供年度報告。

二一、何謂「重要政治性職務之人」?

答 依據FATF40項建議定義,PEPs係指具有重要公眾職務(prominent public function)者,因其地位與影響力(position and influence)而須加以規範,主要是考量其地位可能被濫用。本項建議除適用於金融機構,依照FATF第22項建議,也適用於非金融機構之事業與人員。

二二、為什麼要對於「重要政治性職務之人」在客戶審查程序特別處理?

答 FATF第12項建議原先僅針對「國外」重要政治性職務人士規範,但在2012年新的建議中,強制規範擴及「國內」與「國際組織」之重要政治性職務人士,主要是為了和聯合國反貪腐公約(UNCAC)第52條之規範一致,亦即,FATF第12項建議之旨趣並不僅限於防制洗錢犯罪與其特定犯罪,還更廣泛包括反貪與反資恐。

二三、「國內」或「國外」重要政治性職務之人如何區分?例如國人擔任國際奧林匹克委員會委員,屬於何者?

答 「國內」或「國外」重要政治性職務之人之區分,在於其重要公眾職能係由何國賦予。至於國籍、出生地等並非所問。奧委會委員屬於「國際組織」重要政治性職務之人。

二四、「重要政治性職務之人」一律採取加強客戶審查措施,是否不符比例原則?

答 依照洗錢防制法第7條第3項規定,「重要政治性職務之人」應「以風險為基礎」審查,並非一律採取加強客戶審查。

二五、「重要政治性職務之人」之客戶審查程序為何？

答　其審查執行三步驟如下：

(一)進行客戶審查程序（Customer Due Diligence，簡稱CDD）；金融機構與非金融機構之事業或人員在進行客戶審查程序時，應就客戶端（例如客戶為法人時，應就其實質受益人為審查、客戶為重要政治性職務之人、客戶從事的行業是高度現金基礎之業別）、交易端（例如是否符合交易常情、交易習慣、交易目的係為了掩飾真實資金來源）、地理端（例如資金來源與去向或客戶本身為高風險國家或地區）等綜合為風險評估，其中在客戶端風險部分，審查後如認屬「重要政治性職務之人」，則應採取相關措施。

(二)判斷是否為「重要政治性職務之人」，在「國外」重要政治性職務之人部分，應有風險管理系統進行辨識，由於國際規範上一般認「國外」重要政治性職務之人屬高風險，應採取加強客戶審查措施（appropriate risk measure & proactive steps）；至於「國內」重要政治性職務之人，則應採取合理措施辨識其風險，採取相應措施與作為（reasonable risk measure），並須考量相關因素，在低風險情形毋庸執行。

(三)措施：國外「重要政治性職務之人」採取強化措施，國內「重要政治性職務之人」有高風險情形，採取強化補救措施。

二六、金融機構究竟面對「重要政治性職務之人」要如何採取必要的因應措施？

答　金融機構在執行時，不能僅以「重要政治性職務之人」究竟來自國內或國外作為風險的判斷，而必須特別考量金融機構自身的弱點或是所處環境的弱點，例如：小型金融機構像是農漁會信用部，其平時交易不常見國外「重要政治性職務之人」客戶，因此如有國外重要政治性職務之人業務，就必須特別考量其風險性，以及是否要建立業務關係；而國內型的金融機構，也應該依其所處的區域貪污風險作基礎，如貪污風險高，則在其建立業務關係時，對於國內「重要政治性職務之人」之風險認定，甚至要考量應該高於國外「重要政治性職務之

人」。又國內、區域型的金融機構，對於地方性的「重要政治性職務之人」亦應特別注意，例如我國地區性的議員、鎮代表、地方局處首長等均屬之。

二七、為何對於卸任之重要政治性職務之人仍須審查，而無期間之限制？

答 「重要政治性職務之人」的決定重點在於是否具有公眾事務職能，判斷基準是風險評估，而不是特定期間。因此其風險評估基準是「重要政治性職務之人」的影響力，包括其任職期間，以及其先前職務與現有職務間之關係。特別是在我國，因為幅員較小，公眾事務影響力相對大，總統卸任後5年或甚至15年，影響力仍大，因此無法以實際的年限作規範。實際上在國際立法例中，亦僅非常少數的國家採取特定期間之規範方式，主要均係考量到影響力本身並無法以期間估計衡量。

二八、家庭成員及密切關係之人之名單如何認定？

答 (一)有關家庭成員與密切關係之人，國際規範並未定義。主要是因為與社會經濟文化架構有關。在家庭成員的部分，有的國家明定父母子女是核心成員，有的國家中，其父母子女關係其實不親密。有的國家甚至將祖父母也訂明在內，但有的國家更廣，將部落成員也認屬「重要政治性職務之人」。家庭成員以外的親密關係者為密切關係之人。

(二)由於家庭成員與密切關係之人之規範，主要是考量到其關係密切，可能被利用為洗錢行為的管道，因此在解釋時應秉持此定義旨趣，例如「重要政治性職務之人」的新生兒，縱使是「重要政治性職務之人」的家庭成員，也不宜認定為「重要政治性職務之人」，除非這個新生兒也被賦予重要公眾職能，例如具有皇儲身分，或是皇室繼承人。

二九、國際經驗上，辨識「重要政治性職務之人」容易出現的困難為何？

答 要如何取得「重要政治性職務之人」的資訊相當具有挑戰性，主要的挑戰有二，其一、國外「重要政治性職務之人」的資料通常有限，多需要透過集團內的國外分支機構或網路資訊取得；其二，則是既有客戶的「重要政治性職務之人」，依據國際風險報告顯示，通常客戶都是在開始業務關係1年以後出現洗錢之行為。

三十、依洗錢防制法第9條規定，金融機構對達一定金額以上通貨交易（即50萬元以上現金交易）需要向調查局申報，如果因為公司的業務性質經常有現金收入需要存入銀行，金融機構是不是每次都要申報並跟客戶確認身分？

答 為了降低對民眾及金融機構之不便，目前洗錢防制法之授權子法對於經常或例行性須存入現金達50萬元以上之業者（如連鎖超商、餐飲旅館業等），已設有豁免機制，金融機構於報經調查局核備後，就存入部分可免逐次向客戶確認身分及申報。（「金融機構防制洗錢辦法」第14條規定參照）

☑ 單選題

(　　) 1 依「洗錢防制法」之規定，金融機構對疑似洗錢之交易，應向下列何者申報？ (A)財政部 (B)法務部調查局 (C)金融監督管理委員會 (D)警察局。

(　　) 2 我國政府於民國105年7月公布「資恐防制法」，該法主管機關為何？ (A)中央銀行 (B)國家安全局 (C)金融監督管理委員會 (D)法務部。　　　　　　　　　　　　　　　　　【106年普考】

(　　) 3 洗錢防制法所稱特定犯罪，其所觸犯之法律，不包括下列何者？ (A)刑法 (B)票據法 (C)破產法 (D)廢棄物清理法。
　　　　　　　　　　　　　　　　　　【106年彰化銀行新進人員甄試】

( ) **4** 下列何者非為洗錢防制法制定之目的？ (A)打擊犯罪 (B)強化國際合作 (C)促進社會安寧 (D)穩定金融秩序。

【106年彰化銀行新進人員甄試】

( ) **5** 下列何者不屬於洗錢防制法所稱金融機構？ (A)票券金融公司 (B)證券集中保管事業 (C)人力銀行 (D)信用卡公司。

( ) **6** 為配合防制洗錢及打擊資恐之國際合作，金融目的事業主管機關得對洗錢或資恐高風險國家或地區所為措施，下列何者錯誤？ (A)令金融機構強化金融消費者之保護措施 (B)限制或禁止金融機構與洗錢或資恐高風險國家或地區為匯款或其他交易 (C)令金融機構強化相關交易之確認客戶身分措施 (D)採取其他與風險相當且有效之必要防制措施。 【106年彰化銀行新進人員甄試】

( ) **7** 依洗錢防制法第17條規定，洩漏或交付關於申報疑似犯第14條、第15條之罪之交易或犯第14條、第15之罪嫌疑之文書、圖畫、消息或物品者，下列敘述何者錯誤？ (A)公務員洩漏或交付關於申報疑似犯第十四條、第十五條之罪之交易或犯第十四條、第十五條之罪嫌疑之文書者，處3年以下有期徒刑 (B)具公務員身分之從業人員洩漏或交付關於申報疑似犯第十四條、第十五條之罪之交易或犯第十四條、第十五條之罪嫌疑之圖畫者，處3年以下有期徒刑 (C)不具公務員身分之從業人員洩漏或交付關於申報疑似犯第十四條、第十五條之罪之交易或犯第十四條、第十五條之罪嫌疑之圖畫者，處二年以下有期徒刑、拘役或新臺幣50萬元以下罰金 (D)不具公務員身分之從業人員洩漏或交付關於申報疑似犯第十四條、第十五條之罪之交易或犯第十四條、第十五條之罪嫌疑之圖畫者，處二年以下有期徒刑、拘役或新臺幣150萬元以下罰金。

( ) **8** 金融機構對現任或曾任國內外政府或國際組織重要政治性職務之客戶或受益人與其家庭成員及有密切關係之人，應以下列何者為基礎，執行加強客戶審查程序？ (A)客戶職務高低及重要性 (B)風險高低 (C)與金融機構理財往來金額 (D)性別及年齡。

【106年彰化銀行新進人員甄試】

(　) **9** 依洗錢防制法之規定，所指定之非金融事業或人員規避、拒絕或妨
礙查核者，下列罰則何者正確？　(A)新臺幣五萬元以上五十萬元
以下罰鍰　(B)新臺幣五十萬元以上一百萬元以下罰鍰　(C)新臺幣
五十萬元以上二百萬元以下罰鍰　(D)新臺幣五十萬元以上五百萬
元以下罰鍰。　　　　　　　　　　　　【106年彰化銀行新進人員甄試】

(　) **10** 金融機構及指定之非金融事業或人員對於達一定金額以上之通貨交
易，除本法另有規定外，應向下列何機構申報？　(A)中央銀行外
匯局　(B)金融聯合徵信中心　(C)金融監督管理委員會　(D)法務部
調查局。　　　　　　　　　　　　　　【106年彰化銀行新進人員甄試】

(　) **11** 下列何者非洗錢防制法所稱洗錢或資恐高風險國家或地區？　(A)經
國際防制洗錢組織公告未遵循或未充分遵循國際防制洗錢組織建議
之國家或地區　(B)經國際防制洗錢組織公告防制洗錢及打擊資恐
有嚴重缺失之國家或地區　(C)經交通部觀光局公告旅遊紅色警戒
之國家或地區　(D)其他有具體事證認有洗錢及資恐高風險之國家
或地區。　　　　　　　　　　　　　　【106年彰化銀行新進人員甄試】

(　) **12** A銀行某行員因考量客戶等候時間而未依規定進行確認客戶身分程
序，並留存其確認客戶身分程序所得資料，以下何者為對該金融機
構之正確罰則？　(A)新臺幣五萬元以上一百萬元以下罰鍰　(B)新
臺幣二十萬元以上三百萬元以下罰鍰　(C)新臺幣五十萬元以上
五百萬元以下罰鍰　(D)新臺幣五十萬元以上一千萬元以下罰鍰。
　　　　　　　　　　　　　　　　　　【106年彰化銀行新進人員甄試】

(　) **13** 下列何者非為洗錢防制法所稱指定之非金融事業或人員？　(A)公證
人為客戶準備或進行公證遺囑之行為　(B)銀樓業　(C)公司服務提
供業為客戶準備或進行擔任或安排他人擔任信託或其他類似契約性
質之受託人或其他相同角色　(D)會計師為客戶準備或進行提供公
司設立、營運或管理服務。　　　　　　【106年彰化銀行新進人員甄試】

(　) **14** 依洗錢防制法規定，有關洗錢防制法訂定之宗旨，下列敘述何者錯
誤？　(A)打擊犯罪　(B)維護消費者個資使免於外洩　(C)促進金流
之透明　(D)強化國際合作。　　　　　　【107年彰化銀行新進人員甄試】

(　) **15** 洗錢防制法所稱金融機構，不包括下列何者？　(A)票券金融公司　(B)信用卡公司　(C)非辦理融資性租賃業務之租賃公司　(D)期貨商。　　　　　　　　　　　　　　　　【107年彰化銀行新進人員甄試】

(　) **16** 洗錢防制法所稱「指定之非金融事業或人員」，包括下列何者？　A.銀樓業　B.從事不動產買賣交易之地政士及不動產經紀業　C.為客戶提供公司設立服務之律師　D.為客戶管理資產之會計師　E.提供公司經註冊之營業地址或通訊地址之公司服務提供業？　(A)僅A　(B)僅AB　(C)僅ACE　(D)ABCDE。　【107年彰化銀行新進人員甄試】

(　) **17** 金融機構進行確認客戶身分程序應以風險為基礎，並留存其所得資料，依規定該資料之保存年限原則上為何？　(A)自業務關係開始時起至少保存五年　(B)自業務關係終止時起至少保存五年　(C)如為臨時性交易者，應自交易日起至少保存三年　(D)如為臨時性交易者，應自交易終止時起至少保存兩年。

【107年彰化銀行新進人員甄試】

(　) **18** 依洗錢防制法規定，金融機構對於達一定金額以上之通貨交易，除法律另有規定外，應向下列何者申報？　(A)財政部　(B)金融監督管理委員會　(C)法務部調查局　(D)中央銀行。

【107年彰化銀行新進人員甄試】

(　) **19** 依洗錢防制法規定，有關指定之非金融事業或人員應遵循之規範，下列何者錯誤？　(A)對現任及曾任國內外政府重要政治性職務之客戶或受益人應加強審查程序　(B)對於因執行業務而辦理之國內外交易，應留存必要交易紀錄　(C)規避或妨礙主管機關之定期查核者，處新臺幣五十萬元以上，五百萬元以下之罰鍰　(D)對於疑似洗錢之交易，雖交易未完成，亦應向主管機關申報。

【107年彰化銀行新進人員甄試】

(　) **20** 依洗錢防制法規定，因犯罪所得財物或財產上利益，下列何者不屬之？　(A)因犯罪直接取得之財物　(B)因犯罪直接取得之財產上利益　(C)因犯罪取得之報酬　(D)第三人善意取得之犯罪取得之報酬所變得之物。　　　　　　　　　　　　　【107年彰化銀行新進人員甄試】

（　）**21** 金融機構對現任或曾任國內外政府或國際組織重要政治性職務之客戶或受益人與其家庭成員及有密切關係之人，應以下列何者為基礎，執行加強客戶審查程序？　(A)職務　(B)影響力　(C)風險　(D)年齡。　　　　　　　　　　　　【107年彰化銀行新進人員甄試】

（　）**22** 依據洗錢防制相關法令，有關實質受益人認定，下列敘述何者錯誤？　(A)對該法人具最終控制權的自然人　(B)持有法人股份或資本超過25%之自然人　(C)透過其他方式對客戶行使控制權之自然人　(D)擔任財報職位或類似職務之人之自然人身分。

【107年第一銀行新進人員甄試】

（　）**23** 依洗錢防制規定，下列何者非屬金融機構會拒絕業務往來或交易之情形？　(A)對於辦理開戶對象為受國際洗錢防制組織認定或追查之恐怖份子或團體者　(B)客戶以現金辦理新臺幣10萬元以上之臨時性交易　(C)對於拒絕提供實際受益人資訊或資金來源不願配合說明等客戶，銀行得終止業務關係　(D)建立業務關係時，有其他異常情形，客戶無法提出合理說明者。　【107年第一銀行新進人員甄試】

（　）**24** 洗錢防制法所稱洗錢行為。下列敘述何者錯誤？　(A)意圖掩飾或隱匿特定犯罪所得來源　(B)掩飾或隱匿特定犯罪所得之本質、來源　(C)收受、持有或使用他人之特定犯罪所得　(D)幫助他人逃避刑事追訴。　　　　　　　　　　　　【107年第一銀行新進人員甄試】

（　）**25** 金融機構防制洗錢辦法第2條，其中適用辦法之銀行業，下列敘述何者錯誤？　(A)銀行　(B)信用卡公司　(C)證券期貨業　(D)信用合作社。　　　　　　　　　　　　【107年第一銀行新進人員甄試】

（　）**26** 洗錢防制法所稱特定犯罪所得，指犯第3條所列之特定犯罪而取得或變得之財物或財產上利益及其孳息。下列敘述何者正確？　(A)特定犯罪所得之認定，不以其所犯特定犯罪經有罪判決為必要　(B)特定犯罪所得之認定，須以其所犯特定犯罪經有罪判決為必要　(C)特定犯罪所得之認定，須以其所犯特定犯罪經偵查起訴為必要　(D)特定犯罪所得之認定，不以其所犯特定犯罪經犯行查獲為必要。　　　　　　　　　　　　【107年第一銀行新進人員甄試】

（　）**27** 下列何者不屬於洗錢防制法所稱之洗錢？　(A)意圖掩飾或隱匿特定犯罪所得來源　(B)隱匿特定犯罪所得之來源、去向　(C)攤商收受買方來自貪污所得之小額購物價金　(D)為使他人逃避刑事訴追而移轉或變更特定犯罪所得。　　　　　　　　【107年第一銀行新進人員甄試】

（　）**28** 犯洗錢防制法第14條之罪，其所移轉、變更、掩飾、隱匿、收受、取得、持有、使用之財物或財產上利益。下列敘述何者正確？(A)沒收之　(B)申報之　(C)徵收之　(D)拍賣之。
　　　　　　　　　　　　　　　　　　　　　　【107年第一銀行新進人員甄試】

（　）**29** 金融機構應訂定防制洗錢注意事項，報請中央目的事業主管機關備查；其內容應包括之事項，下列何者非屬之？　(A)防制洗錢及打擊資恐之作業及內部管制程序　(B)非定期舉辦或參加防制洗錢之在職訓練　(C)其他經中央目的事業主管機關指定之事項　(D)指派專責人員負責協調監督本注意事項之執行。
　　　　　　　　　　　　　　　　　　　　　　【107年第一銀行新進人員甄試】

（　）**30** 依洗錢防制法第13條規定，檢察官於偵查中，有事實足認被告利用帳戶、匯款、通貨或其他支付工具犯第14條及第15條之罪者，得指定一定期間對該筆交易之財產為禁止提款、轉帳、付款、交付、轉讓或其他必要處分之命令。有關一定期間之敘述，下列何者正確？(A)得聲請該管法院指定9個月以內之期間　(B)得聲請該管法院指定6個月以內之期間　(C)得聲請該管法院指定8個月以內之期間(D)得聲請該管法院指定7個月以內之期間。
　　　　　　　　　　　　　　　　　　　　　　【107年第一銀行新進人員甄試】

（　）**31** 依洗錢防制法規定，公務員洩漏或交付關於申報疑似犯第14條、第15條之罪之交易或犯第14條、第15條之罪嫌疑之文書、圖畫、消息或物品者，處多少年以下有期徒刑？　(A)處1年以下有期徒刑(B)處2年以下有期徒刑　(C)處3年以下有期徒刑　(D)處4年以下有期徒刑。　　　　　　　　　　　　　　　　　　　【107年第一銀行新進人員甄試】

（　）**32** 洗錢防制法所稱指定之非金融事業或人員，係指下列何者從事本法所述特定交易之人員？　(A)保險代理人　(B)醫師　(C)會計師(D)教師。　　　　　　　　　　　　　　　　　　　【107年第一銀行新進人員甄試】

（　）**33** 有關資恐防制，下列敘述何者錯誤？　(A)資恐防制的目的是為了防制與遏止恐怖活動、組織、分子之資助行為　(B)防制洗錢金融行動工作組織（FATF）自2001年美國911事件後，已將打擊資恐列為優先項目　(C)我國資恐防制法指定之制裁名單，以個人、法人或團體在中華民國領域內者為限　(D)我國資恐防制法之主管機關為法務部。　【107年第一次防制洗錢與打擊資恐測驗】

（　）**34** 為確保在主管機關提出要求時可以立即提供，防制洗錢金融行動工作組織（FATF）建議金融機構應將所有國內外的交易紀錄保存幾年？　(A)至少一年　(B)至少三年　(C)至少五年　(D)至少七年。　【107年第一次防制洗錢與打擊資恐測驗】

（　）**35** 有關資恐防制法「目標性金融制裁（Targeted Financial Sanctions）」之敘述，下列何者錯誤？　(A)斷金流為其主要目的　(B)即透過交易監控，斷絕其財產上利益之支配可能　(C)藉由目標性金融制裁使被制裁對象的社會活動能力下降，而有助於遏止恐怖主義之蔓生　(D)目標性金融制裁是強制性規範，金融機構或非金融事業及人員如未踐履，有相對之罰則。　【107年第一次防制洗錢與打擊資恐測驗】

（　）**36** 洗錢防制法第3條，降低洗錢犯罪之前置犯罪門檻，將以往的規定是最重本刑5年以上有期徒刑之罪，才有可能成立洗錢犯罪，大幅放寬洗錢犯罪之前置犯罪為：　(A)最輕本刑為三月以上有期徒刑以上之刑之罪　(B)最輕本刑為五月以上有期徒刑以上之刑之罪　(C)最輕本刑為六月以上有期徒刑以上之刑之罪　(D)最輕本刑為一年以上有期徒刑以上之刑之罪。【107年第一次防制洗錢與打擊資恐測驗】

（　）**37** 洗錢防制法第五條所稱之金融機構，不包含下列何者？　(A)銀行業　(B)銀樓業　(C)證券業　(D)信託業。　【107年第一次防制洗錢與打擊資恐測驗】

（　）**38** 民國105年修正洗錢防制法時，增訂哪一機構亦應適用金融機構之規定？　(A)融資性租賃業　(B)投資銀行　(C)信用卡公司　(D)避險基金。　【107年第一次防制洗錢與打擊資恐測驗】

(　) **39** 洗錢防制法中，有關邊境金流管制，下列敘述何者錯誤？　(A)管制客體包括新臺幣　(B)以貨運、快遞、包裹等方式出入境者亦受管制　(C)已申報但超過申報額度時，就超過申報額度部分沒入　(D)無論金額大小均應申報，若未申報則全額沒入。

【107年第一次防制洗錢與打擊資恐測驗】

(　) **40** 就資恐防制法指定制裁之個人，下列敘述何者錯誤？　(A)不得就其受扶養親屬家庭生活所需之財產上利益為交付　(B)得酌留管理財物之必要費用　(C)他人不得為其提供財物　(D)不得對其金融帳戶為轉帳。

【107年第一次防制洗錢與打擊資恐測驗】

解答與解析　答案標示為#者，表官方曾公告更正該題答案。

1 (B)。洗錢防制法第10條規定：「金融機構及指定之非金融事業或人員對疑似犯第十四條、第十五條之罪之交易，應向法務部調查局申報；其交易未完成者，亦同。……」

2 (D)。資恐防制法第2條規定：「本法之主管機關為法務部。」

3 (B)。洗錢防制法第3條規定：「本法所稱特定犯罪，指下列各款之罪：一、最輕本刑為六月以上有期徒刑以上之刑之罪。二、刑法第一百二十一條第一項、第一百二十三條、第二百零一條之一第二項、第二百六十八條、第三百三十九條、第三百三十九條之三、第三百四十二條、第三百四十四條、第三百四十九條之罪。三、懲治走私條例第二條第一項、第三條第一項之罪。四、破產法第一百五十四條、第一百五十五條之罪。五、商標法第九十五條、第九十六條之罪。六、廢棄物清理法第四十五條第一項後段、第

四十七條之罪。七、稅捐稽徵法第四十一條、第四十二條及第四十三條第一項、第二項之罪。八、政府採購法第八十七條第三項、第五項、第六項、第八十九條、第九十一條第一項、第三項之罪。九、電子支付機構管理條例第四十四條第二項、第三項、第四十五條之罪。十、證券交易法第一百七十二條第一項、第二項之罪。十一、期貨交易法第一百十三條第一項、第二項之罪。十二、資恐防制法第八條、第九條之罪。十三、本法第十四條之罪。」

4 (C)。洗錢防制法第1條規定：「為防制洗錢，打擊犯罪，健全防制洗錢體系，穩定金融秩序，促進金流之透明，強化國際合作，特制定本法。」

5 (C)。洗錢防制法第5條規定：「本法所稱金融機構，包括下列機構：一、銀行。二、信託投資公司。三、信用合作社。四、農會信用

部。五、漁會信用部。六、全國農業金庫。七、辦理儲金匯兌、簡易人壽保險業務之郵政機構。八、票券金融公司。九、信用卡公司。十、保險公司。十一、證券商。十二、證券投資信託事業。十三、證券金融事業。十四、證券投資顧問事業。十五、證券集中保管事業。十六、期貨商。十七、信託業。十八、其他經目的事業主管機關指定之金融機構。……」

6 (A)。洗錢防制法第11條規定：「為配合防制洗錢及打擊資恐之國際合作，金融目的事業主管機關及指定之非金融事業或人員之中央目的事業主管機關得自行或經法務部調查局通報，對洗錢或資恐高風險國家或地區，為下列措施：一、令金融機構、指定之非金融事業或人員強化相關交易之確認客戶身分措施。二、限制或禁止金融機構、指定之非金融事業或人員與洗錢或資恐高風險國家或地區為匯款或其他交易。三、採取其他與風險相當且有效之必要防制措施。……」

7 (D)。洗錢防制法第17條規定：「公務員洩漏或交付關於申報疑似犯第十四條、第十五條之罪之交易或犯第十四條、第十五條之罪嫌疑之文書、圖畫、消息或物品者，處三年以下有期徒刑。……」

8 (B)。洗錢防制法第3條規定：「……金融機構及指定之非金融事業或人員對現任或曾任國內外政府或國際組織重要政治性職務之客戶或受益人與其家庭成員及有密切關係之人，應以風險為基礎，執行加強客戶審查程序。……」

9 (A)。洗錢防制法第6條規定：「……金融機構及指定之非金融事業或人員規避、拒絕或妨礙現地或非現地查核者，由中央目的事業主管機關處金融機構新臺幣五十萬元以上五百萬元以下罰鍰；處指定之非金融事業或人員新臺幣五萬元以上五十萬元以下罰鍰。」

10 (D)。洗錢防制法第9條規定：「金融機構及指定之非金融事業或人員對於達一定金額以上之通貨交易，除本法另有規定外，應向法務部調查局申報。……」

11 (C)。洗錢防制法第11條規定：「……前項所稱洗錢或資恐高風險國家或地區，指下列之一者：一、經國際防制洗錢組織公告防制洗錢及打擊資恐有嚴重缺失之國家或地區。二、經國際防制洗錢組織公告未遵循或未充分遵循國際防制洗錢組織建議之國家或地區。三、其他有具體事證認有洗錢及資恐高風險之國家或地區。」

12 (D)。洗錢防制法第7條規定：「金融機構及指定之非金融事業或人員應進行確認客戶身分程序，並留存其確認客戶身分程序所得資料；其確認客戶身分程序應以風險為基礎，並應包括實質受益人之審查。前項確認客戶身分程序所得資料，應自業務關係終止時起至少保存五年；臨時性交易者，應自臨時性交易終止時起至少保存五年。但法律另有較長保存期間規定者，從其規定。金融機構及指定之非金融事業

或人員對現任或曾任國內外政府或國際組織重要政治性職務之客戶或受益人與其家庭成員及有密切關係之人，應以風險為基礎，執行加強客戶審查程序。④第一項確認客戶身分範圍、留存確認資料之範圍、程序、方式及前項加強客戶審查之範圍、程序、方式之辦法，由中央目的事業主管機關會商法務部及相關機關定之；於訂定前應徵詢相關公會之意見。前項重要政治性職務之人與其家庭成員及有密切關係之人之範圍，由法務部定之。違反第一項至第三項規定及前項所定辦法者，由中央目的事業主管機關處金融機構新臺幣五十萬元以上一千萬元以下罰鍰、處指定之非金融事業或人員新臺幣五萬元以上一百萬元以下罰鍰。」

13 (A)。洗錢防制法第5條規定：「……本法所稱指定之非金融事業或人員，指從事下列交易之事業或人員：一、銀樓業。二、地政士及不動產經紀業從事與不動產買賣交易有關之行為。三、律師、公證人、會計師為客戶準備或進行下列交易時：(一)買賣不動產。(二)管理客戶金錢、證券或其他資產。(三)管理銀行、儲蓄或證券帳戶。(四)有關提供公司設立、營運或管理之資金籌劃。(五)法人或法律協議之設立、營運或管理以及買賣事業體。……」

14 (B)。洗錢防制法第1條規定：「為防制洗錢，打擊犯罪，健全防制洗錢體系，穩定金融秩序，促進金流之透明，強化國際合作，特制定本法。」

15 (C)。洗錢防制法第5條規定：「本法所稱金融機構，包括下列機構：一、銀行。二、信託投資公司。三、信用合作社。四、農會信用部。五、漁會信用部。六、全國農業金庫。七、辦理儲金匯兌、簡易人壽保險業務之郵政機構。八、票券金融公司。九、信用卡公司。十、保險公司。十一、證券商。十二、證券投資信託事業。十三、證券金融事業。十四、證券投資顧問事業。十五、證券集中保管事業。十六、期貨商。十七、信託業。十八、其他經目的事業主管機關指定之金融機構。……」

16 (D)。洗錢防制法第5條規定：「……本法所稱指定之非金融事業或人員，指從事下列交易之事業或人員：一、銀樓業。二、地政士及不動產經紀業從事與不動產買賣交易有關之行為。三、律師、公證人、會計師為客戶準備或進行下列交易時：(一)買賣不動產。(二)管理客戶金錢、證券或其他資產。(三)管理銀行、儲蓄或證券帳戶。(四)有關提供公司設立、營運或管理之資金籌劃。(五)法人或法律協議之設立、營運或管理以及買賣事業體。……」

17 (B)。洗錢防制法第7條規定：「金融機構及指定之非金融事業或人員應進行確認客戶身分程序，並留存其確認客戶身分程序所得資料；其確認客戶身分程序應以風險為基礎，並應包括實質受益人之審查。前項確認客戶身分程序所得資料，應自業務關係終止時起至少保存五年；臨時性交易者，應自臨時性交

易終止時起至少保存五年。但法律另有較長保存期間規定者，從其規定。……」

18 (C)。洗錢防制法第9條規定：「金融機構及指定之非金融事業或人員對於達一定金額以上之通貨交易，除本法另有規定外，應向法務部調查局申報。……」

19 (C)。洗錢防制法第6條規定：「……金融機構及指定之非金融事業或人員規避、拒絕或妨礙現地或非現地查核者，由中央目的事業主管機關處金融機構新臺幣五十萬元以上五百萬元以下罰鍰；處指定之非金融事業或人員新臺幣五萬元以上五十萬元以下罰鍰。」

20 (D)。洗錢防制法第4條規定：「本法所稱特定犯罪所得，指犯第三條所列之特定犯罪而取得或變得之財物或財產上利益及其孳息。前項特定犯罪所得之認定，不以其所犯特定犯罪經有罪判決為必要。」

21 (C)。洗錢防制法第7條規定：「……金融機構及指定之非金融事業或人員對現任或曾任國內外政府或國際組織重要政治性職務之客戶或受益人與其家庭成員及有密切關係之人，應以風險為基礎，執行加強客戶審查程序。……」

22 (D)。所謂「實質受益人」是指對該法人、團體「具最終控制權的自然人」。依據國際標準，金融機構應依下列順序確認客戶的實質受益人：
(1)持有法人股份或資本超過百分之二十五之自然人。
(2)若依(1)未發現具控制權之自然

人，應瞭解有無透過其他方式對客戶行使控制權之自然人。
(3)上述(1)及(2)均未發現具控制權之自然人，應確認擔任高階管理職位（如董事或總經理或其他具相當或類似職務之人）之自然人身分。

23 (B)。於契約有約定之下列情形發生，銀行得拒絕業務往來或逕行關戶：
(1)對於辦理開戶對象為受經濟制裁、外國政府或國際洗錢防制組織認定或追查之恐怖份子或團體者。
(2)對於不配合審視、拒絕提供實際受益人或對客戶行使控制權之人等資訊、對交易之性質與目的或資金來源不願配合說明等客戶，銀行得暫時停止交易，或暫時停止或終止業務關係。
(3)其他依各銀行開戶約定事項或依法令規定辦理情況。

24 (D)。洗錢防制法第2條規定：「本法所稱洗錢，指下列行為：一、意圖掩飾或隱匿特定犯罪所得來源，或使他人逃避刑事追訴，而移轉或變更特定犯罪所得。二、掩飾或隱匿特定犯罪所得之本質、來源、去向、所在、所有權、處分權或其他權益者。三、收受、持有或使用他人之特定犯罪所得。」

25 (C)。洗錢防制法第5條規定：「本法所稱金融機構，包括下列機構：一、銀行。二、信託投資公司。三、信用合作社。四、農會信用部。五、漁會信用部。六、全國農業金庫。七、辦理儲金匯兌、簡易人壽保險業務之郵政機構。八、票

券金融公司。九、信用卡公司。十、保險公司。十一、證券商。十二、證券投資信託事業。十三、證券金融事業。十四、證券投資顧問事業。十五、證券集中保管事業。十六、期貨商。十七、信託業。十八、其他經目的事業主管機關指定之金融機構。……」

26 (A)。洗錢防制法第4條規定:「本法所稱特定犯罪所得,指犯第三條所列之特定犯罪而取得或變得之財物或財產上利益及其孳息。前項特定犯罪所得之認定,不以其所犯特定犯罪經有罪判決為必要。」

27 (C)。洗錢防制法第2條規定:「本法所稱洗錢,指下列行為:一、意圖掩飾或隱匿特定犯罪所得來源,或使他人逃避刑事追訴,而移轉或變更特定犯罪所得。二、掩飾或隱匿特定犯罪所得之本質、來源、去向、所在、所有權、處分權或其他權益者。三、收受、持有或使用他人之特定犯罪所得。」

28 (A)。洗錢防制法第18條規定:「犯第十四條之罪,其所移轉、變更、掩飾、隱匿、收受、取得、持有、使用之財物或財產上利益,沒收之;犯第十五條之罪,其所收受、持有、使用之財物或財產上利益,亦同。……」

29 (B)。洗錢防制法第6條規定:「金融機構及指定之非金融事業或人員應依洗錢與資恐風險及業務規模,建立洗錢防制內部控制與稽核制度;其內容應包括下列事項:一、防制洗錢及打擊資恐之作業及控制

程序。二、定期舉辦或參加防制洗錢之在職訓練。三、指派專責人員負責協調監督第一款事項之執行。四、備置並定期更新防制洗錢及打擊資恐風險評估報告。五、稽核程序。六、其他經中央目的事業主管機關指定之事項。……」

30 (B)。洗錢防制法第13條規定:「檢察官於偵查中,有事實足認被告利用帳戶、匯款、通貨或其他支付工具犯第十四條及第十五條之罪者,得聲請該管法院指定六個月以內之期間,對該筆交易之財產為禁止提款、轉帳、付款、交付、轉讓或其他必要處分之命令。其情況急迫,有相當理由足認非立即為上開命令,不能保全得沒收之財產或證據者,檢察官得逕命執行之。但應於執行後三日內,聲請法院補發命令。法院如不於三日內補發或檢察官未於執行後三日內聲請法院補發命令者,應即停止執行。……」

31 (C)。洗錢防制法第17條規定:「公務員洩漏或交付關於申報疑似犯第十四條、第十五條之罪之交易或犯第十四條、第十五條之罪嫌疑之文書、圖畫、消息或物品者,處三年以下有期徒刑。……」

32 (C)。洗錢防制法第5條規定:「……本法所稱指定之非金融事業或人員,指從事下列交易之事業或人員:一、銀樓業。二、地政士及不動產經紀業從事與不動產買賣交易有關之行為。三、律師、公證人、會計師為客戶準備或進行下列交易時:(一)買賣不動產。(二)管理客戶金錢、證券或其他資產。(三)管

理銀行、儲蓄或證券帳戶。(四)有關提供公司設立、營運或管理之資金籌劃。(五)法人或法律協議之設立、營運或管理以及買賣事業體。……」

33 (C)。資恐防制法第4條規定：「主管機關依法務部調查局提報或依職權，認個人、法人或團體有下列情事之一者，經審議會決議後，得指定為制裁名單，並公告之：一、涉嫌犯第八條第一項各款所列之罪，以引起不特定人死亡或重傷，而達恐嚇公眾或脅迫政府、外國政府、機構或國際組織目的之行為或計畫。二、依資恐防制之國際條約或協定要求，或執行國際合作或聯合國相關決議而有必要。前項指定之制裁名單，不以該個人、法人或團體在中華民國領域內者為限。第一項指定制裁個人、法人或團體之除名，應經審議會決議，並公告之。」

34 (C)。洗錢防制法第7條規定：「金融機構及指定之非金融事業或人員應進行確認客戶身分程序，並留存其確認客戶身分程序所得資料；其確認客戶身分程序應以風險為基礎，並應包括實質受益人之審查。前項確認客戶身分程序所得資料，應自業務關係終止時起至少保存五年；臨時性交易者，應自臨時性交易終止時起至少保存五年。但法律另有較長保存期間規定者，從其規定。……」

35 (B)。我國資恐防制法規定如果被指定為制裁名單之人，將被執行目標性金融制裁，亦即不得讓指定制裁對象提款、匯款、轉帳等，也不能處分自身財產如買賣車子、房地產

等，這項制裁不只是金融機構有義務執行，一般民眾也必須遵守。藉由目標性金融制裁使被制裁對象的社會活動能力下降，而有助於遏止恐怖主義之蔓生，目標性金融制裁是強制性規範，金融機構或非金融事業及人員如未踐履，有相對之罰則。

36 (C)。洗錢防制法第3條規定：「本法所稱特定犯罪，指下列各款之罪：一、最輕本刑為六月以上有期徒刑以上之刑之罪。……」

37 (B)。洗錢防制法第5條規定：「本法所稱金融機構，包括下列機構：一、銀行。二、信託投資公司。三、信用合作社。四、農會信用部。五、漁會信用部。六、全國農業金庫。七、辦理儲金匯兌、簡易人壽保險業務之郵政機構。八、票券金融公司。九、信用卡公司。十、保險公司。十一、證券商。十二、證券投資信託事業。十三、證券金融事業。十四、證券投資顧問事業。十五、證券集中保管事業。十六、期貨商。十七、信託業。十八、其他經目的事業主管機關指定之金融機構。……」

38 (A)。民國105年修正洗錢防制法時，增訂融資性租賃業亦應適用金融機構之規定。

39 (D)。洗錢防制法中，有關邊境金流管制，僅限於大額通貨才須申報。

40 (A)。資恐防制法第6條規定：「主管機關得依職權或申請，許可下列措施：一、酌留經指定制裁之個人或其受扶養親屬家庭生活所需之

財物或財產上利益。二、酌留經指定制裁之個人、法人或團體管理財物或財產上利益之必要費用。三、對經指定制裁之個人、法人或團體以外之第三人,許可支付受制裁者於受制裁前對善意第三人負擔之債務。……」

↘ 複選題

( ) **1** 下列那些行為屬洗錢防制法所稱之洗錢行為? (A)掩飾因自己重大犯罪所得財產上利益 (B)隱匿因自己重大犯罪所得財物 (C)收受他人因重大犯罪所得財物 (D)侵佔他人因重大犯罪所得財物。

( ) **2** 依洗錢防制法規定,旅客入境攜帶總價值達一定金額以上之物品應向海關申報,該物品包括下列何者? (A)外國貨幣 (B)新臺幣現鈔 (C)有價證券 (D)黃金。 【107年第一次防制洗錢與打擊資恐測驗】

( ) **3** 下列何者屬於洗錢防制法所稱指定之非金融事業或人員? (A)為他人提供設立公司事務之會計師 (B)為他人處理不動產買賣之地政士 (C)僅為他人處理刑事訴訟辯論之律師 (D)不動產經紀業從事與不動產買賣交易有關之行為。 【107年第一次防制洗錢與打擊資恐測驗】

( ) **4** 洗錢防制法所稱特定犯罪,其所觸犯之法律,包括下列何者? (A)刑法 (B)稅捐稽徵法 (C)破產法 (D)洗錢及資恐防制法。

( ) **5** 下列何者為洗錢防制法制定之目的? (A)打擊犯罪 (B)強化國際合作 (C)促進社會安寧 (D)穩定金融秩序。

( ) **6** 下列何者屬於洗錢防制法所稱金融機構? (A)票券金融公司 (B)證券集中保管事業 (C)人力銀行 (D)期貨商。

( ) **7** 依洗錢防制法第17條規定,洩漏或交付關於申報疑似犯第14條、第15條之罪之交易或犯第14條、第15之罪嫌疑之文書、圖畫、消息或物品者,下列敘述何者錯誤? (A)公務員洩漏或交付關於申報疑似犯第十四條、第十五條之罪之交易或犯第十四條、第十五條之罪嫌疑之文書者,處3年以下有期徒刑 (B)具公務員身分之從業人員洩漏或交付關於申報疑似犯第十四條、第十五條之罪之交易或犯第十四條、第十五條之罪嫌疑之圖畫者,處5年以下有期徒刑 (C)不

具公務員身分之從業人員洩漏或交付關於申報疑似犯第十四條、第十五條之罪之交易或犯第十四條、第十五條之罪嫌疑之圖畫者,處二年以下有期徒刑、拘役或新臺幣50萬元以下罰金　(D)不具公務員身分之從業人員洩漏或交付關於申報疑似犯第十四條、第十五條之罪之交易或犯第十四條、第十五條之罪嫌疑之圖畫者,處二年以下有期徒刑、拘役或新臺幣150萬元以下罰金。

(　　) **8** 下列何者洗錢防制法所稱洗錢或資恐高風險國家或地區?　(A)經國際防制洗錢組織公告未遵循或未充分遵循國際防制洗錢組織建議之國家或地區　(B)經國際防制洗錢組織公告防制洗錢及打擊資恐有嚴重缺失之國家或地區　(C)經交通部觀光局公告旅遊紅色警戒之國家或地區　(D)其他有具體事證認有洗錢及資恐高風險之國家或地區。

(　　) **9** 下列何者為洗錢防制法所稱指定之非金融事業或人員?　(A)公證人為客戶準備或進行公證遺囑之行為　(B)銀樓業　(C)公司服務提供業為客戶準備或進行擔任或安排他人擔任信託或其他類似契約性質之受託人或其他相同角色　(D)會計師為客戶準備或進行提供公司設立、營運或管理服務。

(　　) **10** 依洗錢防制法規定,有關洗錢防制法訂定之宗旨,下列敘述何者正確?　(A)打擊犯罪　(B)維護消費者個資使免於外洩　(C)促進金流之透明　(D)強化國際合作。

(　　) **11** 洗錢防制法所稱「指定之非金融事業或人員」,包括下列何者?　(A)銀樓業　(B)從事不動產買賣交易之地政士及不動產經紀業　(C)為客戶提供公司設立服務之律師　(D)為客戶管理資產之會計師。

解答與解析　答案標示為#者,表官方曾公告更正該題答案。

1 (ABC)。
洗錢防制法第2條規定:「本法所稱洗錢,指下列行為:一、意圖掩飾或隱匿特定犯罪所得來源,或使他人逃避刑事追訴,而移轉或變更特定犯罪所得。二、掩飾或隱匿特定犯罪所得之本質、來源、去向、所在、所有權、處分權或其他權益者。三、收受、持有或使用他人之特定犯罪所得。」

2 (ABCD)。

洗錢防制法第12條規定：「旅客或隨交通工具服務之人員出入境攜帶下列之物，應向海關申報；海關受理申報後，應向法務部調查局通報：一、總價值達一定金額以上之外幣、香港或澳門發行之貨幣及新臺幣現鈔。二、總面額達一定金額以上之有價證券。三、總價值達一定金額以上之黃金。四、其他總價值達一定金額以上，且有被利用進行洗錢之虞之物品。……」

3 (ABD)。

洗錢防制法第5條規定：「……本法所稱指定之非金融事業或人員，指從事下列交易之事業或人員：一、銀樓業。二、地政士及不動產經紀業從事與不動產買賣交易有關之行為。三、律師、公證人、會計師為客戶準備或進行下列交易時：(一)買賣不動產。(二)管理客戶金錢、證券或其他資產。(三)管理銀行、儲蓄或證券帳戶。(四)有關提供公司設立、營運或管理之資金籌劃。(五)法人或法律協議之設立、營運或管理以及買賣事業體。……」

4 (ABC)。

洗錢防制法第3條規定：「本法所稱特定犯罪，指下列各款之罪：一、最輕本刑為六月以上有期徒刑以上之刑之罪。二、刑法第一百二十一條第一項、第一百二十三條、第二百零一條之一第二項、第二百六十八條、第三百三十九條、第三百三十九條之三、第三百四十二條、第三百四十四條、第三百四十九條之罪。三、懲治走私條例第二條第一項、第三條第一項之罪。四、破產法第一百五十四條、第一百五十五條之罪。五、商標法第九十五條、第九十六條之罪。六、廢棄物清理法第四十五條第一項後段、第四十七條之罪。七、稅捐稽徵法第四十一條、第四十二條及第四十三條第一項、第二項之罪。八、政府採購法第八十七條第三項、第五項、第六項、第八十九條、第九十一條第一項、第三項之罪。九、電子支付機構管理條例第四十四條第二項、第三項、第四十五條之罪。十、證券交易法第一百七十二條第一項、第二項之罪。十一、期貨交易法第一百十三條第一項、第二項之罪。十二、資恐防制法第八條、第九條之罪。十三、本法第十四條之罪。」

5 (ABD)。

洗錢防制法第1條規定：「為防制洗錢，打擊犯罪，健全防制洗錢體系，穩定金融秩序，促進金流之透明，強化國際合作，特制定本法。」

6 (ABD)。

洗錢防制法第5條規定：「本法所稱金融機構，包括下列機構：一、銀行。二、信託投資公司。三、信用合作社。四、農會信用部。五、漁會信用部。六、全國農業金庫。七、辦理儲金匯兌、簡易人壽保險業務之郵政機構。八、票券金融公司。九、信用卡公司。十、保險公司。十一、證券商。十二、證券投資信託事業。十三、證券金融事業。十四、證券投資顧問事業。十五、證券集中保管事業。十六、

期貨商。十七、信託業。十八、其他經目的事業主管機關指定之金融機構。……」

7 (D)。

洗錢防制法第17條規定：「公務員洩漏或交付關於申報疑似犯第十四條、第十五條之罪之交易或犯第十四條、第十五條之罪嫌疑之文書、圖畫、消息或物品者，處三年以下有期徒刑。第五條第一項至第三項不具公務員身分之人洩漏或交付關於申報疑似犯第十四條、第十五條之罪之交易或犯第十四條、第十五條之罪嫌疑之文書、圖畫、消息或物品者，處二年以下有期徒刑、拘役或新臺幣五十萬元以下罰金。」

8 (ABD)。

洗錢防制法第11條規定：「……前項所稱洗錢或資恐高風險國家或地區，指下列之一者：一、經國際防制洗錢組織公告防制洗錢及打擊資恐有嚴重缺失之國家或地區。二、經國際防制洗錢組織公告未遵循或未充分遵循國際防制洗錢組織建議之國家或地區。三、其他有具體事證認有洗錢及資恐高風險之國家或地區。」

9 (BCD)。

洗錢防制法第5條規定：「……本法所稱指定之非金融事業或人員，指從事下列交易之事業或人員：一、銀樓業。二、地政士及不動產經紀業從事與不動產買賣交易有關之行為。三、律師、公證人、會計師為客戶準備或進行下列交易時：(一)買賣不動產。(二)管理客戶金錢、證券或其他資產。(三)管理銀行、儲蓄或證券帳戶。(四)有關提供公司設立、營運或管理之資金籌劃。(五)法人或法律協議之設立、營運或管理以及買賣事業體。……」

10 (ACD)。

洗錢防制法第1條規定：「為防制洗錢，打擊犯罪，健全防制洗錢體系，穩定金融秩序，促進金流之透明，強化國際合作，特制定本法。」

11 (ABCD)。

洗錢防制法第5條規定：「……本法所稱指定之非金融事業或人員，指從事下列交易之事業或人員：一、銀樓業。二、地政士及不動產經紀業從事與不動產買賣交易有關之行為。三、律師、公證人、會計師為客戶準備或進行下列交易時：(一)買賣不動產。(二)管理客戶金錢、證券或其他資產。(三)管理銀行、儲蓄或證券帳戶。(四)有關提供公司設立、營運或管理之資金籌劃。(五)法人或法律協議之設立、營運或管理以及買賣事業體。……」

第四章　我國銀行業防制洗錢及打擊資恐政策法令與執行重點

本章重點依據命題重要度區分，最高為✿✿✿，最低為✿

重點一　金融機構防制洗錢辦法　✿✿✿

第1條　（授權依據）
本辦法依洗錢防制法（以下簡稱本法）第七條第四項前段、第八條
第三項、第九條第三項及第十條第三項規定訂定之。
【釋義】　本辦法之訂定依據。

第2條　（名詞之定義）常考
本辦法用詞定義如下：
一、金融機構：包括下列之銀行業、證券期貨業、保險業及其他經
　　金融監督管理委員會（以下簡稱本會）指定之金融機構：
　　(一)**銀行業：包括銀行、信用合作社、辦理儲金匯兌之郵政機**
　　　　構、票券金融公司、信用卡公司及信託業。
　　(二)證券期貨業：包括證券商、證券投資信託事業、證券金融
　　　　事業、證券投資顧問事業、證券集中保管事業、期貨商。
　　(三)保險業：包括保險公司、專業再保險公司及辦理簡易人壽
　　　　保險業務之郵政機構。
　　(四)其他經本會指定之金融機構：包括電子支付機構、外籍移
　　　　工匯兌公司（限於經營外籍移工國外小額匯兌業務之範圍
　　　　內）、槓桿交易商、期貨信託事業、期貨經理事業，以及
　　　　保險代理人公司、保險經紀人公司及個人執業之保險代理
　　　　人、保險經紀人（以下簡稱保險代理人、保險經紀人）。
二、**一定金額：指新臺幣五十萬元（含等值外幣）。**
三、一定數量：指五十張儲值卡。
四、通貨交易：指單筆現金收或付（在會計處理上，凡以現金收支
　　傳票記帳者皆屬之）或換鈔交易。
五、客戶：包括銀行業、證券期貨業及保險業等金融機構之客戶，
　　與電子支付帳戶及儲值卡之使用者。上開使用者指與電子支付
　　機構簽訂契約，利用電子支付帳戶或儲值卡，移轉支付款項或

進行儲值者。

六、電子支付帳戶：指以網路或電子支付平臺為中介，接受使用者註冊與開立記錄支付款項移轉及儲值情形，並利用電子設備以連線方式傳遞收付訊息之支付工具。

七、儲值卡：指具有資料儲存或計算功能之晶片、卡片、憑證等實體或非實體形式發行，並以電子、磁力或光學等技術儲存金錢價值之支付工具。

八、**實質受益人：指對客戶具最終所有權或控制權之自然人，或由他人代理交易之自然人本人，包括對法人或法律協議具最終有效控制權之自然人**。

九、風險基礎方法：指金融機構應確認、評估及瞭解其暴露之洗錢及資恐風險，並採取適當防制洗錢及打擊資恐措施，以有效降低此類風險。依該方法，金融機構對於較高風險情形應採取加強措施，對於較低風險情形，則可採取相對簡化措施，以有效分配資源，並以最適當且有效之方法，降低經其確認之洗錢及資恐風險。

【釋義】

1. 配合電子支付機構管理條例整併電子票證發行機構管理規範，以及金融監督管理委員會（以下簡稱本會）依據洗錢防制法第五條第一項第十八款之規定，於一百十年八月九日以金管銀票字第一一〇〇二七二四七三一號令指定「外籍移工匯兌公司於經營外籍移工國外小額匯兌業務之範圍」為洗錢防制法第五條第一項所稱之金融機構，爰於第一款第四目修正其他經本會指定之金融機構之範圍。

2. 參酌電子支付機構管理條例第三條規定，於第三款將電子票證之用詞修正為儲值卡。

3. 現行第六款移列第五款，修正客戶範圍之定義，並參酌電子支付機構管理條例第三條第三款規定，增訂使用者之用詞定義。

4. 現行第五款移列第六款，並參酌電子支付機構管理條例第三條第四款規定，修正電子支付帳戶之用詞定義。

5. 參酌電子支付機構管理條例第三條第五款規定，於第七款增訂儲值卡之用詞定義。

6. 現行第七款及第八款移列第八款及第九款。

第3條 **（確認客戶身分之情形、方式及程序）** 常考

金融機構確認客戶身分措施，應依下列規定辦理：

一、金融機構不得接受客戶以匿名或使用假名建立或維持業務關係。

二、金融機構於下列情形時，應確認客戶身分：

(一)與客戶建立業務關係時。

(二)進行下列臨時性交易：

1. 辦理一定金額以上交易（含國內匯款）或一定數量以上儲值卡交易時。多筆顯有關聯之交易合計達一定金額以上時，亦同。

2. 辦理新臺幣三萬元（含等值外幣）以上之跨境匯款時。

(三)發現疑似洗錢或資恐交易時。

(四)對於過去所取得客戶身分資料之真實性或妥適性有所懷疑時。

三、前款第一目於電子支付機構，係指接受客戶申請註冊及開立電子支付帳戶或辦理儲值卡記名作業時；於外籍移工匯兌公司辦理外籍移工國外小額匯兌業務，係指接受客戶申請註冊時。

四、金融機構確認客戶身分應採取下列方式：

(一)以可靠、獨立來源之文件、資料或資訊，辨識及驗證客戶身分，並保存該身分證明文件影本或予以記錄。

(二)對於由代理人辦理者，應確實查證代理之事實，並以可靠、獨立來源之文件、資料或資訊，辨識及驗證代理人身分，並保存該身分證明文件影本或予以記錄。

(三)辨識客戶實質受益人，並以合理措施驗證其身分，包括使用可靠來源之資料或資訊。

(四)確認客戶身分措施，應包括瞭解業務關係之目的與性質，並視情形取得相關資訊。

五、前款規定於客戶為法人、團體或信託之受託人時，應瞭解客戶或信託（包括類似信託之法律協議）之業務性質，並至少取得客戶或信託之下列資訊，辨識及驗證客戶身分：

(一)客戶或信託之名稱、法律形式及存在證明。

(二)規範及約束客戶或信託之章程或類似之權力文件。但下列情形得不適用：

1. 第七款第三所列對象及辦理第七款第四目所列保險商品，其無第六條第一項第3款但書情形者。

　　2.辦理儲值卡記名業務者。

　　3.團體客戶經確認其未訂定章程或類似之權力文件者。

(三)在客戶中擔任高階管理人員者之姓名。

(四)客戶註冊登記之辦公室地址，及其主要之營業處所地址。

六、客戶為法人時，應瞭解其是否可發行無記名股票，並對已發行無記名股票之客戶採取適當措施以確保其實質受益人之更新。

七、第四款第三目規定於客戶為法人、團體或信託之受託人時，應瞭解客戶或信託之所有權及控制權結構，並透過下列資訊，辨識客戶之實質受益人，及採取合理措施驗證：

(一)客戶為法人、團體時：

　　1.具控制權之最終自然人身分。所稱具控制權係指直接、間接持有該法人股份或資本超過百分之二十五者，金融機構得請客戶提供股東名冊或其他文件協助完成辨識。

　　2.依前小目規定未發現具控制權之自然人，或對具控制權自然人是否為實質受益人有所懷疑時，應辨識有無透過其他方式對客戶行使控制權之自然人。

　　3.依前二小目規定均未發現具控制權之自然人時，金融機構應辨識高階管理人員之身分。

(二)客戶為信託之受託人時：應確認委託人、受託人、信託監察人、信託受益人及其他可有效控制該信託帳戶之人，或與上述人員具相當或類似職務者之身分。

(三)客戶或具控制權者為下列身分者，除有第六條第一項第三款但書情形或已發行無記名股票情形者外，不適用第四款第三目辨識及驗證實質受益人身分之規定。

　　1.我國政府機關。

　　2.我國公營事業機構。

　　3.外國政府機關。

　　4.我國公開發行公司或其子公司。

　　5.於國外掛牌並依掛牌所在地規定，應揭露其主要股東之股票上市、上櫃公司及其子公司。

　　6.受我國監理之金融機構及其管理之投資工具。

　　7.設立於我國境外，且所受監理規範與防制洗錢金融行動工作組織（FATF）所定防制洗錢及打擊資恐標準一致之金融機構，及該金融機構管理之投資工具。

　　　　8. 我國政府機關管理之基金。

　　　　9. 員工持股信託、員工福利儲蓄信託。

　　(四)金融機構辦理財產保險、傷害保險、健康保險或不具有保單價值準備金之保險商品，除客戶有第六條第一項第三款但書情形者外，不適用第四款第三目辨識及驗證實質受益人身分之規定。

八、保險業應於人壽保險、投資型保險及年金保險契約之保險受益人確定或經指定時，採取下列措施：

　　(一)對於經指定為保險受益人者，應取得其姓名或名稱及身分證明文件號碼或註冊設立日期。

　　(二)對於依據契約特性或其他方式指定為保險受益人者，應取得充分資訊，以使保險業於支付保險金時得藉以辨識該保險受益人身分。

　　(三)於支付保險金時，驗證該保險受益人之身分。

九、金融機構完成確認客戶身分措施前，不得與該客戶建立業務關係或進行臨時性交易。但符合下列各目情形者，得先取得辨識客戶及實質受益人身分之資料，並於建立業務關係後，再完成驗證：

　　(一)洗錢及資恐風險受到有效管理。包括應針對客戶可能利用交易完成後才驗證身分之情形，採取風險管控措施。

　　(二)為避免對客戶業務之正常運作造成干擾所必須。

　　(三)會在合理可行之情形下儘速完成客戶及實質受益人之身分驗證。如未能在合理可行之時限內完成客戶及實質受益人之身分驗證，須終止該業務關係，並應事先告知客戶。

十、金融機構對於無法完成確認客戶身分相關規定程序者，應考量申報與該客戶有關之疑似洗錢或資恐交易。

十一、金融機構懷疑某客戶或交易可能涉及洗錢或資恐，且合理相信執行確認客戶身分程序可能對客戶洩露訊息時，得不執行該等程序，而改以申報疑似洗錢或資恐交易。

十二、電子支付帳戶之客戶身分確認程序應依電子支付機構身分確認機制及交易限額管理辦法相關規定辦理，不適用第四款至第七款規定。

十三、辦理儲值卡記名作業，不適用第四款第三目及第六款規定。

【釋義】

1. 配合電子支付機構管理條例之修正，於第二款第二目第一小目、第五款第二目第二小目及第十三款將電子票證之用詞修正為儲值卡，並修正第三款規定。
2. 配合電子支付機構身分確認機制及交易限額管理辦法之名稱修正，於第十二款修正援引之辦法名稱。

第4條　**（金融機構應婉拒建立業務關係或交易之規定）** 常考

金融機構確認客戶身分時，有下列情形之一者，應予以婉拒建立業務關係或交易：

一、疑似使用匿名、假名、人頭、虛設行號或虛設法人團體開設帳戶、投保或辦理儲值卡記名作業。

二、客戶拒絕提供審核客戶身分措施相關文件。

三、對於由代理人辦理開戶、儲值卡記名作業、註冊電子支付帳戶、投保、保險理賠、保險契約變更或交易者，且查證代理之事實及身分資料有困難。

四、持用偽、變造身分證明文件。

五、出示之身分證明文件均為影本。但依規定得以身分證明文件影本或影像檔，輔以其他管控措施辦理之業務，不在此限。

六、提供文件資料可疑、模糊不清，不願提供其他佐證資料或提供之文件資料無法進行查證。

七、客戶不尋常拖延應補充之身分證明文件。

八、建立業務關係對象為資恐防制法指定制裁之個人、法人或團體，以及外國政府或國際組織認定或追查之恐怖分子或團體。但依資恐防制法第六條第一項第一款至第三款所為支付不在此限。

九、建立業務關係或交易時，有其他異常情形，客戶無法提出合理說明。

【釋義】

1. 配合電子支付機構管理條例整併電子票證發行機構管理規範，於第一款及第三款將電子票證之用詞修正為儲值卡。
2. 配合資恐防制法第六條第一項將第二款至第四款款次移列第一款至第三款，於第八款修正援引之款次。

第5條　（就客戶身分之持續審查）

金融機構確認客戶身分措施，應包括對客戶身分之持續審查，並依下列規定辦理：

一、金融機構應依重要性及風險程度，對現有客戶身分資料進行審查，並於考量前次執行審查之時點及所獲得資料之適足性後，在適當時機對已存在之往來關係進行審查。上開適當時機至少應包括：

　　(一)客戶加開帳戶、新增儲值卡記名作業、新增註冊電子支付帳戶、保額異常增加或新增業務往來關係時。

　　(二)依據客戶之重要性及風險程度所定之定期審查時點。

　　(三)得知客戶身分與背景資訊有重大變動時。

二、金融機構應對客戶業務關係中之交易進行詳細審視，以確保所進行之交易與客戶及其業務、風險相符，必要時並應瞭解其資金來源。

三、**金融機構應定期檢視其辨識客戶及實質受益人身分所取得之資訊是否足夠，並確保該等資訊之更新，特別是高風險客戶，金融機構應至少每年檢視一次。**

四、金融機構對客戶身分辨識與驗證程序，得以過去執行與保存資料為依據，無須於客戶每次從事交易時，一再辨識及驗證客戶之身分。但金融機構對客戶資訊之真實性或妥適性有所懷疑、發現客戶涉及疑似洗錢或資恐交易、或客戶之交易或帳戶之運作方式出現與該客戶業務特性不符之重大變動時，應依第三條規定對客戶身分再次確認。

　　【釋義】　配合電子支付機構管理條例整併電子票證發行機構管理規範，於第一款第一目將電子票證之用詞修正為儲值卡。

第6條　（金融機構依風險基礎方法執行確認客戶身分，及採取加強確認客戶身分之範圍及方式）

第三條第四款與前條規定之確認客戶身分措施及持續審查機制，應以風險基礎方法決定其執行強度，包括：

一、對於高風險情形，應加強確認客戶身分或持續審查措施，其中至少應額外採取下列強化措施：

(一)在建立或新增業務往來關係前，應取得高階管理人員同意。

(二)應採取合理措施以瞭解客戶財富及資金來源。其中資金來源係指產生該資金之實質來源。

(三)對於業務往來關係應採取強化之持續監督。

二、對於來自洗錢或資恐高風險國家或地區之客戶，應採行與其風險相當之強化措施。

三、對於較低風險情形，得採取簡化措施，該簡化措施應與其較低風險因素相當。但有下列情形者，不得採取簡化確認客戶身分措施：

(一)客戶來自未採取有效防制洗錢或打擊資恐之高風險地區或國家，包括但不限於本會函轉國際防制洗錢組織所公告防制洗錢與打擊資恐有嚴重缺失之國家或地區，及其他未遵循或未充分遵循國際防制洗錢組織建議之國家或地區。

(二)足資懷疑該客戶或交易涉及洗錢或資恐。

辦理儲值卡記名作業時，不適用前項第一款第一目及第二目規定。

保險業應將人壽保險契約之受益人納為是否執行強化確認客戶身分措施之考量因素。人壽保險契約之保險受益人為法人或信託之受託人，經評估屬較高風險者，應採取強化確認客戶身分措施，包括於給付保險金前，採取合理措施辨識及驗證實質受益人身分。

【釋義】 配合電子支付機構管理條例整併電子票證發行機構管理規範，於第二項將電子票證之用詞修正為儲值卡。

第7條 （金融機構依賴第三方執行確認客戶身分應符合）

金融機構確認客戶身分作業應自行辦理，如法令或本會另有規定金融機構得依賴第三方執行辨識及驗證客戶本人身分、代理人身分、實質受益人身分或業務關係之目的及性質時，該依賴第三方之金融機構仍應負確認客戶身分之最終責任，並應符合下列規定：

一、應能立即取得確認客戶身分所需資訊。

二、應採取符合金融機構本身需求之措施，確保所依賴之第三方將依金融機構之要求，毫不延遲提供確認客戶身分所需之客戶身分資料或其他相關文件影本。

三、確認所依賴之第三方受到規範、監督或監控，並有適當措施遵循確認客戶身分及紀錄保存之相關規範。

四、確認所依賴之第三方之所在地，其防制洗錢及打擊資恐規範與防制洗錢金融行動工作組織所定之標準一致。

【釋義】

1. 依據FATF第十七項建議，金融機構得依賴第三方執行辨識及驗證客戶本人身分、代理人身分、實質受益人身分或業務關係之目的及性質等措施，惟應符合該建議之相關規定。考量確認客戶身分作業係屬防制洗錢重要之一環，爰定明相關作業原則應由金融機構自行辦理，但如法令或本會另有規定，為符合國際標準，要求仍應依FATF第十七項建議辦理，爰訂定本規定。另依上開意旨，本規定並非金融機構得依賴第三方執行確認客戶身分之依據，亦未排除受依賴第三方之保密限制。

2. 有關依賴第三方之意涵，依據FATF第十七項建議之註釋，並不適用於外包或代理關係。第三方本身通常與客戶具有既存之業務關係（而非因委託機構進行委託後才建立關係），並適用第三方本身之確認客戶身分程序，此與外包或代理機構係依據金融機構所訂之客戶審查程序代理金融機構執行並受其管控，有所不同。

第8條　（對客戶及交易有關對象之姓名及名稱檢核）

金融機構對客戶及交易有關對象之姓名及名稱檢核，應依下列規定辦理：

一、金融機構應依據風險基礎方法，建立客戶及交易有關對象之姓名及名稱檢核政策及程序，以偵測、比對、篩檢客戶、客戶之高階管理人員、實質受益人或交易有關對象是否為資恐防制法指定制裁之個人、法人或團體，以及外國政府或國際組織認定或追查之恐怖份子或團體。

二、金融機構之客戶及交易有關對象之姓名及名稱檢核政策及程序，至少應包括比對與篩檢邏輯、檢核作業之執行程序，以及檢視標準，並將其書面化。

三、金融機構執行姓名及名稱檢核情形應予記錄，並依第十二條規定之期限進行保存。

【釋義】

1. 參考本注意事項第八點規定及美國紐約州金融署Part 五〇四「防制洗錢之交易監控與篩選程序最終規範」，訂定第一款及第二款

有關姓名檢核計畫相關規範。另參考香港2015年3月打擊洗錢及恐怖份子資金籌集指引（認可機構適用）第六.二十二a段規定及新加坡金融管理局2015年11月Notice 六二六第六.三十九段規定，姓名檢核範圍應依風險基礎方法擴及客戶之關係人（connected parties），爰定明檢核對象包括客戶、客戶之高階管理人員、實質受益人或交易有關對象。所稱交易有關對象，係指交易過程中，所涉及之金融機構客戶以外之第三人，例如匯出匯款交易之受款人，或匯入匯款交易之匯款人等。

2. 為確認、查核姓名及名稱檢核之執行情形，要求金融機構應就其執行情形加以紀錄，並依第十二條規定之期限進行保存。爰增定第三款規定。

第9條　（對客戶帳戶或交易之持續監控）

金融機構對帳戶或交易之持續監控，應依下列規定辦理：

一、金融機構應逐步以資訊系統整合全公司（社）客戶之基本資料及交易資料，供總（分）公司（社）進行基於防制洗錢及打擊資恐目的之查詢，以強化其帳戶或交易監控能力。對於各單位調取及查詢客戶之資料，應建立內部控制程序，並注意資料之保密性。

二、金融機構應依據風險基礎方法，建立帳戶或交易監控政策與程序，並利用資訊系統，輔助發現疑似洗錢或資恐交易。

三、**金融機構應依據防制洗錢與打擊資恐法令規範、其客戶性質、業務規模及複雜度、內部與外部來源取得之洗錢與資恐相關趨勢與資訊、金融機構內部風險評估結果等，檢討其帳戶或交易監控政策及程序，並定期更新之。**

四、金融機構之帳戶或交易監控政策及程序，至少應包括完整之監控型態、參數設定、金額門檻、預警案件與監控作業之執行程序與監控案件之檢視程序及申報標準，並將其書面化。

五、前款完整之監控型態應依其業務性質，納入各同業公會所發布之態樣，並應參照金融機構本身之洗錢及資恐風險評估或日常交易資訊，增列相關之監控態樣。其中就電子支付帳戶間款項移轉，金融機構監控時應將收受兩端之所有資訊均納入考量，以判定是否申報疑似洗錢或資恐交易。

六、金融機構執行帳戶或交易持續監控之情形應予記錄，並依第十二條規定之期限進行保存。

【釋義】

1. 考量透過資訊系統整合客戶及交易資料，應有助於強化防制洗錢及打擊資恐機制，爰參酌本注意事項第九點第一款及「存款帳戶及其疑似不法或顯屬異常交易管理辦法」第十四條規定，訂定第一款規定。另銀行法第二十八條第四項規定，銀行經營信託及證券業務之人員，關於客戶之往來、交易資料，除其他法律或主管機關另有規定外，對銀行其他部門之人員亦應保守秘密，以確保客戶權益，防範內部人交易。本款銀行總分支機構基於防制洗錢及打擊資恐目的進行之查詢，係屬銀行法第二十八條第四項所稱「主管機關另有規定」之情形。

2. 參考本注意事項第九點第二款至第六款及美國紐約州金融署PART五○四「防制洗錢之交易監控與篩選程序最終規範」，訂定第二款至第五款有關帳戶及交易持續監控之相關規範。另第五款後段並參考FATF第十六項建議之評鑑準則第十七點(a)，增訂對電子支付帳戶間款項移轉，金融機構監控時應將收受兩端之所有資訊均納入考量，以判定是否申報疑似洗錢或資恐交易。

3. 為確認、查核帳戶或交易持續監控之執行情形，要求金融機構應就其執行情形加以紀錄，並依第十二條規定之期限進行保存。

第10條 （對擔任重要政治性職務人士確認客戶身分之強化）常考

金融機構於確認客戶身分時，應運用適當之風險管理機制，確認客戶及其實質受益人、高階管理人員是否為現任或曾任國內外政府或國際組織之重要政治性職務人士：

一、客戶或其實質受益人若為現任國外政府之重要政治性職務人士，應將該客戶直接視為高風險客戶，並採取第六條第一項第一款各目之強化確認客戶身分措施。

二、客戶或其實質受益人若為現任國內政府或國際組織之重要政治性職務人士，應於與該客戶建立業務關係時，審視其風險，嗣後並應每年重新審視。對於經金融機構認定屬高風險業務關係者，應對該客戶採取第六條第一項第一款各目之強化確認客戶身分措施。

三、客戶之高階管理人員若為現任國內外政府或國際組織之重要政治性職務人士，金融機構應考量該高階管理人員對該客戶之影

響力，決定是否對該客戶採取第六條第一項第一款各目之強化
確認客戶身分措施。

四、對於非現任國內外政府或國際組織之重要政治性職務人士，金
融機構應考量相關風險因子後評估其影響力，依風險基礎方法
認定其是否應適用前三款之規定。

五、前四款規定於重要政治性職務人士之家庭成員及有密切關係之
人，亦適用之。前述家庭成員及有密切關係之人之範圍，依本
法第七條第四項後段所定辦法之規定認定之。

第三條第七款第三目第一小目至第三小目及第八小目所列對象，其
實質受益人或高階管理人員為重要政治性職務人士時，不適用前項
規定。

保險公司、辦理簡易人壽保險業務之郵政機構對於人壽保險、投資
型保險及年金保險契約，應於給付保險金或解約金前，採取合理措
施辨識及驗證保險受益人及其實質受益人是否為前項所稱重要政治
性職務人士。如發現高風險情形，應於給付前通知高階管理人員，
對與該客戶之整體業務關係進行強化審查，並考量疑似洗錢或資恐
交易之申報。

【釋義】

1. 依據FATF第十二項建議之評鑑準則第一點(a)，金融機構應運用
   適當之風險管理機制，確認客戶及其實質受益人是否為國外政府
   重要政治性職務人士。次依FATF於2013年發布之指引第十六段，
   上述適當之風險管理機制，係指採取積極步驟對客戶進行評估。
   至於認定客戶是否為重要政治性職務人士，最主要之資訊來源為
   確認客戶身分之相關資料，此外，其他可能資訊來源包括：確保
   更新之確認客戶身分資訊、訓練有素之員工、網際網路與媒體搜
   尋、商業資料庫、內部資料庫、金融集團內分享資訊、財產申報
   系統及客戶自行揭露資訊等。爰為避免金融機構過度依賴資料。

2. 參酌本注意事項第十一點規定要求金融機構於確認客戶身分
   時，應利用自行建置之資料庫或外部之資訊來源查詢客戶或其
   實質受益人是否為重要政治性職務人士，並採取相關措施，爰
   訂定第一項規定。其中序文參考新加坡金融管理局2015年4月
   GUIDELINES TO MAS NOTICE 626A ON PREVENTION OF
   MONEY LAUNDERING AND COUNTERING THE FINANCING

OF TERRORISM第八之五之一段規定，就重要政治性職務人士(PEPs)之檢核，擴及客戶之高階管理人員，並就高階管理人員為PEPs時，要求應評估其對客戶之影響力，以決定是否對客戶採取強化審查措施。

3. 另第一項序文所稱外部之資訊來源得包括：商業資料庫、網際網路、監察院財產申報資料查詢系統、臺灣集中保管結算所洗錢防制查詢系統等。第四款所稱風險因子包括：擔任重要政治性職務之時間、離職後所擔任之新職務與其先前重要政治性職務是否有關連性等。

4. 鑑於第三條第七款第三目第一小目至第三小目及第八小目所列我國政府機關、我國公營事業、外國政府機關及我國政府機關管理之基金，其高階管理人員通常為重要政治性職務人士，如因而要求金融機構應對其採取強化確認客戶身分措施或每年審視風險，並不合理，爰訂定第二項規定。

5. 參酌「保險業防制洗錢及打擊資恐注意事項」第十一點第二項及FATF第十二項建議之評鑑準則第四點，增訂第三項規定，對於人壽保險契約、投資型保險及年金保險契約，應於給付保險金或解約金前，採取合理措施辨識及驗證受益人及實際受益人是否為重要政治性職務人士，並對其給付保險金前，應通知高階管理人員，對業務關係進行強化審查，並考量疑似洗錢或資恐交易之申報。

第11條　（保險代理人公司及保險經紀人公司排除適用之確認客戶身分）

保險代理人依保險法第八條規定，代理保險公司招攬保險契約者，以及保險經紀人依保險法第九條規定，基於被保險人之利益，洽訂保險契約或提供相關服務者，不適用第五條及第六條有關客戶身分之持續審查、第八條客戶及交易有關對象之姓名及名稱檢核、第九條交易之持續監控及前條有關重要政治性職務人士之規定。但保險代理人公司代理保險公司辦理核保及理賠業務者，於所代理業務範圍內之政策、程序及控管等面向，應依本辦法規定辦理。

【釋義】

1. 保險代理人公司及保險經紀人公司排除第五條、第六條及第八條至第十條適用之規定，惟保險代理人公司代理保險公司辦理核保

及理賠業務者，於所代理業務範圍內仍應依本辦法規定辦理。理由如下：

(1)保險法第八條所稱保險代理人，指根據代理契約或授權書，向保險人收取費用，並代理經營業務之人，以及同法第九條所稱保險經紀人，指基於被保險人之利益，洽訂保險契約或提供相關服務，而收取佣金或報酬之人；現行實務上我國保險代理人公司以代理招攬保險業務為主，保險經紀人公司亦僅涉及招攬保險契約業務，其係基於協助保險公司蒐集或驗證客戶資料正確性之角色，而本辦法所排除保險經紀人公司及保險代理人公司適用之事項，均由保險公司執行。

(2)參酌美國財政部金融犯罪執法署（FinCEN）「保險公司洗錢防制計畫及可疑活動報告之要求」常見問題第五點揭示，保險代理人與經紀人雖未被要求建置單獨之洗錢防制計畫，但是其在保險公司之洗錢防制計畫中扮演重要角色，保險代理人與經紀人之重要職責係了解客戶資金來源、客戶本質、客戶所購買之保險商品是否與投保目的相符及提供保險公司與客戶相關之必要資訊，旨在協助保險公司有效執行反洗錢程序。

(3)參酌上開相關國家之立法例及保險實務，考量保險代理人公司、保險經紀人公司係以業務招攬為主之特性，爰明定保險代理人公司、保險經紀人公司得不適用本辦法不適用第五條及第六條有關客戶身分之持續審查、第八條客戶及交易有關對象之姓名及名稱檢核、第九條交易之持續監控及前條有關重要政治性職務人士等規定。但保險代理人公司代理保險公司辦理核保及理賠業務者，於所代理業務範圍內之政策、程序及控管等面向，應依本辦法有關保險公司之規定辦理。

2. 代理人公司及保險經紀人公司就確認客戶身分措施未排除適用之規定，違反時仍有本法第七條第五項處分規定之適用，併予敘明。

3. 有關保險代理人及保險經紀人係包括保險代理人公司、保險經紀人公司及個人執業之保險代理人、保險經紀人，爰配合修正本條文字，將保險代理人公司及保險經紀人公司分別修正為保險代理人及保險經紀人。另考量個人執業之保險代理人並無法辦理核保及理賠業務，爰但書維持僅限保險代理人公司。兼營保險代理人及保險經紀人業務之銀行，於該兼營業務適用本條規定。

第12條　（金融機構紀錄保存之範圍、方式及期限）常考

金融機構應以紙本或電子資料保存與客戶往來及交易之紀錄憑證，並依下列規定辦理：

一、**金融機構對國內外交易之所有必要紀錄，應至少保存五年。但法律另有較長保存期間規定者，從其規定**。

二、**金融機構對下列資料，應保存至與客戶業務關係結束後或臨時性交易結束後，至少五年**。但法律另有較長保存期間規定者，從其規定：

　　(一)確認客戶身分所取得之所有紀錄，如護照、身分證、駕照或類似之官方身分證明文件影本或紀錄。

　　(二)帳戶、電子支付帳戶或卡戶檔案或契約文件檔案。

　　(三)業務往來資訊，包括對複雜、異常交易進行詢問所取得之背景或目的資訊與分析資料。

三、金融機構保存之交易紀錄應足以重建個別交易，以備作為認定不法活動之證據。

四、金融機構對權責機關依適當授權要求提供交易紀錄及確認客戶身分等相關資訊時，應確保能夠迅速提供。

【釋義】　參酌本注意事項第十點、「電子票證發行機構防制洗錢及打擊資恐注意事項範本」第十條、「電子支付機構防制洗錢及打擊資恐注意事項範本」第十條規定，於第一款及第二款分別訂定交易紀錄及確認客戶身分紀錄之保存範圍、期限等規定。並依本法第七條第二項及第八條第二項規定，定明法律另有較長保存期間規定者，從其規定。

第13條　（金融機構對達一定金額以上通貨交易申報之範圍、方式及程序）常考

金融機構對達一定金額以上之通貨交易，應依下列規定辦理：

一、應確認客戶身分並留存相關紀錄憑證。

二、確認客戶身分措施，應依下列規定辦理：

　　(一)憑客戶提供之身分證明文件或護照確認其身分，並將其姓名、出生年月日、住址、電話、交易帳戶號碼、交易金額及身分證明文件號碼等事項加以記錄。但如能確認客戶為交易帳戶本人者，可免確認身分，惟應於交易紀錄上敘明係本人交易。

(二)交易如係由代理人為之者,應憑代理人提供之身分證明文件或護照確認其身分,並將其姓名、出生年月日、住址、電話、交易帳戶號碼、交易金額及身分證明文件號碼等事項加以記錄。

(三)交易如係屬臨時性交易者,應依第三條第四款規定確認客戶身分。

三、除第十四條規定之情形外,應依法務部調查局(以下簡稱調查局)所定之申報格式,於交易完成後五個營業日內以媒體申報方式,向調查局申報。無法以媒體方式申報而有正當理由者,得報經調查局同意後,以書面申報之。

四、向調查局申報資料及相關紀錄憑證之保存,應依第十二條規定辦理。

【釋義】

1. 參酌「金融機構對達一定金額以上通貨交易及疑似洗錢交易申報辦法」第三條及第四條規定訂定。另考量達一定金額以上通貨交易如係屬第三條第二款之臨時性交易,其確認客戶身分方式應符合第三條第四款規定,爰增訂第二款第三目規定。

2. 鑑於金融機構對達一定金額以上通貨交易之申報對象為法務部調查局,應依調查局所定格式申報。

第14條 **(金融機構得免向法務部調查局申報達一定金額以上通貨交易之範圍)**
金融機構對下列達一定金額以上之通貨交易,免向調查局申報,但仍應確認客戶身分及留存相關紀錄憑證:

一、存入政府機關、公營事業機構、行使公權力機構(於受委託範圍內)、公私立學校、公用事業及政府依法設立之基金所開立帳戶之款項。

二、金融機構代理公庫業務所生之代收付款項。

三、金融機構間之交易及資金調度。但金融同業之客戶透過金融同業間之同業存款帳戶所生之應付款項,如兌現同業所開立之支票,同一客戶現金交易達一定金額以上者,仍應依規定辦理。

四、公益彩券經銷商申購彩券款項。

五、代收款項交易(不包括存入股款代收專戶之交易、代收信用卡消費帳款之交易),其繳款通知書已明確記載交易對象之姓

名、身分證明文件號碼（含代號可追查交易對象之身分者）、交易種類及金額者。但應以繳款通知書副聯作為交易紀錄憑證留存。

非個人帳戶基於業務需要經常或例行性須存入現金達一定金額以上之百貨公司、量販店、連鎖超商、加油站、醫療院所、交通運輸業及餐飲旅館業等，經金融機構確認有事實需要者，得將名單轉送調查局核備，如調查局於十日內無反對意見，其後該帳戶存入款項免逐次確認與申報。金融機構每年至少應審視交易對象一次。如與交易對象已無本項往來關係，應報調查局備查。

【釋義】

1. 參酌「金融機構對達一定金額以上通貨交易及疑似洗錢交易申報辦法」第五條規定，對於特定通貨交易，考量其交易對象較無洗錢疑義或已有足資確認客戶身分之收款單據，故雖達一定金額以上，於第一項明定得免依前條規定向調查局申報，惟仍應進行客戶審查與保存交易紀錄。經參考上開申報辦法第五條第一項第一款，並為利業者易於遵循及兼顧相關風險之控管，爰訂定第一款存入政府機關等機構所開立帳戶之款項，為可免申報之交易。另鑒於金融機構代理公庫業務所生之代收付款項，其風險應亦較低，爰訂定第二款規定。至第三款至第五款則係參考上開申報辦法第五條第一項第二款至第四款訂定。

2. 考量以大額現金繳納信用卡消費款涉一定之洗錢風險，且客戶以逾新臺幣五十萬元現金繳納本行信用卡款時，銀行亦應向調查局申報，爰第一項第六款定明代收信用卡消費帳款之交易，非屬免申報之代收款項交易。

3. 參酌上開申報辦法第六條規定訂定第二項規定，就非個人帳戶（如：百貨公司、量販店、連鎖超商、加油站、醫療院所、交通運輸業及餐飲旅館業等機構等），基於業務需要經常或例行性須存入現金達一定金額以上者，經金融機構確認，並經調查局核備後，得免逐次確認與申報，惟金融機構應每年至少審視交易對象一次，如已無往來關係，並應報調查局備查。

第15條　（金融機構對疑似洗錢或資恐交易申報之範圍、方式及程序）常考
金融機構對疑似洗錢或資恐交易之申報，應依下列規定辦理：

一、**金融機構對於符合第九條第五款規定之監控型態或其他異常情形，應依同條第四款及第六款規定，儘速完成是否為疑似洗錢或資恐交易之檢視，並留存紀錄。**

二、**對於經檢視屬疑似洗錢或資恐交易者，不論交易金額多寡，均應依調查局所定之申報格式簽報，並於專責主管核定後立即向調查局申報，核定後之申報期限不得逾二個營業日。交易未完成者，亦同。**

三、**對屬明顯重大緊急之疑似洗錢或資恐交易案件之申報，應立即以傳真或其他可行方式儘速向調查局申報，並應補辦書面資料。但經調查局以傳真資料確認回條確認收件者，無需補辦申報書。金融機構並應留存傳真資料確認回條。**

四、前二款申報書及傳真資料確認回條，應依調查局規定之格式辦理。

五、向調查局申報資料及相關紀錄憑證之保存，應依第十二條規定辦理。

【釋義】

1. 依據FATF第二十項建議第一項評鑑準則，金融機構懷疑或有相當合理基礎懷疑交易之資金為犯罪活動之收益，或涉及資助恐怖分子時，應立即向金融情報中心申報。同建議第二項評鑑準則則要求金融機構應申報所有疑似洗錢或資恐交易，不論其交易金額多寡。未完成交易者，亦同。

2. 鑒於實務上就疑似洗錢或資恐交易之認定，均係先就符合相關表徵者進行檢視，再依檢視結果決定是否申報，對於複雜案件，如要求於二個營業日內完成檢視並申報，恐影響申報品質。爰第一款刪除該項期限規定，並調整規範架構，僅就檢視程序及相關紀錄保存進行規範，該款現行規定後段有關申報部分，則移列第二款之申報程序規範。

3. 另因應FATF第二十項建議要求立即向金融情報中心申報之規定，修正第二款規定，明定專責主管核定後應立即向調查局申報，申報期限不得逾二個營業日。

4. 有關向調查局申報資料及相關紀錄憑證之保存，要求應依第十二條規定辦理，其中與確認客戶身分有關之資料，應保存至與客戶業務關係結束後或臨時性交易結束後，至少五年，其餘資料，應至少保存五年。但法律另有較長保存期間規定者，從其規定。

第16條 （施行日期）

本辦法自發布日施行。

【釋義】 定明本辦法之施行日期。

【牛刀小試】

( ) 1 金融機構應於特定時機進行客戶審查，惟下列哪個時機非屬必要？
(A)建立業務關係時　(B)終止業務關係時　(C)與客戶進行臨時性通
貨交易且達一定金額以上時　(D)對於過去取得客戶資料之真實性或
妥適性有所懷疑時。　　　　　　　【107年第一次防制洗錢與打擊資恐測驗】

( ) 2 金融機構對疑似洗錢或資恐交易者，應向下列何者申報？　(A)金融
監督管理委員會　(B)廉政署　(C)中央銀行　(D)調查局。
　　　　　　　　　　　　　　　　　【107年第一次防制洗錢與打擊資恐測驗】

( ) 3 有關金融機構對疑似洗錢或資恐交易之申報，下列敘述何者正確？
(A)金融機構認定有疑似洗錢或資恐交易，達一定金額以上者，應向
主管機關申報　(B)應自發現疑似洗錢或資恐交易之日起3個營業日
內向主管機關申報　(C)於向主管機關申報前，應簽報洗錢防制專責
主管核定　(D)對屬明顯重大緊急之疑似洗錢或資恐交易案件之申
報，可以傳真申報，無須補辦書面資料。
　　　　　　　　　　　　　　　　　【107年第一次防制洗錢與打擊資恐測驗】

( ) 4 金融機構防制洗錢辦法第6條規定，對於高風險情形，應加強確認客
戶身分或持續審查措施，其中至少應額外採取之強化措施。下列敘
述何者錯誤？　(A)在建立業務往來關係前，應取得高階管理人員同
意　(B)應採取合理措施以瞭解客戶財富及資金來源　(C)資金來源係
指產生該資金之實質來源　(D)對於業務往來關係應採取形式監督。
　　　　　　　　　　　　　　　　　　　　　【107年第一銀行新進人員甄試】

( ) 5 金融機構防制洗錢辦法第12條規定，金融機構應以紙本或電子資料保
存與客戶往來及交易之紀錄憑證。下列敘述何者錯誤？　(A)金融機
構對國內外交易之所有必要紀錄，應至少保存5年　(B)金融機構對
契約文件檔案保存至與客戶業務關係結束　(C)金融機構保存之交易

紀錄應足以重建個別交易，以備作為認定不法活動之證據　(D)金融機構對權責機關依適當授權要求提供交易紀錄時，應確保能夠迅速提供。　　　　　　　　　　　　　　　【107年第一銀行新進人員甄試】

(　　) 6 根據銀行防制洗錢及打擊資恐注意事項範本中第4條確認客戶身分措施之規定，下列何種狀況應予以婉拒建立業務關係或交易？　(A)出示身分證明文件正本　(B)得以查證代理事實及身分資料，並由代理人辦理之情形　(C)客戶拒絕提供審核客戶身分措施相關文件，但經可靠、獨立之來源確實查證身分屬實者　(D)提供文件資料可疑、模糊不清，不願提供其他佐證資料或提供之文件資料無法進行查證。
　　　　　　　　　　　　　　　【108年第一銀行新進人員甄試】

(　　) 7 銀行業應於每會計年度終了後幾個月內將防制洗錢及打擊資恐之內部控制制度聲明書揭露於該銀行網站？　(A)一個月　(B)三個月　(C)四個月　(D)六個月。　【108年第二次防制洗錢與打擊資恐測驗】

(　　) 8 (複選)依「銀行防制洗錢及打擊資恐注意事項範本」規定，客戶為法人時，至少應取得下列哪項資訊？　(A)不論任何情形下一定要徵提規範及約束法人之章程　(B)在法人中擔任高階管理人員之姓名　(C)法人註冊登記之辦公地址　(D)法人之主要營業處所地址。
　　　　　　　　　　　　　　　【108年第二次防制洗錢與打擊資恐測驗】

解答與解析　答案標示為#者，表官方曾公告更正該題答案。

1 **(B)**。金融機構防制洗錢辦法第3條規定：「金融機構確認客戶身分措施，應依下列規定辦理：一、金融機構不得接受客戶以匿名或使用假名建立或維持業務關係。二、金融機構於下列情形時，應確認客戶身分：(一)與客戶建立業務關係時。(二)進行下列臨時性交易：1.辦理一定金額以上交易（含國內匯款）或一定數量以上儲值卡交易時。多筆顯有關聯之交易合計達一定金額以上時，亦同。2.辦理新臺幣三萬元（含等值外幣）以上之跨境匯款時。(三)發現疑似洗錢或資恐交易時。(四)對於過去所取得客戶身分資料之真實性或妥適性有所懷疑時。三、前款第一目於電子支付機構，係指接受客戶申請註冊及開立電子支付帳戶或辦理儲值卡記名作業時；於外籍移工匯兌公司辦理外籍移工國外小額匯業務，係指接受客戶申請註冊時。四、金融機構確認客戶身分應採取下列方式：……」

2 (D)。金融機構防制洗錢辦法第13條規定：「……三、除第十四條規定之情形外，應依法務部調查局（以下簡稱調查局）所定之申報格式，於交易完成後五個營業日內以媒體申報方式，向調查局申報。無法以媒體方式申報而有正當理由者，得報經調查局同意後，以書面申報之。……」

3 (C)。金融機構防制洗錢辦法第15條規定：「一、金融機構對於符合第九條第五款規定之監控型態或其他異常情形，應依同條第四款及第六款規定，儘速完成是否為疑似洗錢或資恐交易之檢視，並留存紀錄。二、對於經檢視屬疑似洗錢或資恐交易者，不論交易金額多寡，均應依調查局所定之申報格式簽報，並於專責主管核定後立即向調查局申報，核定後之申報期限不得逾二個營業日。交易未完成者，亦同。……」

4 (D)。金融機構防制洗錢辦法第6條規定：「第三條第四款與前條規定之確認客戶身分措施及持續審查機制，應以風險基礎方法決定其執行強度，包括：一、對於高風險情形，應加強確認客戶身分或持續審查措施，其中至少應額外採取下列強化措施：(一)在建立或新增業務往來關係前，應取得高階管理人員同意。(二)應採取合理措施以瞭解客戶財富及資金來源。其中資金來源係指產生該資金之實質來源。(三)對於業務往來關係應採取強化之持續監督。二、對於來自洗錢或資恐高風險國家或地區之客戶，應採行與其

風險相當之強化措施。三、對於較低風險情形，得採取簡化措施，該簡化措施應與其較低風險因素相當。但有下列情形者，不得採取簡化確認客戶身分措施：……」

5 (B)。金融機構防制洗錢辦法第12條規定：「金融機構應以紙本或電子資料保存與客戶往來及交易之紀錄憑證，並依下列規定辦理：一、金融機構對國內外交易之所有必要紀錄，應至少保存五年。但法律另有較長保存期間規定者，從其規定。二、金融機構對下列資料，應保存至與客戶業務關係結束後或臨時性交易結束後，至少五年。但法律另有較長保存期間規定者，從其規定：(一)確認客戶身分所取得之所有紀錄，如護照、身分證、駕照或類似之官方身分證明文件影本或紀錄。(二)帳戶、電子支付帳戶或卡戶檔案或契約文件檔案。(三)業務往來資訊，包括對複雜、異常交易進行詢問所取得之背景或目的資訊與分析資料。三、金融機構保存之交易紀錄應足以重建個別交易，以備作為認定不法活動之證據。四、金融機構對權責機關依適當授權要求提供交易紀錄及確認客戶身分等相關資訊時，應確保能夠迅速提供。」

6 (D)。「銀行防制洗錢及打擊資恐注意事項範本」第4條第1款之規定：「一、有以下情形之一者應予以婉拒建立業務關係或交易：
(一)疑似使用匿名、假名、人頭、虛設行號或虛設法人團體。
(二)客戶拒絕提供審核客戶身分措施相關文件，但經可靠、獨立之來

源確實查證身分屬實者不在此限。

(三)對於由代理人辦理之情形，且查
　　證代理之事實及身分資料有困
　　難。

(四)持用偽、變造身分證明文件。

(五)出示之身分證明文件均為影本。
　　但依規定得以身分證明文件影本
　　或影像檔，輔以其他管控措施辦
　　理之業務，不在此限。

(六)提供文件資料可疑、模糊不清，
　　不願提供其他佐證資料或提供之
　　文件資料無法進行查證。

(七)客戶不尋常拖延應補充之身分證
　　明文件。

(八)建立業務關係之對象為資恐防制
　　法指定制裁之個人、法人或團
　　體，以及外國政府或國際組織認
　　定或追查之恐怖分子或團體。但
　　依資恐防制法第六條第一項第一
　　款至第三款所為支付不在此限。

(九)建立業務關係或交易時，有其他
　　異常情形，客戶無法提出合理說
　　明。」

7 (B)。「銀行防制洗錢及打擊資恐注
意事項範本」第17條第3項規定：
銀行總經理應督導各單位審慎評估
及檢討防制洗錢及打擊資恐內部控
制制度執行情形，由董（理）事長
（主席）、總經理、總稽核（稽核
主管）、防制洗錢及打擊資恐專責
主管聯名出具防制洗錢及打擊資恐
之內部控制制度聲明書，並提報董
（理）事會通過，於每會計年度終
了後三個月內將該內部控制制度聲
明書內容揭露於銀行網站，並於金
管會指定網站辦理公告申報。

8 (BCD)。
依「銀行防制洗錢及打擊資恐注意
事項範本」第4條第6款規定：第三
款規定於客戶為法人、團體或信託
之受託人時，應瞭解客戶或信託
（包括類似信託之法律協議）之業
務性質，並至少取得客戶或信託之
下列資訊，辨識及驗證客戶身分：

(1)客戶或信託之名稱、法律形式及
　　存在證明。

(2)規範及約束法人、團體或信託之
　　章程或類似之權力文件。但下列
　　情形得不適用：

　　A.第七款第三目所列對象，其無
　　　第六條第一項第三款但書情形
　　　者。

　　B.團體客戶經確認其未訂定章程
　　　或類似之權力文件者。

(3)在法人、團體或信託之受託人中
　　擔任高階管理人員（高階管理人
　　員之範圍得包括董事、監事、理
　　事、總經理、財務長、代表人、
　　管理人、合夥人、有權簽章人，
　　或相當於前述高階管理人員之自
　　然人，銀行應運用風險基礎方法
　　決定其範圍）之下列資訊：

　　A.姓名。

　　B.出生日期。

　　C.國籍。

(4)官方辨識編號：如統一編號、稅
　　籍編號、註冊號碼。

(5)法人、團體或信託之受託人註冊
　　登記之辦公室地址，及其主要之
　　營業處所地址。

(6)境外法人、團體或信託之受託人
　　往來目的。

重點二 銀行業防制洗錢及打擊資恐注意事項 ☆☆

一、為強化我國防制洗錢與打擊資恐機制,並健全銀行業內部控制及稽核制
　　度,訂定本注意事項。

二、銀行業防制洗錢及打擊資恐等事宜,除應遵循洗錢防制法、資恐防制
　　法、金融機構對達一定金額以上通貨交易及疑似洗錢交易申報辦法、存
　　款帳戶及其疑似不法或顯屬異常交易管理辦法及金融機構辦理國內匯款
　　作業確認客戶身分原則等規定外,並應依本注意事項所定事項辦理。

三、本注意事項所稱銀行業包括銀行、信用合作社、辦理儲金匯兌之郵政機
　　構、票券金融公司、信用卡公司及信託業。

四、銀行業確認客戶身分措施,應依下列規定辦理:

　　(一)銀行業不得接受客戶以匿名或使用假名開立帳戶。

　　(二)銀行業於下列情形時,應確認客戶身分:

　　　　1.與客戶建立業務關係時。

　　　　2.進行臨時性交易:

　　　　　(1)辦理新臺幣五十萬元(含等值外幣)以上之單筆現金收或付(在
　　　　　　會計處理上,凡以現金收支傳票記帳者皆屬之)或換鈔交易時。

　　　　　(2)辦理新臺幣三萬元(含等值外幣)以上之跨境匯款時。

　　　　3.發現疑似洗錢或資恐交易時。

　　　　4.對於過去所取得客戶身分資料之真實性或妥適性有所懷疑時。

　　(三)銀行業確認客戶身分應採取下列方式:

　　　　1.以可靠、獨立之原始文件、資料或資訊,辨識及驗證客戶身分,並
　　　　　保存該身分證明文件影本或予以記錄。

　　　　2.對於由代理人辦理之開戶或交易,應確實查證代理之事實,並以可
　　　　　靠、獨立之原始文件、資料或資訊,辨識及驗證代理人身分,並保
　　　　　存該身分證明文件影本或予以記錄。

　　　　3.採取辨識及驗證客戶實際受益人之合理措施。

　　　　4.確認客戶身分措施,應包括徵詢業務關係之目的與性質。

　　(四)前款規定於客戶為法人或信託之受託人時,應瞭解客戶或信託(包
　　　　括類似信託之法律協議)之業務性質、所有權與控制權結構,並至
　　　　少取得客戶或信託之下列資訊,辨識及驗證其身分:

　　　　1.客戶或信託之名稱、法律形式及存在證明。

2. 規範及約束法人或信託之章程或類似之權力文件，及在法人或信託之受託人中擔任高階管理職位人員之姓名。

3. 法人或信託之受託人註冊登記之辦公室地址，及其主要之營業處所地址。

(五)客戶為法人時，應瞭解其是否可發行無記名股票，並對已發行無記名股票之客戶採取適當措施以確保其實際受益人之更新。

(六)第三款第三目規定於客戶為法人或信託之受託人時，應瞭解下列資訊，辨識客戶之實際受益人，並採取合理措施驗證：

1. 客戶為法人時：

(1)具控制權之最終自然人身分。所稱具控制權係指持有該法人股份或資本超過百分之二十五者。

(2)如未發現具控制權之自然人，或對具控制權自然人是否為實際受益人有所懷疑時，應辨識有無透過其他方式對客戶行使控制權之自然人。

(3)如依前二小目規定均未發現具控制權之自然人時，銀行業應辨識擔任高階管理職位之自然人身分。

2. 客戶為信託之受託人時：應確認委託人、受託人、信託監察人、受益人及其他可有效控制該信託帳戶之人，或與上述人員具相當或類似職務者之身分。

3. 客戶或具控制權者為下列身分者，除有第七點第二款但書情形者外，得不適用上開應辨識及驗證公司股東或實際受益人身分之規定。

(1)我國政府機關。

(2)我國公營事業機構。

(3)外國政府機關。

(4)我國公開發行公司或其子公司。

(5)於國外掛牌並依掛牌所在地規定，應揭露其主要股東之股票上市、上櫃公司，或其子公司。

(6)受我國監理之金融機構及其管理之投資工具。

(7)設立於我國境外，且所受監理規範與防制洗錢金融行動工作組織（FATF）所定防制洗錢及打擊資恐標準一致之金融機構，及該金融機構管理之投資工具。

(8)我國公務人員退休撫卹基金、勞工保險基金、勞工退休基金及郵政儲金。

(七)銀行業完成確認客戶身分措施前，不得與該客戶建立業務關係或進行臨時性交易。但符合下列各目情形者，得先取得辨識客戶及實際受益人身分之資料，並於建立業務關係後，再完成驗證：

1. 洗錢及資恐風險受到有效管理。包括應針對客戶可能利用交易完成後才驗證身分之情形，採取風險管控措施。

2. 為避免對客戶業務之正常運作造成干擾所必須。

3. 會在合理可行之情形下儘速完成客戶及實際受益人之身分驗證。如未能在合理可行之時限內完成客戶及實際受益人之身分驗證，須終止該業務關係，並應事先告知客戶。

(八)銀行業對於無法完成確認客戶身分相關規定程序者，應考量申報與該客戶有關之可疑交易。

(九)銀行業懷疑某客戶或交易可能涉及洗錢或資恐，且合理相信執行確認客戶身分程序可能對客戶洩露訊息時，得不執行該等程序，而改以申報可疑交易。

五、銀行業確認客戶身分時，有以下情形之一者，應予以婉拒建立業務關係或交易：

(一)疑似使用假名、人頭、虛設行號或虛設法人團體開設帳戶。

(二)客戶拒絕提供審核客戶身分措施相關文件。

(三)對於得採委託、授權之開戶者，若查證委託、授權之事實及身分資料有困難。

(四)持用偽、變造身分證明文件或出示之身分證明文件均為影本。

(五)提供文件資料可疑、模糊不清，不願提供其他佐證資料或提供之文件資料無法進行查證。

(六)客戶不尋常拖延應補充之身分證明文件。

(七)建立業務關係時，有其他異常情形，客戶無法提出合理說明。

(八)建立業務關係對象為資恐防制法指定制裁之個人、法人或團體，以及外國政府或國際洗錢防制組織認定或追查之恐怖分子或團體。

六、客戶身分之持續審查：

(一)銀行業應依重要性及風險程度，對現有客戶身分資料進行審查，並於考量前次執行審查之時點及所獲得資料之適足性後，在適當時機對已存在之往來關係進行審查。上開適當時機至少應包括：

1. 客戶加開帳戶或新增業務往來關係時。

2. 依據客戶之重要性及風險程度所定之定期審查時點。

3. 得知客戶身分與背景資訊有重大變動時。

(二)銀行業應對客戶業務關係中之交易過程進行詳細審視，以確保所進行之交易與客戶及其業務、風險相符，必要時並應瞭解其資金來源。

(三)銀行業應定期檢視其辨識客戶及實際受益人身分所取得之資訊是否足夠，並確保該等資訊之更新，特別是高風險客戶，銀行業應至少每年檢視一次。

(四)銀行業對客戶身分辨識與驗證程序，得以過去執行與保存資料為依據，無須於客戶每次從事交易時，一再辨識及驗證客戶之身分。但銀行業對客戶資訊之真實性有所懷疑，如發現該客戶涉及疑似洗錢交易，或客戶帳戶之運作方式出現與該客戶業務特性不符之重大變動時，應依第四點規定對客戶身分再次確認。

七、第四點第三款與前點規定之確認客戶身分措施及持續審查機制，應以風險基礎方法決定其執行強度：

(一)對於高風險情形，應加強確認客戶身分或持續審查措施，其中至少應額外採取下列強化措施：

1. 在建立或新增業務往來關係前，應取得高階管理層級同意。

2. 應採取合理措施以瞭解客戶財富及資金來源。其中資金來源如為存款，應進一步瞭解該存款之來源。

3. 對於業務往來關係應採取強化之持續監督。

(二)對於較低風險情形，得採取簡化措施，該簡化措施應與其較低風險因素相當。但有下列情形者，不得採取簡化確認客戶身分措施：

1. 客戶來自未採取有效防制洗錢或打擊資恐之高風險地區或國家，包括但不限於金融監督管理委員會（以下簡稱本會）函轉國際防制洗錢組織所公告防制洗錢與打擊資恐有嚴重缺失之國家或地區，及其他未遵循或未充分遵循國際防制洗錢組織建議之國家或地區。

2. 足資懷疑該客戶或交易涉及洗錢或資恐。

八、客戶及交易有關對象之姓名及名稱檢核政策及程序：

(一)銀行業應依據風險基礎方法，建立客戶及交易有關對象之姓名及名稱檢核政策及程序，以偵測、比對、篩檢客戶或交易有關對象是否為資恐防制法指定制裁之個人、法人或團體，以及外國政府或國際洗錢防制組織認定或追查之恐怖分子或團體者，並依資恐防制法第七條等規定辦理。

(二)銀行業之客戶及交易有關對象之姓名及名稱檢核政策及程序，至少應包括比對與篩檢邏輯、檢核作業之執行程序，以及檢視標準，並將其書面化。

(三)銀行業執行姓名及名稱檢核情形應予紀錄，並依第十點規定之期限進行保存。

九、帳戶及交易之持續監控：

(一)銀行業應逐步以資訊系統整合全公司（社）客戶之基本資料及交易資料，供總分支機構進行基於防制洗錢及打擊資恐目的之查詢，以強化其帳戶及交易監控能力。對於各單位調取及查詢客戶之資料，應建立內部控制程序，並注意資料之保密性。

(二)銀行業應依據以風險為基礎之方法，建立帳戶及交易監控政策與程序，並利用資訊系統，輔助發現可疑交易。

(三)銀行業應依據防制洗錢與打擊資恐法令規範、其客戶性質、業務規模及複雜度、內部與外部來源取得之洗錢與資恐相關趨勢與資訊、銀行業內部風險評估結果等，檢討其帳戶及交易監控政策及程序，並定期更新之。

(四)銀行業之帳戶及交易監控政策及程序，至少應包括完整的監控型態、參數設定、金額門檻、預警案件與監控作業之執行程序與監控案件的檢視程序及申報標準，並將其書面化。

(五)前款完整之監控型態應包括各同業公會所發布之態樣，並應參照銀行業本身之洗錢及資恐風險評估或日常交易資訊，增列相關之監控態樣。監控態樣例示如下：

  1.同一帳戶於同一營業日之現金存、提款交易，分別累計達新臺幣五十萬元（含等值外幣）以上，且該交易與客戶身分、收入顯不相當，或與其營業性質無關者。

  2.同一客戶於同一櫃檯一次辦理多筆現金存、提款交易，分別累計達新臺幣五十萬元（含等值外幣）以上，且該交易與客戶身分、收入顯不相當，或與其營業性質無關者。

  3.同一客戶於同一櫃檯一次以現金分多筆匯出、或要求開立票據（如本行支票、存放同業支票、匯票）、申購可轉讓定期存單、旅行支票及其他有價證券，其合計金額達新臺幣五十萬元（含等值外幣）以上，而無法敘明合理用途者。

4. 涉及洗錢或資恐高風險國家或地區之交易，且與客戶身分、收入顯不相當，或與其營業性質無關者。

5. 交易最終受益人或交易人為金融監督管理委員會函轉外國政府所提供之恐怖分子或團體；或國際洗錢防制組織認定或追查之恐怖組織；或交易資金疑似或有合理理由懷疑與恐怖活動、恐怖組織或資助恐怖主義有關聯者。

6. 交易金額超過銀行業所設一定門檻，且與帳戶平均餘額顯不相當。

7. 短期內密集使用電子交易功能，且一定期間累計交易金額超過銀行業所設一定門檻。

(六)銀行業執行帳戶及交易持續監控之情形應予紀錄，並依第十點規定之期限進行保存。

十、銀行業應保存與客戶往來及交易之紀錄憑證，並依下列規定辦理：

(一)銀行業對國內外交易之所有必要紀錄，應至少保存五年。

(二)銀行業對下列資料，應保存至與客戶業務關係結束後或臨時性交易結束後，至少五年：

1. 確認客戶身分所取得之所有紀錄，如護照、身分證、駕照或類似之官方身分證明文件影本或紀錄。

2. 帳戶檔案。

3. 業務往來資訊，包括對複雜、異常交易進行詢問所取得之背景或目的資訊與分析資料。

(三)銀行業保存之交易紀錄應足以重建個別交易，以備作為認定不法活動之證據。

(四)銀行業對權責機關依適當授權要求提供交易紀錄及確認客戶身分等相關資訊時，應確保能夠迅速提供。

十一、銀行業於確認客戶身分時，應利用銀行自行建置之資料庫或外部之資訊來源查詢客戶或其實際受益人是否為現任或曾任國外政府或國際組織之重要政治性職務人士：

(一)客戶或其實際受益人若為現任國外政府之重要政治性職務人士，應將該客戶直接視為高風險客戶，並採取第七點第一款各目之強化確認客戶身分措施。

(二)客戶或其實際受益人若為現任國際組織之重要政治性職務人士，應於與該客戶建立業務關係時，審視其風險，嗣後並應每年重新審視。對於經銀行業認定屬高風險業務關係者，應對該客戶採取第七點第一款各目之強化確認客戶身分措施。

　　　(三)前二款規定於重要政治職務人士之家庭成員及有密切關係之人時，
　　　　　亦適用之。

　　　(四)對於非現任國外政府或國際組織之重要政治性職務人士，銀行業得依
　　　　　該人士之影響力、擔任重要政治性職務之年資等因素，審視其風險，
　　　　　如決定其仍應列為重要政治性職務人士，應適用前三款之規定。

十二、銀行業辦理通匯往來銀行業務及其他類似業務，應定有一定政策及程
　　　序，至少包括：

　　　(一)蒐集足夠之可得公開資訊，以充分瞭解該委託銀行之業務性質，並評
　　　　　斷其商譽及管理品質，包括是否遵循防制洗錢及打擊資恐之規範。

　　　(二)評估該委託銀行對防制洗錢及打擊資恐具備相當之控管政策及執行
　　　　　效力。

　　　(三)在與委託銀行建立通匯往來關係前，應先取得高階主管層級人員核
　　　　　准後始得辦理。

　　　(四)以文件證明各自對防制洗錢及打擊資恐之責任作為。

　　　(五)當通匯往來銀行業務涉及過渡帳戶時，須確認該委託銀行確實已執行
　　　　　確認客戶身份等措施，必要時並能提供確認客戶身分之相關資料。

　　　(六)不得與空殼銀行或與允許空殼銀行使用其帳戶之委託銀行建立通匯
　　　　　往來關係。

　　　(七)委託銀行為銀行業本身之國外分支機構時，亦適用上開規定。

十三、銀行業於推出新產品或服務或辦理新種業務（包括新支付機制、運用
　　　新科技於現有或全新之產品或業務）前，應進行產品之洗錢或資恐風
　　　險評估，建立相應之風險管理措施以降低所辨識之風險。

十四、匯款相關規定：

　　　(一)銀行業辦理外匯境內及跨境之一般匯出及匯入匯款業務，應依「銀
　　　　　行業辦理外匯業務作業規範」辦理。

　　　(二)銀行業辦理新臺幣境內匯款業務，應依下列規定辦理：

　　　　1.境內電匯之匯款金融機構應採下列方式之一提供匯款人及受款人
　　　　　資訊：

　　　　　(1)隨匯款交易提供匯款人及受款人資訊。

　　　　　(2)隨匯款交易提供匯款人及受款人之帳戶號碼或可供追蹤之交易
　　　　　　碼，並於收到受款金融機構或權責機關請求時，於三個營業日內
　　　　　　提供匯款人及受款人資訊。

　　　　2.匯款金融機構應保存所有有關匯款人及受款人資訊。

3. 上開匯款人資訊應包括：匯款人姓名、扣款帳戶號碼（如無，則提供可供追蹤的交易碼）；及匯款人地址或身分證號或出生日期及出生地。

4. 上開受款人資訊應包括：收款人姓名、受款帳戶號碼（如無，則提供可供追蹤的交易碼）。

十五、內部控制制度：

(一)銀行業依「金融控股公司及銀行業內部控制及稽核制度實施辦法」第八條規定、「郵政儲金匯兌業務內部控制及稽核制度實施辦法」第五條規定或「信用卡業務機構管理辦法」第三十三條規定建立之內部控制制度，應包括下列事項：

1. 就洗錢與資恐風險進行辨識、評估、管理之相關政策及程序。

2. 依據洗錢及資恐風險、業務規模，訂定防制洗錢及打擊資恐計畫，以管理及降低已辨識出之風險，並對其中之較高風險，採取強化控管措施。

3. 監督控管防制洗錢及打擊資恐法令遵循及防制洗錢及打擊資恐計畫執行之標準作業程序，並納入自行查核及內部稽核項目，且於必要時予以強化。

(二)前款第一目洗錢及資恐風險之辨識、評估與管理，應依下列規定辦理：

1. 應將風險評估內容書面化。

2. 應考量所有風險因素，並至少涵蓋客戶、地域、產品及服務、交易或支付管道等面向，以決定整體風險等級，及降低風險之適當措施。

3. 應訂定更新風險評估之機制，以確保風險資料之更新。

(三)第一款第二目之防制洗錢及打擊資恐計畫，應包括下列政策、程序及控管機制：

1. 確認客戶身分。

2. 客戶及交易有關對象之姓名及名稱檢核。

3. 帳戶及交易之持續監控。

4. 通匯往來銀行業務。

5. 紀錄保存。

6. 一定金額以上通貨交易申報。

7. 可疑交易申報。

8. 指定防制洗錢及打擊資恐專責主管負責遵循事宜。

9. 員工遴選及任用程序。

10. 持續性員工訓練計畫。

11. 測試防制洗錢及打擊資恐系統有效性之獨立稽核功能。

12. 其他依防制洗錢及打擊資恐相關法令及主管機關規定之事項。

(四) 具國外分支機構之銀行業,應訂定集團層次之防制洗錢與打擊資助恐怖主義計畫,除包括前款政策、程序及控管機制外,另應在符合我國及國外分支機構所在地資料保密規定之情形下,訂定下列事項:

1. 為確認客戶身分與洗錢及資恐風險管理目的所需之集團內資訊分享政策及程序。

2. 為防制洗錢及打擊資恐目的,國外分支機構須建置符合集團之遵循及稽核規定,並提供有關客戶、帳戶及交易資訊。

3. 對運用被交換資訊及其保密之安全防護。

(五) 銀行業應確保其國外分支機構,在符合當地法令情形下,實施與母公司一致之防制洗錢及打擊資恐措施。當總機構及分支機構所在國之最低要求不同時,分支機構應就兩地選擇較高標準者作為遵循依據,惟就標準高低之認定有疑義時,以銀行業母公司所在國之主管機關之認定為依據;倘因外國法規禁止,致無法採行與總機構相同標準時,應採取合宜之額外措施,以管理洗錢及資恐風險,並向主管機關陳報。

(六) 銀行業之董事會及高階管理人員應瞭解其洗錢及資恐風險,及防制洗錢及打擊資恐計畫之運作,並採取措施以塑造重視防制洗錢及打擊資恐之文化。

十六、專責單位及專責主管:

(一) 銀行業應於總經理、總機構法令遵循單位或風險控管單位下設置獨立之防制洗錢及打擊資恐專責單位,該單位不得兼辦防制洗錢及打擊資恐以外之其他業務,且應依其規模、風險等配置適足人力及資源,並由董事會指派高階主管一人擔任專責主管,賦予執行防制洗錢及打擊資恐之充分職權,至少每半年向董(理)事會及監察人(監事、監事會)或審計委員會報告,如發現有重大違反法令時,應即時向董(理)事會及監察人(監事、監事會)或審計委員會報告。但本國銀行以外之銀行業,得不設置專責單位,惟仍應依其規

模、風險等配置適足之防制洗錢及打擊資恐人員，由董事會指派一人為專責主管，並確保該等人員及主管無與其防制洗錢及打擊資恐職責有利益衝突之兼職。

(二)前項專責單位或專責主管掌理下列事務：

　1. 督導洗錢及資恐風險之辨識、評估及監控政策及程序之規劃與執行。

　2. 協調督導全面性洗錢及資恐風險辨識及評估之執行。

　3. 監控與洗錢及資恐有關之風險。

　4. 發展防制洗錢及打擊資恐計畫。

　5. 協調督導防制洗錢及打擊資恐計畫之執行。

　6. 確認防制洗錢及打擊資恐相關法令之遵循，包括所屬金融同業公會所定並經本會准予備查之相關範本或自律規範。

　7. 督導向法務部調查局進行可疑交易申報及資恐防制法指定對象之財物或財產上利益及其所在地之申報事宜。

(三)銀行業國外營業單位應綜合考量在當地之分行家數、業務規模及風險等，設置適足之防制洗錢及打擊資恐人員，並指派一人為主管，負責執行防制洗錢及打擊資恐法令遵循事宜。

(四)銀行業國外營業單位防制洗錢及打擊資恐主管之設置應符合當地法令規定及當地主管機關之要求，並應具備執行防制洗錢及打擊資恐之充分職權，包括可直接向第一款專責主管報告，且除兼任法令遵循主管外，應為專任，如兼任其他職務，應與當地主管機關溝通，以確認其兼任方式無利益衝突之虞，並報主管機關備查。

十七、 防制洗錢及打擊資恐內部控制制度之執行及聲明：

(一)銀行業國內外營業單位應指派資深管理人員擔任督導主管，負責督導所屬營業單位執行防制洗錢及打擊資恐相關事宜，並依「金融控股公司及銀行業內部控制及稽核制度實施辦法」相關規定辦理自行查核。

(二)銀行業內部稽核單位應依「金融控股公司及銀行業內部控制及稽核制度實施辦法」規定辦理下列事項之查核，並提具查核意見：

　1. 洗錢及資恐風險評估與防制洗錢及打擊資恐計畫是否符合法規要求並落實執行。

　2. 防制洗錢及打擊資恐計畫之有效性。

(三)銀行業總經理應督導各單位審慎評估及檢討防制洗錢及打擊資恐內部控制制度執行情形，由董（理）事長（主席）、總經理、總稽核、防制洗錢及打擊資恐專責主管聯名出具防制洗錢及打擊資恐之內部控制制度聲明書（附表），並提報董（理）事會通過，於每會計年度終了後三個月內將該內部控制制度聲明書內容揭露於銀行業網站，並於主管機關指定網站辦理公告申報。

十八、　員工任用及訓練：

(一)銀行業應建立審慎適當之員工遴選及任用程序，包括檢視員工是否具備廉正品格，及執行其職責所需之專業知識。

(二)銀行業之防制洗錢及打擊資恐專責主管、專責單位人員及國內營業單位督導主管應具下列資格條件之一：

　1. 曾擔任專責之法令遵循或防制洗錢及打擊資恐人員三年以上者。

　2. 參加主管機關認定機構所舉辦二十四小時以上課程，並經考試及格且取得結業證書。但中華民國一百零六年六月三十日前充任者，專責主管及專責單位人員得於充任後半年內取得證書，國內營業單位督導主管得於充任後一年內取得證書者。

　3. 取得主管機關認定機構舉辦之國內或國際防制洗錢及打擊資恐專業人員證照者。

(三)銀行業之防制洗錢及打擊資恐專責主管、專責單位人員及國內營業單位督導主管，每年應至少參加主管機關認定機構所舉辦或所屬金融控股公司（含子公司）或銀行業（含母公司）自行舉辦十二小時之教育訓練，訓練內容應至少包括新修正法令、洗錢及資恐風險趨勢及態樣。當年度取得主管機關認定機構舉辦之國內或國際防制洗錢及打擊資恐專業人員證照者，得抵免當年度之訓練時數。

(四)國外營業單位之督導主管與防制洗錢及打擊資恐主管、人員，應至少參加由國外主管機關或相關單位舉辦之防制洗錢及打擊資恐教育訓練課程十二小時，如國外主管機關或相關單位未舉辦防制洗錢及打擊資恐教育訓練課程，得參加主管機關認定機構所舉辦或所屬金融控股公司（含子公司）或銀行業（含母公司）自行舉辦之教育訓練課程。

(五)銀行業法令遵循人員、內部稽核人員及業務人員，應依其業務性質，安排適當內容及時數之防制洗錢及打擊資恐職前訓練及在職訓

練，以使其瞭解所承擔之防制洗錢及打擊資恐職責，及具備執行該
職責應有之專業。

十九、銀行業違反本注意事項所定事項者，本會將視其情節之輕重，依銀行法
　　　第六十一條之一、第一百二十九條規定及洗錢防制法等相關法令處分。

重點三　銀行防制洗錢及打擊資恐注意事項範本　♥♥♥

金融監督管理委員會108年4月23日
金管銀法字第10801049540號函同意備查

第1條　（授權依據）

本範本依「洗錢防制法」、「資恐防制法」、「金融機構防制洗錢
辦法」、「銀行業及其他經金融監督管理委員會指定之金融機構防
制洗錢及打擊資恐內部控制與稽核制度實施辦法」及「金融機構對
經指定制裁對象之財物或財產上利益及所在地通報辦法」訂定。

第2條　（建立內部控制制度）常考

銀行依「銀行業及其他經金融監督管理委員會指定之金融機構防制
洗錢及打擊資恐內部控制與稽核制度實施辦法」第六條規定建立防
制洗錢及打擊資恐之內部控制制度，應經董（理）事會通過；修正
時，亦同。其內容應包括下列事項：

一、依據「銀行評估洗錢及資恐風險及訂定相關防制計畫指引」
　　（附件），訂定對洗錢及資恐風險進行辨識、評估、管理之相
　　關政策及程序。

二、依該指引與風險評估結果及業務規模，訂定防制洗錢及打擊資
　　恐計畫，以管理及降低已辨識出之風險，並對其中之較高風
　　險，採取強化控管措施。

三、監督控管防制洗錢及打擊資恐法令遵循與防制洗錢及打擊資恐
　　計畫執行之標準作業程序，並納入自行查核及內部稽核項目，
　　且於必要時予以強化。

前項第一款洗錢及資恐風險之辨識、評估及管理，應至少涵蓋客戶、
地域、產品及服務、交易或支付管道等面向，並依下列規定辦理：

一、製作風險評估報告。

二、考量所有風險因素，以決定整體風險等級，及降低風險之適當措施。

三、訂定更新風險評估報告之機制，以確保風險資料之更新。

四、於完成或更新風險評估報告時，將風險評估報告送金融監督管理委員會（以下簡稱金管會）備查。

第一項第二款之防制洗錢及打擊資恐計畫，應包括下列政策、程序及控管機制：

一、確認客戶身分。

二、客戶及交易有關對象之姓名及名稱檢核。

三、帳戶及交易之持續監控。

四、通匯往來銀行業務。

五、紀錄保存。

六、一定金額以上通貨交易申報。

七、疑似洗錢或資恐交易申報及依據資恐防制法之通報。

八、指定防制洗錢及打擊資恐專責主管負責遵循事宜。

九、員工遴選及任用程序。

十、持續性員工訓練計劃。

十一、測試防制洗錢及打擊資恐制度有效性之獨立稽核功能。

十二、其他依防制洗錢及打擊資恐相關法令及金管會規定之事項。

銀行如有分公司（或子公司）者，應訂定集團層次之防制洗錢與打擊資恐計畫，於集團內之分公司（或子公司）施行。內容包括前項政策、程序及控管機制，並應在符合我國及國外分公司（或子公司）所在地資料保密法令規定下，訂定下列事項：

一、為確認客戶身分與洗錢及資恐風險管理目的所需之集團內資訊分享政策及程序。

二、為防制洗錢及打擊資恐目的，於有必要時，依集團層次法令遵循、稽核及防制洗錢及打擊資恐功能，得要求分公司（或子公司）提供有關客戶、帳戶及交易資訊，並應包括異常交易或活動之資訊及所為之分析；必要時，亦得透過集團管理功能使分公司（或子公司）取得上述資訊。

三、對運用被交換資訊及其保密之安全防護，包括防範資料洩露之安全防護。

銀行應確保其國外分公司（或子公司），在符合當地法令情形下，實施與總公司（或母公司）一致之防制洗錢及打擊資恐措施。當總公司（或母公司）與分公司（或子公司）所在地之最低要求不同時，分公司（或子公司）應就兩地選擇較高標準者作為遵循依據，惟就標準高低之認定有疑義時，以銀行總公司（或母公司）所在地之主管機關之認定為依據；倘因外國法規禁止，致無法採行與總公司（或母公司）相同標準時，應採取合宜之額外措施，以管理洗錢及資恐風險，並向金管會申報。

在臺之外國金融機構集團分公司或子公司就第一項第一款及第二款應依據「銀行評估洗錢及資恐風險及訂定相關防制計畫指引」訂定之洗錢及資恐風險辨識、評估、管理相關政策、程序，及防制洗錢及打擊資恐計畫所須包括之政策、程序及控管機制，若母集團已建立不低於我國規定且不違反我國法規情形者，在臺分公司或子公司得適用母集團之規定。

銀行之董（理）事會對確保建立及維持適當有效之防制洗錢及打擊資恐內部控制負最終責任。董（理）事會及高階管理人員應瞭解其洗錢及資恐風險，及防制洗錢及打擊資恐計畫之運作，並採取措施以塑造重視防制洗錢及打擊資恐之文化。

第3條　**（名詞定義）** 常考

本範本用詞定義如下：

一、一定金額：指新臺幣五十萬元（含等值外幣）。

二、通貨交易：單筆現金收或付（在會計處理上，凡以現金收支傳票記帳者皆屬之）或換鈔交易。

三、建立業務關係：係指某人要求銀行提供金融服務並建立能延續一段時間的往來關係或某人首次以該銀行的準客戶身分接觸銀行，期望此關係延續一段時間的往來。

四、客戶：為與銀行建立業務關係的人（包含自然人、法人、團體或信託）或經銀行認可辦理臨時性交易之人。通常並不包括某一交易的第三方。例如，在付款的電匯交易中，匯出匯款行並不會視此筆匯款交易之收款人為其客戶。

五、臨時性交易：係指民眾到非已建立業務關係銀行辦理之交易，包括現金匯款、換鈔等交易。

六、實質受益人：指對客戶具最終所有權或控制權之自然人，或由
　　他人代理交易之自然人本人，包括對法人或法律協議具最終有
　　效控制權之自然人。

七、風險基礎方法：指銀行應確認、評估及瞭解其暴露之洗錢及資恐
　　風險，並採取適當防制洗錢及打擊資恐措施，以有效降低此類風
　　險。依該方法，銀行對於較高風險情形應採取加強措施，對於較
　　低風險情形，則可採取相對簡化措施，以有效分配資源，並以最
　　適當且有效之方法，降低經其確認之洗錢及資恐風險。

八、交易有關對象：指交易過程中，所涉及之銀行客戶以外之第三
　　人，例如匯出匯款交易之受款人，或匯入匯款交易之匯款人等。

第4條　（確認客戶身分措施） 常考

確認客戶身分措施，應依下列規定辦理：

一、有以下情形之一者應予以婉拒建立業務關係或交易：

　　(一)疑似使用匿名、假名、人頭、虛設行號或虛設法人團體。

　　(二)客戶拒絕提供審核客戶身分措施相關文件，但經可靠、獨
　　　　立之來源確實查證身分屬實者不在此限。

　　(三)對於由代理人辦理之情形，且查證代理之事實及身分資料
　　　　有困難。

　　(四)持用偽、變造身分證明文件。

　　(五)出示之身分證明文件均為影本。但依規定得以身分證明文件
　　　　影本或影像檔，輔以其他管控措施辦理之業務，不在此限。

　　(六)提供文件資料可疑、模糊不清，不願提供其他佐證資料或
　　　　提供之文件資料無法進行查證。

　　(七)客戶不尋常拖延應補充之身分證明文件。

　　(八)建立業務關係之對象為資恐防制法指定制裁之個人、法人
　　　　或團體，以及外國政府或國際組織認定或追查之恐怖分子
　　　　或團體。但依資恐防制法第六條第一項第一款至第三款所
　　　　為支付不在此限。

　　(九)建立業務關係或交易時，有其他異常情形，客戶無法提出
　　　　合理說明。

二、確認客戶身分時機：

　　(一)與客戶建立業務關係時。

(二)進行下列臨時性交易：

　　1. 辦理達一定金額以上交易（含國內匯款）時。多筆顯有關
　　　聯之交易合計達一定金額以上時，亦同。

　　2. 辦理新臺幣三萬元（含等值外幣）以上之跨境匯款時。

(三)發現疑似洗錢或資恐交易時。

(四)對於過去所取得客戶身分資料之真實性或妥適性有所懷疑時。

三、確認客戶身分應採取下列方式辦理：

(一)以可靠、獨立來源之文件、資料或資訊，辨識及驗證客戶
　　身分，並保存該身分證明文件影本或予以記錄。

(二)對於由代理人建立業務關係或交易者，應確實查證代理之
　　事實，並依前目方式辨識及驗證代理人身分，並保存該身
　　分證明文件影本或予以記錄。

(三)辨識客戶實質受益人，並以合理措施驗證其身分，包括使
　　用可靠來源之資料或資訊。

(四)確認客戶身分措施，應包括瞭解業務關係之目的與性質，
　　並視情形取得相關資訊。

四、前款規定於客戶為個人時，至少取得下列資訊，以辨識其身分：

(一)姓名。

(二)出生日期。

(三)戶籍或居住地址。

(四)官方身分證明文件號碼。

(五)國籍。

(六)外國人士居留或交易目的（如觀光、工作等）。

五、針對依據銀行客戶洗錢及資恐風險評估相關規範辨識為高風險
　　或具特定高風險因子之個人客戶，於建立業務關係時應至少取
　　得下列任一資訊：

(一)曾使用之姓名或別名：曾使用之姓名如結婚前使用之姓
　　名、更名前使用之姓名。

(二)任職地址、郵政信箱地址、電子郵件地址（如有）。

(三)電話或手機號碼。

六、第三款規定於客戶為法人、團體或信託之受託人時，應瞭解客
　　戶或信託（包括類似信託之法律協議）之業務性質，並至少取
　　得客戶或信託之下列資訊，辨識及驗證客戶身分：

(一)客戶或信託之名稱、法律形式及存在證明。

(二)規範及約束法人、團體或信託之章程或類似之權力文件。
但下列情形得不適用：

1. 第七款第三目所列對象，其無第六條第一項第三款但書情
形者。

2. 團體客戶經確認其未訂定章程或類似之權力文件者。

(三)在法人、團體或信託之受託人中擔任高階管理人員（高階
管理人員之範圍得包括董事、監事、理事、總經理、財務
長、代表人、管理人、合夥人、有權簽章人，或相當於前
述高階管理人員之自然人，銀行應運用風險基礎方法決定
其範圍）之下列資訊：

1. 姓名。

2. 出生日期。

3. 國籍。

(四)官方辨識編號：如統一編號、稅籍編號、註冊號碼。

(五)法人、團體或信託之受託人註冊登記之辦公室地址，及其
主要之營業處所地址。

(六)境外法人、團體或信託之受託人往來目的。

七、第三款第三目規定於客戶為法人、團體或信託之受託人時，應
瞭解客戶或信託之所有權及控制權結構，並透過下列資訊，辨
識客戶之實質受益人，及採取合理措施驗證：

(一)客戶為法人或團體時：

1. 具控制權之最終自然人身分（如姓名、出生日期、國籍及
身分證明文件號碼等）。所稱具控制權係指直接、間接持
有該法人股份或資本超過百分之二十五者，銀行得請客戶
提供股東名冊或其他文件協助完成辨識。

2. 依前小目規定未發現具控制權之自然人，或對具控制權自
然人是否為實質受益人有所懷疑時，應辨識有無透過其他
方式對客戶行使控制權之自然人。必要時得取得客戶出具
之聲明書確認實質受益人之身分。

3. 如依前二小目規定均未發現具控制權之自然人時，銀行應
辨識高階管理人員之身分。

(二)客戶為信託之受託人時：應確認委託人、受託人、信託監
　　察人、信託受益人及其他可有效控制該信託帳戶之人，或
　　與上述人員具相當或類似職務者之身分。

(三)客戶或具控制權者為下列身分者，除有第六條第一項第三
　　款但書情形或已發行無記名股票情形者外，不適用第三款
　　第三目辨識及驗證實質受益人身分之規定：

1. 我國政府機關。

2. 我國公營事業機構。

3. 外國政府機關。

4. 我國公開發行公司或其子公司。

5. 於國外掛牌並依掛牌所在地規定，應揭露其主要股東之股
　 票上市、上櫃公司及其子公司。

6. 受我國監理之金融機構及其管理之投資工具。

7. 設立於我國境外，且所受監理規範與防制洗錢金融行動工
　 作組織（FATF）所定防制洗錢及打擊資恐標準一致之金
　 融機構，及該金融機構管理之投資工具。銀行對前開金融
　 機構及投資工具需留存相關文件證明（如公開資訊查核紀
　 錄、該金融機構防制洗錢作業規章、負面資訊查詢紀錄、
　 金融機構聲明書等）。

8. 我國政府機關管理之基金。

9. 員工持股信託、員工福利儲蓄信託。

八、與銀行建立業務關係之客戶，驗證客戶及其代理人與實質受益
　　人身分之方式：

(一)以文件驗證：

1. 個人：

(1)驗證身分或生日：取得附有照片且未過期之官方身分證
　 明文件，如身分證、護照、居留證、駕照等。如對上述
　 文件效期有疑義，應取得大使館或公證人之認證或聲
　 明。另實質受益人前述資料得不要求正本進行驗證，或
　 依據銀行內部所定作業程序，請法人、團體及其代表人
　 聲明實質受益人資料，但該聲明資料應有部分項目得以
　 公司登記證明文件、公司年報等其他可信文件或資料來
　 源進行驗證。

　　　(2)驗證地址：取得客戶所屬帳單、對帳單、或官方核發之文件等。

　　2. 法人、團體或信託之受託人：取得公司設立登記文件（Certified Articles of Incorporation）、政府核發之營業執照、合夥協議（Partnership Agreement）、信託文件（Trust Instrument）、存續證明（Certification of Incumbency）等。如信託之受託人為洗錢防制法第五條第一項列示之金融機構所管理之信託，其信託文件得由該金融機構出具之書面替代之，惟該金融機構所在之國家或地區有第六條第一項第三款但書者不適用。

　(二)有必要時，可另行以非文件資訊驗證，例如：

　　1. 在帳戶開立後，以電話或函件聯繫客戶。

　　2. 由其他金融機構提供之資訊。

　　3. 交叉比對客戶提供之資訊與其他可信賴之公開資訊、付費資料庫等。

九、依據銀行洗錢及資恐風險評估相關規範辨識為高風險或具特定高風險因子之客戶，應以加強方式執行驗證，例如：

　(一)取得寄往客戶所提供住址之客戶本人／法人或團體之有權人簽署回函或辦理電話訪查。

　(二)取得個人財富及資金來源資訊之佐證資料。

　(三)取得法人、團體或信託受託人資金來源及去向之佐證資料，如主要供應商名單、主要客戶名單等。

　(四)實地訪查。

　(五)取得過去銀行往來資訊並照會該銀行。

十、銀行完成確認客戶身分措施前，不得與該客戶建立業務關係或進行臨時性交易。但符合以下各目情形者，得先取得辨識客戶及實質受益人身分之資料，並於建立業務關係後，再完成驗證：

　(一)洗錢及資恐風險受到有效管理。包括應針對客戶可能利用交易完成後才驗證身分之情形，採取風險管控措施。

　(二)為避免對客戶業務之正常運作造成干擾所必須。

　(三)會在合理可行之情形下儘速完成客戶及實質受益人之身分驗證。如未能在合理可行之時限內完成客戶及實質受益人之身分驗證，須終止該業務關係，並應事先告知客戶。

十一、銀行如允許客戶未完成身分驗證前建立業務關係，則應採取相關的風險管控措施，包括：

(一)訂定客戶身分驗證完成期限。

(二)於客戶身分驗證完成前，營業單位督導主管應定期檢視與該客戶之往來關係，並定期向高階主管報告客戶身分驗證處理進度。

(三)於客戶身分驗證完成前，限制該客戶之交易次數與交易類型。

(四)於客戶身分驗證完成前，限制該客戶不得將款項支付予第三人，但符合以下各條件者不在此限：

1. 無洗錢／資恐活動疑慮。

2. 該客戶之洗錢／資恐之風險等級屬低風險。

3. 交易依銀行內部風險考量，所訂核准層級之高階管理人員核准。

4. 收款人之姓名／名稱與洗錢或資恐名單不符。

(五)對所取得客戶或實質受益人身分資料之真實性、妥適性或其目的有所懷疑時，不適用前一目但書。

(六)前款第三目「合理可行之時限」銀行應以風險基礎方法依不同風險等級訂定。釋例如下：

1. 應在建立業務關係後，不遲於30個工作天內完成客戶身分驗證程序。

2. 倘在建立業務關係30個工作天後，仍未能完成客戶身分驗證程序，則銀行應暫時中止與客戶的業務關係，及避免進行進一步的交易（在可行狀況下，將資金退回原資金來源則不在此限）。

3. 倘在建立業務關係120天後，仍未能完成客戶身分驗證程序，則銀行應終止與客戶之業務關係。

十二、客戶為法人時，應以檢視公司章程或請客戶出具聲明書之方式，瞭解其是否可發行無記名股票，並對已發行無記名股票之客戶採取下列措施之一以確保其實質受益人之更新：

(一)請客戶要求具控制權之無記名股票股東，應通知客戶登記身分，並請客戶於具控制權股東身分發生變動時通知銀行。

(二)請客戶於每次股東會後，應向銀行更新其實質受益人資訊，並提供持有無記名股票達一定比率以上股東之資料。

　　　　　　但客戶因其他原因獲悉具控制權股東身分發生變動時，應即通知銀行。

十三、銀行於確認客戶身分時，應運用適當之風險管理機制確認客戶及其實質受益人、高階管理人員是否為現任或曾任國內外政府或國際組織之重要政治性職務人士：

(一)客戶或其實質受益人若為現任國外政府之重要政治性職務人士，應將該客戶直接視為高風險客戶，並採取第六條第一項第一款各目之強化確認客戶身分措施。

(二)客戶或其實質受益人若為現任國內政府或國際組織之重要政治性職務人士，應於與該客戶建立業務關係時，審視其風險，嗣後並應每年重新審視。對於經銀行認定屬高風險業務關係者，應對該客戶採取第六條第一項第一款各目之強化確認客戶身分措施。

(三)客戶之高階管理人員若為現任國內外政府或國際組織之重要政治性職務人士，銀行應考量該高階管理人員對該客戶之影響力，決定是否對該客戶採取第六條第一項第一款各目之強化確認客戶身分措施。

(四)對於非現任國內外政府或國際組織之重要政治性職務人士，銀行應考量相關風險因子後評估其影響力，依風險基礎方法認定其是否應適用前三目之規定。

(五)前四目規定於重要政治性職務人士之家庭成員及有密切關係之人，亦適用之。前述家庭成員及有密切關係之人之範圍，依洗錢防制法第七條第四項後段所定辦法之規定認定之。

(六)第七款第三目第一小目至第三小目及第八小目所列對象，其實質受益人或高階管理人員為重要政治性職務人士時，不適用本款第一目至第五目之規定。

十四、確認客戶身分其他應遵循之事項：

(一)銀行在與客戶建立業務關係或與臨時性客戶進行金融交易超過一定金額或懷疑客戶資料不足以確認身分時，應從政府核發或其他辨認文件確認客戶身分並加以記錄。

(二)應對委託帳戶、由專業中間人代為處理交易，要特別加強確認客戶身分之作為。

(三)應加強審查私人理財金融業務客戶。

(四)應加強審查被其他銀行拒絕金融業務往來之客戶。

(五)對於非「面對面」之客戶，應該施以具相同效果之確認客戶程序，且必須有特別和足夠之措施，以降低風險。

(六)以網路方式建立業務關係者，應依本會所訂並經主管機關備查之相關作業範本辦理。

(七)對採委託授權建立業務關係或建立業務關係後始發現有存疑之客戶應以電話、書面或實地查訪等方式確認。

(八)採函件方式建立業務關係者，應於建立業務關係手續辦妥後以掛號函復，以便證實。

(九)在不違反相關法令情形下，銀行如果得知或必須假定客戶往來資金來源自貪瀆或濫用公共資產時，應不予接受或斷絕業務往來關係。

(十)銀行對於無法完成確認客戶身分相關規定程序者，應考量申報與該客戶有關之疑似洗錢或資恐交易。

(十一)銀行懷疑某客戶或交易可能涉及洗錢或資恐，且合理相信執行確認客戶身分程序可能對客戶洩露訊息時，得不執行該等程序，而改以申報疑似洗錢或資恐交易。

(十二)其他建立業務關係應注意事項悉依銀行內部作業規定辦理。

十五、有以下情形得依契約約定為下列之處理：

(一)對於有第一款第八目情形，銀行得拒絕業務往來或逕行終止業務關係。

(二)對於不配合審視、拒絕提供實質受益人或對客戶行使控制權之人等資訊、對交易之性質與目的或資金來源不願配合說明等客戶，銀行得暫時停止交易，或暫時停止或終止業務關係。

十六、對於有第一款第八目所述建立業務關係或交易對象情形，銀行應依洗錢防制法第十條申報疑似洗錢或資恐交易，如該對象為資恐防制法指定制裁之個人、法人或團體，銀行並應於知悉之日起不得有資恐防制法第七條第一項行為，及依資恐防制法規定辦理通報（格式請至法務部調查局網站下載）。銀行若於前述對象受制裁指定前已有資恐防制法第六條第一項第二款及第三款情事，則應依資恐防制法向法務部申請許可。

第5條 **（持續審查）**

銀行確認客戶身分措施，應包括對客戶身分之持續審查，並依下列規定辦理：

一、應對客戶業務關係中之交易進行詳細審視，以確保所進行之交易與客戶及其業務、風險相符，必要時並應瞭解其資金來源。

二、應定期檢視其辨識客戶及實質受益人身分所取得之資訊是否足夠，並確保該等資訊之更新，特別是高風險客戶，應至少每年檢視一次，除前述客戶外，應依風險基礎方法決定檢視頻率。

三、對客戶身分辨識與驗證程序，得以過去執行與保存資料為依據，無須於客戶每次從事交易時，一再辨識及驗證客戶之身分。但銀行對客戶資訊之真實性或妥適性有所懷疑、發現客戶涉及疑似洗錢或資恐交易，或客戶之交易或帳戶之運作方式出現與該客戶業務特性不符之重大變動時，應依第四條規定對客戶身分再次確認。

第6條 **（持續審查應以風險基礎方法決定其執行強度）**

第四條第三款及前條規定之確認客戶身分措施及持續審查機制，應以風險基礎方法決定其執行強度，包括：

一、對於高風險情形，應加強確認客戶身分或持續審查措施，其中至少應額外採取下列強化措施：

(一)在建立或新增業務往來關係前，銀行應取得依內部風險考量，所訂核准層級之高階管理人員同意。

(二)應採取合理措施以瞭解客戶財富及資金來源。其中資金來源係指產生該資金之實質來源（例如薪資、投資收益、買賣不動產等）。

(三)對於業務往來關係應採取強化之持續監督。

二、對於來自洗錢或資恐高風險國家或地區之客戶，應採行與其風險相當之強化措施。

三、對於較低風險情形，得採取簡化措施，該簡化措施應與其較低風險因素相當。但有下列情形者，不得採取簡化確認客戶身分措施：

(一)客戶來自未採取有效防制洗錢或打擊資恐之高風險國家或地區，包括但不限於金管會函轉國際防制洗錢組織所公告防制洗錢與打擊資恐有嚴重缺失之國家或地區，及其他未遵循或未充分遵循國際防制洗錢組織建議之國家或地區。

　　(二)足資懷疑該客戶或交易涉及洗錢或資恐。
銀行得採行之簡化確認客戶身分措施如下：
一、降低客戶身分資訊更新之頻率。
二、降低持續性監控之等級，並以合理的金額門檻作為審查交易之
　　基礎。
三、從交易類型或已建立業務往來關係可推斷其目的及性質者，得
　　無須再蒐集特定資訊或執行特別措施以瞭解業務往來關係之目
　　的及其性質。
銀行應依重要性及風險程度，對現有客戶進行客戶審查，並於考量
前次執行客戶審查之時點及所獲得資料之適足性後，在適當時機對
已存在之往來關係進行審查。

第7條　　（**銀行依賴第三方執行確認客戶身分應符合規定**）
　　銀行確認客戶身分作業應自行辦理，如法令或金管會另有規定銀行
得依賴第三方執行辨識及驗證客戶本人身分、代理人身分、實質受
益人身分或業務關係之目的及性質時，該依賴第三方之銀行仍應負
確認客戶身分之最終責任，並應符合下列規定：
一、應能立即取得確認客戶身分所需資訊。
二、應採取符合銀行本身需求之措施，確保所依賴之第三方將依銀
　　行之要求，毫不延遲提供確認客戶身分所需之客戶身分資料或
　　其他相關文件影本。
三、確認所依賴之第三方受到規範、監督或監控，並有適當措施遵
　　循確認客戶身分及紀錄保存之相關規範。
四、確認所依賴之第三方之所在地，其防制洗錢及打擊資恐規範與
　　防制洗錢金融行動工作組織所定之標準一致。

第8條　　（**客戶及交易有關對象檢核機制**）
　　銀行對客戶及交易有關對象之姓名及名稱檢核機制應依下列規定
辦理：
一、應依據風險基礎方法，建立客戶及交易有關對象之姓名及名稱
　　檢核政策及程序，以偵測、比對、篩檢客戶、客戶之高階管理
　　人員、實質受益人或交易有關對象是否為資恐防制法指定制裁
　　之個人、法人或團體，以及外國政府或國際組織認定或追查之
　　恐怖分子或團體。如是，應依第四條第十六款規定辦理。

二、客戶及交易有關對象之姓名及名稱檢核政策及程序，至少應包括比對與篩檢邏輯、檢核作業之執行程序，以及檢視標準，並將其書面化。

三、執行姓名及名稱檢核情形應予記錄，並依第十五條規定之期限進行保存。

四、本檢核機制應予測試，測試面向包括：

(一)制裁名單及門檻設定是否基於風險基礎方法。

(二)輸入資料與對應之系統欄位正確及完整。

(三)比對與篩檢邏輯。

(四)模型驗證。

(五)資料輸出正確及完整。

五、依據測試結果確認是否仍能妥適反映風險並適時修訂之。

第9條　（對帳戶及交易之持續監控措施） 常考

銀行對帳戶及交易之持續監控，應依下列規定辦理：

一、銀行應逐步以資訊系統整合全公司客戶之基本資料及交易資料，供總（分）公司進行基於防制洗錢及打擊資恐目的之查詢，以強化其帳戶及交易監控能力。對於各單位調取及查詢客戶之資料，應建立內部控制程序，並注意資料之保密性。

二、應依據以風險基礎方法，建立帳戶及交易監控政策與程序，並利用資訊系統，輔助發現疑似洗錢或資恐交易。

三、依據防制洗錢與打擊資恐法令規範、其客戶性質、業務規模及複雜度、內部與外部來源取得之洗錢與資恐相關趨勢與資訊、銀行內部風險評估結果等，檢討其帳戶及交易監控政策及程序，並定期更新之。

四、帳戶及交易監控政策及程序，至少應包括完整之監控型態、參數設定、金額門檻、預警案件與監控作業之執行程序與監控案件之檢視程序及申報標準，並將其書面化。

五、前款機制應予測試，測試面向包括：

(一)內部控制流程：檢視帳戶及交易監控機制之相關人員或單位之角色與責任。

(二)輸入資料與對應之系統欄位正確及完整。

(三)偵測情境邏輯。

(四)模型驗證。

(五)資料輸出。

六、銀行發現或有合理理由懷疑客戶、客戶之資金、資產或其欲／已進行之交易與洗錢或資恐等有關者，不論金額或價值大小或交易完成與否，均應對客戶身分進一步審查。

七、附錄所列為可能產生之疑似洗錢或資恐交易表徵，惟並非詳盡無遺，銀行應依本身資產規模、地域分布、業務特點、客群性質及交易特徵，並參照銀行內部之洗錢及資恐風險評估或日常交易資訊等，選擇或自行發展契合銀行本身之表徵，以辨識出可能為洗錢或資恐之警示交易。

八、前款辨識出之警示交易應就客戶個案情況判斷其合理性（合理性之判斷例如是否有與客戶身分、收入或營業規模顯不相當、與客戶本身營業性質無關、不符合客戶商業模式、無合理經濟目的、無合理解釋、無合理用途、或資金來源不明或交代不清），儘速完成是否為疑似洗錢或資恐交易之檢視，並留存檢視紀錄。經檢視非疑似洗錢或資恐交易者，應當記錄分析排除理由；如經檢視屬疑似洗錢或資恐之交易者，不論交易金額多寡，均應依法務部調查局所定之申報格式簽報，並於專責主管核定後立即向法務部調查局申報，核定後之申報期限不得逾二個營業日。交易未完成者，亦同。

九、銀行就各項疑似洗錢或資恐交易表徵，應以風險基礎方法辨別須建立相關資訊系統輔助監控者。未列入系統輔助者，銀行亦應以其他方式協助員工於客戶交易時判斷其是否為疑似洗錢或資恐交易；系統輔助並不能完全取代員工判斷，銀行仍應強化員工之訓練，使員工有能力識別出疑似洗錢或資恐交易。

疑似洗錢或資恐交易申報：

一、各單位承辦人員發現異常交易，應立即陳報督導主管。

二、督導主管應儘速裁決是否確屬應行申報事項。如裁定應行申報，應立即交由原承辦人員填寫申報書（格式請至法務部調查局網站下載）。

三、將核定後申報書轉送專責單位。

四、由專責單位簽報專責主管核定後，立即向法務部調查局申報。

五、對屬明顯重大緊急之疑似洗錢或資恐交易案件之申報，應立即以傳真或其他可行方式儘速向法務部調查局申報，並立即補辦書面資料。但經法務部調查局以傳真資料確認回條（格式請至法務部調查局網站下載）確認收件者，無需補辦申報書。銀行並應留存傳真資料確認回條。

防止申報資料及消息洩露之保密規定：

一、疑似洗錢或資恐交易申報事項，各級人員應保守秘密，不得任意洩露。銀行並應提供員工如何避免資訊洩露之訓練或教材，避免員工與客戶應對或辦理日常作業時，發生資訊洩露情形。

二、本申報事項有關之文書，均應以機密文件處理，如有洩密案件應依有關規定處理。

三、防制洗錢專責單位、法令遵循主管人員或稽核單位人員為執行職務需要，應得及時取得客戶資料與交易紀錄，惟仍應遵循保密之規定。

執行帳戶或交易持續監控之情形應予記錄，並依第十五條規定之期限進行保存。

第10條 （經指定制裁對象之通報）

銀行依資恐防制法第七條對經指定制裁對象之財物或財產上利益及所在地之通報，應依下列規定辦理：

一、於知悉後即依法務部調查局所定之通報格式及方式，由總機構主管單位簽報前條指派之專責主管核定，並向法務部調查局通報，核定後之通報期限不得逾二個營業日。

二、有明顯重大緊急之情事者，應立即以傳真或其他可行方式儘速辦理通報，並應依法務部調查局所定之通報格式（格式請至法務部調查局網站下載）及方式補辦通報。但經法務部調查局以所定格式傳真回覆確認，無需補辦通報。銀行並應留存法務部調查局之傳真回覆資料。

三、銀行以每年十二月三十一日為結算基準日，應依法務部調查局所定之格式（格式請至法務部調查局網站下載）編製年度報告，記載於結算基準日當日依資恐防制法第七條所管理或持有一切經指定制裁之個人、法人或團體之財物或財產上利益，並於次年三月三十一日前提報法務部調查局備查。

前項通報紀錄、交易憑證及年度報告，應以原本方式保存五年。

第11條 **（辦理通匯往來銀行業務應訂有一定政策及程序）** 常考

辦理通匯往來銀行業務（cross-border correspondent banking）及其他類似業務，應定有一定政策及程序，內容應包括：

一、蒐集足夠之可得公開資訊，以充分瞭解該委託機構之業務性質，並評斷其商譽及管理品質，包括是否遵循防制洗錢及打擊資恐之規範，及是否曾受洗錢及資恐之調查或行政處分。

二、評估該委託機構對防制洗錢及打擊資恐具備適當之控管政策及執行效力。

三、在與委託機構建立通匯往來關係前，應依銀行內部風險考量，所訂核准層級之高階管理人員核准後始得辦理。

四、以文件證明各自對防制洗錢及打擊資恐之責任作為。

五、當通匯往來銀行業務涉及過渡帳戶（payable-through accounts）時，須確認該委託機構已對可直接使用通匯往來銀行帳戶之客戶，確實執行確認客戶身分等措施，必要時並能依通匯往來銀行之要求提供確認客戶身分之相關資料。

六、不得與空殼銀行（Shell banks）或與允許空殼銀行使用其帳戶之委託機構建立通匯往來關係。

七、對於無法配合銀行提供上開資訊之委託機構，銀行得對其拒絕開戶、暫停交易、申報疑似洗錢或資恐交易或中止業務關係。

八、委託機構為銀行本身之國外分公司（或子公司）時，亦適用上開規定。

第12條 **（銀行於推出新產品或服務應進行產品之洗錢及資恐風險評估）**

銀行於推出新產品或服務或辦理新種業務（包括新支付機制、運用新科技於現有或全新之產品或業務）前，應進行產品之洗錢及資恐風險評估，並建立相應之風險管理措施以降低所辨識之風險。

第13條 **（銀行對匯款相關規定）**

銀行對匯款相關規定：

一、銀行辦理外匯境內及跨境之一般匯出及匯入匯款業務，應依「銀行業辦理外匯業務作業規範」辦理。

二、新臺幣境內匯款之匯款銀行，應依下列規定辦理：

(一)應採下列方式之一提供必要且正確之匯款人資訊及必要之受款人資訊：

　　　　1.隨匯款交易提供匯款人及受款人資訊。
　　　　2.隨匯款交易提供匯款人及受款人之帳戶號碼或可供追蹤之
　　　　　交易碼，並於收到受款金融機構或權責機關請求時，於三
　　　　　個營業日內提供匯款人及受款人資訊。但檢察機關及司法
　　　　　警察機關要求立即提供時，應配合辦理。
　　　　3.單筆匯款金額未達新臺幣三萬元者，除有疑似洗錢或資恐
　　　　　情形外，得不確認匯款人資訊之正確性。
　　(二)應依金融機構防制洗錢辦法第十二條規定，保存下列匯款
　　　　人及受款人之必要資訊：
　　　　1.匯款人資訊應包括：匯款人姓名、扣款帳戶號碼（如無，
　　　　　則提供可供追蹤之交易碼）及下列各項資訊之一：
　　　　　(1)身分證號。
　　　　　(2)匯款人地址。
　　　　　(3)出生日期及出生地。
　　　　2.受款人資訊應包括：受款人姓名、受款帳戶號碼（如無，
　　　　　則提供可供追蹤之交易碼）。
三、銀行未能依前二款規定辦理時，不得執行匯款業務。
四、新臺幣境內匯款之受款銀行，應依下列規定辦理：
　　(一)應具備以風險為基礎之政策及程序，以判斷何時執行、拒
　　　　絕或暫停缺少第二款第二目必要資訊之匯款，及適當之後
　　　　續追蹤行動。
　　(二)應依金融機構防制洗錢辦法第十二條規定，保存所取得之
　　　　匯款人及受款人資訊。

第14條　（銀行對達一定金額以上之通貨交易相關規定）
　　銀行對達一定金額以上之通貨交易，應依下列規定辦理：
一、應確認客戶身分並留存相關紀錄憑證。
二、銀行確認客戶身分措施，應依下列規定辦理：
　　(一)憑客戶提供之身分證明文件或護照確認其身分，並將其姓
　　　　名、出生年月日、住址、電話、交易帳戶號碼、交易金額
　　　　及身分證明文件號碼等事項加以記錄。但如能確認客戶為
　　　　交易帳戶本人者，可免確認身分，惟應於交易紀錄上敘明
　　　　係本人交易。

(二)交易如係由代理人為之者，應憑代理人提供之身分證明文件或護照確認其身分，並將其姓名、出生年月日、住址、電話、交易帳戶號碼、交易金額及身分證明文件號碼等事項加以記錄。

(三)交易如係屬臨時性交易者，應依第四條第三款規定確認客戶身分。

三、除本條第二項及第三項之情形外，應於交易完成後五個營業日內以媒體申報方式（格式請至法務部調查局網站下載），向法務部調查局申報。無法以媒體方式申報而有正當理由者，得報經法務部調查局同意後，以書面（格式請至法務部調查局網站下載）申報之。

四、向法務部調查局申報資料及相關紀錄憑證之保存，應依第十五條規定辦理。

對下列達一定金額以上之通貨交易，免向法務部調查局申報，但仍應確認客戶身分及留存相關紀錄憑證：

一、存入政府機關、公營事業機構、行使公權力機構（於受委託範圍內）、公私立學校、公用事業及政府依法設立之基金所開立帳戶之款項。

二、金融機構代理公庫業務所生之代收付款項。

三、金融機構間之交易及資金調度。但金融同業之客戶透過金融同業間之同業存款帳戶所生之應付款項，如兌現同業所開立之支票，同一客戶現金交易達一定金額以上者，仍應依規定辦理。

四、公益彩券經銷商申購彩券款項。

五、代收款項交易（不包括存入股款代收專戶之交易、代收信用卡消費帳款之交易），其繳款通知書已明確記載交易對象之姓名、身分證明文件號碼（含代號可追查交易對象之身分者）、交易種類及金額者。但應以繳款通知書副聯作為交易紀錄憑證留存。

非個人帳戶基於業務需要經常或例行性須存入現金達一定金額以上之百貨公司、量販店、連鎖超商、加油站、醫療院所、交通運輸業及餐飲旅館業等，經銀行確認有事實需要者，得將名單轉送法務部調查局核備，如法務部調查局於十日內無反對意見，其後該帳戶存入款項免逐次確認與申報。銀行每年至少應審視交易對象一次。如與交易對象已無本項往來關係，應報法務部調查局備查。

對於前二項交易，如發現有疑似洗錢或資恐交易之情形時，仍應依洗錢防制法第十條及資恐防制法第七條第三項規定辦理。

第15條　（銀行應以紙本或電子資料保存與客戶往來及交易之紀錄憑證） 常考

銀行應以紙本或電子資料保存與客戶往來及交易之紀錄憑證，並依下列規定辦理：

一、對國內外交易之所有必要紀錄之保存應至少保存五年。但法律另有較長保存期間規定者，從其規定。前述必要紀錄包括：

(一)進行交易的各方姓名或帳號或識別號碼。

(二)交易日期。

(三)貨幣種類及金額。

(四)存入或提取資金的方式，如以現金、支票等。

(五)資金的目的地。

(六)指示或授權的方式。

二、對達一定金額以上大額通貨交易，其確認紀錄及申報之相關紀錄憑證，以原本方式至少保存五年。確認客戶程序之紀錄方法，由銀行依本身考量，根據全行一致性做法之原則，選擇一種記錄方式。

三、對疑似洗錢或資恐交易之申報，其申報之相關紀錄憑證，以原本方式至少保存五年。

四、下列資料應保存至與客戶業務關係結束後或臨時性交易結束後，至少五年。但法律另有較長保存期間規定者，從其規定：

(一)確認客戶身分所取得之所有紀錄，如護照、身分證、駕照或類似之官方身分證明文件影本或紀錄。

(二)帳戶檔案。

(三)業務往來資訊，包括對複雜、異常交易進行詢問所取得之背景或目的資訊與分析資料。

五、銀行保存之交易紀錄應足以重建個別交易，以備作為認定不法活動之證據。

六、銀行對權責機關依適當授權要求提供交易紀錄及確認客戶身分等相關資訊時，應確保能夠迅速提供。

第16條　（專責單位及專責主管）常考

銀行應依其規模、風險等配置適足之防制洗錢及打擊資恐專責人員及資源，並由董事（理）會指派高階主管一人擔任專責主管，賦予協調監督防制洗錢及打擊資恐之充分職權，及確保該等人員及主管無與其防制洗錢及打擊資恐職責有利益衝突之兼職。其中本國銀行及辦理儲金匯兌之郵政機構並應於總經理、總機構法令遵循單位或風險控管單位下設置獨立之防制洗錢及打擊資恐專責單位，該單位不得兼辦防制洗錢及打擊資恐以外之其他業務。

前項專責單位或專責主管掌理下列事務：

一、督導洗錢及資恐風險之辨識、評估及監控政策及程序之規劃與執行。

二、協調督導全面性洗錢及資恐風險辨識及評估之執行。

三、監控與洗錢及資恐有關之風險。

四、發展防制洗錢及打擊資恐計畫。

五、協調督導防制洗錢及打擊資恐計畫之執行。

六、確認防制洗錢及打擊資恐相關法令之遵循，包括所屬金融同業公會所定並經金管會准予備查之相關自律規範。

七、督導向法務部調查局進行疑似洗錢及資恐交易申報及資恐防制法指定對象之財物或財產上利益及其所在地之通報事宜。

第一項專責主管應至少每半年向董（理）事會及監察人（監事、監事會）或審計委員會報告，如發現有重大違反法令時，應即時向董（理）事會及監察人（監事、監事會）或審計委員會報告。

銀行國外營業單位應綜合考量在當地之分公司家數、業務規模及風險等，設置適足之防制洗錢及打擊資恐人員，並指派一人為主管，負責防制洗錢及打擊資恐之協調督導事宜。

銀行國外營業單位防制洗錢及打擊資恐主管之設置應符合當地法令規定及當地主管機關之要求，並應具備協調督導防制洗錢及打擊資恐之充分職權，包括可直接向第一項專責主管報告，且除兼任法令遵循主管外，應為專任，如兼任其他職務，應與當地主管機關溝通，以確認其兼任方式無利益衝突之虞，並報金管會備查。

第17條　（防制洗錢及打擊資恐內部控制制度） 常考

銀行國內外營業單位應指派資深管理人員擔任督導主管，負責督導所屬營業單位執行防制洗錢及打擊資恐相關事宜，及辦理自行查核之情形。

銀行內部稽核單位應依規定辦理下列事項之查核，並提具查核意見：

一、洗錢及資恐風險評估與防制洗錢及打擊資恐計畫是否符合法規要求並落實執行。

二、防制洗錢及打擊資恐計畫之有效性。

銀行內部稽核單位之職責：

一、應依據所訂內部管制措施暨有關規定訂定查核事項，定期辦理查核，並測試防制洗錢及打擊資恐計畫之有效性及銀行營運、部門與分公司（或子公司）之風險管理品質。

二、查核方式應涵蓋獨立性交易測試，包括就銀行評估之高風險產品、客戶及地域，篩選有關之交易，驗證已有效執行防制洗錢及打擊資恐相關規範。

三、發現執行該項管理措施之疏失事項，應定期簽報專責主管陳閱，並提供員工在職訓練之參考。

四、查獲故意隱匿重大違規事項而不予揭露者，應由總行權責單位適當處理。

銀行總經理應督導各單位審慎評估及檢討防制洗錢及打擊資恐內部控制制度執行情形，由董（理）事長（主席）、總經理、總稽核（稽核主管）、防制洗錢及打擊資恐專責主管聯名出具防制洗錢及打擊資恐之內部控制制度聲明書，並提報董（理）事會通過，於每會計年度終了後三個月內將該內部控制制度聲明書內容揭露於銀行網站，並於金管會指定網站辦理公告申報。

外國銀行在臺分公司就本範本關於董事會或監察人之相關事項，由其總公司授權人員負責。前項聲明書，由在臺訴訟／非訟代理人、防制洗錢及打擊資恐專責主管及負責臺灣區稽核業務主管等三人出具。

第18條　（員工任用及訓練） 常考

銀行應確保建立高品質之員工遴選及任用程序，包括檢視員工是否具備廉正品格，及執行其職責所需之專業知識。

銀行之防制洗錢及打擊資恐專責主管、專責人員及國內營業單位督導主管應於充任後三個月內符合下列資格條件之一，銀行並應訂定相關控管機制，以確保符合規定：

一、曾擔任專責之法令遵循或防制洗錢及打擊資恐專責人員三年以上者。

二、參加金管會認定機構所舉辦二十四小時以上課程，並經考試及格且取得結業證書者。但已符合法令遵循人員資格條件者，經參加金管會認定機構所舉辦十二小時防制洗錢及打擊資恐之教育訓練後，視為具備本款資格條件。

三、取得金管會認定機構舉辦之國內或國際防制洗錢及打擊資恐專業人員證照者。

銀行之防制洗錢及打擊資恐專責主管、專責人員及國內營業單位督導主管，每年應至少參加經第十六條第一項專責主管同意之內部或外部訓練單位所辦十二小時防制洗錢及打擊資恐教育訓練，訓練內容應至少包括新修正法令、洗錢及資恐風險趨勢及態樣。當年度取得金管會認定機構舉辦之國內或國際防制洗錢及打擊資恐專業人員證照者，得抵免當年度之訓練時數。

銀行國外營業單位之督導主管與防制洗錢及打擊資恐主管、人員應具備防制洗錢專業及熟知當地相關法令規定，且每年應至少參加由國外主管機關或相關單位舉辦之防制洗錢及打擊資恐教育訓練課程十二小時，如國外主管機關或相關單位未舉辦防制洗錢及打擊資恐教育訓練課程，得參加經第十六條第一項專責主管同意之內部或外部訓練單位所辦課程。

銀行董（理）事、監察人、總經理、法令遵循人員、內部稽核人員及業務人員，應依其業務性質，每年安排適當內容及時數之防制洗錢及打擊資恐教育訓練，以使其瞭解所承擔之防制洗錢及打擊資恐職責，及具備執行該職責應有之專業。

員工有下列情形之一者，應對其經辦事務予以抽查，必要時可洽請稽核單位協助：

一、員工奢侈之生活方式與其薪資所得顯不相當。

二、員工已排定休假而無故不休假。

三、員工無法合理解釋其自有帳戶之大額資金進出。

員工有下列對防制洗錢或打擊資恐有功之具體事蹟者，應給予適當獎勵：

一、員工發現有疑似洗錢或資恐案件，並依據洗錢防制相關規定申報，對檢警單位防範或偵破犯罪有貢獻者。

二、員工參加國內外防制洗錢或打擊資恐相關業務講習，成績優良或蒐集國外法令研提對銀行防制洗錢或打擊資恐活動具有價值之資料者。

職前及在職訓練得採下列方式辦理：

一、職前訓練：新進員工訓練至少應安排若干小時以上有關洗錢防制、資恐防制法令及金融從業人員法律責任訓練課程，使新進員工瞭解相關規定及責任。

二、在職訓練：

(一)初期之法令宣導：於洗錢防制法、資恐防制法施行或修正後，應於最短期間內對員工實施法令宣導，介紹洗錢防制法、資恐防制法及其有關法令，並講解銀行之相關配合因應措施，有關事宜由專責單位負責規劃後，交由員工訓練單位負責辦理。

(二)平時之在職訓練：

1. 員工訓練部門應每年定期舉辦有關之訓練課程提供員工研習，以加強員工之判斷力，落實防制洗錢及打擊資恐之功能，並避免員工違法，本訓練得於其他專業訓練班中安排適當之有關課程。

2. 有關訓練課程除由銀行培訓之講師擔任外，並得視實際需要延聘學者專家擔綱。

3. 訓練課程除介紹相關法令之外，並應輔以實際案例，使員工充分瞭解洗錢及資恐之特徵及類型，俾助於發覺「疑似洗錢或資恐之交易」。

4. 專責單位應定期瞭解員工參加訓練之情形，對於未曾參加者，應視實際需要督促其參加有關之訓練。

5. 除行內之在職訓練外，銀行亦得選派員工參加行外訓練機構所舉辦之訓練課程。

三、專題演講：為更充實員工對洗錢防制法及資恐防制法令之認識，銀行得舉辦專題講座，邀請學者專家蒞行演講。

第19條　（其他應注意事項）

其他應注意事項：

一、客戶有下列情形應婉拒服務，並報告直接主管：

(一)當被告知依法必須提供相關資料確認身份時，堅不提供相關資料。

(二)任何個人或團體強迫或意圖強迫銀行員工不得將交易紀錄或申報表格建檔。

(三)意圖說服員工免去完成該交易應填報之資料。

(四)探詢逃避申報之可能性。

(五)急欲說明資金來源清白或非進行洗錢。

(六)堅持交易必須馬上完成，且無合理解釋。

(七)客戶之描述與交易本身顯不吻合。

(八)意圖提供利益於員工，以達到銀行提供服務之目的。

二、銀行兼營其他業務時，該兼營部門亦應適用與該業務有關之防制洗錢及打擊資恐注意事項範本，如銀行兼營票券業務，該票券部門即應適用票券商防制洗錢及打擊資恐注意事項範本。

第20條　（銀行應訂定其注意事項）

銀行於金管會或受委託查核者執行「銀行業及其他經金融監督管理委員會指定之金融機構防制洗錢及打擊資恐內部控制與稽核制度實施辦法」第十條規定之查核時，應提示有關帳簿、文件、電子資料檔或其他相關資料。前開資料儲存形式不論係以書面、電子檔案、電子郵件或任何其他形式方式儲存，均應提供，不得以任何理由規避、拒絕或妨礙查核。

第21條　（修正程序）

本範本應經本會理事會議通過，及報奉金融監督管理委員會備查後實施；修正時，亦同。

【牛刀小試】

(　　) 1 銀行業及電子支付機構、電子票證發行機構防制洗錢及打擊資恐之內部控制制度，應經下列哪一個權責單位通過？　(A)股東大會　(B)薪酬委員會　(C)董（理）事會　(D)打擊資恐專責單位。

【106年合庫新進人員甄試】

(　　) 2 外國銀行或外國信用卡公司在臺分公司，其防制洗錢及打擊資恐內部控制制度執行情形，由誰出具防制洗錢及打擊資恐之內部控制制度聲明書？　(A)在臺訴訟／非訟代理人、防制洗錢及打擊資恐專責主管及負責臺灣區稽核業務主管　(B)母公司總稽核（稽核主管）　(C)在臺分公司負責人　(D)在臺分公司打擊資恐專責主管。

【106年合庫新進人員甄試】

(　　) 3 銀行業辦理通匯往來銀行業務及其他類似業務，應定有一定政策及程序，對於無法配合銀行業提供必要資訊之委託機構，銀行業的處理方式，下列敘述何者錯誤？　(A)暫停交易　(B)拒絕開戶　(C)申報疑似洗錢或資恐交易　(D)先完成交易後三日內通報法務部調查局。

【106年合庫新進人員甄試】

解答與解析　答案標示為#者，表官方曾公告更正該題答案。

1 (C)。銀行防制洗錢及打擊資恐注意事項範本第2條規定：「銀行依「金融控股公司及銀行業內部控制及稽核制度實施辦法」第八條規定建立之內部控制制度，應經董（理）事會通過；修正時，亦同。……」

2 (A)。銀行防制洗錢及打擊資恐注意事項範本第16條規定：「……五、外國銀行在臺分公司就本範本關於董事會或監察人之相關事項，由其總公司授權人員負責。前款聲明書，由在臺訴訟／非訟代理人、防制洗錢及打擊資恐專責主管及負責臺灣區稽核業務主管等三人出具。」

3 (D)。銀行防制洗錢及打擊資恐注意事項範本第10條規定：「……七、對於無法配合銀行提供上開資訊之委託機構，銀行得對其拒絕開戶、暫停交易、申報疑似洗錢或資恐交易或中止業務關係。……」

重點四　銀行評估洗錢及資恐風險及訂定相關防制計畫指引　☆☆

一、（授權依據）

本指引依「銀行業及電子支付機構電子票證發行機構防制洗錢及打擊資恐內部控制要點」訂定，以防制洗錢及打擊資恐為目的，內容涵括銀行如何辨識、評估各項業務之洗錢及資恐風險，以及制訂防制洗錢及打擊資恐計畫等面向，作為執行之依據。

【釋義】依據「銀行業及電子支付機構電子票證發行機構防制洗錢及打擊資恐內部控制要點」訂定本指引。

二、（內部控制制度）

銀行之內部控制制度，應經董（理）事會通過；修正時，亦同。其內容並應包括對洗錢及資恐風險進行辨識、評估、管理之相關書面政策及程序，以及依據風險評估結果而訂定之防制洗錢及打擊資恐計畫，並定期檢討。

風險基礎方法（risk-based approach）旨在協助發展與洗錢及資恐風險相當之防制與抵減措施，以利銀行決定其防制洗錢及打擊資恐資源之配置、建置其內部控制制度、以及訂定和執行防制洗錢及打擊資恐計畫應有之政策、程序及控管措施。

銀行業務具多樣性，如消費金融業務、企業金融業務、投資服務（或財富管理）及通匯往來銀行業務等，不同業務伴隨之洗錢及資恐風險亦有所不同。銀行於評估與抵減其洗錢及資恐曝險時，應將上開業務差異性納入考量。

本指引所舉例之各項說明並非強制性規範，銀行之風險評估機制應與其業務性質及規模相當。對較小型或業務較單純之銀行，簡單之風險評估即足夠；惟對於產品與服務較複雜之銀行、有多家分公司（或子公司）提供廣泛多樣之產品、或其客戶群較多元者，則需進行較高度的風險評估程序。

【釋義】

1. 依據「金融機構防制洗錢辦法」第六條及「銀行業及電子支付機構電子票證發行機構防制洗錢及打擊資恐內部控制要點」第七點規定，訂定和執行防制洗錢及打擊資恐計畫應有之政策、程序及控管措施。

2. 銀行得考量自身面臨之洗錢及資恐風險，運用風險基礎方法建置高洗錢及資恐風險國家／區域名單。

三、（應採取合宜措施以識別及評估風險）常考

　　銀行應採取合宜措施以識別、評估其洗錢及資恐風險，並依據所辦識之風險訂定具體的風險評估項目，以進一步管控、降低或預防該風險。具體的風險評估項目應至少包括地域、客戶、產品及服務、交易或支付管道等面向，並應進一步分析各風險項目，以訂定細部的風險因素。

(一)地域風險：

1. 銀行應識別具較高洗錢及資恐風險的區域。

2. 於訂定高洗錢及資恐風險之區域名單時，銀行得依據其各分公司（或子公司）的實務經驗，並考量個別需求，以選擇適用之風險因素。

(二)客戶風險：

1. 銀行應綜合考量個別客戶背景、職業與社會經濟活動特性、地域、以及非自然人客戶之組織型態與架構等，以識別該客戶洗錢及資恐風險。

2. 於識別個別客戶風險並決定其風險等級時，銀行得依據以下風險因素為評估依據：

(1)客戶之地域風險：依據銀行所定義之洗錢及資恐風險的區域名單，決定客戶國籍與居住國家的風險評分。

(2)客戶職業與行業之洗錢風險：依據銀行所定義之各職業與行業的洗錢風險，決定客戶職業與行業的風險評分。高風險行業如從事密集性現金交易業務、或屬易被運用於持有個人資產之公司或信託等。

(3)個人客戶之任職機構。

(4)客戶開戶與建立業務關係之管道。

(5)首次建立業務關係之往來金額。

(6)申請往來之產品或服務。

(7)客戶是否有其他高洗錢及資恐風險之表徵，如客戶留存地址與分行相距過遠而無法提出合理說明者、客戶為具隱名股東之公司或可發行無記名股票之公司、法人客戶之股權複雜度，如股權架構是否明顯異常或相對其業務性質過度複雜等。

(三)產品及服務、交易或支付管道風險：

1. 銀行應依據個別產品與服務、交易或支付管道的性質，識別可能會為其帶來較高的洗錢及資恐風險者。

2. 銀行於推出新產品或服務或辦理新種業務（包括新支付機制、運用新科技於現有或全新之產品或業務）前，應進行洗錢及資恐風險評估，並建立相應之風險管理措施以降低所辦識之風險。

　　3. 個別產品與服務、交易或支付管道之風險因素舉例如下：
　　　(1)與現金之關聯程度。
　　　(2)建立業務關係或交易之管道，包括是否為面對面交易及是否為電子銀行等新型態支付工具等。
　　　(3)是否為高金額之金錢或價值移轉業務。
　　　(4)匿名交易。
　　　(5)收到款項來自於未知或無關係之第三者。

【釋義】
1. 依據「銀行業及電子支付機構電子票證發行機構防制洗錢及打擊資恐內部控制要點」第七點第二款規定，酌修第二項及同項第三款文字。
2. 參酌巴塞爾銀行監理委員會「Sound management of risks related to money laundering and financing of terrorism」附錄四第9.12.14項規定，新增第二項第二款第二目第三、六及七小目文字。
3. 依據「銀行業及電子支付機構電子票證發行機構防制洗錢及打擊資恐內部控制要點」第五點規定，酌修第二項第三款第二目文字。
4. 參酌FATA 40項建議第10項注釋，新增第二項第三款第三目之第四小目及第五小目文字。

四、（建立不同之客戶風險等級與分級規則）

銀行應建立不同之客戶風險等級與分級規則。

就客戶之風險等級，至少應有兩級（含）以上之風險級數，即「高風險」與「一般風險」兩種風險等級，作為加強客戶審查措施及持續監控機制執行強度之依據。若僅採行兩級風險級數之銀行，因「一般風險」等級仍高於本指引第五點與第七點所指之「低風險」等級，故不得對「一般風險」等級之客戶採取簡化措施。

銀行不得向客戶或與執行防制洗錢或打擊資恐義務無關者，透露客戶之風險等級資訊。

【釋義】　配合「金融機構防制洗錢辦法」及修訂之「銀行業及電子支付機構電子票證發行機構防制洗錢及打擊資恐內部控制要點」內容，銀行不得向客戶或與執行防制洗錢或打擊資恐義務無關者，透露客戶之風險等級資訊。

五、（銀行得依自身業務考量認定客戶風險類型） 常考

除外國政府之重要政治性職務人士與受經濟制裁、外國政府或國際洗錢防制組織認定或追查之恐怖份子或團體，及依資恐防制法指定制裁之個人、法人或團體，應直接視為高風險客戶外，銀行得依自身之業務型態及考量相關風險因素，訂定應直接視為高風險客戶之類型。

銀行得依據完整之書面風險分析結果，自行定義可直接視為低風險客戶之類型，而書面風險分析結果須能充分說明此類型客戶與較低之風險因素相稱。

【釋義】 依據資恐防制法規定，除外國政府之重要政治性職務人士與受經濟制裁、外國政府或國際洗錢防制組織認定或追查之恐怖份子或團體，及依資恐防制法指定制裁之個人、法人或團體，應直接視為高風險客戶外，銀行得依自身業務考量認定客戶風險類型。

六、（進行客戶風險評估）

對於新建立業務關係的客戶，銀行應在建立業務關係時，確定其風險等級。

對於已確定風險等級之既有客戶，銀行應依據其風險評估政策及程序，重新進行客戶風險評估。

雖然銀行在建立業務關係時已對客戶進行風險評估，但就某些客戶而言，必須待客戶透過帳戶進行交易，其全面風險狀況才會變得明確，爰此，銀行應依重要性及風險程度，對現有客戶身分資料進行審查，並於考量前次執行審查之時點及所獲得資料之適足性後，在適當時機對已存在之往來關係進行審查及適時調整風險等級。上開適當時機至少應包括：

(一)客戶加開帳戶或新增業務往來關係時。

(二)依據客戶之重要性及風險程度所定之定期審查時點。

(三)得知客戶身分與背景資訊有重大變動時。

(四)經申報疑似洗錢或資恐交易等，可能導致客戶風險狀況發生實質性變化的事件發生時。

銀行應定期檢視其辨識客戶及實質受益人身分所取得之資訊是否足夠，並確保該等資訊之更新，特別是高風險客戶，銀行應至少每年檢視一次

【釋義】 依據「金融機構防制洗錢辦法」第五條第一款規定，對於新建立業務關係的客戶，銀行應在建立業務關係時，確定其風險等級。對於已確定風險等級之既有客戶，銀行應依據其風險評估政策及程序，重新進行客戶風險評估。

七、（建立相對應的風險管控措施）

銀行應依據已識別之風險，建立相對應的管控措施，以降低或預防該洗錢風險；銀行應依據客戶的風險程度，決定適用的管控措施。

對於風險之管控措施，應由銀行依據其風險防制政策及程序，針對高風險客戶與具特定高風險因子之客戶採取不同的管控措施，以有效管理和降低已知風險，舉例說明如下：

(一)進行加強客戶審查措施（Enhanced Due Diligence），例如：

　1. 取得開戶與往來目的之相關資料：預期帳戶使用狀況（如預期交易之金額、目的及頻率）。

　2. 取得個人客戶財富來源、往來資金來源及去向、資產種類與數量等資訊。其中資金來源如為存款，應進一步瞭解該存款之來源。

　3. 取得法人、團體或信託之受託人客戶進一步之商業資訊：瞭解客戶最新財務狀況、商業活動與業務往來資訊，以建立其資產、資金來源及資金去向。

　4. 取得將進行或已完成交易之說明與資訊。

　5. 依據客戶型態進行實地或電話訪查，以確認客戶之實際營運情形。

(二)在建立或新增業務往來關係前，應依銀行內部風險考量，所訂核准層級之高階管理人員同意。

(三)增加進行客戶審查之頻率。

(四)對於業務往來關係應採取強化之持續監督。

除有本範本第六條第一項第三款但書情形者，對於較低風險情形，得由銀行依據其風險防制政策及程序，採取簡化措施。該簡化措施應與其較低風險因素相當，簡化措施得採行如下：

(一)降低客戶身分資訊更新之頻率。

(二)降低持續性監控之等級，並以合理的金額門檻作為審查交易之基礎。

(三)從交易類型或已建立業務往來關係可推斷其目的及性質者，得無須再針對瞭解業務往來關係之目的及其性質，蒐集特定資訊或執行特別措施。

【釋義】考量實務上銀行可能須在確認客戶風險等級之前即針對具備特定高風險因子之客戶採取管控措施。

八、（建立定期資恐風險評估作業並製作風險評估報告）

銀行應建立定期之全面性洗錢及資恐風險評估作業並製作風險評估報告，使管理階層得以適時且有效地瞭解銀行所面對之整體洗錢與資恐風險、決定應建立之機制及發展合宜之抵減措施。

銀行應依據下列指標，建立定期且全面性之洗錢及資恐風險評估作業：

(一)業務之性質、規模、多元性及複雜度。

(二)目標市場。

(三)銀行交易數量與規模：考量銀行一般交易活動與其客戶之特性等。

(四)高風險相關之管理數據與報告：如高風險客戶之數目與比例；高風險產品、服務或交易之金額、數量或比例；客戶之國籍、註冊地或營業地、或交易涉及高風險地域之金額或比例等。

(五)業務與產品，包含提供業務與產品予客戶之管道及方式、執行客戶審查措施之方式，如資訊系統使用的程度以及是否委託第三人執行審查等。

(六)內部稽核與監理機關之檢查結果。

銀行於進行前項之全面性洗錢及資恐風險評估作業時，除考量上開指標外，建議輔以其他內部與外部來源取得之資訊，如：

(一)銀行內部管理階層（如事業單位主管、客戶關係經理等）所提供的管理報告。

(二)國際防制洗錢組織與他國所發布之防制洗錢及打擊資恐相關報告。

(三)主管機關發布之洗錢及資恐風險資訊。

銀行之全面性洗錢及資恐風險評估結果應做為發展防制洗錢及打擊資恐計畫之基礎；銀行應依據風險評估結果分配適當人力與資源，採取有效的反制措施，以預防或降低風險。

銀行有重大改變，如發生重大事件、管理及營運上有重大發展、或有相關新威脅產生時，應重新進行評估作業。

銀行應於完成或更新風險評估報告時，將風險評估報告送金管會備查。

【釋義】依據「銀行業及電子支付機構電子票證發行機構防制洗錢及打擊資恐內部控制要點」第七點第二款規定，銀行應建立定期之全面性洗錢及資恐風險評估作業並製作風險評估報告，使管理階層得以適時且有效地瞭解銀行所面對之整體洗錢與資恐風險、決定應建立之機制及發展合宜之抵減措施。

【牛刀小試】

( )**1** 銀行為判定客戶或實質受益人是否為重要政治性職務人士，應根據下列何項之評估等級，採取合理措施？　(A)業務　(B)風險　(C)職位　(D)時間。　　　　　　　　　　　　　　　【107年第一次防制洗錢與打擊資恐測驗】

( )**2** 銀行識別個別客戶風險並決定其風險等級所依據之風險因素，下列何者非屬之？　(A)職業　(B)國籍　(C)申請之產品或服務　(D)年齡。　　　　　　　　　　　　　　　　　　【107年第一次防制洗錢與打擊資恐測驗】

( )**3** 洗錢及資恐風險之辨識、評估及管理，應至少面向，下列何者非屬之？涵蓋客戶、地域、產品及服務、交易或支付管道等　(A)客戶　(B)地域　(C)職位　(D)產品及服務。

( )**4** 根據「銀行評估洗錢及資恐風險及訂定相關防治計畫指引」中有關客戶風險之規定，下列何者錯誤？　(A)客戶之地域風險係指依據行員本身專業及判斷，決定客戶國籍與居住國家的風險　(B)銀行得依據個人客戶之任職機構來作為客戶風險因素的評估依據　(C)銀行可藉由首次建立業務關係之往來金額作為客戶風險評估依據　(D)銀行得透過申請往來之產品或服務來評斷客戶風險。　　　　　　　　　　　　　　　　　　　　　　　　【108年第一銀行新進人員甄試】

( )**5** 根據「銀行評估洗錢及資恐風險及訂定相關防制計畫指引」中有關產品及服務、交易或支付管道風險之規定，下列何者錯誤？　(A)銀行應依據個別產品與服務、交易或支付管道的性質，識別可能會為其帶來較高的洗錢風險者　(B)銀行於推出新產品或新種業務前，應進行洗錢及資恐風險評估　(C)在個別產品與服務、交易或支付管道之風險因素中包含匿名交易　(D)在個別產品與服務、交易或支付管道之風險因素中不包含與現金之關聯程度。　　　　　　　　　　　　　　　　　　　　　　　　【108年第一銀行新進人員甄試】

( )**6** 根據「銀行評估洗錢及資恐風險及訂定相關防制計畫指引」中有關評估、預防或降低風險的敘述，下列何者正確？　(A)具體的風險評估項目，最重要的是地域風險　(B)針對客戶職業與行業之洗錢風險，高風險行業如從事密集性現金交易業務　(C)地域風險中，牽涉到境

外匯款都能列為高風險　(D)銀行應採取合宜措施以識別、評估其洗錢及資恐風險，具體的風險評估項目包含地域、客戶、產品及服務面向，不需訂定細部的風險因素。　　　　【108年第一銀行新進人員甄試】

(　　) **7** 根據「銀行評估洗錢及資恐風險及訂定相關防制計畫指引」第6項，在適當時機對已存在之往來關係進行審查及適時調整風險等級之敘述，有關調整風險時機及敘述，下列何者錯誤？　(A)客戶加開帳戶或新增業務往來關係時　(B)依據客戶之重要性及風險程度所定之定期客戶審查時點　(C)經申報疑似洗錢或資恐交易時，可能導致客戶風險狀況發生實質性變化的事情時　(D)銀行應定期檢視辨識客戶及實質受益人身分所取得之資訊是否足夠，針對高風險客戶，至少每半年檢視一次。　　　　【108年第一銀行新進人員甄試】

解答與解析　　答案標示為#者，表官方曾公告更正該題答案。

1 (B)。銀行評估洗錢及資恐風險及訂定相關防制計畫指引第5點規定：「除外國政府之重要政治性職務人士與受經濟制裁、外國政府或國際洗錢防制組織認定或追查之恐怖份子或團體，及依資恐防制法指定制裁之個人、法人或團體，應直接視為高風險客戶外，銀行得依自身之業務型態及考量相關風險因素，訂定應直接視為高風險客戶之類型。……。」

2 (D)。銀行評估洗錢及資恐風險及訂定相關防制計畫指引第8點規定：「……(四)高風險相關之管理數據與報告：如高風險客戶之數目與比例；高風險產品、服務或交易之金額、數量或比例；客戶之國籍、註冊地或營業地、或交易涉及高風險地域之金額或比例等。」

3 (C)。銀行評估洗錢及資恐風險及訂定相關防制計畫指引第5點規定：

「除外國政府之重要政治性職務人士與受經濟制裁、外國政府或國際洗錢防制組織認定或追查之恐怖份子或團體，及依資恐防制法指定制裁之個人、法人或團體，應直接視為高風險客戶外，銀行得依自身之業務型態及考量相關風險因素，訂定應直接視為高風險客戶之類型。……。」

4 (A)。「銀行評估洗錢及資恐風險及訂定相關防制計畫指引」第3點第2項第2款規定：……

(二)客戶風險：

1. 銀行應綜合考量個別客戶背景、職業與社會經濟活動特性、地域、以及非自然人客戶之組織型態與架構等，以識別該客戶洗錢及資恐風險。

2. 於識別個別客戶風險並決定其風險等級時，銀行得依據以下風險因素為評估依據：

(1) 客戶之地域風險：依據銀行所定義之洗錢及資恐風險的區域名單，決定客戶國籍與居住國家的風險評分。

(2) 客戶職業與行業之洗錢風險：依據銀行所定義之各職業與行業的洗錢風險，決定客戶職業與行業的風險評分。高風險行業如從事密集性現金交易業務、或屬易被運用於持有個人資產之公司或信託等。

(3) 個人客戶之任職機構。

(4) 客戶開戶與建立業務關係之管道。

(5) 首次建立業務關係之往來金額。

(6) 申請往來之產品或服務。

(7) 客戶是否有其他高洗錢及資恐風險之表徵，如客戶留存地址與分行相距過遠而無法提出合理說明者、客戶為具隱名股東之公司或可發行無記名股票之公司、法人客戶之股權複雜度，如股權架構是否明顯異常或相對其業務性質過度複雜等。

5 (D)。「銀行評估洗錢及資恐風險及訂定相關防制計畫指引」第3點第2項第3款規定：

(三)產品及服務、交易或支付管道風險：

1. 銀行應依據個別產品與服務、交易或支付管道的性質，識別可能會為其帶來較高的洗錢及資恐風險者。

2. 銀行於推出新產品或服務或辦理新種業務（包括新支付機制、運用新科技於現有或全新之產品或業務）前，應進行洗錢及資恐風

險評估，並建立相應之風險管理措施以降低所辦識之風險。

3. 個別產品與服務、交易或支付管道之風險因素舉例如下：

(1) 與現金之關聯程度。

(2) 建立業務關係或交易之管道，包括是否為面對面交易及是否為電子銀行等新型態支付工具等。

(3) 是否為高金額之金錢或價值移轉業務。

(4) 匿名交易。

(5) 收到款項來自於未知或無關係之第三者。

6 (B)。

A：「銀行評估洗錢及資恐風險及訂定相關防制計畫指引」第3點第2項規定：具體的風險評估項目應至少包括地域、客戶、產品及服務、交易或支付管道等面向。

C：「銀行評估洗錢及資恐風險及訂定相關防制計畫指引」第3點第2項第1款規定：

(一)地域風險：

1. 銀行應識別具較高洗錢及資恐風險的區域。

2. 於訂定高洗錢及資恐風險之區域名單時，銀行得依據其各分公司（或子公司）的實務經驗，並考量個別需求，以選擇適用之風險因素。

D：「銀行評估洗錢及資恐風險及訂定相關防制計畫指引」第3點第2項規定：具體的風險評估項目應至少包括地域、客戶、產品及服務、交易或支付管道等面向，並應進一步分析各風險項目，以訂定細部的風險因素。

7 (D)。「銀行評估洗錢及資恐風險及訂定相關防制計畫指引」第6點第4項規定：銀行應定期檢視其辦識客戶及實質受益人身分所取得之資訊是否足夠，並確保該等資訊之更新，特別是高風險客戶，銀行應至少每年檢視一次。

重點五　銀行業疑似洗錢或資恐交易態樣

一、產品／服務

(一)存提匯款類：

1. 同一帳戶在一定期間內之現金存、提款交易，分別累計達特定金額以上者。
2. 同一客戶在一定期間內，於其帳戶辦理多筆現金存、提款交易，分別累計達特定金額以上者。
3. 同一客戶在一定期間內以每筆略低於一定金額通貨交易申報門檻之現金辦理存、提款，分別累計達特定金額以上者。
4. 客戶突有達特定金額以上存款者（如將多張本票、支票存入同一帳戶）。
5. 不活躍帳戶突有達特定金額以上資金出入，且又迅速移轉者。
6. 客戶開戶後立即有達特定金額以上款項存、匯入，且又迅速移轉者。
7. 存款帳戶密集存入多筆款項達特定金額以上或筆數達一定數量以上，且又迅速移轉者。
8. 客戶經常於數個不同客戶帳戶間移轉資金達特定金額以上者。
9. 客戶經常以提現為名、轉帳為實方式處理有關交易流程者。
10. 客戶每筆存、提金額相當且相距時間不久，並達特定金額以上者。
11. 客戶經常代理他人存、提，或特定帳戶經常由第三人存、提現金達特定金額以上者。
12. 客戶一次性以現金分多筆匯出、或要求開立票據（如本行支票、存放同業支票、匯票）、申請可轉讓定期存單、旅行支票、受益憑證及其他有價證券，其合計金額達特定金額以上者。
13. 客戶結購或結售達特定金額以上外匯、外幣現鈔、旅行支票、外幣匯票或其他無記名金融工具者。
14. 客戶經常性地將小面額鈔票兌換成大面額鈔票，或反之者。
15. 自洗錢或資恐高風險國家或地區匯入（或匯至該等國家或地區）之交易款項達特定金額以上。本範本所述之高風險國家或地區，包括但不限於

金融監督管理委員會函轉國際洗錢防制組織所公告防制洗錢及打擊資恐有嚴重缺失之國家或地區、及其他未遵循或未充分遵循國際洗錢防制組織建議之國家或地區。

(二)**授信類**：

1. 客戶突以達特定金額之款項償還放款，而無法釋明合理之還款來源者。
2. 客戶利用大量現金、約當現金、高價值商品、或不動產等，或使用無關連之第三方的資金、資產或信用，作為擔保品或保證申請貸款者。
3. 以現金、約當現金或易於變現之資產所擔保之貸款發生違約事件，意圖使銀行處分擔保品。

(三)**OBU類**：

1. 在一定期間內，多個境內居民接受一個境外帳戶匯款，其資金的調撥和結匯均由一人或者少數人操作。
2. 帳戶以一境外公司名義運作，或境內企業利用境外法人或自然人之境外帳戶，其資金流動屬有規律性質，且該帳戶資金往來在一定期間內達特定金額以上。
3. 客戶帳戶累積大量餘額，並經常匯款至其國外帳戶達特定金額以上。
4. 客戶經常存入境外發行之旅行支票及外幣匯票。
5. 客戶在一定期間內頻繁且大量申購境外結構型產品，該產品並不符合其本身需要。

(四)**貿易金融類**：

1. 提貨單與付款單或發票的商品敘述內容不符，如進出口的產品數量或類型不符。
2. 產品和服務之定價，或於發票中所申報的價值，明顯與該商品的市場公平價值不符（低估或高估）。
3. 付款方式不符合該交易的風險特性，如預先支付貨款給一個位於洗錢或資恐高風險國家或地區的新供應商。
4. 交易中所使用的信用狀常頻繁或無合理解釋大幅修改、延期或更換付款地點。
5. 利用無貿易基礎的信用狀、票據貼現或其他方式於境外融資。
6. 運送之物品與客戶所屬產業別、營運項目不符或與本身營業性質無關。
7. 客戶涉及疑似洗錢或資恐高風險之活動，包括輸出入受禁運或限制輸出入貨品者（如外國政府的軍事用品、武器、化學物品，或金屬等天然資源）。
8. 貨物運至或來自洗錢或資恐高風險國家或地區。

9. 運輸的貨物類型容易被利用於洗錢或資恐，如高價值但量少之商品（如鑽石、藝術品）。

(五)**通匯銀行類：**

1. 金融同業帳戶收付金額與其存款規模明顯不符、金額波動明顯超過存款變化幅度，或資金往來帳戶收付金額與其本身營業性質不符。

2. 無法辨識過渡帳戶（Payable-through account）之實際帳戶持有人。

3. 與通匯銀行間的現金運送模式有重大改變。

4. 通匯銀行的現金存款金額與次數快速增加，然而其非現金類存款並無相對增加。

(六)**保管箱類：**

1. 客戶異常頻繁使用保管箱業務，如頻繁開啟保管箱或另行租用多個保管箱者。

2. 客戶夥同數人開啟保管箱，或非原租用人頻繁開啟保管箱者。

(七)**其他類：**

1. 同一預付或儲值卡公司（Prepaid card company）在其不同國家帳戶間之頻繁資金往來達特定金額以上。

2. 以個人帳戶處理使領館、外交辦事處或官方公務；或以使領館、外交辦事處或官方帳戶支付外國公民的個人支出（例如大學生的日常支出）。

二、異常交易活動／行為

(一)**交易行為類：**

1. 大量出售金融債券卻要求支付現金之交易、或頻繁利用旅行支票或外幣支票之達特定金額以上交易而無正當原因、或達特定金額以上之開發信用狀交易而數量與價格無法提供合理資訊之交易或以巨額（數千萬元）金融同業支票開戶但疑似洗錢或資恐交易者。

2. 電視、報章雜誌或網際網路等媒體即時報導之特殊重大案件，該涉案人在銀行從事之存款、提款或匯款等交易，且交易顯屬異常者。

3. 數人夥同至銀行辦理存款、提款或匯款等交易者。

(二)**客戶身分資訊類：**

1. 客戶具「存款帳戶及其疑似不法或顯屬異常交易管理辦法」、「銀行防制洗錢及打擊資恐注意事項範本」、或其他無法完成確認身分相關規定程序之情形者。

2. 同一地址有大量客戶註冊、居住者經常變更，或地址並非真實居住地址。

3. 辦理國外匯出匯款之匯款人與受款人間無法對雙方關係提出合理解釋者。

三、資恐類

(一)交易有關對象為金融監督管理委員會函轉外國政府所提供之恐怖份子或團體者；或國際組織認定或追查之恐怖組織；或交易資金疑似或有合理理由懷疑與恐怖活動、恐怖組織或資恐有關聯者。

(二)在一定期間內，年輕族群客戶提領或轉出累計達特定金額以上，並轉帳或匯款至軍事及恐怖活動頻繁之熱門地區、或至非營利團體累計達特定金額以上，並立即結束往來關係或關戶。

(三)以非營利團體名義經常進行達特定金額以上之跨國交易，且無合理解釋者。

四、跨境交易類

(一)客戶經常匯款至國外達特定金額以上者。

(二)客戶經常由國外匯入大筆金額且立即提領現金達特定金額以上者。

(三)客戶經常自國外收到達特定金額以上款項後，立即再將該筆款項匯回同一個國家或地區的另一個人，或匯至匯款方在另一個國家或地區的帳戶者。

(四)客戶頻繁而大量將款項從高避稅風險或高金融保密的國家或地區，匯入或匯出者。

重點六　票券業疑似洗錢或資恐交易態樣

一、身分或意圖異常

(一)客戶提供之身分證或法人證明文件有偽造、變造痕跡，或意圖使用假名進行交易。

(二)同一連絡人經常要求以不同客戶名稱為買賣交易，且未能說明其與本人之關係，而有疑似洗錢之疑慮者。

(三)同一地址有大量客戶註冊、居住者經常變更，或地址並非真實居住地址。

(四)同一連絡人且開戶聯絡地址相同之客戶群經常要求以不同客戶名稱為買賣交易，且未能說明其與本人之關係，而有疑慮者。

(五)建立業務關係後立即有與其身分、收入顯不相當或與本身營業性質無關之特定金額款項進行短期交易或交易迅速解約者。

(六)客戶具「票券商防制洗錢及打擊資恐注意事項」範本、或其他無法完成確認身分相關規定程序之情形者。

(七)電視、報章雜誌或網際網路等媒體即時報導之特殊重大案件，該涉案人在票券商從事之票債券等交易，且交易顯屬異常者。

二、鉅額交易異常

(一)客戶突有不尋常之特定金額資金交易，且與其身分、收入顯不相當，或與該法人客戶營業規模或性質顯不相當者。

(二)一定期間以上久未往來客戶突以特定金額資金進行短期交易或交易迅速解約，迥異於其尋常交易模式者。

(三)客戶建立業務關係後立即有達特定金額以上款項進行短期交易或交易迅速解約，迥異於其尋常交易模式者。

三、授信異常

(一)客戶突以達特定金額之款項提前兌償票券商自保商業本票，而無法釋明合理之還款來源者。

(二)客戶利用大量現金、約當現金、高價值商品、或不動產等，經認定不具合理性者，或使用無關連之第三方的資金、資產或信用，作為擔保品申請授信額度者。

(三)以現金、約當現金或易於變現之資產所擔保之授信發生違約事件，意圖使票券商處分擔保品。

四、款券交割異常

(一)客戶要求以現金交易或要求付款支票取消抬頭或取消禁止背書轉讓，且無合理原因者。

(二)客戶以特定金額金融同業支票進行業務往來，且無合理原因者。

(三)客戶交付無記名實體債券，但又規避提供前手交易紀錄、債券來源或相關憑證者。

(四)客戶要求票券商將其超過特定金額之應收價款匯付予一個或多個非本人帳戶；或多個客戶要求票券商將該等客戶之應收交割價款匯付入同一帳戶者。

(五)交割價款來自某些特定地區（洗錢或資恐高風險國家），且該交易與客戶身分、收入顯不相當或與本身營業性質無關者。本項所述之國家或地區，係依據金融監督管理委員會函轉國際防制洗錢組織所公告防制洗錢及打擊資恐有嚴重缺失之國家或地區、及其他未遵循或未充分遵循國際防制洗錢組織建議之國家或地區。

五、資恐類

(一)交易有關對象為金融監督管理委員會函轉外國政府所提供之經濟制裁名
　　單、恐怖份子或團體者；或國際洗錢防制組織認定或追查之恐怖組織；
　　或交易資金疑似或有合理理由懷疑與恐怖活動、恐怖組織或資助恐怖主
　　義有關聯者。

(二)在一定期間內，年輕族群客戶到期匯回或提解買入交易累計達特定金額
　　以上，並轉帳或匯款至軍事及恐怖活動頻繁之熱門地區、或至非營利團
　　體累計達特定金額以上，並立即結束往來關係或關戶。

(三)以團體名義經常進行達特定金額以上之跨國交易，且無合理解釋者。

(四)客戶要求票券商將其超過特定金額之應收價款匯付予高避稅風險或高金
　　融保密的國家或地區之帳戶者。

重點七　信託業疑似洗錢或資恐交易態樣

一、產品／服務

(一)信託帳戶類：

　1.同一信託帳戶在一定期間內之現金進出交易，分別累計達特定金額以
　　上者。

　2.同一客戶在一定期間內，於其信託帳戶辦理多筆現金進出交易，分別累
　　計達特定金額以上者。

　3.同一客戶在一定期間內以每筆略低於一定金額通貨交易申報門檻辦理現
　　金進出交易，分別累計達特定金額以上者。

　4.客戶突有達特定金額以上資金信託者。

　5.不活躍信託帳戶突有達特定金額以上資金出入，且又迅速移轉者。

　6.信託帳戶密集存入多筆款項，達特定金額以上或筆數達一定數量以上，
　　且又迅速移轉並立即解約者。

　7.客戶經常於相關信託帳戶間移轉資金達特定金額以上者。

　8.客戶經常要求以現金方式處理有關交易流程者。

　9.客戶經常代理他人或特定信託帳戶經常由第三人存入現金達特定金額以上
　　者。

　10.客戶一次性以現金分多筆要求開立憑證，其合計金額達特定金額以上者。

11.自洗錢或資恐高風險國家或地區匯入（或匯至該等國家或地區）之交易
款項達特定金額以上。本範本所述之高風險國家或地區，包括但不限於
金融監督管理委員會函轉國際洗錢防制組織所公告防制洗錢及打擊資恐
有嚴重缺失之國家或地區、及其他未遵循或未充分遵循國際洗錢防制組
織建議之國家或地區。

(二)**信託架構類：**

1.客戶設立信託帳戶無法提出令人信服的理由、目的或動機。

2.客戶對信託帳戶的信託結構或交易使用複雜的安排致對其信託目的與用
意產生疑慮。

二、異常交易活動／行為

(一)**交易行為類：**

1.電視、報章雜誌或網際網路等媒體即時報導之特殊重大案件，該涉案人
之信託且顯屬異常者。

2.客戶短期內以現金分散購買信託產品再集中退出或以現金集中購買再分
散退出，與其身分、財務狀況、經營業務明顯不符者。

3.客戶來自洗錢或資恐高風險國家或地區，短期內頻繁以現金購買信託
產品。

4.信託資金使用在一些不尋常的商業交易或其他金融活動。

5.客戶簽訂信託契約後即迅速終止契約，相距時間不久且無正當原因者。

6.其他明顯不正常之交易行為。

(二)**客戶身分資訊類：**

1.客戶具「信託業防制洗錢及打擊資恐注意事項範本」或其他無法完成確
認身分相關規定程序之情形者。

2.同一地址有大量客戶註冊、居住者經常變更，或地址並非真實居住地址。

3.客戶或其信託關係人試圖逃避聯繫。

4.信託條件或交易具非法目的或與已知之客戶財富來源、建立該信託帳戶
目的與預期內容不符。

三、資恐類

交易有關對象為金管會函轉外國政府所提供之恐怖份子或團體者；或國際組
織認定或追查之恐怖組織；或交易資金疑似或有合理理由懷疑與恐怖活動、
恐怖組織或資恐有關聯者。

重點八　電子支付機構疑似洗錢或資恐交易態樣 ⚔

一、疑似洗錢

(一)同一電子支付帳戶在一定期間內之現金存入交易，累計達特定金額以上者。

(二)同一客戶在一定期間內以每筆略低於一定金額通貨交易申報門檻之現金存入交易，累計達特定金額以上者。

(三)電子支付帳戶突有不尋常之大額款項存入、移轉或提領，且該電子支付帳戶並未有實質交易行為，或者實質交易行為與存入金額顯不相當，或與過往交易紀錄相較異常者。

(四)不活躍電子支付帳戶突有達特定金額以上資金出入，且又迅速移轉者。

(五)客戶開立電子支付帳戶後立即有達特定金額以上款項存入，且又迅速移轉者。

(六)電子支付帳戶密集存入多筆款項達特定金額以上或筆數達一定數量以上，且又迅速移轉者。

(七)客戶提領款項或實質交易退款時經常要求變更約定之存款帳戶者。

(八)客戶經常以實質交易為名、移轉電子支付帳戶款項為實方式處理有關資金移轉流程者。

(九)客戶每筆存、提金額相當且相距時間不久，並累計達特定金額以上者。

(十)自洗錢或資恐高風險國家或地區匯入（或匯至該等國家或地區）之交易款項達特定金額以上。本範本所述之高風險國家或地區，包括但不限於金融監督管理委員會函轉國際洗錢防制組織所公告防制洗錢及打擊資恐有嚴重缺失之國家或地區、及其他未遵循或未充分遵循國際洗錢防制組織建議之國家或地區。

(十一)同一人之記名式儲值卡無正當理由，突然同一營業日累計交易達一定金額以上。

(十二)久未使用之記名式儲值卡帳戶，突然有大額現金儲值且又迅速申請返還。

(十三)記名式儲值卡被密集存入多筆款項，並即申請停用後，再以大額或分散方式申請返還。

二、異常交易活動／行為

(一)**交易行為類**：

1.電子支付帳戶常有頻繁不正常的退款作業。

2.同一人持有多張儲值卡，經常有多筆合計略低於必須申報之金額標準的款項存入儲值卡後，再申請返還或移轉。

3. 電視、報章雜誌或網際網路等媒體即時報導之特殊重大案件，該涉案人在電子支付機構從事之存入、移轉、提領或購買一定數量儲值卡、儲值、或申請返還等交易，且交易顯屬異常。

(二)**使用者身分資訊類**：客戶身分資訊類電子支付機構發現客戶具「電子支付機構防制洗錢及打擊資恐注意事項範本」之應申報情形致無法完成確認身分相關規定程序者。

三、資恐類

(一)記名式儲值卡客戶來自未採取有效防制洗錢或打擊資恐之高風險國家或地區，包括但不限於金融監督管理委員會函轉國際防制洗錢組織所公告防制洗錢及打擊資恐有嚴重缺失之國家或地區，及其他未遵循或未充分遵循國際防制洗錢組織建議之國家或地區。

(二)交易實質受益人為金融監督管理委員會函轉外國政府所提供之恐怖份子或團體者；或國際組織認定或追查之恐怖組織；或交易資金疑似或有合理理由懷疑與恐怖活動、恐怖組織或資恐有關聯者。

(三)在一定期間內，客戶提領或移轉款項累計達特定金額以上至軍事及恐怖活動頻繁之熱門地區、或至非營利團體累計達特定金額以上，且立即結束業務關係。

(四)以非營利團體名義經常進行達特定金額以上之跨國交易，且無合理解釋者。

四、跨境交易類

(一)客戶經常提領或移轉款項至國外達特定金額以上者。

(二)客戶經常由國外款項存入大筆金額且立即提領現金達特定金額以上者。

(三)客戶經常自國外收到達特定金額以上款項後，立即再將該筆款項提領或移轉至同一個國家或地區的另一個人，或移轉至付款方在另一個國家或地區的帳戶者。

(四)客戶頻繁而大量將款項從高避稅風險或高金融保密的國家或地區，提領或移轉者。

重點九　電子票證發行機構疑似洗錢或資恐交易態樣

一、疑似洗錢類

(一)同一人之記名式電子票證無正當理由，突然同一營業日累計交易新臺幣五十萬元（含等值外幣）以上之金額。

(二)久未使用之記名式電子票證帳戶，突然有大額現金儲值且又迅速申請
　　贖回。

(三)記名式電子票證帳戶被密集存入多筆款項，並即申請停用後，再以大額
　　或分散方式贖回。

(四)同一人持有多張電子票證，經常有多筆合計略低於必須申報之金額標準
　　的款項存入記名式電子票證帳戶後，再申請贖回。

(五)記名式電子票證持卡人無正當理由無法完成確認身分相關規定程序。

(六)電視、報章雜誌或網際網路等媒體即時報導之特殊重大案件，該涉案人在電
　　子票證發行機構從事購卡、儲值、退卡或贖回等交易，且交易顯屬異常。

二、疑似資恐類

(一)記名式電子票證持卡人來自未採取有效防制洗錢或打擊資恐之高風險國
　　家或地區，包括但不限於金融監督管理委員會函轉國際防制洗錢組織所
　　公告防制洗錢及打擊資恐有嚴重缺失之國家或地區，及其他未遵循或未
　　充分遵循國際防制洗錢組織建議之國家或地區。

(二)記名式電子票證持卡人為金融監督管理委員會函轉外國政府所提供之恐
　　怖份子或團體者；或國際組織認定或追查之恐怖組織；或交易資金疑似
　　或有合理理由懷疑與恐怖活動、恐怖組織或資恐有關聯者。

重點十　辦理信用卡業務機構防制洗錢及打擊資恐注意事項範本」第9條第1項第5款規定

（金融監督管理委員會109年3月6日金管銀票字第1080139260號函同意備查）

客戶有關交易如有下述情形之一者，應特別注意，如認為有疑似洗錢或資恐
之交易，除應確認客戶身份且留存記錄及交易憑證外，並應依法務部調查局
所定之申報格式簽報，於專責主管核定後立即向法務部調查局辦理申報，核
定後之申報期限不得逾二個營業日：

一、客戶無正當理由且與其身分、收入明顯不相當，突然同一營業日累計溢
　　繳且領取達特定金額者。

二、久未使用之信用卡帳戶，突然有大額現金繳入且又迅速申請領取者。

三、信用卡帳戶被密集存入多筆款項，並即申請停用後，再以大額或分散方
　　式領取，其款項與客戶之身分、收入及既存的刷卡交易顯不相當者。

四、客戶於一定期間累積溢繳達特定金額，且信用卡帳戶並無相對金額之刷
　　卡交易或未領取者。

五、對經常有多筆略低於必須申報之金額標準的款項溢繳存入信用卡帳戶後，再申請領取者。

六、特約商店如有從事融資性墊款或變現之交易行為或接受非其營業範圍內之簽帳交易。

七、信用卡帳戶係以恐怖分子、資恐者、團體、國際洗錢防制組織認定或追查之恐怖組織名義申請並簽署者，應列為疑似洗錢及資恐之交易，須即向法務部調查局申報。

八、其他明顯不正常之交易行為。

試題演練

▶ 問答題

> 一、依辨識實質受益人之第一步驟，應向法人或團體客戶取得何項資料，以辨識有無對客戶持有股份或資本逾25%之自然人？

答 (一)原則應取得法人或團體客戶之股東名冊、出資證明或其他銀行認為足以瞭解客戶股權或出資情形之文件，進行辨識，並應留存相關辨識之軌跡。

(二)就法人客戶之股東為非自然人（下稱非自然人股東）時，得參考下列方式或採其他合理措施進行辨識：

1. 銀行得再取得該非自然人股東之股東名冊、出資證明或經銀行認可的證明文件，直至辨識出有無持有該法人客戶之股份或資本超過25%之最終自然人為止。
   ※持有超過25%之認定方式：持有股份或資本超過 25%之計算，應考量直接、間接持有股份或資本。

2. 銀行得採取以風險基礎方法由客戶出具聲明書（聲明內容得包含公司名稱、公司註冊地點、股權或控制權結構圖、直接間接持股超過25%之實質受益人資料及成立多層股權架構的原因等）方式進行辨識。此時銀行應儘量協助客戶，並得由銀行洽詢客戶協助建構該結構圖後，請客戶確認。

二、依辨識實際受益人之第一步驟，如未發現持股逾25%實際受益人時，應如何處理？

答　客戶為法人或團體時，如未發現具控制權之自然人（指未發現持有該法人或團體股份或資本超過百分之二十五者），應辨識有無透過其他方式對客戶行使控制權之自然人。如依前述規定仍未發現具控制權之自然人時，銀行應辨識高階管理人員之身分。

三、已知實際受益人為何人時，應向法人客戶或團體取得實際受益人之那些個人資料？

答　(一)依據範本第四條第七款第一目第一小目，應辨識具控制權之最終自然人身分，「如姓名、出生日期、國籍及身分證明文件號碼等」。

　　(二)依據範本第四條第八款第一目第一小目，上開資料得以身分證、護照或其他可信文件或資料來源進行驗證。前述資料得不要求正本進行驗證或依據銀行內部所定作業程序，請法人、團體及其代表人聲明實質受益人資料，但該聲明資料應有部分項目得以公司登記證明文件、公司年報等其他可信文件或資料來源進行驗證。

四、客戶若無法提供實際受益人資料，應如何處理?

答　(一)銀行就客戶為法人或信託之受託人，於首次建立業務關係或擬新增帳戶，均應完成實際受益人之辨識及確認。

　　(二)就既有客戶因定期審視等其他須辨識實際受益人之情形，如客戶無法提供相關資訊，依公會範本第4條第15款規定，銀行得依契約約定暫時停止交易，或暫時停止或終止業務關係。另銀行就未採取上開暫停交易等措施之情形，應有其他適當降低風險之管理措施。

五、已往來客戶再開立新帳戶或新增業務往來，是否需要重新辨識實際收益人？

答 (一)應定期檢視所辨識之客戶及實際受益人身分資料是否足夠，並確保該等資料更新，特別是高風險客戶，若對客戶資料有所懷疑時，應對客戶身分再次確認。

(二)若銀行前已進行實際受益人之辨識、確認，並經檢視客戶資料尚無須更新或對客戶資料未有懷疑者，於客戶再開立新帳戶或新增業務往來時，得無需重新徵提實際受益人資料。

六、客戶為財團法人或社團法人時，應如何辨識實際受益人？

答 (一)客戶為法人時，如未發現具控制權之自然人（指持有該法人股份或資本超過百分之二十五者），應徵詢有無透過其他方式對客戶行使控制權之自然人，或採取合理措施確認擔任高階管理職位（如董事、監事、理事、總經理、財務長、代表人、管理人、合夥人、有權簽章人，或相當於前述高階管理人員之人）之自然人身分。

(二)因此，於客戶為財團法人或社團法人而無股東或出資人之適用時，應依序辨識透過其他方式對客戶行使控制權之自然人（如依據該法人之章程或其他文件判定之有權管理人員或有權簽章人）或擔任高階管理職位之自然人身分。

七、銀行就久未往來之舊戶，其留存資料如未包括風險評估所需之全部資料，是否可先不進行風險評估，待客戶來行交易或開立新帳戶時再執行客戶身分確認及風險評估？

答 針對資料欠缺或久未往來的舊有客戶，若未完成風險評估，則無法完成銀行全行之洗錢及資恐風險評估，並據以擬定銀行全行防制計畫，故仍需依金管會103年12月30日金管銀法字第10300328890號函之說明三(一)，針對既有客戶進行風險評估，於無法取得完整風險評估所需資料時，其評估方式可就未取得資料之風險指標以合理預設值替代，並依客戶重要性及風險程度適時取得相關資料。

八、「銀行評估洗錢及資助恐怖主義風險及訂定相關防制計畫指引」第八點，有關銀行應建立定期之全面性洗錢及資恐風險評估作業之頻率為何？

答 依「銀行評估洗錢及資恐風險及訂定相關防制計畫指引」第八點規定，銀行應依據下列指標，建立定期且全面性之洗錢及資恐風險評估作業：

(一)業務之性質、規模、多元性及複雜度。

(二)目標市場。

(三)銀行交易數量與規模：考量銀行一般交易活動與其客戶之特性等。

(四)高風險相關之管理數據與報告：如高風險客戶之數目與比例；高風險產品、服務或交易之金額、數量或比例；客戶之國籍、註冊地或營業地、或交易涉及高風險地域之金額或比例等。

(五)業務與產品，包含提供業務與產品予客戶之管道及方式、執行客戶審查措施之方式，如資訊系統使用的程度以及是否委託第三人執行審查等。

(六)內部稽核與監理機關之檢查結果。

九、數位存款帳戶適用「銀行防制洗錢及打擊資恐注意事項範本」有關高風險客戶規定之意思？

答 (一)有關數位存款帳戶開戶之各項作業與身分確認措施，銀行應遵循「銀行受理客戶以網路方式開立數位存款帳戶作業範本」之各項規定。另並依「銀行防制洗錢及打擊資恐注意事項範本」中「銀行評估洗錢及資恐風險及訂定相關防制計畫指引」第六點之規定，依據銀行之相關政策及程序，於建立業務關係時決定此類型客戶之風險等級。

(二)惟不論銀行認定該類型客戶之風險等級為何，數位存款帳戶開立後之管控措施，銀行應適用「銀行防制洗錢及打擊資恐注意事項範本」中有關高風險客戶之規定。即銀行得參考上開指引第七點所列高風險客戶的管控措施之範例（全部或部分），訂定對此類型客戶之強化管控措施。

☑ 單選題

(　　) **1** 依銀行業防制洗錢及打擊資恐注意事項規定，有關本國銀行業應設置獨立之防制洗錢及打擊資恐專責單位，下列敘述何者正確？A.應於董（理）事會下設置　B.該單位不得兼辦防制洗錢及打擊資恐以外之其他業務　C.應由董事會指派高階主管一人擔任專責主管　D.至少每半年向董（理）事會及監察人（監事、監事會）或審計委員會報告　(A)僅AB　(B)僅BC　(C)僅ABD　(D)僅BCD。

【106年合庫新進人員甄試】

(　　) **2** 依「金融同業間遭歹徒詐騙案件通報要點」規定，通報系統分為幾部分通報圈？　(A)洗錢防制中心與聯合徵信中心　(B)各金融機構與聯合徵信中心之通報圈與各金融機構總管理機構與其所屬分支機構之內部通報圈　(C)各金融機構總管理機構與其所屬分支機構之內部通報圈與洗錢防制中心，兩部分通報圈　(D)洗錢防制中心、經濟犯罪防護中心及聯合徵信中心三部分通報圈。　【第25期內控】

(　　) **3** 下列何者屬於金融機構防制洗錢措施之核心原則？　(A)客戶審查、確認身分　(B)建立洗錢交易監控機制、做好交易申報　(C)內部控制、稽核與法令遵循制度　(D)以上皆是。

(　　) **4** 依銀行業防制洗錢及打擊資恐注意事項規定，有關銀行業防制洗錢專責主管及人員之訓練，下列敘述何者正確？　A.每二年應至少參加主管機關認定機構或所屬金融控股公司（含子公司）或銀行業（含母公司）自行舉辦十二小時之教育訓練　B.訓練內容至少包括新修正法令、洗錢及資恐風險趨勢及態樣　C.當年度取得主管機關認定機構舉辦之國內或國際防制洗錢及打擊資恐專業人員證照者，得抵免當年度之訓練時數　(A)僅AB　(B)僅BC　(C)僅AC　(D)ABC均正確。　【106年合庫新進人員甄試】

(　　) **5** A銀行為推展電子支付業務，擬推出新支付機制「神來付」，詐騙集團車手甲向A銀行申請開立「神來付」帳戶，惟因故無法完成相關規定程序，請問下列敘述何者錯誤？　(A)A銀行推出新服務「神來付」前，應進行洗錢或資恐風險評估，建立相應之風險管理措施

(B)A銀行對於高風險情形，應加強確認客戶身分或持續審查措施，並應額外採取強化措施　(C)如有足資懷疑甲涉及洗錢或資恐，不得採取簡化確認客戶身分措施　(D)甲因故未完成建立業務關係，A銀行不必考量申報可疑交易。　【106年彰化銀行新進人員甄試】

(　　) **6** 防制洗錢及打擊資恐專責主管應以多久的頻率向董（理）事會及監察人（監事、監事會）或審計委員會報告，如發現有重大違反法令時，應即時向董（理）事會及監察人（監事、監事會）或審計委員會報告。　(A)至少每三個月　(B)至少每半年　(C)至少每年　(D)依需求，若董（理）事會及監察人（監事、監事會）或審計委員會有需要時報告。　【106年合庫新進人員甄試】

(　　) **7** 銀行業及電子支付機構、電子票證發行機構在員工任用上應注意之事項，下列何者非屬之？　(A)應建立審慎適當之員工遴選及任用程序　(B)檢視員工是否具備廉正品格　(C)是否具備執行其職責所需之專業知識　(D)該員工應事先取得國內或國際防制洗錢及打擊資恐專業人員證照。　【106年合庫新進人員甄試】

(　　) **8** 在銀行業及電子支付機構、電子票證發行機構防制洗錢及打擊資恐計畫中，應包括的政策、程序及控管機制，下列何者錯誤？　(A)紀錄保存　(B)確定洗錢或資恐交易申報　(C)一定金額以上通貨交易申報　(D)指定防制洗錢及打擊資恐專責主管負責遵循事宜。

　【106年合庫新進人員甄試】

(　　) **9** 銀行業辦理通匯往來銀行業務及其他類似業務，應定有一定政策及程序，下列敘述何者錯誤？　(A)評估該委託機構對防制洗錢及打擊資恐具備適當之控管政策及執行效力　(B)不得與空殼銀行或與允許空殼銀行使用其帳戶之委託機構建立通匯往來關係　(C)對於無法配合銀行業提供上開資訊之委託機構，銀行業得完成業務後通報法務部洗錢防制處　(D)在與委託機構建立通匯往來關係前，應先取得高階管理人員核准後始得辦理。　【106年合庫新進人員甄試】

（　　）**10** 關於銀行業辦理通匯往來銀行業務之敘述，下列何者錯誤？　(A)應評估該委託銀行對防制洗錢及打擊資恐具備相當之控管政策及執行效力　(B)建立通匯往來關係前，應先取得高階主管層級人員核准　(C)委託銀行為本身之海外分行時，不必對該分行採取審查措施　(D)不得與空殼銀行或與允許空殼銀行使用其帳戶之委託銀行建立通匯往來關係。　　　　　　　　　　　　【106年彰化銀行新進人員甄試】

（　　）**11** 銀行業對於客戶帳戶及交易之持續監控，下列敘述何者錯誤？　(A)應逐步以資訊系統整合全公司客戶之基本資料及交易資料，供總分支機構進行基於防制洗錢及打擊資恐目的之查詢，並注意資料之保密性　(B)應利用資訊系統，輔助發現可疑交易　(C)應建立帳戶及交易監控政策及程序，並將其書面化　(D)監控型態限於各同業公會所發布之態樣，各銀行不得增列自行監控態樣。

　　　　　　　　　　　　　　　　　　　　　　　　【106年彰化銀行新進人員甄試】

（　　）**12** 對於銀行業應確認客戶身分之情形，下列敘述何者錯誤？　(A)與客戶建立業務關係時　(B)辦理新臺幣一百萬元（含等值外幣）以上之單筆現金收或付之臨時性交易時　(C)發現疑似洗錢或資恐交易時　(D)對於過去所取得客戶身分資料之真實性或妥適性有所懷疑時。　　　　　　　　　　　　　　　【106年彰化銀行新進人員甄試】

（　　）**13** 有關銀行業確認客戶身分措施，下列何者錯誤？　(A)不得接受客戶使用假名開立帳戶　(B)辦理新臺幣五十萬元（含等值外幣）以上之單筆現金或轉帳交易時，應確認客戶身分　(C)進行臨時性交易，辦理新臺幣三萬元（含等值外幣）以上之跨境匯款時，應確認客戶身分　(D)對於由代理人辦理之交易，應確實驗證代理人身分並查證代理之事實。　　　　　　　　　　　【106年合庫新進人員甄試】

（　　）**14** 依銀行業及電子支付機構電子票證發行機構防制洗錢及打擊資恐內部控制要點，有關防制洗錢及打擊資恐計畫，應包括之政策、程序及控管機制，下列敘述何者錯誤？　(A)持續性客戶宣導計畫　(B)客戶及交易有關對象之姓名及名稱檢核　(C)指定防制洗錢及打擊資恐專責主管負責遵循事宜　(D)測試防制洗錢及打擊資恐系統有效性之獨立稽核功能。　　　　　　　　　　　　【107年彰化銀行新進人員甄試】

(　　) **15** 銀行業總經理應督導各單位審慎評估及檢討防制洗錢及打擊資恐內部控制制度執行情形，由董（理）事長（主席）、總經理、總稽核（稽核主管）、防制洗錢及打擊資恐專責主管聯名出具防制洗錢及打擊資恐之內部控制制度聲明書（附表），並提報下列何者通過？(A)董（理）事會　(B)股東會　(C)審計委員會　(D)監察人會。

【107年彰化銀行新進人員甄試】

(　　) **16** 依金融機構防制洗錢辦法，「一定金額」及「一定數量」依序係指下列何者？　(A)新臺幣三十萬元；三十張電子票證　(B)新臺幣五十萬元；三十張電子票證　(C)新臺幣五十萬元；五十張電子票證　(D)新臺幣五十萬元；一百張電子票證。

【107年彰化銀行新進人員甄試】

(　　) **17** 依金融機構防制洗錢辦法，金融機構對達一定金額以上之通貨交易，除依規定免申報之情形外，應於交易完成後幾個營業日內以媒體向何者申報？　(A)五個營業日；金管會　(B)七個營業日；金管會　(C)五個營業日；調查局　(D)七個營業日；調查局。

【107年彰化銀行新進人員甄試】

(　　) **18** 依金融機構防制洗錢辦法，金融機構確認法人客戶身分時，其至少應取得之客戶身分資訊，下列敘述何者錯誤？　(A)客戶或信託之名稱、法律形式及存在證明　(B)規範及約束客戶或信託之章程或類似之權力文件　(C)在客戶中擔任法令遵循人員者之姓名　(D)客戶註冊登記之辦公室地址，及其主要之營業處所地址。

【107年彰化銀行新進人員甄試】

(　　) **19** 依金融機構防制洗錢辦法，金融機構得先取得辦識客戶及實質受益人身分之資料建立業務關係後，再完成確認客戶身分措施之情形，下列敘述何者錯誤？　(A)洗錢及資恐風險受到有效管理　(B)為避免對客戶業務之正常運作造成干擾所必須　(C)會在合理可行之情形下儘速完成客戶及實質受益人之身分驗證　(D)客戶同意出具切結書，對所造成的損失負賠償責任。　【107年彰化銀行新進人員甄試】

(　　) **20** 依金融機構防制洗錢辦法，金融機構確認客戶身分作業應自行辦理，若依法令得依賴第三方之金融機構辦理時，其應符合之規定，下列敘述何者錯誤？　(A)應能立即取得確認客戶身分所需資訊　(B)應採取符合金融機構本身需求之措施，確保所依賴之第三方將依金融機構之要求，毫不延遲提供確認客戶身分所需之客戶身分資料或其他相關文件影本　(C)確認所依賴之第三方受到規範、監督或監控，並有適當措施遵循確認客戶身分及紀錄保存之相關規範　(D)確認所依賴之第三方之所在地，其防制洗錢及打擊資恐規範與金管會所定之標準一致。　　　　　　　【107年彰化銀行新進人員甄試】

(　　) **21** 金融機構自發現疑似洗錢或資恐交易之日起二個營業日內，應簽報何人核定後，立即向調查局申報？　(A)總經理　(B)專責主管　(C)總稽核　(D)董事長。　　　　　　　　　　　【107年彰化銀行新進人員甄試】

(　　) **22** 下列何者不屬於得免向調查局申報之通貨交易？　(A)金融機構代理公庫業務所生之代收付款項　(B)金融機構間之交易及資金調度　(C)公益彩券經銷商申購彩券款項　(D)代收信用卡消費帳款之交易。　　　　　　　　　　　　　　　　　【107年彰化銀行新進人員甄試】

(　　) **23** 有關金融機構對達一定金額以上之通貨交易敘述，下列何者錯誤？　(A)應確認客戶身分並留存相關紀錄憑證　(B)憑客戶提供之身分證明文件或護照確認其身分　(C)交易如係由代理人為之者，應憑本人提供之委託書確認其身分　(D)交易如係由代理人為之者，應憑代理人提供之身分證明文件或護照確認其身分。

　　　　　　　　　　　　　　　　　　　【107年第一銀行新進人員甄試】

(　　) **24** 金融機構及指定之非金融事業或人員應進行確認客戶身分程序，並留存其確認客戶身分程序所得資料。下列敘述何者錯誤？　(A)確認客戶身分程序應以風險為基礎　(B)應包括實質受益人之審查　(C)確認客戶身分程序所得資料，應自業務關係終止時起至少保存5年　(D)確認客戶身分程序應以財力為基礎。

　　　　　　　　　　　　　　　　　　　【107年第一銀行新進人員甄試】

(　　) **25** 金融機構及指定之非金融事業或人員對於達一定金額以上之通貨交易，除本法另有規定外。下列敘述何者正確？　(A)應向金管會銀行局申報　(B)應向中央銀行申報　(C)應向法務部調查局申報　(D)應向金管會檢查局申報。　　　　　【107年第一銀行新進人員甄試】

(　　) **26** 金融機構在完成確認客戶身分措施前，原則上不得與該客戶建立業務關係。下列何種情形不屬於得先建立業務關係後再完成驗證的例外情況？　(A)屬於臨時性交易　(B)洗錢及資恐風險已受到有效管理　(C)為避免對客戶業務之正常運作造成干擾所必須　(D)可在合理可行之情形下儘速完成客戶及實質受益人之身分驗證。

【107年第一次防制洗錢與打擊資恐測驗】

(　　) **27** 某境外金融機構M欲向證券商N申請開立證券交易帳戶，其業務代表O表示，M公司並未發行無記名股票，但拒絕提供公司章程或股東名冊，亦不便提供實質受益人資料。N從M公司最近一次年報中，未發現有持股逾5%之股東。下列何者最不足以作為支持證券商接受M開戶的理由？　(A)M股權相當分散；且M公司及其高階管理人員均未涉及與前置犯罪有關之負面新聞　(B)經瞭解M公司註冊所在地之防制洗錢打擊資恐監理架構，並未發現與FATF標準有重大不一致　(C)根據M之業務代表O所述，信賴M未發行無記名股票，推定其內部控制制度應屬完善　(D)M之高階管理人員P非屬資恐防制法指定制裁之個人、法人或團體，以及外國政府或國際組織認定或追查之恐怖份子或團體。　　　【107年第一次防制洗錢與打擊資恐測驗】

(　　) **28** 先進的電子支付系統對防制洗錢之好處不包括下列哪一項？　(A)可以預設交易監控參數　(B)可以快速且大量匯款　(C)可以輕易追蹤個別交易　(D)可以自動儲存交易紀錄。

【107年第一次防制洗錢與打擊資恐測驗】

(　　) **29** 金融機構應如何避免客戶以假冒身分開立帳戶？　A.請客戶提供身分證明文件　B.取得客戶影像檔留存備供事後驗證用　C.確認客戶身分並加以驗證　(A)僅AB　(B)僅AC　(C)僅BC　(D)ABC。

【107年第一次防制洗錢與打擊資恐測驗】

(　　) **30** 客戶以大量假美鈔通過銀行員肉眼與機器檢查,將款項匯往他國,有關主管機關之規定,下列敘述何者錯誤?　(A)銀行發現大量假美鈔來行辦理結匯,應立刻通報當地調查局　(B)對於可疑人士使用之偽鈔,應擦拭乾淨,妥適保管　(C)本案有關之監視錄影系統應妥善保留至結案為止　(D)銀行應檢視驗鈔機辨識功能。

【107年第一次防制洗錢與打擊資恐測驗】

(　　) **31** 甲以投資名義進行詐騙,利用本人在金融機構開設之帳戶收受詐騙款項,下列敘述何者正確?　A.甲之行為即屬洗錢行為　B.甲之行為並非洗錢行為　C.金融機構員工對於甲開立之帳戶存款變化毋庸警覺　(A)僅A　(B)僅B　(C)僅C　(D)ABC。

【107年第一次防制洗錢與打擊資恐測驗】

(　　) **32** 下列哪一項情形,銀行從業人員實務上不需要對該交易進行查證?(A)客戶臨櫃從OBU二戶公司帳上轉匯至國內營業單位個人帳戶,再迅速全數提領現金　(B)B公司員工持A公司開立支票前往銀行提現,該張支票之受款人、平行線與禁止背書轉讓均被塗銷　(C)公司名下之基金及定存被其負責人拿來解約,全數匯入負責人在其他銀行之帳戶　(D)個人不動產貸款撥入個人帳戶,立即轉匯入建商名下帳戶。　【107年第一次防制洗錢與打擊資恐測驗】

(　　) **33** 有關重要政治性職務人士,下列敘述何者錯誤?　(A)重要政治性職務人士卸任後不需受規範　(B)高風險之重要政治性職務人士,應取得高階管理人員核准方能進行業務　(C)透過客戶自行申報,為判定其是否為重要政治性職務人士的方式之一　(D)高風險之重要政治性職務人士,對其業務關係應進行持續的強化監控。

【107年第一次防制洗錢與打擊資恐測驗】

(　　) **34** A銀行依賴第三方進行客戶審查,請問應由何人負客戶審查最終責任?　(A)該第三方　(B)A銀行與該第三方共同負責　(C)視契約約定內容而定　(D)A銀行。　【107年第一次防制洗錢與打擊資恐測驗】

(　　) **35** 下列哪個部門於民國106年6月26日發布「重要政治性職務之人與其家庭成員及有密切關係之人範圍認定標準」?　(A)金融監督管理委員會　(B)法務部　(C)總統府　(D)行政院。

【107年第一次防制洗錢與打擊資恐測驗】

( ) **36** 當客戶為法人時，判斷「最終具控制權之自然人」的三個階段中，下列哪項為第一階段工作？　(A)辨識高階管理人員之身分　(B)直接、間接持股超過股份或資本25%之自然人　(C)辨識其控制權之自然人是否為重要政治性職務人士　(D)辨識有無透過其他方式對客戶行使控制權之自然人。　　　　【107年第一次防制洗錢與打擊資恐測驗】

( ) **37** 金融機構之加強客戶審查程序（Enhanced due diligence）係針對下列何類型客戶？　(A)低風險　(B)中風險　(C)高風險　(D)政府機構。　　　　【107年第一次防制洗錢與打擊資恐測驗】

( ) **38** 有關重要政治性職務人士指引，下列敘述何者錯誤？　A.其政治性職務人士定義範圍與聯合國反貪腐協議相同　B.指引文件具約束力　C.金融機構之內部控制包括員工訓練　D.可利用商業資料庫軟體取代傳統客戶審查流程　(A)僅AD　(B)僅BD　(C)僅CD　(D)僅BC。　　　　【107年第一次防制洗錢與打擊資恐測驗】

( ) **39** 下列何者為金融機構防制洗錢辦法第3條第7款第3目規定，得豁免辦識實質受益人？　(A)大方儲蓄互助社　(B)財團法人互惠保險基金　(C)友情薩摩亞群島公司　(D)小明銀行為信託專戶之受託人，且具有帳戶實質控制權。　　　　【107年第一次防制洗錢與打擊資恐測驗】

( ) **40** 依銀行業防制洗錢及打擊資恐注意事項規定，銀行業內部稽核單位應依規定辦理查核，並提具查核意見之事項，下列敘述何者正確？　A.洗錢及資恐風險評估計畫是否符合法規要求並落實執行　B.防制洗錢及打擊資恐計畫是否符合法規要求並落實執行　C.洗錢及資恐風險評估計畫之有效性　(A)僅AB　(B)僅AC　(C)僅BC　(D)ABC均正確。　　　　【106年合庫新進人員甄試】

解答與解析　答案標示為#者，表官方曾公告更正該題答案。

1 (D)。依銀行業防制洗錢及打擊資恐注意事項範本第16條規定，有關本國銀行業應設置獨立之防制洗錢及打擊資恐專責單位：

(1) 應於總經理下設置獨立之防制洗錢及打擊資恐專責單位。

(2) 該單位不得兼辦防制洗錢及打擊資恐以外之其他業務。

(3) 應由董事會指派高階主管一人擔任專責主管。

(4) 至少每半年向董（理）事會及監察人（監事、監事會）或審計委員會報告。

2 (B)。依「金融同業間遭歹徒詐騙案件通報要點」規定，通報系統分為：各金融機構與聯合徵信中心之通報圈與各金融機構總管理機構與其所屬分支機構之內部通報圈。

3 (D)。金融機構防制洗錢措施之核心原則：

(1) 客戶審查、確認身分。

(2) 建立洗錢交易監控機制、做好交易申報。

(3) 內部控制、稽核與法令遵循制度。

4 (B)。

(1) 銀行業之防制洗錢及打擊資恐專責主管、專責單位人員及國內營業單位督導主管，每年應至少參加主管機關認定機構所舉辦或所屬金融控股公司（含子公司）或銀行業（含母公司）自行舉辦十二小時之教育訓練，訓練內容應至少包括新修正法令、洗錢及資恐風險趨勢及態樣。

(2) 當年度取得主管機關認定機構舉辦之國內或國際防制洗錢及打擊資恐專業人員證照者，得抵免當年度之訓練時數。

5 (D)。金融機構防制洗錢辦法第15條第2款規定：

金融機構對疑似洗錢或資恐交易之申報，應依下列規定辦理：

二、對於經檢視屬疑似洗錢或資恐交易者，不論交易金額多寡，均應依調查局所定之申報格式簽報，並於專責主管核定後立即向調查局申報，核定後之申報期限不得逾二個營業日。交易未完成者，亦同。

6 (B)。銀行防制洗錢及打擊資恐注意

事項範本第16條第3項規定：「……七、第一款專責主管應至少每半年向董（理）事會及監察人（監事、監事會）或審計委員會報告，如發現有重大違反法令時，應即時向董（理）事會及監察人（監事、監事會）或審計委員會報告。……」

7 (D)。銀行防制洗錢及打擊資恐注意事項範本第18條第1項規定：「銀行應確保建立高品質之員工遴選及任用程序，包括檢視員工是否具備廉正品格，及執行其職責所需之專業知識。」

8 (B)。在銀行業及電子支付機構、電子票證發行機構防制洗錢及打擊資恐計畫中，應包括的政策、程序及控管機制，只要是疑似洗錢或資恐交易就得申報。

9 (C)。銀行防制洗錢及打擊資恐注意事項範本第11條規定：「……七、對於無法配合銀行提供上開資訊之委託機構，銀行得對其拒絕開戶、暫停交易、申報疑似洗錢或資恐交易或中止業務關係。……」

10 (C)。銀行防制洗錢及打擊資恐注意事項範本第11條規定：「辦理通匯往來銀行業務（cross-border correspondent banking）及其他類似業務，應定有一定政策及程序，至少包括：一、蒐集足夠之可得公開資訊，以充分瞭解該委託機構之業務性質，並評斷其商譽及管理品質，包括是否遵循防制洗錢及打擊資恐之規範，及是否曾受洗錢及資恐之調查或行政處分。二、評估該委託機構對防制洗錢及打擊資恐具

備適當之控管政策及執行效力。
三、在與委託機構建立通匯往來關係前，應依銀行內部風險考量，所訂核准層級之高階管理人員核准後始得辦理。……」

11 (D)。金融機構防制洗錢辦法第9條規定：「……五、前款完整之監控型態應依其業務性質，納入各同業公會所發布之態樣，並應參照金融機構本身之洗錢及資恐風險評估或日常交易資訊，增列相關之監控態樣。其中就電子支付帳戶間款項移轉，金融機構監控時應將收受兩端之所有資訊均納入考量，以判定是否申報疑似洗錢或資恐交易。……」

12 (B)。金融機構防制洗錢辦法第3條規定：「金融機構確認客戶身分措施，應依下列規定辦理：一、金融機構不得接受客戶以匿名或使用假名建立或維持業務關係。二、金融機構於下列情形時，應確認客戶身分：(一)與客戶建立業務關係時。(二)進行下列臨時性交易：1.辦理一定金額以上交易（含國內匯款）或一定數量以上儲值卡交易時。多筆顯有關聯之交易合計達一定金額以上時，亦同。2.辦理新臺幣三萬元（含等值外幣）以上之跨境匯款時。(三)發現疑似洗錢或資恐交易時。(四)對於過去所取得客戶身分資料之真實性或妥適性有所懷疑時。……」

13 (B)。金融機構防制洗錢辦法第3條規定：「金融機構確認客戶身分措施，應依下列規定辦理：一、金融機構不得接受客戶以匿名或使用假名建立或維持業務關係。二、金融

機構於下列情形時，應確認客戶身分：(一)與客戶建立業務關係時。(二)進行下列臨時性交易：1.辦理一定金額以上交易（含國內匯款）或一定數量以上儲值卡交易時。多筆顯有關聯之交易合計達一定金額以上時，亦同。2.辦理新臺幣三萬元（含等值外幣）以上之跨境匯款時。(三)發現疑似洗錢或資恐交易時。(四)對於過去所取得客戶身分資料之真實性或妥適性有所懷疑時。……」

14 (A)。銀行防制洗錢及打擊資恐注意事項範本第2條規定：「……第一項第二款之防制洗錢及打擊資恐計畫，應包括下列政策、程序及控管機制：一、確認客戶身分。二、客戶及交易有關對象之姓名及名稱檢核。三、帳戶及交易之持續監控。四、通匯往來銀行業務。五、紀錄保存。六、一定金額以上通貨交易申報。七、疑似洗錢或資恐交易申報及依據資恐防制法之通報。八、指定防制洗錢及打擊資恐專責主管負責遵循事宜。九、員工遴選及任用程序。十、持續性員工訓練計劃。十一、測試防制洗錢及打擊資恐系統有效性之獨立稽核功能。十二、其他依防制洗錢及打擊資恐相關法令及金管會規定之事項。……」

15 (A)。銀行防制洗錢及打擊資恐注意事項範本第17條規定：「……四、銀行總經理應督導各單位審慎評估及檢討防制洗錢及打擊資恐內部控制制度執行情形，由董（理）事長（主席）、總經理、總稽核（稽核主管）、防制洗錢及打擊資恐專責主管聯名出具防制洗錢及打擊資恐

之內部控制制度聲明書，並提報董（理）事會通過，於每會計年度終了後三個月內將該內部控制制度聲明書內容揭露於銀行網站，並於金管會指定網站辦理公告申報。……」

16 (C)。金融機構防制洗錢辦法第2條規定：「……二、一定金額：指新臺幣五十萬元（含等值外幣）。三、一定數量：指五十張儲值卡。……」

17 (C)。金融機構防制洗錢辦法第13條規定：「……三、除第十四條規定之情形外，應依法務部調查局（以下簡稱調查局）所定之申報格式，於交易完成後五個營業日內以媒體申報方式，向調查局申報。無法以媒體方式申報而有正當理由者，得報經調查局同意後，以書面申報之。……」

18 (C)。依金融機構防制洗錢辦法規定，金融機構確認法人客戶身分時，其至少應取得之客戶身分資訊：1.客戶或信託之名稱、法律形式及存在證明。2.規範及約束法人或信託之章程或類似之權力文件，及在法人或信託之受託人中擔任高階管理職位人員之姓名。3.法人或信託之受託人註冊登記之辦公室地址，及其主要之營業處所地址。……

19 (D)。金融機構防制洗錢辦法第3條規定：「……九、金融機構完成確認客戶身分措施前，不得與該客戶建立業務關係或進行臨時性交易。但符合下列各目情形者，得先取得辨識客戶及實質受益人身分之資料，並於建立業務關係後，再完成驗證：(一)洗錢及資恐風險受到有效

管理。包括應針對客戶可能利用交易完成後才驗證身分之情形，採取風險管控措施。(二)為避免對客戶業務之正常運作造成干擾所必須。(三)會在合理可行之情形下儘速完成客戶及實質受益人之身分驗證。如未能在合理可行之時限內完成客戶及實質受益人之身分驗證，須終止該業務關係，並應事先告知客戶。……」

20 (D)。金融機構防制洗錢辦法第7條規定：「金融機構確認客戶身分作業應自行辦理，如法令或本會另有規定金融機構得依賴第三方執行辨識及驗證客戶本人身分、代理人身分、實質受益人身分或業務關係之目的及性質時，該依賴第三方之金融機構仍應負確認客戶身分之最終責任，並應符合下列規定：一、應能立即取得確認客戶身分所需資訊。二、應採取符合金融機構本身需求之措施，確保所依賴之第三方將依金融機構之要求，毫不延遲提供確認客戶身分所需之客戶身分資料或其他相關文件影本。三、確認所依賴之第三方受到規範、監督或監控，並有適當措施遵循確認客戶身分及紀錄保存之相關規範。四、確認所依賴之第三方之所在地，其防制洗錢及打擊資恐規範與防制洗錢金融行動工作組織所定之標準一致。」

21 (B)。銀行防制洗錢及打擊資恐注意事項範本第9條規定：「……八、前款辨識出之警示交易應就客戶個案情況判斷其合理性（合理性之判斷例如是否有與客戶身分、收入或營業規模顯不相當、與客戶本身營業

性質無關、不符合客戶商業模式、無合理經濟目的、無合理解釋、無合理用途、或資金來源不明或交代不清），並留存檢視紀錄。經認定非疑似洗錢或資恐交易者，應當記錄分析排除理由；如經檢視屬疑似洗錢或資恐之交易者，不論交易金額多寡，均應依法務部調查局所定之申報格式簽報，並於專責主管核定後立即向法務部調查局申報，核定後之申報期限不得逾二個營業日。交易未完成者，亦同。」

22 (D)。銀行防制洗錢及打擊資恐注意事項範本第14條規定：「……對下列達一定金額以上之通貨交易，免向法務部調查局申報，但仍應確認客戶身分及留存相關紀錄憑證：一、存入政府機關、公營事業機構、行使公權力機構（於受委託範圍內）、公私立學校、公用事業及政府依法設立之基金所開立帳戶之款項。二、金融機構代理公庫業務所生之代收付款項。三、金融機構間之交易及資金調度。但金融同業之客戶透過金融同業間之同業存款帳戶所生之應付款項，如兌現同業所開立之支票，同一客戶現金交易達一定金額以上者，仍應依規定辦理。四、公益彩券經銷商申購彩券款項。五、代收款項交易（不包括存入股款代收專戶之交易、代收信用卡消費帳款之交易），其繳款通知書已明確記載交易對象之姓名、身分證明文件號碼（含代號可追查交易對象之身分者）、交易種類及金額者。但應以繳款通知書副聯作為交易紀錄憑證留存。……」

23 (C)。金融機構防制洗錢辦法第13條規定：「……(二)交易如係由代理人為之者，應憑代理人提供之身分證明文件或護照確認其身分，並將其姓名、出生年月日、住址、電話、交易帳戶號碼、交易金額及身分證明文件號碼等事項加以記錄。……」

24 (D)。銀行防制洗錢及打擊資恐注意事項範本第6條規定：「第四條第三款及前條規定之確認客戶身分措施及持續審查機制，應以風險基礎方法決定其執行強度，包括：……」

25 (C)。銀行防制洗錢及打擊資恐注意事項範本第9條規定：「……八、前款辨識出之警示交易應就客戶個案情況判斷其合理性（合理性之判斷例如是否有與客戶身分、收入或營業規模顯不相當、與客戶本身營業性質無關、不符合客戶商業模式、無合理經濟目的、無合理解釋、無合理用途、或資金來源不明或交代不清），並留存檢視紀錄。經認定非疑似洗錢或資恐交易者，應當記錄分析排除理由；如認為有疑似洗錢或資恐之交易，除應確認客戶身分並留存相關紀錄憑證外，應自銀行內部發現並確認為疑似洗錢或資恐交易之日起二個營業日內向法務部調查局辦理申報。……」

26 (A)。金融機構防制洗錢辦法第3條規定：「……九、金融機構完成確認客戶身分措施前，不得與該客戶建立業務關係或進行臨時性交易。但符合下列各目情形者，得先取得辨識客戶及實質受益人身分之資料，並於建立業務關係後，再完成驗證：(一)洗錢及資恐風險受到有效管理。

包括應針對客戶可能利用交易完成後才驗證身分之情形，採取風險管控措施。(二)為避免對客戶業務之正常運作造成干擾所必須。(三)會在合理可行之情形下儘速完成客戶及實質受益人之身分驗證。如未能在合理可行之時限內完成客戶及實質受益人之身分驗證，須終止該業務關係，並應事先告知客戶。……」

27 (C)。拒絕提供公司章程或股東名冊，屬於內部控制查核事項的重大缺失。

28 (B)。可以快速且大量匯款是先進的電子支付系統對防制洗錢之壞處，其會增加洗錢審查的可能性。

29 (D)。金融機構避免客戶以假冒身分開立帳戶的方法有：
(1)請客戶提供身分證明文件。
(2)取得客戶影像檔留存備供事後驗證用。
(3)確認客戶身分並加以驗證。

30 (B)。客戶以大量假美鈔通過銀行員肉眼與機器檢查，將款項匯往他國，有關主管機關之規定：
(1)銀行發現大量假美鈔來行辦理結匯，應立刻通報當地調查局。
(2)本案有關之監視錄影系統應妥善保留至結案為止。
(3)銀行應檢視驗鈔機辨識功能。

31 (B)。甲以投資名義進行詐騙，利用本人在金融機構開設之帳戶收受詐騙款項，甲之行為並非洗錢行為，金融機構員工對於甲開立之帳戶存款變化需有所警覺。

32 (D)。銀行從業人員實務上需要對該

交易進行查證情形：
(1)客戶臨櫃從OBU二戶公司帳上轉匯至國內營業單位個人帳戶，再迅速全數提領現金。
(2)B公司員工持A公司開立支票前往銀行提現，該張支票之受款人、平行線與禁止背書轉讓均被塗銷。
(3)公司名下之基金及定存被其負責人拿來解約，全數匯入負責人在其他銀行之帳戶。

33 (A)。重要政治性職務人士卸任後仍需受規範。

34 (D)。銀行防制洗錢及打擊資恐注意事項範本第7條規定：「銀行確認客戶身分作業應自行辦理，如法令或金管會另有規定銀行得依賴第三方執行辨識及驗證客戶本人身分、代理人身分、實質受益人身分或業務關係之目的及性質時，該依賴第三方之銀行仍應負確認客戶身分之最終責任，並應符合下列規定：……。」

35 (B)。法務部於民國106年6月26日發布「重要政治性職務之人與其家庭成員及有密切關係之人範圍認定標準」。

36 (B)。當客戶為法人時，判斷「最終具控制權之自然人」的三個階段中，直接、間接持股超過股份或資本25%之自然人為第一階段工作。

37 (C)。金融機構之加強客戶審查程序（Enhanced due diligence）係針對高風險類型客戶。

38 (B)。有關重要政治性職務人士指引：

(1)其政治性職務人士定義範圍與聯合國反貪腐協議相同。
(2)指引文件不具約束力。
(3)金融機構之內部控制包括員工訓練。
(4)商業資料庫軟體不取代傳統客戶審查流程。

39 (D)。小明銀行為信託專戶之受託人，且具有帳戶實質控制權為金融機構防制洗錢辦法第3條第7款第3目

規定，得豁免辨識實質受益人。

40 (A)。依銀行業防制洗錢及打擊資恐注意事項規定，銀行業內部稽核單位應依規定辦理查核，並提具查核意見之事項有：
(1)洗錢及資恐風險評估計畫是否符合法規要求並落實執行。
(2)防制洗錢及打擊資恐計畫是否符合法規要求並落實執行。

↘ 複選題

(　) **1** 依銀行業防制洗錢及打擊資恐注意事項規定，銀行業內部稽核單位應依規定辦理查核，並提具查核意見之事項，下列敘述何者正確？ (A)洗錢及資恐風險評估計畫是否符合法規要求並落實執行　(B)防制洗錢及打擊資恐計畫是否符合法規要求並落實執行　(C)評估防制洗錢計畫是否允當　(D)洗錢及資恐風險評估計畫之有效性。

(　) **2** 依銀行業防制洗錢及打擊資恐注意事項範本規定，有關銀行業防制洗錢專責主管及人員之訓練，下列敘述何者正確？ (A)每二年應至少參加主管機關認定機構或所屬金融控股公司（含子公司）或銀行業（含母公司）自行舉辦十二小時之教育訓練　(B)訓練內容至少包括新修正法令、洗錢及資恐風險趨勢及態樣　(C)當年度取得主管機關認定機構舉辦之國內或國際防制洗錢及打擊資恐專業人員證照者，得抵免當年度之訓練時數　(D)每年應至少參加主管機關認定機構或所屬金融控股公司（含子公司）或銀行業（含母公司）自行舉辦二十四小時之教育訓練。

(　) **3** 依「銀行評估洗錢及資恐風險及訂定相關防制計畫指引」規定，銀行建立定期且全面性之洗錢及資恐風險評估作業，應依據下列哪些指標？ (A)個別客戶背景、職業　(B)目標市場　(C)銀行交易數量與規模　(D)個人客戶之任職機構。

【107年第一次防制洗錢與打擊資恐測驗】

（　　）**4** 依金融機構防制洗錢辦法第6條規定，對於高風險情形，應加強確認客戶身分或持續審查措施，至少應額外採取下列何者強化措施？ (A)提昇批准授權　(B)採取強化之持續監督　(C)瞭解客戶財富及資金來源　(D)國內營業單位專責主管核准即可。

【107年第一次防制洗錢與打擊資恐測驗】

（　　）**5** 關於金融機構及指定之非金融事業或人員應進行確認客戶身分程序，下列何者錯誤？　(A)為便利事後查核，應留存確認客戶身分程序所得資料　(B)為免執行上成本過高，應於大額通貨交易時始進行客戶確認程序　(C)為確保客戶個資隱匿，確認客戶身分程序所得資料，應立即銷毀　(D)遇現任或曾任國內外政府重要政治性職務之客戶，應執行加強客戶審查程序。

【107年第一次防制洗錢與打擊資恐測驗】

（　　）**6** 有關重要政治性職務之人與其家庭成員及有密切關係之人範圍認定標準，判斷是不是「重要政治性職務之人」的重點還是在客戶盡職調查程序，包含下列哪些項目？　(A)確保客戶資訊更新　(B)員工接受定期訓練　(C)網路及電子媒體資源之使用　(D)完全仰賴使用第三方資源。　【107年第一次防制洗錢與打擊資恐測驗】

（　　）**7** 若欲了解甲公司之實質受益人時，甲公司有三個股東：自然人A（50%）、乙公司（49.8%）、自然人P（0.2%），而乙公司有三個股東：自然人B（佔乙公司34%）、自然人C（佔乙公司33%）、自然人D（佔乙公司33%），但自然人P為自然人BCD的法定代理人。請問下列哪些人為實質受益人？　(A)自然人A　(B)自然人B　(C)自然人P　(D)自然人C、自然人D。

【107年第一次防制洗錢與打擊資恐測驗】

（　　）**8** 存款帳戶如經認定為疑似不法或顯屬異常交易者，銀行應採取之處理措施，下列敘述何者正確？　(A)應於銀行內部資訊系統中加以註記，提醒各分支機構加強防範　(B)存款帳戶經通報為警示帳戶者，應即暫停該帳戶使用提款卡、語音轉帳、網路轉帳及其他電子支付功能，匯入款項逐以退匯方式退回匯款行　(C)存款帳戶屬衍生管制帳戶者，應即通知財團法人金融聯合徵信中心，並暫停該帳戶

全部交易功能，匯入款項逕以退匯方式退回匯款行 (D)存款帳戶如屬偽冒開戶者，應即通知司法警察機關、法務部調查局洗錢防制處及財團法人金融聯合徵信中心，銀行並應即結清該帳戶，其剩餘款項則俟依法可領取者申請給付時處理。

【107年第一次防制洗錢與打擊資恐測驗】

( ) **9** 有關金融機構風險基礎方法，下列敘述何者正確？ (A)內部風險考量所訂高階管理人員之層級 (B)帳戶及交易監控政策與程序 (C)確認客戶身分措施之執行強度 (D)持續審查機制之執行強度。

【107年第一次防制洗錢與打擊資恐測驗】

( ) **10** 甲公司為一從事進口不同廠牌國外高級二手汽車，再銷售給國內消費者之公司，在銀行開立一個帳戶。請問下列哪些行為為疑似洗錢或資恐交易之態樣？ (A)甲公司向銀行申請辦理外匯避險交易 (B)國內消費者將購車款項匯入甲公司帳戶 (C)甲公司定期匯款固定金額之美元至落後國家，而無合理理由 (D)甲公司帳戶常收到國外達特定金額以上之美元匯入款，而無合理理由。

【107年第一次防制洗錢與打擊資恐測驗】

( ) **11** 客戶或具控制權者如為下列何種對象，得無需適用辨識實質受益人之查核？ (A)員工持股信託客戶 (B)未公開發行之公司 (C)金融機構辦理之財產保險 (D)我國公開發行公司之子公司。

【107年第一次防制洗錢與打擊資恐測驗】

解答與解析 答案標示為#者，表官方曾公告更正該題答案。

1 (AB)。
依銀行業防制洗錢及打擊資恐注意事項範本規定，銀行業內部稽核單位應依規定辦理查核，並提具查核意見之事項有：
(1)洗錢及資恐風險評估計畫是否符合法規要求並落實執行
(2)防制洗錢及打擊資恐計畫是否符合法規要求並落實執行。

2 (BC)。
(1)銀行業之防制洗錢及打擊資恐專責主管、專責單位人員及國內營業單位督導主管，每年應至少參加主管機關認定機構所舉辦或所屬金融控股公司（含子公司）或銀行業（含母公司）自行舉辦十二小時之教育訓練，訓練內容應至少包括新修正法令、洗錢及

資恐風險趨勢及態樣。

(2)當年度取得主管機關認定機構舉辦之國內或國際防制洗錢及打擊資恐專業人員證照者，得抵免當年度之訓練時數。

3 (BC)。

銀行評估洗錢及資恐風險及訂定相關防制計畫指引第8點規定：「……銀行應依據下列指標，建立定期且全面性之洗錢及資恐風險評估作業：(一)業務之性質、規模、多元性及複雜度。(二)目標市場。(三)銀行交易數量與規模：考量銀行一般交易活動與其客戶之特性等。(四)高風險相關之管理數據與報告：如高風險客戶之數目與比例；高風險產品、服務或交易之金額、數量或比例；客戶之國籍、註冊地或營業地、或交易涉及高風險地域之金額或比例等。(五)業務與產品，包含提供業務與產品予客戶之管道及方式、執行客戶審查措施之方式，如資訊系統使用的程度以及是否委託第三人執行審查等。(六)內部稽核與監理機關之檢查結果。」

4 (ABC)。

金融機構防制洗錢辦法第6條規定：「第三條第四款與前條規定之確認客戶身分措施及持續審查機制，應以風險基礎方法決定其執行強度，包括：一、對於高風險情形，應加強確認客戶身分或持續審查措施，其中至少應額外採取下列強化措施：(一)在建立或新增業務往來關係前，應取得高階管理人員同意。(二)應採取合理措施以瞭解客戶財富及資金來源。其中資金來源係指產生該資金之實質來源。(三)對於業務往

來關係應採取強化之持續監督。二、對於來自洗錢或資恐高風險國家或地區之客戶，應採行與其風險相當之強化措施。三、對於較低風險情形，得採取簡化措施，該簡化措施應與其較低風險因素相當。但有下列情形者，不得採取簡化確認客戶身分措施：(一)客戶來自未採取有效防制洗錢或打擊資恐之高風險地區或國家，包括但不限於本會函轉國際防制洗錢組織所公告防制洗錢與打擊資恐有嚴重缺失之國家或地區，及其他未遵循或未充分遵循國際防制洗錢組織建議之國家或地區。(二)足資懷疑該客戶或交易涉及洗錢或資恐。……」

5 (BC)。

關於金融機構及指定之非金融事業或人員應進行確認客戶身分程序：

(1)為便利事後查核，應留存確認客戶身分程序所得資料。

(2)只要是可疑交易就必須進行客戶確認程序。

(3)確認客戶身分程序所得資料，應保存至少5年。

(4)遇現任或曾任國內外政府重要政治性職務之客戶，應執行加強客戶審查程序。

6 (ABC)。

有關重要政治性職務之人與其家庭成員及有密切關係之人範圍認定標準，判斷是不是「重要政治性職務之人」的重點還是在客戶盡職調查程序，包含：

(1)確保客戶資訊更新。

(2)員工接受定期訓練。

(3)網路及電子媒體資源之使用。

7 (AC)。

所謂「實質受益人」是指對該法人、團體「具最終控制權的自然人」。依據國際標準，金融機構應依下列順序確認客戶的實質受益人：

(1) 持有法人股份或資本超過百分之二十五之自然人。

(2) 若依(1)未發現具控制權之自然人，應瞭解有無透過其他方式對客戶行使控制權之自然人。

(3) 上述(1)及(2)均未發現具控制權之自然人，應確認擔任高階管理職位（如董事或總經理或其他具相當或類似職務之人）之自然人身分。

8 (AD)。

存款帳戶如經認定為疑似不法或顯屬異常交易者，銀行應採取之處理措施有：

(1) 應於銀行內部資訊系統中加以註記，提醒各分支機構加強防範。

(2) 存款帳戶如屬偽冒開戶者，應即通知司法警察機關、法務部調查局洗錢防制處及財團法人金融聯合徵信中心，銀行並應即結清該帳戶，其剩餘款項則俟依法可領取者申請給付時處理。

9 (ABCD)。

金融機構風險基礎方法：

(1) 內部風險考量所訂高階管理人員之層級。

(2) 帳戶及交易監控政策與程序。

(3) 確認客戶身分措施之執行強度。

(4) 持續審查機制之執行強度。

10 (CD)。

經常收付款項卻無合理理由者為疑似洗錢或資恐交易。

11 (ACD)。

客戶或具控制權者如為員工持股信託客戶、金融機構辦理之財產保險、我國公開發行公司之子公司，得無需適用辨識實質受益人之查核。

第五章 我國證券、期貨暨投信顧業防制洗錢及打擊資恐政策法令與執行重點

本章重點依據命題重要度區分，最高為✔✔✔，最低為✔

重點一 中華民國證券商業同業公會證券商防制洗錢及打擊資恐注意事項範本 ✔

公布日期：民國108年12月19日

壹、 本注意事項範本依「洗錢防制法」、「資恐防制法」、「金融機構防制洗錢辦法」、「證券期貨業及其他經金融監督管理委員會指定之金融機構防制洗錢及打擊資恐內部控制與稽核制度實施辦法」及「金融機構對經指定制裁對象之財物或財產上利益及所在地通報辦法」之規定訂定之。

貳、 證券商辦理確認客戶身分措施：

一、有以下情形之一者，應予以婉拒建立業務關係或交易：

(一)疑似使用匿名、假名、人頭、虛設行號或虛設法人團體。

(二)客戶拒絕提供審核客戶身分措施相關文件，但經可靠、獨立之來源確實查證身分屬實者不在此限。

(三)對於由代理人之情形，且查證代理之事實及身分資料有困難。

(四)持用偽、變造身分證明文件。

(五)出示之身分證明文件均為影本。但依規定得以身分證明文件影本或影像檔，輔以其他管控措施辦理之業務，不在此限。

(六)提供文件資料可疑、模糊不清，不願提供其他佐證資料或提供之文件資料無法進行查證。

(七)客戶不尋常拖延應補充之身分證明文件。

(八)建立業務關係之對象為資恐防制法指定制裁之個人、法人或團體，以及外國政府或國際組織認定或追查之恐怖分子或團體。但依資恐防制法第六條第一項第一款至第三款所為支付不在此限。

(九)建立業務關係或交易時，有其他異常情形，客戶無法提出合理說明。

二、確認客戶身分時機：
　　(一)與客戶建立業務關係時。
　　(二)辦理新臺幣五十萬元（含等值外幣）以上之現金交易（如以現金給付之交割價款、單筆申購並以臨櫃交付現金方式交易等）時。
　　(三)發現疑似洗錢或資恐交易時。
　　(四)對於過去所取得客戶身分資料之真實性或妥適性有所懷疑時。
三、確認客戶身分應採取下列方式辦理：
　　(一)以可靠、獨立來源之文件、資料或資訊，辨識及驗證客戶身分，並保存該身分證明文件影本或予以記錄。
　　(二)對於由代理人建立業務關係或交易者，應確實查證代理之事實，並依前目方式辨識及驗證代理人身分，並保存該身分證明文件影本或予以記錄。
　　(三)辨識客戶實質受益人，並以合理措施驗證其身分，包括使用可靠來源之資料或資訊。
　　(四)確認客戶身分措施，應包括瞭解業務關係之目的與性質，並視情形取得相關資訊。
四、前款規定於客戶為個人時，至少取得下列資訊，以辨識其身分：
　　(一)姓名。
　　(二)出生日期。
　　(三)戶籍或居住地址。
　　(四)官方身分證明文件號碼。
　　(五)國籍。
　　(六)外國人士居留或交易目的（如觀光、工作等）。
五、針對依據證券商客戶洗錢及資恐風險評估相關規範辨識為高風險或具特定高風險因子之個人客戶，於建立業務關係時應至少取得下列任一資訊：
　　(一)曾使用之姓名或別名：曾使用之姓名如結婚前使用之姓名、更名前使用之姓名。
　　(二)任職地址、郵政信箱地址、電子郵件地址（如有）。
　　(三)電話或手機號碼。
六、第三款規定於客戶為法人、團體或信託之受託人時，應瞭解客戶或信託（包括類似信託之法律協議）之業務性質，並至少取得客戶或信託之下列資訊，辨識及驗證客戶身分：

(一)客戶或信託之名稱、法律形式及存在證明。

(二)規範及約束法人、團體或信託之章程或類似之權力文件。
　　但下列情形得不適用：
　　1. 第七款第三目所列對象，其無第肆點第三款但書情形者。
　　2. 團體客戶經確認其未訂定章程或類似之權力文件者。

(三)在法人、團體或信託之受託人中擔任高階管理人員（高階管理
　　人員之範圍得包括董事、監事、理事、總經理、財務長、代表
　　人、管理人、合夥人、有權簽章人，或相當於前述高階管理人
　　員之自然人，證券商應運用風險基礎方法決定其範圍）之姓名
　　及其他必要資訊。

(四)官方辨識編號：如統一編號、稅籍編號、註冊號碼。

(五)法人、團體或信託之受託人註冊登記之辦公室地址，及其主要
　　之營業處所地址。

(六)境外法人、團體或信託之受託人往來目的。

七、第三款第三目規定於客戶為法人、團體或信託之受託人時，應瞭解
　　客戶或信託之所有權及控制權結構，並透過下列資訊，辨識客戶之
　　實質受益人，及採取合理措施驗證：

(一)客戶為法人或團體時：
　　1. 具控制權之最終自然人身分（如姓名、出生日期、國籍及身分
　　　證明文件號碼等）。所稱具控制權係指直接、間接持有該法人
　　　股份或資本超過百分之二十五者，證券商得請客戶提供股東名
　　　冊或其他文件協助完成辨識。
　　2. 依前小目規定未發現具控制權之自然人，或對具控制權自然人
　　　是否為實質受益人有所懷疑時，應辨識有無透過其他方式對客
　　　戶行使控制權之自然人。必要時得取得客戶出具之聲明書確認
　　　實質受益人之身分。
　　3. 如依前二小目規定均未發現具控制權之自然人時，證券商應辨
　　　識高階管理人員之身分。

(二)客戶為信託之受託人時：應確認委託人、受託人、信託監察
　　人、信託受益人及其他可有效控制該信託帳戶之人，或與上述
　　人員具相當或類似職務者之身分。

(三)客戶或具控制權者為下列身分者，除有第肆點第三款但書情形
　　或已發行無記名股票情形者外，不適用第三款第三目辨識及驗
　　證實質受益人身分之規定：

1. 我國政府機關。
2. 我國公營事業機構。
3. 外國政府機關。
4. 我國公開發行公司或其子公司。
5. 於國外掛牌並依掛牌所在地規定，應揭露其主要股東之股票上市、上櫃公司及其子公司。
6. 受我國監理之金融機構及其管理之投資工具。
7. 設立於我國境外，且所受監理規範與防制洗錢金融行動工作組織（FATF）所定防制洗錢及打擊資恐標準一致之金融機構，及該金融機構管理之投資工具。證券商對前開金融機構及投資工具需留存相關文件證明（如公開資訊查核紀錄、該金融機構防制洗錢作業規章、負面資訊查詢紀錄、金融機構聲明書等）。
8. 我國政府機關管理之基金。
9. 員工持股信託、員工福利儲蓄信託。

(四)有以下情形得依契約約定為下列之處理：
1. 對於有第一款第八目情形，證券商得拒絕業務往來或逕行終止業務關係。
2. 對於不配合審視、拒絕提供實質受益人或對客戶行使控制權之人等資訊、對交易之性質與目的或資金來源不願配合說明等客戶，證券商得暫時停止交易，或暫時停止或終止業務關係。

八、與證券商建立業務關係之客戶，驗證客戶及其代理人與實質受益人身分之方式：
(一)以文件驗證：
1. 個人：
  (1)驗證身分或生日：取得附有照片且未過期之官方身分證明文件，如身分證、護照、居留證、駕照等。如對上述文件效期有疑義，應取得大使館或公證人之認證或聲明。另實質受益人前述資料得不要求正本進行驗證，或依據證券商內部所定作業程序，請法人、團體及其代表人聲明實質受益人資料，但該聲明資料應有部分項目得以公司登記證明文件、公司年報等其他可信文件或資料來源進行驗證。
  (2)驗證地址：取得客戶所屬帳單、對帳單、或官方核發之文件等。

　　　　2. 法人、團體或信託之受託人：取得公司設立登記文件（Certified Articlesof Incorporation）、政府核發之營業執照、合夥協議（Partnership Agreement）、信託文件（Trust Instrument）、存續證明（Certificationof Incumbency）等。如信託之受託人為洗錢防制法第五條第一項列示之金融機構所管理之信託，其信託文件得由該金融機構出具之書面替代之，惟該金融機構所在之國家或地區有第肆點第三款但書者不適用。

　　(二)有必要時，可另行以非文件資訊驗證，例如：

　　　　1. 在帳戶開立後，以電話或函件聯繫客戶。

　　　　2. 由其他金融機構提供之資訊。

　　　　3. 交叉比對客戶提供之資訊與其他可信賴之公開資訊、付費資料庫等。

九、依據證券商洗錢及資恐風險評估相關規範辨識為高風險或具特定高風險因子之客戶，應以加強方式執行驗證，例如：

　　(一)取得寄往客戶所提供住址之客戶本人／法人或團體之有權人簽署回函或辦理電話訪查。

　　(二)取得個人財富及資金來源資訊之佐證資料。

　　(三)取得法人、團體或信託受託人資金來源及去向之佐證資料，如主要供應商名單、主要客戶名單等。

　　(四)實地訪查。

　　(五)取得過去證券商往來資訊並照會該證券商。

十、證券商完成確認客戶身分措施前，不得與該客戶建立業務關係或進行臨時性交易。但符合下列各目情形者，得先取得辨識客戶及實質受益人身分之資料，並於建立業務關係後，再完成驗證：

　　(一)洗錢及資恐風險受到有效管理。包括應針對客戶可能利用交易完成後才驗證身分之情形，採取風險管控措施。

　　(二)為避免對客戶業務之正常運作造成干擾所必須。

　　(三)會在合理可行之情形下儘速完成客戶及實質受益人之身分驗證。如未能在合理可行之時限內完成客戶及實質受益人之身分驗證，須終止該業務關係，並應事先告知客戶。

十一、證券商如允許客戶未完成身分驗證前建立業務關係，則應採取相關的風險管控措施，包括：

　　(一)訂定客戶身分驗證完成期限。

　　(二)於客戶身分驗證完成前，營業單位督導主管應定期檢視與該客戶之往來關係，並定期向高階主管報告客戶身分驗證處理進度。

　　(三)於客戶身分驗證完成前，限制該客戶之交易次數與交易類型。

　　(四)前款第三目「合理可行之時限」證券商應以風險基礎方法依不同風險等級訂定。釋例如下：

　　　1. 應在建立業務關係後，不遲於30個工作天內完成客戶身分驗證程序。

　　　2. 倘在建立業務關係30個工作天後，仍未能完成客戶身分驗證程序，則證券商應暫時中止與客戶的業務關係，及避免進行進一步的交易。

　　　3. 倘在建立業務關係120天後，仍未能完成客戶身分驗證程序，則證券商應終止與客戶之業務關係。

十二、客戶為法人時，應以檢視公司章程或請客戶出具聲明書或其他方式，瞭解其是否可發行無記名股票，並對已發行無記名股票之客戶採取下列措施之一以確保其實質受益人之更新：

　　(一)請客戶要求具控制權之無記名股票股東，應通知客戶登記身分，並請客戶於具控制權股東身分發生變動時通知證券商。

　　(二)請客戶於每次股東會後，應向證券商更新其實質受益人資訊，並提供持有無記名股票達一定比率以上股東之資料。

　　　但客戶因其他原因獲悉具控制權股東身分發生變動時，應即通知證券商。

十三、證券商於確認客戶身分時，應利用運用適當之風險管理機制確認客戶及其實質受益人、高階管理人員是否為現任或曾任國內外政府或國際組織之重要政治性職務人士：

　　(一)客戶或其實質受益人若為現任國外政府之重要政治性職務人士，應將該客戶直接視為高風險客戶，並採取第肆點第一項第一款各目之強化確認客戶身分措施。

　　(二)客戶或其實質受益人若為現任國內政府或國際組織之重要政治性職務人士，應於與該客戶建立業務關係時，審視其風險，嗣後並應每年重新審視。對於經證券商認定屬高風險業務關係者，應對該客戶採取第肆點第一項第一款各目之強化確認客戶身分措施。

(三)客戶之高階管理人員若為現任國內外政府或國際組織之重要政治性職務人士，證券商應考量該高階管理人員對該客戶之影響力，決定是否對該客戶採取第肆點第一項第一款各目之強化確認客戶身分措施。

(四)對於非現任國內外政府或國際組織之重要政治性職務人士，證券商應考量相關風險因子後評估其影響力，依風險基礎方法認定其是否應適用前三目之規定。

(五)前四目規定於重要政治性職務人士之家庭成員及有密切關係之人，亦適用之。前述家庭成員及有密切關係之人之範圍，依洗錢防制法第七條第四項後段所定辦法之規定認定之。

(六)第七款第三目第一小目至第三小目及第八小目所列對象，其實質受益人或高階管理人員為重要政治性職務人士時，不適用本款第一目至第五目之規定。

十四、確認客戶身分其他應遵循之事項：

(一)證券商在與客戶建立業務關係或與臨時性客戶進行金融交易超過一定金額或懷疑客戶資料不足以確認身分時，應從政府核發或其他辨認文件確認客戶身分並加以記錄。

(二)應對委託帳戶、由專業中間人代為處理交易，要特別加強確認客戶身分之作為。

(三)應加強審查私人理財金融業務客戶。

(四)應加強審查被其他證券商拒絕金融業務往來之客戶。

(五)對於非「面對面」之客戶，應該施以具相同效果之確認客戶程序，且必須有特別和足夠之措施，以降低風險。

(六)以網路方式建立業務關係者，應依主管機關所訂並經主管機關備查之相關作業範本辦理。

(七)對採委託授權建立業務關係或建立業務關係後始發現有存疑之客戶應以電話、書面或實地查訪等方式確認。

(八)採函件方式建立業務關係者，應於建立業務關係手續辦妥後以掛號函復，以便證實。

(九)在不違反相關法令情形下，證券商如果得知或必須假定客戶往來資金來源自貪瀆或濫用公共資產時，應不予接受或斷絕業務往來關係。

(十)證券商對於無法完成確認客戶身分相關規定程序者，應考量申報與該客戶有關之疑似洗錢或資恐交易。

(十一)證券商懷疑某客戶或交易可能涉及洗錢或資恐，且合理相信執行確認客戶身分程序可能對客戶洩露訊息時，得不執行該等程序，而改以申報疑似洗錢或資恐交易。

(十二)其他建立業務關係應注意事項悉依證券商內部作業規定辦理。

十五、對於有第一款第八目所述建立業務關係或交易對象情形，證券商應依洗錢防制法第十條申報疑似洗錢或資恐交易，如該對象為資恐防制法指定制裁之個人、法人或團體，證券商並應於知悉之日起不得有資恐防制法第七條第一項行為，及依資恐防制法規定辦理通報（格式請至法務部調查局網站下載）。證券商若於前述對象受制裁指定前已有資恐防制法第六條第一項第二款及第三款情事，則應依資恐防制法向法務部申請許可。

參、證券商確認客戶身分措施，應包括對客戶身分之持續審查，並依下列規定辦理：

一、應依重要性及風險程度，對現有客戶身分資料進行審查，並於考量前次執行審查之時點及所獲得資料之適足性後，在適當時機對已存在之往來關係進行審查。上開適當時機至少應包括：

(一)客戶加開帳戶或新增業務往來關係時。

(二)依據客戶之重要性及風險程度所定之定期審查時點。

(三)得知客戶身分與背景資訊有重大變動時。

二、應對客戶業務關係中之交易進行詳細審視，以確保所進行之交易與客戶及其業務、風險相符，必要時並應瞭解其資金來源。

三、應定期檢視其辨識客戶及實質受益人身分所取得之資訊是否足夠，並確保該等資訊之更新，特別是高風險客戶，證券商應至少每年檢視一次，除前述客戶外，應依風險基礎方法決定檢視頻率。

四、對客戶身分辨識與驗證程序，得以過去執行與保存資料為依據，無須於客戶每次從事交易時，一再辨識及驗證客戶之身分。但證券商對客戶資訊之真實性或妥適性有所懷疑、發現客戶涉及疑似洗錢或資恐交易、或客戶之交易或帳戶之運作方式出現與該客戶業務特性不符之重大變動時，應依第貳點對客戶身分再次確認。

肆、　確認客戶身分措施及持續審查機制，應以風險基礎方法決定其執行強度，包括：

一、　對於高風險情形，應加強確認客戶身分或持續審查措施，其中至少應額外採取下列強化措施：

(一)在建立或新增業務往來關係前，證券商應取得依內部風險考量，所訂核准層級之高階管理人員同意。

(二)應採取合理措施以瞭解客戶財富及資金來源。其中資金來源係指產生該資金之實質來源（例如薪資、投資收益、買賣不動產等）

(三)對於業務往來關係應採取強化之持續監督。

二、　對於來自洗錢或資恐高風險國家或地區之客戶，應採行與其風險相當之強化措施。

三、　對於較低風險情形，得採取簡化措施，該簡化措施應與其較低風險因素相當。但有下列情形者，不得採取簡化確認客戶身分措施：

(一)客戶來自未採取有效防制洗錢或打擊資恐之高風險地區或國家，包括但不限於主管機關函轉國際防制洗錢組織所公告防制洗錢與打擊資恐有嚴重缺失之國家或地區，及其他未遵循或未充分遵循國際防制洗錢組織建議之國家或地區。

(二)足資懷疑該客戶或交易涉及洗錢或資恐。

證券商得採行之簡化確認客戶身分措施如下：

一、　降低客戶身分資訊更新之頻率。

二、　降低持續性監控之等級，並以合理的金額門檻作為審查交易之基礎。

三、　從交易類型或已建立業務往來關係可推斷其目的及性質者，得無須再蒐集特定資訊或執行特別措施以瞭解業務往來關係之目的及其性質。

伍、　證券商確認客戶身分作業應自行辦理，如法令或主管機關另有規定證券商得依賴第三方執行辨識及驗證客戶本人身分、代理人身分、實質受益人身分或業務關係之目的及性質時，該依賴第三方之證券商仍應負確認客戶身分之最終責任，並應符合下列規定：

一、　應能立即取得確認客戶身分所需資訊。

二、　應採取符合證券商本身需求之措施，確保所依賴之第三方將依證券商之要求，毫不延遲提供確認客戶身分所需之客戶身分資料或其他相關文件影本。

三、　確認所依賴之第三方受到規範、監督或監控，並有適當措施遵循確認客戶身分及紀錄保存之相關規範。

四、確認所依賴之第三方之所在地，其防制洗錢及打擊資恐規範與防制洗錢金融行動工作組織所定之標準一致。

陸、證券商對客戶及交易有關對象之姓名及名稱檢核機制，應依下列規定辦理：

一、應依據風險基礎方法，建立客戶及交易有關對象之姓名及名稱檢核政策及程序，以偵測、比對、篩檢客戶、客戶之高階管理人員、實質受益人或交易有關對象是否為資恐防制法指定制裁之個人、法人或團體，以及外國政府或國際組織認定或追查之恐怖分子或團體。如是，應依第貳點第十五款辦理。

二、客戶及交易有關對象之姓名及名稱檢核政策及程序，至少應包括比對與篩檢邏輯、檢核作業之執行程序，以及檢視標準，並將其書面化。

三、執行姓名及名稱檢核情形應予記錄，並依第拾點之期限進行保存。

四、本檢核機制應予測試，測試面向包括：

(一)制裁名單及門檻設定是否基於風險基礎方法。

(二)輸入資料與對應之系統欄位正確及完整。

(三)比對與篩檢邏輯。

(四)模型驗證。

(五)資料輸出正確及完整。

五、依據測試結果確認是否仍能妥適反映風險並適時修訂之。

柒、證券商對帳戶及交易之持續監控，應依下列規定辦理：

一、證券商應逐步以資訊系統整合全公司客戶之基本資料及交易資料，供總（分）公司進行基於防制洗錢及打擊資恐目的之查詢，以強化其帳戶及交易監控能力。對於各單位調取及查詢客戶之資料，應建立內部控制程序，並注意資料之保密性。

二、應依據以風險基礎方法，建立帳戶及交易監控政策與程序，並利用資訊系統，輔助發現疑似洗錢或資恐交易。

三、依據防制洗錢與打擊資恐法令規範、其客戶性質、業務規模及複雜度、內部與外部來源取得之洗錢與資恐相關趨勢與資訊、證券商內部風險評估結果等，檢討其帳戶及交易監控政策及程序，並定期更新之。

四、帳戶及交易監控政策及程序，至少應包括完整之監控型態、參數設定、金額門檻、預警案件與監控作業之執行程序與監控案件之檢視程序及申報標準，並將其書面化。

五、前款機制應予測試,測試面向包括:

　(一)內部控制流程:檢視帳戶及交易監控機制之相關人員或單位之角色與責任。

　(二)輸入資料與對應之系統欄位正確及完整。

　(三)偵測情境邏輯。

　(四)模型驗證。

　(五)資料輸出。

六、證券商發現或有合理理由懷疑客戶、客戶之資金、資產或其欲／已進行之交易與洗錢或資恐等有關者,不論金額或價值大小或交易完成與否,均應對客戶身分進一步審查。

七、附錄所列為可能產生之疑似洗錢或資恐交易態樣,惟並非詳盡無遺,證券商應依本身資產規模、地域分布、業務特點、客群性質及交易特徵,並參照證券商內部之洗錢及資恐風險評估或日常交易資訊等,選擇或自行發展契合證券商本身之態樣,以辨識出可能為洗錢或資恐之警示交易。

八、前款辨識出之警示交易應就客戶個案情況判斷其合理性(合理性之判斷例如是否有與客戶身分、收入或營業規模顯不相當、與客戶本身營業性質無關、不符合客戶商業模式、無合理經濟目的、無合理解釋、無合理用途、或資金來源不明或交代不清),儘速完成是否為疑似洗錢或資恐交易之檢視,並留存檢視紀錄。經檢視非疑似洗錢或資恐交易者,應當記錄分析排除理由;如經檢視屬疑似洗錢或資恐交易者,不論交易金額多寡,均應依法務部調查局所定之申報格式簽報,並於專責主管核定後立即向法務部調查局申報,核定後之申報期限不得逾二個營業日。交易未完成者,亦同。

九、證券商就附錄各項疑似洗錢或資恐交易態樣,應以風險基礎方式辨別須建立相關資訊系統輔助監控者,未列入系統輔助者,證券商亦應以其他方式協助員工於客戶交易時判斷其是否為疑似洗錢或資恐交易;系統輔助並不能完全取代員工判斷,證券商仍應強化員工之訓練,使員工有能力識別出疑似洗錢或資恐交易。

十、證券商執行帳戶及交易持續監控之情形應予記錄,並依第拾點之期限進行保存。

捌、 疑似洗錢或資恐交易申報：
一、各單位承辦人員發現異常交易，應立即陳報督導主管。
二、督導主管應盡速裁決是否確屬應行申報事項。如裁定應行申報，應立即交由原承辦人員填寫申報書（格式請至法務部調查局網站下載）。
三、申報書經單位主管核定並轉送專責主管核定後，立即向法務部調查局申報，核定後之申報期限不得逾二個營業日；並應於每會計年度終了後15日內，將上一年度所申報疑似洗錢或資恐交易態樣項目及其件數，函報目的事業主管機關備查，並副知臺灣證券交易所股份有限公司及中華民國證券商業同業公會。
四、對屬明顯重大緊急之疑似洗錢或資恐交易案件之申報，應立即以傳真或其他可行方式盡速向法務部調查局申報，並立即補辦書面資料。但經法務部調查局以傳真資料確認回條（格式請至法務部調查局網站下載）確認收件者，無需補辦申報書。證券商並應留存傳真資料確認回條。
資料保密：
一、各級人員應注意保密，防止申報之資料及消息洩漏。證券商並應提供員工如何避免資訊洩露之訓練或教材，避免員工與客戶應對或辦理日常作業時，發生資訊洩露情形。
二、申報事項有關文書均應以機密文件處理，如有洩密案件應依有關規定處理。
三、防制洗錢及打擊資恐人員、法令遵循人員或稽核人員為執行職務需要，應得及時取得客戶資料與交易紀錄，惟仍應注意資料之保密。

玖、 證券商依資恐防制法第七條對經指定制裁對象之財物或財產上利益及所在地之通報，應依下列規定辦理：
一、於知悉後即依法務部調查局所定之通報格式及方式，由總機構主管單位簽報專責主管核定，並向法務部調查局通報，核定後之通報期限不得逾二個營業日。
二、有明顯重大緊急之情事者，應立即以傳真或其他可行方式盡速辦理通報，並應依法務部調查局所定之通報格式（格式請至法務部調查局網站下載）及方式補辦通報。但經法務部調查局以所定格式傳真回覆確認，無需補辦通報。證券商並應留存法務部調查局之傳真回覆資料。

三、證券商以每年十二月三十一日為結算基準日，應依法務部調查局所定之格式（格式請至法務部調查局網站下載）編製年度報告，記載於結算基準日當日依資恐防制法第七條所管理或持有一切經指定制裁之個人、法人或團體之財物或財產上利益，並於次年三月三十一日前提報法務部調查局備查。

前項通報紀錄、交易憑證及年度報告，應以原本方式保存五年。

拾、　證券商對達一定金額以上之通貨交易，應依下列規定辦理：

一、一定金額以上之通貨交易係指新臺幣五十萬元（含等值外幣）以上之單筆現金收或付（在會計處理上，凡以現金收支傳票記帳者皆屬之）或換鈔交易。

二、證券商於辦理相關業務（例如債券交易、代辦或自辦融資融券信用交易或其他交易），如有發生一定金額以上之通貨交易時，應確認客戶身分並留存相關紀錄憑證。

三、確認客戶身分措施，應依下列規定辦理：

(一)憑客戶提供之身分證明文件或護照確認其身分，並將其姓名、出生年月日、住址、電話、交易帳戶號碼、交易金額及身分證明文件號碼等事項加以記錄。但如能確認客戶為交易帳戶本人者，可免確認身分，惟應於交易紀錄上敘明係本人交易。

(二)交易如係由代理人為之者，應憑代理人提供之身分證明文件或護照確認其身分，並將其姓名、出生年月日、住址、電話、交易帳戶號碼、交易金額及身分證明文件號碼等事項加以記錄。

(三)交易如係屬臨時性交易者，應依第貳點第三款確認客戶身分。

四、對一定金額以上之通貨交易，應於交易完成後五個營業日內以媒體申報方式（格式請至法務部調查局網站下載），向法務部調查局申報。無法以媒體方式申報而有正當理由者，得報經法務部調查局同意後，以書面（格式請至法務部調查局網站下載）申報之。

五、與政府機關、公營事業機構、行使公權力機構（於受委託範圍內）、公私立學校、公用事業及政府依法設立之基金，因法令規定或契約關係所生之達一定金額以上之通貨交易應收應付款項，得免向法務部調查局申報，但仍應確認客戶身分及留存相關紀錄憑證。證券商如發現上述交易有疑似洗錢或資恐交易之情形時，仍應依洗錢防制法第十條及資恐防制法第七條第三項規定辦理。

拾壹、證券商應以紙本或電子資料保存與客戶往來及交易之紀錄憑證，並依
　　　下列規定辦理：
　　　一、對國內外交易之所有必要紀錄，應至少保存五年。但法律另有較
　　　　　長保存期間規定者，從其規定。前述必要紀錄包括：
　　　　　(一)進行交易的各方姓名或帳號。
　　　　　(二)交易日期。
　　　　　(三)貨幣種類及金額。
　　　二、對達一定金額以上大額通貨交易，其確認紀錄及申報之相關紀錄
　　　　　憑證，以原本方式至少保存五年。確認客戶程序之記錄方法，由
　　　　　證券商依據全公司一致性做法之原則，選擇一種記錄方式。
　　　三、對疑似洗錢或資恐交易之申報，其申報之相關紀錄憑證，以原本
　　　　　方式至少保存五年。在依法進行調查中之案件，雖其相關交易紀
　　　　　錄憑證已屆保存年限，在其結案前，仍不得予以銷毀。
　　　四、下列資料應保存至與客戶業務關係結束後或臨時性交易結束後，
　　　　　至少五年。但法律另有較長保存期間規定者，從其規定：
　　　　　(一)確認客戶身分所取得之所有紀錄，如護照、身分證、駕照或
　　　　　　　類似之官方身分證明文件影本或紀錄。
　　　　　(二)帳戶檔案。
　　　　　(三)業務往來資訊，包括對複雜、異常交易進行詢問所取得之背
　　　　　　　景或目的資訊與分析資料。
　　　五、證券商保存之交易紀錄應足以重建個別交易，以備作為認定不法
　　　　　活動之證據。
　　　六、證券商對權責機關依適當授權要求提供交易紀錄及確認客戶身分
　　　　　等相關資訊時，應確保能夠迅速提供。

拾貳、證券商依「證券期貨業及其他經金融監督管理委員會指定之金融機構
　　　防制洗錢及打擊資恐內部控制與稽核制度實施辦法」第四條規定建立
　　　防制洗錢及打擊資恐之內部控制制度，應經董事會通過；修正時，亦
　　　同。其內容應包括下列事項：
　　　一、依據「證券商評估洗錢及資恐風險及訂定相關防制計畫指引」
　　　　　（附件），訂定對洗錢及資恐風險進行辨識、評估、管理之相關
　　　　　政策及程序。

二、依該指引與風險評估結果及業務規模，訂定防制洗錢及打擊資恐計畫，以管理及降低已辨識出之風險，並對其中之較高風險，採取強化控管措施。

三、監督控管防制洗錢及打擊資恐法令遵循與防制洗錢及打擊資恐計畫執行之標準作業程序，並納入自行查核及內部稽核項目，且於必要時予以強化。

前項第一款洗錢及資恐風險之辨識、評估與管理，應至少涵蓋客戶、地域、產品及服務、交易或支付管道等面向，並依下列規定辦理：

一、製作風險評估報告。

二、考量所有風險因素，以決定整體風險等級，及降低風險之適當措施。

三、訂定更新風險評估報告之機制，以確保風險資料之更新。

四、於完成或更新風險評估報告時，將風險評估報告送主管機關備查。

第一項第二款之防制洗錢及打擊資恐計畫，應包括下列政策、程序及控管機制：

一、確認客戶身分。

二、客戶及交易有關對象之姓名及名稱檢核。

三、帳戶及交易之持續監控。

四、紀錄保存。

五、一定金額以上通貨交易申報。

六、疑似洗錢或資恐交易申報及依據資恐防制法之通報。

七、指定防制洗錢及打擊資恐專責主管負責遵循事宜。

八、員工遴選及任用程序。

九、持續性員工訓練計畫。

十、測試防制洗錢及打擊資恐制度有效性之獨立稽核功能。

十一、其他依防制洗錢及打擊資恐相關法令及主管機關規定之事項。

證券商如有分公司（或子公司）者，應訂定集團層次之防制洗錢與打擊資恐計畫，於集團內之分公司（或子公司）施行。內容包括前款政策、程序及控管機制，並應在符合我國及國外分公司（或子公司）所在地資料保密法令規定下，訂定下列事項：

一、確認客戶身分與洗錢及資恐風險管理目的所需之集團內資訊分享政策及程序。

二、為防制洗錢及打擊資恐目的，於有必要時，依集團層次法令遵循、稽核及防制洗錢及打擊資恐功能，得要求分公司（或子公

司）提供有關客戶、帳戶及交易資訊，並應包括異常交易或活動之資訊及所為之分析；必要時，亦得透過集團管理功能使分公司（或子公司）取得上述資訊。

三、運用被交換資訊及其保密之安全防護，包括防範資料洩露之安全防護。

證券商應確保其國外分公司（或子公司），在符合當地法令情形下，實施與總公司（或母公司）一致之防制洗錢及打擊資恐措施。當總公司（或母公司）與分公司（或子公司）所在國之最低要求不同時，分公司（或子公司）應就兩地選擇較高標準者作為遵循依據，惟就標準高低之認定有疑義時，以證券商總公司（或母公司）所在國之主管機關之認定為依據；倘因外國法規禁止，致無法採行與總公司（或母公司）相同標準時，應採取合宜之額外措施，以管理洗錢及資恐風險，並向主管機關申報。在臺之外國金融機構集團分公司或子公司，就第一項第一款及第二款應依據「證券商評估洗錢及資助恐怖主義風險及訂定相關防制計畫指引」訂定之洗錢及資恐風險辨識、評估、管理相關政策、程序及防制洗錢及打擊資恐計畫，須包括政策、程序及控管機制，若母集團已建立不低於我國規定且不違反我國法規情形者，在臺分公司或子公司得適用母集團之規定。證券商之董事會對確保建立及維持適當有效之防制洗錢及打擊資恐內部控制負最終責任。董事會及高階管理人員應瞭解其洗錢及資恐風險，及防制洗錢及打擊資恐計畫之運作，並採取措施以塑造重視防制洗錢及打擊資恐文化。

拾參、證券商應依其規模、風險等配置適足之防制洗錢及打擊資恐專責人員及資源，並由董事會指派高階主管一人擔任專責主管，賦予協調監督防制洗錢及打擊資恐之充分職權，及確保該等人員及主管無與其防制洗錢及打擊資恐職責有利益衝突之兼職。前項專責主管掌理下列事務：

一、督導洗錢及資恐風險之辨識、評估及監控政策及程序之規劃與執行。

二、協調督導全面性洗錢及資恐風險辨識及評估之執行。

三、監控與洗錢及資恐有關之風險。

四、發展防制洗錢及打擊資恐計畫。

五、協調督導防制洗錢及打擊資恐計畫之執行。

六、確認防制洗錢及打擊資恐相關法令之遵循，包括所屬金融同業公會所定並經主管機關予以備查之相關範本或自律規範。

七、督導向法務部調查局進行疑似洗錢或資恐交易申報及資恐防制法指定對象之財物或財產上利益及其所在地之通報事宜。第一項專責主管應至少每半年向董事會及監察人（或審計委員會）報告，如發現有重大違反法令時，應即時向董事會及監察人（或審計委員會）報告。證券商國外營業單位應綜合考量在當地之分公司家數、業務規模及風險等，設置適足之防制洗錢及打擊資恐人員，並指派一人為主管，負責防制洗錢及打擊資恐之協調督導事宜。證券商國外營業單位防制洗錢及打擊資恐主管之設置應符合當地法令規定及當地主管機關之要求，並應具備協調督導防制洗錢及打擊資恐之充分職權，包括可直接向第一項專責主管報告，且除兼任法令遵循主管外，應為專任，如兼任其他職務，應與當地主管機關溝通，以確認其兼任方式無利益衝突之虞，並報主管機關備查。

拾肆、證券商國內外營業單位應指派資深管理人員擔任督導主管，負責督導所屬營業單位執行防制洗錢及打擊資恐相關事宜，並依證券暨期貨市場各服務事業建立內部控制制度處理準則相關規定辦理自行評估。證券商內部稽核單位應依規定辦理下列事項之查核，並提具查核意見：

一、洗錢及資恐風險評估與防制洗錢及打擊資恐計畫是否符合法規要求並落實執行。

二、防制洗錢及打擊資恐計畫之有效性。

證券商內部稽核單位之職責：

一、應依據所訂內部管制措施暨有關規定訂定查核事項，定期辦理查核，並測試防制洗錢及打擊資恐計畫之有效性及公司營運、部門與分公司（或子公司）之風險管理品質。

二、查核方式應涵蓋獨立性交易測試，包括就證券商評估之高風險產品、客戶及地域，篩選有關之交易，驗證已有效執行防制洗錢及打擊資恐相關規範。

三、發現各單位執行該項管理措施之疏失事項，應定期簽報專責主管陳閱，並提供員工在職訓練之參考。

四、查獲故意隱匿重大違規事項不予揭露者，應由權責單位適當處理。

證券商總經理應督導各單位審慎評估及檢討防制洗錢及打擊資恐內部控制制度執行情形，由董事長、總經理、稽核主管、防制洗錢及打擊資恐專責主管聯名出具防制洗錢及打擊資恐之內部控制制度聲明書，

並提報董事會通過，於每會計年度終了後三個月內將該內部控制制度聲明書內容揭露於證券商網站，並於主管機關指定網站辦理公告申報。

外國證券商在臺分公司就本範本關於董事會或監察人之相關事項，由其總公司董事會授權之在臺分公司負責人負責。前項聲明書，由總公司董事會授權之在臺分公司負責人、防制洗錢及打擊資恐專責主管及臺灣地區之稽核業務主管等三人出具。

拾伍、證券商應確保建立高品質之員工遴選及任用程序，包括檢視員工是否具備廉正品格，及執行其職責所需之專業知識。證券商之防制洗錢及打擊資恐專責主管、專責人員及國內營業單位督導主管應於充任後三個月內符合下列資格條件之一，並應訂定相關控管機制，以確保符合規定：

一、曾擔任專責之法令遵循或防制洗錢及打擊資恐人員三年以上者。

二、防制洗錢及打擊資恐專責專責主管及人員參加主管機關認定機構所舉辦二十四小時以上課程，並經考試及格且取得結業證書；國內營業單位督導主管參加主管機關認定機構所舉辦十二小時以上課程，並經考試及格且取得結業證書。但由法令遵循主管兼任防制洗錢及打擊資恐專責主管，或法令遵循人員兼任防制洗錢及打擊資恐專責人員者，經參加主管機關認定機構所舉辦十二小時防制洗錢及打擊資恐之教育訓練後，視為具備本款資格條件。

三、取得主管機關認定機構舉辦之國內或國際防制洗錢及打擊資恐專業人員證照者。

證券商之防制洗錢及打擊資恐專責主管、專責人員及國內營業單位督導主管，每年應至少參加經防制洗錢及打擊資恐專責主管同意之內部或外部訓練單位所辦十二小時防制洗錢及打擊資恐教育訓練，訓練內容應至少包括新修正法令、洗錢及資恐風險趨勢及態樣。當年度取得主管機關認定機構舉辦之國內或國際防制洗錢及打擊資恐專業人員證照者，得抵免當年度之訓練時數。

國外營業單位之督導主管與防制洗錢及打擊資恐主管、人員應具備防制洗錢專業及熟知當地相關法令規定，且每年應至少參加由國外主管機關或相關單位舉辦之防制洗錢及打擊資恐教育訓練課程十二小時，如國外主管機關或相關單位未舉辦防制洗錢及打擊資恐教育訓練課

程，得參加經防制洗錢及打擊資恐專責主管同意之內部或外部訓練單位所辦課程。

證券商董事、監察人、總經理、法令遵循人員、內部稽核人員及業務人員，應依其業務性質，每年安排適當內容及時數之防制洗錢及打擊資恐教育訓練，以使其瞭解所承擔之防制洗錢及打擊資恐職責，及具備執行該職責應有之專業。員工有下列情形之一者，應對其經辦事務予以抽查，必要時可洽請稽核單位協助：

一、員工奢侈之生活方式與其薪資所得顯不相當。

二、員工已排定休假而無故不休假。

職前及在職訓練得採下列方式辦理：

一、職前訓練：新進員工訓練至少應安排若干小時以上有關洗錢防制、資恐防制法令及金融從業人員法律責任訓練課程，使新進瞭解相關規定及責任。

二、在職訓練：

(一)初期之法令宣導：於洗錢防制法、資恐防制法施行或修正後，應於最短期間內對員工實施法令宣導，介紹洗錢防制法、資恐防制法及其有關法令，並講解證券商之相關配合因應措施，有關事宜由專責單位負責規劃後，交由員工訓練單位負責辦理。

(二)平時之在職訓練：

1. 員工訓練部門應每年定期舉辦有關之訓練課程提供員工研習，以加強員工之判斷力，落實防制洗錢及打擊資恐之功能，並避免員工違法，本訓練得於其他專業訓練班中安排適當之有關課程。

2. 有關訓練課程除由證券商培訓之講師擔任外，並得視實際需要延聘學者專家擔綱。

3. 訓練課程除介紹相關法令之外，並應輔以實際案例，使員工充分瞭解洗錢及資恐之特徵及類型，俾助於發覺疑似洗錢或資恐之交易。

4. 專責單位應定期瞭解員工參加訓練之情形，對於未曾參加者，應視實際需要督促其參加有關之訓練。

5. 除內部之在職訓練外，證券商亦得選派員工參加外部訓練機構所舉辦之訓練課程。

三、專題演講：為更充實員工對洗錢防制法及資恐防制法令之認識，
　　證券商得舉辦專題講座，邀請學者專家蒞行演講。

拾陸、其他應注意事項：
　　一、客戶有下列情形應婉拒服務，並報告直接主管：
　　　　(一)當被告知依法必須提供相關資料確認身份時，堅不提供相關
　　　　　　資料。
　　　　(二)任何個人或團體強迫或意圖強迫證券商員工不得將交易紀錄
　　　　　　或申報表格建檔。
　　　　(三)意圖說服員工免去完成該交易應填報之資料。
　　　　(四)探詢逃避申報之可能性。
　　　　(五)急欲說明資金來源清白或非進行洗錢。
　　　　(六)堅持交易必須馬上完成，且無合理解釋。
　　　　(七)客戶之描述與交易本身顯不吻合。
　　　　(八)意圖提供利益於員工，以達到證券商提供服務之目的。
　　二、證券商兼營其他業務時，該兼營部門亦應適用與該業務有關之防
　　　　制洗錢及打擊資恐注意事項範本。

拾柒、證券商於主管機關或受委託查核者執行「證券期貨業及其他經金融監
　　　督管理委員會指定之金融機構防制洗錢及打擊資恐內部控制與稽核制
　　　度實施辦法」第八條規定之查核時，應提示有關帳簿、文件、電子資
　　　料檔或其他相關資料。前開資料儲存形式不論係以書面、電子檔案、
　　　電子郵件或任何其他形式方式儲存，均應提供，不得以任何理由規
　　　避、拒絕或妨礙查核。

拾捌、本範本經本公會理事會議通過，及報奉主管機關備查後實施；修正
　　　時，亦同。

【牛刀小試】

(　　) 1 證券商有那些情形應予以婉拒建立業務關係或交易？　(A)疑似使用
　　　　匿名、假名、人頭、虛設行號或虛設法人團體　(B)對於由代理人之
　　　　情形，且查證代理之事實及身分資料有困難　(C)客戶不尋常拖延應
　　　　補充之身分證明文件時　(D)客戶拒絕提供審核客戶身分措施相關文
　　　　件，但經可靠、獨立之來源確實查證身分屬實者不在此限。

( ) **2** 客戶為個人時，證券商至少取得那些資訊，以辨識其身分？ (A)出生日期 (B)戶籍或居住地址 (C)國籍 (D)外國人士居留或交易目的。

解答與解析 答案標示為#者，表官方曾公告更正該題答案。

1 (ABCD)。
證券商防制洗錢及打擊資恐注意事項範本第2條規定：「證券商辦理確認客戶身分措施：有以下情形之一者，應予以婉拒建立業務關係或交易：(一)疑似使用匿名、假名、人頭、虛設行號或虛設法人團體。(二)客戶拒絕提供審核客戶身分措施相關文件，但經可靠、獨立之來源確實查證身分屬實者不在此限。(三)對於由代理人之情形，且查證代理之事實及身分資料有困難。(四)持用偽、變造身分證明文件。(五)出示之身分證明文件均為影本。但依規定得以身分證明文件影本或影像檔，輔以其他管控措施辦理之業務，不在此限。(六)提供文件資料可疑、模糊不清，不願提供其他佐證資料或提供之文件資料無法進行查證。(七)客戶不尋常拖延應補充之身分證明文件。(八)建立業務關係之對象為資恐防制法指定制裁之個人、法人或團體，以及外國政府或國際組織認定或追查之恐怖份子或團體。但依資恐防制法第六條第一項第二款至第三款所為支付不在此限。(九)建立業務關係或交易時，有其他異常情形，客戶無法提出合理說明。……」

2 (ABCD)。
證券商防制洗錢及打擊資恐注意事項範本第2條規定：「……前款規定於客戶為個人時，至少取得下列資訊，以辨識其身分：(一)姓名。(二)出生日期。(三)戶籍或居住地址。(四)官方身分證明文件號碼。(五)國籍。(六)外國人士居留或交易目的（如觀光、工作等）。……」

重點二 中華民國期貨業商業同業公會「期貨商暨槓桿交易商防制洗錢及打擊資恐注意事項」範本 ✦

公布日期：民國111年02月08日

第1條 本注意事項範本依「洗錢防制法」、「資恐防制法」、「金融機構防制洗錢辦法」、「證券期貨業及其他經金融監督管理委員會指定之金融機構防制洗錢及打擊資恐內部控制與稽核制度實施辦法」，及「金融機構對經指定制裁對象之財物或財產上利益及所在地通報辦法」訂定之。

第2條　期貨商、槓桿交易商確認客戶身分措施：

一、有以下情形之一者，應予以婉拒建立業務關係或交易：

(一)疑似使用匿名、假名、人頭、虛設行號或虛設法人團體。

(二)客戶拒絕提供審核客戶身分措施相關文件，但經可靠、獨立之來源確實查證身分屬實者不在此限。

(三)對於由代理人之情形，且查證委託、授權之事實及身分資料有困難。

(四)持用偽、變造身分證明文件。

(五)出示之身分證明文件均為影本。但依規定得以身分證明文件影本或影像檔，輔以其他管控措施辦理之業務，不在此限。

(六)提供文件資料可疑、模糊不清，不願提供其他佐證資料或提供之文件資料無法進行查證。

(七)客戶不尋常拖延應補充之身分證明文件。

(八)建立業務關係對象為資恐防制法指定制裁之個人、法人或團體，以及外國政府或國際組織認定或追查之恐怖分子或團體。但依資恐防制法第六條第一項第一款至第三款所為支付不在此限。

(九)建立業務關係或交易時，有其他異常情形，客戶無法提出合理說明。

二、確認客戶身分時機：

(一)與客戶建立業務關係時。

(二)發現疑似洗錢或資恐交易時。

(三)對於過去所取得客戶身分資料之真實性或妥適性有所懷疑時。

三、確認客戶身分應採取下列方式辦理：

(一)以可靠、獨立來源之文件、資料或資訊，辨識及驗證客戶身分，並保存該身分證明文件影本或予以記錄。

(二)對於由代理人建立業務關係或交易者，應確實查證代理之事實，並依前目方式辨識及驗證代理人身分，並保存該身分證明文件影本或予以記錄。

(三)辨識客戶實質受益人，並以合理措施驗證其身分，包括使用可靠來源之資料或資訊。

(四)確認客戶身分措施，應包括瞭解業務關係之目的與性質，並視情形取得相關資訊。

四、前款規定於客戶為個人時，至少取得下列資訊，以辨識其身分：

(一)姓名。

(二)出生日期。

(三)戶籍或居住地址。

(四)官方身分證明文件號碼。

(五)國籍。

(六)外國人士居留或交易目的（如觀光、工作等）。

五、針對依據期貨商、槓桿交易商客戶洗錢及資恐風險評估相關規範辨識為高風險或具特定高風險因子之個人客戶，於建立業務關係時應至少取得下列任一資訊：

(一)曾使用之姓名或別名：曾使用之姓名如結婚前使用之姓名、更名前使用之姓名。

(二)任職地址、郵政信箱地址、電子郵件地址（如有）。

(三)電話或手機號碼。

六、第三款規定於客戶為法人、團體或信託之受託人時，應瞭解客戶或信託（包括類似信託之法律協議）之業務性質，並至少取得客戶或信託之下列資訊，辨識及驗證其身分：

(一)客戶或信託之名稱、法律形式及存在證明。

(二)規範及約束法人、團體或信託之章程或類似之權力文件。但下列情形得不適用：

　1.第七款第三目所列對象，其無第四條第一項第三款但書情形者。

　2.團體客戶經確認其未訂定章程或類似之權力文件者。

(三)在法人、團體或信託之受託人中擔任高階管理人員（高階管理人員之範圍得包括董事、監事、理事、總經理、財務長、代表人、管理人、合夥人、有權簽章人，或相當於前述高階管理人員之自然人，期貨商、槓桿交易商應運用風險基礎方法決定其範圍）之姓名及其他必要資訊。

(四)官方辨識編號：如統一編號、稅籍編號、註冊號碼。

(五)法人、團體或信託之受託人註冊登記之辦公室地址，及其主要之營業處所地址。

(六)境外法人、團體或信託之受託人往來目的。

七、第三款第三目規定於客戶為法人、團體或信託之受託人時，應
　　瞭解客戶或信託之所有權及控制權結構，並透過下列資訊，辨
　　識客戶之實質受益人，及採取合理措施驗證：
　　(一)客戶為法人或團體時：
　　　1. 具控制權之最終自然人身分（如姓名、出生日期、國籍及
　　　　身分證明文件號碼等）。所稱具控制權係指直接、間接持
　　　　有該法人股份或資本超過百分之二十五者，得請客戶提供
　　　　股東名冊或其他文件協助完成辨識。
　　　2. 依前小目規定未發現具控制權之自然人，或對具控制權自
　　　　然人是否為實質受益人有所懷疑時，應辨識有無透過其他
　　　　方式對客戶行使控制權之自然人。必要時得取得客戶出具
　　　　之聲明書確認實質受益人之身分。
　　　3. 如依前二小目規定均未發現具控制權之自然人時，應辨識
　　　　擔任高階管理人員之身分。
　　(二)客戶為信託之受託人時：應確認委託人、受託人、信託監
　　　　察人、信託受益人及其他可有效控制該信託帳戶之人，或
　　　　與上述人員具相當或類似職務者之身分。
　　(三)客戶或具控制權者為下列身分之一者，除有第四條第一項
　　　　第三款但書情形或已發行無記名股票情形者外，不適用第
　　　　三款第三目應辨識及驗證實質受益人身分之規定：
　　　1. 我國政府機關。
　　　2. 我國公營事業機構。
　　　3. 外國政府機關。
　　　4. 我國公開發行公司及其子公司。
　　　5. 於國外掛牌並依掛牌所在地規定，應揭露其主要股東之股
　　　　票上市、上櫃公司及其子公司。
　　　6. 受我國監理之金融機構及其管理之投資工具。
　　　7. 設立於我國境外，且所受監理規範與防制洗錢金融行動工
　　　　作組織（FATF）所定防制洗錢及打擊資恐標準一致之金融
　　　　機構，及該金融機構管理之投資工具。期貨商、槓桿交易
　　　　商對前開金融機構及投資工具需留存相關文件證明（如公
　　　　開資訊查核紀錄、該金融機構防制洗錢作業規章、負面資
　　　　訊查詢紀錄、金融機構聲明書等）。

　　　　8. 我國政府機關管理之基金。

　　　　9. 員工持股信託、員工福利儲蓄信託。

八、與期貨商、槓桿交易商建立業務關係之客戶，驗證客戶及其代
　　理人與實質受益人身分之方式：

　　(一)以文件驗證：

　　　1. 個人：

　　　　(1)驗證身分或生日：取得附有照片且未過期之官方身分證
　　　　　明文件，如身分證、護照、居留證、駕照等。如對上述
　　　　　文件效期有疑義，應取得大使館或公證人之認證或聲
　　　　　明。另實質受益人前述資料得不要求正本進行驗證，或
　　　　　依據期貨商、槓桿交易商內部所定作業程序，請法人、
　　　　　團體及其代表人聲明實質受益人資料，但該聲明資料應
　　　　　有部分項目得以公司登記證明文件、公司年報等其他可
　　　　　信文件或資料來源進行驗證。

　　　　(2)驗證地址：取得客戶所屬帳單、對帳單、或官方核發之
　　　　　文件等。

　　　2. 法人、團體或信託之受託人：取得公司設立登記文件
　　　　（Certified Articles of Incorporation）、政府核發之營業執
　　　　照、合夥協議（Partnership Agreement）、信託文件（Trust
　　　　Instrument）、存續證明（Certification of Incumbency）
　　　　等。如信託之受託人為洗錢防制法第五條第一項列示之金
　　　　融機構所管理之信託，其信託文件得由該金融機構出具之
　　　　書面替代之，惟該金融機構所在之國家或地區有第四條第
　　　　一項第三款但書者不適用。

　　(二)有必要時，可另行以非文件資訊驗證，例如：

　　　1. 在帳戶開立後，以電話或函件聯繫客戶。

　　　2. 由其他金融機構提供之資訊。

　　　3. 交叉比對客戶提供之資訊與其他可信賴之公開資訊、付費
　　　　資料庫等。

九、依據洗錢及資恐風險評估相關規範辨識為高風險或具特定高風
　　險因子之客戶，應以加強方式執行驗證，例如：

　　(一)取得寄往客戶所提供住址之客戶本人／法人或團體之有權
　　　人簽署回函或辦理電話訪查。

　　(二)取得個人財富及資金來源資訊之佐證資料。

　　(三)取得法人、團體或信託受託人資金來源及去向之佐證資料，
　　　　如主要供應商名單、主要客戶名單等。

　　(四)實地訪查。

　　(五)取得過去期貨商、槓桿交易商往來資訊並照會該期貨商、
　　　　槓桿交易商。

十、完成確認客戶身分措施前，不得與該客戶建立業務關係。但符
　　合下列各目情形者，得先取得辨識客戶及實質受益人身分之資
　　料，並於建立業務關係後，再完成驗證：

　　(一)洗錢及資恐風險受到有效管理。包括應針對客戶可能利用
　　　　交易完成後才驗證身分之情形，採取風險管控措施。

　　(二)為避免對客戶業務之正常運作造成干擾所必須。

　　(三)會在合理可行之情形下儘速完成客戶及實質受益人之身分
　　　　驗證。如未能在合理可行之時限內完成客戶及實質受益人
　　　　之身分驗證，須終止該業務關係，並應事先告知客戶。

十一、期貨商、槓桿交易商如允許客戶未完成身分驗證前建立業務關
　　　係，則應採取相關的風險管控措施，包括：

　　(一)訂定客戶身分驗證完成期限。

　　(二)於客戶身分驗證完成前，營業單位督導主管應定期檢視與
　　　　該客戶之往來關係，並定期向高階主管報告客戶身分驗證
　　　　處理進度。

　　(三)於客戶身分驗證完成前，限制該客戶交易次數與交易類型。

　　(四)前款第三目「合理可行之時限」，期貨商、槓桿交易商應
　　　　以風險基礎方法依不同風險等級訂定。釋例如下：

　　　1.應在建立業務關係後，不遲於30個工作天內完成客戶身分
　　　　驗證程序。

　　　2.倘在建立業務關係30個工作天後，仍未能完成客戶身分驗
　　　　證程序，則應暫時中止與客戶的業務關係，及避免進行進
　　　　一步的交易。

　　　3.倘在建立業務關係120天後，仍未能完成客戶身分驗證程
　　　　序，則應終止與客戶之業務關係。

十二、客戶為法人時，應以檢視公司章程或請客戶出具聲明書之方
　　　式，瞭解其是否可發行無記名股票，並對已發行無記名股票之

客戶採取下列措失之一以確保其實質受益人之更新：

(一)請客戶要求具控制權之無記名股票股東，應通知客戶登記身分，並請客戶於具控制權股東身分發生變動時通知期貨商、槓桿交易商。

(二)請客戶於每次股東會後，應向期貨商、槓桿交易商更新其實質受益人資訊，並提供持有無記名股票達一定比率以上股東之資料。但客戶因其他原因獲悉具控制權股東身分發生變動時，應即通知期貨商、槓桿交易商。

十三、於確認客戶身分時，應運用適當之風險管理機制確認客戶及其實質受益人、高階管理人員是否為現任或曾任國內外政府或國際組織之重要政治性職務人士：

(一)客戶或其實質受益人若為現任國外政府之重要政治性職務人士，應將該客戶直接視為高風險客戶，並採取第四條第一項第一款各目之強化確認客戶身分措施。

(二)客戶或其實質受益人若為現任國內政府或國際組織之重要政治性職務人士，應於與該客戶建立業務關係時，審視其風險，嗣後並應每年重新審視。對於經認定屬高風險業務關係者，應對該客戶採取第四條第一項第一款各目之強化確認客戶身分措施。

(三)客戶之高階管理人員若為現任國內外政府或國際組織之重要政治性職務人士，應考量該高階管理人員對該客戶之影響力，決定是否對該客戶採取第四條第一項第一款各目之強化確認客戶身分措施。

(四)對於非現任國內外政府或國際組織之重要政治性職務人士，應考量相關風險因子後評估其影響力，依風險基礎方法認定其是否應適用前三目之規定。

(五)前四目規定於重要政治性職務人士之家庭成員及有密切關係之人，亦適用之。前述家庭成員及有密切關係之人之範圍，依洗錢防制法第七條第四項後段所定辦法之規定認定之。

(六)第七款第三目第一小目至第三小目及第八小目所列對象，其實質受益人或高階管理人員為重要政治性職務人士時，不適用本款第一目至第五目之規定。

十四、確認客戶身分其他應遵循之事項：

　　(一)在與客戶建立業務關係或懷疑客戶資料不足以確認身分時，應從政府核發或其他辨認文件確認客戶身分並加以記錄。

　　(二)應對委託帳戶、由專業中間人代為處理交易，要特別加強確認客戶身分之作為。

　　(三)應加強審查被其他期貨商、槓桿交易商拒絕金融業務往來之客戶。

　　(四)對於非「面對面」之客戶，應該施以具相同效果之確認客戶程序，且必須有特別和足夠之措施，以降低風險。

　　(五)以網路方式建立業務關係者，應依金融監督管理委員會（以下簡稱金管會）所訂並經金管會備查之相關作業範本辦理。

　　(六)對採委託授權建立業務關係或建立業務關係後始發現有存疑之客戶應以電話、書面或實地查訪等方式確認。

　　(七)採函件方式建立業務關係者，應於建立業務關係手續辦妥後以掛號函復，以便證實。

　　(八)在不違反相關法令情形下，如果得知或必須假定客戶往來資金來源自貪瀆或濫用公共資產時，應不予接受或斷絕業務往來關係。

　　(九)對於無法完成確認客戶身分相關規定程序者，應考量申報與該客戶有關之疑似洗錢或資恐交易。

　　(十)懷疑某客戶或交易可能涉及洗錢或資恐，且合理相信執行確認客戶身分程序可能對客戶洩露訊息時，得不執行該等程序，而改以申報疑似洗錢或資恐交易。

　(十一)其他建立業務關係應注意事項悉依公司內部作業規定辦理。

十五、有以下情形得依契約約定為下列之處理：

　　(一)對於有第一款第八目情形，得拒絕業務往來或逕行終止業務關係。

　　(二)對於不配合審視、拒絕提供實質受益人或對客戶行使控制權之人等資訊、對交易之性質與目的或資金來源不願配合說明等客戶，得暫時停止交易，或暫時停止或終止業務關係。

十六、對於有第一款第八目所述建立業務關係或交易對象情形，應依洗錢防制法第十條申報疑似洗錢或資恐交易，如該對象為資恐防制法指定制裁之個人、法人或團體，並應於知悉之日起不得有資恐防制法第七條第一項行為，及依資恐防制法規定辦理通報（格式請至法務部調查局網站下載）。若於前述對象受制裁指定前已有資恐防制法第六條第一項第二款及第三款情事，則應依資恐防制法向法務部申請許可。

第3條　確認客戶身分措施，應包括對客戶身分之持續審查，並依下列規定辦理：

一、應依重要性及風險程度，對現有客戶身分資料進行審查，並於考量前次執行審查之時點及所獲得資料之適足性後，在適當時機對已存在之往來關係進行審查。上開適當時機至少應包括：

(一)客戶加開帳戶或新增業務往來關係時。

(二)依據客戶之重要性及風險程度所定之定期審查時點。

(三)得知客戶身分與背景資訊有重大變動時。

二、應對客戶業務關係中之交易進行詳細審視，以確保所進行之交易與客戶及其業務、風險相符，必要時並應瞭解其資金來源。

三、應定期檢視其辨識客戶及實質受益人身分所取得之資訊是否足夠，並確保該等資訊之更新，特別是高風險客戶，應至少每年檢視一次，除前述客戶外，應依風險基礎方法決定檢視頻率。

四、對客戶身分辨識與驗證程序，得以過去執行與保存資料為依據，無須於客戶每次從事交易時，一再辨識及驗證客戶之身分。但對客戶資訊之真實性或妥適性有所懷疑、發現客戶涉及疑似洗錢或資恐交易，或客戶之交易或帳戶之運作方式出現與該客戶業務特性不符之重大變動時，應依第二條規定對客戶身分再次確認。

第4條　確認客戶身分措施及持續審查機制，應以風險基礎方法決定其執行強度，包括：

一、對於高風險情形，應加強確認客戶身分或持續審查措施，其中至少應額外採取下列強化措施：

(一)在建立或新增業務往來關係前，應取得依內部風險考量，所訂核准層級之高階管理人員同意。

(二)應採取合理措施以瞭解客戶財富及資金來源。其中資金來源係指產生該資金之實質來源（例如薪資、投資收益、買賣不動產等）。

(三)對於業務往來關係應採取強化之持續監督。

二、對於來自洗錢或資恐高風險國家或地區之客戶，應採行與其風險相當之強化措施。

三、對於較低風險情形，得採取簡化措施，該簡化措施應與其較低風險因素相當。但有下列情形者，不得採取簡化確認客戶身分措施：

(一)客戶來自未採取有效防制洗錢或打擊資恐之高風險國家或地區，包括但不限於金管會函轉國際防制洗錢組織所公告防制洗錢與打擊資恐有嚴重缺失之國家或地區，及其他未遵循或未充分遵循國際防制洗錢組織建議之國家或地區。

(二)足資懷疑該客戶或交易涉及洗錢或資恐。

期貨商、槓桿交易商得採行之簡化確認客戶身分措施如下：

一、降低客戶身分資訊更新之頻率。

二、降低持續性監控之等級，並以合理的金額門檻作為審查交易之基礎。

三、從交易類型或已建立業務往來關係可推斷其目的及性質者，得無須再蒐集特定資訊或執行特別措施以瞭解業務往來關係之目的及其性質。

第5條　確認客戶身分作業應自行辦理，如法令或金管會另有規定得依賴第三方執行辨識及驗證客戶本人身分、代理人身分、實質受益人身分或業務關係之目的及性質時，該依賴第三方之期貨商、槓桿交易商仍應負確認客戶身分之最終責任，並應符合下列規定：

一、應能立即取得確認客戶身分所需資訊。

二、應採取符合期貨商、槓桿交易商本身需求之措施，確保所依賴之第三方將依期貨商、槓桿交易商之要求，毫不延遲提供確認客戶身分所需之客戶身分資料或其他相關文件影本。

三、確認所依賴之第三方受到規範、監督或監控，並有適當措施遵循確認客戶身分及紀錄保存之相關規範。

四、確認所依賴之第三方之所在地，其防制洗錢及打擊資恐規範與防制洗錢金融行動工作組織所定之標準一致。

第6條　對客戶及交易有關對象之姓名及名稱檢核機制應依下列規定辦理：

一、應依據風險基礎方法，建立客戶及交易有關對象之姓名及名稱檢核政策及程序，以偵測、比對、篩檢客戶、客戶之高階管理人員、實質受益人或交易有關對象是否為資恐防制法指定制裁之個人、法人或團體，以及外國政府或國際組織認定或追查之恐怖分子或團體。如是，應依第二條第十六款規定辦理。

二、客戶及交易有關對象之姓名及名稱檢核政策及程序，至少應包括比對與篩檢邏輯、檢核作業之執行程序，以及檢視標準，並將其書面化。

三、執行姓名及名稱檢核情形應予記錄，並依第十一條規定之期限進行保存。

四、本檢核機制應予測試，測試面向包括：

(一)制裁名單及門檻設定是否基於風險基礎方法。

(二)輸入資料與對應之系統欄位正確及完整。

(三)比對與篩檢邏輯。

(四)模型驗證。

(五)資料輸出正確及完整。

五、依據測試結果確認是否仍能妥適反映風險並適時修訂之。

第7條　對帳戶及交易之持續監控，應依下列規定辦理：

一、應逐步以資訊系統整合全公司客戶之基本資料及交易資料，供總（分）公司進行基於防制洗錢及打擊資恐目的之查詢，以強化其帳戶及交易監控能力。對於各單位調取及查詢客戶之資料，應建立內部控制程序，並注意資料之保密性。

二、應依據以風險為基礎之方法，建立帳戶及交易監控政策與程序，並利用資訊系統，輔助發現疑似洗錢或資恐交易。

三、應依據防制洗錢與打擊資恐法令規範、其客戶性質、業務規模及複雜度、內部與外部來源取得之洗錢與資恐相關趨勢與資訊、內部風險評估結果等，檢討其帳戶及交易監控政策及程序，並定期更新之。

四、帳戶及交易監控政策及程序，至少應包括完整之監控型態、參數設定、金額門檻、預警案件與監控作業之執行程序與監控案件之檢視程序及申報標準，並將其書面化。

五、前款機制應予測試，測試面向包括：
(一)內部控制流程：檢視帳戶及交易監控機制之相關人員或單位之角色與責任。
(二)輸入資料與對應之系統欄位正確及完整。
(三)偵測情境邏輯。
(四)模型驗證。
(五)資料輸出。

六、發現或有合理理由懷疑客戶、客戶之資金、資產或其欲/已進行之交易與洗錢或資恐等有關者，不論金額或價值大小或交易完成與否，均應對客戶身分進一步審查。

七、附錄所列為可能產生之疑似洗錢或資恐交易態樣，惟並非詳盡無遺，期貨商、槓桿交易商應依本身資產規模、地域分布、業務特點、客群性質及交易特徵，並參照內部之洗錢及資恐風險評估或日常交易資訊等，選擇或自行發展契合期貨商、槓桿交易商本身之表徵，以辨識出可能為洗錢或資恐之警示交易。

八、前款辨識出之警示交易應就客戶個案情況判斷其合理性（合理性之判斷例如是否有與客戶身分、收入或營業規模顯不相當、與客戶本身營業性質無關、不符合客戶商業模式、無合理經濟目的、無合理解釋、無合理用途、或資金來源不明或交代不清），儘速完成是否為疑似洗錢或資恐交易之檢視，並留存檢視紀錄。經檢視非疑似洗錢或資恐交易者，應當記錄分析排除理由；如經檢視屬認為有疑似洗錢或資恐之交易者，不論交易金額多寡，均應依法務部調查局所定之申報格式簽報，並於專責主管核定後立即向法務部調查局申報，核定後之申報期限不得逾二個營業日。交易未完成者，亦同。

九、就附錄各項疑似洗錢或資恐交易表徵，應以風險基礎方法辨別須建立相關資訊系統輔助監控者。未列入系統輔助者，亦應以其他方式協助員工於客戶交易時判斷其是否為疑似洗錢或資恐交易；系統輔助並不能完全取代員工判斷，仍應強化員工之訓練，使員工有能力識別出疑似洗錢或資恐交易。

十、執行帳戶及交易持續監控之情形應予記錄，並依第十一條規定之期限進行保存。

第8條　於推出新產品或服務或辦理新種業務（包括新支付機制、運用新科技於現有或全新之產品或業務）前，應進行產品洗錢或資恐風險評估，建立相應之風險管理措施以降低所辨識之風險。

第9條　疑似洗錢或資恐交易申報：

一、各單位承辦人員發現異常交易，應立即陳報督導主管。

二、督導主管應儘速裁決是否確屬應行申報事項。如裁定應行申報，應立即交由原承辦人員填寫申報書（格式請至法務部調查局網站下載）。

三、申報書經單位主管核定後轉送專責主管核定後，立即向法務部調查局申報，核定後之申報期限不得逾二個營業日；並應於每會計年度終了後十五日內，將上一年度所申報疑似洗錢或資恐交易態樣項目及其件數，函報金管會備查，並副知臺灣期貨交易所股份有限公司及中華民國期貨業商業同業公會。

四、對屬明顯重大緊急之疑似洗錢或資恐交易案件之申報，應立即以傳真或其他可行方式儘速向法務部調查局申報，並立即補辦書面資料。但經法務部調查局以傳真資料確認回條（格式請至法務部調查局網站下載）確認收件者，無需補辦申報書。並應留存傳真資料確認回條。

防止申報資料及消息洩露之保密規定：

一、疑似洗錢或資恐交易申報事項，各級人員應保守秘密，不得任意洩露。並應提供員工如何避免資訊洩露之訓練或教材，避免員工與客戶應對或辦理日常作業時，發生資訊洩露情形。

二、申報事項有關之文書，均應以機密文件處理，如有洩密案件應依有關規定處理。

三、防制洗錢及打擊資恐人員、法令遵循人員或稽核人員為執行職務需要，應得及時取得客戶資料與交易紀錄，惟仍應遵循保密之規定。

第10條　依「資恐防制法」第七條對經指定制裁對象之財物或財產上利益及所在地之通報，應依下列規定辦理：

一、於知悉後即依法務部調查局所定之通報格式及方式，由總機構主管單位簽報專責主管核定，並向法務部調查局通報，核定後之通報期限不得逾二個營業日。

二、有明顯重大緊急之情事者，應立即以傳真或其他可行方式儘速辦理通報，並應依法務部調查局所定之通報格式（格式請至法務部調查局網站下載）及方式補辦通報。但經法務部調查局以所定格式傳真回覆確認，無需補辦通報。並應留存法務部調查局之傳真回覆資料。

三、以每年十二月三十一日為結算基準日，應依法務部調查局所定之格式（格式請至法務部調查局網站下載）編製年度報告，記載於結算基準日當日依資恐防制法第七條所管理或持有一切經指定制裁之個人、法人或團體之財物或財產上利益，並於次年三月三十一日前提報法務部調查局備查。

前項通報紀錄、交易憑證及年度報告，應以原本方式保存五年。

第11條 應以紙本或電子資料保存與客戶往來及交易之紀錄憑證，並依下列規定辦理：

一、對國內外交易之所有必要紀錄之保存，應至少保存五年。但法律另有較長保存期間規定者，從其規定。前述必要紀錄包括：

(一)進行交易姓名或帳號。

(二)交易日期。

(三)貨幣種類及金額。

二、對疑似洗錢或資恐交易之確認紀錄及申報紀錄憑證，以原本方式至少保存五年。確認客戶程序之紀錄方法，依本身考量，根據全公司一致性做法之原則，選擇一種記錄方式。在依法進行調查中之案件，雖其相關交易紀錄憑證已屆保存年限，在其結案前，仍不得予以銷毀。

三、下列資料應保存至與客戶業務關係結束後，至少五年。但法律另有較長保存期間規定者，從其規定：

(一)確認客戶身分所取得之所有紀錄，如護照、身分證、駕照或類似之官方身分證明文件影本或紀錄。

(二)帳戶檔案。

(三)業務往來資訊，包括對複雜、異常交易進行詢問所取得之背景或目的資訊與分析資料。

四、保存之交易紀錄應足以重建個別交易，以備作為認定不法活動之證據。

五、對權責機關依適當授權要求提供交易紀錄及確認客戶身分等相關資訊時，應確保能夠迅速提供。

第12條 依「證券期貨業及其他經金融監督管理委員會指定之金融機構防制洗錢及打擊資恐內部控制與稽核制度實施辦法」第四條規定建立防制洗錢及打擊資恐之內部控制制度：

一、期貨商、槓桿交易商防制洗錢及打擊資恐之內部控制制度應經過董事會通過；修正時，亦同。其內容應包括下列事項：

(一)依據「期貨商暨槓桿交易商評估洗錢及資恐風險及訂定相關防制計畫指引」，訂定對洗錢及資恐風險進行辨識、評估、管理之相關政策及程序。

(二)依據該指引與風險評估結果及業務規模，訂定防制洗錢及打擊資恐計畫，以管理及降低已辨識出之風險，並對其中之較高風險，採取強化控管措施。

(三)監督控管防制洗錢及打擊資恐法令遵循與防制洗錢及打擊資恐計畫執行之標準作業程序，並納入自行評估及內部稽核項目，且於必要時予以強化。

二、前款第一目洗錢及資恐風險之辨識、評估與管理，應至少涵蓋客戶、地域、交易及服務等面向，並依下列規定辦理：

(一)製作風險評估報告。

(二)考量所有風險因素，以決定整體風險等級，及降低風險之適當措施。

(三)訂定更新風險評估報告之機制，以確保風險資料之更新。

(四)於完成或更新風險評估報告時，將風險評估報告送金管會備查。

三、第一款第二目之防制洗錢及打擊資恐計畫，應包括下列政策、程序及控管機制：

(一)確認客戶身分。

(二)客戶姓名及名稱檢核。

(三)帳戶及交易之持續監控。

(四)紀錄保存。

(五)疑似洗錢或資恐交易申報及依據資恐防制法之通報。

(六)指定防制洗錢及打擊資恐專責主管負責遵循事宜。

　　　(七)員工遴選及任用程序。

　　　(八)持續性員工訓練計畫。

　　　(九)測試防制洗錢及打擊資恐制度有效性之獨立稽核功能。

　　　(十)其他依防制洗錢及打擊資恐相關法令及金管會規定之事項。

四、期貨商如有分公司（或子公司）者，應訂定集團層次之防制洗錢與打擊資恐計畫，於集團內之分公司（或子公司）施行。其內容除包括前項政策、程序及控管機制，並應在符合我國及國外分公司（或子公司）所在地資料保密法令規定下，訂定下列事項：

　　　(一)確認客戶身分與洗錢及資恐風險管理目的所需之集團內資訊分享政策及程序。

　　　(二)為防制洗錢及打擊資恐目的，於有必要時，依集團層次法令遵循、稽核及防制洗錢及打擊資恐功能，得要求分公司（或子公司）提供有關客戶、帳戶及交易資訊，並應包括異常交易或活動之資訊及所為之分析；必要時，亦得透過集團管理功能使分公司（或子公司）取得上述資訊。

　　　(三)運用被交換資訊及其保密之安全防護，包括防範資料洩露之安全防護。

五、期貨商應確保其國外分公司（或子公司），在符合當地法令情形下，實施與總公司（或母公司）一致之防制洗錢及打擊資恐措施。當總公司（或母公司）與分公司（或子公司）所在地之最低要求不同時，分公司（或子公司）應就兩地選擇較高標準者作為遵循依據，惟就標準高低之認定有疑義時，以期貨商總公司（或母公司）所在地之主管機關之認定為依據；倘因外國法規禁止，致無法採行與總公司（或母公司）相同標準時，應採取合宜之額外措施，以管理洗錢及資恐風險，並向金管會申報。

六、在臺之外國金融機構集團分公司或子公司就第一款第一目及第二目應依據「期貨商暨槓桿交易商評估洗錢及資恐風險及訂定相關防制計畫指引」訂定之洗錢及資恐風險辨識、評估、管理相關政策、程序，及防制洗錢及打擊資恐計畫所須包括之政策、程序及控管機制，若母集團已建立不低於我國規定且不違反我國法規情形者，在臺分公司或子公司得適用母集團之規定。

七、期貨商、槓桿交易商之董事會對確保建立及維持適當有效之防
　　制洗錢及打擊資恐內部控制負最終責任。董事會及高階管理人
　　員應瞭解其洗錢及資恐風險，及防制洗錢及打擊資恐計畫之運
　　作，並採取措施以塑造重視防制洗錢及打擊資恐之文化。

第13條　應依其規模、風險等配置適足之防制洗錢及打擊資恐人員及資源，
並由董事會指派高階主管一人擔任專責主管，賦予協調監督防制洗
錢及打擊資恐之充分職權，及確保該等人員及主管無與其防制洗錢
及打擊資恐職責有利益衝突之兼職。
前項專責主管掌理下列事務：
一、督導洗錢及資恐風險之辨識、評估及監控政策及程序之規劃與
　　執行。
二、協調督導全面性洗錢及資恐風險辨識及評估之執行。
三、監控與洗錢及資恐有關之風險。
四、發展防制洗錢及打擊資恐計畫。
五、協調督導防制洗錢及打擊資恐計畫之執行。
六、確認防制洗錢及打擊資恐相關法令之遵循，包括所屬金融同業
　　公會所定並經金管會准予備查之相關範本或自律規範。
七、督導向法務部調查局進行疑似洗錢及資恐交易申報及資恐防制
　　法指定對象之財物或財產上利益及其所在地之通報事宜。
第一項專責主管應至少每半年向董事會及監察人（或審計委員會）
報告，如發現有重大違反法令時，應即時向董事會及監察人（或審
計委員會）報告。
期貨商國外營業單位應綜合考量在當地之分公司家數、業務規模及
風險等，設置適足之防制洗錢及打擊資恐人員，並指派一人為主
管，負責防制洗錢及打擊資恐之協調督導事宜。
期貨商國外營業單位防制洗錢及打擊資恐主管之設置應符合當地法
令規定及當地主管機關之要求，並應具備協調督導防制洗錢及打擊
資恐之充分職權，包括可直接向第一項專責主管報告，且除兼任法
令遵循主管外，應為專任，如兼任其他職務，應與當地主管機關溝
通，以確認其兼任方式無利益衝突之虞，並報金管會備查。

第14條　期貨商、槓桿交易商國內外營業單位應指派資深管理人員擔任督導
主管，負責督導所屬營業單位執行防制洗錢及打擊資恐相關事宜，

及依「證券暨期貨市場各服務事業建立內部控制制度處理準則」相關規定辦理自行評估。

內部稽核單位應依規定辦理下列事項之查核，並提具查核意見：

一、洗錢及資恐風險評估與防制洗錢及打擊資恐計畫是否符合法規要求並落實執行。

二、防制洗錢及打擊資恐計畫之有效性。

內部稽核單位之職責：

一、應依據所訂內部管制措施暨有關規定訂定查核事項，定期辦理查核，並測試防制洗錢及打擊資恐計畫之有效性及營運、部門與分公司（或子公司）之風險管理品質。

二、查核方式應涵蓋獨立性交易測試，包括就評估之高風險產品、客戶及地域，篩選有關之交易，驗證已有效執行防制洗錢及打擊資恐相關規範。

三、發現執行該項管理措施之疏失事項，應定期簽報專責主管陳閱，並提供員工在職訓練之參考。

四、查獲故意隱匿重大違規事項而不予揭露者，應由總公司權責單位適當處理。

總經理應督導各單位審慎評估及檢討防制洗錢及打擊資恐內部控制制度執行情形，由董事長、總經理、稽核主管、防制洗錢及打擊資恐專責主管聯名出具防制洗錢及打擊資恐之內部控制制度聲明書，並提報董事會通過，於每會計年度終了後三個月內將該內部控制制度聲明書內容揭露於公司網站，並於金管會指定網站辦理公告申報。外國期貨商在臺分公司就本範本關於董事會或監察人之相關事項，由其總公司董事會授權之在臺分公司負責人負責。前項聲明書，由總公司董事會授權之在臺分公司負責人、防制洗錢及打擊資恐專責主管及臺灣地區之稽核業務主管等三人出具。

第15條 應確保建立高品質之員工遴選及任用程序，包括檢視員工是否具備廉正品格，及執行其職責所需之專業知識。

防制洗錢及打擊資恐專責主管、專責人員及國內營業單位督導主管應於充任後三個月內符合下列資格條件之一，並應訂定相關控管機制，以確保符合規定：

一、曾擔任專責之法令遵循或防制洗錢及打擊資恐人員三年以上者。

二、防制洗錢及打擊資恐專責主管及專責人員參加金管會認定機構
所舉辦二十四小時以上課程，並經考試及格且取得結業證書；
國內營業單位督導主管參加金管會認定機構所舉辦十二小時以
上課程，並經考試及格且取得結業證書。但由法令遵循主管兼
任防制洗錢及打擊資恐專責主管，或法令遵循人員兼任防制洗
錢及打擊資恐專責人員者，經參加金管會認定機構所舉辦十二
小時防制洗錢及打擊資恐之教育訓練後，視為具備本款資格條
件。

三、取得金管會認定機構舉辦之國內或國際防制洗錢及打擊資恐專
業人員證照者。

防制洗錢及打擊資恐專責主管、專責人員及國內營業單位督導主
管，每年應至少參加經防制洗錢及打擊資恐專責主管同意之內部或
外部訓練單位所辦十二小時防制洗錢及打擊資恐教育訓練，訓練內
容應至少包括新修正法令、洗錢及資恐風險趨勢及態樣。當年度取
得金管會認定機構舉辦之國內或國際防制洗錢及打擊資恐專業人員
證照者，得抵免當年度之訓練時數。

國外營業單位之督導主管與防制洗錢及打擊資恐主管、人員應具備
防制洗錢專業及熟知當地相關法令規定，且每年應至少參加由國外
主管機關或相關單位舉辦之防制洗錢及打擊資恐教育訓練課程十二
小時，如國外主管機關或相關單位未舉辦防制洗錢及打擊資恐教育
訓練課程，得參加經防制洗錢及打擊資恐專責主管同意之內部或外
部訓練單位所辦課程。

董事、監察人、總經理、法令遵循人員、內部稽核人員及業務人
員，應依其業務性質，每年安排適當內容及時數之防制洗錢及打擊
資恐教育訓練，以使其瞭解所承擔之防制洗錢及打擊資恐職責，及
具備執行該職責應有之專業。

員工有下列情形之一者，應對其經辦事務予以抽查，必要時可洽請
稽核單位協助：

一、員工奢侈之生活方式與其薪資所得顯不相當。

二、員工已排定休假而無故不休假。

員工有下列對防制洗錢或打擊資恐有功之具體事蹟者，應給予適當
獎勵：

一、員工發現有疑似洗錢或資恐案件，並依據洗錢防制相關規定申報，對檢警單位防範或偵破犯罪有貢獻者。

二、員工參加國內外防制洗錢或打擊資恐相關業務講習，成績優良或蒐集國外法令研提對期貨商、槓桿交易商防制洗錢或打擊資恐活動具有價值之資料者。

職前及在職訓練得採下列方式辦理：

一、職前訓練：新進員工訓練至少應安排若干小時以上有關洗錢防制、資恐防制法令及金融從業人員法律責任訓練課程，使新進員工瞭解相關規定及責任。

二、在職訓練：

(一)初期之法令宣導：於洗錢防制法、資恐防制法施行或修正後，應於最短期間內對員工實施法令宣導，介紹洗錢防制法、資恐防制法及其有關法令，並講解期貨商、槓桿交易商之相關配合因應措施，有關事宜由專責單位負責規劃後，交由員工訓練單位負責辦理。

(二)平時之在職訓練：

1. 員工訓練部門應每年定期舉辦有關之訓練課程提供員工研習，以加強員工之判斷力，落實防制洗錢及打擊資恐之功能，並避免員工違法，本訓練得於其他專業訓練班中安排適當之有關課程。

2. 有關訓練課程除由期貨商、槓桿交易商培訓之講師擔任外，並得視實際需要延聘學者專家擔綱。

3. 訓練課程除介紹相關法令之外，並應輔以實際案例，使員工充分瞭解洗錢及資恐之特徵及類型，俾助於發覺「疑似洗錢或資恐之交易」。

4. 專責主管應定期瞭解員工參加訓練之情形，對於未曾參加者，應視實際需要督促其參加有關之訓練。

5. 除內部之在職訓練外，亦得選派員工參加外部訓練機構所舉辦之訓練課程。

三、專題演講：為更充實員工對洗錢防制法及資恐防制法令之認識，得舉辦專題講座，邀請學者專家蒞臨演講。

第16條　其他應注意事項：

一、客戶有下列情形應婉拒服務，並報告直接主管：

(一)當被告知依法必須提供相關資料確認身份時，堅不提供相關資料。

(二)任何個人或團體強迫或意圖強迫從業人員不得將交易紀錄或申報表格建檔。

(三)意圖說服從業人員免去完成該交易應填報之資料。

(四)探詢逃避申報之可能性。

(五)急欲說明資金來源清白或非進行洗錢。

(六)意圖提供利益於從業人員，以達到期貨商、槓桿交易商提供服務之目的。

(七)堅持交易必須馬上完成，且無合理解釋。

(八)客戶之描述與交易本身顯不吻合。

二、期貨商兼營其他業務時，該兼營部門亦應適用與該業務有關之防制洗錢及打擊資恐注意事項範本。

第17條　期貨商、槓桿交易商於金管會或受委託查核者執行「證券期貨業及其他經金融監督管理委員會指定之金融機構防制洗錢及打擊資恐內部控制與稽核制度實施辦法」第八條規定之查核時，應提示有關帳簿、文件、電子資料檔或其他相關資料。前開資料儲存形式不論係以書面、電子檔案、電子郵件或任何其他形式方式儲存，均應提供，不得以任何理由規避、拒絕或妨礙查核。

重點三　中華民國證券投資信託暨顧問商業同業公會證券投資信託事業證券投資顧問事業防制洗錢及打擊資恐注意事項範本

公布日期：民國109年01月22日

第1條　本注意事項依洗錢防制法、資恐防制法、金融機構防制洗錢辦法、證券期貨業及其他經金融監督管理委員會指定之金融機構防制洗錢及打擊資恐內部控制與稽核制度實施辦法、金融機構對經指定制裁對象之財物或財產上利益及所在地通報辦法、證券投資信託事業管

理規則第二十二條之一、境外基金管理辦法第六條及證券投資信託
事業證券投資顧問事業經營全權委託投資業務管理辦法第二十二條
之一訂定之，以協助防制洗錢及打擊資恐為目的。

第2條　本公司依「證券期貨業及其他經金融監督管理委員會指定之金融機
構防制洗錢及打擊資恐內部控制與稽核制度實施辦法」第四條規定
建立防制洗錢及打擊資恐之內部控制制度，應經董事會通過；修正
時，亦同。其內容並應包括下列事項：
一、依據「證券投資信託事業證券投資顧問事業評估洗錢及資恐風險
　　及訂定相關防制計畫指引」（以下簡稱本指引）（附件），訂定
　　對洗錢及資恐風險進行辨識、評估、管理之相關政策及程序。
二、依該指引與風險評估結果及業務規模，訂定防制洗錢及打擊資
　　恐計畫，以管理及降低已辨識出之風險，並對其中之較高風
　　險，採取強化控管措施。
三、監督控管防制洗錢及打擊資恐法令遵循及防制洗錢與打擊資恐
　　計畫執行之標準作業程序，並納入自行評估及內部稽核項目，
　　且於必要時予以強化。
前項第一款洗錢及資恐風險之辨識、評估及管理，應至少涵蓋客戶、
地域、產品及服務、交易或支付管道等面向，並依下列規定辦理：
一、製作風險評估報告。
二、考量所有風險因素，以決定整體風險等級，及降低風險之適當
　　措施。
三、訂定更新風險評估報告之機制（包括但不限於更新頻率），以
　　確保風險資料之更新。
四、於完成或更新風險評估報告時，將風險評估報告送金融監督管
　　理委員會（以下簡稱金管會）備查。
第一項第二款之防制洗錢及打擊資恐計畫，應包括下列政策、程序
及控管機制：
一、確認客戶身分。
二、客戶及交易有關對象之姓名及名稱檢核。
三、帳戶及交易之持續監控。
四、紀錄保存。
五、一定金額以上通貨交易申報。

六、疑似洗錢或資恐交易申報及依據資恐防制法之通報。

七、指定防制洗錢及打擊資恐專責主管負責遵循事宜。

八、員工遴選及任用程序。

九、持續性員工訓練計劃。

十、測試防制洗錢及打擊資恐機制有效性之獨立稽核功能。

十一、其他依防制洗錢及打擊資恐相關法令及金管會規定之事項。

若本公司設有分公司（或子公司），本公司應訂定集團層次之防制洗錢與打擊資恐計畫，於集團內之分公司（或子公司）施行。內容包括前項政策、程序及控管機制，並應在符合我國及國外分公司（或子公司）所在地資料保密法令規定之情形下，訂定下列事項：

一、為確認客戶身分與洗錢及資恐風險管理目的所需之集團內資訊分享政策及程序。

二、為防制洗錢及打擊資恐目的，於有必要時，依集團層次法令遵循、稽核及防制洗錢及打擊資恐功能，得要求分公司（或子公司）提供有關客戶、帳戶及交易資訊，並應包括異常交易或活動之資訊及所為之分析；必要時，亦得透過集團管理功能使分公司（或子公司）取得上述資訊。

三、對運用被交換資訊及其保密之安全防護，包括防範資料洩露之安全防護。

本公司應確保國外分公司（或子公司），在符合當地法令情形下，實施與總公司（或母公司）一致之防制洗錢及打擊資恐措施。當總公司（或母公司）與分公司（或子公司）所在國之最低要求不同時，分公司（或子公司）應就兩地選擇較高標準者作為遵循依據，惟就標準高低之認定有疑義時，以總公司（或母公司）所在國之主管機關之認定為依據；倘因外國法規禁止，致無法採行與總公司（或母公司）相同標準時，應採取合宜之額外措施，以管理洗錢及資恐風險，並向金管會申報。

在臺之外國金融機構集團分公司或子公司就第一項第一款及第二款應依據本指引訂定之洗錢及資恐風險辨識、評估、管理相關政策、程序，及防制洗錢及打擊資恐計畫所須包括之政策、程序及控管機制，若母集團已建立不低於我國規定且不違反我國法規情形者，在臺分公司或子公司得適用母集團之規定。

本公司之董事會對確保建立及維持適當有效之防制洗錢及打擊資恐內部控制負最終責任。董事會及高階管理人員應瞭解其洗錢及資恐風險，及防制洗錢及打擊資恐計畫之運作，並採取措施以塑造重視防制洗錢及打擊資恐之文化。

第3條　本範本用詞定義如下：

一、一定金額：指新臺幣五十萬元（含等值外幣）。

二、通貨交易：單筆現金收或付（在會計處理上，凡以現金收支傳票記帳者皆屬之）。

三、建立業務關係：係指某人要求本公司提供金融服務並建立能延續一段時間之往來關係或某人首次以本公司的準客戶身分接觸本公司，期望此關係延續一段時間的往來。例如客戶辦理證券投資信託基金、境外基金、受委任機構向客戶辦理私募境外基金（以下統稱基金）開戶時，或客戶辦理全權委託投資時。

四、客戶：為與本公司建立業務關係之人（包含自然人、法人、團體或信託）。

五、實質受益人：指對客戶具最終所有權或控制權之自然人，或由他人代理交易之自然人本人，包括對法人或法律協議具最終有效控制權之自然人。

六、風險基礎方法：指本公司應確認、評估及瞭解其暴露之洗錢及資恐風險，並採取適當防制洗錢及打擊資恐措施，以有效降低此類風險。依該方法，本公司對於較高風險情形應採取加強措施，對於較低風險情形，則可採取相對簡化措施，以有效分配資源，並以最適當且有效之方法，降低經其確認之洗錢及資恐風險。

七、交易有關對象：指交易過程中，所涉及本公司客戶以外之第三人，且不包含金融機構間往來之交易，亦不包含交易過程中必須配合之機構（例如：國內外保管機構、結算機構）。

第4條　本公司確認客戶身分措施，應依下列規定辦理：

一、本公司員工於確認客戶身分時，有下列情形之一者，應予以婉拒建立業務關係或交易：

(一)疑似使用匿名、假名、人頭、虛設行號或虛設法人團體。

(二)客戶拒絕提供審核客戶身分措施相關文件，但經可靠、獨立之來源確實查證身分屬實者，不在此限。

(三)對於由代理人辦理之情形，且查證代理之事實及身分資料有困難。

(四)持用偽、變造身分證明文件。

(五)檢送之身分證明文件均為影本。但依規定得以身分證明文件影本或影像檔，輔以其他管控措施辦理之業務，不在此限。

(六)提供文件資料可疑、模糊不清，不願提供其他佐證資料或提供之文件資料無法進行查證。

(七)客戶不尋常拖延應補充之身分證明文件。

(八)建立業務關係之對象為資恐防制法指定制裁之個人、法人或團體，以及外國政府或國際組織認定或追查之恐怖分子或團體。但依資恐防制法第六條第一項第一款至第三款所為支付不在此限。

(九)建立業務關係或交易時，有其他異常情形，客戶無法提出合理說明。

二、本公司於下列情形時，應確認客戶身分：

(一)與客戶建立業務關係時。

(二)發現疑似洗錢或資恐交易時。

(三)對於過去所取得客戶身分資料之真實性或妥適性有所懷疑時。

三、本公司確認客戶身分應採取下列方式辦理：

(一)以可靠、獨立來源之文件、資料或資訊，辨識及驗證客戶身分，並保存該身分證明文件影本或予以記錄。

(二)對於由代理人建立業務關係或交易者，應確實查證代理之事實，並依前目方式辨識及驗證代理人身分，並保存該身分證明文件影本或予以記錄。

(三)辨識客戶實質受益人，並以合理措施驗證其身分，包括使用可靠來源之資料或資訊。

(四)確認客戶身分措施，應包括瞭解業務關係之目的與性質，並視情形取得相關資訊。

四、前款規定於客戶為個人時，至少取得下列資訊，以辨識其身分：

(一)姓名。

(二)出生日期。

(三)戶籍或居住地址。

(四)官方身分證明文件號碼。

　　　(五)國籍。

　　　(六)外國人士居留或交易目的（如觀光、工作等）。

五、針對依據本公司客戶洗錢及資恐風險評估相關規範辨識為高風險或具特定高風險因子之個人客戶，於建立業務關係時應至少取得下列任一資訊：

　　　(一)曾使用之姓名、別名：曾使用之姓名如結婚前使用之姓名、更名前使用之姓名。

　　　(二)任職地址、郵政信箱地址、電子郵件地址（如有）。

　　　(三)電話或手機號碼。

六、第三款規定於客戶為法人、團體或信託之受託人時，應瞭解客戶或信託（包括類似信託之法律協議）之業務性質，並至少取得客戶或信託之下列資訊，辨識及驗證客戶身分：

　　　(一)客戶或信託之名稱、法律形式及存在證明。

　　　(二)規範及約束法人、團體或信託之章程或類似之權力文件。
　　　　　但下列情形得不適用：

　　　　1.第七款第三目所列對象，其無第六條第一項第三款但書情形者。

　　　　2.團體客戶經確認其未訂定章程或類似之權力文件者。

　　　(三)在法人、團體或信託之受託人中擔任高階管理人員（高階管理人員之範圍得包括董事或監事或理事或總經理或財務長或代表人或管理人或合夥人或有權簽章人，或相當於前述高階管理人員之自然人，本公司應運用風險基礎方法決定其範圍）之下列資訊：

　　　　1.姓名。

　　　　2.出生日期。

　　　　3.國籍。

　　　(四)官方辨識編號：如統一編號、稅籍編號、註冊號碼。

　　　(五)法人、團體或信託之受託人註冊登記之辦公室地址，及其主要之營業處所地址。

　　　(六)境外法人、團體或信託之受託人往來目的。

七、第三款第三目規定於客戶為法人、團體或信託之受託人時，應瞭解客戶或信託之所有權及控制權結構，並透過下列資訊，辨識客戶之實質受益人，及採取合理措施驗證：

(一)客戶為法人、團體時：
　1.具控制權之最終自然人身分（如姓名、出生日期、國籍及身分證明文件號碼等）。所稱具控制權係指直接、間接持有該法人股份或資本超過百分之二十五者。本公司得請客戶提供股東名冊或其他文件協助完成辨識。
　2.依前小目規定未發現具控制權之自然人，或對具控制權自然人是否為實質受益人有所懷疑時，應辨識有無透過其他方式對客戶行使控制權之自然人。必要時得取得客戶出具之聲明書確認實質受益人之身分。
　3.如依前二小目規定均未發現具控制權之自然人時，本公司應辨識高階管理人員之身分。
(二)客戶為信託之受託人時：應確認委託人、受託人、信託監察人、信託受益人及其他可有效控制該信託帳戶之人，或與上述人員具相當或類似職務者之身分。
(三)客戶或具控制權者為下列身分者，除有第六條第一項第三款但書情形或已發行無記名股票情形者外，不適用第三款第三目辨識及驗證實質受益人身分之規定：
　1.我國政府機關。
　2.我國公營事業機構。
　3.外國政府機關。
　4.我國公開發行公司或其子公司。
　5.於國外掛牌並依掛牌所在地規定，應揭露其主要股東之股票上市、上櫃公司及其子公司。
　6.受我國監理之金融機構及其管理之投資工具。
　7.設立於我國境外，且所受監理規範與防制洗錢金融行動工作組織（FATF）所定防制洗錢及打擊資恐標準一致之金融機構，及該金融機構管理之投資工具。本公司對前開金融機構及投資工具需留存相關文件證明（如公開資訊查核紀錄或該金融機構防制洗錢作業規章或負面資訊查詢紀錄或金融機構聲明書等）。
　8.我國政府機關管理之基金。
　9.員工持股信託、員工福利儲蓄信託。

八、與本公司建立業務關係之客戶，驗證客戶及其代理人與實質受
　　益人身分之方式：
　　(一)以文件驗證：
　　　1.個人：
　　　　(1)驗證身分或生日：取得附有照片且未過期之官方身分證
　　　　　明文件，如身分證、護照、居留證、駕照等。如對上述
　　　　　文件效期有疑義，應取得大使館或公證人之認證或聲
　　　　　明。另實質受益人前述資料得不要求正本進行驗證，或
　　　　　依據本公司內部所定作業程序，請法人、團體及其代表
　　　　　人聲明實質受益人資料，但該聲明資料應有部分項目得
　　　　　以公司登記證明文件、公司年報等其他可信文件或資料
　　　　　來源進行驗證。
　　　　(2)驗證地址：取得客戶所屬帳單、對帳單、或官方核發之
　　　　　文件等。
　　　2.法人、團體或信託之受託人：取得公司設立登記文件
　　　　（Certified Articles of Incorporation）、政府核發之營業執
　　　　照、合夥協議（Partnership Agreement）、信託文件（Trust
　　　　Instrument）、存續證明（Certification of Incumbency）
　　　　等。如信託之受託人為洗錢防制法第五條第一項列示之金
　　　　融機構所管理之信託，其信託文件得由該金融機構出具之
　　　　書面替代之，惟該金融機構所在之國家或地區有第六條第
　　　　一項第三款但書者不適用。
　　(二)有必要時，可另行以非文件資訊驗證，例如：
　　　1.在帳戶開立後，以電話或函件聯繫客戶。
　　　2.由其他金融機構提供之資訊。
　　　3.交叉比對客戶提供之資訊與其他可信賴之公開資訊、付費
　　　　資料庫等。
九、依據本公司洗錢及資恐風險評估相關規範辨識為高風險或具特
　　定高風險因子之客戶，應以加強方式執行驗證，例如：
　　(一)取得客戶所提供住址之客戶本人／法人或團體之有權人簽
　　　署回函或辦理電話訪查。
　　(二)取得個人財富及資金來源資訊之佐證資料。

(三)取得法人、團體或信託受託人資金來源及去向之佐證資料，如主要供應商名單、主要客戶名單等。

(四)實地訪查。

十、本公司完成確認客戶身分措施前，不得與該客戶建立業務關係。但符合下列各目情形者，得先取得辨識客戶及實質受益人身分之資料，並於建立業務關係後，再完成驗證：

(一)洗錢及資恐風險受到有效管理。包括應針對客戶可能利用交易完成後才驗證身分之情形，採取風險管控措施。

(二)為避免對客戶業務之正常運作造成干擾所必須。

(三)會在合理可行之情形下儘速完成客戶及實質受益人之身分驗證。如未能在合理可行之時限內完成客戶及實質受益人之身分驗證，須終止該業務關係，並應事先告知客戶。

十一、本公司如允許客戶未完成身分驗證前建立業務關係，則應採取相關的風險管控措施，包括：

(一)訂定客戶身分驗證完成期限。

(二)於客戶身分驗證完成前，營業單位督導主管應定期檢視與該客戶之往來關係，並定期向高階主管報告客戶身分驗證處理進度。

(三)於客戶身分驗證完成前，限制該客戶之交易次數與交易類型。

(四)前款第三目「合理可行之時限」本公司應以風險基礎方法依不同風險等級訂定。釋例如下：

1. 應在建立業務關係後，不遲於30個工作天內完成客戶身分驗證程序。

2. 倘在建立業務關係30個工作天後，仍未能完成客戶身分驗證程序，則本公司應暫時中止與客戶的業務關係，及避免進行進一步的交易（在可行狀況下，將資金退回原資金來源則不在此限）。

3. 倘在建立業務關係120天後，仍未能完成客戶身分驗證程序，則本公司應終止與客戶之業務關係。

十二、客戶為法人時，應以檢視公司章程或請客戶出具聲明書之方式，瞭解其是否可發行無記名股票，並對已發行無記名股票之客戶採取下列任一措施之一以確保其實質受益人之更新：

(一)請客戶要求具控制權之無記名股票股東，應通知客戶登記身分，並請客戶於具控制權股東身分發生變動時通知本公司。

(二)請客戶於每次股東會後，應向本公司更新其實質受益人資訊，並提供持有無記名股票達一定比率以上股東之資料。但客戶因其他原因獲悉具控制權股東身分發生變動時，應即通知本公司。

十三、本公司於確認客戶身分時，應運用適當之風險管理機制，確認客戶及其實質受益人、高階管理人員是否為現任或曾任國內外政府或國際組織之重要政治性職務之人：

(一)客戶或其實質受益人若為現任國外政府之重要政治性職務之人，應將該客戶直接視為高風險客戶，並採取第六條第一項第一款各目之強化確認客戶身分措施。

(二)客戶或其實質受益人若為現任國內政府或國際組織之重要政治性職務之人，應於與該客戶建立業務關係時，審視其風險，嗣後並應每年重新審視。對於經本公司認定屬高風險業務關係者，應對該客戶採取第六條第一項第一款各目之強化確認客戶身分措施。

(三)客戶之高階管理人員若為現任國內外政府或國際組織之重要政治性職務之人，本公司應考量該高階管理人員對該客戶之影響力，決定是否對該客戶採取第六條第一項第一款各目之強化確認客戶身分措施。

(四)對於非現任國內外政府或國際組織之重要政治性職務之人，本公司應考量相關風險因子後評估其影響力，依風險基礎方法認定其是否應適用前三目之規定。

(五)前四目規定於重要政治性職務之人之家庭成員及有密切關係之人，亦適用之。前述家庭成員及有密切關係之人之範圍，依洗錢防制法第七條第四項後段所定辦法之規定認定之。

(六)第七款第三目第一小目至第三小目及第八小目所列對象，其實質受益人或高階管理人員為重要政治性職務之人時，不適用本款第一目至第五目規定。

十四、確認客戶身分其他應遵循之事項：

(一)本公司在與客戶建立業務關係時或懷疑客戶資料不足以確認身分時，應從政府核發或其他辨認文件確認客戶身分並加以記錄。

(二)由代理人代為處理交易，應特別加強確認客戶身分之作為。

(三)若知悉客戶被其他金融機構拒絕金融業務往來者，應加強審查。

(四)對於非面對面之客戶，應施以具相同效果之確認客戶程序，且必須有特別和足夠之措施，以降低風險。

(五)以網路方式建立業務關係者，應依中華民國證券投資信託暨顧問商業同業公會所訂並經主管機關備查之相關作業規範辦理。

(六)對採委託授權建立業務關係或建立業務關係後始發現有存疑之客戶，應以電話、書面或實地查訪等方式確認。

(七)採通訊方式建立業務關係者，應依中華民國證券投資信託暨顧問商業同業公會所訂並經主管機關備查之相關作業規範辦理。

(八)在不違反相關法令下，本公司如得知或必須假定客戶往來資金來源自貪瀆或濫用公共資產時，應不予接受或斷絕業務往來關係。

(九)本公司對於無法完成確認客戶身分相關規定程序者，考量申報與該客戶有關之疑似洗錢或資恐交易。

(十)本公司懷疑某客戶或交易可能涉及洗錢或資恐，且合理相信執行確認客戶身分程序可能對客戶洩露訊息時，得不執行該等程序，而改以申報疑似洗錢或資恐交易。

(十一)對於全權委託投資，應依客戶資料表所載內容詳實瞭解客戶之財務狀況，必要時可請客戶提供證明文件或實地查訪。如與其身分、收入顯不相當或其資金來源不明者，應特別注意有無疑似洗錢之情形。

(十二)其他建立業務關係應注意事項悉依本公司內部作業規定辦理。

十五、 有以下情形得依契約約定為下列之處理：

(一)對於有第一款第八目情形，本公司得拒絕業務往來或逕行終止業務關係。

(二)對於不配合審視、拒絕提供實質受益人或對客戶行使控制權之人等資訊、對交易之性質與目的或資金來源不願配合說明等客戶，事業得暫時停止交易，或暫時停止或終止業務關係。

十六、 對於有第一款第八目所述建立業務關係或交易對象情形，本公司應依洗錢防制法第十條申報疑似洗錢或資恐交易，如該對象為資恐防制法指定制裁之個人、法人或團體，或受指定制裁之個人、法人或團體委任、委託、信託或其他原因而為其持有或管理之財物或財產上利益之第三人，本公司並應於知悉之日起不得有資恐防制法第七條第一項行為，及依資恐防制法規定辦理通報（格式請至法務部調查局網站下載）。本公司若於前述對象受制裁指定前已有資恐防制法第六條第一項第二款及第三款情事，則應依資恐防制法向法務部申請許可。

第 5 條 本公司確認客戶身分措施，應包括對客戶身分之持續審查，並依下列規定辦理：

一、 本公司應依重要性及風險程度，對現有客戶身分資料進行審查，並於考量前次執行審查之時點及所獲得資料之適足性後，在適當時機對已存在之往來關係進行審查。上開適當時機至少應包括：

(一)客戶加開帳戶或新增業務往來關係時。

(二)依據客戶之重要性及風險程度，以風險基礎方法所定之定期審查時點。

(三)得知客戶身分與背景資訊有重大變動時。

二、 本公司應對客戶業務關係中之交易進行詳細審視，以確保所進行之交易與客戶及其業務、風險相符，必要時並應瞭解其資金來源。

三、 本公司應定期檢視其辨識客戶及實質受益人身分所取得之資訊是否足夠，並確保該等資訊之更新，特別是高風險客戶，本公司應至少每年檢視一次，除前述客戶外，應依風險基礎方法決定檢視頻率。

四、本公司對客戶身分辨識與驗證程序，得以過去執行與保存資料為依據，無須於客戶每次從事交易或增減委託投資資金時，一再辨識及驗證客戶之身分。但本公司對客戶資訊之真實性或妥適性有所懷疑、發現客戶涉及疑似洗錢或資恐交易、或客戶之交易或帳戶之運作方式出現與該客戶業務特性不符之重大變動時，應依第四條規定對客戶身分再次確認。

第6條　第四條第三款及前條規定之確認客戶身分措施及持續審查機制，應以風險基礎方法決定其執行強度，包括：

一、對於高風險情形，應加強確認客戶身分或持續審查措施，其中至少應額外採取下列強化措施：

(一)在建立或新增業務往來關係前，本公司應取得依內部風險考量，所訂核准層級之高階管理人員同意。

(二)應採取合理措施以瞭解客戶財富及資金來源。其中資金來源係指產生該資金之實質來源（例如薪資、投資收益、買賣不動產等）。

(三)對於業務往來關係應採取強化之持續監督。

二、對於來自洗錢或資恐高風險國家或地區之客戶，應採行與其風險相當之強化措施。

三、對於較低風險情形，得採取簡化措施，該簡化措施應與其較低風險因素相當。但有下列情形者，不得採取簡化確認客戶身分措施：

(一)客戶來自未採取有效防制洗錢或打擊資恐之高風險國家或地區，包括但不限於金管會函轉國際防制洗錢組織所公告防制洗錢與打擊資恐有嚴重缺失之國家或地區，及其他未遵循或未充分遵循國際防制洗錢組織建議之國家或地區。

(二)足資懷疑該客戶或交易涉及洗錢或資恐。

本公司得採行之簡化確認客戶身分措施如下：

一、降低客戶身分資訊更新之頻率。

二、降低持續性監控之等級，並以合理的金額門檻作為審查交易或增減委託投資資金之基礎。

三、從交易類型或已建立業務往來關係可推斷其目的及性質者，得無須再蒐集特定資訊或執行特別措施以瞭解業務往來關係之目的及其性質。

第7條　本公司確認客戶身分作業應自行辦理，如法令或金管會另有規定得依賴第三方執行辨識及驗證客戶本人身分、代理人身分、實質受益人身分或業務關係之目的及性質時，本公司仍應負確認客戶身分之最終責任，並應符合下列規定：

一、應能立即取得確認客戶身分所需資訊。

二、應採取符合本公司本身需求之措施，確保所依賴之第三方將依本公司之要求，毫不延遲提供確認客戶身分所需之客戶身分資料或其他相關文件影本。

三、確認所依賴之第三方受到規範、監督或監控，並有適當措施遵循確認客戶身分及紀錄保存之相關規範。

四、確認所依賴之第三方之所在地，其防制洗錢及打擊資恐規範與防制洗錢金融行動工作組織所定之標準一致。

第8條　本公司對客戶及交易有關對象之姓名及名稱檢核機制，應依下列規定辦理：

一、本公司應依據風險基礎方法，建立客戶及交易有關對象之姓名及名稱檢核政策及程序，以偵測、比對、篩檢客戶、客戶之高階管理人員、實質受益人或交易有關對象是否為資恐防制法指定制裁之個人、法人或團體，以及外國政府或國際組織認定或追查之恐怖分子或團體。如是，應依第四條第十六款規定辦理。

二、本公司之客戶及交易有關對象之姓名及名稱檢核政策及程序，至少應包括比對與篩檢邏輯、檢核作業之執行程序，以及檢視標準，並將其書面化。

三、本公司執行姓名及名稱檢核情形應予記錄，並依第十二條規定之期限進行保存。

四、本檢核機制應予測試，測試面向包括：

(一)制裁名單及門檻設定是否基於風險基礎方法。

(二)輸入資料與對應之系統欄位正確及完整。

(三)比對與篩檢邏輯。

(四)模型驗證。

(五)資料輸出正確及完整。

五、依據測試結果確認是否仍能妥適反映風險並適時修訂之。

第9條 本公司對帳戶及交易之持續監控，應依下列規定辦理：

一、本公司應逐步以資訊系統整合全公司客戶之基本資料及交易資料，供總（分）公司進行基於防制洗錢及打擊資恐目的之查詢，以強化其帳戶及交易監控能力。對於各單位調取及查詢客戶之資料，應建立內部控制程序，並注意資料之保密性。

二、本公司應依據風險基礎方法，建立帳戶及交易監控政策與程序，並利用資訊系統，輔助發現疑似洗錢或資恐交易。

三、本公司應依據防制洗錢與打擊資恐法令規範、其客戶性質、業務規模及複雜度、內部與外部來源取得之洗錢與資恐相關趨勢與資訊、內部風險評估結果等，檢討其帳戶及交易監控政策及程序，並定期更新之。

四、本公司之帳戶及交易監控政策及程序，至少應包括完整之監控型態、參數設定、金額門檻、預警案件與監控作業之執行程序與監控案件之檢視程序及申報標準，並將其書面化。

五、前款機制應予測試，測試面向包括：

(一)內部控制流程：檢視帳戶及交易監控機制之相關人員或單位之角色與責任。

(二)輸入資料與對應之系統欄位正確及完整。

(三)偵測情境邏輯。

(四)模型驗證。

(五)資料輸出。

六、本公司發現或有合理理由懷疑客戶、客戶之資金、資產或其欲／已進行之交易與洗錢或資恐等有關者，不論金額或價值大小或交易完成與否，均應對客戶身分進一步審查。

七、附錄所列為可能產生之疑似洗錢或資恐交易表徵，惟並非詳盡無遺，本公司應依本身資產規模、地域分布、業務特點、客群性質及交易特徵，並參照本公司內部之洗錢及資恐風險評估或日常交易資訊等，選擇或自行發展契合本公司本身之表徵，以辨識出可能為洗錢或資恐之警示交易。

八、前款辨識出之警示交易應就客戶個案情況判斷其合理性（合理性之判斷，例如：是否有與客戶身分或收入或營業規模顯不相當，或與客戶本身營業性質無關或不符合客戶商業模式或無合理經濟目的或無合理解釋或無合理用途或資金來源不明或交代

不清），儘速完成是否為疑似洗錢或資恐交易之檢視，並留存檢視紀錄。經檢視非疑似洗錢或資恐交易者，應當記錄分析排除理由；如經檢視屬疑似洗錢或資恐交易者，不論交易金額多寡，均應依法務部調查局所定之申報格式簽報，並於專責主管核定後立即向法務部調查局申報，核定後之申報期限不得逾二個營業日。交易未完成者，亦同。

九、本公司就各項疑似洗錢或資恐交易表徵，應以風險基礎方法辨別須建立相關資訊系統輔助監控者。未列入系統輔助者，本公司亦應以其他方式協助員工於客戶交易時判斷其是否為疑似洗錢或資恐交易；系統輔助並不能完全取代員工判斷，本公司仍應強化員工之訓練，使員工有能力識別出疑似洗錢或資恐交易。

十、於全權委託投資契約存續期間，應與客戶經常聯繫，隨時注意及掌握客戶財務狀況，並每年至少進行一次訪談，以修正或補充客戶資料表內容，作為查核疑似洗錢或資恐交易之參考。

疑似洗錢或資恐交易之申報：

一、當本公司經辦人員發現有異常交易之情形或有洗錢或資恐之疑慮時，應立即陳報督導主管，同時副知專責主管。

二、督導主管接獲前述之陳報，應儘速裁決是否確屬應行申報事項。若裁定為應行申報事項，應立即指示原經辦人員填具申報書（格式請至法務部調查局網站下載）。

三、經辦人員將申報書呈專責主管核定後，立即向法務部調查局申報，核定後之申報期限不得逾二個營業日。

四、對屬明顯重大緊急之疑似洗錢或資恐交易案件之申報，應立即以傳真或其他可行方式儘速向法務部調查局申報，並立即補辦書面資料。但經法務部調查局以傳真資料確認回條確認收件者，無須補辦申報書。本公司並應留存傳真資料確認回條。

五、若有疑似洗錢交易之申報，應於每會計年度終了後十五日內，將上一年度所申報之態樣及其件數，函報金管會備查，並副知中華民國證券投資信託暨顧問商業同業公會。

防止申報資料及消息洩露之保密規定：

一、疑似洗錢或資恐交易申報事項，本公司員工均應保守秘密，不得任意洩露。本公司並應提供員工如何避免資訊洩露之訓練或教材，避免員工與客戶應對或辦理日常作業時，發生資訊洩露情形。

二、本申報事項有關之文書，均應以機密文件處理，如有洩密案件應依有關規定處理。

三、本公司員工得為執行職務需要，依本公司內部規定即時取得客戶資料與交易紀錄以辦理防制洗錢及打擊資恐事宜，惟仍應遵循保密之規定。

執行帳戶或交易持續監控之情形應予記錄，並依第十二條規定之期限進行保存。

第9-1條 本公司依資恐防制法第七條對經指定制裁對象之財物或財產上利益及所在地之通報，應依下列規定辦理：

一、於知悉後即依法務部調查局所定之通報格式及方式，由總機構主管單位簽報第十三條第一項之專責主管核定，並向法務部調查局通報，核定後之通報期限不得逾二個營業日。

二、有明顯重大緊急之情事者，應立即以傳真或其他可行方式儘速辦理通報，並應依法務部調查局所定之通報格式（格式請至法務部調查局網站下載）及方式補辦通報。但經法務部調查局以所定格式傳真回覆確認，無需補辦通報。本公司並應留存法務部調查局之傳真回覆資料。

三、本公司以每年十二月三十一日為結算基準日，應依法務部調查局所定之格式（格式請至法務部調查局網站下載）編製年度報告，記載於結算基準日當日依資恐防制法第七條所管理或持有一切經指定制裁之個人、法人或團體之財物或財產上利益，並於次年三月三十一日前提報法務部調查局備查。

前項通報紀錄、交易憑證及年度報告，應以原本方式保存五年。

第10條 事業於推出新產品或服務或辦理新種業務（包括新支付機制、運用新科技於現有或全新之產品或業務）前，應進行洗錢及資恐風險評估，並建立相應之風險管理措施以降低所辨識之風險。

第11條 本公司對達一定金額以上之通貨交易，應依下列規定辦理：

一、應確認客戶身分並留存相關紀錄憑證。

二、本公司確認客戶身分措施，應依下列規定辦理：

(一)憑客戶提供之身分證明文件或護照或永久居留證或外僑居留證確認其身分，並將其姓名、出生年月日、住址、電話、交易帳戶號碼、交易金額及身分證明文件號碼等事項加以記錄。但如能確認客戶為交易帳戶本人者，可免確認身分，惟應於交易紀錄上敘明係本人交易。

(二)交易如係由代理人為之者，應憑代理人提供之身分證明文件或護照或永久居留證或外僑居留證確認其身分，並將其姓名、出生年月日、住址、電話、交易帳戶號碼、交易金額及身分證明文件號碼等事項加以記錄。

三、本公司應於交易完成後五個營業日內以媒體申報方式（格式請至法務部調查局網站下載），向法務部調查局申報。無法以媒體方式申報而有正當理由者，得報經法務部調查局同意後，以書面（格式請至法務部調查局網站下載）申報之。

四、向法務部調查局申報資料及相關紀錄憑證之保存，應依第十二條規定辦理。

第12條 本公司應以紙本或電子資料保存與客戶往來及交易之紀錄憑證，並依下列規定辦理：

一、本公司對國內外交易之所有必要紀錄，應至少保存五年。但法律另有較長保存期間規定者，從其規定。前述必要紀錄包括：

(一)進行交易的客戶姓名或帳號。

(二)交易日期。

(三)貨幣種類及金額。

二、對達一定金額以上大額通貨交易，其確認紀錄及申報之相關紀錄憑證，以原本方式至少保存五年。

三、對疑似洗錢或資恐交易之申報，其申報之相關紀錄憑證，以原本方式至少保存五年。

四、本公司對下列資料，應保存至與客戶業務關係結束後，至少五年。但法律另有較長保存期間規定者，從其規定：

(一)確認客戶身分所取得之所有紀錄，如護照、永久居留證、外僑居留證、身分證、駕照或類似之官方身分證明文件影本或紀錄。

(二)帳戶檔案。

　　(三)業務往來資訊，包括對複雜、異常交易進行詢問所取得之背景或目的資訊與分析資料。

五、本公司保存之交易紀錄應足以重建個別交易，以備作為認定不法活動之證據。

六、權責機關依適當授權要求本公司提供交易紀錄及確認客戶身分等相關資訊時，本公司應確保能夠迅速提供。

七、遇依法進行調查中之案件，若相關確認紀錄及交易紀錄憑證已屆保存年限，在其結案前，仍應繼續妥善保存不得予以銷毀。

第13條　本公司應依規模、風險等配置適足之防制洗錢及打擊資恐專責人員及資源，並由董事會指派高階主管一人擔任專責主管，賦予協調監督防制洗錢及打擊資恐之充分職權，及確保該等人員及主管無與其防制洗錢及打擊資恐職責有利益衝突之兼職。

前項專責主管掌理下列事務：

一、督導洗錢及資恐風險之辨識、評估及監控政策及程序之規劃與執行。

二、協調督導全面性洗錢及資恐風險辨識及評估之執行。

三、監控與洗錢及資恐有關之風險。

四、發展防制洗錢及打擊資恐計畫。

五、協調督導防制洗錢及打擊資恐計畫之執行。

六、確認防制洗錢及打擊資恐相關法令之遵循，包括所屬金融同業公會所定並經金管會予以備查之相關範本或自律規範。

七、督導向法務部調查局進行疑似洗錢或資恐交易申報及資恐防制法指定對象之財物或財產上利益及其所在地之通報事宜。

第一項專責主管應至少每半年向董事會及監察人（或審計委員會）報告，如發現有重大違反法令時，應即時向董事會及監察人（或審計委員會）報告。本公司之國外營業單位應綜合考量在當地之分公司家數、業務規模及風險等，設置適足之防制洗錢及打擊資恐人員，並指派一人為主管，負責防制洗錢及打擊資恐之協調督導事宜。

本公司之國外營業單位防制洗錢及打擊資恐主管之設置應符合當地法令規定及當地主管機關之要求，並應具備協調督導防制洗錢及打擊資恐之充分職權，包括可直接向第一項專責主管報告，且除兼任法令遵循主管外，應為專任，如兼任其他職務，應與當地主管機關溝通，以確認其兼任方式無利益衝突之虞，並報金管會備查。

第14條　本公司國內外營業單位應指派資深管理人員擔任督導主管，負責督導所屬營業單位執行防制洗錢及打擊資恐相關事宜，並依「證券暨期貨市場各服務事業建立內部控制制度處理準則」相關規定辦理自行評估。

本公司內部稽核單位應依規定辦理下列事項之查核，並提具查核意見：

一、洗錢及資恐風險評估與防制洗錢及打擊資恐計畫是否符合法規要求並落實執行。

二、防制洗錢及打擊資恐計畫之有效性。

本公司內部稽核單位之職責：

一、稽核單位應依據所訂內部管制措施暨有關規定訂定查核事項，定期辦理查核，並測試防制洗錢及打擊資恐計畫之有效性及公司營運、部門與分公司（或子公司）之風險管理品質。

二、查核方式應涵蓋獨立性交易測試，包括就本公司評估之高風險產品、客戶及地域，篩選有關之交易，驗證已有效執行防制洗錢及打擊資恐相關規範。

三、稽核人員應出具稽核報告。專責主管應綜合稽核缺失事項，作為員工在職訓練之參考。

四、稽核人員查獲重大違規事項，故意隱匿不予揭露者，應由總公司權責單位予以適當處理。

本公司總經理應督導各單位審慎評估及檢討防制洗錢及打擊資恐內部控制制度執行情形，由董事長、總經理、稽核主管、防制洗錢及打擊資恐專責主管聯名出具防制洗錢及打擊資恐之內部控制制度聲明書，並提報董事會通過，於每會計年度終了後三個月內將該內部控制制度聲明書內容揭露於本公司網站，並於金管會指定網站辦理公告申報。

在臺之外國金融機構分公司，就本注意事項範本關於董事會或監察人之相關事項，由其總公司董事會授權之在臺分公司負責人負責。

前項聲明書，由總公司董事會授權之在臺分公司負責人、防制洗錢及打擊資恐專責主管及負責臺灣地區之稽核業務主管等三人出具。

第15條　本公司應確保建立高品質之員工遴選及任用程序，包括檢視員工是否具備廉正品格，及執行其職責所需之專業知識。

本公司之防制洗錢及打擊資恐專責主管、專責人員及國內營業單位督導主管應於充任後三個月內符合下列資格條件之一,並應訂定相關控管機制,以確保符合規定:

一、曾擔任專責之法令遵循或防制洗錢及打擊資恐專責人員三年以上者。

二、防制洗錢及打擊資恐專責人員及專責主管參加金管會認定機構所舉辦二十四小時以上課程,並經考試及格且取得結業證書;國內營業單位督導主管參加金管會認定機構所舉辦十二小時以上課程,並經考試及格且取得結業證書。但由法令遵循主管兼任防制洗錢及打擊資恐專責主管,或法令遵循人員兼任防制洗錢及打擊資恐專責人員者,經參加金管會認定機構所舉辦十二小時防制洗錢及打擊資恐之教育訓練後,視為具備本款資格條件。

三、取得金管會認定機構舉辦之國內或國際防制洗錢及打擊資恐專業人員證照者。

本公司之防制洗錢及打擊資恐專責人員、專責主管及國內營業單位督導主管,每年應至少參加經第十三條第一項專責主管同意之內部或外部訓練單位所辦十二小時防制洗錢及打擊資恐教育訓練,訓練內容應至少包括新修正法令、洗錢及資恐風險趨勢及態樣。當年度取得金管會認定機構舉辦之國內或國際防制洗錢及打擊資恐專業人員證照者,得抵免當年度之訓練時數。

本公司國外營業單位之督導主管與防制洗錢及打擊資恐主管、人員應具備防制洗錢專業及熟知當地相關法令規定,且每年應至少參加由國外主管機關或相關單位舉辦之防制洗錢及打擊資恐教育訓練課程十二小時,如國外主管機關或相關單位未舉辦防制洗錢及打擊資恐教育訓練課程,得參加經第十三條第一項專責主管同意之內部或外部訓練單位所辦課程。

本公司董事、監察人、總經理、法令遵循人員、內部稽核人員及業務人員,應依其業務性質,每年安排具適當內容及時數之防制洗錢及打擊資恐教育訓練,以使其瞭解所承擔之防制洗錢及打擊資恐職責,及具備執行該職責應有之專業。

員工有下列情形之一者,應對其經辦事務予以抽查,必要時可洽請稽核單位協助:

一、員工奢侈之生活方式與其薪資所得顯不相當。

二、員工已排定休假而無故不休假。

員工有下列對防制洗錢及打擊資恐有功之具體事蹟者，應給予適當獎勵：

一、員工發現有疑似洗錢或資恐案件，並依據洗錢防制相關規定申報，對檢警單位防範或偵破犯罪有貢獻者。

二、員工參加國內外防制洗錢或打擊資恐相關業務講習，成績優良或蒐集國外法令研提對本公司防制洗錢或打擊資恐活動具有價值之資料者。

職前及在職訓練得採下列方式辦理：

一、職前訓練：新進員工訓練至少應安排若干小時以上有關洗錢防制、資恐防制法令及金融從業人員法律責任訓練課程，使新進員工瞭解相關規定及責任。

二、在職訓練：

　　(一)初期之法令宣導：於洗錢防制法、資恐防制法施行或修正後，應於最短期間內對員工實施法令宣導，介紹洗錢防制法、資恐防制法及其有關法令，並講解本公司之相關配合因應措施，有關事宜由專責主管負責規劃後，交由員工訓練單位負責辦理。

　　(二)平時之在職訓練：

　　　1.員工訓練部門應每年定期舉辦有關之訓練課程提供員工研習，以加強員工之判斷力，落實防制洗錢及打擊資恐之功能，並避免員工違法，本訓練得於其他專業訓練班中安排適當之有關課程。

　　　2.有關訓練課程除由本公司培訓之講師擔任外，並得視實際需要延聘學者專家擔綱。

　　　3.訓練課程除介紹相關法令之外，並應輔以實際案例，使員工充分瞭解洗錢及資恐之特徵及類型，俾助於發覺「疑似洗錢或資恐之交易」。

　　　4.專責主管應定期瞭解員工參加訓練之情形，對於未曾參加者，應視實際需要督促其參加有關之訓練。

　　　5.除內部之在職訓練外，本公司亦得選派員工參加外部訓練機構所舉辦之訓練課程。

三、專題演講：為更充實員工對洗錢防制法及資恐防制法令之認識，本公司得舉辦專題講座，邀請學者專家演講。

第16條　其他應注意事項：

　　一、客戶有下列情形者，本公司員工應婉拒服務，並報告督導主管：

　　　　(一)當被告知依法必須提供相關資料確認身份時，堅不提供相關資料。

　　　　(二)任何個人或團體強迫或意圖強迫本公司員工不得將交易紀錄或申報表格建檔。

　　　　(三)意圖說服本公司員工免去完成該交易應填報之資料。

　　　　(四)探詢逃避申報之可能性。

　　　　(五)急欲說明資金來源清白或非進行洗錢。

　　　　(六)堅持交易須馬上完成，且無合理解釋。

　　　　(七)客戶之描述與交易本身顯不吻合。

　　　　(八)意圖提供利益於本公司員工，以達到本公司提供服務之目的。

　　二、客戶以受益憑證設定質權或擔保，本公司應於知悉後確認客戶之目的，並應留存確認紀錄，若發現有疑似洗錢或資恐者，應立即向法務部調查局申報。

　　三、證券投資信託事業或證券投資顧問事業兼營其他行業業務時，亦應適用與該業務有關之防制洗錢及打擊資恐注意事項範本。

第17條　本公司於金管會或受委託查核者執行「證券期貨業及其他經金融監督管理委員會指定之金融機構防制洗錢及打擊資恐內部控制與稽核制度實施辦法」第八條規定之查核時，應提示有關帳簿、文件、電子資料檔或其他相關資料。前開資料儲存形式不論係以書面、電子檔案、電子郵件或任何其他形式方式儲存，均應提供，不得以任何理由規避、拒絕或妨礙查核。

重點四　證券商評估洗錢及資恐風險及訂定相關防制計畫指引 ✍

一、（授權依據）

　　本指引依「證券期貨業及其他經金融監督管理委員會指定之金融機構防制洗錢及打擊資恐內部控制與稽核制度實施辦法」訂定，以防制洗錢及打擊資恐為目的，內容涵括我國證券商如何辨識、評估各項業務之洗錢及資恐風險，以及制訂防制洗錢及打擊資恐計畫等面向，作為執行之依據。

二、（內部控制制度）

證券商之內部控制制度，應經董事會通過；修正時，亦同。其內容並應包括對洗錢及資恐風險進行辨識、評估、管理之相關書面政策及程序，以及依據風險評估結果而訂定之防制洗錢及打擊資恐計畫，並定期檢討。

風險基礎方法（risk-based approach）旨在協助發展與洗錢及資恐風險相當之防制與抵減措施，以利證券商決定其防制洗錢及打擊資恐資源之配置、建置其內部控制制度、以及訂定和執行防制洗錢及打擊資恐計畫應有之政策、程序及控管措施。

證券業務具多樣性，不同業務伴隨之洗錢及資恐風險亦有所不同。證券商於評估與抵減其洗錢及資恐曝險時，應將業務差異性納入考量。

本指引所舉例之各項說明並非強制性規範，證券商之風險評估機制應與其業務性質及規模相當。對較小型或業務較單純之證券商，簡單之風險評估即足夠；惟對於產品與服務較複雜之證券商、有多家分公司（或子公司）提供廣泛多樣之產品、或其客戶群較多元者，則需進行較高度的風險評估程序。

【釋義】

1. 訂定和執行防制洗錢及打擊資恐計畫應有之政策、程序及控管措施。
2. 證券商得考量自身面臨之洗錢及資恐風險，運用風險基礎方法建置高洗錢及資恐風險國家／區域名單。

三、（應採取合宜措施以識別及評估風險）

證券商應採取合宜措施以識別、評估其洗錢及資恐風險，並依據所辨識之風險訂定具體的風險評估項目，以進一步管控、降低或預防該風險。

具體的風險評估項目應至少包括地域、客戶、產品及服務、交易或支付管道等面向，並應進一步分析各風險項目，以訂定細部的風險因素。

(一)地域風險：

1. 證券商應識別具較高洗錢及資恐風險的區域。
2. 於訂定高洗錢及資恐風險之區域名單時，證券商得依據其各分公司（或子公司）的實務經驗，並考量個別需求，以選擇適用之參考依據。

(二)客戶風險：

1. 證券商應綜合考量個別客戶背景、職業與社會經濟活動特性、地域、以及非自然人客戶之組織型態與架構等，以識別該客戶洗錢及資恐風險。

　　2. 於識別個別客戶風險並決定其風險等級時，證券商得依據以下風險因素為評估依據：

　　　(1)客戶之地域風險：依據證券商所定義之洗錢及資恐風險的區域名單，決定客戶國籍與居住國家的風險評分。

　　　(2)客戶職業與行業之洗錢風險：依據證券商所定義之各職業與行業的洗錢風險，決定客戶職業與行業的風險評分。高風險行業如從事密集性現金交易業務、或屬易被運用於持有個人資產之公司或信託等。

　　　(3)個人客戶之任職機構。

　　　(4)客戶開戶與建立業務關係之管道。

　　　(5)首次建立業務關係之往來金額。

　　　(6)申請往來之產品或服務。

　　　(7)客戶是否有其他高洗錢及資恐風險之表徵，如客戶留存地址與分支機構相距過遠而無法提出合理說明者、客戶為具隱名股東之公司或可發行無記名股票之公司、法人客戶之股權複雜度，如股權架構是否明顯異常或相對其業務性質過度複雜等。

　(三)產品及服務、交易或支付管道風險：

　　1. 證券商應依據個別產品與服務、交易或支付管道的性質，識別可能會為其帶來較高的洗錢及資恐風險者。

　　2. 證券商於推出新產品或新服務或辦理新種業務（包括新支付機制、運用新科技於現有或全新之產品或業務）前，應進行產品之洗錢及資恐風險評估，並建立相應之風險管理措施以降低所辨識之風險。

　　3. 個別產品與服務、交易或支付管道之風險因素舉例如下：

　　　(1)與現金之關聯程度。

　　　(2)是否為面對面業務往來關係或交易。

　　　(3)是否為高金額之金錢或價值移轉業務。

　　　(4)匿名交易。

　　　(5)收到款項來自於未知或無關係之第三者。

　【釋義】　證券業應採取合宜措施以識別、評估其洗錢及資恐風險，以進一步管控、降低或預防該風險。

四、（建立不同之客戶風險等級與分級規則）

　　證券商應建立不同之客戶風險等級與分級規則。

就客戶之風險等級，至少應有兩級之風險級數，即「高風險」與「一般風險」兩種風險等級，作為加強客戶審查措施及持續監控機制執行強度之依據。若僅採行兩級風險級數之證券商，因「一般風險」等級仍高於本指引第五點與第七點所指之「低風險」等級，故不得對「一般風險」等級之客戶採取簡化措施。

證券商不得向客戶或與執行防制洗錢或打擊資恐義務無關者，透露客戶之風險等級資訊。

【釋義】 證券商應建立不同之保戶風險等級與分級規則。

五、（得依自身業務考量認定客戶風險類型）

除外國政府之重要政治性職務人士與受經濟制裁、外國政府或國際洗錢防制組織認定或追查之恐怖份子或團體，及依資恐防制法指定指定制裁之個人、法人或團體，應直接視為高風險客戶外，證券商得依自身之業務型態及考量相關風險因素，訂定應直接視為高風險客戶之類型。

證券商得依據完整之書面風險分析結果，自行定義可直接視為低風險客戶之類型，而書面風險分析結果須能充分說明此類型客戶與較低之風險因素相稱。

【釋義】 依據資恐防制法規定，除外國政府之重要政治性職務人士與受經濟制裁、外國政府或國際洗錢防制組織認定或追查之恐怖份子或團體，及依資恐防制法指定制裁之個人、法人或團體，應直接視為高風險客戶外，證券商得依自身業務考量認定客戶風險類型。

六、（進行客戶風險評估）

對於新建立業務關係的客戶，證券商應在建立業務關係時，確定其風險等級。

對於已確定風險等級之既有客戶，證券商應依據其風險評估政策及程序，重新進行客戶風險評估。

雖然證券商在建立業務關係時已對客戶進行風險評估，但就某些客戶而言，必須待客戶透過帳戶進行交易，其全面風險狀況才會變得明確，爰此，證券商應依重要性及風險程度，對現有客戶身分資料進行審查，並於考量前次執行審查之時點及所獲得資料之適足性後，在適當時機對已存在之往來關係進行審查及適時調整風險等級。上開適當時機至少應包括：

(一)客戶加開帳戶或新增業務往來關係時。

(二)依據客戶風險之重要性及風險程度所定之定期審查時點。

(三)得知客戶身分與背景資訊有重大變動時。

(四)經申報疑似洗錢或資恐交易等，可能導致客戶風險狀況發生實質性變化的事件發生時。

證券商應定期檢視其辨識客戶及實質受益人身分所取得之資訊是否足夠，並確保該等資訊之更新，特別是高風險客戶，證券商應至少每年檢視一次。

【釋義】依據「金融機構防制洗錢辦法」第五條第一款規定，對於新建立業務關係的客戶，保險業應在建立業務關係時，確定其風險等級。對於已確定風險等級之既有客戶，證券業應依據其風險評估政策及程序，重新進行客戶風險評估。

七、（建立相對應的風險管控措施）

證券商應依據已識別之風險，建立相對應的管控措施，以降低或預防該洗錢風險；證券商應依據客戶的風險程度，決定適用的管控措施。

對於風險之管控措施，應由證券商依據其風險防制政策及程序，針對高風險客戶與具特定高風險因子之客戶採取不同的管控措施，以有效管理和降低已知風險，舉例說明如下：

(一)進行加強客戶審查措施（Enhanced Due Diligence），例如：

　1. 取得開戶與往來目的之相關資料：預期帳戶使用狀況（如預期交易之金額、目的及頻率）。

　2. 取得個人客戶財富來源、往來資金來源及去向、資產種類與數量等資訊。

　3. 取得法人、團體或信託之受託人客戶進一步之商業資訊：瞭解客戶最新財務狀況、商業活動與業務往來資訊，以建立其資產、資金來源及資金去向。

　4. 取得將進行或已完成交易之說明與資訊。

　5. 依據客戶型態進行實地或電話訪查，以確認客戶之實際營運情形。

(二)在建立或新增業務往來關係前，應依證券商內部風險考量，所訂核准層級之高階管理人員同意。

(三)增加進行客戶審查之頻率。

(四)對於業務往來關係應採取強化之持續監督。

除有本範本第肆點第三款但書情形者，對於較低風險情形，得由證券商依據其風險防制政策及程序，採取簡化措施。該簡化措施應與其較低風險因素相當，簡化措施得採行如下：

(一)降低客戶身分資訊更新之頻率。

(二)降低持續性監控之等級，並以合理的金額門檻作為審查交易之基礎。

(三)從交易類型或已建立業務往來關係可推斷其目的及性質者，得無須再針對瞭解業務往來關係之目的及其性質，蒐集特定資訊或執行特別措施。

【釋義】考量實務上證券業可能須在確認客戶風險等級之前即針對具備特定高風險因子之客戶採取管控措施。

八、（建立定期資恐風險評估作業並製作風險評估報告）

證券商應建立定期之全面性洗錢及資恐風險評估作業並製作風險評估報告，使管理階層得以適時且有效地瞭解證券商所面對之整體洗錢與資恐風險、決定應建立之機制及發展合宜之抵減措施。

證券商應依據下列指標，建立定期且全面性之洗錢及資恐風險評估作業：

(一)業務之性質、規模、多元性及複雜度。

(二)目標市場。

(三)證券商交易數量與規模：考量證券商一般交易活動與其客戶之特性等。

(四)高風險相關之管理數據與報告：如高風險客戶之數目與比例；高風險產品、服務或交易之金額、數量或比例；客戶之國籍、註冊地或營業地、或交易涉及高風險地域之金額或比例等。

(五)業務與產品，包含提供業務與產品予客戶之管道及方式、執行客戶審查措施之方式，如資訊系統使用的程度以及是否委託第三人執行審查等。

(六)內部稽核與監理機關之檢查結果。

證券商於進行前項之全面性洗錢及資恐風險評估作業時，除考量上開指標外，建議輔以其他內部與外部來源取得之資訊，如：

(一)證券商內部管理階層（如事業單位主管、客戶關係經理等）所提供的管理報告。

(二)國際防制洗錢組織與他國所發布之防制洗錢及打擊資恐相關報告。

(三)主管機關發布之洗錢及資恐風險資訊。

證券商之全面性洗錢及資恐風險評估結果應做為發展防制洗錢及打擊資恐計畫之基礎；證券商應依據風險評估結果分配適當人力與資源，採取有效的反制措施，以預防或降低風險。

證券商有重大改變，如發生重大事件、管理及營運上有重大發展、或有相關新威脅產生時，應重新進行評估作業。

證券商應於完成或更新風險評估報告時，將風險評估報告送主管機關備查。

重點五　疑似洗錢、資恐或武擴交易態樣

一、客戶帳戶類

(一)客戶係經由海外銀行、有控制與從屬關係之公司或其他投資者介紹，且該客戶及其介紹人所隸屬之監理管轄，均屬未採取有效防制洗錢或打擊資恐之高風險地區或國家。

(二)無正當理由開立多個帳戶，且實質受益人為同一人。

(三)開立數個投資帳戶，而這些帳號都指定同一人作為共同或授權委託人。

(四)數個不同客戶之帳戶，均留存相同地址、電話或電子信箱做為聯絡資料，但依據個別留存資料（如姓名、年齡、居住地點、電話等），各客戶間並無明顯關係。

(五)客戶頻繁更替個人資訊，例如其住址、電話、職業、銀行帳戶資料，但無明確之憑據可供證明該等變換屬實或有理由。

(六)法人客戶申請之交易額度與其資本額、營收、可流通現金或其他可信賴之資產評估證明顯不相當，或該公司成立時間極短。

(七)客戶係屬重要政治性職務人士，但意圖規避正確且完整的填寫申請表格，或未充分說明其資金或有價證券之來源正當性。

(八)如客戶拒絕提供所要求的資料，或拒絕配合盡職審查或持續監控程序。

(九)以不同公司名義但皆有相同之法定代表人或有權簽署人，開立數個帳戶。

(十)申請者企圖向從業人員行賄、威脅或以其他行為，意圖使申請表格內容不完整或促使從業人員接受不完整或錯誤之資訊，或對公司遵循政府報告要求、公司系統或公司防制洗錢及打擊資恐政策和控管表現出不尋常的關切。

(十一)知悉客戶已被其他金融機構拒絕或其客戶身分已被終止。

二、交易類

(一)客戶大額買賣有價證券者。

(二)客戶未見合理原因，於一定期間內進行鉅額配對交易對象為同一人者。

(三)客戶有異於過去買賣模式買進（賣出）後又迅即賣出（買進）有價證券者，且與其身分不相當或無合理原因者。

(四)新開戶或一定期間無交易之帳戶突然大額交易者。

(五)利用公司員工或特定團體成員集體開立之帳戶大額且頻繁交易者。

(六)交易帳戶連續大額以高價只買進不（或少量）賣出、以低價只賣出不（或少量）買進，或將股票維持在一定價位。

(七)使用數個非本人或擔任代理人之帳戶分散大額交易者。

(八)超過新臺幣五十萬元之交割價款或認購款項由非本人匯交予證券商；或客戶要求證券商將其超過新臺幣五十萬元之應收價款匯付予一個或多個非本人帳戶；或多個客戶要求證券商將該等客戶之應收交割價款匯付入同一帳戶者。

(九)無正當理由短期內連續大量買賣特定股票。

(十)利用人頭戶、委託第三人或同一證券商不同分公司同一客戶帳戶，以相對委託、沖洗買賣或其他方式，連續大量買賣股票。

(十一)無正當理由客戶申請大幅調整單日買賣額度且於市場大額買進一籃子股票或其他有價證券。

(十二)客戶突然大額匯入或買賣冷門、小型或財務業務不佳之有價證券，且無合理原因者。

(十三)客戶突有迅速買進或賣出單一公司有價證券後，懷疑客戶有從事內線交易之行為。

(十四)電視、報章雜誌或網際網路等媒體即時報導之特殊重大案件，該涉案人為證券商之客戶，或知悉客戶疑似涉及特殊重大案件，且交易顯屬異常者。

(十五)保險代理人或保險經紀人從事各保險種類招攬業務，知悉保單變更要保人後，新要保人短期內申請變更受益人、辦理大額保單借款或終止契約後，並於證券商從事大額交易者。

(十六)客戶不履行交割義務，且違約交割金額達新台幣一定金額以上。

(十七)客戶參與非競價的買賣，且其買賣價格明顯偏離市價。

(十八)證券商擔任基金銷售機構或辦理共同行銷，發現交易人資金在各金融商品間迅速移轉，顯有異常者。

(十九)不論交易金額多寡或交易是否完成，發現其他明顯異常之交易行為或從業人員認為可疑之情況。

(二十)客戶來自國際防制洗錢組織所公告洗錢或資恐高風險國家或地區、高避稅風險或高金融保密之國家或地區，進行頻繁而大量交易或轉帳往來。

(二一)客戶於證券商交割專戶客戶分戶帳存入之款項，於一定期間達特定金額以上或筆數達一定數量以上，且甚少用於任何交易之交割結算，又迅速移轉者。

(二二)在沒有合理或明顯原因情況下，證券交易在到期前就被解除。

(二三)匯入大量有價證券，且無合理原因者。

三、OSU類

(一)客戶保管帳戶累積大額資金，甚少用於任何交易之交割結算，並經常匯款至其國外帳戶。

(二)客戶保管帳戶多次調撥轉帳至國際防制洗錢組織所公告洗錢或資恐高風險國家或地區、高避稅風險或高金融保密之國家或地區。

(三)客戶在一定期間內頻繁且大量申購境外結構型商品，該產品並不符合其本身需要。

(四)客戶在洗錢或資恐高風險國家或地區進行交易。

四、資恐類

(一)客戶本人、代理人或實質受益人為主管機關函轉外國政府或國際組織所提供之恐怖活動或資恐相關個人、法人或團體；或外國政府或國際組織認定或追查之恐怖組織者。

(二)交易對象為主管機關函轉外國政府或國際組織所提供之恐怖活動或資恐相關個人、法人或團體；或外國政府或國際組織認定或追查之恐怖組織者。

(三)其他疑似或有合理理由懷疑與恐怖活動、恐怖組織或資恐有關聯者。

五、武擴類

(一)客戶本人、代理人或實質受益人為主管機關函轉外國政府或國際組織所提供之資助武擴目標性金融制裁之個人、法人或團體；或外國政府或國際組織認定或追查之資助武擴者。

(二)交易對象為主管機關函轉外國政府或國際組織所提供之資助武擴目標性金融制裁之個人、法人或團體；或外國政府或國際組織認定或追查之資助武擴者。

(三)其他疑似或有合理理由懷疑與資助武擴有關聯者。

重點六　期貨商暨槓桿交易商疑似洗錢、資恐或武擴交易態樣 ✿

一、與客戶帳戶有關者：

(一)交易人無正當理由開立多個帳戶，且其實質受益人為同一人。

(二)以不同公司名義但皆有相同之法定代表人或有權簽署人，開立數個帳戶。

(三)數個不同客戶之帳戶，均留存相同通訊方式（如地址、電話或電子郵件信箱等）做為聯絡資料，但依據個別留存資料（如姓名、年齡、居住地點、電話等），各客戶間並無明顯關係。

(四)客戶無正當理由拒絕提供所要求的資料，或拒絕配合盡職審查或持續監控程序。

(五)客戶之地址或工作地點與期貨商或槓桿交易商所在地距離遙遠且無法作合理之解釋，且其交易情形顯有異常者。

(六)頻繁的變更個人資訊，例如其住址、電話、職業、銀行帳戶資料，但無明確之憑據可供證明該等變更屬實或有理由。

(七)故意以難以辨認（不合法）或偽裝（詐欺）之手寫筆跡填寫申請表格，或其填寫之內容係屬虛假、難以查證真偽或無效之資訊。

(八)申請者企圖向從業人員行賄、威脅或以其他行為，意圖使申請表格內容不完整或促使從業人員接受不完整或錯誤之資訊，或對公司遵循政府報告要求、公司系統或公司防制洗錢及打擊資恐政策和控管表現出不尋常的關切。

(九)申請者係屬重要政治性職務人士，卻意圖規避正確且完整的填寫申請表格，或未充分證明其資金之來源正當性。

(十)客戶來自國際防制洗錢組織所公告洗錢或資恐高風險國家或地區、高避稅風險或高金融保密之國家或地區。

(十一)客戶係經由海外銀行、關係企業、國外經紀商或其他投資者介紹，且該客戶及其介紹人所隸屬之監理管轄，均屬於未遵循或不完全遵循FATF建議，或有其他高風險情事之國家或地區。

(十二)知悉客戶已被其他金融機構拒絕或其客戶身分已被終止。

二、與交易有關者：

(一)交易／服務－期貨商

1.開戶後立即有大額交易國內外期貨契約、選擇權契約或期貨選擇權契約。

2. 法人客戶開戶後即有大額交易國內外期貨契約、選擇權契約或期貨選擇權契約，與其資本額、營收、可流通現金顯不相當，或該公司成立時間極短。

3. 客戶從事大額國內外期貨契約、選擇權契約或期貨選擇權契約交易。

4. 一年以上無交易之帳戶突然大額交易國內外期貨契約、選擇權契約或期貨選擇權契約。

5. 利用公司員工或特定團體成員集體開立之帳戶大額或頻繁交易國內外期貨契約、選擇權契約或期貨選擇權契約。

6. 頻繁交易不活絡、流動性低之國內外期貨契約、選擇權契約或期貨選擇權契約。

7. 以遠高於或以遠低於市價之價格頻繁交易或交易相當數量之國內外期貨契約、選擇權契約或期貨選擇權契約。

8. 數個帳戶均委由同一人代理從事交易。

9. 對期貨交易表達興趣，而不要求了解有關商品特性、安全性、風險、獲利報酬率或專業之相關資訊。

10. 短期內連續大量買賣特定國內期貨契約、選擇權契約或期貨選擇權契約。

11. 客戶參與非競價的買賣，且其買賣價格明顯偏離市價。

12. 利用人頭戶、委託第三人或同一期貨商不同分公司同一客戶帳戶，進行數量相同的買賣（清洗交易）。

13. 客戶進行大額交易，但驗證其身分有困難或已到期（例如外國人、觀光客及非居住於國內之客戶）。

14. 使用數個非本人或擔任代理人之帳戶分散大額交易者。

15. 交易人頻繁或大額交易可實物交割之商品（如原物料、貴金屬等），且契約到期前表示採實物交割，經瞭解其交易目的、動機或從業人員認為可疑之情況者。

16. 數個不同客戶帳戶之網際網路委託買賣之IP位址均相同，但依據個別留存資料（如姓名、工作地點、居住地點、電話等），各客戶間並無明顯關係。

17. 客戶在一定期間交易之累計虧損達一定程度，而與其受核交易額度顯不相當，且客戶無法說明其資金來源者。

18. 電視、報章雜誌或網際網路等媒體即時報導之特殊重大案件，該涉案人在期貨商從事交易，或知悉客戶疑似涉及特殊重大案件，且交易顯屬異常者。

19. 不論交易金額多寡或交易是否完成，發現其他明顯異常之交易行為或從業人員認為可疑之情況。

(二)交易／服務－槓桿交易商
　1. 法人客戶為大額交易，與其資本額、營收、可流通現金顯不相當，或該公司成立時間極短。
　2. 客戶從事大額交易。
　3. 對商品表達興趣，而不要求了解有關商品特性、安全性、風險、獲利報酬率或專業之相關資訊。
　4. 利用公司員工或特定團體成員集體簽約從事大額且頻繁交易。
　5. 客戶在一定期間內頻繁且大額從事交易，該產品並不符合其本身需要。
　6. 電視、報章雜誌或網際網路等媒體即時報導之特殊重大案件，該涉案人在槓桿交易商從事交易，或知悉客戶疑似涉及特殊重大案件，且交易顯屬異常者。
　7. 不論交易金額多寡或交易是否完成，發現其他明顯異常之交易行為或從業人員認為可疑之情況。

三、與收付／轉帳有關者：

(一)交易人約定出、入金之銀行帳戶，係在國際防制洗錢組織所公告洗錢或資恐高風險國家或地區、高避稅風險或高金融保密之國家或地區。
(二)自國際防制洗錢組織所公告洗錢或資恐高風險國家或地區、高避稅風險或高金融保密之國家或地區匯入保證金或權利金。
(三)客戶於一定期間存入特定金額以上或筆數達一定數量以上之交易保證金或權利金，且甚少進行相關交易，又迅速移轉者。
(四)一年以上無交易之帳戶突然存入、提領達特定金額以上或頻繁存入多筆款項之交易保證金或權利金，且迅速移轉者。
(五)同一交易人頻繁於數個不同約定存款帳戶間存入、提領交易保證金或權利金，金額達特定金額以上者。
(六)期貨商擔任期信基金銷售機構或辦理共同行銷，發現交易人有大額資金在各金融商品間迅速移轉，顯有異常者。

四、與資恐有關者：

(一)客戶本人、代理人、結算者或實質受益人為金管會函轉外國政府或國際組織所提供之恐怖活動或資恐相關個人、法人或團體；或外國政府或國際組織認定或追查之恐怖組織者。
(二)交易對象為金管會函轉外國政府或國際組織所提供之恐怖活動或資恐相關個人、法人或團體；或外國政府或國際組織認定或追查之恐怖組織者。
(三)其他疑似或有合理理由懷疑與恐怖活動、恐怖組織或資恐有關聯者。

五、與武擴有關者：

(一)客戶本人、代理人、結算者或實質受益人為金管會函轉外國政府或國際
組織所提供之資助武擴目標性金融制裁之個人、法人或團體；或外國政
府或國際組織認定或追查之資助武擴者。

(二)交易對象為金管會函轉外國政府或國際組織所提供之資助武擴目標性金
融制裁之個人、法人或團體；或外國政府或國際組織認定或追查之資助
武擴者。

(三)其他疑似或有合理理由懷疑與資助武擴有關聯者。

重點七　期貨信託事業暨期貨經理事業疑似洗錢、資恐或武擴交易態樣

一、與客戶帳戶有關者

(一)客戶申請書件內容有偽造、虛偽不實之情形。

(二)客戶無正當理由拒絕提供所要求的資料，或拒絕配合盡職審查或持續監
控程序。

(三)申請者企圖向從業人員行賄、威脅或以其他行為，意圖使申請表格內容
不完整或促使從業人員接受不完整或錯誤之資訊，或對公司遵循政府報
告要求、公司系統或公司防制洗錢及打擊資恐政策和控管表現出不尋常
的關切。

(四)客戶係屬重要政治性職務之人，但意圖規避正確且完整的填寫申請表
格，或未充分說明其資金或有價證券之來源正當性。

(五)無正當理由開立多個帳戶，且其實質受益人為同一人。

(六)客戶頻繁更替個人資訊，例如其住址、電話、職業，但無明確之憑據可
供證明該等變換屬實或有理由。

(七)數個不同客戶之帳戶，均留存相同通訊方式（如地址、電話或電子郵件
信箱等）做為聯絡資料，但依據個別留存資料（如姓名、年齡、居住地
點、電話等），各客戶間並無明顯關係。

(八)以不同公司名義但皆有相同之法定代表人或有權簽署人，開立數個帳
戶，且其交易顯屬異常者。

(九)懷疑該客戶係被他人冒用之人頭戶。

(十)客戶具「期貨信託事業暨期貨經理事業防制洗錢及打擊資恐注意事項範本」或其他無法完成確認身分相關規定程序之情形者。

(十一)客戶進行特定金額以上交易,但驗證其身分有困難或供驗證之文件已到期(例如外國人、觀光客、非居住於國內及未成年人)

(十二)客戶來自國際防制洗錢組織所公告洗錢或資恐高風險國家或地區、高避稅風險或高金融保密之國家或地區。

(十三)客戶係經由海外銀行、有控制與從屬關係之公司或其他投資者介紹,且該客戶及其介紹人所隸屬之監理管轄,均屬未採取有效防制洗錢或打擊資恐之高風險地區或國家。

(十四)依客戶資料表所載內容瞭解客戶之財務狀況,發現與其身分、收入顯不相當或其資金來源不明者。

(十五)法人客戶申購基金或委託交易金額與其資本額、營收或可流通現金顯不相當,或該公司成立時間極短

(十六)客戶辦理基金或全權委託期貨交易業務,無合理解釋頻繁更動所指定之往來銀行帳戶。

(十七)對於採委託、授權等形式申購或委託之客戶,於開戶時或開戶後就可疑事項再次確認,仍無合理依據或顯有異常者。

(十八)郵寄之報告書或其他文件經郵局以「查無此人」退回。

(十九)對於過去所取得客戶身分資料之真實性或妥適性有所懷疑時,經再次確認客戶身分仍無合理解釋或顯有異常者。

(二十)知悉客戶已被其他金融機構拒絕或其客戶身分已被終止。

二、與交易有關者

(一)基金

1. 客戶於一定期間內申購或買回基金,分別累計達特定金額以上者。

2. 客戶密集申購多筆基金達特定金額以上或筆數達一定數量以上,且又迅速買回者。

3. 新開戶或一年以上無交易之帳戶,突有達特定金額以上之申購。

4. 經常替代客戶或由不同之第三人辦理申購或買回。

5. 電視、報章雜誌或網際網路等媒體即時報導之特殊重大案件,該涉案人在本公司所為基金之申購、買回等交易,或知悉客戶疑似涉及特殊重大案件,且交易顯屬異常者。

6. 利用公司員工或特定團體成員集體開立之基金帳戶頻繁交易,且達特定金額以上者。

7. 數個帳戶均委由同一人代理委託買賣。
8. 透過數個非本人或擔任代理人之帳戶分散交易達特定金額以上者。
9. 不論交易金額多寡或交易是否完成，發現其他明顯異常之行為或從業人員認為可疑之情況。
10. 其他明顯不正常之交易行為。

(二)全權委託期貨交易
1. 客戶全權委託之交易資金達特定金額以上者。
2. 客戶簽訂期貨交易全權委任契約後，即迅速終止契約者。
3. 客戶於一定期間內增加或減少委託交易資金達特定金額以上。
4. 電視、報章雜誌或網際網路等媒體即時報導之特殊重大案件，該涉案人與本公司簽訂期貨交易全權委任契約，或知悉客戶疑似涉及特殊重大案件，且顯屬異常者。
5. 透過數個非本人分散委託交易達特定金額以上者。
6. 不論全權委託期貨交易資金多寡或全權委任契約是否簽訂完成，發現其他明顯異常之行為或從業人員認為可疑之情況。

三、與收付／轉帳有關者

(一)在一定期間內，客戶買回基金或減少委託交易資金累計達特定金額以上，且客戶之指定往來銀行帳戶設立於軍事及恐怖活動頻繁熱門地區。
(二)客戶之指定往來銀行帳戶設立於國際防制洗錢組織所公告洗錢或資恐高風險國家或地區。

四、與資恐有關者

(一)客戶、代理人或實質受益人為金融監督管理委員會函轉外國政府或國際組織所提供之恐怖活動或資恐相關個人、法人或團體；或外國政府或國際組織認定或追查之恐怖組織者。
(二)其他疑似或有合理理由懷疑與恐怖活動、恐怖組織或資恐有關聯者。

五、與資助武擴有關者

(一)客戶、代理人或實質受益人為金融監督管理委員會函轉外國政府或國際組織所提供之資助武擴目標性金融制裁之個人、法人或團體；或外國政府或國際組織認定或追查之資助武擴者。
(二)其他疑似或有合理理由懷疑與資助武擴有關聯者。

重點八 證券投資信託及證券投資顧問事業疑似洗錢或資恐資助武擴交易態樣 ✦

「中華民國證券投資信託暨顧問商業同業公會證券投資信託事業證券投資顧問事業防制洗錢及打擊資恐注意事項範本」附件－疑似洗錢、資恐或資助武擴交易態樣。

一、與客戶帳戶有關者

(一)客戶申請書件內容有偽造、虛偽不實之情形。

(二)客戶無正當理由拒絕提供所要求的資料，或拒絕配合盡職審查或持續監控程序。

(三)申請者企圖向從業人員行賄、威脅或以其他行為，意圖使申請表格內容不完整或促使從業人員接受不完整或錯誤之資訊，或對公司遵循政府報告要求、公司系統或公司防制洗錢及打擊資恐政策和控管表現出不尋常的關切。

(四)客戶係屬重要政治性職務之人，但意圖規避正確且完整的填寫申請表格，或未充分說明其資金或有價證券之來源正當性。

(五)無正當理由開立多個帳戶，且實質受益人為同一人。

(六)客戶頻繁更替個人資訊，例如其住址、電話、職業，但無明確之憑據可供證明該等變換屬實或有理由。

(七)數個不同客戶之帳戶，均留存相同地址或電話做為聯絡資料，但依據個別留存資料（如姓名、年齡、居住地點、電話等），各客戶間並無明顯關係。

(八)以不同公司名義但皆有相同之法定代表人或有權簽署人，開立數個帳戶。

(九)懷疑該客戶係被他人冒用之人頭戶。

(十)客戶具「中華民國證券投資信託暨顧問商業同業公會證券投資信託事業證券投資顧問事業防制洗錢及打擊資恐注意事項範本」或其他無法完成確認身分相關規定程序之情形者。

(十一)客戶進行特定金額以上交易，但驗證其身分有困難或供驗證之文件已到期（例如外國人、觀光客、非居住於國內及未成年人）

(十二)客戶來自國際防制洗錢組織所公告洗錢或資恐高風險國家或地區、高避稅風險或高金融保密之國家或地區。

(十三)客戶係經由海外銀行、有控制與從屬關係之公司或其他投資者介紹，且該客戶及其介紹人所隸屬之監理管轄，均屬未採取有效防制洗錢或打擊資恐之高風險地區或國家。

(十四)依客戶資料表所載內容瞭解客戶之財務狀況，發現與其身分、收入顯不相當或其資金來源不明者。

(十五)法人客戶申購基金金額或委託投資金額與其資本額、營收或可流通現金顯不相當，或該公司成立時間極短。

(十六)客戶辦理基金或全權委託投資業務，無合理解釋頻繁更動所指定之往來銀行帳戶。

(十七)對於採委託、授權等形式申購或委託之客戶，於開戶時或開戶後就可疑事項再次確認，仍無合理依據或顯有異常者。

(十八)郵寄之報告書或其他文件經郵局以「查無此人」退回。

(十九)對於過去所取得客戶身分資料之真實性或妥適性有所懷疑時，經再次確認客戶身分仍無合理解釋或顯有異常者。

(二十)知悉客戶已被其他金融機構拒絕或其客戶身分已被終止。

二、與交易有關者

(一)基金

1. 客戶於一定期間內申購或買回基金，分別累計達特定金額以上者。
2. 客戶密集申購多筆基金達特定金額以上或筆數達一定數量以上，且又迅速買回者。
3. 新開戶或一年以上無交易之帳戶，突有達特定金額以上之申購。
4. 經常替代客戶或由不同之第三人辦理申購或買回。
5. 電視、報章雜誌或網際網路等媒體即時報導之特殊重大案件，該涉案人在本公司所為基金之申購、買回等交易，或知悉客戶疑似涉及特殊重大案件，且交易顯屬異常者。
6. 利用公司員工或特定團體成員集體開立之基金帳戶頻繁交易，且達特定金額以上者。
7. 數個帳戶均委由同一人代理委託買賣。
8. 透過數個非本人或擔任代理人之帳戶分散交易達特定金額以上者。
9. 不論交易金額多寡或交易是否完成，發現其他明顯異常之交易行為或從業人員認為可疑之情況。
10. 其他明顯不正常之交易行為。

(二)全權委託投資

　1.客戶全權委託之投資資金達特定金額以上者。

　2.客戶簽訂全權委託投資契約後，即迅速終止契約者。

　3.客戶於一定期間內增加或減少委託投資資金達特定金額以上。

　4.電視、報章雜誌或網際網路等媒體即時報導之特殊重大案件，該涉案人與本公司簽訂全權委託投資契約，或知悉客戶疑似涉及特殊重大案件，且顯屬異常者。

　5.透過數個非本人分散委託投資達特定金額以上者。

　6.不論全權委託投資資金多寡或委託投資契約是否簽訂完成，發現其他明顯異常之行為或從業人員認為可疑之情況。

　7.客戶以大量有價證券增加委託投資資產，且無法合理說明取得有價證券之來源，或其說辭反覆不一者。

三、與收付／轉帳有關者

(一)在一定期間內，客戶買回基金或減少委託投資資金累計達特定金額以上，且客戶之指定往來銀行帳戶設立於軍事及恐怖活動頻繁熱門地區。

(二)客戶之指定往來銀行帳戶設立於國際防制洗錢組織所公告洗錢或資恐高風險國家或地區。

四、與資恐有關者

(一)客戶、代理人或實質受益人為金融監督管理委員會函轉外國政府或國際組織所提供之恐怖活動或資恐相關個人、法人或團體；或外國政府或國際組織認定或追查之恐怖組織者。

(二)其他疑似或有合理理由懷疑與恐怖活動、恐怖組織或資恐有關聯者。

五、與資助武擴有關者

(一)客戶、代理人或實質受益人為金融監督管理委員會函轉外國政府或國際組織所提供之資助武擴目標性金融制裁之個人、法人或團體；或外國政府或國際組織認定或追查之資助武擴者。

(二)其他疑似或有合理理由懷疑與資助武擴有關聯者。

◢ 問答題

一、證券商如果依資恐防制法第七條第二項之規定通報，會不會違反對客戶的保密義務？

答　不會，依據資恐防制法第七條第四項之規定，證券商因業務上知悉經指定制裁對象之財物或財產上利益及所在地而通報法務部調查局者，免除其業務上應保守秘密之義務。

二、證券商辦理通報之人員，因業務知悉經指定制裁對象之財物或財產上利益或其所在地，而向法務部調查局通報之事宜，應否令其保守秘密並防止通報資料及消息洩漏？

答　證券商因業務知悉經指定制裁對象之財物或財產上利益或其所在地，而向法務部調查局通報，其人員依證券商管理規則第34條、37條第16款以及證券商負責人與業務人員管理規則第18條第2款等，就通報資料保守秘密。

三、何謂資恐防制法第七條第一項所指的「金融帳戶」？

答　(一)只要是能儲存資金或係因證券商與客戶建立業務關係而提供商品、服務或其他金融交易者，都屬於金融帳戶。包括但不限於支票存款、活期存款及定期存款帳戶、投資帳戶、基金、黃金存摺帳戶、電子支付帳戶、交易帳戶、保管帳戶、衍生性金融商品、信託帳戶等等。

　　(二)所謂「資金」，包含貨幣、通貨、旅行支票、個人支票、銀行支票、匯票、股票、債券、信用狀和任何其他可轉讓票據或是任何跟前述交易有關之電子憑證。

四、證券商或投信投顧事業業務實務上，哪些情形該注意是否會造成「其他足以變動其數量、品質、價值及所在地」之行為？

答 (一)證券商管理經指定制裁對象的財物或財產上利益，如不屬於資恐防制法第七條第一項第一款所指之「金融帳戶、通貨或其他支付工具」的情形時，應依資恐防制法第七條第一項第二款辦理，即不得為移轉、變更、處分、利用或其他足以變動其數量、品質、價值及所在地之行為。

(二)證券商業務如涉及非資金類的擔保品或信託財產等，應依資恐防制法第七條第一項第二款辦理。

五、證券商持有或管理經指定制裁對象的財物或財產上利益時，應及時通報並依資恐防制法第七條第一項予以凍結，實際上如何操作？

答 (一)若發生投資人在下單委託買進成交但尚未交割前，經指定為制裁對象時，因客戶之銀行帳戶已被凍結（無法扣款），即由證券商與上手代理履行完成交割，並申報客戶違約，將部位移轉至券商違約專戶由證券商處理之。

(二)若客戶為賣出成交但尚未交割前，證券商應完成交割但留存交割價款不支付給客戶。

(三)交且交割後，則依資恐防制法第7條第一項第二款控管之不得移轉。

六、被凍結之資金種類是股票、債券、其他有價證券或金融商品時，證券商應如何處理？

答 若被凍結之資金種類是股票、債券、其他有價證券或金融商品，而無法馬上兌現時，證券商得以資金種類之原有形式持續持有至到期日屆至或結／清算為止。證券商亦得支付該金融商品所衍生之任何股利、利息、或其他收入給凍結帳戶，但證券商應防止被凍結的資金為經指定制裁對象直接或間接所利用。

七、如果被凍結的資金在被凍結前是存放在利息帳戶，資金被凍結後證券商應該付多少利息？

答 如證券商與該名客戶原先契約內容約定有計息，則依原先契約約定給付利息。

八、證券商可以從凍結帳戶中扣取一般服務費、手續費或管理費嗎？

答 (一)證券商於依資恐防制法第六條第一項取得法務部的許可後，可以對遭凍結的帳戶扣取一般服務費用、手續費或管理費，該費用必須和既有公告的相關服務收取標準或受制裁者於受制裁前所約定之標準一致。

(二)故證券商得於依資恐防制法第七條第三項提出通報時，在通報書「稅費評估」欄位中敘明相關服務費用及收取標準，以即時由法務部調查局呈報給資恐防制審議會決議是否許可。

(三)前述一般服務費用，包括受凍結帳戶所有人所積欠之跨行轉帳、跨行提款、預借現金、繳費等金融服務之手續費、調取交易憑證紀錄、對帳單影本、信用報告申請費用、掛號郵寄費、保管費、或其他類似收費。

九、若借款人被指定為制裁對象時，證券商與借款人間的融通及其合約應如何處理？擔保品應如何處理？

答 (一)證券商應依資恐防制法向法務部調查局即時通報，在通報書中宜敘明授信和貸款合約之主要法律權利義務關係及授信現狀。如果有擔保品（不論是否為經指定制裁對象所提供），也需載明擔保品之敘述及權利範圍。

(二)證券商應停止一切履行融通及其合約相關之授信行為。

(三)如欲就擔保品行使權利，證券商應依據資恐防制法第六條第一項向資恐防制審議會申請並取得決議許可後，始能對擔保品進行拍賣、抵銷或其他處分之行為；此外如拍賣或處分擔保品依法需取得執行名義者，證券商應先取得執行名義後才能向資恐防制審議會依資恐防制法第六條第一項申請決議許可。

十、在強制執行程序進行中，如果強制執行債務人（含抵押物所有人）被列為經指定制裁對象，身為債權人的證券商該如何處理？

答 (一)經證券商聲請後由法院進行強制執行程序過程中，如強制執行債務人被列為經指定制裁對象，此時證券商宜儘速依資恐防制法第六條第一項向資恐防制審議會申請決議許可。

(二)證券商同時應通知執行法院該強制執行標的物在尚未依資恐防制法第六條第一項取得資恐防制審議會許可前應予以凍結，請求法院為暫時停止強制執行之裁定，並於取得審議會許可後再請求法院續行執行程序。

十一、證券商與經指定制裁對象於制裁前已進行之衍生性金融商品交易，於被制裁後，該衍生性金融商品該如何處理？

答 (一)證券商與經指定制裁對象於制裁前已進行之衍生性金融商品交易，於被制裁後，證券商可依與客戶之契約內容處分客戶所有部位，立即進行終止。

(二)進行結算或平倉。惟若有前述處分需求，證券商於填寫通報表時，應清楚說明已採或擬採措施。

(三)證券商應確保經指定制裁對象不能提領、移轉該交易帳戶的任何資金。

十二、期貨業可以從凍結帳戶中扣取一般服務費、手續費或管理費嗎？

答 (一)期貨業於依資恐防制法第六條第一項取得資恐防制審議會決議的許可後，可以對遭凍結的帳戶扣取一般服務費用、手續費或管理費，該費用必須和既有公告的相關服務收取標準或受制裁者於受制裁前所約定之標準一致。

(二)故期貨業得於依資恐防制法第七條第二項提出通報時，在通報書「稅費評估」欄位中敘明相關服務費用及收取標準，以即時由法務部調查局呈報給資恐防制審議會決議是否許可。

(三)前述一般服務費用，包括受凍結帳戶所有人所積欠之交易手續費、金融服務手續費、全權委託期貨交易之經理費、管理費、保管銀行之保管費、申請費用、掛號郵寄費、保管費、或其他類似收費。

十三、期貨業與經指定制裁對象於制裁前已進行之期貨交易，於被制裁後，該期貨契約、期貨選擇權契約、選擇權契約或槓桿保證金契約該如何處理？

答 (一)期貨業與經指定制裁對象於制裁前已進行之期貨交易，於被制裁後，期貨商、槓桿交易商可依與客戶之契約內容處分客戶所有部位，立即進行終止、進行結算或平倉、處分客戶部位後剩餘之保證金或資金應予凍結。惟若有前述處分需求，期貨商、槓桿交易商於填寫通報表時，應清楚說明已採或擬採措施。

(二)期貨商、槓桿交易商應確保經指定制裁對象不能提領、移轉該交易帳戶的任何資金。

◢ 單選題

(　　) **1** 期貨商經營期貨經紀業務時，對於一定金額以上或疑似洗錢之交易所應採取的措施，下列敘述何者錯誤？ (A)應保存足以瞭解交易全貌之交易憑證 (B)應確認客戶身分及申報之紀錄 (C)應依洗錢防制法之規定辦理 (D)應依期貨公會自律公約之規定辦理。

(　　) **2** 金融機構防制洗錢辦法第2條，其中適用辦法之證券期貨業，下列敘述何者錯誤？ (A)票券金融公司 (B)證券集中保管事業 (C)槓桿交易商 (D)期貨經理事業。 【107年第一銀行新進人員甄試】

(　　) **3** 證券期貨業辦理確認客戶身分措施，對於由代理人辦理開戶，且查證代理之事實及身分資料有困難者之處理方式，下列何者正確？ (A)應予以婉拒建立業務關係或交易 (B)可允許其為暫時性交易 (C)確認本人身分後即可交易 (D)應准許其開戶並列為高風險客戶。 【107年第一次防制洗錢與打擊資恐測驗】

（　　）**4** 有關證券商員工之防制洗錢及打擊資恐教育訓練，下列何者錯誤？
(A)於洗錢防制法，資恐防制法施行或修正後，應於最短期間對員工實施法令宣導　(B)員工訓練部門應每3年定期舉辦有關訓練課程供員工研習　(C)訓練課程除由證券商培訓之講師擔任外，並得視需要延聘專家學者擔綱　(D)訓練課程除介紹相關法令之外，並應輔以實際案例，使員工能夠充分瞭解。
【107年第一次防制洗錢與打擊資恐測驗】

（　　）**5** 對已發行無記名股票之客戶應採取適當措施以確保其實質受益人之更新，下列敘述何者錯誤？　(A)請客戶於畸零股股東身分發生變動時通知證券商　(B)請客戶於具控制權股東身分發生變動時通知證券商　(C)請客戶每次股東會後，應向證券商更新實質受益人資訊　(D)請客戶因其他原因獲悉具控制權股東身分發生變動時，應通知證券商。
【107年第一次防制洗錢與打擊資恐測驗】

（　　）**6** 有關證券期貨疑似洗錢態樣，下列敘述何者錯誤？　(A)無正當理由開立多個帳戶，且實質受益人為同一人　(B)開立數個投資帳戶，且都指定同一人作為共同或授權委託人　(C)客戶拒絕提供所要求的資料，或拒絕配合盡職審查或持續監控程序　(D)客戶不履行交割義務，且違約交割金額達新臺幣五百萬元以上。
【107年第一次防制洗錢與打擊資恐測驗】

（　　）**7** 證券商對帳戶及交易之持續監控作業，下列敘述何者正確？　(A)證券商不會碰到現金，具有低洗錢及資恐風險　(B)證券商防制洗錢及打擊資恐倘已完全依據證券商公會發布之態樣進行監控，則無須再另行增列　(C)客戶為零售業，屬於從事密集性現金交易業務，應直接視為高風險客戶　(D)透過證券商進行內線交易或市場操縱，屬洗錢前置犯罪。
【107年第一次防制洗錢與打擊資恐測驗】

解答與解析　答案標示為#者，表官方曾公告更正該題答案。

1 (D)。期貨商經營期貨經紀業務時，對於一定金額以上或疑似洗錢之交易所應採取的措施，應依洗錢防制法之規定辦理，而非依期貨公會自律公約之規定辦理。

2 (A)。證券期貨業防制洗錢及打擊資恐內部控制要點第3點規定：「本要

點所稱證券期貨業包括證券商、證券投資信託事業、證券金融事業、證券投資顧問事業、證券集中保管事業、期貨商、槓桿交易商、期貨信託事業及期貨經理事業。」

3 (A)。證券商防制洗錢及打擊資恐注意事項範本第16條規定：「客戶有下列情形應婉拒服務，並報告直接主管：(一)當被告知依法必須提供相關資料確認身份時，堅不提供相關資料。(二)任何個人或團體強迫或意圖強迫證券商員工不得將交易紀錄或申報表格建檔。(三)意圖說服員工免去完成該交易應填報之資料。(四)探詢逃避申報之可能性。(五)急欲說明資金來源清白或非進行洗錢。(六)堅持交易必須馬上完成，且無合理解釋。(七)客戶之描述與交易本身顯不吻合。(八)意圖提供利益於員工，以達到證券商提供服務之目的。……」

4 (B)。有關證券商員工之防制洗錢及打擊資恐教育訓練，員工訓練部門應每年定期舉辦有關訓練課程供員工研習。

5 (A)。對已發行無記名股票之客戶應採取適當措施以確保其實質受益人之更新：
(1) 請客戶於具控制權股東身分發生變動時通知證券商。
(2) 請客戶每次股東會後，應向證券商更新實質受益人資訊。
(3) 請客戶因其他原因獲悉具控制權股東身分發生變動時，應通知證券商。

6 (D)。客戶不履行交割義務，且違約交割金額達新臺幣一千萬元以上為證券期貨疑似洗錢態樣。

7 (D)。
(1) 證券商具有高洗錢及資恐風險。
(2) 證券商防制洗錢及打擊資恐倘已完全依據證券商公會發布之態樣進行監控，仍須再另行增列，因為態樣仍會推陳出新。
(3) 客戶為零售業，屬於從事密集性現金交易業務，不可直接視為高風險客戶。
(4) 透過證券商進行內線交易或市場操縱，屬洗錢前置犯罪。

↘ 複選題

(　) **1** 證券商防制洗錢與打擊資恐之內部控制制度聲明書，於提報董事會通過後，應揭露於：　(A)證券商營業處所　(B)證券商網站　(C)每日於全國發行之報紙　(D)主管機關指定網站。

(　) **2** 證券業防制洗錢及打擊資恐計畫，應包括政策、程序及控管機制有那些？　(A)確認客戶身分　(B)客戶及交易有關對象之姓名及名稱檢核　(C)帳戶及交易之持續監控　(D)紀錄保存。

解答與解析　答案標示為#者，表官方曾公告更正該題答案。

1 (BD)。
證券商防制洗錢與打擊資恐之內部控制制度聲明書，於提報董事會通過後，應揭露於證券商網站及主管機關指定網站。

2 (ABCD)。
證券期貨業及其他經金融監督管理委員會指定之金融機構防制洗錢及打擊資恐內部控制與稽核制度實施辦法第4條第3項：「……第一項第二款之防制洗錢及打擊資恐計畫，應包括下列政策、程序及控管機制：一、確認客戶身分。二、客戶及交易有關對象之姓名及名稱檢核。三、帳戶及交易之持續監控。四、紀錄保存。五、一定金額以上通貨交易申報。六、疑似洗錢或資恐交易申報。七、指定防制洗錢及打擊資恐專責主管負責遵循事宜。八、員工遴選及任用程序。九、持續性員工訓練計畫。十、測試防制洗錢及打擊資恐機制有效性之獨立稽核功能。十一、其他依防制洗錢及打擊資恐相關法令及本會規定之事項。……」

第六章 我國保險業防制洗錢及打擊資恐執行重點

本章重點依據命題重要度區分，最高為✧✧✧，最低為✧

金管會110年10月01日同意備查

第1條 本範本依<u>洗錢防制法</u>、<u>資恐防制法</u>、<u>金融機構防制洗錢辦法</u>及<u>保險公司與辦理簡易人壽保險業務之郵政機構及其他經金融監督管理委員會指定之金融機構防制洗錢及打擊資恐內部控制與稽核制度實施辦法</u>規定訂定。

第2條 保險公司、辦理簡易人壽保險業務之郵政機構依「**保險公司與辦理簡易人壽保險業務之郵政機構及其他經金融監督管理委員會指定之金融機構防制洗錢及打擊資恐內部控制與稽核制度實施辦法**」第5條規定建立防制洗錢及打擊資恐之內部控制制度，應經董（理）事會通過；修正時，亦同。其內容應包括下列事項：

一、依據「保險業評估洗錢及資恐風險及訂定相關防制計畫指引」（附件），訂定對洗錢及資恐風險進行辨識、評估、管理之相關政策及程序。

二、依該指引與風險評估結果及業務規模，訂定防制洗錢及打擊資恐計畫，以管理及降低已辨識出之風險，並對其中之較高風險，採取強化控管措施。

三、監督控管防制洗錢及打擊資恐法令遵循及防制洗錢及打擊資恐計畫執行之標準作業程序，並納入自行查核及內部稽核項目，且於必要時予以強化。

前項第1款洗錢及資恐風險之辨識、評估及管理，應至少涵蓋客戶、地域、產品及服務、交易及通路等面向，並依下列規定辦理：

一、製作風險評估報告。

二、考量所有風險因素，以決定整體風險等級，及降低風險之適當措施。

三、訂定更新風險評估報告之機制，以確保風險資料之更新。

四、於完成或更新風險評估報告時,將風險評估報告送金融監督管
　　理委員會(以下簡稱金管會)備查。

第1項第2款之防制洗錢及打擊資恐計畫,應包括下列政策、程序及
控管機制:

一、確認客戶身分。

二、客戶及交易有關對象之姓名及名稱檢核。

三、交易之持續監控。

四、紀錄保存。

五、一定金額以上通貨交易申報。

六、疑似洗錢、資恐或資助武擴交易申報及依據**資恐防制法**之通
　　報。

七、指定防制洗錢及打擊資恐專責主管負責遵循事宜。

八、員工遴選及任用程序。

九、持續性員工訓練計畫。

十、測試防制洗錢及打擊資恐機制有效性之獨立稽核功能。

十一、其他依防制洗錢及打擊資恐相關法令及金管會規定之事項。

保險公司、辦理簡易人壽保險業務之郵政機構應訂定集團層次之防制
洗錢及打擊資恐計畫,於集團內之分公司(或子公司)施行。其內容
除包括前項政策、程序及控管機制外,並應在符合我國及國外分公司
(或子公司)所在地資料保密規定之情形下,訂定下列事項:

一、確認客戶身分與洗錢及資恐風險管理目的所需之集團內資訊分
　　享政策及程序。

二、為防制洗錢及打擊資恐目的,於有必要時,依集團層次法令遵
　　循、稽核及防制洗錢及打擊資恐功能,得要求國外分公司(或
　　子公司)提供有關客戶及交易資訊,包括異常交易或活動之資
　　訊及所為之分析;必要時,並得透過集團管理功能使國外分公
　　司(或子公司)取得上述資訊。

三、對運用被交換資訊及其保密之安全防護,包括防範資料洩漏之
　　安全防護。

保險公司、辦理簡易人壽保險業務之郵政機構應確保其國外分公司
(或子公司),在符合當地法令情形下,實施與總公司(或母公
司)一致之防制洗錢及打擊資恐措施。當總公司(或母公司)與分
公司(或子公司)所在國之最低要求不同時,分公司(或子公司)

應就兩地選擇較高標準者作為遵循依據,惟就標準高低之認定有疑義時,以保險公司、辦理簡易人壽保險業務之郵政機構所在國之主管機關之認定為依據;倘因外國法規禁止,致無法採行與總公司(或母公司)相同標準時,應採取合宜之額外措施,以管理洗錢及資恐風險,並向金管會申報。

在臺之外國金融機構集團分公司或子公司就第1項第1款及第2款應依據「保險業評估洗錢及資恐風險及訂定相關防制計畫指引」訂定之洗錢及資恐風險辨識、評估、管理相關政策、程序,及防制洗錢及打擊資恐計畫所須包括之政策、程序及控管機制,若母集團已建立不低於我國規定且不違反我國法規情形者,在臺分公司或子公司得適用母集團之規定。

已設董(理)事會之保險公司、辦理簡易人壽保險業務之郵政機構,董(理)事會對確保建立及維持適當有效之防制洗錢及打擊資恐內部控制負最終責任。董(理)事會及高階管理人員應瞭解其洗錢及資恐風險,及防制洗錢及打擊資恐計畫之運作,並採取措施以塑造重視防制洗錢及打擊資恐之文化。

第3條 本範本用詞定義如下:

一、一定金額:指新臺幣五十萬元(含等值外幣)。

二、通貨交易:單筆現金收或付(在會計處理上,凡以現金收支傳票記帳者皆屬之)。

三、建立業務關係:係指某人要求保險公司、辦理簡易人壽保險業務之郵政機構提供保險或金融服務並建立能延續一段時間之往來關係;或某人首次以準客戶身分接觸保險公司、辦理簡易人壽保險業務之郵政機構,期望此關係延續一段時間之往來。

四、客戶:為與保險公司、辦理簡易人壽保險業務之郵政機構建立業務關係之人(包含自然人、法人、團體或信託)。

五、實質受益人:指對客戶具最終所有權或控制權之自然人,或由他人代理交易之自然人本人,包括對法人或法律協議具最終有效控制權之自然人。

六、風險基礎方法:指保險公司、辦理簡易人壽保險業務之郵政機構應確認、評估及瞭解其暴露之洗錢及資恐風險,並採取適當防制洗錢及打擊資恐措施,以有效降低此類風險。依該方法,

對於較高風險情形應採取加強措施，對於較低風險情形，則可採取相對簡化措施，以有效分配資源，並以最適當且有效之方法，降低經其確認之洗錢及資恐風險。

七、交易有關對象：指交易過程中，所涉及之客戶以外之第三人。

第4條　確認客戶身分措施，應依下列規定辦理：

一、有以下情形之一者應予以婉拒建立業務關係或交易：

(一)疑似使用匿名、假名、人頭、虛設行號或虛設法人團體。

(二)客戶拒絕提供審核客戶身分措施相關文件，但經可靠、獨立之來源確實查證身分屬實者不在此限。

(三)對於由代理人辦理之情形，且查證代理之事實及身分資料有困難。

(四)持用偽、變造身分證明文件。

(五)出示之身分證明文件均為影本。但依規定得以身分證明文件影本或影像檔，輔以其他管控措施辦理之業務，不在此限。

(六)提供文件資料可疑、模糊不清，不願提供其他佐證資料或提供之文件資料無法進行查證。

(七)客戶不尋常拖延應補充之身分證明文件。

(八)建立業務關係之對象為**資恐防制法**指定制裁之個人、法人或團體，以及外國政府或國際組織認定或追查之恐怖分子或團體。但依**資恐防制法第6條第1項**所為支付不在此限。

(九)建立業務關係或交易時，有其他異常情形，客戶無法提出合理說明。

二、確認客戶身分時機：

(一)與客戶建立業務關係時。

(二)辦理新臺幣五十萬元（含等值外幣）以上之單筆現金收或付（在會計處理上凡以現金收支傳票記帳皆屬之）時。

(三)發現疑似洗錢或資恐交易時。

(四)對於過去所取得客戶身分資料之真實性或妥適性有所懷疑時。

三、確認客戶身分應採取下列方式辦理：

(一)以可靠、獨立來源之文件、資料或資訊，辨識及驗證客戶身分，並保存該身分證明文件影本或予以記錄。

(二)對於由代理人辦理投保、理賠、契約變更或其他交易，應查證代理之事實，並依前目方式辨識及驗證代理人身分，並保存該身分證明文件影本或予以記錄。

(三)辨識客戶實質受益人，並以合理措施驗證其身分，包括使用可靠來源之資料或資訊。

(四)確認客戶身分措施，應包括瞭解業務關係之目的與性質，並視情形取得相關資訊。

四、前款規定於客戶為個人時，至少取得下列資訊，以辨識其身分：

(一)姓名。

(二)出生日期。

(三)戶籍或居住地址。

(四)官方身分證明文件號碼。

(五)國籍。

(六)外國人士居留或交易目的（如觀光、工作等）。

五、針對依據保險業客戶洗錢及資恐風險評估相關規範辨識為高風險之個人客戶，於建立業務關係時應至少取得下列任一資訊：

(一)曾使用之姓名或別名：曾使用之姓名如結婚前使用之姓名、更名前使用之姓名。

(二)任職地址、郵政信箱地址、電子郵件地址（如有）。

(三)電話或手機號碼。

六、第3款規定於客戶為法人、團體或信託之受託人時，應瞭解客戶或信託（包括類似信託之法律協議）之業務性質，並至少取得客戶或信託之下列資訊，辨識及驗證客戶身分：

(一)客戶或信託之名稱、法律形式及存在證明。

(二)規範及約束法人、團體或信託之章程或類似之權力文件。但下列情形得不適用：

　1.第7款第3目所列對象及第7款第4目所列保險商品，且無第6條第1項第3款但書情形者。

　2.團體客戶經確認其未訂定章程或類似之權力文件者。

(三)法人、團體或信託之受託人中擔任高階管理人員（高階管理人員之範圍得包括董事、監事、理事、總經理、財務長、代表人、管理人、合夥人、有權簽章人，或相當於前述高階管理人員之自然人，保險公司、辦理簡易人壽保險

業務之郵政機構應運用風險基礎方法決定其範圍）之下列資訊：

　　1. 姓名。　　　　　2. 出生日期。　　　　3. 國籍。

(四)官方辨識編號：如統一編號、稅籍編號、註冊號碼。

(五)法人、團體或信託之受託人註冊登記之辦公室地址，及其主要之營業處所地址。

(六)境外法人、團體或信託之受託人往來目的。

七、第3款第3目規定於客戶為法人、團體或信託之受託人時，應瞭解客戶或信託之所有權及控制權結構，並透過下列資訊，辨識客戶之實質受益人，及採取合理措施驗證：

(一)客戶為法人或團體時：

　　1. 具控制權之最終自然人身分（如姓名、出生日期、國籍及身分證明文件號碼等）。所稱具控制權係指直接、間接持有該法人股份或資本超過百分之二十五者，保險公司、辦理簡易人壽保險業務之郵政機構得請客戶提供股東名冊或其他文件協助完成辨識。

　　2. 依前小目規定未發現具控制權之自然人或對具控制權自然人是否為實質受益人有所懷疑時，應辨識有無透過其他方式對客戶行使控制權之自然人。必要時得取得客戶出具之聲明書確認實質受益人之身分。

　　3. 如依前二小目規定均未發現具控制權之自然人時，應辨識高階管理人員之身分。

(二)客戶為信託之受託人時：應確認委託人、受託人、信託監察人、信託受益人及其他可有效控制該信託帳戶之人，或與上述人員具相當或類似職務者之身分。

(三)客戶或具控制權者為下列身分者，除有第6條第1項第3款但書情形或已發行無記名股票情形者外，不適用第3款第3目辨識及驗證實質受益人身分之規定：

　　1. 我國政府機關。　　　2. 我國公營事業機構。

　　3. 外國政府機關。

　　4. 我國公開發行公司或其子公司。

　　5. 於國外掛牌並依掛牌所在地規定，應揭露其主要股東之股票上市、上櫃公司及其子公司。

6.受我國監理之金融機構及其管理之投資工具。

7.設立於我國境外，且所受監理規範與防制洗錢金融行動工作組織（FATF）所定防制洗錢及打擊資恐標準一致之金融機構，及該金融機構管理之投資工具。保險公司、辦理簡易人壽保險業務之郵政機構對前開金融機構及投資工具需留存相關文件證明（如公開資訊查核紀錄、該金融機構防制洗錢作業規章、負面資訊查詢紀錄、金融機構聲明書等）。

8.我國政府機關管理之基金。

9.員工持股信託、員工福利儲蓄信託。

(四)投保傷害保險、健康保險或不具有保單價值準備金之保險商品者，除客戶來自未採取有效防制洗錢或打擊資恐之高風險國家或地區、足資懷疑該客戶或交易涉及洗錢或資恐者外，不適用第3款第3目辨識及驗證實質受益人身分之規定。

八、與保險公司、辦理簡易人壽保險業務之郵政機構建立業務關係之客戶，除法令另有規定外，應以可靠、獨立來源之文件、資料或資訊，採下列方式之一執行驗證客戶及其代理人與實質受益人身分，並保存該身分證明文件影本或予以紀錄：

(一)以文件驗證：

1.個人：

(1)驗證身分或生日：以附有照片且未過期之官方身分證明文件進行驗證，如身分證、護照、居留證、駕照等。如對上述文件效期有疑義，應以大使館或公證人之認證或聲明進行驗證。另實質受益人前述資料得不要求正本進行驗證，或依據保險公司、辦理簡易人壽保險業務之郵政機構內部所定作業程序，請法人、團體及其代表人聲明實質受益人資料，但該聲明資料應有部分項目得以公司登記證明文件、公司年報等其他可信文件或資料來源進行驗證。

(2)驗證地址：以客戶所屬帳單、對帳單、或官方核發之文件等進行驗證。

2.法人、團體或信託之受託人：以公司設立登記文件（Certified Articles of Incorporation）、政府核發之營業執照、合夥協議（Partnership Agreement）、信託文件（Trust Instrument）、

存續證明（Certification of Incumbency）等進行驗證。如信託之受託人為**洗錢防制法第5條第1項**列示之金融機構所管理之信託，其信託文件得由該金融機構出具之書面替代之。惟該金融機構所在之國家或地區屬未採取有效防制洗錢或打擊資恐之高風險國家或地區或足資懷疑該客戶或交易涉及洗錢或資恐者，不適用之。

(二)以非文件資訊驗證，例如：

　1.在建立業務關係後，以電話或函件聯繫客戶。

　2.由其他金融機構提供之資訊。

　3.交叉比對客戶提供之資訊與其他可信賴之公開資訊、付費資料庫等。

九、依據保險業洗錢及資恐風險評估相關規範辨識為高風險之客戶，應以下列加強方式擇一執行驗證：

(一)取得寄往客戶所提供住址之客戶本人／法人或團體之有權人簽署回函或辦理電話訪查。

(二)取得個人財富及資金來源資訊之佐證資料。

(三)實地訪查。

(四)取得過去保險往來資訊。

十、保險公司、辦理簡易人壽保險業務之郵政機構完成確認客戶身分措施前，不得與該客戶建立業務關係。但符合以下各目情形者，得先取得辨識客戶及實質受益人身分之資料，並於建立業務關係後，再完成驗證：

(一)洗錢及資恐風險受到有效管理。包括應針對客戶可能利用交易完成後才驗證身分之情形，採取風險管控措施。

(二)為避免對客戶業務之正常運作造成干擾所必須。

(三)會在合理可行之情形下儘速完成客戶及實質受益人之身分驗證。如未能在合理可行之時限內完成客戶及實質受益人之身分驗證，須終止該業務關係，並應事先告知客戶。

十一、保險公司、辦理簡易人壽保險業務之郵政機構如允許客戶未完成身分驗證前建立業務關係，則應採取相關之風險管控措施，包括：

(一)訂定客戶身分驗證完成期限。

(二)於客戶身分驗證完成前,營業單位督導主管應定期檢視與該客戶之往來關係,並定期向高階主管報告客戶身分驗證處理進度。

(三)於客戶身分驗證完成前,限制該客戶之交易次數與交易類型。

(四)於客戶身分驗證完成前,限制該客戶不得將款項支付予第三人,但符合以下各條件者不在此限:

1. 無洗錢/資恐活動疑慮。

2. 該客戶之洗錢/資恐之風險等級屬低風險。

3. 交易依保險公司、辦理簡易人壽保險業務之郵政機構內部風險考量,所訂核准層級之高階管理人員核准。

4. 收款人之姓名/名稱與洗錢或資恐名單不符。

(五)對所取得客戶或實質受益人身分資料之真實性、妥適性或其目的有所懷疑時,不適用前一目但書。

(六)前款第3目「合理可行之時限」,保險公司、辦理簡易人壽保險業務之郵政機構應以風險基礎方法依不同風險等級訂定。釋例如下:

1. 應在建立業務關係後,不遲於三十個工作天內完成客戶身分驗證程序。

2. 倘在建立業務關係三十個工作天後,仍未能完成客戶身分驗證程序,則保險公司、辦理簡易人壽保險業務之郵政機構應暫時中止與客戶之業務關係,及避免進行進一步之交易(在可行狀況下,將資金退回原資金來源則不在此限)。

3. 倘在建立業務關係一百二十天後,仍未能完成客戶身分驗證程序,則保險公司、辦理簡易人壽保險業務之郵政機構應終止與客戶之業務關係。

十二、客戶為法人時,應以檢視公司章程或請客戶出具聲明書之方式,瞭解其是否可發行無記名股票,並對已發行無記名股票之客戶採取下列措施之一,以確保其實質受益人之更新:

(一)請客戶要求具控制權之無記名股票股東,應通知客戶登記身分,並請客戶於具控制權股東身分發生變動時通知保險公司、辦理簡易人壽保險業務之郵政機構。

(二)請客戶於每次股東會後,應向保險公司、辦理簡易人壽保險業務之郵政機構更新其實質受益人資訊,並提供持有無

記名股票達一定比率以上股東之資料。但客戶因其他原因獲悉具控制權股東身分發生變動時，應即通知保險公司、辦理簡易人壽保險業務之郵政機構。

十三、保險公司、辦理簡易人壽保險業務之郵政機構於確認客戶身分時，應運用適當之風險管理機制，確認客戶及其實質受益人、高階管理人員是否為現任或曾任國內外政府或國際組織之重要政治性職務人士：

(一)客戶或其實質受益人若為現任國外政府之重要政治性職務人士，應將該客戶直接視為高風險客戶，並採取第6條第1項第1款各目之強化確認客戶身分措施。

(二)客戶或其實質受益人若為現任國內政府或國際組織之重要政治性職務人士，應於與該客戶建立業務關係時，審視其風險，嗣後並應每年重新審視。對於經保險公司、辦理簡易人壽保險業務之郵政機構認定屬高風險業務關係者，應對該客戶採取第6條第1項第1款各目之強化確認客戶身分措施。

(三)客戶之高階管理人員若為現任國內外政府或國際組織之重要政治性職務人士，保險公司、辦理簡易人壽保險業務之郵政機構應考量該高階管理人員對該客戶之影響力，決定是否對該客戶採取第6條第1項第1款各目之強化確認客戶身分措施。

(四)對於非現任國內外政府或國際組織之重要政治性職務人士，保險公司、辦理簡易人壽保險業務之郵政機構應考量相關風險因子後評估其影響力，依風險基礎方法認定其是否應適用前三目之規定。

(五)前四目規定於重要政治性職務人士之家庭成員及有密切關係之人，亦適用之。前述家庭成員及有密切關係之人之範圍，依**洗錢防制法第7條第4項後段**所定辦法之規定認定之。

(六)第7款第3目第一小目至第三小目及第八小目所列對象，其實質受益人或高階管理人員為重要政治性職務人士時，不適用本款第1目至第5目之規定。

(七)保險公司、辦理簡易人壽保險業務之郵政機構對於人壽保險、投資型保險及年金保險契約，應於給付保險金或解約金前，採取合理措施辨識及驗證保險受益人及其實質受益人是

否為前項所稱重要政治性職務人士。如發現高風險情形，應於給付前通知高階管理人員，對與該客戶之整體業務關係進行強化審查，並考量疑似洗錢或資恐交易之申報。

十四、確認客戶身分其他應遵循之事項：

(一)承保時應注意事項：

1. 業務員於個人投保時，應要求要保人、被保險人提供身分證明文件（身分證、護照、駕照，或其他足資證明其身分之文件等）或予以記錄；法人投保時，應要求提供法人合格登記資格證照、代理人之合法證明（如營業執照、其他設立或登記證照等）及持有或控制該法人之實質受益人之身分文件、資料或資訊或予以記錄；並與要保書填載內容核對無誤後於招攬報告註明。

2. 核保人員於核保時應確實審閱要保人或被保險人填寫之要保文件，招攬報告對當事人之確認是否確實；必要時應要求個案生調，並附具相關資料，以備查考。法人投保者，應採合理方式了解其營業性質、實質受益人與控制結構，並保留相關資料。

3. 為確認客戶身分，必要時得要求提供有關身分證及登記證照外之第二身分證明文件。該第二身分證明文件應具辨識力。機關學校團體之清冊，如可確認當事人身分，亦可當作第二身分證明文件。若當事人拒絕提供者，應予婉拒受理或經確實查證身分屬實後始予辦理。

4. 對於由代理人辦理投保，應依本條第3款第2目規定辦理。

(二)對於人壽保險、投資型保險及年金保險契約之保險受益人確定或經指定時，採取下列措施：

1. 對於經指定為保險受益人者，應取得其姓名或名稱及身分證明文件號碼或註冊設立日期。

2. 對於依據契約特性或其他方式指定為保險受益人者，應取得充分資訊，以使保險業於支付保險金時得藉以辨識該保險受益人身分。

(三)承保後再確認客戶資料之程序：

1. 鉅額保費（金額由各公司自訂）之保件行使契約撤銷權要求退還所繳保費者，應專案處理，確認客戶之身分及動機，

防制其藉投保為洗錢或資恐之行為。

2. 對客戶資料必要時應以電話、信函或其他方式瞭解個人客戶之職業及住居所，法人客戶之營業場所及營業性質，並保留相關資料。

3. 客戶辦理保單借款，以及變更繳費方式、變更要保人或受益人等契約內容變更或解約如有異常情形者，均應密切注意並予查核。

4. 對於由代理人辦理契約變更，應依本條第3款第2目規定辦理。

(四)給付保險金時應注意之規定：

1. 應於人壽保險、投資型保險及年金保險契約給付保險金時，驗證該保險受益人之身分。

2. 給付保險金時，對保險金給付之流向有疑慮時應予查核；對要求取消支票禁止背書轉讓者，應瞭解其動機，並作適當之註記。

3. 查核受益人變更之過程是否正常合理。

4. 查核保險給付之對象，其受領金額與其職業或身分是否正常合理。

5. 對於由代理人辦理理賠交易，應依本條第3款第2目規定辦理。

(五)保險公司、辦理簡易人壽保險業務之郵政機構對於無法完成確認客戶身分相關規定程序者，應考量申報與該客戶有關之疑似洗錢或資恐交易。

(六)保險公司、辦理簡易人壽保險業務之郵政機構懷疑某客戶或交易可能涉及洗錢或資恐，且合理相信執行確認客戶身分程序可能對客戶洩露訊息時，得不執行該等程序，而改以申報疑似洗錢或資恐交易。

(七)對於非「面對面」之客戶，應該施以具相同效果之確認客戶程序，且必須有特別和足夠之措施，以降低風險。

(八)以網路方式建立業務關係者，應依本會所訂並經主管機關備查之相關作業範本辦理。

十五、對於有第1款第8目所述建立業務關係或交易對象情形，保險公司、辦理簡易人壽保險業務之郵政機構應依**洗錢防制法第10條**申報疑似洗錢或資恐交易，如該對象為**資恐防制法**指定制裁之個人、法人或團體，並應於知悉之日起不得有**資恐防制法第7**

　　　　　　條第1項行為，及依第12條規定辦理通報（格式請至法務部調
　　　　　　查局網站下載）。若於前述對象受制裁指定前已有**資恐防制法
　　　　　　第6條第1項第2款及第3款**情事，則應依**資恐防制法**相關規定申
　　　　　　請許可。
　　十六、前款規定，於第三人受指定制裁之個人、法人或團體委任、委
　　　　　　託、信託或其他原因而為其持有或管理之財物或財產上利益，
　　　　　　亦適用之。

第5條　保險公司、辦理簡易人壽保險業務之郵政機構確認客戶身分措施，
　　　　　應包括對客戶身分之持續審查，並依下列規定辦理：
　　一、應依重要性及風險程度，對現有客戶身分資料進行審查，並於
　　　　考量前次執行審查之時點及所獲得資料之適足性後，在適當時
　　　　機對已存在之往來關係進行審查。上開適當時機至少應包括：
　　　　(一)客戶保額異常增加或新增業務往來關係時。
　　　　(二)依據客戶之重要性及風險程度所定之定期審查時點。
　　　　(三)得知客戶身分與背景資訊有重大變動時。
　　二、應對客戶業務關係中之交易進行詳細審視，以確保所進行之交
　　　　易與客戶及其業務、風險相符，必要時並應瞭解其資金來源。
　　三、應定期檢視其辨識客戶及實質受益人身分所取得之資訊是否足
　　　　夠，並確保該等資訊之更新，特別是高風險客戶，應至少每年
　　　　檢視一次，除前述客戶外，應依風險基礎方法決定檢視頻率。
　　四、對客戶身分辨識與驗證程序，得以過去執行與保存資料為依據，
　　　　無須於客戶每次從事交易時，一再辨識及驗證客戶之身分。但對
　　　　客戶資訊之真實性或妥適性有所懷疑、發現客戶涉及疑似洗錢或
　　　　資恐交易，或客戶之交易運作方式出現與該客戶業務特性不符之
　　　　重大變動時，應依第4條規定對客戶身分再次確認。

第6條　第4條第3款及前條規定之確認客戶身分措施及持續審查機制，應以
　　　　　風險基礎方法決定其執行強度，包括：
　　一、對於高風險情形，應加強確認客戶身分或持續審查措施，其中
　　　　至少應額外採取下列強化措施：
　　　　(一)在建立或新增業務往來關係前，應取得依內部風險考量，
　　　　　　所訂核准層級之高階管理人員同意。

(二)應採取合理措施以瞭解客戶財富及資金來源。其中資金來源係指產生該資金之實質來源（如薪資、投資收益、買賣不動產等）。

(三)對於業務往來關係應採取強化之持續監督。

二、對於來自洗錢或資恐高風險國家或地區之客戶，應採行與其風險相當之強化措施。

三、對於較低風險情形，得採取簡化措施，該簡化措施應與其較低風險因素相當。但有下列情形者，不得採取簡化確認客戶身分措施：

(一)客戶來自未採取有效防制洗錢或打擊資恐之高風險國家或地區，包括但不限於金管會函轉國際防制洗錢組織所公告防制洗錢與打擊資恐有嚴重缺失之國家或地區，及其他未遵循或未充分遵循國際防制洗錢組織建議之國家或地區。

(二)足資懷疑該客戶或交易涉及洗錢或資恐。

保險公司、辦理簡易人壽保險業務之郵政機構得採行之簡化確認客戶身分措施如下：

一、降低客戶身分資訊更新之頻率。

二、降低持續性監控之等級，並以合理之金額門檻作為審查交易之基礎。

三、從交易類型或已建立業務往來關係可推斷其目的及性質者，得無須再蒐集特定資訊或執行特別措施以瞭解業務往來關係之目的及其性質。

保險公司、辦理簡易人壽保險業務之郵政機構應依重要性及風險程度，對現有客戶進行客戶審查，並於考量前次執行客戶審查之時點及所獲得資料之適足性後，在適當時機對已存在之往來關係進行審查。

保險公司、辦理簡易人壽保險業務之郵政機構應將人壽保險契約之受益人納為是否執行強化確認客戶身分措施之考量因素。人壽保險契約之保險受益人為法人或信託之受託人，經評估屬較高風險者，應採取強化確認客戶身分措施，包括於給付保險金前，採取合理措施辨識及驗證實質受益人身分。

第7條　保險公司、辦理簡易人壽保險業務之郵政機構確認客戶身分作業應自行辦理，如法令或金管會另有規定保險公司、辦理簡易人壽保險

業務之郵政機構得依賴第三方執行辨識及驗證客戶本人身分、代理人身分、實質受益人身分或業務關係之目的及性質時，該依賴第三方之保險公司、辦理簡易人壽保險業務之郵政機構仍應負確認客戶身分之最終責任，並應符合下列規定：

一、應能立即取得確認客戶身分所需資訊。

二、應採取符合保險公司、辦理簡易人壽保險業務之郵政機構本身需求之措施，確保所依賴之第三方將依保險公司、辦理簡易人壽保險業務之郵政機構之要求，毫不延遲提供確認客戶身分所需之客戶身分資料或其他相關文件影本。

三、確認所依賴之第三方受到規範、監督或監控，並有適當措施遵循確認客戶身分及紀錄保存之相關規範。

四、確認所依賴之第三方之所在地，其防制洗錢及打擊資恐規範與防制洗錢金融行動工作組織所定之標準一致。

第8條　保險公司、辦理簡易人壽保險業務之郵政機構對客戶及交易有關對象之姓名及名稱檢核機制應依下列規定辦理：

一、應依據風險基礎方法，建立客戶及交易有關對象之姓名及名稱檢核政策及程序，以偵測、比對、篩檢客戶、客戶之高階管理人員、實質受益人或交易有關對象是否為**資恐防制法**指定制裁之個人、法人或團體，以及外國政府或國際組織認定或追查之恐怖分子或團體。如是，應依第4條第15款規定辦理。

二、客戶及交易有關對象之姓名及名稱檢核政策及程序，至少應包括比對與篩檢邏輯、檢核作業之執行程序，以及檢視標準，並將其書面化。

三、執行姓名及名稱檢核情形應予記錄，並依第13條規定之期限進行保存。

四、本檢核機制應予測試，測試面向包括：

(一)制裁名單及門檻設定是否基於風險基礎方法。

(二)輸入資料與對應之系統欄位正確及完整。

(三)比對與篩檢邏輯。　　　　(四)模型驗證。

(五)資料輸出正確及完整。

五、依據測試結果確認是否仍能妥適反映風險並適時修訂之。

第9條　保險公司、辦理簡易人壽保險業務之郵政機構對交易之持續監控，應依下列規定辦理：

一、應逐步以資訊系統整合全公司客戶之基本資料及交易資料，供總（分）公司進行基於防制洗錢及打擊資恐目的之查詢，以強化其交易監控能力。對於各單位調取及查詢客戶之資料，應建立內部控制程序，並注意資料之保密性。

二、應依據以風險基礎方法，建立交易監控政策與程序，並利用資訊系統，輔助發現疑似洗錢、資恐或資助武擴交易。

三、依據防制洗錢與打擊資恐法令規範、其客戶性質、業務規模及複雜度、內部與外部來源取得之洗錢與資恐相關趨勢與資訊、保險公司內部風險評估結果等，檢討其交易監控政策及程序，並定期更新之。

四、交易監控政策及程序，至少應包括完整之監控型態、參數設定、金額門檻、預警案件與監控作業之執行程序與監控案件之檢視程序及申報標準，並將其書面化。

五、前款機制應予測試，測試面向包括：

(一)內部控制流程：檢視交易監控機制之相關人員或單位之角色與責任。

(二)輸入資料與對應之系統欄位正確及完整。

(三)偵測情境邏輯。

(四)模型驗證。

(五)資料輸出。

六、發現或有合理理由懷疑客戶、客戶之資金、資產或其欲／已進行之交易與洗錢、資恐或資助武擴等有關者，不論金額或價值大小或交易完成與否，均應對客戶身分進一步審查。

七、附錄所列為可能產生之疑似洗錢、資恐或資助武擴交易表徵，惟並非詳盡無遺，保險公司、辦理簡易人壽保險業務之郵政機構應依本身資產規模、地域分布、業務特點、客群性質及交易特徵，並參照本身內部之洗錢及資恐風險評估或日常交易資訊等，選擇或自行發展契合本身之表徵，以辨識出可能為洗錢、資恐或資助武擴之警示交易。

八、前款辨識出之警示交易應就客戶個案情況判斷其合理性（合理性之判斷例如是否有與客戶身分、收入或營業規模顯不相當、與客戶本身營業性質無關、不符合客戶商業模式、無合理經濟目的、無合理解釋、無合理用途、或資金來源不明或交代不清），並留存檢視紀錄。經認定非疑似洗錢、資恐或資助武擴交易者，應當記錄分析排除理由；如認為有疑似洗錢、資恐或資助武擴之交易，除應確認客戶身分並留存相關紀錄憑證外，應於專責主管核定後立即向法務部調查局申報，核定後之申報期限不得逾二個營業日。交易未完成者，亦同。

九、就各項疑似洗錢、資恐或資助武擴交易表徵，應以風險基礎方法辨別須建立相關資訊系統輔助監控者。未列入系統輔助者，亦應以其他方式協助員工於客戶交易時判斷其是否為疑似洗錢、資恐或資助武擴交易；系統輔助並不能完全取代員工判斷，仍應強化員工之訓練，使員工有能力識別出疑似洗錢、資恐或資助武擴交易。

疑似洗錢、資恐或資助武擴交易申報：

一、各單位承辦人員發現異常交易，應立即陳報督導主管。

二、督導主管應儘速裁決是否確屬應行申報事項。如裁定應行申報，應立即交由原承辦人員填寫申報書（格式請至法務部調查局網站下載），並將申報書轉送專責單位。

三、由專責單位簽報專責主管核定後立即向法務部調查局申報，核定後之申報期限不得逾二個營業日。交易未完成者，亦同。

四、前揭申報如屬明顯重大緊急案，應以傳真或其他可行方式儘速向法務部調查局申報，並立即補辦書面資料。但經法務部調查局以傳真資料確認回條回傳確認收件者，無需補辦申報書。保險公司、辦理簡易人壽保險業務之郵政機構並應留存傳真資料確認回條。

防止申報資料及消息洩露之保密規定：

一、疑似洗錢、資恐或資助武擴交易申報事項，各級人員應保守秘密，不得任意洩露。保險公司、辦理簡易人壽保險業務之郵政機構並應提供員工如何避免資訊洩露之訓練或教材，避免員工與客戶應對或辦理日常作業時，發生資訊洩露情形。

二、本申報事項有關之文書，均應以機密文件處理，如有洩密案件應依有關規定處理。

三、防制洗錢及打擊資恐專責人員、法令遵循單位所屬人員或稽核單位人員為執行職務需要，得及時取得客戶資料與交易紀錄，惟仍應遵循保密之規定。

執行交易持續監控之情形應予記錄，並依第13條規定之期限進行保存。

第10條 保險公司、辦理簡易人壽保險業務之郵政機構於推出具有保單價值準備金或現金價值之新產品或服務或辦理新種業務（包括新支付機制、運用新科技於現有或全新之產品或業務）前，應進行產品之洗錢及資恐風險評估，並建立相應之風險管理措施以降低所辨識之風險。

第11條 保險公司、辦理簡易人壽保險業務之郵政機構對達一定金額以上之通貨交易，應依下列規定辦理：

一、應確認客戶身分並留存相關紀錄憑證。

二、確認客戶身分措施，應依下列規定辦理：

(一)憑客戶提供之身分證明文件或護照確認其身分，並將其姓名、出生年月日、住址、電話、交易帳戶號碼、交易金額及身分證明文件號碼等事項加以記錄。但如能確認客戶為交易帳戶本人者，可免確認身分，惟應於交易紀錄上敘明係本人交易。

(二)交易如係由代理人為之者，應憑代理人提供之身分證明文件或護照確認其身分，並將其姓名、出生年月日、住址、電話、交易帳戶號碼、交易金額及身分證明文件號碼等事項加以記錄。

三、除本條第2項之情形外，應於交易完成後五個營業日內以媒體申報方式（格式請至法務部調查局網站下載），向法務部調查局申報。無法以媒體方式申報而有正當理由者，得報經法務部調查局同意後，以書面（格式請至法務部調查局網站下載）申報之。

四、向調查局申報資料及相關紀錄憑證之保存，應依第13條規定辦理。

對下列達一定金額以上之通貨交易，免向法務部調查局申報，但仍應確認客戶身分及留存相關紀錄憑證：

一、存入政府機關、公營事業機構、行使公權力機構（於受委託範圍內）、公私立學校、公用事業及政府依法設立之基金所開立帳戶之款項。

二、金融機構間之交易及資金調度。但金融同業之客戶透過金融同業間之同業存款帳戶所生之應付款項，如兌現同業所開立之支票，同一客戶現金交易達一定金額以上者，仍應依規定辦理。

三、代收款項交易（不包括存入股款代收專戶之交易），其繳款通知書已明確記載交易對象之姓名、身分證明文件號碼（含代號可追查交易對象之身分者）、交易種類及金額者。但應以繳款通知書副聯作為交易紀錄憑證留存。

第12條 保險公司、辦理簡易人壽保險業務之郵政機構依**資恐防制法第7條**進行經指定制裁對象之財物或財產上利益及所在地之通報，應依下列規定辦理：

一、於知悉後即依法務部調查局所定之通報格式及方式，由專責主管核定後，立即向法務部調查局通報，核定後之通報期限不得逾二個營業日。

二、前揭申報如有明顯重大緊急案，應立即以傳真或其他可行方式儘速辦理通報，並應依法務部調查局以所定之通報格式及方式補辦通報。但經法務部調查局以所定格式傳真回覆確認，無需補辦通報。保險公司、辦理簡易人壽保險業務之郵政機構並應留存法務部調查局之傳真回覆資料。

三、保險公司、辦理簡易人壽保險業務之郵政機構以每年十二月三十一日為結算基準日，應依法務部調查局所定之格式編製年度報告，記載保險公司、辦理簡易人壽保險業務之郵政機構於結算基準日當日依**資恐防制法第7條**所管理或持有一切經指定制裁之個人、法人或團體之財物或財產上利益，並於次年三月三十一日前提報法務部調查局備查。

前項通報紀錄、交易憑證及年度報告，應依第13條規定辦理。

第13條 保險公司、辦理簡易人壽保險業務之郵政機構應以紙本或電子資料保存與客戶往來及交易之紀錄憑證，並依下列規定辦理：

一、對國內外交易之所有必要紀錄之保存應至少保存五年。但法律另有較長保存期間規定者，從其規定。前述必要紀錄包括：

(一)進行交易的各方姓名或帳號或識別號碼。

(二)交易日期。

(三)貨幣種類及金額。

(四)繳交或給付款項之方式,如以現金、支票等。

(五)給付款項的目的地。

(六)指示或授權之方式。

二、 對達一定金額以上大額通貨交易,其確認紀錄及申報之相關紀錄憑證,以原本方式至少保存五年。確認客戶程序之記錄方法,由保險公司、辦理簡易人壽保險業務之郵政機構依本身考量,根據全公司一致性做法之原則,選擇一種記錄方式。

三、 對疑似洗錢或資恐交易之申報,其申報之相關紀錄憑證,以原本方式至少保存五年。

四、 下列資料應保存至與客戶業務關係結束後至少五年。但法律另有較長保存期間規定者,從其規定:

(一)確認客戶身分所取得之所有紀錄,如護照、身分證、駕照或類似之官方身分證明文件影本或紀錄。

(二)契約文件檔案。

(三)業務往來資訊,包括對複雜、異常交易進行詢問所取得之背景或目的資訊與分析資料。

五、 保存之交易紀錄應足以重建個別交易,以備作為認定不法活動之證據。

六、 對權責機關依適當授權要求提供交易紀錄及確認客戶身分等相關資訊時,應確保能夠迅速提供。

第14條 其他應注意事項:

一、 對客戶或業務員有疑似規避**洗錢防制法**規定之行為(如同一要保人或被保險人分散投保鉅額保件),應予注意並瞭解其動機。

二、 保險公司、辦理簡易人壽保險業務之郵政機構每年(期間各公司得配合自訂)應檢討內部管制措施,是否足以防制洗錢及打擊資恐之行為;各單位作業如有缺失,並應及時改進。

三、 如調查疑涉洗錢或資恐之職員(員工)時,應注意保密。

第15條 專責單位及專責主管：

一、保險公司、辦理簡易人壽保險業務之郵政機構應依其規模、風險等配置適足之防制洗錢及打擊資恐專責人員及資源，並由董（理）事會指派高階主管一人擔任專責主管，賦予協調監督防制洗錢及打擊資恐之充分職權，及確保該等人員及主管無與其防制洗錢及打擊資恐職責有利益衝突之兼職。其中本國人身保險公司、辦理簡易人壽保險業務之郵政機構並應於總經理、總機構法令遵循單位或風險控管單位下設置獨立之防制洗錢及打擊資恐專責單位，該單位不得兼辦防制洗錢及打擊資恐以外之其他業務。

二、前款專責單位或專責主管掌理下列事務：

(一)督導洗錢及資恐風險之辨識、評估及監控政策及程序之規劃與執行。

(二)協調督導全面性洗錢及資恐風險辨識及評估之執行。

(三)監控與洗錢及資恐有關之風險。

(四)發展防制洗錢及打擊資恐計畫。

(五)協調督導防制洗錢及打擊資恐計畫之執行。

(六)確認防制洗錢及打擊資恐相關法令之遵循，包括所屬同業公會所定並經本會准予備查之相關範本或自律規範。

(七)督導向法務部調查局進行疑似洗錢或資恐交易申報及**資恐防制法**指定對象之財物或財產上利益及其所在地之通報事宜。

(八)其他與防制洗錢及打擊資恐有關之事務。

三、第1款專責主管應至少每半年向董（理）事會及監察人（監事、監事會）或審計委員會報告，如發現有重大違反法令時，應即時向董事（理）會及監察人（監事、監事會）或審計委員會報告。

四、保險公司、辦理簡易人壽保險業務之郵政機構國外營業單位應綜合考量在當地之分公司家數、業務規模及風險等，設置適足之防制洗錢及打擊資恐人員，並指派一人為主管，負責執行防制洗錢及打擊資恐法令之協調督導事宜。

五、保險公司、辦理簡易人壽保險業務之郵政機構國外營業單位防制洗錢及打擊資恐主管之設置應符合當地法令規定及當地主管機關之要求，並應具備協調督導防制洗錢及打擊資恐之充分職權，包括可直接向第1款專責主管報告，且除兼任法令遵循主管

外，應為專任，如兼任其他職務，應與當地主管機關溝通，以確認其兼任方式無職務衝突之虞，並報金管會備查。

第16條 防制洗錢及打擊資恐內部控制制度之執行、稽核及聲明：

一、保險公司、辦理簡易人壽保險業務之郵政機構國內外營業單位應指派資深管理人員擔任督導主管，負責督導所屬單位執行防制洗錢及打擊資恐相關事宜，並依相關規定辦理自行查核。

二、保險公司、辦理簡易人壽保險業務之郵政機構內部稽核單位應依規定辦理下列事項之查核，並提具查核意見：

(一)洗錢及資恐風險評估與防制洗錢及打擊資恐計畫是否符合法規要求並落實執行。

(二)防制洗錢及打擊資恐計畫之有效性。

三、保險公司、辦理簡易人壽保險業務之郵政機構內部稽核單位之職責：

(一)應依據所訂內部管制措施暨有關規定訂定查核事項，定期辦理查核，並測試防制洗錢及打擊資恐計畫之有效性及保險公司營運、部門與分公司（或子公司）之風險管理品質。

(二)查核方式應涵蓋獨立性交易測試，包括就保險公司評估之高風險產品、客戶及地域，篩選有關之交易，驗證已有效執行防制洗錢及打擊資恐相關規範。

(三)發現執行該項管理措施之疏失事項，應定期簽報專責主管陳閱，並提供員工在職訓練之參考。

(四)查獲故意隱匿重大違規事項而不予揭露者，應由總公司權責單位適當處理。

四、保險公司、辦理簡易人壽保險業務之郵政機構總經理應督導各單位審慎評估及檢討防制洗錢及打擊資恐內部控制制度執行情形，由董事長（理事主席）、總經理、總稽核（稽核人員）、防制洗錢及打擊資恐專責主管聯名出具防制洗錢及打擊資恐之內部控制制度聲明書，並提報董（理）事會通過，於每會計年度終了後三個月內將該內部控制制度聲明書內容揭露於保險業網站，並於金管會指定網站辦理公告申報。

五、外國保險公司在臺分公司就本範本關於董事會或監察人之相關事項，由其總公司授權人員負責。前款聲明書，由總公司授權

之在臺分公司負責人、防制洗錢及打擊資恐專責主管及負責臺灣地區稽核業務主管等三人出具。

第17條 人員任用及訓練：

一、保險公司、辦理簡易人壽保險業務之郵政機構應確保建立高品質之員工遴選及任用程序，包括檢視員工是否具備廉正品格，及執行其職責所需之專業知識。

二、保險公司、辦理簡易人壽保險業務之郵政機構之防制洗錢及打擊資恐專責主管、專責人員及國內營業單位督導主管應於充任後三個月內符合下列資格條件之一，並應訂定相關控管機制，以確保符合規定：

(一)曾擔任專責之法令遵循或防制洗錢及打擊資恐專責人員三年以上者。

(二)專責主管及專責人員參加金管會認定機構所舉辦二十四小時以上課程，並經考試及格且取得結業證書；國內營業單位督導主管參加金管會認定機構所舉辦十二小時以上課程，並經考試及格且取得結業證書。但由法令遵循主管兼任防制洗錢及打擊資恐專責主管，或法令遵循人員兼任防制洗錢及打擊資恐專責人員者，經參加金管會認定機構所舉辦十二小時防制洗錢及打擊資恐之教育訓練後，視為具備本目資格條件。

(三)取得金管會認定機構舉辦之國內或國際防制洗錢及打擊資恐專業人員證照者。

三、前款之專責主管、專責人員及國內營業單位督導主管，每年應至少參加經第15條第1款專責主管同意之內部或外部訓練單位所辦十二小時防制洗錢及打擊資恐教育訓練，訓練內容應至少包括新修正法令、洗錢及資恐風險趨勢及態樣。當年度取得金管會認定機構舉辦之國內或國際防制洗錢及打擊資恐專業人員證照者，得抵免當年度之訓練時數。

四、國外營業單位之督導主管與防制洗錢及打擊資恐主管、人員應具備防制洗錢專業及熟知當地相關法令規定，且每年應至少參加由國外主管機關或相關單位舉辦之防制洗錢及打擊資恐教育訓練課程十二小時，如國外主管機關或相關單位未舉辦防制洗

　　　錢及打擊資恐教育訓練課程，得參加經第15條第1款專責主管同
　　　意之內部或外部訓練單位所辦課程。
五、保險公司、辦理簡易人壽保險業務之郵政機構董（理）事、監
　　　察人、總經理、法令遵循人員、內部稽核人員、業務人員及與
　　　防制洗錢及打擊資恐業務有關人員，應依其業務性質，每年安
　　　排適當內容及時數之防制洗錢及打擊資恐教育訓練，以使其瞭
　　　解所承擔之防制洗錢及打擊資恐職責，及具備執行該職責應有
　　　之專業。
六、保險公司、辦理簡易人壽保險業務之郵政機構應於各級內外勤
　　　人員在職教育訓練中安排防制洗錢及打擊資助恐怖主義之相關
　　　課程，使全體員工瞭解防制洗錢及打擊資助恐怖主義風險之相
　　　關法令與實務上運作之關係並得視實際需要延聘法務部、金管
　　　會、大專院校或其他機構之學者專家擔任講師。
七、保險公司、辦理簡易人壽保險業務之郵政機構之員工於赴國外
　　　進修或考察時，應利用機會瞭解國外人壽保險業防制洗錢及打
　　　擊資助恐怖主義之具體作法，如有足資公司參考取法者，並得
　　　專案予以獎勵。

第18條　客戶有下列情形應婉拒服務，並報告直接主管：
　　　一、告知依法必須提供相關資料確認身份時，堅不提供相關資料。
　　　二、任何個人或團體強迫或意圖強迫保險公司、辦理簡易人壽保險
　　　　　業務之郵政機構不得將交易紀錄或申報表格建檔。
　　　三、意圖說服員工免去完成該交易應填報之資料。
　　　四、探詢逃避申報之可能性。
　　　五、急欲說明資金來源清白或非進行洗錢。
　　　六、堅持交易必須馬上完成，且無合理解釋。
　　　七、客戶之描述與交易本身顯不吻合。
　　　八、意圖提供利益於員工，以達到保險公司、辦理簡易人壽保險業
　　　　　務之郵政機提供服務之目的。

第19條　保險公司應於與保險代理人或保險經紀人之合作推廣、共同行銷、
　　　保險代理人或保險經紀人契約中，約定其應遵守防制洗錢及打擊資
　　　恐規定並配合保險公司辦理客戶身分資訊蒐集或驗證作業。

　　　　保險公司應向業務往來之保險代理人及保險經紀人充分要求及確認需配合辦理業務招攬之防制洗錢及打擊資恐事項。

第20條 保險公司、辦理簡易人壽保險業務之郵政機構應參酌本範本訂定其注意事項，經董（理）事會通過後實施，並應每年檢討；修正時，亦同。

第21條 本範本應經壽險公會理事會通過，及報請金管會備查後實施；修正時，亦同。

【牛刀小試】

( ) **1** 保險業應確保其國外分公司，在符合當地法令情形下，實施與總公司一致之防制洗錢及打擊資恐措施。當總公司與分公司所在國之要求不同就標準高低之認定有疑義時應就兩地選擇何種標準者作為遵循依據？ (A)較高標準 (B)所在國標準 (C)總公司標準 (D)最適標準。

( ) **2** 保險公司洗錢及資恐風險之辨識、評估及管理，應至少的面向，不包括何者？ (A)地域 (B)產品及服務 (C)交易及通路 (D)內控評估。

( ) **3** 保險業總經理應督導各單位審慎評估及檢討防制洗錢及打擊資恐內部控制制度執行情形，由以下哪些主管聯名出具防制洗錢及打擊資恐之內部控制制度聲明書，並提報董（理）事會通過？ (1)董（理）事長（主席） (2)總經理 (3)總稽核（稽核人員） (4)總機構法令遵循主管 (5)防制洗錢及打擊資恐專責主管 (A)(1)(2)(3)(4) (B)(1)(2)(4)(5) (C)(1)(2)(3)(5) (D)(1)(2)(3)(4)(5)。

【106年合庫新進人員甄試】

解答與解析　　答案標示為#者，表官方曾公告更正該題答案。

1 (B)。人壽保險業防制洗錢及打擊資恐注意事項範本第3條規定：「……保險公司應確保其國外分公司（或子公司），在符合當地法令情形下，實施與總公司（或母公司）一致之防制洗錢及打擊資恐措施。當總公司（或母公司）與分公司（或子公司）所在國之最低要求不同

時，分公司（或子公司）應就兩地選擇較高標準者作為遵循依據，惟就標準高低之認定有疑義時，以保險公司所在國之主管機關之認定為依據；倘因外國法規禁止，致無法採行與總公司（或母公司）相同標準時，應採取合宜之額外措施，以管理洗錢及資恐風險，並向金管會申報。……」

2 (D)。人壽保險業防制洗錢及打擊資恐注意事項範本第2條規定：「……前項第一款洗錢及資恐風險之辨識、評估及管理，應至少涵蓋客戶、地域、產品及服務、交易及通路等面向，並依下列規定辦理：……」

3 (C)。人壽保險業防制洗錢及打擊資恐注意事項範本第16條規定：「……四、保險公司總經理應督導各單位審慎評估及檢討防制洗錢及打擊資恐內部控制制度執行情形，由董（理）事長（主席）、總經理、總稽核（稽核人員）、防制洗錢及打擊資恐專責主管聯名出具防制洗錢及打擊資恐之內部控制制度聲明書，並提報董（理）事會通過，於每會計年度終了後三個月內將該內部控制制度聲明書內容揭露於保險業網站，並於金管會指定網站辦理公告申報。……」

重點二　保險業評估洗錢及資恐風險及訂定相關防制計畫指引

一、本指引依「保險公司與辦理簡易人壽保險業務之郵政機構及其他經金融監督管理委員會指定之金融機構防制洗錢及打擊資恐內部控制與稽核制度實施辦法」（以下簡稱金融機構防制洗錢及打擊資恐內部控制與稽核制度實施辦法）訂定，以防制洗錢及打擊資恐為目的，內容涵括我國保險業如何辨識、評估各項業務之洗錢及資恐風險，以及制訂洗錢及資恐風險防制相關之政策、程序及控管等面向，作為執行方法之參考。

二、保險業防制洗錢及打擊資恐之內部控制制度，應經董（理）事會通過；修正時，亦同。其內容並應包括針對洗錢與資恐風險進行辨識、評估、管理與相關政策、程序之訂定，以及依據洗錢及資恐風險、業務規模而訂定之防制洗錢及打擊資恐計畫，並定期檢討。

風險基礎方法（risk-basedapproach）旨在協助發展與洗錢及資恐風險相當之防制與抵減措施，以利保險業決定其防制洗錢及打擊資恐資源之配置、建置其內部控制制度、以及訂定和執行防制洗錢及打擊資恐計畫應有之政策、程序及控管措施。

保險業應考量業務、產品與客戶特性等，採取合宜措施，建立定期且全面性之洗錢及資恐風險評估作業，以適時且有效地瞭解其所面對之整體洗錢與資恐風險。保險業於評估與抵減其洗錢及資恐曝險時，應將業務、產品與客戶特性等差異性納入考量。

本指引所舉例之各項說明並非強制性規範，保險業之風險評估機制應與其業務、產品與客戶特性等性質及規模相當，並依據風險評估結果分配適當資源，以採取有效的反制措施，預防或降低風險。

三、保險業應採取合宜措施以識別、評估其洗錢及資恐風險，並依據所辨識之風險訂定具體的風險評估項目，以進一步管控、降低或預防該風險。

具體的風險評估項目應至少包括地域、客戶、產品及服務、交易或通路等面向，並應進一步分析各風險項目，以訂定細部的風險因素。

(一)地域風險：

1. 保險業應識別具較高洗錢及資恐風險的區域。

2. 於訂定高洗錢及資恐風險之區域名單時，保險業得依據其各分公司（或子公司）的實務經驗，並考量個別需求，以選擇適用之風險因素。

(二)客戶風險：

1. 保險業應綜合考量個別客戶背景、職業與社會經濟活動特性、地域、以及非自然人客戶之組織型態與架構等，以識別該客戶洗錢及資恐風險。

2. 於識別個別客戶風險並決定其風險等級時，保險業得依據以下風險因素為評估依據：

(1)客戶之地域風險：依據保險業所定義之洗錢及資恐風險的區域名單，決定客戶國籍與居住國家的風險評分。

(2)客戶職業與行業之洗錢風險：依據保險業所定義之各職業與行業或個人客戶之任職機構的洗錢風險，決定客戶職業與行業的風險評分。高風險行業如從事密集性現金交易業務、或屬易被運用於持有個人資產之公司或信託等。

(3)客戶建立業務關係之管道。

(4)建立業務關係之往來金額。

(5)客戶是否有其他高洗錢及資恐風險之表徵。

(三) 具有保單價值準備金或現金價值之產品及與金錢有關之服務、交易或通路風險：

    1. 保險業應依據個別產品與服務、交易或通路的性質，識別可能會為其帶來較高的洗錢及資恐風險者。

    2. 於推出新產品、新服務或辦理新種業務（包括新支付機制、運用新科技於現有或全新之產品或業務）前，應進行洗錢及資恐風險評估，並建立相應之風險管理措施以降低所辨識之風險。

    3. 個別產品與服務、交易或通路之風險因素舉例如下：

        (1) 與現金之關聯程度。

        (2) 建立業務關係或交易之管道，包括是否為面對面交易、電子商務、透過國際保險業務分公司交易等新型態交易管道等。

        (3) 是否為高額保費或高保單現金價值。

        (4) 收到款項來自於未知或無關係之第三者。

四、 保險業應建立不同之客戶風險等級與分級規則。

就客戶之風險等級，至少應有兩級（含）以上之風險級數，即「高風險」與「一般風險」兩種風險等級，作為加強客戶審查措施及持續監控機制執行強度之依據。若僅採行兩級風險級數之保險業，因「一般風險」等級仍高於本指引第五點與第七點所指之「低風險」等級，故不得對「一般風險」等級之客戶採取簡化措施。

保險業不得向客戶或與執行防制洗錢或打擊資恐義務無關者，透露客戶之風險等級資訊。

五、 除外國政府之重要政治性職務人士與受經濟制裁、外國政府或國際洗錢防制組織認定或追查之恐怖分子或團體，及依**資恐防制法**指定制裁之個人、法人或團體，應直接視為高風險客戶外，保險業得依自身之業務型態及考量相關風險因素，訂定應直接視為高風險客戶之類型。

保險業得依據風險分析結果，自行定義可直接視為低風險客戶之類型，而風險分析結果須能充分說明此類型客戶與較低之風險因素相稱。

六、 對於新建立業務關係的客戶，保險業應在建立業務關係時，確定其風險等級。

對於已確定風險等級之既有客戶，保險業應依據其風險評估政策及程序，重新進行客戶風險評估。

雖然保險業在建立業務關係時已對客戶進行風險評估，但就某些客戶而言，必須待保險事故發生，客戶申請理賠時，其全面風險狀況才會變得明確，爰此，保險業應依重要性及風險程度，對現有客戶身分資料進行審查，並於考量前次執行審查之時點及所獲得資料之適足性後，在適當時機對已存在之往來關係進行審查及適時調整風險等級。上開適當時機至少應包括：

(一)客戶保額異常增加或新增業務往來關係時。

(二)依據客戶之重要性及風險程度所定之定期審查時點。

(三)得知客戶身分與背景資訊有重大變動時。

保險業應定期檢視其辨識客戶及實質受益人身分所取得之資訊是否足夠，並確保該等資訊之更新，特別是高風險客戶，保險業應至少每年檢視一次。

七、保險業應依據已識別之風險，建立相對應的管控措施，以降低或預防該洗錢風險；保險業應依據客戶的風險程度，決定不同風險等級客戶所適用的管控措施。

對於高風險情形，應加強確認客戶身分或持續審查措施，其中至少應額外採取下列強化措施：

(一)進行加強保戶審查措施（Enhanced Due Diligence），例如：

　1.取得投保目的之相關資訊。

　2.取得法人保戶之實質受益人資訊。

(二)在建立或新增業務往來關係前，應取得高階管理人員同意。

(三)應採取合理措施以瞭解客戶財富及資金來源。其中資金來源係指產生該資金之實質來源。

(四)對於業務往來關係應採取強化之持續監督。

除有本範本第6條第1項第3款但書情形者外，對於較低風險客戶，得由保險業依據其風險防制政策、監控及程序，採取簡化措施。該簡化程序應與其較低風險因素相當，簡化措施得採行如下：

(一)降低客戶身分資訊更新之頻率。

(二)降低持續性監控之等級，並以合理的保單價值準備金或帳戶價值門檻作為審查交易之基礎。

(三)從交易類型或已建立業務往來關係可推斷其目的及性質者，得無須再針對瞭解業務往來關係之目的及其性質，蒐集特定資訊或執行特別措施。

八、保險業應建立定期之全面性洗錢及資恐風險評估作業並製作風險評估報告，使管理階層得以適時且有效地瞭解保險業所面對之整體洗錢與資恐風險、決定應建立之機制及發展合宜之抵減措施。

保險業應依據下列指標，建立定期且全面性之洗錢及資恐風險評估作業：

(一)業務之性質、規模、多元性及複雜度。

(二)高風險相關之管理數據與報告：如高風險客戶之數目與比例；高風險產品或業務之金額、數量或比例；客戶之國籍、註冊地或營業地、或產品業務涉及高風險地域之金額或比例等。

(三)業務與產品，包含提供業務與產品予客戶之管道及方式、執行客戶審查措施之方式，如資訊系統使用的程度以及是否委託第三人執行審查等。

(四)內部稽核與監理機關之檢查結果。

保險業於進行前項之全面性洗錢及資恐風險評估作業時，除考量上開指標外，建議輔以其他內部與外部來源取得之資訊，如：

(一)保險業內部管理階層（如事業單位主管、客戶關係經理等）所提供的管理報告。

(二)國際防制洗錢組織與他國所發布之防制洗錢及打擊資恐相關報告。

(三)主管機關發布之洗錢及資恐風險資訊。

保險業之全面性洗錢及資恐風險評估結果應做為發展防制洗錢及打擊資恐計畫之基礎；保險業應依據風險評估結果分配適當人力與資源，採取有效的反制措施，以預防或降低風險。

保險業有重大改變，如發生重大事件、管理及營運上有重大發展、或有相關新威脅產生時，應重新進行評估作業。

保險業應於完成或更新風險評估報告時，將風險評估報告送金管會備查。

九、保險業依據本指引訂定之政策應經董（理）事會（或分層授權之權責單位）通過後實施，並應每年檢討；修改時，亦同。

【牛刀小試】

(　　) 1 保險業應考量那些因素，採取合宜措施，建立定期且全面性之洗錢及資恐風險評估作業，以適時且有效地瞭解其所面對之整體洗錢與資恐風險？　(1)業務　(2)產品　(3)保戶特性　(A)(1)(2)(3)　(B)(1)(2)　(C)(2)(3)　(D)(1)(3)。

( ) **2** 保險業對具體的風險評估項目應至少包括那幾類的指標,並應進一步分析各風險項目,以訂定細部的風險因素? (1)業務 (2)地域 (3)保戶 (4)產品 (A)(1)(2)(3) (B)(2)(3)(4) (C)(1)(3)(4) (D)(1)(2)(3)(4)。

解答與解析 答案標示為#者,表官方曾公告更正該題答案。

1 (A)。保險業評估洗錢及資恐風險及訂定相關防制計畫指引第2點規定:「……保險業應考量業務、產品與保戶特性等,採取合宜措施,建立定期且全面性之洗錢及資恐風險評估作業,以適時且有效地瞭解其所面對之整體洗錢與資恐風險。保險業於評估與抵減其洗錢及資恐曝險時,應將業務、產品與保戶特性等差異性納入考量。……」

2 (B)。保險業評估洗錢及資恐風險及訂定相關防制計畫指引第3點規定:「……保具體的風險評估項目應至少包括地域、保戶與產品三類指標,並應進一步分析各風險項目,以訂定細部的風險因素。……」

重點三 人壽保險業疑似洗錢或資恐交易態樣

一、交易前

(一)客戶異常行為類

1. 客戶投保大額躉繳之保險,對於資金來源無法提出合理說明者或與其身分、收入顯不相當,或與其營業性質無關。

2. 客戶購買保險商品時,對於保障內容或給付項目完全不關心,抑或對於具高保單價值準備金或具高現金價值或躉繳保費之保險商品,僅關注保單借款、解約或變更受益人等程序。

二、異常交易

(一)客戶身分資訊類

1. 客戶刻意規避「保險業防制洗錢及打擊資恐注意事項範本」完成確認身分相關規定程序者。

2. 客戶涉及電視、報章雜誌或網際網路等媒體報導之特殊重大案件,其中涉案人欲投保具現金價值之保險契約商品,或欲變更要保人或受益人而無法提出合理說明,或進行涉及金流之交易時間與案件發生時間相近者。

(二)密集行為類

1. 客戶短期內密集投保具高保單價值準備金之保險商品（含OIU商品），且投保內容與其身分、收入顯不相當，或與其營業性質無關者。
2. 客戶於短期內密集辦理解除契約或終止契約，要求以現金方式支領，達特定金額以上，且無法提出合理說明者。
3. 客戶於短期內密集繳交多筆增額保費，且總金額達特定金額以上，並申請辦理部分贖回、解除契約或終止契約、保單借款等，達特定金額以上，且無法提出合理說明者。
4. 客戶於短期內密集辦理大額之保單借款並還款，借款與還款金額相當，且無法提出合理說明者。

(三)短進短出類

1. 保單變更要保人後，新要保人短期內申請變更受益人、辦理大額保單借款或終止契約，且無法提出合理說明者。
2. 客戶以躉繳大額保費方式購買長期壽險保單後，短期內申請辦理大額保單借款或終止契約，且無法提出合理說明者。
3. 客戶繳交大額保費（含跨境支付保費）投保後，短期內申請辦理大額保單借款或終止契約，且無法提出合理說明者。

(四)大額交易類

1. 同一客戶各項現金收入或支出（含同一營業日同一交易帳戶數筆款項之合計數）在新臺幣五十萬元（含等值外幣）以上之通貨交易且符合疑似洗錢交易表徵者。
2. 大額保費非由保險契約之當事人或利害關係人付款，且無法提出合理說明。
3. 客戶突有不尋常之大額繳費或還款，對於資金來源無法提出合理說明。

(五)規避申報類

1. 客戶以現金、他人支票或透過不同銀行帳戶，刻意拆分款項以繳交保費、償還 保單借款或抵押貸款，且無法提出合理說明者。
2. 客戶要求開立取消禁止背書轉讓支票作為給付方式，達特定金額以上，且無法 提出合理說明者。
3. 客戶重複或溢繳保費（含跨境支付保費），達特定金額以上，且要求以現金作為給付方式、退匯至非原匯款帳戶，且無法提出合理說明者。
4. 客戶要求給付款項或保單借款匯入他人帳戶，且無法提出合理說明者。

(六)**跨境交易類**

1. 客戶係來自金融監督管理委員會函轉國際防制洗錢組織所公告防制洗錢與打擊資恐有嚴重缺失之國家或地區，及其他未遵循或未充分遵循國際防制洗錢組織建議之國家或地區，其匯入之交易款項，與客戶身分、收入顯不相當，或與其營業性質無關者。

2. 自金融監督管理委員會函轉國際防制洗錢組織所公告防制洗錢與打擊資恐有嚴重缺失之國家或地區、及其他未遵循或未充分遵循國際防制洗錢組織建議之國家或地區匯入之交易款項，與客戶身分、收入顯不相當，或與其營業性質無關者。

3. 客戶透過境外金融（OBU）帳戶支付保費或購買國際保險商品無法提出合理說明者。

(七)**異常交易**

資恐或資助武擴類交易最終受益人或交易人為金融監督管理委員會函轉外國政府或國際組織所提供與恐怖主義、資助恐怖主義、武擴目標性金融制裁相關之個人、法人或團體；或交易資金疑似或有合理理由懷疑與恐怖活動、恐怖組織、資助恐怖主義或資助武器擴散有關聯者。

三、其他類

其他經公司內部程序規定，認定屬異常交易者。

重點四　產物保險業疑似洗錢或資恐交易態樣

一、異常交易

(一)**客戶身分資訊類**

1. 自金融監督管理委員會函轉國際防制洗錢組織所公告防制洗錢與打擊資助恐怖份子有嚴重缺失之國家或地區、及其他未遵循或未充分遵循國際防制洗錢組織建議之國家或地區匯入之交易款項，與客戶身分、收入顯不相當，或與其營業性質無關者。

2. 交易最終受益人或交易人為金融監督管理委員會函轉外國政府所提供之恐怖份子或團體；或國際洗錢防制組織認定或追查之恐怖組織；或交易資金疑似或有合理理由懷疑與恐怖活動、恐怖主義有關聯者。

3. 電視、報章雜誌或網際網路等媒體報導之特殊重大案件，其中涉案人欲變更要保人或受益人、或進行涉及金流之交易行為，且符合疑似洗錢交易者。

(二)**大額交易類**

1. 同一客戶各項現金收入或支出（含同一營業日數筆款項之合計數）在新臺幣五十萬元（含等值外幣）以上之通貨交易且符合疑似洗錢交易者。

2. 大額保費非由保險契約之當事人或利害關係人付款，且無法提出合理說明。

3. 除責任保險外，要求賠款以大額現金賠付被保險人或受益人以外與保險契約無關之第三人者。

(三)**密集行為類**

保戶有不尋常之大額保費溢繳或還款，對於資金來源無法提出合理說明，且與其身分、收入顯不相當，或與其營業性質無關者，且短期內申請退還溢繳差額或指示將差額支付與保險契約無關之第三人者。

(四)**短進短出類**

1. 經營國際性業務，發現與保險契約無關之國外自然人或法人，無端大額匯款予保險公司，嗣後再以人為疏失或其他理由要求退還款項，而無法查證該國外第三人身分之情形。

2. 對鉅額保費之保件，保戶於短期內辦理解除契約，並要求以現金方式支領或其交易情形顯有異常，且無法提出合理說明者。

二、其他類

其他疑似洗錢或資助恐怖主義態樣之交易。

重點五　保險經紀人疑似洗錢或資恐交易態樣

一、客戶異常行為

(一)客戶持用偽、變造身分證明文件。

(二)客戶繳交大額保費投保，或短期內密集投保具高保單／現金價值準備金之保險商品，對於資金來源無法提出合理說明，且與其身分、收入顯不相當，或與其營業性質無關者。

(三)客戶購買保險商品時，對於保障內容或給付項目完全不關心，抑或對於具高保單價值準備金或具高現金價值或躉繳保費之保險商品，僅關注保單借款、解約或變更受益人等程序。

(四)客戶突有達特定金額以上存款者（如將多張本票、支票存入同一帳戶）。

(五)只訂立小額契約及平時以定期付款方式繳交保費的客戶，突然要求訂立一次付清保費的大額契約。

(六)有意購買保險的客戶，對保險公司的投資業績毫不關心，只想知道提早該契約。

(七)客戶疑似使用假名、人頭、虛設行號或虛設法人團體投保者。

(八)客戶投保提供之文件資料可疑、模糊不清，不願提供其他佐證資料或提供之文件資料無法進行查證者。

(九)要求將保險給付支付給與保單持有人或指定受益人無明顯關係的第三方。

二、異常交易

(一)跨境交易類

1. 自洗錢或資恐高風險國家或地區匯入（或匯至該等國家或地區）之交易款項達特定金額以上。本範本所述之高風險國家或地區，包括但不限於金融監督管理委員會函轉國際洗錢防制組織所公告防制洗錢及打擊資恐有嚴重缺失之國家或地區、及其他未遵循或未充分遵循國際洗錢防制組織建議之國家或地區。

2. 帳戶以一境外公司名義運作，或境內企業利用境外法人或自然人之境外帳戶，其資金流動數有規律性質，且該帳戶資金往來在一定期間內達特定金額以上。

3. 交易有關對象為金融監督管理委員會函轉外國政府所提供之恐怖份子或團體者；或國際組織認定或追查之恐怖組織；或交易資金疑似或合理理由懷疑與恐怖活動、恐怖組織或資恐有關聯者。

4. 客戶經由海外代理人或其他公司介紹，而這些公司設立在被財務行動特別組織指稱為高風險國家地區，或向以貪污或製毒或販毒文明的國家。

(二)大額交易類

1. 客戶利用大量現金、約當現金、高價值商品、或不動產等，或使用無關聯之第三方的資金、資產或信用者。

2. 客戶繳交大額保費（含跨境支付保費）投保後，短期內申請辦理大額保單借款或終止契約，且無法提出合理說明者。

(三)客戶身分資訊類

1. 電視、報章雜誌或網際網路等媒體報導之特殊重大案件，該涉案人在銀行從事之存款、提款或匯款等交易，且交易顯屬異常者。
2. 客戶具「保險經紀人（含兼營保險經紀人業務之銀行）防制洗錢及打擊資恐注意事項範本」、或其他無法完成確認身分相關規定程序之情形者。

重點六 保險代理人疑似洗錢或資恐交易態樣

一、交易前

(一)客戶身分資訊類

1. 客戶持用偽、變造身分證明文件。
2. 客戶疑似使用假名、人頭、虛設行號或虛設法人團體投保者。
3. 客戶投保提供之文件資料可疑、模糊不清，不願提供其他佐證資料或提供之文件資料無法進行查證者。

二、異常交易

(一)客戶異常行為類

1. 現有客戶過去投保習慣皆為投保低保額之保險，並以定期繳費方式繳交保險費，突欲投保大額躉繳之保險，且無法提出合理說明者。
2. 客戶購買保險商品時，對於保障內容或給付項目完全不關心，抑或對於具高現金價值或躉繳保費之保險商品，僅關注保單借款、解約或變更受益人等程序。
3. 客戶平時以定期付款方式繳交保費，突然要求訂立一次付清保費的大額契約。
4. 客戶短期內密集投保具高保單價值之保險商品，且投保內容與其身分、收入顯不相當，或與其營業性質無關者。

(二)跨境交易類

1. 自金融監督管理委員會函轉國際防制洗錢組織所公告防制洗錢與打擊資助恐怖份子有嚴重缺失之國家或地區、及其他未遵循或未充分遵循國際防制洗錢組織建議之國家或地區匯入之交易款項，與客戶身分、收入顯不相當，或與其營業性質無關者。

2. 客戶繳交大額保費（含跨境支付保費）投保後，短期內申請辦理終止契約，且無法提出合理說明者。

3. 帳戶以一境外公司名義運作，或境內企業利用境外法人或自然人之境外帳戶，其資金流動數有規律性質，且該帳戶資金往來在一定期間內達特定金額以上。

4. 交易有關對象為金融監督管理委員會函轉外國政府所提供之恐怖份子或團體者；或國際組織認定或追查之恐怖組織；或交易資金疑似或合理理由懷疑與恐怖活動、恐怖組織或資恐有關聯者。

5. 客戶經由海外代理人或其他公司介紹，而這些公司設立在經金融監督管理委員會函轉國際防制洗錢組織所公告為高風險國家地區，或向以貪污或製毒或販毒聞名的國家。

(三)**大額交易類**

1. 客戶以現金，且以多筆略低於必須申報之金額繳交保費，對於資金來源無法提出合理說明，且與其身分、收入顯不相當，或與其營業性質無關者。

2. 客戶繳交大額保費投保後，短期內申請辦理大額保單借款或終止契約，且無法提出合理說明者。

(四)**客戶身分資訊類**

1. 電視、報章雜誌或網際網路等媒體報導之特殊重大案件，該涉案人欲投保具現金價值之保險商品，且符合疑似洗錢交易表徵者。

2. 客戶具「保險代理人（含兼營保險代理人業務之銀行）防制洗錢及打擊資恐注意事項範本」，或其他無法完成確認身分相關規定程序之情形者。

三、其他類

其他符合疑似洗錢表徵之交易，經公司內部程序規定，認定屬異常交易者。

試題演練

▶ 問答題

一、何謂建立業務關係？

答 係指民眾要求保險公司提供保險或金融服務並建立能延續一段時間的往來關係；或民眾首次以該保險公司的準客戶身分接觸保險公司，期望此關係延續一段時間的往來，如購買保險。

二、與保險業建立業務關係時，須提供什麼資料或資訊？

答 (一)姓名。
(二)出生日期。
(三)戶籍地或居住地。
(四)官方身分證明文件號碼（如身分證字號、居留證號、護照號碼等）。
(五)國籍。
(六)外國人士居留或交易目的（如觀光、工作等）。

三、與保險業建立業務關係時，如客戶為法人、團體或信託受託人時，須提供什麼資料或資訊？

答 客戶至少須提供以下資料或資訊：
(一)名稱、法律形式（如股份有限公司、合夥、獨資等）及存在證明。
(二)章程或類似之權力文件。
(三)實質受益人（如姓名、出生日期、國籍及身分證明文件號碼等）。另，保險業為瞭解客戶或信託之所有權及控制權結構，亦得要求提供股東名冊或出資證明。
(四)高階管理人員資訊（姓名、出生日期、國籍等）。
(五)官方辨識編號（如統一編號、稅籍編號、註冊號碼等）。
(六)法人、團體或信託之受託人註冊登記之辦公室地址，及主要營業處所地址。
(七)境外法人、團體或信託之受託人往來目的。

四、保險業在什麼情況下會婉拒建立業務關係或交易？

答 (一)疑似使用假名、人頭、虛設行號或虛設法人團體投保。

(二)客戶拒絕提供審核客戶身分措施相關文件。

(三)對於由代理人辦理投保、保險理賠、保險契約變更或交易，且查證代理之事實及身分資料有困難。

(四)持用偽、變造身分證明文件。

(五)出示之身分證明文件均為影本者。但依規定得以身分證明文件影本或影像檔，輔以其他管控措施辦理之業務，不在此限。

(六)提供文件資料可疑、模糊不清，不願提供其他佐證資料或提供之文件資料無法進行查證者。

(七)客戶不尋常拖延應補充之身分證明文件。

(八)建立業務關係之對象為資恐防制法指定制裁之個人、法人或團體，以及外國政府或國際組織認定或追查之恐怖份子或團體者。但依資恐防制法第六條第一項第二款至第四款所為支付不在此限。

(九)有其他異常情形，客戶無法提出合理說明。

五、什麼是法人的「實質受益人」？

答 所謂法人的「實質受益人」是指對該法人「具最終控制權的自然人」。保險公司應依序瞭解下列資訊，以確認客戶之實質受益人：

(一)直接或間接持有法人股份或資本超過百分之二十五之自然人。

(二)若依(一)未發現具控制權之自然人，應瞭解有無透過其他方式對客戶行使控制權之自然人。

(三)若依(一)及(二)均未發現具控制權之自然人，應確認擔任高階管理職位（如董事、監事、理事、總經理、財務長、代表人、管理人、合夥人、有權簽章人，或相當於前述高階管理人員之人）之自然人身分。

六、保險業會對客戶進行確認身分的時機為何？

答 保險業應確認客戶身分之時機如下：
(一)與客戶建立業務關係時。
(二)辦理新臺幣五十萬元（含等值外幣）以上之單筆現金收或付（在會計處理上凡以現金收支傳票記帳皆屬之）時。
(三)發現疑似洗錢或資恐交易時。
(四)對於過去所取得客戶身分資料之真實性或妥適性有所懷疑時。

七、如法人客戶辦理財產保險、傷害保險、健康保險或不具有保單5價值準備金之保險商品，是否須辨識實質受益人？

答 因不具有保單價值準備金之保險商品洗錢風險較低，故辦理財產保險、傷害保險、健康保險或不具有保單價值準備金之保險商品，可免適用辨識及驗證實質受益人身分之規定。

八、保險公司就久未往來之舊保戶，其留存資料如未包括風險評估所需之全部資料，是否可先不進行風險評估，待保戶來公司辦理相關保單權益相關事宜或再購買新保單時再執行客戶身分確認及風險評估？

答 針對資料欠缺或久未往來的舊有保戶，若無法取得完整風險評估所需資料時，其評估方式可就未取得資料之風險指標以合理預設值替代，並依客戶重要性及風險程度適時取得相關資料。

九、有關須實施與保險業總公司（或母公司）一致之防制洗錢及打擊資恐措施之「國外分支機構」範圍包含哪些？

答 保險業國外分支機構之範圍，係包含分公司及子公司，以適用所在地保險業防制洗錢及打擊資恐規定者為限，且依其性質，不包含下列：
（惟保險業仍應善盡對該等機構於防制洗錢及打擊資恐之管理措施）
(一)無營業行為之海外辦事處。

(二)依照「保險業辦理國外投資管理辦法」為投資海外不動產目的所申設之特定目的不動產投資事業子公司SPV。

(三)依「保險業辦理國外投資管理辦法」規定設立之部分再保險公司：因並無單一法人或者法人客戶，而係與其他再保公司共同承接再保險分出業務，主要業務管理仍由台灣總公司相關部門協助執行，亦應排除不予適用。

十、外國保險分公司不設置獨立之防制洗錢及打擊資恐專責單位，惟指派專責主管及適足人員時，其配置之防制洗錢及打擊資恐人員是否應具公會範本第十七點第二款之條件及符合第四款之教育訓練要求？

答 外國保險分公司所配置之防制洗錢及打擊資恐人員亦應適用相關規定，以確保該等人員具備執行職責所需之專業知識。

十一、在保險公司通知經指定制裁對象保險契約遭凍結之文件中，可以建議他不要再繳付保險費或說明本公司不再接受額外之保險費嗎？

答 保險公司可以在文件中說明「依據資恐防制法規定，本公司被要求應凍結 台端所有之保險契約，並禁止 台端為任何移轉、變更、處分、利用或其他足以變動價值之行為。如 台端有任何問題，請與法務部聯繫」。保險公司並應參考資恐防制審議會決議之相關措施及限制程序，向客戶提出說明。

十二、「保險業評估洗錢及資恐風險及訂定相關防制計畫指引」第八點，有關保險業應建立定期之全面性洗錢及資恐風險評估作業之頻率為何？

答 由保險業依據以風險為基礎之風險評估政策自行訂定之。

十三、依據「保險業評估洗錢及資恐風險及訂定相關防制計畫指引」第六點第五項,保險業對於高風險客戶,應至少每年進行一次客戶審查,惟就中低風險客戶原則上應多久進行一次?

答 由保險業依據以風險為基礎之風險評估政策自行訂定之。

十四、依據「保險業評估洗錢及資恐風險及訂定相關防制計畫指引」第六點第四項,保險業對於高風險客戶,應至少每年進行一次客戶審查。惟,若高風險客戶已久未往來,是否仍需進行客戶審查?

答 參考國外立法例,保險業應在其程序中,明確定義何謂「久未往來之客戶」、且有相關管控措施時,得暫不對久未往來之高風險客戶進行客戶審查。

十五、在強制執行程序中,如強制執行之債務人(含抵押物所有權人)被列為經指定制裁對象,身為債權人之保險公司該如何處理?

答 (一)經保險公司聲請後由法院進行強制執行程序過程中,如強制執行之債務人被列為經指定制裁對象,保險公司儘速依資恐防制法第6條第1項向資恐防制審議會申請決議許可。

(二)保險公司應同時通知執行法院該強制執行標的物在尚未依資恐防制法第6條第1項取得資恐防制審議會許可前應予以凍結,請求法院為暫時停止強制執行之裁定,並於取得審議會許可後再請求法院續行執行程序。

十六、保險公司應訂定那些AML／CFT內部規範?應向金管會申報那些內容?

答 (一)應訂定之規範:保險公司內部應訂定下列內容:

1.評估洗錢及資恐風險相關政策、程序及控管措施。

2.防制洗錢及打擊資恐計畫。該計畫之內容應包括下列政策、程序及控管機制:

(1)確認客戶身分。

(2)客戶及交易有關對象之姓名及名稱檢核。

(3)交易之持續監控。

(4)紀錄保存。

(5)一定金額以上通貨交易申報。

(6)疑似洗錢或資恐交易申報及依據資恐防制法之通報。

(7)指定防制洗錢及打擊資恐專責主管負責遵循事宜。

(8)員工遴選及任用程序。

(9)持續性員工訓練計畫。

(10)測試防制洗錢及打擊資恐機制有效性之獨立稽核功能。

(11)其他依防制洗錢及打擊資恐相關法令及金管會規定之事項。

(二)應向金管會申報內容（除依下列規定訂定之文件外，其餘保險公司所訂細部規範尚無須申報）

1. 保險公司應製作防制洗錢及打擊資恐風險評估報告，並應於完成或更新風險評估報告時，將風險評估報告送金管會備查。

2. 保險公司訂定之注意事項，應函報金管會。

3. 保險公司應訂定洗錢與資恐之風險評估及防制政策，併上開注意事項函報金管會。

十七、保險公司辦理通報之人員，因業務知悉經指定制裁對象之財物或財產上利益或其所在地，而向法務部調查局通報之事宜，應否令其保守秘密並防止通報資料及消息洩密？

答 保險公司因業務知悉經指定制裁對象之財物或財產上利益或其所在地，而向法務部調查局通報，其人員依「人壽保險業防制洗錢及打擊資恐注意事項範本」、第9條第3項規定、「產物保險業防制洗錢及打擊資恐注意事項範本」第9條第3項，就通報資料保守秘密。如有洩密情事，依相關刑責論處。

十八、如果凍結了保險客戶的資金或拒絕交易，該怎麼跟客戶說明？

答　保險公司得通知其客戶，說明已依資恐防制法凍結其資金或有拒絕交易之情事，客戶得依資恐防制法第5條或第6條相關規定申請除名、酌留費用或許可為特定支付。

十九、如果經指定制裁對象試圖來保險公司投保，該如何處理？我應該把錢收下來嗎？

答　依資恐防制法第7條第1項第3款之規定，保險公司不得為經指定制裁對象收集或提供財物或財產上利益。因此，保險公司不得與經指定制裁對象締結保險契約。如保險公司持有或控制任何經指定制裁對象之財物或財產上利益時，保險公司須立即凍結該財物或財產上利益。簡言之，如保險公司受理經指定制裁對象辦理投保，並取得其所預繳保險費時，保險公司除應拒絕承保外，並應立即凍結該筆款項，不得退還。

二十、如果客戶指示將保險金匯款給指定制裁對象時，保險公司該如何處理？

答　保險公司應將相關款項予以凍結，並通報法務部調查局。

二一、如果保戶於保險契約存續期間被指定為制裁對象時，保險公司該如何處理？

答　依「金融機構對經指定制裁對象之財物或財產上利益及所在地通報辦法」第3條第1項第1款規定，客戶一旦被指定為制裁對象時，保險公司應於知悉後即簽報專責主管核定，核定後二個營業日內向法務部調查局通報。

二二、如果保險契約被保險人為經指定制裁對象，當該被保險人身故時，非指定制裁對象來申請理賠時，保險公司可以給付保險金嗎？

答 如果保險契約之要、被保險人為同一人，且為資恐防制法指定制裁對象時，當該被保險人身故後，非經指定制裁之受益人提出理賠申請時，保險公司應待受益人或被指定制裁對象家屬向法務部申請許可後，始可給付保險金給非指定制裁對象之人。

二三、當保險公司發現要保人為經指定制裁對象時，保險公司可以通知該要保人他的保單被凍結嗎？

答 可以，保險公司可以通知經指定制裁對象其保險契約已遭凍結。

二四、若借款人被指定為制裁對象時，保險公司與借款人間之授信和貸款合約應如何處理？擔保品應如何處理？

答 (一)保險公司應依資恐防制法向法務部調查局即時通報，在通報書中宜敘明授信和貸款合約之主要法律權利義務關係及授信現狀。如有擔保品（不論是否為經指定制裁對象所提供），也須載明擔保品之敘述及權利範圍。

(二)保險公司應停止一切履行授信和貸款合約相關之授信行為（例如：允許動撥借款）。

(三)如欲就擔保品行使權利，保險公司應依據資恐防制法第6條第1項向資恐防制審議會申請並取得決議許可後，始能對擔保品進行拍賣、抵銷或其他處分之行為；此外，如拍賣或處分擔保品須依法取得執行名義者，保險公司應先取得執行名義後才能向資恐防制審議會依資恐防制法第6條第1項申請決議許可。

↘ 單選題

(　) 1 保險業應確保其國外分公司（或子公司），在符合當地法令情形下，實施與總公司（或母公司）一致之防制洗錢及打擊資恐措施。當總公司（或母公司）與分公司（或子公司）所在國之最低要求不同時，分公司（或子公司）應就兩地選擇何種標準者作為遵循依據？　(A)較高標準　(B)所在國標準　(C)總公司標準　(D)最適標準。　【106年合庫新進人員甄試】

(　) 2 防制洗錢及打擊資恐專責主管應至少多久向董（理）事會及監察人（監事、監事會）或審計委員會報告？　(A)每季　(B)每半年 (C)每年　(D)每月。　【106年合庫新進人員甄試】

(　) 3 保險業應確保其國外分公司（或子公司），在符合當地法令情形下，實施與總公司（或母公司）一致之防制洗錢及打擊資恐措施。當總公司（或母公司）與分公司（或子公司）所在國之最低要求不同時，就標準高低之認定有疑義時，以下列何者為依據？　(A)保險業所在國之主管機關之認定為依據　(B)總公司董事會認定為依據　(C)分公司所在國之主管機關之認定為依據　(D)分公司防制洗錢及打擊資恐主管認定為依據。　【106年合庫新進人員甄試】

(　) 4 保險業應於人壽保險、投資型保險及年金保險契約之保險受益人確定或經指定時，採取之措施。下列敘述何者錯誤？　(A)依據契約特性指定為保險受益人者，保險業於支付保險金時不須辨識該保險受益人身分　(B)對於經指定為保險受益人者，應取得其姓名及身分證明文件號碼　(C)對於經指定為保險受益人者，應取得其名稱及註冊設立日期　(D)於支付保險金時，驗證該保險受益人之身分。　【107年第一銀行新進人員甄試】

(　) 5 保險業為降低對於洗錢與資恐的曝險，所採取抵減風險的手段，下列何者錯誤？　(A)完善公司治理　(B)透過法遵與內稽內控　(C)透過進行可疑交易申報　(D)增加躉繳方式的保險。
【107年第一次防制洗錢與打擊資恐測驗】

（　　）**6** 下列何種保險商品屬於洗錢防制高風險商品？　(A)損害填補型保險　(B)健康保險　(C)傷害保險　(D)具高保單價值準備金人身保險商品。　【107年第一次防制洗錢與打擊資恐測驗】

（　　）**7** 我國保險業對於客戶區分之風險等級，下列敘述何者錯誤？　(A)至少要有一般風險以及高風險兩種等級　(B)保險業不得向客戶或與執行防制洗錢及打擊資恐義務無關者，透露客戶之風險等級　(C)將客戶區分成兩級時，得對一般風險客戶進行簡化審查措施　(D)保險業應建立不同之客戶風險等級與分級規則。

【107年第一次防制洗錢與打擊資恐測驗】

（　　）**8** 保險產品與服務在洗錢及資恐扮演重要的角色，關於該風險因子之判斷，下列敘述何者正確？　(A)公司對於熱賣商品，開放使用ATM轉帳、存現金方式繳保費。因為產品一樣，風險值應皆無改變　(B)壽險公司的所有商品，都應屬於高風險商品　(C)財產保險無現金價值，完全不可能作為洗錢工具　(D)保險業應同步考量「產品」與「服務」分別或併同的風險特性。

【107年第一次防制洗錢與打擊資恐測驗】

（　　）**9** 下列何者並非保險業陳報可疑交易較少的原因？　A.傳統型保單累積保單價值準備金速度較慢，解約金不多，洗錢成本高　B.保險業對防制洗錢及打擊資恐政策以及內部控制嚴密　C.保險業對洗錢以及資恐的交易監控系統欠佳　(A)僅A　(B)僅B　(C)僅C　(D)ABC。　【107年第一次防制洗錢與打擊資恐測驗】

（　　）**10** 下列何者不屬於保險業的洗錢風險抵減措施？　(A)了解客戶交易目的　(B)了解客戶資金來源　(C)調查客戶是否涉及負面新聞　(D)建議客戶不要買大額保單，將其拆為多張小額保單。

【107年第一次防制洗錢與打擊資恐測驗】

（　　）**11** 保險業的洗錢態樣中常見欲洗錢對象運用躉繳、大額壽險保單、高保單價值商品、年金保險商品等將黑錢投入金融體系中，此表示目前正處於洗錢的何階段？　(A)處置（placement）　(B)多層化（layering）　(C)整合（integration）　(D)稀釋（dilute）。

【107年第一次防制洗錢與打擊資恐測驗】

（　　）**12** 下列何者屬於人壽保險死亡理賠之實質受益人？　(A)保險受益人之配偶　(B)未成年受益人之法定代理人　(C)被保險人之所有未成年子女　(D)要保人之配偶與所有已成年子女。

　　　　　　　　　　　　　　　　　　　　　　　【107年第一次防制洗錢與打擊資恐測驗】

（　　）**13** 下列何者非屬保險業對客戶通常會進行加強盡職調查（EDD）的狀況？　(A)客戶屬於重要政治性職務之人（PEPs）　(B)客戶透過電話行銷購買保險商品　(C)客戶在境外並且透過OIU購買保險商品　(D)客戶在近期曾經被保險公司申報具有疑似洗錢交易。

　　　　　　　　　　　　　　　　　　　　　　　【107年第一次防制洗錢與打擊資恐測驗】

（　　）**14** 保險業總經理應督導各單位審慎評估及檢討防制洗錢及打擊資恐內部控制制度執行情形，由以下哪些主管聯名出具防制洗錢及打擊資恐之內部控制制度聲明書，並提報董（理）事會通過？　A.董（理）事長（主席）　B.總經理　C.總稽核（稽核人員）　D.總機構法令遵循主管　E.防制洗錢及打擊資恐專責主管　(A)ABCD　(B)ABDE　(C)ABCE　(D)ABCDE。

（　　）**15** 下列何項表徵與利用保險業洗錢之態樣較無直接關聯？　(A)躉繳大額保費　(B)現金繳交保費　(C)大額溢繳保費　(D)對理賠條款詳加詢問。　　　　　　　　　　　（108年第一次防制洗錢與打擊資恐測驗）

解答與解析　答案標示為#者，表官方曾公告更正該題答案。

1 (A)。人壽保險業防制洗錢及打擊資恐注意事項範本第2條第5項規定：「……保險公司、辦理簡易人壽保險業務之郵政機構應確保其國外分公司（或子公司），在符合當地法令情形下，實施與總公司（或母公司）一致之防制洗錢及打擊資恐措施。當總公司（或母公司）與分公司（或子公司）所在國之最低要求不同時，分公司（或子公司）應就兩地選擇較高標準者作為遵循依據，惟就標準高低之認定有疑義

時，以保險公司所在國之主管機關之認定為依據；倘因外國法規禁止，致無法採行與總公司（或母公司）相同標準時，應採取合宜之額外措施，以管理洗錢及資恐風險，並向金管會申報。……」

2 (B)。人壽保險業防制洗錢及打擊資恐注意事項範本第15條規定：「……三、第一款專責主管應至少每半年向董（理）事會及監察人（監事、監事會）或審計委員會報告，如發現有重大違反法令時，應即時向董

事（理）會及監察人（監事、監事會）或審計委員會報告。……」

3 (A)。人壽保險業防制洗錢及打擊資恐注意事項範本第2條規定：「……保險公司應確保其國外分公司（或子公司），在符合當地法令情形下，實施與總公司（或母公司）一致之防制洗錢及打擊資恐措施。當總公司（或母公司）與分公司（或子公司）所在國之最低要求不同時，分公司（或子公司）應就兩地選擇較高標準者作為遵循依據，惟就標準高低之認定有疑義時，以保險公司所在國之主管機關之認定為依據；倘因外國法規禁止，致無法採行與總公司（或母公司）相同標準時，應採取合宜之額外措施，以管理洗錢及資恐風險，並向金管會申報。……」

4 (A)。人壽保險業防制洗錢及打擊資恐注意事項範本第4條規定：「……(二)對於人壽保險、投資型保險及年金保險契約之保險受益人確定或經指定時，採取下列措施：1.對於經指定為保險受益人者，應取得其姓名或名稱及身分證明文件號碼或註冊設立日期。2.對於依據契約特性或其他方式指定為保險受益人者，應取得充分資訊，以使保險業於支付保險金時得藉以辨識該保險受益人身分。……」

5 (D)。保險業為降低對於洗錢與資恐的曝險，所採取抵減風險的手段有：
(1)完善公司治理。
(2)透過法遵與內稽內控。
(3)透過進行可疑交易申報。

6 (D)。具高保單價值準備金人身保險商品屬於洗錢防制高風險商品。

7 (C)。保險業評估洗錢及資助恐怖主義風險及訂定相關防制計畫指引第4點規定：「保險業應建立不同之保戶風險等級與分級規則。就保戶之風險等級，至少應有兩級（含）以上之風險級數，即「高風險」與「一般風險」兩種風險等級，作為加強保戶審查措施及持續監控機制執行強度之依據。若僅採行兩級風險級數之保險業，因「一般風險」等級仍高於本指引第五點與第七點所指之「低風險」等級，故不得對「一般風險」等級之客戶採取簡化措施。保險業不得向保戶或與執行防制洗錢義務無關者，透露保戶之風險等級資訊。」

8 (D)。保險產品與服務在洗錢及資恐扮演重要的角色，關於該風險因子之判斷，保險業應同步考量「產品」與「服務」分別或併同的風險特性。

9 (B)。保險業陳報可疑交易較少的原因有：
(1)傳統型保單累積保單價值準備金速度較慢，解約金不多，洗錢成本高。
(2)保險業對洗錢以及資恐的交易監控系統欠佳。

10 (D)。保險業的洗錢風險抵減措施：
(1)了解客戶交易目的。
(2)了解客戶資金來源。
(3)調查客戶是否涉及負面新聞。

11 (A)。保險業的洗錢態樣中常見欲洗錢對象運用躉繳、大額壽險保單、高保單價值商品、年金保險商品等將黑錢投入金融體系中，此表示目前正處於洗錢的處置（placement）階段。

12 (B)。未成年受益人之法定代理人屬於人壽保險死亡理賠之實質受益人。

13 (B)。屬保險業對客戶通常會進行加強盡職調查（EDD）的狀況：
(1) 客戶屬於重要政治性職務之人（PEPs）。
(2) 客戶在境外並且透過OIU購買保險商品。

(3) 客戶在近期曾經被保險公司申報具有疑似洗錢交易。

14 (C)。保險業總經理應督導各單位審慎評估及檢討防制洗錢及打擊資恐內部控制制度執行情形，由董（理）事長（主席）、總經理、總稽核（稽核人員）、防制洗錢及打擊資恐專責主管聯名出具防制洗錢及打擊資恐之內部控制制度聲明書，並提報董（理）事會通過。

15 (D)。參照「人壽保險業疑似洗錢交易態樣或表徵」，(D)應為一般保戶投保時之正常表現。

⬇ 複選題

(　　) **1** 保險業防制洗錢及打擊資恐之內部控制制度，其內容應包括下列哪些事點：　A.就洗錢及資恐風險進行辨識、評估、管理之相關政策及程序　B.依據洗錢及資恐風險、業務規模，訂定防制洗錢及打擊資恐計畫，以管理及降低已辨識出之風險，並對其中之較高風險，採取強化控管措施　C.控管防制洗錢及打擊資恐法令遵循及防制洗錢及打擊資恐計畫執行之標準組織與功能，且給予必要授權強化執行　D.監督控管防制洗錢及打擊資恐法令遵循及防制洗錢及打擊資恐計畫執行之標準作業程序，並納入自行查核及內部稽核點目，且於必要時予以強化。　(A)ABC　(B)ABD　(C)ACD　(D)ABCD。
【106年合庫新進人員甄試】

(　　) **2** 保險業應採取合宜之措施以辨識、評估其洗錢及資恐風險，至少包含以下哪些項目？　(A)客戶所來自國家　(B)客戶的職業　(C)客戶購買的產品　(D)認識客戶的方式為面對面或是網路等其他通路。
【107年第一次防制洗錢與打擊資恐測驗】

（　）**3** 有關證券期貨業防制洗錢及打擊資恐之內部控制制度，下列敘述何者正確？　(A)內部控制制度應經股東會通過；修正時亦同　(B)內部控制制度應就洗錢及資恐風險進行辨識、評估　(C)內部控制制度應依據洗錢及資恐風險、業務規模，訂定防制洗錢及打擊資恐計畫　(D)內部控制制度應納入自行查核及內部稽核項目，且於必要時予以強化。　【107年第一次防制洗錢與打擊資恐測驗】

（　）**4** 下列何者為保險業常見的洗錢類型？　(A)利用躉繳保費洗錢　(B)利用跨境交易洗錢　(C)透過犯罪收益，買賣不動產洗錢　(D)透過犯罪收益，購買投資型保單洗錢。

【107年第一次防制洗錢與打擊資恐測驗】

（　）**5** 保險業在下列哪些時機應該再次審核客戶風險分數與等級？　(A)制裁名單有異動時　(B)客戶申請批改或保全時　(C)客戶住院申請健康險理賠時　(D)低或中風險客戶遭申報疑似洗錢時。

【107年第一次防制洗錢與打擊資恐測驗】

（　）**6** 下列何者為保險業疑似洗錢或資恐交易態樣？　(A)大額保費非由保險契約之當事人或利害關係人付款，且無法提出合理說明　(B)客戶要求公司開立取消禁止背書轉讓支票作為給付方式，達特定金額以上，且無法提出合理說明者　(C)客戶突有不尋常之大額繳費或還款，對於資金來源無法提出合理說明，且與其身分、收入或營業性質顯不相當　(D)客戶過去皆投保低保額之保險，並以定期繳費方式繳交保險費，突欲投保大額躉繳之保險，且無法提出合理說明者。　（108年第一次防制洗錢與打擊資恐測驗）

解答與解析　答案標示為#者，表官方曾公告更正該題答案。

1 (ABD)。
保險業防制洗錢及打擊資恐之內部控制制度，其內容應包括下列哪些事點：
(1)就洗錢及資恐風險進行辨識、評估、管理之相關政策及程序。
(2)依據洗錢及資恐風險、業務規

模，訂定防制洗錢及打擊資恐計畫，以管理及降低已辨識出之風險，並對其中之較高風險，採取強化控管措施。
(3)監督控管防制洗錢及打擊資恐法令遵循及防制洗錢及打擊資恐計畫執行之標準作業程序，並納入

自行查核及內部稽核點目，且於
必要時予以強化。

2 (ABCD)。
保險業評估洗錢及資助恐怖主義風
險及訂定相關防制計畫指引第3點規
定：「……(二)保戶風險：1.保險業
應綜合考量保戶背景、職業與社會
經濟活動特性、地域、以及非自然
人保戶之組織型態與架構等，以識
別保戶洗錢及資恐風險。2.於識別
保戶風險並決定保戶風險等級時，
保險業得依據以下風險因素為評估
依據：(1)保戶之地域風險：保險業
應了解保戶之國籍、註冊地或營業
地、保戶與保險業間之地緣關係、
或交易涉之區域，以綜合評估其風
險。(2)保戶職業與行業之洗錢風
險：依據保險業所定義之各職業與
行業的洗錢風險，決定保戶職業與
行業的風險評分。高風險行業如從
事密集性現金交易業務、或屬易被
運用於持有個人資產之公司或信託
等。(3)與保戶建立業務關係之管
道。(4)與保戶建立業務關係之金
額。(5)客戶是否有其他高洗錢及資
恐風險之表徵。」

3 (BCD)。
有關證券期貨業防制洗錢及打擊資
恐之內部控制制度：
(1) 內部控制制度應經董事會通過；
修正時亦同。
(2) 內部控制制度應就洗錢及資恐風
險進行辨識、評估。

(3) 內部控制制度應依據洗錢及資恐
風險、業務規模，訂定防制洗錢
及打擊資恐計畫。
(4) 內部控制制度應納入自行查核及
內部稽核項目，且於必要時予以
強化。

4 (ABD)。
保險業常見的洗錢類型：
(1) 利用躉繳保費洗錢。
(2) 利用跨境交易洗錢。
(3) 透過犯罪收益，購買投資型保單
洗錢。

5 (ABD)。
保險業在下列時機應該再次審核客
戶風險分數與等級：
(1) 制裁名單有異動時。
(2) 客戶申請批改或保全時。
(3) 低或中風險客戶遭申報疑似洗錢
時。

6 (ABCD)。
(A)「人壽保險業疑似洗錢或資恐交
易態樣」五、異常交易－大額交
易類。
(B)「人壽保險業疑似洗錢或資恐交
易態樣」六、異常交易－規避申
報類。
(C)「人壽保險業疑似洗錢或資恐交
易態樣」五、異常交易－大額交
易類。
(D)「人壽保險業疑似洗錢或資恐交
易態樣」一、交易前－客戶異常
行為類。

一、根據銀行評估洗錢及資恐風險及訂定相關防制計畫指引中，提到針對高風險客戶與具特定高風險因子之客戶採取不同的管控措施，以有效管理和降低已知風險，請列舉三項進行加強客戶審查措施。

答 依銀行評估洗錢及資恐風險及訂定相關防制計畫指引第七點第二項規定：「對於風險之管控措施，應由銀行依據其風險防制政策及程序，針對高風險客戶與具特定高風險因子之客戶採取不同的管控措施，以有效管理和降低已知風險，舉例說明如下：

(一)進行加強客戶審查措施（Enhanced Due Diligence），例如：

　　1. 取得開戶與往來目的之相關資料：預期帳戶使用狀況（如預期交易之金額、目的及頻率）。

　　2. 取得個人客戶財富來源、往來資金來源及去向、資產種類與數量等資訊。其中資金來源如為存款，應進一步瞭解該存款之來源。

　　3. 取得法人、團體或信託之受託人客戶進一步之商業資訊：瞭解客戶最新財務狀況、商業活動與業務往來資訊，以建立其資產、資金來源及資金去向。

　　4. 取得將進行或已完成交易之說明與資訊。

　　5. 依據客戶型態進行實地或電話訪查，以確認客戶之實際營運情形。

(二)在建立或新增業務往來關係前，應依銀行內部風險考量，所訂核准層級之高階管理人員同意。

(三)增加進行客戶審查之頻率。

(四)對於業務往來關係應採取強化之持續監督。」

二、根據「銀行防制洗錢及打擊資恐注意事項範本」，所稱「一定金額」
　　及「風險基礎方法」之定義為何？

答 依銀行防制洗錢及打擊資恐注意事項範本第三條第一款規定：「本範
本用詞定義，「一定金額」指新臺幣五十萬元（含等值外幣）；同條
第七款規定，「風險基礎方法」指銀行應確認、評估及瞭解其暴露之
洗錢及資恐風險，並採取適當防制洗錢及打擊資恐措施，以有效降低
此類風險。依該方法，銀行對於較高風險情形應採取加強措施，對於
較低風險情形，則可採取相對簡化措施，以有效分配資源，並以最適
當且有效之方法，降低經其確認之洗錢及資恐風險。」

108年　土地銀行新進人員甄試（法務人員）

依中華民國銀行公會「銀行防制洗錢及打擊資恐注意事項範本」規定，確認客戶身分及持續審查機制，應以風險基礎方法決定其執行強度。對於高風險情形，應加強確認客戶身分或持續審查措施，其中至少應額外採取下列強化措施：
(一) 在建立或新增業務往來關係前，銀行應取得何者的同意？
(二) 應採取合理措施以瞭解什麼？
(三) 對於業務往來關係應採取何種措施？

答 (一)依中華民國銀行公會「銀行防制洗錢及打擊資恐注意事項範本」第六條第一項第一款第一目之規定：「第四條第三款及前條規定之確認客戶身分措施及持續審查機制，應以風險基礎方法決定其執行強度，包括：一、對於高風險情形，應加強確認客戶身分或持續審查措施，其中至少應額外採取下列強化措施：(一)在建立或新增業務往來關係前，銀行應取得依內部風險考量，所訂核准層級之高階管理人員同意。⋯⋯」因此，銀行應依內部風險控制規則所訂之核准層級高階主管同意，方得與具備高風險情形之客戶建立或新增業務往來關係。

(二)承上所述，中華民國銀行公會「銀行防制洗錢及打擊資恐注意事項範本」第六條第一項第一款第二目規定，銀行應採取合理措施以瞭解客戶財富及資金來源。其中資金來源係指產生該資金之實質來源（例如薪資、投資收益、買賣不動產等）。

(三)中華民國銀行公會「銀行防制洗錢及打擊資恐注意事項範本」第六條第一項第一款第三目規定，對於高風險之客戶，業務往來關係應採取強化之持續監督。

108年 第一銀行經驗行員甄試（總行規劃、徵授信組）

( ) **1** 請問「金融機構防制洗錢辦法」之法規位階及訂定者，下列何者正確？　(A)法律；法務部　(B)授權命令；金管會　(C)自律規範；銀行公會　(D)作業手冊；中央銀行。

( ) **2** 若甲違反洗錢防制法之所得為100萬元，孳息1萬元，衍生投資利益5萬元，請問甲前置犯罪之不法所得為何？　(A)100萬元　(B)101萬元　(C)105萬元　(D)106萬元。

( ) **3** 下列何者非為洗錢防制法管轄之對象？　(A)銀樓業者　(B)加密貨幣業者　(C)我國政府機關　(D)擔任法人名義代表人之信託業。

( ) **4** 請問亞太防制洗錢組織（APG）評鑑結果，最好者為下列何種等級？　(A)毋需追蹤　(B)一般追蹤　(C)加強追蹤　(D)從寬追蹤。

( ) **5** 金融機構除衍生性金融商品外，對制裁對象凍結的帳戶主張抵銷，應先取得下列何者之決議許可？　(A)法院　(B)財政部　(C)金管會　(D)資恐防制審議會。

解答與解析　答案標示為#者，表官方曾公告更正該題答案。

1 (B)。「金融機構防制洗錢辦法」係由立法院授權金融監督管理委員會制定之，屬授權命令（法規命令）（「金融機構防制洗錢辦法」第1條規定參照）。

2 (D)。依洗錢防制法第4條第1項規定：「本法所稱特定犯罪所得，指犯同法第3條所列之特定犯罪而取得或變得之財物或財產上利益及其孳息，且不以特定犯罪成立為必要。因此，本題甲之犯罪不法所得應為所得100萬元+孳息1萬元+衍生利益5萬元，共106萬元。」

3 (C)。依洗錢防制法第5條第1至3項

規定：「管轄對象分別如下：本法所稱金融機構，包括下列機構：一、銀行。二、信託投資公司。三、信用合作社。四、農會信用部。五、漁會信用部。六、全國農業金庫。七、辦理儲金匯兌、簡易人壽保險業務之郵政機構。八、票券金融公司。九、信用卡公司。十、保險公司。十一、證券商。十二、證券投資信託事業。十三、證券金融事業。十四、證券投資顧問事業。十五、證券集中保管事業。十六、期貨商。十七、信託業。十八、其他經目的事業主管機關指定之金融機構。辦理融資性租

賃、虛擬通貨平台及交易業務之事業，適用本法關於金融機構之規定。本法所稱指定之非金融事業或人員，指從事下列交易之事業或人員：一、銀樓業。二、地政士及不動產經紀業從事與不動產買賣交易有關之行為。三、律師、公證人、會計師為客戶準備或進行下列交易時：(一)買賣不動產。(二)管理客戶金錢、證券或其他資產。(三)管理銀行、儲蓄或證券帳戶。(四)有關提供公司設立、營運或管理之資金籌劃。(五)法人或法律協議之設立、營運或管理以及買賣事業體。四、信託及公司服務提供業為客戶準備或進行下列交易時：(一)關於法人之籌備或設立事項。(二)擔任或安排他人擔任公司董事或秘書、合夥之合夥人或在其他法人組織之類似職位。(三)提供公司、合夥、信託、其他法人或協議註冊之辦公室、營業地址、居住所、通訊或管理地址。(四)擔任或安排他人擔任信託或其他類似契約性質之受託人或其他相同角色。(五)擔任或安排他人擔任實質持股股東。五、其他業務特性或交易型態易為洗錢犯罪利用之事業或從業人員。」

4 (B)。亞太防制洗錢組織（APG）評鑑結果由佳至劣分為：「一般追蹤」、「加強追蹤」、「加速加強追蹤」及「不合作名單」。

5 (D)。依資恐防制審議會之運作與制裁例外措施及其限制事項辦法第3條規定：「審議會得為下列事項之審議：一、本法第4條第1項之制裁名單。二、本法第4條第1項及第6條第1項第1款制裁名單之除名措施。三、本法第6條第1項第2款至第4款制裁之相關措施及同法第6條第2項限制使用方式。四、本法第6條第3項廢止措施。」同法第5條第3款規定：「審議會應審議主管機關提出下列相關措施，其決議應由主管機關通知申請人、利害關係人、相關機關配合或公告執行：三、依本法第6條第1項第4款經指定制裁之個人、法人或團體，於受制裁前對善意第三人負擔之債務，如指定制裁前已依法、依約或執行名義應給付之款項，應許可支付。」

108年　第一銀行新進人員甄試（一般行員、一般行員法律組）

※本份試題因一般行員部份試題與一般行員法律組重複，故整合為一份試題。

(　) **1** 依據金融機構防制洗錢辦法，其他經金管會指定之金融機構之定義中，下列何者錯誤？　(A)電子支付機構　(B)槓桿交易商　(C)期貨經理事業　(D)郵政機構。

(　) **2** 依據金融機構防制洗錢辦法，其所定義之「一定金額」為下列何者？(A)新臺幣100萬元　(B)新臺幣50萬元　(C)美金10萬元　(D)美金20萬元。

(　) **3** 金融機構應使用何種方法來確認、評估及瞭解其暴露之洗錢風險，並採取適當防制洗錢及打擊資恐措施？　(A)風險規避方法　(B)風險基礎方法　(C)風險評估方法　(D)內部控制稽核法。

(　) **4** 金融機構於下列情形時，應確認客戶身分，請問下列敘述何者錯誤？(A)對於過去所取得客戶身分資料之真實性或妥適性有所懷疑時(B)發現疑似洗錢或資恐交易時　(C)辦理新臺幣5萬元（含等值外幣）以上之跨境匯款時　(D)與客戶建立業務關係時。

(　) **5** 在銀行業疑似洗錢或資恐交易態樣中，下列何者非為洗錢或資恐交易態樣之分類？　(A)產品／服務—存提匯款類　(B)產品／服務—貿易金融類　(C)產品／服務—通匯銀行類　(D)產品／服務—信用卡類。

(　) **6** 下列何者為疑似洗錢之交易態樣？　(A)帳戶中突有資金進入，且又迅速移轉者　(B)客戶經常以提現為名、轉帳為實方式處理有關交易流程者　(C)客戶存入境外發行之旅行支票及外幣匯票　(D)客戶將小面額鈔票兌換成大面額鈔票。

(　) **7** 在確認客戶身分時，至少應取得之資訊，下列何者非屬之？　(A)姓名　(B)出生日期　(C)戶籍或居住地址　(D)職業。

( ) **8** 根據銀行防制洗錢及打擊資恐注意事項範本中第4條確認客戶身分措施之規定,下列何種狀況應予以婉拒建立業務關係或交易?(A)出示身分證明文件正本 (B)得以查證代理事實及身分資料,並由代理人辦理之情形 (C)客戶拒絕提供審核客戶身分措施相關文件,但經可靠、獨立之來源確實查證身分屬實者 (D)提供文件資料可疑、模糊不清,不願提供其他佐證資料或提供之文件資料無法進行查證。

( ) **9** 銀行防制洗錢及打擊資恐注意事項範本中第6條有關確認客戶身分措施及持續審查機制之規定,下列何者正確? (A)不論客戶身分為何,皆依照高風險情形進行確認客戶身分並持續審查,以達到最佳的風險控制 (B)對於低風險情形時,在建立業務往來關係前,銀行應取得依內部風險考量,鎖定核准層級之高階管理人員同意 (C)當客戶來自未採取有效打擊資恐之高風險國家或地區,依然可以採用低風險情形簡化措施 (D)對於高風險情形時,應採取合理措施以了解客戶財富及資金來源,其中資金來源係指產生該資金之實質來源。

( ) **10** 有關與客戶往來及交易之記錄憑證之規定,下列何者錯誤? (A)對複雜、異常交易進行詢問所取得之背景與分析資料應保存至客戶業務關係開始後,至少10年 (B)對國內外交易之所有必要紀錄之保存應至少保存5年 (C)對疑似洗錢或資恐交易之申報,其申報之相關紀錄憑證,以原本方式至少保存5年 (D)對達一定金額以上大額通貨交易,確認客戶程序之記錄方法,可根據全行一致性作法之原則,選擇一種記錄方式。

( ) **11** 根據銀行防制洗錢及打擊資恐注意事項範本中,銀行辦理新臺幣境內匯款業務之規定,下列何者錯誤? (A)匯款銀行應保存所有有關匯款人及受款人資訊 (B)境內電匯之匯款銀行,收到受款金融機構或權責機關請求時,應於五個營業日內提供匯款人及受款人資訊 (C)承上2選項,若檢察機關及司法警察機關要求立即提供時,應配合辦理 (D)匯款人資訊應包含:匯款人姓名、扣款帳戶號碼等。

( ) **12** 根據「銀行評估洗錢及資恐風險及訂定相關防治計畫指引」中有關客戶風險之規定，下列何者錯誤？　(A)客戶之地域風險係指依據行員本身專業及判斷，決定客戶國籍與居住國家的風險　(B)銀行得依據個人客戶之任職機構來作為客戶風險因素的評估依據　(C)銀行可藉由首次建立業務關係之往來金額作為客戶風險評估依據　(D)銀行得透過申請往來之產品或服務來評斷客戶風險。

( ) **13** 根據「銀行評估洗錢及資恐風險及訂定相關防制計畫指引」中有關產品及服務、交易或支付管道風險之規定，下列何者錯誤？　(A)銀行應依據個別產品與服務、交易或支付管道的性質，識別可能會為其帶來較高的洗錢風險者　(B)銀行於推出新產品或新種業務前，應進行洗錢及資恐風險評估　(C)在個別產品與服務、交易或支付管道之風險因素中包含匿名交易　(D)在個別產品與服務、交易或支付管道之風險因素中不包含與現金之關聯程度。

( ) **14** 根據「銀行評估洗錢及資恐風險及訂定相關防制計畫指引」中有關評估、預防或降低風險的敘述，下列何者正確？　(A)具體的風險評估項目，最重要的是地域風險　(B)針對客戶職業與行業之洗錢風險，高風險行業如從事密集性現金交易業務　(C)地域風險中，牽涉到境外匯款都能列為高風險　(D)銀行應採取合宜措施以識別、評估其洗錢及資恐風險，具體的風險評估項目包含地域、客戶、產品及服務面向，不需訂定細部的風險因素。

( ) **15** 根據「銀行評估洗錢及資恐風險及訂定相關防制計畫指引」第6項，在適當時機對已存在之往來關係進行審查及適時調整風險等級之敘述，有關調整風險時機及敘述，下列何者錯誤？　(A)客戶加開帳戶或新增業務往來關係時　(B)依據客戶之重要性及風險程度所定之定期客戶審查時點　(C)經申報疑似洗錢或資恐交易時，可能導致客戶風險狀況發生實質性變化的事情時　(D)銀行應定期檢視辨識客戶及實質受益人身分所取得之資訊是否足夠，針對高風險客戶，至少每半年檢視一次。

( ) **16** 有關定期及全面性之洗錢及資恐風險評估之規定，下列何者指標不在規定中？　(A)業務性質、規模與複雜度　(B)高風險相關之管理數據與報告　(C)內部稽核與監理機關之檢查結果　(D)全球前五百大公司市值。

解答與解析 答案標示為#者，表官方曾公告更正該題答案。

1 (D)。依金融機構防制洗錢辦法第2條第1款第4目規定：「其他經本會指定之金融機構：包括電子票證發行機構、電子支付機構、槓桿交易商、期貨信託事業、期貨經理事業，以及保險代理人公司、保險經紀人公司及個人執業之保險代理人、保險經紀人（以下簡稱保險代理人、保險經紀人）」不包括郵政機構。

2 (B)。「金融機構防制洗錢辦法」第2條第2款規定：「一定金額：指新臺幣五十萬元（含等值外幣）」。

3 (B)。依金融機構防制洗錢辦法第2條第8款規定：「風險基礎方法：指金融機構應確認、評估及瞭解其暴露之洗錢及資恐風險，並採取適當防制洗錢及打擊資恐措施，以有效降低此類風險。依該方法，金融機構對於較高風險情形應採取加強措施，對於較低風險情形，則可採取相對簡化措施，以有效分配資源，並以最適當且有效之方法，降低經其確認之洗錢及資恐風險。」（「銀行防制洗錢及打擊資恐注意事項範本」第3條第7款規定參照。）

4 (C)。依銀行防制洗錢及打擊資恐注意事項範本第4條第2款規定：「二、確認客戶身分時機：(一)與客戶建立業務關係時。(二)進行下列臨時性交易：1.辦理達一定金額以上交易（含國內匯款）時。多筆顯有關聯之交易合計達一定金額以上時，亦同。2.辦理新臺幣三萬元（含等值外幣）以上之跨境匯款時。(三)

發現疑似洗錢或資恐交易時。(四)對於過去所取得客戶身分資料之真實性或妥適性有所懷疑時。」

5 (D)。根據「銀行防制洗錢及打擊資恐注意事項範本」附錄「疑似洗錢或資恐交易態樣」，分別就銀行之「產品／服務」、「異常交易行為／活動」、「資恐類」、「跨境交易類」之營業行為，具體列舉各種疑似洗錢或資恐交易之態樣，在「產品／服務」項下，存提匯款類、授信類、OBU類、貿易金融類、通匯銀行類、保管箱類、其他類，均存在洗錢及資恐交易的風險，唯獨信用卡類並不具有此風險。

6 (B)。依據金融監督管理委員會106年6月28日金管銀法字第10610003210號函准予備查之11類、53種「（銀行業）疑似洗錢或資恐交易態樣」，在「(一)產品／服務：存提匯款類」中，分別規範如下：(A)不活躍帳戶突有達特定金額以上資金進入，且又迅速移轉者。(B)客戶經常以提現為名、轉帳為實方式處理有關交易流程者。(C)客戶結購或結售達特定金額以上外匯、外幣現鈔、旅行支票及外幣匯票或其他無記名金融工具者。(D)客戶經常性地將小面額鈔票兌換成大面額鈔票，或反之者。

7 (D)。依銀行防制洗錢及打擊資恐注意事項範本第4條第4款規定：「四、前款規定於客戶為個人時，至少取得下列資訊，以辨識其身分：(一)姓名。(二)出生日期。(三)

戶籍或居住地址。(四)官方身分證明文件號碼。(五)國籍。(六)外國人士居留或交易目的（如觀光、工作等）。」

8 (D)。依銀行防制洗錢及打擊資恐注意事項範本」第4條第1款之規定：「一、有以下情形之一者應予以婉拒建立業務關係或交易：(一)疑似使用匿名、假名、人頭、虛設行號或虛設法人團體。(二)客戶拒絕提供審核客戶身分措施相關文件，但經可靠、獨立之來源確實查證身分屬實者不在此限。(三)對於由代理人辦理之情形，且查證代理之事實及身分資料有困難。(四)持用偽、變造身分證明文件。(五)出示之身分證明文件均為影本。但依規定得以身分證明文件影本或影像檔，輔以其他管控措施辦理之業務，不在此限。(六)提供文件資料可疑、模糊不清，不願提供其他佐證資料或提供之文件資料無法進行查證。(七)客戶不尋常拖延應補充之身分證明文件。(八)建立業務關係之對象為資恐防制法指定制裁之個人、法人或團體，以及外國政府或國際組織認定或追查之恐怖分子或團體。但依資恐防制法第六條第一項第一款至第三款所為支付不在此限。(九)建立業務關係或交易時，有其他異常情形，客戶無法提出合理說明。」

9 (D)。依銀行防制洗錢及打擊資恐注意事項範本第6條之規定：「(A)(C)對於高風險情形，應加強確認客戶身分或持續審查措施，對於來自洗錢或資恐高風險國家或地區之客戶，應採行與其風險相當之強化措施。對於較低風險情形，得採取簡化措施，該簡化措施應與其較低風險因素相當。但有規定所列例外情形者，不得採取簡化確認客戶身分措施。(B)(D)對於高風險情形，應加強確認客戶身分或持續審查措施，其中至少應額外採取下列強化措施：(一)在建立或新增業務往來關係前，銀行應取得依內部風險考量，所訂核准層級之高階管理人員同意。(二)應採取合理措施以瞭解客戶財富及資金來源。其中資金來源係指產生該資金之實質來源（例如薪資、投資收益、買賣不動產等）。(三)對於業務往來關係應採取強化之持續監督。」

10 (A)。依銀行防制洗錢及打擊資恐注意事項範本第15條規定：「銀行應以紙本或電子資料保存與客戶往來及交易之紀錄憑證，並依下列規定辦理：一、對國內外交易之所有必要紀錄之保存應至少保存五年。但法律另有較長保存期間規定者，從其規定。前述必要紀錄包括：(一)進行交易的各方姓名或帳號或識別號碼。(二)交易日期。(三)貨幣種類及金額。(四)存入或提取資金的方式，如以現金、支票等。(五)資金的目的地。(六)指示或授權的方式。二、對達一定金額以上大額通貨交易，其確認紀錄及申報之相關紀錄憑證，以原本方式至少保存五年。確認客戶程序之紀錄方法，由銀行依本身考量，根據全行一致性做法之原則，選擇一種記錄方式。三、對疑似洗錢或資恐交易之申報，其申報之相關紀錄憑證，以原本方式至少保存五年。四、下列資料應保存至與客戶業務關係結束後或臨時性交

易結束後，至少五年。但法律另有較長保存期間規定者，從其規定：(一)確認客戶身分所取得之所有紀錄，如護照、身分證、駕照或類似之官方身分證明文件影本或紀錄。(二)帳戶檔案。(三)業務往來資訊，包括對複雜、異常交易進行詢問所取得之背景或目的資訊與分析資料。五、銀行保存之交易紀錄應足以重建個別交易，以備作為認定不法活動之證據。六、銀行對權責機關依適當授權要求提供交易紀錄及確認客戶身分等相關資訊時，應確保能夠迅速提供。」

11 (B)。(B)依銀行防制洗錢及打擊資恐注意事項範本第13條第2款第1目規定：「二、新臺幣境內匯款之匯款銀行，應依下列規定辦理：(一)應採下列方式之一提供必要且正確之匯款人資訊及必要之受款人資訊：1.隨匯款交易提供匯款人及受款人資訊。2.隨匯款交易提供匯款人及受款人之帳戶號碼或可供追蹤之交易碼，並於收到受款金融機構或權責機關請求時，於三個營業日內提供匯款人及受款人資訊。但檢察機關及司法警察機關要求立即提供時，應配合辦理。……」

12 (A)。(A)依銀行評估洗錢及資恐風險及訂定相關防制計畫指引第3點第2項第2款規定：「(二)客戶風險：1.銀行應綜合考量個別客戶背景、職業與社會經濟活動特性、地域、以及非自然人客戶之組織型態與架構等，以識別該客戶洗錢及資恐風險。2.於識別個別客戶風險並決定其風險等級時，銀行得依據以下風

險因素為評估依據：(1)客戶之地域風險：依據銀行所定義之洗錢及資恐風險的區域名單，決定客戶國籍與居住國家的風險評分。(2)客戶職業與行業之洗錢風險：依據銀行所定義之各職業與行業的洗錢風險，決定客戶職業與行業的風險評分。高風險行業如從事密集性現金交易業務、或屬易被運用於持有個人資產之公司或信託等。(3)個人客戶之任職機構。(4)客戶開戶與建立業務關係之管道。(5)首次建立業務關係之往來金額。(6)申請往來之產品或服務。(7)客戶是否有其他高洗錢及資恐風險之表徵，如客戶留存地址與分行相距過遠而無法提出合理說明者、客戶為具隱名股東之公司或可發行無記名股票之公司、法人客戶之股權複雜度，如股權架構是否明顯異常或相對其業務性質過度複雜等。」

13 (D)。(D)依銀行評估洗錢及資恐風險及訂定相關防制計畫指引第3點第2項第3款規定：「……(三)產品及服務、交易或支付管道風險：1.銀行應依據個別產品與服務、交易或支付管道的性質，識別可能會為其帶來較高的洗錢及資恐風險者。2.銀行於推出新產品或服務或辦理新種業務（包括新支付機制、運用新科技於現有或全新之產品或業務）前，應進行洗錢及資恐風險評估，並建立相應之風險管理措施以降低所辨識之風險。3.個別產品與服務、交易或支付管道之風險因素舉例如下：(1)與現金之關聯程度。(2)建立業務關係或交易之管道，包括是否為面對面交易及是否為電子銀

行等新型態支付工具等。(3)是否為高金額之金錢或價值移轉業務。(4)匿名交易。(5)收到款項來自於未知或無關係之第三者。

14 (B)。(A)依銀行評估洗錢及資恐風險及訂定相關防制計畫指引第3點第2項規定：「具體的風險評估項目應至少包括地域、客戶、產品及服務、交易或支付管道等面向。」(C)依銀行評估洗錢及資恐風險及訂定相關防制計畫指引第3點第2項第1款規定：「(一)地域風險：1.銀行應識別具較高洗錢及資恐風險的區域。2.於訂定高洗錢及資恐風險之區域名單時，銀行得依據其各分公司（或子公司）的實務經驗，並考量個別需求，以選擇適用之風險因素。」(D)依銀行評估洗錢及資恐風險及訂定相關防制計畫指引第3點第2項規定：「具體的風險評估項目應至少包括地域、客戶、產品及服務、交易或支付管道等面向，並應進一步分析各風險項目，以訂定細部的風險因素。」

15 (D)。(D)依銀行評估洗錢及資恐風險及訂定相關防制計畫指引第6點第4項規定：「銀行應定期檢視其辨識客戶及實質受益人身分所取得之資訊是否足夠，並確保該等資訊之更新，特別是高風險客戶，銀行應至少每年檢視一次。」

16 (D)。依銀行評估洗錢及資恐風險及訂定相關防制計畫指引第8點第2項規定：「銀行應依據下列指標，建立定期且全面性之洗錢及資恐風險評估作業：(一)業務之性質、規模、多元性及複雜度。(二)目標市場。(三)銀行交易數量與規模：考量銀行一般交易活動與其客戶之特性等。(四)高風險相關之管理數據與報告：如高風險客戶之數目與比例；高風險產品、服務或交易之金額、數量或比例；客戶之國籍、註冊地或營業地、或交易涉及高風險地域之金額或比例等。(五)業務與產品，包含提供業務與產品予客戶之管道及方式、執行客戶審查措施之方式，如資訊系統使用的程度以及是否委託第三人執行審查等。(六)內部稽核與監理機關之檢查結果。」

108年　第一銀行新進人員甄試（資訊人員）

※ 選擇題與108年第一銀行新進人員甄試（一般行員、一般行員法律組）重複。

依據銀行防制洗錢及打擊資恐注意事項範本之規定，在確認客戶身分措施時，有哪些情形之一者應予以婉拒建立業務關係或交易，請列舉五項。

答　依銀行防制洗錢及打擊資恐注意事項範本第4條第1款之規定：「一、有以下情形之一者應予以婉拒建立業務關係或交易：

(一)疑似使用匿名、假名、人頭、虛設行號或虛設法人團體。

(二)客戶拒絕提供審核客戶身分措施相關文件，但經可靠、獨立之來源確實查證身分屬實者不在此限。

(三)對於由代理人辦理之情形，且查證代理之事實及身分資料有困難。

(四)持用偽、變造身分證明文件。

(五)出示之身分證明文件均為影本。但依規定得以身分證明文件影本或影像檔，輔以其他管控措施辦理之業務，不在此限。

(六)提供文件資料可疑、模糊不清，不願提供其他佐證資料或提供之文件資料無法進行查證。

(七)客戶不尋常拖延應補充之身分證明文件。

(八)建立業務關係之對象為資恐防制法指定制裁之個人、法人或團體，以及外國政府或國際組織認定或追查之恐怖分子或團體。但依資恐防制法第六條第一項第一款至第三款所為支付不在此限。

(九)建立業務關係或交易時，有其他異常情形，客戶無法提出合理說明。」

108年　第一銀行經驗行員甄試（防制洗錢交易監控人員、徵授信經驗行員）

※ 本份試題因防制洗錢交易監控人員試題與徵授信經驗行員重複，故整合為一份試題。

（　）**1** 依金融機構防制洗錢辦法規定，對於經檢視屬疑似洗錢或資恐交易者，不論交易金額多寡，均應於專責主管核定後立即向調查局申報，核定後之申報期限不得逾幾個營業日？　(A)2日　(B)5日　(C)7日　(D)10日。

（　）**2** 金融機構確認客戶身分時，有下列何種情形者，應予以婉拒建立業務關係或交易？　A.疑似使用假名開設帳戶　B.由代理人辦理交易，但查證代理及身分資料屬實　C.持用偽、變造身分證明文件　D.有異常情形，客戶無法提出合理說明　(A)僅AD　(B)僅ABC　(C)僅ACD　(D)ABCD。

（　）**3** 依金融機構防制洗錢辦法規定，金融機構對達一定金額以上之通貨交易，應於交易完成後幾個營業日內，向調查局申報？　(A)1日　(B)3日　(C)5日　(D)7日。

（　）**4** 依金融機構防制洗錢辦法規定，具控制權係指直接、間接持有該法人股份或資本超過多少者？　(A)百分之十　(B)百分之二十　(C)百分之二十五　(D)百分之五十。

（　）**5** 依洗錢防制法規定，確認客戶身分程序所得資料，應自業務關係終止時起至少保存多久？　(A)3年　(B)5年　(C)10年　(D)永遠。

（　）**6** 銀行應採取合宜措施以識別、評估其洗錢及資恐風險，並依據所辨識之風險訂定具體的風險評估項目。具體的風險評估項目應至少包括下列何種指標？　A.規模　B.地域　C.客戶　D.產品　(A)僅ABC　(B)僅ACD　(C)僅ABD　(D)僅BCD。

（　）**7** 銀行業就總公司（或母公司）與分公司（或子公司）所在地洗錢防制標準高低之認定有疑義時，以下列何者之認定為依據？　(A)分公司（或子公司）所在地之主管機關　(B)總公司（或母公司）所在地之主管機關　(C)防制洗錢金融行動工作組織（FATF）　(D)聯合國。

(　　) **8** 有關重要政治性職務人士（PEP）之敘述，下列何者正確？　A.客戶若為現任國外政府之PEP，應將該客戶直接視為高風險客戶　B.客戶若為現任國內政府之PEP，應將該客戶直接視為高風險客戶　C.PEP卸任後，即不是PEP　D.有關PEP之規定於PEP之家庭成員及有密切關係之人，並不適用　(A)僅A　(B)僅AC　(C)僅BCD　(D)ABCD。

(　　) **9** 對於高風險情形，應加強確認客戶身分或持續審查措施，至少應額外採取下列哪些強化措施？　A.應採取合理措施以瞭解客戶財富及資金來源　B.在建立或新增業務往來關係前，應取得高階管理人員同意　C.對於業務往來關係應採取強化之持續監督　D.通知高風險客戶，其交易受到監控，請預先備齊相關文件，以避免耽誤作業　(A)僅ACD　(B)僅BCD　(C)僅ABC　(D)ABCD。

(　　) **10** 下列何者屬於指定之非金融事業或人員？　A.銀樓業　B.為客戶進行訴訟之律師　C.為客戶買賣不動產的會計師　D.從事與不動產買賣交易有關之行為的地政士及不動產經紀業　(A)僅ABC　(B)僅ACD　(C)僅BCD　(D)ABCD。

解答與解析　答案標示為#者，表官方曾公告更正該題答案。

1 (A)。依金融機構防制洗錢辦法第15條第2款規定：「對於經檢視屬疑似洗錢或資恐交易者，不論交易金額多寡，均應依調查局所定之申報格式簽報，並於專責主管核定後立即向調查局申報，核定後之申報期限不得逾二個營業日。交易未完成者，亦同。」

2 (C)。依金融機構防制洗錢辦法第4條規定：「金融機構確認客戶身分時，有下列情形之一者，應予以婉拒建立業務關係或交易：一、疑似使用匿名、假名、人頭、虛設行號或虛設法人團體開設帳戶、投保或辦理儲值卡記名作業。二、客戶拒絕提供審核客戶身分措施相關文件。三、對於由代理人辦理開戶、儲值卡記名作業、註冊電子支付帳戶、投保、保險理賠、保險契約變更或交易者，且查證代理之事實及身分資料有困難。四、持用偽、變造身分證明文件。五、出示之身分證明文件均為影本。但依規定得以身分證明文件影本或影像檔，輔以其他管控措施辦理之業務，不在此限。六、提供文件資料可疑、模糊不清，不願提供其他佐證資料或提供之文件資料無法進行查證。七、客戶不尋常拖延應補充之身分證明文件。八、建立業務關係對象為資

恐防制法指定制裁之個人、法人或團體，以及外國政府或國際組織認定或追查之恐怖分子或團體。但依資恐防制法第6條第1項第1款至第3款所為支付不在此限。九、建立業務關係或交易時，有其他異常情形，客戶無法提出合理說明。」

3 (C)。依金融機構防制洗錢辦法第13條第3款規定：「除該法第14條規定之情形外，應依法務部調查局（以下簡稱調查局）所定之申報格式，於交易完成後五個營業日內以媒體申報方式，向調查局申報。無法以媒體方式申報而有正當理由者，得報經調查局同意後，以書面申報之。」

4 (C)。依金融機構防制洗錢辦法第3條第7款第1目規定：「該法第4款第3目規定於客戶為法人、團體或信託之受託人時，應瞭解客戶或信託之所有權及控制權結構，並透過下列資訊，辨識客戶之實質受益人，及採取合理措施驗證：(一)客戶為法人、團體時：1.具控制權之最終自然人身分。所稱具控制權係指直接、間接持有該法人股份或資本超過百分之二十五者，金融機構得請客戶提供股東名冊或其他文件協助完成辨識。」

5 (B)。依洗錢防制法第7條第2項規定：「前項確認客戶身分程序所得資料，應自業務關係終止時起至少保存五年；臨時性交易者，應自臨時性交易終止時起至少保存五年。但法律另有較長保存期間規定者，從其規定。」

6 (D)。依銀行評估洗錢及資恐風險及訂定相關防制計畫指引第3點規定：「銀行應採取合宜措施以識別、評估其洗錢及資恐風險，並依據所辦識之風險訂定具體的風險評估項目，以進一步管控、降低或預防該風險。具體的風險評估項目應至少包括地域、客戶、產品及服務、交易或支付管道等面向，並應進一步分析各風險項目，以訂定細部的風險因素。」

7 (B)。依銀行防制洗錢及打擊資恐注意事項範本第2條第5項規定：「當總公司（或母公司）與分公司（或子公司）所在地之最低要求不同時，分公司（或子公司）應就兩地選擇較高標準者作為遵循依據，惟就標準高低之認定有疑義時，以銀行總公司（或母公司）所在地之主管機關之認定為依據。」

8 (A)。依銀行防制洗錢及打擊資恐注意事項範本第4條第13款規定：「銀行於確認客戶身分時，應運用適當之風險管理機制確認客戶及其實質受益人、高階管理人員是否為現任或曾任國內外政府或國際組織之重要政治性職務人士：(一)客戶或其實質受益人若為現任國外政府之重要政治性職務人士，應將該客戶直接視為高風險客戶，並採取第六條第一項第一款各目之強化確認客戶身分措施。(二)客戶或其實質受益人若為現任國內政府或國際組織之重要政治性職務人士，應於與該客戶建立業務關係時，審視其風險，嗣後並應每年重新審視。對於經銀行認定屬高風險業務關係者，應對該客

戶採取第六條第一項第一款各目之強化確認客戶身分措施。(三)客戶之高階管理人員若為現任國內外政府或國際組織之重要政治性職務人士，銀行應考量該高階管理人員對該客戶之影響力，決定是否對該客戶採取第六條第一項第一款各目之強化確認客戶身分措施。(四)對於非現任國內外政府或國際組織之重要政治性職務人士，銀行應考量相關風險因子後評估其影響力，依風險基礎方法認定其是否應適用前三目之規定。(五)前四目規定於重要政治性職務人士之家庭成員及有密切關係之人，亦適用之。前述家庭成員及有密切關係之人之範圍，依洗錢防制法第七條第四項後段所定辦法之規定認定之。(六)第七款第三目第一小目至第三小目及第八小目所列對象，其實質受益人或高階管理人員為重要政治性職務人士時，不適用本款第一目至第五目之規定。」

9 (C)。依銀行防制洗錢及打擊資恐注意事項範本第6條第1項第1款規定：「一、對於高風險情形，應加強確認客戶身分或持續審查措施，其中至少應額外採取下列強化措施：(一)在建立或新增業務往來關係前，銀行應取得依內部風險考量，所訂核准層級之高階管理人員同意。(二)應採取合理措施以瞭解客戶財富及資金來源。其中資金來源係指產生該

資金之實質來源（例如薪資、投資收益、買賣不動產等）。(三)對於業務往來關係應採取強化之持續監督。」

10 (B)。依洗錢防制法第5條第3項規定：「本法所稱指定之非金融事業或人員，指從事下列交易之事業或人員：一、銀樓業。二、地政士及不動產經紀業從事與不動產買賣交易有關之行為。三、律師、公證人、會計師為客戶準備或進行下列交易時：(一)買賣不動產。(二)管理客戶金錢、證券或其他資產。(三)管理銀行、儲蓄或證券帳戶。(四)有關提供公司設立、營運或管理之資金籌劃。(五)法人或法律協議之設立、營運或管理以及買賣事業體。四、信託及公司服務提供業為客戶準備或進行下列交易時：(一)關於法人之籌備或設立事項。(二)擔任或安排他人擔任公司董事或秘書、合夥之合夥人或在其他法人組織之類似職位。(三)提供公司、合夥、信託、其他法人或協議註冊之辦公室、營業地址、居住所、通訊或管理地址。(四)擔任或安排他人擔任信託或其他類似契約性質之受託人或其他相同角色。(五)擔任或安排他人擔任實質持股股東。五、其他業務特性或交易型態易為洗錢犯罪利用之事業或從業人員。」

108年　彰化銀行新進人員甄試（一般行員、客服人員、法務人員）

※本份試題因一般行員部份試題與客服人員、法務人員重複，故整合為一份試題。

( ) **1** 確認客戶身分程序所得資料，應自業務關係終止時起至少保存多久？ (A)一年　(B)三年　(C)五年　(D)永久保存。

( ) **2** 下列何者須對銀行業確保建立及維持適當有效之防制洗錢及打擊資恐內部控制負最終責任？ (A)董（理）事會　(B)審計委員會 (C)總稽核　(D)防制洗錢及打擊資恐專責主管。

( ) **3** 依「銀行業及其他金融監督管理委員會指定之金融機構防制洗錢及打擊資恐內部控制與稽核制度實施辦法」規定，銀行業之防制洗錢及打擊資恐內部控制制度聲明書，應提報董（理）事會通過，於期限內將聲明書內容揭露於銀行官方網站，並於金管會指定網站辦理公告申報。該申報期限為何？ (A)每年六月底前　(B)每年三月底前　(C)每會計年度終了後六個月內　(D)每會計年度終了後三個月內。

( ) **4** 銀行於推出新產品或服務或辦理新種業務前，下列敘述何者錯誤？ (A)應進行新產品或新服務或新業務之洗錢及資恐風險評估 (B)運用新科技於全新之產品或業務前，應進行洗錢及資恐風險評估　(C)新支付機制運用於現有之產品或業務，免評估其洗錢及資恐風險　(D)應建立相應之風險管理措施以降低所辨識之風險。

( ) **5** 依「銀行業及其他金融監督管理委員會指定之金融機構防制洗錢及打擊資恐內部控制與稽核制度實施辦法」規定，銀行業之防制洗錢及打擊資恐專責人員應於充任後多久之內符合相關專業資格條件？ (A)十個營業日內　(B)一個月內　(C)三個月內　(D)六個月內。

( ) **6** 依據銀行防制洗錢及打擊資恐注意事項範本第三條所稱之臨時性交易，係指民眾到非已建立業務關係銀行辦理之交易，不包括下列何種交易？ (A)現金匯款　(B)換鈔　(C)繳費　(D)本行轉帳。

（　　）**7** 銀行業辦理通匯往來銀行業務及其他類似業務，應定有一定政策及程序，下列敘述何者錯誤？　(A)不得與空殼銀行或與允許空殼銀行使用其帳戶之委託機構建立通匯往來關係　(B)對於無法配合銀行業提供資訊之委託機構，銀行業得對其拒絕開戶、暫停交易、申報疑似洗錢或資恐交易或中止業務關係　(C)在與委託機構建立通匯往來關係前，應先取得高階管理人員核准後始得辦理　(D)辦理通匯往來銀行業務，若委託機構為銀行業本身之國外分公司（或子公司）時，則不適用相關規定。

（　　）**8** 有關確認客戶身分之應遵循事項，下列敘述何者錯誤？　(A)應加強審查私人理財金融業務客戶　(B)應加強審查被其他銀行拒絕金融業務往來之客戶　(C)對於無法完成確認客戶身分相關規定程序者，應考量申報與該客戶有關之疑似洗錢或資恐交易　(D)懷疑某客戶或交易可能涉及洗錢或資恐，且合理相信執行確認客戶身分程序可能對客戶洩露訊息時，應於完成該等程序後立即申報疑似洗錢或資恐交易。

（　　）**9** 銀行防制洗錢及打擊資恐專責單位或專責主管掌理之事務，下列何者錯誤？　(A)專責主管應至少每年向董事會及審計委員會報告　(B)確認防制洗錢及打擊資恐相關法令之遵循，包括所屬金融同業公會相關範本或自律規範　(C)督導洗錢及資恐風險之辨識、評估及監控政策及程序之規劃與執行　(D)發展防制洗錢及打擊資恐計畫。

（　　）**10** 下列何者為金融機構防制洗錢辦法第二條所定義之一定金額？　(A)新臺幣五十萬元　(B)新臺幣五十萬元（含等值外幣）　(C)新臺幣一百萬元　(D)新臺幣一百萬元（含等值外幣）。

（　　）**11** 依據洗錢防制法第三條，所稱之特定犯罪，包括最輕本刑多久以上有期徒刑以上之刑之罪？　(A)一年　(B)三年　(C)五年　(D)六個月。

（　　）**12** 金融機構對於達一定金額以上之通貨交易，應申報給下列何機關？　(A)中央銀行業務局　(B)金管會銀行局　(C)金管會檢查局　(D)法務部調查局。

（　）**13** 金融機構防制洗錢辦法第三條有關實質受益人規定所稱之具控制權，係指直接、間接持有法人客戶股份或資本超過多少者？(A)10%　(B)20%　(C)25%　(D)50%。

（　）**14** 依金融機構防制洗錢辦法第十條規定，下列何者應將該客戶直接視為高風險客戶？　(A)客戶或其實質受益人為現任國外政府之重要政治性職務人士　(B)客戶或其高階管理人員為現任國外政府之重要政治性職務人士　(C)客戶或其實質受益人為現任國內政府或國際組織之重要政治性職務人士　(D)客戶或其高階管理人員為現任國內政府之重要政治性職務人士。

（　）**15** 銀行業之國外分公司（或子公司），當總公司（或母公司）與分公司（或子公司）所在地之防制洗錢及打擊資恐措施最低要求不同時，分公司（或子公司）應如何因應？　(A)就兩地選擇較高之防制洗錢及打擊資恐標準作為遵循依據　(B)應遵循總公司（或母公司）之防制洗錢及打擊資恐標準　(C)應遵循分公司（或子公司）所在地之防制洗錢及打擊資恐標準　(D)就兩地選擇折衷之防制洗錢及打擊資恐標準作為遵循依據。

（　）**16** 有關銀行業國內外營業單位之防制洗錢及打擊資恐督導主管，下列敘述何者錯誤？　(A)應指派資深管理人員擔任督導主管　(B)負責督導所屬營業單位執行防制洗錢及打擊資恐相關事宜　(C)負責督導所屬營業單位辦理自行查核之情形　(D)負責執行所屬營業單位防制洗錢及打擊資恐相關事宜。

（　）**17** 有關銀行定期全面性之洗錢及資恐風險評估作業，應依據之指標，不包括下列何者？　(A)客戶滿意度調查結果　(B)業務之性質、規模、多元性及複雜度　(C)銀行交易數量與規模　(D)內部稽核與監理機關之檢查結果。

（　）**18** 銀行業國內營業單位督導主管相關資格條件，下列何者正確？(A)參加銀行公會認定機構所舉辦二十四小時以上課程，並經考試及格且取得結業證書者　(B)已符合法令遵循人員資格條件者，視為具備相關資格條件　(C)曾擔任專責之法令遵循或防制洗錢及打擊資恐專責人員一年以上者　(D)取得金管會認定機構舉辦之國內或國際防制洗錢及打擊資恐專業人員證照者。

( ) **19** 有關銀行防制洗錢及打擊資恐注意事項範本第四條規範之確認客戶身分時機,下列何者錯誤? (A)與客戶建立業務關係時 (B)進行臨時性交易辦理達一定金額以上通貨交易時。多筆顯有關聯之通貨交易各筆達一定金額以上時,亦同 (C)發現疑似洗錢或資恐交易時 (D)辦理新臺幣三萬元(含等值外幣)以上之跨境匯款時

( ) **20** 銀行於確認客戶身分時,應利用銀行自行建置之資料庫或外部之資訊來源查詢關注名單,下列確認客戶身分應查詢關注名單之對象何者錯誤? (A)應查詢客戶(客戶本身) (B)應查詢客戶之實質受益人 (C)應查詢客戶之高階管理人員 (D)應查詢客戶之代理人。

( ) **21** 銀行防制洗錢及打擊資恐注意事項範本第九條有關疑似洗錢或資恐交易申報程序,下列何者正確? (A)各單位承辦人員發現異常交易,應立即陳報單位主管 (B)如裁定應行申報,應立即由督導主管填寫申報書 (C)申報書呈經單位主管核定後轉送專責單位 (D)專責單位立即向法務部調查局申報後,簽報專責主管核定。

( ) **22** 依「銀行業及其他經金融監督管理委員會指定之金融機構防制洗錢及打擊資恐內部控制與稽核制度實施辦法」第八條規定,銀行業應由誰督導各單位審慎評估及檢討防制洗錢及打擊資恐內部控制制度執行情形? (A)董事長 (B)總經理 (C)總稽核 (D)防制洗錢及打擊資恐專責主管。

( ) **23** 確認客戶身分,有下列情形者,應予以婉拒建立業務關係或交易,惟何者敘述錯誤? (A)疑似使用匿名、假名、人頭、虛設行號或虛設法人團體 (B)客戶拒絕提供審核客戶身分措施相關文件,但經可靠、獨立之來源確實查證身分屬實者不在此限 (C)出示之身分證明文件均為影本。但依規定得以身分證明文件影本或影像檔,輔以其他管控措施辦理之業務,不在此限 (D)建立業務關係之對象為洗錢防制法指定制裁之個人、法人或團體,以及外國政府或國際組織認定或追查之恐怖分子或團體。

（　）**24** 就洗錢防制法第四條所稱特定犯罪所得，下列敘述何者錯誤？
(A)特定犯罪所得係指犯洗錢防制法第三條所列之特定犯罪而取得或變得之財物或財產上利益及其孳息　(B)犯洗錢防制法之罪沒收之犯罪所得為現金或有價證券以外之財物者，得由法務部撥交檢察機關、司法警察機關或其他協助查緝洗錢犯罪之機關作公務上使用　(C)特定犯罪所得之認定，以其所犯特定犯罪經有罪判決為必要　(D)我國與外國政府、機構或國際組織所簽訂之條約或協定或基於互惠原則協助執行沒收犯罪所得或其他追討犯罪所得作為者，法務部得依條約、協定或互惠原則將該沒收財產之全部或一部撥交該外國政府、機構或國際組織，或請求撥交沒收財產之全部或一部款項。

（　）**25** 下列何者非洗錢及資恐風險辨識、評估及管理，應至少涵蓋之面向？　(A)客戶、地域　(B)產品及服務　(C)市場及競爭　(D)交易或支付管道。

（　）**26** 對洗錢及資恐高風險客戶之相關管控措施，下列敘述何者錯誤？
(A)對於高風險客戶，應加強確認客戶身分或持續審查措施　(B)與高風險客戶在建立或新增業務往來關係前，銀行應取得依內部風險考量，所訂核准層級之高階管理人員同意　(C)對高風險客戶應採取合理措施以瞭解客戶財富及資金去處，其中資金去向係指該資金之實質去處　(D)對於來自洗錢或資恐高風險國家或地區之客戶，應採行與其風險相當之強化措施。

（　）**27** 銀行防制洗錢及打擊資恐注意事項範本對於資料保存之有關規範，下列何者錯誤？　(A)銀行應以紙本或電子資料保存與客戶往來及交易之紀錄憑證　(B)對國內外交易之所有必要紀錄之保存應至少保存五年。但法律另有較長保存期間規定者，從其規定　(C)確認客戶程序之紀錄方法，由銀行依本身考量，根據風險基礎方法，選擇各種業務之不同記錄方式　(D)銀行對權責機關依適當授權要求提供交易紀錄及確認客戶身分等相關資訊時，應確保能夠迅速提供。

(　　) **28** 銀行業之洗錢及資恐風險評估，下列何者敘述錯誤？　(A)應建立定期之全面性洗錢及資恐風險評估作業並製作風險評估報告，使管理階層得以適時且有效地瞭解銀行所面對之整體洗錢與資恐風險、決定應建立之機制及發展合宜之抵減措施　(B)銀行進行全面性洗錢及資恐風險評估作業時，建議輔以其他外部來源取得之資訊，如國際防制洗錢組織與他國所發布之防制洗錢及打擊資恐相關報告，及主管機關發布之洗錢及資恐風險資訊　(C)銀行有重大改變，如發生重大事件、管理及營運上有重大發展、或有相關新威脅產生時，應重新進行全面性洗錢及資恐風險評估作業　(D)銀行應於完成或更新風險評估報告時，將風險評估報告送法務部調查局洗錢防制處備查。

(　　) **29** 就銀行防制洗錢及打擊資恐之內部稽核單位職責，下列敘述何者錯誤？　(A)應定期辦理查核，並測試防制洗錢及打擊資恐計畫之有效性及銀行營運、部門與分公司（或子公司）之風險管理品質　(B)內部稽核查核方式應涵蓋獨立性交易測試，包括就銀行評估之高風險產品、客戶及地域，篩選有關之交易，驗證已有效執行防制洗錢及打擊資恐相關規範　(C)發現執行該項管理措施之疏失事項，應定期簽報督導主管陳閱，並提供員工在職訓練之參考　(D)查獲故意隱匿重大違規事項而不予揭露者，應由總行權責單位適當處理。

解答與解析　　答案標示為#者，表官方曾公告更正該題答案。

1 (C)。依金融機構洗錢防制辦法第12條第2款規定：「金融機構對下列資料，應保存至與客戶業務關係結束後或臨時性交易結束後，至少五年。但法律另有較長保存期間規定者，從其規定：(一)確認客戶身分所取得之所有紀錄，如護照、身分證、駕照或類似之官方身分證明文件影本或紀錄。(二)帳戶、電子支付帳戶或卡戶檔案或契約文件檔案。(三)業務往來資訊，包括對複雜、異常交易進行詢問所取得之背景或目的資訊與分析資料。」

2 (A)。依銀行業及其他經金融監督管理委員會指定之金融機構防制洗錢及打擊資恐內部控制與稽核制度實施辦法第6條第6項規定：「銀行業及其他經本會指定之金融機構之董（理）事會對確保建立及維持適當有效之防制洗錢及打擊資恐內部控制負最終責任。」

3 (D)。依銀行業及其他金融監督管理委員會指定之金融機構防制洗錢及打擊資恐內部控制與稽核制度實施辦法第8條第3項規定：「銀行業及

其他經本會指定之金融機構總經理應督導各單位審慎評估及檢討防制洗錢及打擊資恐內部控制制度執行情形，由董（理）事長（主席）、總經理、總稽核（稽核主管）、防制洗錢及打擊資恐專責主管聯名出具防制洗錢及打擊資恐之內部控制制度聲明書（附表），並提報董（理）事會通過，於每會計年度終了後三個月內將該內部控制制度聲明書內容揭露於該機構網站，並於本會指定網站辦理公告申報。」

4 (C)。依銀行業及其他金融監督管理委員會指定之金融機構防制洗錢及打擊資恐內部控制與稽核制度實施辦法第4條規定：「銀行業及其他經本會指定之金融機構於推出新產品或服務或辦理新種業務前，應進行產品之洗錢及資恐風險評估，並建立相應之風險管理措施以降低所辨識之風險。」

5 (C)。依銀行業及其他金融監督管理委員會指定之金融機構防制洗錢及打擊資恐內部控制與稽核制度實施辦法第9條第2項規定：「銀行業及其他經本會指定之金融機構之防制洗錢及打擊資恐專責主管、專責人員及國內營業單位督導主管應於充任後三個月內符合下列資格條件之一，金融機構並應訂定相關控管機制，以確保符合規定：一、曾擔任專責之法令遵循或防制洗錢及打擊資恐專責人員三年以上者。二、參加本會認定機構所舉辦二十四小時以上課程，並經考試及格且取得結業證書者。但已符合法令遵循人員資格條件者，經參加本會認定機構

所舉辦十二小時防制洗錢及打擊資恐之教育訓練後，視為具備本款資格條件。三、取得本會認定機構舉辦之國內或國際防制洗錢及打擊資恐專業人員證照者。」

6 (D)。臨時性交易：係指民眾到非已建立業務關係銀行辦理之交易，包括現金匯款、換鈔、繳費等交易。

7 (D)。(D)依銀行業及其他金融監督管理委員會指定之金融機構防制洗錢及打擊資恐內部控制與稽核制度實施辦法第3條規定：「銀行業及其他經本會指定之金融機構辦理通匯往來銀行業務及其他類似業務，應定有一定政策及程序，內容應包括：一、蒐集足夠之可得公開資訊，以充分瞭解該委託機構之業務性質，並評斷其商譽及管理品質，包括是否遵循防制洗錢及打擊資恐之規範，及是否曾受洗錢及資恐之調查或行政處分。二、評估該委託機構對防制洗錢及打擊資恐具備適當之控管政策及執行效力。三、在與委託機構建立通匯往來關係前，應先取得高階管理人員核准後始得辦理。四、以文件證明各自對防制洗錢及打擊資恐之責任作為。五、當通匯往來銀行業務涉及過渡帳戶時，須確認該委託機構已對可直接使用通匯往來銀行帳戶之客戶，確實執行確認客戶身分等措施，必要時並能依通匯往來銀行之要求提供確認客戶身分之相關資料。六、不得與空殼銀行或與允許空殼銀行使用其帳戶之委託機構建立通匯往來關係。七、對於無法配合銀行業提供上開資訊之委託機構，銀行業及

其他經本會指定之金融機構得對其拒絕開戶、暫停交易、申報疑似洗錢或資恐交易或中止業務關係。八、委託機構為銀行業及其他經本會指定之金融機構本身之國外分公司（或子公司）時，亦適用上開規定。」

8 (D)。(D)依銀行防制洗錢及打擊資恐注意事項範本第4條第14款第11目規定：「銀行懷疑某客戶或交易可能涉及洗錢或資恐，且合理相信執行確認客戶身分程序可能對客戶洩露訊息時，得不執行該等程序，而改以申報疑似洗錢或資恐交易。」

9 (A)。依銀行防制洗錢及打擊資恐注意事項範本第16條第2項規定：「前項專責單位或專責主管掌理下列事務：一、督導洗錢及資恐風險之辨識、評估及監控政策及程序之規劃與執行。二、協調督導全面性洗錢及資恐風險辨識及評估之執行。三、監控與洗錢及資恐有關之風險。四、發展防制洗錢及打擊資恐計畫。五、協調督導防制洗錢及打擊資恐計畫之執行。六、確認防制洗錢及打擊資恐相關法令之遵循，包括所屬金融同業公會所定並經金管會准予備查之相關自律規範。七、督導向法務部調查局進行疑似洗錢及資恐交易申報及資恐防制法指定對象之財物或財產上利益及其所在地之通報事宜。」

10 (B)。依金融機構洗錢防制辦法第2條第2款規定：「一定金額，指新臺幣五十萬元（含等值外幣）。」

11 (D)。依洗錢防制法第3條第1款規定：「本法所稱特定犯罪之一，為

最輕本刑為六月以上有期徒刑以上之刑之罪。」

12 (D)。依洗錢防制法第9條第1項規定：「金融機構及指定之非金融事業或人員對於達一定金額以上之通貨交易，除本法另有規定外，應向法務部調查局申報。」

13 (C)。依金融機構防制洗錢辦法第3條第7款第1目規定：「……所稱具控制權係指直接、間接持有該法人股份或資本超過百分之二十五者。」

14 (A)。依金融機構防制洗錢辦法第10條第1項第1款規定：「客戶或其實質受益人若為現任國外政府之重要政治性職務人士，應將該客戶直接視為高風險客戶，並採取第6條第1項第1款各目之強化確認客戶身分措施。」

15 (A)。依銀行防制洗錢及打擊資恐注意事項範本第2條第5項規定：「銀行應確保其國外分公司（或子公司），在符合當地法令情形下，實施與總公司（或母公司）一致之防制洗錢及打擊資恐措施。當總公司（或母公司）與分公司（或子公司）所在地之最低要求不同時，分公司（或子公司）應就兩地選擇較高標準者作為遵循依據，惟就標準高低之認定有疑義時，以銀行總公司（或母公司）所在地之主管機關之認定為依據；倘因外國法規禁止，致無法採行與總公司（或母公司）相同標準時，應採取合宜之額外措施，以管理洗錢及資恐風險，並向金管會申報。」

16 (D)。(D)依銀行防制洗錢及打擊資

恐注意事項範本第17條第1項規定：「銀行國內外營業單位應指派資深管理人員擔任督導主管，負責督導所屬營業單位執行防制洗錢及打擊資恐相關事宜，及辦理自行查核之情形。」

17 (A)。依銀行評估洗錢及資恐風險及訂定相關防制計畫指引第8條第2項規定：「銀行應依據下列指標，建立定期且全面性之洗錢及資恐風險評估作業：(一)業務之性質、規模、多元性及複雜度。(二)目標市場。(三)銀行交易數量與規模：考量銀行一般交易活動與其客戶之特性等。(四)高風險相關之管理數據與報告：如高風險客戶之數目與比例；高風險產品、服務或交易之金額、數量或比例；客戶之國籍、註冊地或營業地、或交易涉及高風險地域之金額或比例等。(五)業務與產品，包含提供業務與產品予客戶之管道及方式、執行客戶審查措施之方式，如資訊系統使用的程度以及是否委託第三人執行審查等。(六)內部稽核與監理機關之檢查結果。」

18 (D)。依銀行防制洗錢及打擊資恐注意事項範本第18條第2項、第3項規定：「銀行之防制洗錢及打擊資恐專責主管、專責人員及國內營業單位督導主管應於充任後三個月內符合下列資格條件之一，銀行並應訂定相關控管機制，以確保符合規定：一、曾擔任專責之法令遵循或防制洗錢及打擊資恐專責人員三年以上者。二、參加金管會認定機構所舉辦二十四小時以上課程，並經考試及格且取得結業證書者。但已

符合法令遵循人員資格條件者，經參加金管會認定機構所舉辦十二小時防制洗錢及打擊資恐之教育訓練後，視為具備本款資格條件。三、取得金管會認定機構舉辦之國內或國際防制洗錢及打擊資恐專業人員證照者。銀行之防制洗錢及打擊資恐專責主管、專責人員及國內營業單位督導主管，每年應至少參加經第十六條第一項專責主管同意之內部或外部訓練單位所辦十二小時防制洗錢及打擊資恐教育訓練，訓練內容應至少包括新修正法令、洗錢及資恐風險趨勢及態樣。當年度取得金管會認定機構舉辦之國內或國際防制洗錢及打擊資恐專業人員證照者，得抵免當年度之訓練時數。銀行國外營業單位之督導主管與防制洗錢及打擊資恐主管、人員應具備防制洗錢專業及熟知當地相關法令規定，且每年應至少參加由國外主管機關或相關單位舉辦之防制洗錢及打擊資恐教育訓練課程十二小時，如國外主管機關或相關單位未舉辦防制洗錢及打擊資恐教育訓練課程，得參加經第十六條第一項專責主管同意之內部或外部訓練單位所辦課程。」

19 (B)。依銀行防制洗錢及打擊資恐注意事項範本第4條第2款第2目規定：「辦理達一定金額以上交易（含國內匯款）時。多筆顯有關聯之交易合計達一定金額以上時，亦同。」

20 (D)。依銀行防制洗錢及打擊資恐注意事項範本第4條第3款第2目規定：「對於由代理人建立業務關係或交易者，應確實查證代理之事實，並

依前目方式辨識及驗證代理人身分，並保存該身分證明文件影本或予以記錄。除此之外，代理人因非直接與金融機構往來，其身分應非查詢關注之對象。」

21 (C)。(A)各單位承辦人員發現異常交易，應立即陳報督導主管。(B)督導主管應儘速裁決是否確屬應行申報事項。如裁定應行申報，應立即交由原承辦人員填寫申報書。(D)由專責單位簽報專責主管核定後，立即向法務部調查局申報。

22 (B)。依銀行業及其他經金融監督管理委員會指定之金融機構防制洗錢及打擊資恐內部控制與稽核制度實施辦法第8條第1項規定：「銀行業及其他經本會指定之金融機構國內外營業單位應指派資深管理人員擔任督導主管，負責督導所屬營業單位執行防制洗錢及打擊資恐相關事宜，及辦理自行查核之情形。」

23 (D)。(D)依銀行防制洗錢及打擊資恐注意事項範本第4條第1款第8目規定：「建立業務關係之對象為資恐防制法指定制裁之個人、法人或團體，以及外國政府或國際組織認定或追查之恐怖分子或團體。但依資恐防制法第六條第一項第一款至第三款所為支付不在此限。」

24 (C)。(C)依洗錢防制法第4條第2項規定：「前項特定犯罪所得之認

定，不以其所犯特定犯罪經有罪判決為必要。」

25 (C)。依銀行評估洗錢及資恐風險及訂定相關防制計畫指引第3點第2項規定：「具體的風險評估項目應至少包括地域、客戶、產品及服務、交易或支付管道等面向。」

26 (C)。(C)依銀行防制洗錢及打擊資恐注意事項範本第6條第1項第1款第2目規定：「應採取合理措施以瞭解客戶財富及資金來源。其中資金來源係指產生該資金之實質來源（例如薪資、投資收益、買賣不動產等）。」

27 (C)。依銀行防制洗錢及打擊資恐注意事項範本第15條第2款規定：「確認客戶程序之紀錄方法，由銀行依本身考量，根據全行一致性做法之原則，選擇一種記錄方式。」

28 (D)。(D)依銀行防制洗錢及打擊資恐注意事項範本第2條第2項第4款規定：「於完成或更新風險評估報告時，將風險評估報告送金融監督管理委員會（以下簡稱金管會）備查。」

29 (C)。(C)依銀行防制洗錢及打擊資恐注意事項範本第17條第2項第3款規定：「發現執行該項管理措施之疏失事項，應定期簽報專責主管陳閱，並提供員工在職訓練之參考。」

※本份試題因經驗行員（一般組、外匯組）部份試題與一般行員重複，故整合為一份試題。

(　) **1** 我國洗錢防制法所稱特定犯罪，指最輕本刑多久以上有期徒刑之刑之罪？　(A)六個月以上　(B)一年以上　(C)三年以上　(D)五年以上。

(　) **2** 銀行對於達一定金額以上之通貨交易，除另有規定外，應向下列何者申報？　(A)法務部調查局　(B)金管會銀行局　(C)中央銀行業務局　(D)行政院洗錢防制辦公室。

(　) **3** 資恐防制法第二條所稱之我國資恐防制主管機關為何？　(A)法務部　(B)行政院洗錢防制辦公室　(C)行政院金融監督管理委員會　(D)國家安全局。

(　) **4** 對於「實質受益人」之敘述，下列何者錯誤？　(A)指對客戶具最終所有權或控制權之自然人　(B)包括對法人或法律協議具最終有效控制權之自然人　(C)由他人代理交易之自然人本人　(D)其審查機制應以風險基礎方法決定一人為客戶之實質受益人。

(　) **5** 有關金融機構確認客戶身分措施，下列敘述何者正確？　(A)金融機構得接受客戶以匿名，但不得使用假名建立或維持業務關係　(B)金融機構與客戶建立業務關係時，應確認客戶身分　(C)於進行臨時性交易時，金融機構均毋須確認客戶身分　(D)發現疑似洗錢或資恐交易時，金融機構執行可疑交易申報，毋須確認客戶身分。

(　) **6** 依金融機構防制洗錢辦法規定，所稱具控制權係指直接、間接持有法人股份或資本多少比率？　(A)超過百分之十者　(B)超過百分之十五者　(C)超過百分之二十者　(D)超過百分之二十五者。

(　) **7** 關於辨識實質受益人之敘述，下列何者錯誤？　(A)當客戶為法人、團體時，應辨識具控制權之最終自然人身分　(B)具控制權之自然人係指高階管理人員　(C)金融機構得請客戶提供股東名冊或其他文件協助完成辨識　(D)對具控制權自然人是否為實質受益人有所懷疑時，應辨識有無透過其他方式對客戶行使控制權之自然人。

(　) **8** 有關客戶不適用辨識及驗證實質受益人身分之規定，下列何者錯誤？　(A)我國公營事業機構　(B)我國慈善事業機構　(C)我國公開發行公司或其子公司　(D)於國外掛牌並依掛牌所在地規定，應揭露其主要股東之股票上市、上櫃公司及其子公司。

(　) **9** 金融機構防制洗錢辦法所規定之金融機構以紙本或電子資料保存與客戶往來及交易之紀錄憑證，應至少保存幾年？　(A)3年　(B)5年　(C)7年　(D)20年。

(　) **10** 金融機構對達一定金額以上之通貨交易，應於交易完成後幾個營業日內完成申報？　(A)1個營業日　(B)2個營業日　(C)5個營業日　(D)10個營業日。

(　) **11** 有關我國洗錢防制法之立法精神，下列何者錯誤？　(A)為防制洗錢，打擊犯罪　(B)為健全防制洗錢體系，穩定金融秩序　(C)為促進金流之保密　(D)為強化國際合作。

(　) **12** 對於我國洗錢防制法第五條所稱之金融機構，或適用洗錢防制法關於金融機構之規定，下列何者錯誤？　(A)虛擬通貨平台及交易業務之事業　(B)辦理融資性租賃之事業　(C)證券投資顧問事業　(D)創業投資事業。

(　) **13** 有關洗錢防制法第五條所稱指定之非金融事業或人員，不包含下列何者？　(A)銀樓業　(B)地政士從事與不動產買賣交易有關之行為　(C)記帳士從事與不動產買賣交易有關之行為　(D)不動產經紀業從事與不動產買賣交易有關之行為。

(　) **14** 為防制洗錢及打擊資恐國際合作，主管機關得自行或經法務部調查局通報，對洗錢或資恐高風險國家或地區交易採取之相對措施，下列何者錯誤？　(A)令金融機構強化相關交易之確認客戶身分措施　(B)令指定之非金融事業或人員強化相關交易之確認客戶身分措施　(C)限制或禁止金融機構與洗錢或資恐高風險國家或地區為匯款或其他交易　(D)令金融機構終止與相關交易有關客戶之業務關係。

(　) **15** 有關資恐防制法相關規範，下列何者正確？　(A)指定制裁名單，以該個人、法人或團體在中華民國領域內者為限　(B)指定制裁個人、法人或團體之除名，應經國家安全局決議，並公告之　(C)主管機關依規定指定制裁名單前，應給予該個人、法人或團體陳述意見之機會　(D)為防制國際資恐活動，政府依互惠原則，得與外國政府、機構或國際組織簽訂防制資恐之條約或協定。

(　) **16** 有關金融機構高風險客戶審查的敘述，下列何者錯誤？　(A)金融機構對高風險客戶應加強確認客戶身分或持續審查措施　(B)在建立或新增業務往來關係前，應取得高階管理人員同意　(C)對於高風險客戶應採取合理措施以瞭解客戶財富及資金來源，其中資金來源係指產生該資金之實質來源　(D)對於來自洗錢或資恐高風險國家或地區之客戶，應立即中止業務關係。

解答與解析　答案標示為#者，表官方曾公告更正該題答案。

1 (A)。依洗錢防制法第3條第1款規定：「本法所稱特定犯罪之一，為最輕本刑為六月以上有期徒刑以上之刑之罪。」

2 (A)。依洗錢防制法第9條第1項規定：「金融機構及指定之非金融事業或人員對於達一定金額以上之通貨交易，除本法另有規定外，應向法務部調查局申報。」

3 (A)。依資恐防制法第2條規定：「本法之主管機關為法務部。」

4 (D)。(D)關於實質受益人的審查機制，規範於金融機構防制洗錢辦法第3條第7款第1目、第2目：「第4款第3目規定於客戶為法人、團體或信託之受託人時，應瞭解客戶或信託之所有權及控制權結構，並透過下列資訊，辨識客戶之實質受益人，及採取合理措施驗證：(一)客戶為法人、團體時：1.具控制權之最終自

然人身分。所稱具控制權係指直接、間接持有該法人股份或資本超過百分之二十五者，金融機構得請客戶提供股東名冊或其他文件協助完成辨識。2.依前小目規定未發現具控制權之自然人，或對具控制權自然人是否為實質受益人有所懷疑時，應辨識有無透過其他方式對客戶行使控制權之自然人。3.依前二小目規定均未發現具控制權之自然人時，金融機構應辨識高階管理人員之身分。(二)客戶為信託之受託人時：應確認委託人、受託人、信託監察人、信託受益人及其他可有效控制該信託帳戶之人，或與上述人員具相當或類似職務者之身分。……」

5 (B)。(A)依銀行防制洗錢及打擊資恐注意事項範本第4條第1款第1目規定：「疑似使用匿名、假名、人頭、虛設行號或虛設法人團體者，銀行應予以婉拒建立業務關係或交

易。」(C)依銀行防制洗錢及打擊資恐注意事項範本第14條第1項第2款第3目規定：「交易如係屬臨時性交易者，應依第四條第三款規定確認客戶身分。」(D)依銀行防制洗錢及打擊資恐注意事項範本第4條第1款第3目規定：「發現疑似洗錢或資恐交易時，仍需確認客戶身分。」

6 (D)。依金融機構防制洗錢辦法第3條第7款第1目規定：「所稱具控制權係指直接、間接持有該法人股份或資本超過百分之二十五者。」

7 (B)。(B)依金融機構防制洗錢辦法第3條第7款第1目規定：「七、第4款第3目規定於客戶為法人、團體或信託之受託人時，應瞭解客戶或信託之所有權及控制權結構，並透過下列資訊，辨識客戶之實質受益人，及採取合理措施驗證：(一)客戶為法人、團體時：1.具控制權之最終自然人身分。所稱具控制權係指直接、間接持有該法人股份或資本超過百分之二十五者，金融機構得請客戶提供股東名冊或其他文件協助完成辨識。2.依前小目規定未發現具控制權之自然人，或對具控制權自然人是否為實質受益人有所懷疑時，應辨識有無透過其他方式對客戶行使控制權之自然人。3.依前二小目規定均未發現具控制權之自然人時，金融機構應辨識高階管理人員之身分。」

8 (B)。(B)依金融機構防制洗錢辦法第3條第7款第3目規定：「……(三)客戶或具控制權者為下列身分者，除第6條第1項第3款但書情形或已發行無記名股票情形者外，不適用

第4款第3目辨識及驗證實質受益人身分之規定。1.我國政府機關。2.我國公營事業機構。3.外國政府機關。4.我國公開發行公司或其子公司。5.於國外掛牌並依掛牌所在地規定，應揭露其主要股東之股票上市、上櫃公司及其子公司。6.受我國監理之金融機構及其管理之投資工具。7.設立於我國境外，且所受監理規範與防制洗錢金融行動工作組織（FATF）所定防制洗錢及打擊資恐標準一致之金融機構，及該金融機構管理之投資工具。8.我國政府機關管理之基金。9.員工持股信託、員工福利儲蓄信託。」

9 (B)。依金融機構防制洗錢辦法第12條第1款、第2款規定：「金融機構應以紙本或電子資料保存與客戶往來及交易之紀錄憑證，並依下列規定辦理：一、金融機構對國內外交易之所有必要紀錄，應至少保存五年。但法律另有較長保存期間規定者，從其規定。二、金融機構對下列資料，應保存至與客戶業務關係結束後或臨時性交易結束後，至少五年。但法律另有較長保存期間規定者，從其規定：(一)確認客戶身分所取得之所有紀錄，如護照、身分證、駕照或類似之官方身分證明文件影本或紀錄。(二)帳戶、電子支付帳戶或卡戶檔案或契約文件檔案。(三)業務往來資訊，包括對複雜、異常交易進行詢問所取得之背景或目的資訊與分析資料。」

10 (C)。依金融機構防制洗錢辦法第13條第3款規定：「除第14條規定之情形外，應依法務部調查局（以下簡稱調查局）所定之申報格式，於交

易完成後五個營業日內以媒體申報
方式，向調查局申報。無法以媒體
方式申報而有正當理由者，得報經
調查局同意後，以書面申報之。」

11 (C)。依洗錢防制法第1條規定：
「為防制洗錢，打擊犯罪，健全防
制洗錢體系，穩定金融秩序，促進
金流之透明，強化國際合作，特制
定本法。」

12 (D)。依洗錢防制法第5條第1項規
定：「本法所稱金融機構，包括下
列機構：一、銀行。二、信託投資
公司。三、信用合作社。四、農會
信用部。五、漁會信用部。六、全
國農業金庫。七、辦理儲金匯兌、
簡易人壽保險業務之郵政機構。
八、票券金融公司。九、信用卡公
司。十、保險公司。十一、證券
商。十二、證券投資信託事業。
十三、證券金融事業。十四、證券
投資顧問事業。十五、證券集中保
管事業。十六、期貨商。十七、信
託業。十八、其他經目的事業主管
機關指定之金融機構。同條第2項規
定：辦理融資性租賃、虛擬通貨平
台及交易業務之事業，適用本法關
於金融機構之規定。」上開項目當
中，均不包含「創業投資公司」，
因此本題答案應選(D)。

13 (C)。依洗錢防制法第5條第3項規
定：「本法所稱指定之非金融事業
或人員，指從事下列交易之事業或
人員：一、銀樓業。二、地政士及
不動產經紀業從事與不動產買賣交
易有關之行為。三、律師、公證
人、會計師為客戶準備或進行下列
交易時：(一)買賣不動產。(二)管理

客戶金錢、證券或其他資產。(三)管
理銀行、儲蓄或證券帳戶。(四)有關
提供公司設立、營運或管理之資金
籌劃。(五)法人或法律協議之設立、
營運或管理以及買賣事業體。四、
信託及公司服務提供業為客戶準備
或進行下列交易時：(一)關於法人之
籌備或設立事項。(二)擔任或安排他
人擔任公司董事或秘書、合夥之合
夥人或在其他法人組織之類似職
位。(三)提供公司、合夥、信託、其
他法人或協議註冊之辦公室、營業
地址、居住所、通訊或管理地址。
(四)擔任或安排他人擔任信託或其他
類似契約性質之受託人或其他相同
角色。(五)擔任或安排他人擔任實質
持股股東。五、其他業務特性或交
易型態易為洗錢犯罪利用之事業或
從業人員。」

14 (D)。依洗錢防制法第11條第1項規
定：「為配合防制洗錢及打擊資恐
之國際合作，金融目的事業主管機
關及指定之非金融事業或人員之中
央目的事業主管機關得自行或經法
務部調查局通報，對洗錢或資恐高
風險國家或地區，為下列措施：
一、令金融機構、指定之非金融事
業或人員強化相關交易之確認客戶
身分措施。二、限制或禁止金融機
構、指定之非金融事業或人員與洗
錢或資恐高風險國家或地區為匯款
或其他交易。三、採取其他與風險
相當且有效之必要防制措施。」

15 (D)。(A)依資恐防制法第4條第2項
規定：「前項指定之制裁名單，不
以該個人、法人或團體在中華民國
領域內者為限。」(B)依資恐防制法

第4條第3項規定：「（同條）第1項指定制裁個人、法人或團體之除名，應經（資恐防制）審議會決議，並公告之。」(C)依資恐防制法第5-1條規定：「主管機關依第4條第1項或前條第1項指定制裁名單前，得不給予該個人、法人或團體陳述意見之機會。」

16 (D)。(D)依金融機構洗錢防制辦法第6條第1項第2款規定：「對於來自洗錢或資恐高風險國家或地區之客戶，應採行與其風險相當之強化措施。」

109年 第1次防制洗錢與打擊資恐專業人員測驗（第一場）

第一部份：單選題

( ) **1** 下列何者非資恐防制法之立法目的？ (A)維護國家安全 (B)穩定金融秩序 (C)保障基本人權 (D)強化資恐防制國際合作。

( ) **2** 為確保在主管機關提出要求時可以立即提供，防制洗錢金融行動工作組織（FATF）建議金融機構應將所有國內外的交易紀錄保存幾年？ (A)至少一年 (B)至少三年 (C)至少五年 (D)至少七年。

( ) **3** 有關防制洗錢金融行動工作組織（FATF）頒布40項建議中之第12項建議重要政治性職務人士所揭示應採取之相關風險抵減措施，下列何者非屬之？ (A)在身分特殊性之前提下，避免執行客戶審查程序 (B)運用風險管理機制來判定客戶或實質受益人是否重要政治性職務人士 (C)獲得高階主管批准後，才建立或繼續現有客戶的業務關係 (D)採取合理措施，確認客戶財富與資金來源。

( ) **4** 辦理防制洗錢及打擊資恐之作業，對於確認客戶身分之時機，不包括下列何者？ (A)與客戶建立業務關係時 (B)進行臨時性轉帳超過指定門檻 (C)對於過去取得客戶身分資料之真實性或妥適性有所懷疑時 (D)客戶申請新臺幣一萬元的匯款交易。

( ) **5** 對於洗錢高風險國家應為之措施，下列何者錯誤？ (A)金融目的事業主管機關得令金融機構強化相關交易之確認客戶身分措施 (B)金融機構應向法院聲請凍結高風險地區之交易 (C)金融機構得依風險評估決定採取與風險相當之必要防制措施 (D)主管機關得限制或禁止金融機構與洗錢或資恐高風險國家為匯款。

( ) **6** 依洗錢防制法規定，所稱特定犯罪係指下列何者？ (A)最輕本刑為六月以上有期徒刑以上之刑之罪 (B)最輕本刑為一年以上有期徒刑以上之刑之罪 (C)最輕本刑為三年以上有期徒刑以上之刑之罪 (D)最輕本刑為五年以上有期徒刑以上之刑之罪。

( ) **7** 由於洗錢與資恐防制發展，其範圍日益擴張，態樣也日新月異，以往以「法規為本（rule-based）」已有窮盡，於新版之FATF40項建議揭示之重要規範已轉為： (A)「風險為本原則（risk-based）」 (B)「權力導向（power-based）」 (C)「政治導向（political-based）」 (D)「壓力測試導向（stress test-based）」。

( ) **8** 下列何者不是洗錢防制法中之金融機構？ (A)信託投資公司 (B)證券集中保管事業 (C)銀樓業 (D)保險公司。

( ) **9** 下列何者不屬於重要政治性職務之人的家庭成員？ (A)兄弟姊妹 (B)祖父母 (C)配偶之兄弟姊妹 (D)相當於配偶之同居伴侶。

( ) **10** 就資恐防制法指定之制裁名單，下列敘述何者錯誤？ (A)需經審議會決議後始得為指定，並應公告 (B)國內名單指定之對象以我國人民為限 (C)經指定之制裁個人，不以在中華民國領域內者為限 (D)經聯合國安全理事會資恐相關決議案所指定之法人，主管機關得依法務部調查局提報指定為制裁名單，並公告之。

( ) **11** 確認客戶身分機制，應以風險基礎方法決定執行強度。請問於高風險情形，應額外採取之強化措施，下列敘述何者錯誤？ (A)對於業務往來關係應採取強化之持續監督 (B)強制透過中介機構或專業人士辦理確認客戶身分程序 (C)在建立或新增業務往來關係前，應取得高階管理人員同意 (D)應採取合理措施以瞭解客戶財富及資金來源。其中資金來源係指產生該資金之實質來源。

( ) **12** 金融機構對可疑交易申報的規定，下列敘述何者正確？ (A)依規定為申報者，免除金融機構業務上應保守秘密之義務 (B)對可疑交易未完成者，無須辦理申報 (C)違反申報可疑交易之金融機構，處新臺幣五十萬元以上五千萬元以下罰鍰 (D)對可疑交易申報義務的踐行，係由金融機構向中央目的事業主管機關辦理申報。

( ) **13** 下列何者達洗錢防制物品出入境申報及通報辦法的申報標準？ (A)相當於2萬美金的港幣 (B)新臺幣5萬現鈔 (C)價值1萬美金的黃金 (D)面額8,000美金的匯票。

(　) **14** 如從洗錢防制與打擊資恐對於金融機構之影響而論，可以歸納出三大重點，但不包括下列何者？　(A)洗錢防制人才之養成　(B)金融機構中介功能更強化　(C)發展我國金融環境新利基　(D)綠色金融行動方案之具體推動。

(　) **15** 銀行業應出具防制洗錢及打擊資恐之內部控制制度聲明書，並於每會計年度終了後幾個月內將該內部控制制度聲明書內容揭露於該銀行網站？　(A)一個月　(B)三個月　(C)四個月　(D)六個月。

(　) **16** 依「銀行業及其他經金融監督管理委員會指定之金融機構防制洗錢及打擊資恐內部控制與稽核制度實施辦法」規定，下列何者對金融機構確保建立及維持適當有效之防制洗錢及打擊資恐內部控制負最終責任？　(A)董（理）事會　(B)審計委員會或監察人　(C)總經理　(D)防制洗錢及打擊資恐專責主管。

(　) **17** 金融機構應定期檢視其辨識客戶及實質受益人身分所取得之資訊是否足夠，並確保該等資訊之更新，特別是下列何種客戶，金融機構應至少每年檢視一次？　(A)低風險客戶　(B)中低風險客戶　(C)中度風險客戶　(D)高風險客戶。

(　) **18** 金融機構之客戶為法人、團體時，對該客戶具控制權之最終自然人身分。所稱具控制權係指直接、間接持有該法人股份或資本超過多少者？　(A)10%　(B)25%　(C)33%　(D)50%。

(　) **19** 下列有關可能判定某個國家具較高的國家／地理風險之因素，下列敘述何者錯誤？　(A)經防制洗錢金融行動工作組織（FATF）認定為防制洗錢及打擊資恐制度有漏洞的國家或地區　(B)便於建立空殼公司或發行無記名股票的國家或地區　(C)接受國際機構或各國政府制裁、禁運或發出關切聲明的國家或地區　(D)客戶隱私權過度保護的國家或地區，原則上並無礙於有效執行防制洗錢及打擊資恐機制。

（　）**20** 有關銀行業之防制洗錢及打擊資恐專責主管、專責人員及國內營業單位督導主管，下列敘述何者錯誤？　(A)應於充任後一年內符合法定資格條件　(B)曾擔任專責之法令遵循或防制洗錢及打擊資恐專責人員三年以上　(C)應參加金管會認定機構所舉辦24小時以上課程，並經考試及格且取得結業證書　(D)應取得金管會認定機構舉辦之國內或國際防制洗錢及打擊資恐專業人員證照。

（　）**21** 下列何者並非評估個別客戶風險時得考量之因素？　(A)個人客戶的任職機構　(B)建立業務關係之目的　(C)法人客戶的資本額　(D)申請往來之產品或服務。

（　）**22** 下列何者應適用強化確認身分措施之規定？　(A)受我國政府委任代操基金之基金經理人為PEP　(B)我國公開發行公司董事長為PEP　(C)我國公營事業總經理為PEP　(D)設立於我國境外且與FATF標準一致的共同基金經理人為PEP。

（　）**23** 證券期貨業總公司與國外分公司所在國關於防制洗錢及打擊資恐措施之最低要求不同時，分公司應以下列何種標準作為遵循依據？　(A)與總公司一致之標準　(B)就兩地選擇較高標準者　(C)依國外分公司所在國所定之標準　(D)依防制洗錢金融行動工作組織（FATF）所定之標準。

（　）**24** 金融業對帳戶及交易監控機制應予以測試，下列何者非測試面向？　(A)內部控制流程　(B)錯誤統計比率　(C)模型驗證　(D)輸入資料與系統欄位正確性。

（　）**25** 下列敘述何者正確？　(A)我國洗錢防制相關法規規定，對於客戶風險評級級數至少應有三級　(B)證券期貨業對於客戶風險可以只分為高風險、一般風險　(C)依前述區分兩級時對於屬一般風險的客戶審查，可以採取簡化措施　(D)客戶如果為申請信用交易額度所需，可以向證券期貨商申請知悉自己的風險評級。

（　）**26** 下列何者屬保險業洗錢常見類型？A.利用跨境業務的不透明性 B.利用不易查知資金來源方式 C.利用繳交大額保險費　(A)僅AB　(B)僅AC　(C)僅BC　(D)ABC。

(　)**27** 依我國保險業防制洗錢及打擊資恐內部控制要點，關於保險公司、辦理簡易人壽保險業務之郵政機構辦理洗錢及資恐風險之辨識、評估及管理，下列敘述何者錯誤？　(A)應製作風險評估報告　(B)應至少涵蓋客戶、地域、產品及服務、交易及通路等面向　(C)應訂定更新風險評估報告之機制，以確保風險資料之更新　(D)應於完成或更新風險評估報告時，將風險評估報告送法務部調查局備查。

(　)**28** 保險業的範圍及業務特性廣泛，有關洗錢風險認知上，下列何者錯誤？　(A)具有高保單價值／現金價值的保險商品，風險較高　(B)保經與保代等保險輔助人因為業務範圍較為單一，並無風險問題　(C)產險業由於多為損失填補型的保險商品，普遍也認為風險較低　(D)產險業應關注保險標的物與持有人／控制人的關係，以及保險犯罪的產生。

(　)**29** 針對OIU客戶身分確認程序，下列何者錯誤？　(A)針對境外法人客戶以註冊地國政府核發的文件為準　(B)法人註冊地國認許的代辦機構簽發的證明文件也可以接受　(C)法人徵提文件中應該包括該法人之章程　(D)徵提文件應包括法人註冊地代理機構6個月內簽發的董事存續證明書。

(　)**30** 法遵部門身為內控第二道防線，在利用保險業內部控制制度以防制洗錢與打擊資恐的主題上，主要可以扮演怎樣的角色？　(A)協助第三道防線人力以進行防制洗錢有效性獨立查核的工作　(B)協助第一道防線人員辨識與評估洗錢及資恐風險，提前做出預警的功能　(C)協助第一線招攬人員完成CDD與EDD的填寫內容　(D)輔助董事會型塑全公司防制洗錢以及打擊資恐的文化。

(　)**31** 電匯（Wire Transfer）具有某些特性或漏洞，易被洗錢者或恐怖分子利用為移轉資金之管道，下列何者不屬之？　(A)可跨境交易　(B)可快速大量匯款　(C)不會留下交易紀錄　(D)得以非面對面方式操作。

( ) **32** 有關保險被當成洗錢工具的特點,下列何者錯誤? (A)保險商品多樣化,有保障型、投資型保單,可以多樣性繳款 (B)利用保險洗錢者皆在多層化階段完成 (C)保險業競爭激烈,許多保險商品隨時隨地可以購買到 (D)保險業結構複雜,許多商品是透過第三方經銷,發行保險單的保險公司對通路無法掌控。

( ) **33** 關於洗錢者利用守門員協助洗錢的情形,下列敘述何者錯誤? (A)越來越多洗錢者向專家尋求協助,替他們管理財務 (B)合法的專業服務,也可能被洗錢者用來協助洗錢 (C)有些洗錢者也會收買知情的專業人士,為他們設計洗錢架構 (D)買賣房地產時代替客戶收付款項不可能被洗錢者用來協助洗錢。

( ) **34** 甲出借其帳戶供跨國詐騙集團收受被害人之款項,對此洗錢手法,下列敘述何者錯誤? (A)跨國詐騙集團利用錢騾(Money Mule)的目的在於利用司法管轄權之障礙 (B)甲提供帳戶並協助移轉不法所得之行為,術語稱為錢騾(Money Mule) (C)錢騾(Money Mule)與一般人頭帳戶之差異在於本身通常有合法的身分掩護不法所得的交易 (D)我國洗錢防制法對於以不正方法取得他人向金融機構開立之帳戶之行為,仍無處罰之規定。

( ) **35** 金融機構追求審慎健全經營的重要基礎,除了認識客戶KYC外,尚包括下列何者? (A)KIC (B)KYE (C)KGB (D)KEY。

( ) **36** 下列何者不是A上市公司(目前股價約8元左右)負責人甲利用子公司出脫母公司股票內線交易案之疑似洗錢表徵? (A)A公司之基層主管乙每月定期定額買進A公司股票1張 (B)甲使用三個以上非本人帳戶分散大額交易,且顯有異常情事者 (C)甲利用A公司員工或特定團體成員集體開立之帳戶大額且頻繁交易 (D)A公司發布決定向法院提出重整聲請案之公開訊息前,子公司等關係人帳戶突然大量賣出A公司股票。

( ) **37** 詐騙集團最常見的洗錢手法為下列何者? (A)打電話假冒檢察官要求匯款 (B)發送銀行釣魚網頁要求輸入帳號密碼 (C)利用人頭帳戶收受款項並以ATM提領現金 (D)以出國觀光名義招募車手。

( ) **38** 下列哪一項情形，銀行從業人員實務上不需要對該交易進行查證？
(A)客戶臨櫃從OBU二戶公司帳上轉匯至國內營業單位個人帳戶，
再迅速全數提領現金　(B)B公司員工持A公司開立支票前往銀行提
現，該張支票之受款人、平行線與禁止背書轉讓均被塗銷　(C)公
司名下之基金及定存被其負責人拿來解約，全數匯入負責人在其他
銀行之帳戶　(D)個人不動產貸款撥入個人帳戶，立即轉匯入建商
名下帳戶。

( ) **39** 金融機構懷疑某客戶或交易可能涉及洗錢或資恐，且合理相信執行
確認客戶身分程序可能對客戶洩漏訊息時，應採下列何項措施？
(A)得不執行確認客戶之程序，而改以申報疑似洗錢或資恐交易
(B)仍需執行確認客戶之程序，以判定是否需申報疑似洗錢或資恐
交易　(C)無需執行確認客戶之程序，亦無需申報疑似洗錢或資恐
交易　(D)待下次客戶再交易時再做確認客戶程序，及評估是否需
申報疑似洗錢或資恐交易。

( ) **40** 「銀行評估洗錢及資恐風險及訂定相關防制計畫指引」指出風險基
礎方法（risk-based approach）之目的與下列何者無直接關係？
(A)協助銀行發展與洗錢及資恐風險相當之防制與抵減措施　(B)以
利銀行確認客戶身分　(C)以利銀行決定其防制洗錢及打擊資恐資
源之配置、建置其內部控制制度　(D)以利銀行訂定和執行防制洗
錢及打擊資恐計畫應有之政策、程序及控管措施。

( ) **41** 銀行辦理存款開戶時，應識別客戶洗錢及資恐風險，請問有關識別
個別客戶風險等級之風險因子，下列敘述何者錯誤？　(A)客戶的
地域風險　(B)客戶職業與行業　(C)申請往來之產品或服務　(D)客
戶財富多寡。

( ) **42** 除法律另有規定外，下列何種法人應辨識其實質受益人？　(A)政府
機構　(B)國營事業　(C)員工持股信託　(D)已發行無記名股票之公
開發行公司。

( ) **43** 金融機構違反洗錢防制法之申報義務者，最高得處罰鍰新臺幣多少
元？　(A)50萬元　(B)100萬元　(C)500萬元　(D)1,000萬元。

( ) **44** FATF公布「銀行業風險基礎方法指引」，供下列何者參考？ A.各國政府 B.銀行業 C.主管機關 D.銀行監理機關 (A)ABCD (B)僅ABC (C)僅BCD (D)僅BD。

( ) **45** 有關客戶審查一般流程，下列敘述何者錯誤？ (A)金融機構應辨識客戶的實質受益人 (B)銀行可向戶政機關驗證身分證之真偽 (C)目前銀行辦理相關業務申辦，通常須徵提雙證件正本辨識 (D)由代理人辦理開戶，如查證代理事實及身分有困難時，應立即報警處理。

( ) **46** 依「金融機構防制洗錢辦法」規定，銀行對於客戶帳戶及交易之持續監控，下列敘述何者錯誤？ (A)應逐步以資訊系統整合全公司客戶之基本資料及交易資料 (B)應依據風險基礎方法，建立帳戶或交易監控政策與程序 (C)監控型態限於同業公會所發布之態樣，各銀行不得增列自行監控態樣 (D)利用資訊系統，輔助發現疑似洗錢或資恐交易。

( ) **47** 有關銀行辦理客戶審查作業之敘述下列何者錯誤？ (A)執行客戶審查之時機可分為「初次審查」及「持續審查」 (B)對於客戶留存的資料真實性有所懷疑時，應辦理客戶審查作業 (C)發現疑似洗錢或資恐交易時，不需辦理客戶審查，應直接向調查局辦理申報作業 (D)應定期檢視其辨識客戶及實質受益人身分所取得之資訊是否足夠，並確保該等資料之更新。

( ) **48** 甲、小美經常匯款到國外達數十萬美金；乙、小王每年從國外匯入款項達數千美金；丙、王董經常從高避稅風險國家匯回款項達數十萬美金，請問上述行為何者符合跨境交易類之疑似洗錢態樣，銀行應進一步進行調查？ (A)僅甲乙 (B)僅乙丙 (C)僅甲丙 (D)甲乙丙。

( ) **49** 「客戶申請往來之產品或服務」，屬於下列何種風險面向之風險因素？ (A)地域風險 (B)客戶風險 (C)產品及服務風險 (D)交易或支付管道風險。

（　）50 證券商應由何人負責督導各單位評估及檢討防制洗錢及打擊資恐內部控制制度執行情形？　(A)總經理　(B)法遵主管　(C)風控主管　(D)稽核主管。

（　）51 對已發行無記名股票之客戶應採取適當措施以確保其實質受益人之更新，下列敘述何者錯誤？　(A)請客戶於畸零股股東身分發生變動時通知證券商　(B)請客戶於具控制權股東身分發生變動時通知證券商　(C)請客戶每次股東會後，應向證券商更新實質受益人資訊　(D)請客戶因其他原因獲悉具控制權股東身分發生變動時，應通知證券商。

（　）52 有關防制洗錢與資恐專責主管的執掌事務中，下列何者錯誤？　(A)監控洗錢與資恐有關風險　(B)協調督導防制洗錢與打擊資恐計畫之執行　(C)如發現有重大違反法令時，應立即向董事會與監察人（或審計委員會）報告　(D)應至少每1年向董事會與監察人（或審計委員會）報告。

（　）53 風險基礎方法下，認識客戶（KYC）程序中，依據客戶風險程度設計與發展不同程度之審查程序，下列關於審查程序之敘述何者錯誤？　(A)針對低風險客戶，進行簡化型客戶審查（SDD）　(B)針對所有客戶，進行標準型客戶審查（SCDD）　(C)針對中風險客戶，進行標準型客戶審查（SCDD）　(D)針對高風險客戶，進行加強型客戶審查（EDD）。

（　）54 對於進行加強保戶審查措施（Enhanced Due Diligence）的敘述，下列何者錯誤？　(A)應採合理措施了解客戶財富及資金來源　(B)對於業務往來應採取強化之持續監督　(C)客戶資金來源係指客戶繳交保費之銀行扣款帳戶　(D)在建立業務往來關係之前，應取得高階管理人員同意。

（　）55 保險業在下列哪一種時機，無須對客戶進行盡職調查？　(A)要保人投保時　(B)大額保費由境外不知名第三人轉帳繳交　(C)客戶從事與投保時職業不符之工作，卻未主動告知　(D)客戶申請透過信用卡自動扣款繳納定期人壽保險續期保費。

(　　) **56** 當理賠某客戶的壽險身故保險金時，發現受益人似乎為制裁名單對象的關聯人，下列敘述何者正確？　(A)給付理賠的身故保險金為保險公司義務，受益人是誰並不重要　(B)不論如何先予以凍結再說　(C)應該先確認制裁名單的來源與效力後，採取可行的管控措施　(D)身故保險金的給付為洗錢與資恐的管控除外範圍，不需要關注。

(　　) **57** 對有效的防制洗錢及打擊資恐系統，通常都具備某些結構性元素，下列哪一項不是結構性元素？　(A)政治穩定性　(B)法律制度建全　(C)司法系統獨立、健全與有效率　(D)銀行服務的親切度。

(　　) **58** 下列何者為重要政治性職務人士之疑似洗錢及資恐之警示訊號？　(A)揭露其財富來源　(B)詢問金融機構的洗錢防制政策　(C)提供金融機構身分證明文件影本　(D)利用公司名義開戶及交易，並聲明其為實質受益人。

(　　) **59** 在判斷客戶是否屬於重要政治性職務人士之時，下列作法何者錯誤？　(A)應判斷該人士能發揮的影響力　(B)應判斷該人士擔任重要政治性職務時之職位高低　(C)應判斷該人士之前職與目前從事的工作有無任何關聯　(D)該人士卸任時間超過一定時限者，立即認定為非重要政治性職務人士。

(　　) **60** 有關防制洗錢金融行動工作組織（FATF）公布之「銀行業風險基礎方法指引」的敘述，下列何者錯誤？　(A)風險基礎方法為各國建立防制洗錢及打擊資恐架構的必要基礎　(B)銀行應辨識、評估及瞭解其所面臨的洗錢及資恐風險　(C)銀行應採取與風險相對應的防制洗錢及打擊資恐措施，以有效降低風險　(D)銀行辨識、評估及瞭解其洗錢及資恐風險只須涵蓋交易或支付管道面向。

第二部份：複選題

(　　) **61** 為配合防制洗錢及打擊資恐之國際合作，金融目的事業主管機關得自行或經法務部調查局通報，對洗錢或資恐高風險國家或地區，為

相關措施，下列何者正確？　(A)令金融機構強化相關交易之確認客戶身分措施　(B)限制或禁止金融機構與洗錢或資恐高風險國家或地區為匯款或其他交易　(C)限縮外資銀行進入台灣營業項目(D)鼓勵金融機構跨境設分行。

(　　) **62** 依洗錢防制法第6條第1項規定，金融機構應訂定防制洗錢注意事項，報請中央目的事業主管機關備查，請問其內容應包括下列哪些事項？　(A)定期舉辦或參加防制洗錢之在職訓練　(B)防制洗錢及打擊資恐之作業及控制程序　(C)執行洗錢犯罪行為之追訴並擴大沒收違法行為所得　(D)指派專責人員負責協調監督防制洗錢注意事項之執行。

(　　) **63** 對於客戶審查義務之規範，下列何者為洗錢防制法所揭示之重要原則？　(A)客戶審查義務應採用規則基礎原則全面性進行　(B)確認客戶身分程序所得資料，應自業務關係終止時起至少保存一年(C)客戶為法人時，確認客戶身分程序應包括實質受益人（Beneficial Owner）之審查　(D)針對重要政治性職務人士（Politically Exposed Persons, PEPs）與其家庭成員及有密切關係之人，應以風險為基礎，執行加強客戶審查程序。

(　　) **64** 資恐防制法第5條第1項規定，主管機關依法務部調查局提報或依職權，對於制裁資恐「國外名單」之指定要件，下列敘述何者正確？(A)經美國財政部愛國者法案指定有重大洗錢疑慮之制裁名單(B)經國際貨幣基金組織所公布之境外金融中心的制裁名單　(C)經聯合國安全理事會資恐相關決議案及其後續決議所指定者　(D)聯合國安全理事會依有關防制與阻絕大規模毀滅性武器擴散決議案所指定者。

(　　) **65** 依「銀行防制洗錢及打擊資恐注意事項範本」規定，客戶為法人時，至少應取得下列哪項資訊？　(A)不論任何情形下一定要徵提規範及約束法人之章程　(B)在法人中擔任高階管理人員之姓名、出生日期、國籍及官方辨識號碼　(C)法人註冊登記之辦公地址(D)法人之主要營業處所地址。

(　　) **66** 金融機構於推出哪些產品或服務或業務前，應進行產品之洗錢及資恐風險評估，並建立相應之風險管理措施以降低所辨識之風險？(A)新支付機制　(B)運用新科技於現有之產品　(C)運用新科技於全新之產品　(D)運用新科技於現有之業務。

(　　) **67** 有關金融機構確認客戶身分之規定，下列何者錯誤？　(A)金融機構對客戶身分辨識與驗證程序，在對客戶資訊之真實性或妥適性無懷疑時，仍不得以過去執行與保存資料為依據，應於客戶每次從事交易時，一再辨識及驗證客戶之身分　(B)辦理新臺幣三萬元以上跨境匯款之臨時性交易，應確認客戶身分　(C)金融機構懷疑某客戶或交易可能涉及洗錢或資恐，且合理相信執行確認客戶身分程序可能對客戶洩露訊息時，應於執行該等程序後通報金管會　(D)金融機構確認客戶身分措施，應包括瞭解業務關係之目的與性質。

(　　) **68** 有關金融機構洗錢防制之敘述，下列何者正確？　(A)金融機構決定客戶之風險等級後，對不同風險等級之客戶，應依風險基礎方法，採行不同強度之確認客戶身分措施　(B)金融機構就金融同業之客戶透過金融同業間之同業存款帳戶所生之應付款項達一定金額以上之通貨交易，得免向調查局申報　(C)存入公私立學校達一定金額以上之通貨交易，免向調查局申報　(D)一定金額以上之通貨交易是指單筆達新臺幣五萬元以上之現金收付或換鈔交易。

(　　) **69** 證券期貨業防制洗錢及打擊資恐計畫應包括確認客戶身分之政策、程序及控管機制，有關確認客戶身分之相關規定，下列何者正確？(A)確認客戶身分程序應以風險為基礎，並應包括實質受益人之審查　(B)確認客戶身分程序所得資料，應自業務關係終止時起至少保存7年，但法律另有較長保存期間規定者，從其規定　(C)因臨時性交易確認客戶身分所得資料，應自臨時性交易終止時起至少保存5年，但法律另有較長保存期間規定者，從其規定　(D)對現任國外政府重要政治性職務之客戶，應執行加強客戶審查程序。

(　　) **70** 下列哪些特性是屬於保險業容易被利用為洗錢的案件類型？　(A)利用保險契約三方當事人的複雜關係特性　(B)利用繳交大額保費或躉繳保費的特性　(C)利用具高保價金的保單進行保單抵押貸款的方式　(D)利用被保險人可以任意指定第三人為受益人的特性。

（　）**71** 下列何者為金融機構防堵重要政治性職務人士洗錢，須要善盡之基本責任？　(A)注意媒體上有關重要政治性職務人士的負面新聞　(B)留意重要政治性職務人士的交易代理人有無不尋常之處　(C)金融機構切實遵循認識客戶及客戶審查規定，有效執行交易監控　(D)當政權異動時，新的執政者有機會發現前任貪污或其他不法行為，金融機構無須留意媒體報導。

（　）**72** 掏空公司之不法行為人可能利用下列何種工具進行多層化（layering）？　(A)公司員工帳戶　(B)境外離岸公司　(C)國際金融業務帳戶　(D)內部人親友帳戶。

（　）**73** 下列何者為銀行對客戶進行加強客戶審查（Enhanced Due Diligence）之措施？　(A)取得開戶與往來目的之相關資料　(B)取得法人客戶進一步之商業資訊　(C)進行電話訪查以確認客戶之實際營運情形　(D)取得個人客戶財富來源、往來資金來源等資訊。

（　）**74** 銀行對於高風險客戶所採取之強化措施有下列哪些？　(A)一律婉拒交易　(B)取得較高管理階層之核准　(C)增加進行客戶審查之頻率　(D)加強客戶審查（EDD）。

（　）**75** 有關銀行業風險基礎方法指引，下列敘述何者錯誤？　(A)全文分銀行指引、監理機關指引及FATF應用方法防制洗錢等三部份　(B)國家風險評估第一步驟為自行評估了解該國的風險及環境　(C)應分別就其提供之就各項商品及服務分別帶來的洗錢及資恐的風險評估　(D)高層黨職人員非屬國內重要政治性職務人員。

（　）**76** 證券期貨業對於經洗錢及資恐風險評估辨識為高風險或具特定高風險因子之客戶，應以加強方式執行驗證，下列敘述何者正確？　(A)取得客戶本人、法人或團體之有權人簽署回函或辦理電話訪查　(B)取得個人財富及資金來源資訊之佐證資料　(C)取得法人、團體或信託受託人資金來源及去向之佐證資料　(D)郵寄函查。

（　）**77** 假設外國人A至貴公司開戶從事股票交易，經完成客戶盡職調查後，有關貴公司之處置，下列何者正確？　(A)A提供之文件可疑，無法辨認或查證，應婉拒開戶　(B)A為反資恐制裁名單或反洗錢組織認定外國恐怖分子或團體，應直接視為高風險客戶後，同意其開戶

(C)A為外國現任重要政治性職務人士，屬高風險客戶，應婉拒其開戶　(D)A為外國現任重要政治性職務人士，應直接視其為高風險客戶。

(　) **78** 保險業的疑似洗錢交易申報過程，通常會歷經哪三個階段？　(A)觸發警示　(B)告知客戶　(C)合理性調查　(D)申報或結案。

(　) **79** 下列哪些屬於協助保險業業者判斷是否為疑似洗錢或資恐交易的小技巧？　(A)當要保人為境外的個人或法人時即屬於洗錢　(B)要保人因為婚姻狀況改變而欲改變受益人　(C)當支付保險費的金額來自非要保人或保險關聯人，且無法理解為何由此支付保費時　(D)指定的保險金付款方式、對象等與常理不符，且未具有令人信服的理由。

(　) **80** 對於利用商業資料庫來判定客戶是否擔任重要政治性職務之人，下列何者正確？　(A)可用來取代傳統的客戶審查流程　(B)是判斷客戶是否擔任重要政治性職務之人的唯一判斷標準　(C)商業資料庫的資訊搜尋程式，未必符合個別買家之標準　(D)商業資料庫的資訊通常來自於公開媒體報導，未必完整可靠。

解答與解析　答案標示為#者，表官方曾公告更正該題答案。

第一部份：單選題

1 (B)。資恐防制法第1條規定：「為防止並遏止對恐怖活動、組織、分子之資助行為（以下簡稱資恐），維護國家安全，保障基本人權，強化資恐防制國際合作，特制定本法。」

2 (C)。金融機構防制洗錢辦法第 12 條第1款規定：「金融機構應以紙本或電子資料保存與客戶往來及交易之紀錄憑證，並依下列規定辦理：一、金融機構對國內外交易之所有必要紀錄，應至少保存五年。但法律另有較長保存期間規定者，從其規定。」

3 (A)。洗錢防制法第7條第3項增訂對於重要政治性職務之人應以風險為基礎，執行加強客戶審查程序之規定。此項條文係參照國際防制洗錢金融行動工作組織（Financial Action Task Force，簡稱FATF）所頒布之洗錢防制及打擊資恐國際規範（即FATF40項建議之第12項建議）而來。（引自調查局洗錢防制處〈有關「重要政治性職務之人與其家庭成員及有密切關係之人範圍認定標準」問答集〉）洗錢防制法第7條第3項規定：「金融機構及指定之非金

融事業或人員對現任或曾任國內外政府或國際組織重要政治性職務之客戶或受益人與其家庭成員及有密切關係之人，應以風險為基礎，執行加強客戶審查程序。」

4 (D)。金融機構防制洗錢辦法第3條第2款規定：「……二、金融機構於下列情形時，應確認客戶身分：(一)與客戶建立業務關係時。(二)進行下列臨時性交易：1.辦理一定金額以上交易（含國內匯款）或一定數量以上儲值卡交易時。多筆顯有關聯之交易合計達一定金額以上時，亦同。2.辦理新臺幣三萬元（含等值外幣）以上之跨境匯款時。(三)發現疑似洗錢或資恐交易時。(四)對於過去所取得客戶身分資料之真實性或妥適性有所懷疑時。」

5 (B)。洗錢防制法第11條第1項規定：「為配合防制洗錢及打擊資恐之國際合作，金融目的事業主管機關及指定之非金融事業或人員之中央目的事業主管機關得自行或經法務部調查局通報，對洗錢或資恐高風險國家或地區，為下列措施：一、令金融機構、指定之非金融事業或人員強化相關交易之確認客戶身分措施。二、限制或禁止金融機構、指定之非金融事業或人員與洗錢或資恐高風險國家或地區為匯款或其他交易。三、採取其他與風險相當且有效之必要防制措施。」

6 (A)。根據洗錢防制法第3條第1款規定，該法所稱特定犯罪，為最輕本刑為六月以上有期徒刑以上之刑之罪。

7 (A)。防制洗錢金融行動工作組織（FATF）於101年2月第23屆第2次會員大會修正通過並頒布新修訂四十項「打擊洗錢及資助恐怖分子與武器擴散之國際標準」。其在第一項建議即要求各國應用風險基礎方法（Risk-based Approach, RBA），亦即權責機關應評估其所面臨之洗錢／資恐風險，並針對風險之程度採取相對應之反制措施，且認為一國的洗錢／資恐風險若能被充分及正確的辨識、評估及瞭解，即能將有限的防制洗錢／打擊資恐資源作最有效之運用。（引自法務部調查局一〇一洗錢防制工作年報）

8 (C)。洗錢防制法第5條第1項規定：「本法所稱金融機構，包括下列機構：一、銀行。二、信託投資公司。三、信用合作社。四、農會信用部。五、漁會信用部。六、全國農業金庫。七、辦理儲金匯兌、簡易人壽保險業務之郵政機構。八、票券金融公司。九、信用卡公司。十、保險公司。十一、證券商。十二、證券投資信託事業。十三、證券金融事業。十四、證券投資顧問事業。十五、證券集中保管事業。十六、期貨商。十七、信託業。十八、其他經目的事業主管機關指定之金融機構。」

9 (B)。法務部於一百零六年訂定發布之「重要政治性職務之人與其家庭成員及有密切關係之人範圍認定標準」第6條規定：「本法第七條第三項所稱重要政治性職務之人，其家庭成員範圍如下：一、一親等直系血親或姻親。二、兄弟姊妹。三、配偶及其兄弟姊妹。四、相當於配偶之同居伴侶。」

10 (B)。資恐防制法第4條規定：「主管機關依法務部調查局提報或依職權，認個人、法人或團體有下列情事之一者，經審議會決議後，得指定為制裁名單，並公告之：一、涉嫌犯第八條第一項各款所列之罪，以引起不特定人死亡或重傷，而達恐嚇公眾或脅迫政府、外國政府、機構或國際組織目的之行為或計畫。二、依資恐防制之國際條約或協定要求，或執行國際合作或聯合國相關決議而有必要。前項指定之制裁名單，不以該個人、法人或團體在中華民國領域內者為限。第一項指定制裁個人、法人或團體之除名，應經審議會決議，並公告之。」

11 (B)。金融機構防制洗錢辦法第6條規定：「第三條第四款與前條規定之確認客戶身分措施及持續審查機制，應以風險基礎方法決定其執行強度，包括：一、對於高風險情形，應加強確認客戶身分或持續審查措施，其中至少應額外採取下列強化措施：(一)在建立或新增業務往來關係前，應取得高階管理人員同意。(二)應採取合理措施以瞭解客戶財富及資金來源。其中資金來源係指產生該資金之實質來源。(三)對於業務往來關係應採取強化之持續監督。」

12 (A)。洗錢防制法第10條規定：「金融機構及指定之非金融事業或人員對疑似犯第十四條、第十五條之罪之交易，應向法務部調查局申報；其交易未完成者，亦同。金融機構及指定之非金融事業或人員依前項規定為申報者，免除其業務上應保守秘密之義務。該機構或事業之負責人、董事、經理人及職員，亦同。第一項之申報範圍、方式、程序及其他應遵行事項之辦法，由中央目的事業主管機關會商法務部及相關機關定之；於訂定前應徵詢相關公會之意見。前項、第六條第三項、第七條第四項、第八條第三項及前條第三項之辦法，其事務涉司法院者，由司法院會商行政院定之。違反第一項規定或第三項所定辦法中有關申報之範圍、方式、程序之規定者，由中央目的事業主管機關處金融機構新臺幣五十萬元以上一千萬元以下罰鍰；處指定之非金融事業或人員新臺幣五萬元以上一百萬元以下罰鍰。」

13 (A)。洗錢防制物品出入境申報及通報辦法第3條規定：「旅客或隨交通工具服務之人員出入境，同一人於同日單一航（班）次攜帶下列物品，應依第四條規定向海關申報；海關受理申報後，應依第五條規定向法務部調查局通報：一、總價值逾等值一萬美元之外幣、香港或澳門發行之貨幣現鈔。二、總價值逾新臺幣十萬元之新臺幣現鈔。三、總面額逾等值一萬美元之有價證券。四、總價值逾等值二萬美元之黃金。五、總價值逾等值新臺幣五十萬元，且有被利用進行洗錢之虞之物品。」

14 (D)。「綠色金融行動方案」其具體推動內容包括授信、投資、資本市場籌資、人才培育、促進綠色金融商品或服務深化發展、資訊揭露、推廣綠色永續理念等7個面向，與洗錢防制及打擊資恐等較無關聯。

15 (B)。依金管會「銀行業及其他經金融監督管理委員會指定之金融機構防制洗錢及打擊資恐內部控制與稽核制度實施辦法」第3項規定：「銀行業及其他經本會指定之金融機構總經理應督導各單位審慎評估及檢討防制洗錢及打擊資恐內部控制制度執行情形，由董（理）事長（主席）、總經理、總稽核（稽核主管）、防制洗錢及打擊資恐專責主管聯名出具防制洗錢及打擊資恐之內部控制制度聲明書（附表），並提報董（理）事會通過，於每會計年度終了後三個月內將該內部控制制度聲明書內容揭露於該機構網站，並於本會指定網站辦理公告申報。」

16 (A)。「銀行業及其他經金融監督管理委員會指定之金融機構防制洗錢及打擊資恐內部控制與稽核制度實施辦法」第6條第6項規定：「銀行業及其他經本會指定之金融機構之董（理）事會對確保建立及維持適當有效之防制洗錢及打擊資恐內部控制負最終責任。董（理）事會及高階管理人員應瞭解其洗錢及資恐風險，及防制洗錢及打擊資恐計畫之運作，並採取措施以塑造重視防制洗錢及打擊資恐之文化。」

17 (D)。金融機構防制洗錢辦法第5條第3款規定：「……三、金融機構應定期檢視其辦識客戶及實質受益人身分所取得之資訊是否足夠，並確保該等資訊之更新，特別是高風險客戶，金融機構應至少每年檢視一次。」

18 (B)。金融機構防制洗錢辦法第3條第7款第1目規定：「……七、第四款第三目規定於客戶為法人、團體或信託之受託人時，應瞭解客戶或信託之所有權及控制權結構，並透過下列資訊，辦識客戶之實質受益人，及採取合理措施驗證：(一)客戶為法人、團體時：1.具控制權之最終自然人身分。所稱具控制權係指直接、間接持有該法人股份或資本超過百分之二十五者，金融機構得請客戶提供股東名冊或其他文件協助完成辦識。……」

19 (D)。選項(D)正確敘述為「客戶隱私權過度保護的國家或地區，有礙於有效執行防制洗錢及打擊資恐機制」

20 (A)。「銀行業及其他經金融監督管理委員會指定之金融機構防制洗錢及打擊資恐內部控制與稽核制度實施辦法」第9條第2項規定：「銀行業及其他經本會指定之金融機構之防制洗錢及打擊資恐專責主管、專責人員及國內營業單位督導主管應於充任後三個月內符合下列資格條件之一，金融機構並應訂定相關控管機制，以確保符合規定：一、曾擔任專責之法令遵循或防制洗錢及打擊資恐專責人員三年以上者。二、參加本會認定機構所舉辦二十四小時以上課程，並經考試及格且取得結業證書者。但已符合法令遵循人員資格條件者，經參加本會認定機構所舉辦十二小時防制洗錢及打擊資恐之教育訓練後，視為具備本款資格條件。三、取得本會認定機構舉辦之國內或國際防制洗錢及打擊資恐專業人員證照者。」

21 (C)。依金管會「銀行評估洗錢及資恐風險及訂定相關防制計畫指引」規定：(二)客戶風險：1.銀行應綜合考量個別客戶背景、職業與社會經濟活動特性、地域、以及非自然人客戶之組織型態與架構等，以識別該客戶洗錢及資恐風險。2.於識別個別客戶風險並決定其風險等級時，銀行得依據以下風險因素為評估依據：(1)客戶之地域風險：依據銀行所定義之洗錢及資恐風險的區域名單，決定客戶國籍與居住國家的風險評分。(2)客戶職業與行業之洗錢風險：依據銀行所定義之各職業與行業的洗錢風險，決定客戶職業與行業的風險評分。高風險行業如從事密集性現金交易業務、或屬易被運用於持有個人資產之公司或信託等。(3)個人客戶之任職機構。(4)客戶開戶與建立業務關係之管道。(5)首次建立業務關係之往來金額。(6)申請往來之產品或服務。(7)客戶是否有其他高洗錢及資恐風險之表徵，如客戶留存地址與分行相距過遠而無法提出合理說明者、客戶為具隱名股東之公司或可發行無記名股票之公司、法人客戶之股權複雜度，如股權架構是否明顯異常或相對其業務性質過度複雜等。

22 (A)。金融機構防制洗錢辦法第3條第7項規定：「七、第四款第三目規定於客戶為法人、團體或信託之受託人時，應瞭解客戶或信託之所有權及控制權結構，並透過下列資訊，辨識客戶之實質受益人，及採取合理措施驗證：(一)客戶為法人、團體時：1.具控制權之最終自然人身分。所稱具控制權係指直接、間接持有該法人股份或資本超過百分之二十五者，金融機構得請客戶提供股東名冊或其他文件協助完成辨識。2.依前小目規定未發現具控制權之自然人，或對具控制權自然人是否為實質受益人有所懷疑時，應辨識有無透過其他方式對客戶行使控制權之自然人。3.依前二小目規定均未發現具控制權之自然人時，金融機構應辨識高階管理人員之身分。(二)客戶為信託之受託人時：應確認委託人、受託人、信託監察人、信託受益人及其他可有效控制該信託帳戶之人，或與上述人員具相當或類似職務者之身分。(三)客戶或具控制權者為下列身分者，除有第六條第一項第三款但書情形或已發行無記名股票情形者外，不適用第四款第三目辨識及驗證實質受益人身分之規定。1.我國政府機關。2.我國公營事業機構。3.外國政府機關。4.我國公開發行公司或其子公司。5.於國外掛牌並依掛牌所在地規定，應揭露其主要股東之股票上市、上櫃公司及其子公司。6.受我國監理之金融機構及其管理之投資工具。7.設立於我國境外，且所受監理規範與防制洗錢金融行動工作組織（FATF）所定防制洗錢及打擊資恐標準一致之金融機構，及該金融機構管理之投資工具。8.我國政府機關管理之基金。9.員工持股信託、員工福利儲蓄信託。(四)金融機構辦理財產保險、傷害保險、健康保險或不具有保單價值準備金之保險商品，除客戶有第六條第一項第三款但書情形者外，不適用第四款第三目辨識及驗證實質受益人身分之規定。」

23 (B)。「證券期貨業及其他經金融監督管理委員會指定之金融機構防制洗錢及打擊資恐內部控制與稽核制度實施辦法」第4條第5項規定：「證券期貨業及其他經本會指定之金融機構應確保其國外分公司（或子公司），在符合當地法令情形下，實施與總公司（或母公司）一致之防制洗錢及打擊資恐措施。當總公司（或母公司）與分公司（或子公司）所在國之最低要求不同時，分公司（或子公司）應就兩地選擇較高標準者作為遵循依據，惟就標準高低之認定有疑義時，以證券期貨業及其他經本會指定之金融機構總公司（或母公司）所在國之主管機關之認定為依據；倘因外國法規禁止，致無法採行與總公司（或母公司）相同標準時，應採取合宜之額外措施，以管理洗錢及資恐風險，並向本會申報。」

24 (B)。「銀行防制洗錢及打擊資恐注意事項範本」第9條第5款規定：「五、前款機制應予測試，測試面向包括：(一)內部控制流程：檢視帳戶及交易監控機制之相關人員或單位之角色與責任。(二)輸入資料與對應之系統欄位正確及完整。(三)偵測情境邏輯。(四)模型驗證。(五)資料輸出。」

25 (B)。「銀行評估洗錢及資恐風險及訂定相關防制計畫指引」規定：「四、銀行應建立不同之客戶風險等級與分級規則。就客戶之風險等級，至少應有兩級（含）以上之風險級數，即「高風險」與「一般風險」兩種風險等級，作為加強客戶審查措施及持續監控機制執行強度

之依據。若僅採行兩級風險級數之銀行，因「一般風險」等級仍高於本指引第五點與第七點所指之「低風險」等級，故不得對「一般風險」等級之客戶採取簡化措施。銀行不得向客戶或與執行防制洗錢或打擊資恐義務無關者，透露客戶之風險等級資訊。」

26 (D)。保險業洗錢常見態樣：一、利用跨境業務的不透明性。二、利用不易查知資金來源的方式。三、利用繳交大額保險費。四、利用長險短做。五、不合理的保障需求。六、利用各種方式取得退費。

27 (D)。保險公司與辦理簡易人壽保險業務之郵政機構及其他經金融監督管理委員會指定之金融機構防制洗錢及打擊資恐內部控制與稽核制度實施辦法第5條第2項規定：「前項第1款洗錢及資恐風險之辨識、評估及管理，應至少涵蓋客戶、地域、產品及服務、交易及通路等面向，並依下列規定辦理：
一、製作風險評估報告。
二、考量所有風險因素，以決定整體風險等級，及降低風險之適當措施。
三、訂定更新風險評估報告之機制，以確保風險資料之更新。
四、於完成或更新風險評估報告時，將風險評估報告送本會備查。」

28 (B)。(B)保險代理人容易為犯罪者所利用，透過其專業人士之身分，協助購買保險商品進而達到隱匿洗錢之目的。

29 (B)。OIU對境外法人所徵提文件以

註冊地政府認證或核發文件或註冊地政府核定之註冊代理人簽發之證明為原則，不得接受代辦公司自行簽發之證明。

30 (B)。依中華民國人壽保險商業同業公會及中華民國產物保險商業同業公會共同訂定之「保險業內部控制三道防線實務守則」第一章第四條規定：「第二道防線係獨立於第一道防線且非為第三道防線的其他功能及單位，依其特性協助及監督第一道防線辨識及管理風險。第二道防線包含風險管理、法令遵循及其他專職單位，其就各主要風險類別負責保險業整體風險管理政策之訂定、監督整體風險承擔能力及承受風險現況、並向董（理）事會或高階管理階層報告風險控管情形。」且於「保險業內部控制三道防線實務守則」第三章闡明三道防線個別角色與功能，如第八條所示：「第二道防線的功能係在訂定整體政策及建立管理制度，協助及監督第一道防線管理風險與自我評估執行情形。依照不同的功能性質，第二道防線之權責包含協助辨識及衡量風險、定義風險管理角色及責任、提供風險管理架構及定期將風險管理結果呈報高階管理階層。說明如下：一、風險管理單位應依「保險業風險管理實務守則」規範之內容行使其職權。二、法令遵循單位負責法令遵循制度之規劃、管理及執行，訂定法令遵循之評估內容與程序，並督導各單位定期辦理法令遵循自行評估及綜理法令遵循事務。三、其他專職單位，包含但不限於財務控制、人力資源、法務等。」

31 (C)。(C)電匯會留下交易紀錄。

32 (B)。根據FATA分類，洗錢大致可歸為三個階段進行：第一階段：處置（Placement）此階段進行方式為將其不法所得投入金融體系。第二階段：分層化（Layering）洗錢者為掩飾洗錢目的或模糊資金來源，而利用投資工具分散資金。第三個階段：整合（Integration）將非法資金透過買賣行為，變造為合法資產的形式（例如不動產交易），使非法資金重新流入市場。（參考資料：劉金龍（2018）。證券暨期貨月刊，36，16-30。）

33 (D)。與金流相關的行為皆有可能成為洗錢的一環。

34 (D)。洗錢防制法第15條第1項規定：「收受、持有或使用之財物或財產上利益，有下列情形之一，而無合理來源且與收入顯不相當者，處六月以上五年以下有期徒刑，得併科新臺幣五百萬元以下罰金：一、冒名或以假名向金融機構申請開立帳戶。二、以不正方法取得他人向金融機構申請開立之帳戶。三、規避第七條至第十條所定洗錢防制程序。」

35 (B)。KYC=Know Your Customer（認識顧客），KYE=Know Your Employee（認識職員）銀行公會所報「銀行防範理財專員挪用客戶款項相關內控作業原則」已於2019年由金管會備查，其中第四條規定：「銀行任用新進理財專員，應採行盡職調查程序，建立適當機制瞭解員工品性素行、專業知識、信用及財務狀況，落實KYE

（Know your employee）制度之執行；對於現職理財專員，亦應定期或不定期瞭解其信用及財務狀況，預防弊端之發生。」

36 (A)。存款帳戶及其疑似不法或顯屬異常交易管理辦法第4條：「本辦法所稱疑似不法或顯屬異常交易存款帳戶之認定標準及分類如下：一、第一類：(一)屬偽冒開戶者。(二)屬警示帳戶者。(三)屬衍生管制帳戶者。二、第二類：(一)短期間內頻繁申請開立存款帳戶，且無法提出合理說明者。(二)客戶申請之交易功能與其年齡或背景顯不相當者。(三)客戶提供之聯絡資料均無法以合理之方式查證者。(四)存款帳戶經金融機構或民眾通知，疑為犯罪行為人使用者。(五)存款帳戶內常有多筆小額轉出入交易，近似測試行為者。(六)短期間內密集使用銀行之電子服務或設備，與客戶日常交易習慣明顯不符者。(七)存款帳戶久未往來，突有異常交易者。(八)符合銀行防制洗錢注意事項範本所列疑似洗錢表徵之交易者。(九)其他經主管機關或銀行認定為疑似不法或顯屬異常交易之存款帳戶。」選項(B)(C)(D)大量交易之情，顯屬第二類之疑似不法或異常交易行為。

37 (C)。選項(A)(B)(D)屬詐騙手法，僅(C)涉及洗錢。

38 (D)。(A)(C)為常見洗錢態樣，即利用數家銀行帳戶分散或轉移大量資金。(B)支票重要資訊被塗銷，銀行從業人員應保持警惕進行查證之舉。(D)為正常交易行為，故不需查證。

39 (A)。金融機構防制洗錢辦法第3條第11款規定：「金融機構懷疑某客戶或交易可能涉及洗錢或資恐，且合理相信執行確認客戶身分程序可能對客戶洩露訊息時，得不執行該等程序，而改以申報疑似洗錢或資恐交易。」

40 (B)。依「銀行評估洗錢及資恐風險及訂定相關防制計畫指引」規定：風險基礎方法（risk-based approach）旨在：
‧協助發展與洗錢及資恐風險相當之防制與抵減措施。
‧協助指引銀行決定其防制洗錢及打擊資恐資源之配置、建置其內部控制制度。
‧協助銀行訂定和執行防制洗錢及打擊資恐計畫應有之政策、程序及控管措施。

41 (D)。依銀行評估洗錢及資恐風險及訂定相關防制計畫指引規定：「……(二)客戶風險：1.銀行應綜合考量個別客戶背景、職業與社會經濟活動特性、地域、以及非自然人客戶之組織型態與架構等，以識別該客戶洗錢及資恐風險。2.於識別個別客戶風險並決定其風險等級時，銀行得依據以下風險因素為評估依據：(1)客戶之地域風險：依據銀行所定義之洗錢及資恐風險的區域名單，決定客戶國籍與居住國家的風險評分。(2)客戶職業與行業之洗錢風險：依據銀行所定義之各職業與行業的洗錢風險，決定客戶職業與行業的風險評分。高風險行業如從事密集性現金交易業務、或屬易被運用於持有個人資產之公司或

信託等。(3)個人客戶之任職機構。(4)客戶開戶與建立業務關係之管道。(5)首次建立業務關係之往來金額。(6)申請往來之產品或服務。(7)客戶是否有其他高洗錢及資恐風險之表徵，如客戶留存地址與分行相距過遠而無法提出合理說明者、客戶為具隱名股東之公司或可發行無記名股票之公司、法人客戶之股權複雜度，如股權架構是否明顯異常或相對其業務性質過度複雜等。」

42 (D)。金融機構防制洗錢辦法第3條第7款第3目：「(三)客戶或具控制權者為下列身分者，除有第六條第一項第三款但書情形或已發行無記名股票情形者外，不適用第四款第三目辨識及驗證實質受益人身分之規定。1.我國政府機關。2.我國公營事業機構。3.外國政府機關。4.我國公開發行公司或其子公司。5.於國外掛牌並依掛牌所在地規定，應揭露其主要股東之股票上市、上櫃公司及其子公司。6.受我國監理之金融機構及其管理之投資工具。7.設立於我國境外，且所受監理規範與防制洗錢金融行動工作組織（FATF）所定防制洗錢及打擊資恐標準一致之金融機構，及該金融機構管理之投資工具。8.我國政府機關管理之基金。9.員工持股信託、員工福利儲蓄信託。」

43 (D)。洗錢防制法第9條：「金融機構及指定之非金融事業或人員對於達一定金額以上之通貨交易，除本法另有規定外，應向法務部調查局申報。金融機構及指定之非金融事業或人員依前項規定為申報者，免除其業務上應保守秘密之義務。該

機構或事業之負責人、董事、經理人及職員，亦同。第一項一定金額、通貨交易之範圍、種類、申報之範圍、方式、程序及其他應遵行事項之辦法，由中央目的事業主管機關會商法務部及相關機關定之；於訂定前應徵詢相關公會之意見。違反第一項規定或前項所定辦法中有關申報之範圍、方式、程序之規定者，由中央目的事業主管機關處金融機構新臺幣五十萬元以上一千萬元以下罰鍰；處指定之非金融事業或人員新臺幣五萬元以上一百萬元以下罰鍰。」

44 (A)。按銀行業風險基礎方法指引：「5.本指引係針對各國及其權責機關，包括銀行監理機關；本指引亦針對銀行業從業人員。」

45 (D)。金融機構防制洗錢辦法第4條：「金融機構確認客戶身分時，有下列情形之一者，應予以婉拒建立業務關係或交易：一、疑似使用匿名、假名、人頭、虛設行號或虛設法人團體開設帳戶、投保或辦理儲值卡記名作業。二、客戶拒絕提供審核客戶身分措施相關文件。三、對於由代理人辦理開戶、儲值卡記名作業、註冊電子支付帳戶、投保、保險理賠、保險契約變更或交易者，且查證代理之事實及身分資料有困難。四、持用偽、變造身分證明文件。五、出示之身分證明文件均為影本。但依規定得以身分證明文件影本或影像檔，輔以其他管控措施辦理之業務，不在此限。六、提供文件資料可疑、模糊不清，不願提供其他佐證資料或提供之文件資料無法進行查證。七、客

戶不尋常拖延應補充之身分證明文件。八、建立業務關係對象為資恐防制法指定制裁之個人、法人或團體，以及外國政府或國際組織認定或追查之恐怖分子或團體。但依資恐防制法第六條第一項第一款至第三款所為支付不在此限。九、建立業務關係或交易時，有其他異常情形，客戶無法提出合理說明。」因此(D)應更正為婉拒建立業務關係或交易。

46 (C)。金融機構防制洗錢辦法第9條第5款：「五、前款完整之監控型態應依其業務性質，納入各同業公會所發布之態樣，並應參照金融機構本身之洗錢及資恐風險評估或日常交易資訊，增列相關之監控態樣。其中就電子支付帳戶間款項移轉，金融機構監控時應將收受兩端之所有資訊均納入考量，以判定是否申報疑似洗錢或資恐交易。」

47 (C)。金融機構防制洗錢辦法第3條第2款：「二、金融機構於下列情形時，應確認客戶身分：(一)與客戶建立業務關係時。(二)進行下列臨時性交易：1.辦理一定金額以上交易（含國內匯款）或一定數量以上儲值卡交易時。多筆顯有關聯之交易合計達一定金額以上時，亦同。2.辦理新臺幣三萬元（含等值外幣）以上之跨境匯款時。(三)發現疑似洗錢或資恐交易時。(四)對於過去所取得客戶身分資料之真實性或妥適性有所懷疑時。」

48 (C)。乙、小王每年都從國外匯入款項，非突然性匯入高額資金，且未見轉移或提領之情，故不符合常見

洗錢態樣。見「銀行防制洗錢及打擊資恐注意事項範本附錄」中跨境洗錢之態樣：「五、跨境交易類(一)客戶經常提領或移轉款項至國外達特定金額以上者。(二)客戶經常由國外款項存入大筆金額且立即提領現金達特定金額以上者。(三)客戶經常自國外收到達特定金額以上款項後，立即再將該筆款項提領或移轉至同一個國家或地區的另一個人，或移轉至付款方在另一個國家或地區的帳戶者。(四)客戶頻繁而大量將款項從高避稅風險或高金融保密的國家或地區，提領或移轉者。」

49 (B)。銀行評估洗錢及資恐風險及訂定相關防制計畫指引：「(二)客戶風險：1.銀行應綜合考量個別客戶背景、職業與社會經濟活動特性、地域、以及非自然人客戶之組織型態與架構等，以識別該客戶洗錢及資恐風險。2.於識別個別客戶風險並決定其風險等級時，銀行得依據以下風險因素為評估依據：(1)客戶之地域風險：依據銀行所定義之洗錢及資恐風險的區域名單，決定客戶國籍與居住國家的風險評分。(2)客戶職業與行業之洗錢風險：依據銀行所定義之各職業與行業的洗錢風險，決定客戶職業與行業的風險評分。高風險行業如從事密集性現金交易業務、或屬易被運用於持有個人資產之公司或信託等。(3)個人客戶之任職機構。(4)客戶開戶與建立業務關係之管道。(5)首次建立業務關係之往來金額。(6)申請往來之產品或服務。(7)客戶是否有其他高洗錢及資恐風險之表徵，如客戶留存地址與分行相距過遠而無法提出合

理説明者、客戶為具隱名股東之公司或可發行無記名股票之公司、法人客戶之股權複雜度，如股權架構是否明顯異常或相對其業務性質過度複雜等。」

50 (A)。證券期貨業防制洗錢及打擊資恐內部控制要點第7條第7項第3款：「(三)證券期貨業總經理應督導各單位審慎評估及檢討防制洗錢及打擊資恐內部控制制度執行情形，由董事長、總經理、稽核主管、防制洗錢及打擊資恐專責主管聯名出具防制洗錢及打擊資恐之內部控制制度聲明書（附表），並提報董事會通過，於每會計年度終了後三個月內將該內部控制制度聲明書內容揭露於證券期貨業網站，並於本會指定網站辦理公告申報。」

51 (A)。按「中華民國證券投資信託暨顧問商業公會證券投資信託事業證券投資顧問事業防制洗錢及打擊資恐注意事項範本」第4條：「……十二、客戶為法人時，應以檢視公司章程或請客戶出具聲明書之方式，瞭解其是否可發行無記名股票，並對已發行無記名股票之客戶採取下列任一措施之一以確保其實質受益人之更新：(一)請客戶要求具控制權之無記名股票股東，應通知客戶登記身分，並請客戶於具控制權股東身分發生變動時通知本公司。(二)請客戶於每次股東會後，應向本公司更新其實質受益人資訊，並提供持有無記名股票達一定比率以上股東之資料。但客戶因其他原因獲悉具控制權股東身分發生變動時，應即通知本公司。」

52 (D)。「銀行業及其他經金融監督管理委員會指定之金融機構防制洗錢及打擊資恐內部控制與稽核制度實施辦法」第7條第2項及第3項：「前項專責單位或專責主管掌理下列事務：一、督導洗錢及資恐風險之辨識、評估及監控政策及程序之規劃與執行。二、協調督導全面性洗錢及資恐風險辨識及評估之執行。三、監控與洗錢及資恐有關之風險。四、發展防制洗錢及打擊資恐計畫。五、協調督導防制洗錢及打擊資恐計畫之執行。六、確認防制洗錢及打擊資恐相關法令之遵循，包括所屬金融同業公會所定並經本會准予備查之相關範本或自律規範。七、督導向法務部調查局進行疑似洗錢或資恐交易申報及資恐防制法指定對象之財物或財產上利益及其所在地之通報事宜。第一項專責主管應至少每半年向董（理）事會及監察人（監事、監事會）或審計委員會報告，如發現有重大違反法令時，應即時向董（理）事會及監察人（監事、監事會）或審計委員會報告。」

53 (B)。針對一般風險客戶，進行標準型客戶審查（SCDD）。

54 (C)。金融機構防制洗錢辦法第6條第1項：「第三條第四款與前條規定之確認客戶身分措施及持續審查機制，應以風險基礎方法決定其執行強度，包括：一、對於高風險情形，應加強確認客戶身分或持續審查措施，其中至少應額外採取下列強化措施：(一)在建立或新增業務往來關係前，應取得高階管理人員同意。(二)應採取合理措施以瞭解客戶

財富及資金來源。其中資金來源係指產生該資金之實質來源。(三)對於業務往來關係應採取強化之持續監督。」

55 (D)。人壽保險業防制洗錢及打擊資恐注意事項範本第4條第2款：「二、確認客戶身分時機：(一)與客戶建立業務關係時。(二)辦理新臺幣五十萬元（含等值外幣）以上之單筆現金收或付（在會計處理上凡以現金收支傳票記帳皆屬之）時。(三)發現疑似洗錢或資恐交易時。(四)對於過去所取得客戶身分資料之真實性或妥適性有所懷疑時。」選項(D)未符上列條件，屬正常交易行為。

56 (C)。制裁名單相關內容規範於資恐防制法第4條至第7條，尤其第7條第1項規定：「對於依第四條第一項或第五條第一項指定制裁之個人、法人或團體，除前條第一項、第二項所列許可或限制措施外，不得為下列行為：一、對其金融帳戶、通貨或其他支付工具，為提款、匯款、轉帳、付款、交付或轉讓。二、對其所有財物或財產上利益，為移轉、變更、處分、利用或其他足以變動其數量、品質、價值及所在地。三、為其收集或提供財物或財產上利益。」

57 (D)。結構性元素：
・政治穩定性。
・解決防制洗錢／打擊資恐問題的強烈承諾。
・穩定且可靠、誠信而透明的機構。
・健全的法治。
・獨立有效的司法體系。
參考資料：行政院洗錢防制辦公室，（2017），《防制洗錢/打擊資恐相關數據及統計資料》

58 (B)。重要政治性職務人士（PEPs）藉由向金融機構探詢洗錢防制政策走向，以利判斷洗錢手段之可行性，為洗錢之警示訊號。

59 (D)。見金融機構防制洗錢辦法第10條第1項第4款：「金融機構於確認客戶身分時，應運用適當之風險管理機制，確認客戶及其實質受益人、高階管理人員是否為現任或曾任國內外政府或國際組織之重要政治性職務人士：一、客戶或其實質受益人若為現任國外政府之重要政治性職務人士，應將該客戶直接視為高風險客戶，並採取第六條第一項第一款各目之強化確認客戶身分措施。二、客戶或其實質受益人若為現任國內政府或國際組織之重要政治性職務人士，應於與該客戶建立業務關係時，審視其風險，嗣後並應每年重新審視。對於經金融機構認定屬高風險業務關係者，應對該客戶採取第六條第一項第一款各目之強化確認客戶身分措施。三、客戶之高階管理人員若為現任國內外政府或國際組織之重要政治性職務人士，金融機構應考量該高階管理人員對該客戶之影響力，決定是否對該客戶採取第六條第一項第一款各目之強化確認客戶身分措施。四、對於非現任國內外政府或國際組織之重要政治性職務人士，金融機構應考量相關風險因子後評估其影響力，依風險基礎方法認定其是否應適用前三款之規定。五、前四款規定於重要政治性職務人士之家庭成員及有密切關係之人，亦適用

之。前述家庭成員及有密切關係之人之範圍，依本法第七條第四項後段所定辦法之規定認定之。」

60 (D)。銀行評估洗錢及資恐風險應涵蓋其他面向，見中華民國銀行公會「銀行防制洗錢及打擊資恐注意事項範本」第2條第2項：「前項第一款洗錢及資恐風險之辨識、評估及管理，應至少涵蓋客戶、地域、產品及服務、交易或支付管道等面向，並依下列規定辦理：一、製作風險評估報告。二、考量所有風險因素，以決定整體風險等級，及降低風險之適當措施。三、訂定更新風險評估報告之機制，以確保風險資料之更新。四、於完成或更新風險評估報告時，將風險評估報告送金融監督管理委員會（以下簡稱金管會）備查。」

第二部份：複選題

61 (AB)。
洗錢防制法第11條第1項：「為配合防制洗錢及打擊資恐之國際合作，金融目的事業主管機關及指定之非金融事業或人員之中央目的事業主管機關得自行或經法務部調查局通報，對洗錢或資恐高風險國家或地區，為下列措施：一、令金融機構、指定之非金融事業或人員強化相關交易之確認客戶身分措施。二、限制或禁止金融機構、指定之非金融事業或人員與洗錢或資恐高風險國家或地區為匯款或其他交易。三、採取其他與風險相當且有效之必要防制措施。」

62 (ABD)。
洗錢防制法第6條第1項：「金融機構及指定之非金融事業或人員應依洗錢與資恐風險及業務規模，建立洗錢防制內部控制與稽核制度；其內容應包括下列事項：一、防制洗錢及打擊資恐之作業及控制程序。二、定期舉辦或參加防制洗錢之在職訓練。三、指派專責人員負責協調監督第一款事項之執行。四、備置並定期更新防制洗錢及打擊資恐風險評估報告。五、稽核程序。六、其他經中央目的事業主管機關指定之事項。」

63 (CD)。
(A)客戶審查不應以全面性審查為原則，應分別評估判斷其風險程度並進行管控。見「銀行評估洗錢及資恐風險及訂定相關防制計畫指引」：「七、銀行應依據已識別之風險，建立相對應的管控措施，以降低或預防該洗錢風險；銀行應依據客戶的風險程度，決定適用的管控措施。」(B)洗錢防制法第7條第2項：「前項確認客戶身分程序所得資料，應自業務關係終止時起至少保存五年；臨時性交易者，應自臨時性交易終止時起至少保存五年。但法律另有較長保存期間規定者，從其規定。」

64 (CD)。
資恐防制法第5條第1項：「主管機關依法務部調查局提報或依職權，應即指定下列個人、法人或團體為制裁名單，並公告之：一、經聯合

國安全理事會資恐相關決議案及其後續決議所指定者。二、聯合國安全理事會依有關防制與阻絕大規模毀滅性武器擴散決議案所指定者。」

65 (CD)。
「銀行防制洗錢及打擊資恐注意事項範本」第4條第6款：「六、第三款規定於客戶為法人、團體或信託之受託人時，應瞭解客戶或信託（包括類似信託之法律協議）之業務性質，並至少取得客戶或信託之下列資訊，辨識及驗證客戶身分：(一)客戶或信託之名稱、法律形式及存在證明。(二)規範及約束法人、團體或信託之章程或類似之權力文件。但下列情形得不適用：1.第七款第三目所列對象，其無第六條第一項第三款但書情形者。2.團體客戶經確認其未訂定章程或類似之權力文件者。(三)在法人、團體或信託之受託人中擔任高階管理人員（高階管理人員之範圍得包括董事、監事、理事、總經理、財務長、代表人、管理人、合夥人、有權簽章人，或相當於前述高階管理人員之自然人，銀行應運用風險基礎方法決定其範圍）之下列資訊：1.姓名。2.出生日期。3.國籍。(四)官方辨識編號：如統一編號、稅籍編號、註冊號碼。(五)法人、團體或信託之受託人註冊登記之辦公室地址，及其主要之營業處所地址。(六)境外法人、團體或信託之受託人往來目的」

66 (ABCD)。
「銀行防制洗錢及打擊資恐注意事項範本」第12條：「銀行於推出新

產品或服務或辦理新種業務（包括新支付機制、運用新科技於現有或全新之產品或業務）前，應進行產品之洗錢及資恐風險評估，並建立相應之風險管理措施以降低所辦識之風險。」

67 (AC)。
(A)金融機構洗錢防制辦法第5條第4款：「四、金融機構對客戶身分辨識與驗證程序，得以過去執行與保存資料為依據，無須於客戶每次從事交易時，一再辨識及驗證客戶之身分。但金融機構對客戶資訊之真實性或妥適性有所懷疑、發現客戶涉及疑似洗錢或資恐交易、或客戶之交易或帳戶之運作方式出現與該客戶業務特性不符之重大變動時，應依第三條規定對客戶身分再次確認。」(C)金融機構洗錢防制辦法第3條第11款：「十一、金融機構懷疑某客戶或交易可能涉及洗錢或資恐，且合理相信執行確認客戶身分程序可能對客戶洩露訊息時，得不執行該等程序，而改以申報疑似洗錢或資恐交易。」

68 (AC)。
(B)金融機構防制洗錢辦法第14條第3款：「三、金融機構間之交易及資金調度。但金融同業之客戶透過金融同業間之同業存款帳戶所生之應付款項，如兌現同業所開立之支票，同一客戶現金交易達一定金額以上者，仍應依規定辦理。」(D)依金融機構防制洗錢辦法第2條第2款，一定金額之定義為五十萬元。

69 (ACD)。
(B)(C)依金融機構防制洗錢辦法第12

條第1、2款:「金融機構應以紙本或電子資料保存與客戶往來及交易之紀錄憑證,並依下列規定辦理:一、金融機構對國內外交易之所有必要紀錄,應至少保存五年。但法律另有較長保存期間規定者,從其規定。二、金融機構對下列資料,應保存至與客戶業務關係結束後或臨時性交易結束後,至少五年。但法律另有較長保存期間規定者,從其規定。」(D)依金融機構防制洗錢辦法第10條第1款,國外政府重要政治性職務之客戶應視為高風險客戶並加強審查:「金融機構於確認客戶身分時,應運用適當之風險管理機制,確認客戶及其實質受益人、高階管理人員是否為現任或曾任國內外政府或國際組織之重要政治性職務人士:一、客戶或其實質受益人若為現任國外政府之重要政治性職務人士,應將該客戶直接視為高風險客戶,並採取第六條第一項第一款各目之強化確認客戶身分措施。」

70 (ABCD)。
客戶刻意模糊或隱瞞身分資訊、異常交易行為、規避申報、無正當理由更變受益人等,皆為疑似洗錢的前兆。(參考資料:金管會「附錄:疑似洗錢、資恐或資助武擴交易態樣」)

71 (ABC)。
媒體報導也是重要資訊來源,金融機構仍須注意。

72 (ABCD)。
多層化(Layering):此一洗錢程序階段中,洗錢者為掩飾洗錢目的或模糊資金來源,時常利用數個帳戶或不同種類的投資工具以分散資金,跨境帳戶交易更為常見手法。

73 (ABCD)。
依「銀行評估洗錢及資恐風險及訂定相關防制計畫指引」:「……七、銀行應依據已識別之風險,建立相對應的管控措施,以降低或預防該洗錢風險;銀行應依據客戶的風險程度,決定適用的管控措施。對於風險之管控措施,應由銀行依據其風險防制政策及程序,針對高風險客戶與具特定高風險因子之客戶採取不同的管控措施,以有效管理和降低已知風險,舉例說明如下:(一)進行加強客戶審查措施(Enhanced Due Diligence),例如:1.取得開戶與往來目的之相關資料:預期帳戶使用狀況(如預期交易之金額、目的及頻率)。2.取得個人客戶財富來源、往來資金來源及去向、資產種類與數量等資訊。其中資金來源如為存款,應進一步瞭解該存款之來源。3.取得法人、團體或信託之受託人客戶進一步之商業資訊:瞭解客戶最新財務狀況、商業活動與業務往來資訊,以建立其資產、資金來源及資金去向。4.取得將進行或已完成交易之說明與資訊。5.依據客戶型態進行實地或電話訪查,以確認客戶之實際營運情形。」

74 (BCD)。
依「銀行評估洗錢及資恐風險及訂定相關防制計畫指引」,銀行對於高風險客戶所採取之強化措施包含:
· 進行加強客戶審查措施(Enhanced Due Diligence)

．在建立或新增業務往來關係前，應依銀行內部風險考量，所訂核准層級之高階管理人員同意。

．增加進行客戶審查之頻率。

．對於業務往來關係應採取強化之持續監督

75 (BD)。

(B)第一步為另指定「負責協調評估風險行動的機構或機制」(D)高層黨職人員屬國內重要政治性職務人員

76 (ABC)。

按銀行防制洗錢及打擊資恐注意事項範本第四條：「……九、依據銀行洗錢及資恐風險評估相關規範辦識為高風險或具特定高風險 因子之客戶，應以加強方式執行驗證，例如：(一)取得寄往客戶所提供住址之客戶本人/法人或團體之有權人簽署回函或辦理電話訪查。(二)取得個人財富及資金來源資訊之佐證資料。(三)取得法人、團體或信託受託人資金來源及去向之佐證資料，如主 要供應商名單、主要客戶名單等。(四)實地訪查。(五)取得過去銀行往來資訊並照會該銀行。」

77 (AD)。

(B)不應同意其開戶。(C)應直接視其為高風險客戶，並執行加強客戶審查。

78 (ACD)。

產物保險業洗錢防制注意事項範本第9條第2項：「各單位承辦人員發現 常交易，應立即陳報督導主管。二、督導主管應儘速裁決是否確屬應行申報事項。如裁定應行申報，應立即交由原承辦人員填寫申報書（格式請至法務部調查局網站下載）。三、將申報書呈經單位主管核定後轉送專責單位 四、由專責單位簽報專責主管核定後立即向調查局申報，核定後之申報期限不得逾二個營業日。交易未完成者，亦同。五、前揭申報如屬明顯重大緊急案，應以傳真或其他可行方式儘速向法務部調查局申報，並立即補辦書面資料。但經法務部調查局以傳真資料確認回條回傳確認收件者，無需補辦申報書。保險公司並應留存傳真資料確認回條。」

79 (CD)。

(A)(B)屬正常交易行為，較無洗錢之虞。

80 (CD)。

根據法務部〈有關「重要政治性職務之人與其家庭成員及有密切關係之人範圍認定標準」問答集〉：「判斷是不是「重要政治性職務之人」的重點還是在客戶盡職調查程序，包括員工的訓練與充分的資訊，其中最寶貴的判斷資訊，就是客戶本人，因此應善用對於客戶本人之了解方式，而非單純仰賴第三資源。此外，最重要的是要確保客戶資訊即時更新、員工受定期訓練，以及網路及電子媒體資源之使用，例如財產申報系統也是重要資源，或也可以由客戶自行聲明（但客戶聲明不免除金融機構之責任）以及集團內資訊分享來取得相關資訊。至於商業資料庫之使用並非國際規範的強制要求，且使用資料庫本身也不能取代客戶盡職調查之程序，畢竟商業資料庫也有其限制。」

109年 第1次防制洗錢與打擊資恐專業人員測驗（第二場）

第一部份：單選題

( ) 1 金融業在洗錢防制扮演重要角色，下列敘述何者錯誤？ (A)洗錢者必須透過金融機構，才能透進入全球金融體系 (B)金融機構之警示系統功能，已經全面以人工取代自動化，得作更有效率的交易監控 (C)洗錢者唯有透過銀行體系的SWIFT系統，才可以迅速、大量移轉資金到世界各地。因為電匯是最受歡迎的洗錢管道之一 (D)金融機構職員有機會面對面接觸客戶，透過認識客戶及客戶審查，獲取客戶的第一手資料。

( ) 2 下列敘述何者正確？ (A)我國不是亞太防制洗錢組織之會員 (B)我國為防制洗錢金融行動工作組織（FATF）的會員，應依該組織要求，遵守亞太防治洗錢組織頒布的相關建議 (C)我國於107年正式接受防制洗錢組織金融行動工作第二輪相互評鑑 (D)防制洗錢金融行動工作組織（FATF）頒布的40項建議為全球洗錢防制與打擊資恐遵循之標準。

( ) 3 下列何者不是防制洗錢金融行動工作組織對於可疑交易申報的建議？ (A)只要有合理懷疑不論金額大小都需申報 (B)交易未完成縱有可疑不必申報 (C)只能向金融情報中心申報 (D)金融機構從業人員忠實陳報可疑交易而違反對於資訊揭露法律應予以豁免。

( ) 4 對國外政府之重要政治性職務人士，金融機構所應執行的客戶審查措施，下列敘述何者錯誤？ (A)對於業務往來關係應採取強化之持續監督 (B)建立業務往來關係前，應取得主管機關之同意 (C)建置風險管理系統以判定客戶或其實質受益人是否為重要政治性職務人士 (D)採取合理措施，以確認客戶其財富及資金來源。

( ) 5 洗錢防制基金的主管機關為何？ (A)內政部 (B)金管會 (C)司法院 (D)法務部。

( ) 6 為協助發展與洗錢及資恐風險相當之防制與抵減措施，以利於金融業決定其資源配置與建置其內部控制制度，應採取下列何者方法為

之？　(A)準則方法　(B)結果導向方法　(C)規範基礎方法　(D)風險基礎方法。

(　　) **7** 會計師為客戶準備或進行下列何種交易時，非為洗錢防制法的「指定之非金融機構或人員」？　(A)買賣不動產時　(B)辦理社團法人設立時　(C)管理證券帳戶　(D)規劃公司公開發行時。

(　　) **8** 依現行洗錢防制法第8條之規定，交易紀錄至少應保存幾年？　(A)1年　(B)3年　(C)5年　(D)10年。

(　　) **9** 非金融事業或人員違反洗錢防制法關於確認客戶身分程序所定辦法者，中央目的事業主管機關應處以罰鍰之額度為何？　(A)處新臺幣一萬元以上五十萬元以下罰鍰　(B)處新臺幣五萬元以上一百萬元以下罰鍰　(C)處新臺幣六萬元以上二百萬元以下罰鍰　(D)處新臺幣十萬元以上一千萬元以下罰鍰。

(　　) **10** 就洗錢防制物品出入境申報及通報之敘述，下列何者錯誤？　(A)旅客出境，同一人於同日單一航班攜帶總價值逾新臺幣二十萬元之新臺幣現鈔，應向海關申報　(B)本辦法所稱有價證券，包含無記名之旅行支票　(C)本辦法所稱有被利用進行洗錢之虞之物品，包含超越自用目的之白金　(D)同一出口人於同一航次運輸工具以運送總價值逾等值二萬美元之黃金貨物，應向海關申報。

(　　) **11** 詐欺集團車手收受、持有或使用之財物或財產上利益，而冒名或以假名向金融機構申請開立帳戶，且無合理來源且與收入顯不相當者，應如何處罰之？　(A)處三月以上一年以下有期徒刑，得併科新臺幣一百萬元以下罰金　(B)處五月以上三年以下有期徒刑，得併科新臺幣三百萬元以下罰金　(C)處六月以上五年以下有期徒刑，得併科新臺幣五百萬元以下罰金　(D)處一年以上七年以下有期徒刑，得併科新臺幣七百萬元以下罰金。

(　　) **12** 資恐防制中有關目標性金融制裁之規定，下列敘述何者錯誤？　(A)目標性金融制裁是強制性規範　(B)本條規定僅以金融機構為規範之對象　(C)本條規定係為禁止提供任何財產或財產上利益，藉以禁絕恐怖主義之蔓生　(D)如因業務關係知悉本身持有制裁名單之財物所在地者，應進行通報義務。

( ) **13** 有關洗錢犯罪之追訴，係透過不法金流流動軌跡，發掘不法犯罪所得，經由洗錢犯罪追訴遏止犯罪誘因。故洗錢犯罪之追訴，依洗錢防制法第4條規定，下列敘述何者正確？ (A)特定犯罪本身經有罪判決確定，為唯一認定方式 (B)特定犯罪所得之認定，不以其所犯特定犯罪經有罪判決為必要 (C)僅以特定犯罪本身經有罪判決確定，方能發動洗錢犯罪之追訴 (D)特定犯罪本身尚未經有罪判決確定前，不得為洗錢犯罪之追訴。

( ) **14** 下列敘述，何者錯誤？ (A)重要政治性職務之人離職後，應以風險為基礎評估其影響力 (B)重要政治性職務之人離職後，應以其財務能力為風險評估之要件 (C)重要政治性職務之人離職後，其擔任重要政治性職務之時間為風險評估之要件 (D)重要政治性職務之人離職後，應以其離職後所擔任之新職務，與其先前重要政治性職務是否有關連性為風險評估之要件。

( ) **15** 依金融機構防制洗錢辦法，金融機構對達一定金額以上之通貨交易，應於交易完成後多少時間內以媒體申報？ (A)五個日曆日 (B)五個營業日 (C)十個日曆日 (D)十個營業日。

( ) **16** 下列何者不是適用「金融機構辦理國內匯款作業確認客戶身分原則」之金融機構？ (A)外國銀行在臺分行 (B)信用合作社 (C)證券金融公司 (D)中華郵政公司。

( ) **17** 金融機構在完成確認客戶身分措施前，原則上不得與該客戶建立業務關係。下列何種情形不屬於得先建立業務關係後再完成驗證的例外情況？ (A)屬於臨時性交易 (B)洗錢及資恐風險已受到有效管理 (C)為避免對客戶業務之正常運作造成干擾所必須 (D)可在合理可行之情形下儘速完成客戶及實質受益人之身分驗證。

( ) **18** 依金融機構防制洗錢辦法規定，原則上金融機構應確認客戶身分之情形，下列何者敘述錯誤？ (A)與客戶建立業務關係時 (B)辦理相當於新臺幣50萬元以上之外幣交易時 (C)辦理新臺幣5萬元以上跨境匯款之臨時性交易時 (D)對於過去所取得客戶身分資料之真實性或妥適性有所懷疑時。

（　）**19** 有關防制洗錢之敘述，下列何者錯誤？　(A)客戶拒絕提供審核客戶身分措施相關文件時，銀行應婉拒建立業務關係　(B)公益彩券經銷商申購彩券款項達一定金額以上之通貨交易，免向調查局申報　(C)客戶如為現任國外政府重要政治性職務之人，需將該客戶直接視為高風險客戶　(D)金融機構之董事長對確保建立及維持適當有效之防制洗錢及打擊資恐內部控制負最終責任。

（　）**20** 有關金融機構執行防制洗錢及打擊資恐計畫應包含之計畫項目，下列何者錯誤？　(A)法令遵循管理安排　(B)審查程序以確保雇用高水平員工　(C)持續性員工訓練計畫　(D)每年由防制洗錢專責單位自行測試計畫之有效性。

（　）**21** 下列何者並非辨識地域風險時之參考？　(A)GDP落後的國家　(B)防制洗錢系統不充分的國家　(C)受制裁禁運的國家　(D)貪腐程度嚴重的國家。

（　）**22** 關於洗錢防制專責主管，下列敘述何者錯誤？　(A)總機構應指派一人擔任專責主管　(B)國外營業單位應設置一名洗錢防制主管　(C)國外營業單位洗錢防制主管不得兼任法令遵循主管　(D)專責主管不得兼任與洗錢防制職責有利益衝突之職務。

（　）**23** 關於大額交易申報，下列敘述何者錯誤？　(A)應紀錄客戶的姓名、出生年月日、身分證號碼及交易金額　(B)所有達到新臺幣50萬元以上的交易均應申報　(C)應紀錄代理人之姓名、出生年月日、地址、身分證件號碼　(D)於交易完成後5個營業日內申報。

（　）**24** 下列何者並非證券期貨業內部稽核單位應查核並提具查核意見之事項？　(A)風險評估是否符合法令要求　(B)防制洗錢及打擊資恐計畫是否符合法令要求　(C)風險評估之有效性　(D)防制洗錢及打擊資恐計畫之有效性。

（　）**25** 下列何者並非未完成身分驗證前即建立業務關係，證券商所應採取的風險管控措施？　(A)訂定完成期限　(B)建立業務關係後，在60天內完成身分驗證程序　(C)定期報告處理進度　(D)限制交易次數。

(　) 26 保險業為降低對於洗錢與資恐的曝險,所採取抵減風險的手段,下
列何者錯誤? (A)完善公司治理　(B)透過法遵與內稽內控　(C)透
過進行可疑交易申報　(D)增加躉繳方式的保險。

(　) 27 依金融機構防制洗錢辦法規定,當客戶是信託受託人時,關於辨識
實質受益人之敘述,下列何者正確?　(A)只須確認委託人為何
人。因為委託人是最能控制信託財產之人　(B)只須要確認受益人
為何人。因為受益人是實質享有信託利益之人　(C)應確認委託
人、受託人、信託監察人、信託受益人及其他有效控制該信託帳戶
之人,或與上述相當職務之人　(D)重點只應確認受託人,因為客
戶是信託受託人。

(　) 28 保險業總經理應督導各單位評估及檢討防制洗錢及打擊資恐內控制
度執行,應於每會計年度終了後的多久期限之內,將防制洗錢及打
擊資恐內控制度聲明書揭露於保險業網站,並於金管會指定網站辦
理公告申報?　(A)一個月內　(B)三個月內　(C)六個月內　(D)一
年內。

(　) 29 產險業由於多為損失填補型商品,並無高額保單價值/現金價值,
而被視為普遍風險較低,但卻需要額外關注下列何項風險?
(A)保險標的物所在地的國家是否為高風險國家地區　(B)保險標的
物所有人及與持有人/控制人的關係　(C)被保險人的住所地或法
人註冊地的國家風險　(D)被保險人從事行業或職業類別是否屬於
高風險行/職業。

(　) 30 下列何者屬於保險業與其他金融產業在洗錢風險控管上的差異?
(A)已經投保的要保人如有後續新增保單,面對增高的風險,透過
既有保單之資訊更新控制風險　(B)已經投保的要保人,因被保險
人及受益人及保險標的不盡相同,新增保單之風險可能有異
(C)已經投保的要保人,其他的新增保單,如未透過現金繳納保
費,風險的變異性都低　(D)最大的差異在於保險的風險判定是兩
層次,主要的問題在初次投保,後續新增業務工作量會減輕。

( ) **31** 關於資恐交易的特點，下列敘述何者錯誤？ (A)資恐資金的來源大都是合法的、小額的電匯 (B)資恐交易的小額電匯一般的交易監控系統不一定會視之為可疑交易 (C)利用電匯資助恐怖組織的罪行，因人員難以觀察警覺，應完全依靠自動化交易監控系統去偵測 (D)銀行建置有效的洗錢防制內部控制政策與程序，而且有效地執行與監督，還是可以有效地偵測出可疑交易。

( ) **32** 下列何者不是保險會被當作洗錢工具的特點？ (A)產業規模龐大 (B)保險商品多樣化 (C)保險商品皆無法累積現金價值 (D)要保人、被保險人、受益人或付款人可為不同人。

( ) **33** 有關非營利組織之風險認知，下列敘述何者正確？ (A)非營利組織屬公益性質，洗錢資恐風險低 (B)主管機關對於非營利組織之監理密度較為寬鬆 (C)慈善團體捐款，均有捐款名冊可供查證 (D)非營利組織經合法登記者，得豁免查證實質受益人。

( ) **34** 下列何種保險商品較不易被客戶利用來洗錢？ (A)變額壽險 (B)終身壽險 (C)一年期健康保險 (D)躉繳利率變動年金保險。

( ) **35** 吸金犯罪具有下列哪項特徵？ (A)利用投資計畫與短期獲取厚利吸引民眾投資 (B)以中樂透方式，要求先匯手續費 (C)打電話詐稱家人被綁架而索求贖金 (D)以法院或檢察官名義詐稱帳戶涉及洗錢遭凍結，要求匯款給法院以解除管制。

( ) **36** 某甲提供帳戶並協助移轉不法所得的行為，術語上如何稱呼？ (A)車手 (B)錢鼠 (C)錢騾 (D)冤大頭。

( ) **37** 下列可疑交易態樣何者與股市作手利用人頭戶炒作股票無關？ (A)大額買進一籃子股票 (B)不尋常買賣冷門、小型股 (C)短期內連續大量買賣特定股票 (D)利用擔任代理人之帳戶分散大額交易。

( ) **38** 詐騙集團之金融帳戶交易模式特性不包括下列哪一項？ (A)每筆存、提款相當，交易相距時間不久，帳戶僅有象徵性餘額 (B)開戶後即有特定金額款項密集存入，與其身分、收入顯不相當 (C)款項存入後即迅速移轉 (D)款項多自境外匯入，存入後隨即轉開立長期定存單。

(　)**39** 有關金融機構對客戶身分辨識與驗證程序，何時無須對客戶身分再次確認？　(A)每次從事交易時　(B)發現客戶涉及疑似洗錢時　(C)對客戶資訊之真實性有所懷疑時　(D)客戶交易與業務性質不符之重大變動時。

(　)**40** 金融機構依洗錢防制措施有資料保存之義務，如業務關係為存款業務，則保存義務何時結束？　(A)需永久保存　(B)每筆交易後3年方告終了　(C)每筆交易後5年方告終了　(D)帳戶關閉後5年方告終了。

(　)**41** 銀行於識別個別客戶風險並決定其風險等級時，評估之依據不包含下列何者？　(A)個人客戶之教育程度　(B)個人客戶之任職機構　(C)客戶職業與行業之洗錢風險　(D)客戶開戶與建立業務關係之管道。

(　)**42** 下列何者不屬於個別產品與服務、交易或支付管道之風險因素？　(A)與現金之關聯程度　(B)客戶之居住國家　(C)建立業務關係或交易之管道　(D)高金額之金錢或價值移轉業務。

(　)**43** 請問下列哪一個客戶需辦理實質受益人辨識及驗證？　(A)台北市政府　(B)台灣電力股份有限公司　(C)遠傳電信股份有限公司　(D)中華登山協會。

(　)**44** 有關金融機構防制洗錢辦法之實質受益人，下列敘述何者錯誤？　(A)審查實質受益人實務上以辨識與驗證二大基礎作為　(B)金融機構可向地政機關查詢國民身分證資料之真偽　(C)疑似使用虛設法人團體開設帳戶，應予以婉拒建立業務關係或交易　(D)法人業務往來資訊，包括對複雜、異常交易進行詢問及取得分析資料。

(　)**45** 有關銀行全面性洗錢及資恐風險評估作業，下列敘述何者錯誤？　(A)銀行應每兩年重新進行風險評估作業　(B)應依據風險評估結果分配適當人力與資源　(C)評估結果應做為發展防制洗錢及打擊資恐計畫之基礎　(D)建議考量國際防制洗錢組織所發布之防制洗錢及打擊資恐相關報告之資訊。

(　) **46** 依「金融機構防制洗錢辦法」規定，銀行得先取得辨識客戶身分之
資料，建立業務關係後再完成驗證之情形，不含下列何者？
(A)洗錢及資恐風險受到有效管理　(B)取得高階管理人員同意
(C)為避免對客戶業務之正常運作造成干擾所必須　(D)會在合理可
行之情形下儘速完成客戶及實質受益人之身分驗證。

(　) **47** 有關客戶審查之「持續審查」工作，下列敘述何者錯誤？　(A)高風
險客戶，金融機構應至少每年檢視一次　(B)銀行可依風險基礎方
法，區分高低風險程度之定期審查頻率　(C)原則上不需要每次進
行辨識及驗證身分資料，得使用過去所留存之資料　(D)在洗錢防
制體系中，「金額閾值」可作為判斷重要性的關鍵，但金額閾值需
固定。

(　) **48** 依「金融機構防制洗錢辦法」規定，下列敘述何者錯誤？　(A)疑似
洗錢或資恐交易申報標準應書面化　(B)銀行應利用資訊系統，輔
助發現疑似洗錢或資恐交易　(C)銀行應依據風險基礎方法，建立
帳戶或交易監控政策與程序　(D)監控型態限於同業公會所發布之
態樣，各銀行不得增列自行監控態樣。

(　) **49** 證券期貨業辦理確認客戶身分措施，對於由代理人辦理開戶，且查
證代理之事實及身分資料有困難者之處理方式，下列何者正確？
(A)應予以婉拒建立業務關係或交易　(B)可允許其為暫時性交易
(C)確認本人身分後即可交易　(D)應准許其開戶並列為高風險客戶。

(　) **50** 依證券商公會注意事項範本，現金交易達多少金額新臺幣或等值外
幣以上時，必須確認客戶身分？　(A)30萬元　(B)50萬元　(C)80萬
元　(D)100萬元。

(　) **51** 依據金融機構防制洗錢辦法之規定，關於重要政治性職務人士之風
險抵減措施，下列敘述何者正確？　(A)對於非現任政治人物，應
評估其影響力，辨識風險　(B)客戶若為現任國內政治人物，公司
得自訂審查頻率　(C)客戶之實質受益人如擔任國外政府職務，應
考量其影響力，決定是否採取強化確認客戶身分措施　(D)客戶之
父親為國內政治人物，但客戶本人未擔任政治職務，則不適用有關
政治人物之規定。

( ) **52** 證券商對帳戶及交易之持續監控作業，下列敘述何者正確？ (A)證券商不會碰到現金，具有低洗錢及資恐風險 (B)證券商防制洗錢及打擊資恐倘已完全依據證券商公會發布之態樣進行監控，則無須再另行增列 (C)客戶為零售業，屬於從事密集性現金交易業務，應直接視為高風險客戶 (D)透過證券商進行內線交易或市場操縱，屬洗錢前置犯罪。

( ) **53** 保險業的洗錢風險評估項目無須包括下列哪一個面向？ (A)客戶 (B)通路 (C)公司規模 (D)產品及服務。

( ) **54** 保險業在對客戶進行姓名或名稱篩選時，下列敘述何者錯誤？ (A)姓名或名稱的篩選，僅限於要保人 (B)篩選的範圍除了制裁名單外，往往包含了政治公眾人物、負面新聞等關注點 (C)須受篩選的對象，也包含了受益人、房貸業務的借款人 (D)客戶經過篩選後倘具有特殊身分（如國外重要政治性職務人士）或負面新聞，有可能影響客戶風險評等。

( ) **55** 保險業於下列哪一個時點，不需要對客戶重新進行洗錢風險評估？ (A)客戶保額異常增加時 (B)得知客戶身分與背景資訊有重大變動時 (C)依據客戶之重要性及風險程度所訂之定期審查時點 (D)客戶罹患癌症住院治療，申請將高額健康險理賠金匯入本人銀行帳戶。

( ) **56** 在對警示案件的調查中，如果觸發警示的案件完全都由保險業務員調查並決定是否申報，在交易監控的分工上主要產生的疑慮為下列何者？ (A)對客戶的實際狀況不了解 (B)可能缺乏獨立性，業務員可能會調查到因其自身產生的警示案件 (C)對交易背景不夠了解 (D)業務員不具有相關的教育訓練。

( ) **57** 銀行辨識及評估洗錢及資恐風險時，下列哪一項不是主要考慮因素？ (A)目標市場 (B)經銷管道 (C)銀行員工的人數 (D)被判定為高風險客戶人數。

(　) 58 若客戶屬較高風險的國內重要政治性職務之人，下列何者不是應執行之客戶強化審查措施？　(A)取得高階主管的核准　(B)交易前先取得主管機關核准　(C)對業務關係進行持續的強化監控　(D)合理了解客戶之財富來源及交易資金來源。

(　) 59 有關判定「重要政治性職務人士」之指引，下列敘述何者錯誤？(A)持續性的員工訓練，有效教導員工如何判定　(B)完全不可採信客戶自行填報及申報資料　(C)政府公布的重要官員財產申報資料為參考資料之一　(D)要確保客戶資訊即時更新。

(　) 60 某A是重要政治性職務人士，關於某A的洗錢及資恐的警示訊號與表徵，下列敘述何者錯誤？　(A)某A不願意透漏其財富來源或交易資金來源　(B)某A到銀行開戶時可以明確且詳細的說明開戶理由(C)某A常常與看不出來和其有任何關聯的國家進行交易　(D)某A沒有正當商業理由，使用法人或法律協議的名義開戶及交易。

第二部份：複選題

(　) 61 為加強前端洗錢防制之重要性，洗錢防制法對於建立透明化金流軌跡之規範，下列敘述何者正確？　(A)全面踐履客戶審查義務(B)全面踐履交易紀錄保存義務　(C)落實法令遵循與法務分離，兩者不得兼任　(D)增訂融資性租賃業與非金融事業或人員納入洗錢防制規範。

(　) 62 資恐防制法之制定，係為防止並遏止對恐怖活動、組織、分子之資助行為，請問本法之立法目的應包括下列何者？　(A)維護國家安全　(B)保障基本人權　(C)強化資恐防制國際合作　(D)管制外匯維持貨幣穩定。

(　) 63 金融機構應訂定防制洗錢注意事項，報請中央目的事業主管機關備查；其內容應包括下列何者事項？　(A)定期舉辦或參加防制洗錢之在職訓練　(B)防制洗錢及打擊資恐之作業及內部管制程序　(C)指派專責人員負責協調監督本注意事項之執行　(D)其他經財政部指定洗錢防制與打擊資恐之事項。

（　）64 就資恐防制法所稱之制裁名單，下列敘述何者正確？　(A)主管機關
　　　　指定制裁名單前，得不給予該法人陳述意見之機會　(B)指定之制
　　　　裁名單，以該個人在中華民國領域內者為限　(C)主管機關依法務
　　　　部調查局提報，認法人經聯合國相關決議而有必要者，經審議會決
　　　　議後，得指定為制裁名單　(D)主管機關必須依聯合國安全理事會
　　　　之決議才能就指定之制裁個人為除名。

（　）65 辨識客戶之實質受益人時，客戶或具控制權者為下列何種身分時，
　　　　得不適用應辨識及確認公司股東或實際受益人身分之規定？
　　　　(A)我國公營事業機構　(B)我國公開發行公司或其子公司　(C)外國
　　　　公開發行公司或其子公司　(D)受我國監理之金融機構及其管理之
　　　　投資工具。

（　）66 依金融機構防制洗錢辦法規定，對於所有客戶確認客戶身分的要求
　　　　（根據客戶身分辨識時機），下列哪幾項正確？　(A)金融機構執
　　　　行確認客戶身分措施中，僅須驗證客戶身分無須就其代理人與實質
　　　　受益人加以驗證　(B)金融機構執行確認客戶身分措施，應以可
　　　　靠、獨立來源之文件、資料或資訊，辨識及驗證客戶身分　(C)金
　　　　融機構執行確認客戶身分措施時，包含了解客戶欲建立業務關係之
　　　　目的與性質，視情況取得必要之資訊　(D)金融機構執行確認客戶
　　　　身分措施，對於由代理人辦理者，應確實查證代理之事實，並以可
　　　　靠、獨立來源之文件、資料或資訊，辨識及驗證代理人身分，並保
　　　　存該身分證明文件影本或予以記錄。

（　）67 金融機構對於客戶進行以下哪些交易時，應考慮申報疑似洗錢交
　　　　易？　(A)要保人以躉繳方式投保，投保金額為500萬元，但檢視其
　　　　職業為公司職員，年收入50萬元　(B)客戶是市場的零售菜販，每
　　　　週固定到銀行存入10萬左右的現金　(C)客戶的帳戶過去多為小額
　　　　交易，上個月突有1筆200萬元款項自本人他行帳戶轉入，經查詢為
　　　　定存解約　(D)客戶係媒體報導之詐欺案件涉嫌人，經檢視發現近2
　　　　週頻繁提領現金達750萬元。

（　　）**68** 存款帳戶如經認定為疑似不法或顯屬異常交易者，銀行應採取之處理措施，下列敘述何者正確？　(A)應於銀行內部資訊系統中加以註記，提醒各分支機構加強防範　(B)存款帳戶經通報為警示帳戶者，應即暫停該帳戶使用提款卡、語音轉帳、網路轉帳及其他電子支付功能，匯入款項逐以退匯方式退回匯款行　(C)存款帳戶屬衍生管制帳戶者，應即通知財團法人金融聯合徵信中心，並暫停該帳戶全部交易功能，匯入款項逐以退匯方式退回匯款行　(D)存款帳戶如屬偽冒開戶者，應即通知司法警察機關、法務部調查局洗錢防制處及財團法人金融聯合徵信中心，銀行並應即結清該帳戶，其剩餘款項則俟依法可領取者申請給付時處理。

（　　）**69** 證券期貨業對於洗錢及資恐風險之辨識、評估及管理，應至少涵蓋客戶、地域、產品及服務、交易或支付管道等面向，並應辦理下列哪些事項？　(A)製作風險評估報告，並送金融監督管理委員會備查　(B)考量所有風險因素，以決定整體風險等級及降低風險之適當措施　(C)訂定更新風險評估報告之機制　(D)將製作完成之風險評估報告於金融監督管理委員會指定網站辦理公告申報。

（　　）**70** 保險業特有的洗錢方式，下列敘述何者正確？　(A)利用繳交大額保險費　(B)利用保險費繳費及給付過程　(C)頻繁透過國際電匯交易匯出不同通匯銀行帳戶　(D)利用長險短做。

（　　）**71** 洗錢者利用保險洗錢，有幾個常見的態樣，保險公司及經銷保險的金融機構應注意防範，下列敘述何者正確？　(A)保戶不關心理賠，反而　特別在意解除契約或撤回保單可拿回多少錢者，為明顯警示　(B)選擇躉繳，一定要加強確認客戶身分　(C)每月透過銀行帳戶支付投資型保單保費　(D)保險業者不若銀行端容易被當為洗錢的平台，因此不需要建置內部控制措施。

（　　）**72** 國內詐騙集團使用人頭帳戶洗錢，該等洗錢案常有之疑似洗錢表徵有哪些？　(A)客戶突有達特定金額以上存款　(B)提貨單與付款單或發票的商品敘述內容不符　(C)客戶每筆存、提金額相當且交易相距時間未久，顯係利用帳戶進行資金移轉　(D)客戶存款帳戶密集存入多筆款項，達特定金額以上並迅速移轉。

( ) **73** 銀行在適當時機對已存在之往來關係客戶,進行審查及適時調整風險等級,上開適當時機包括下列何者? (A)定期客戶審查時 (B)客戶辦理印鑑變更時 (C)客戶加開帳戶或新增業務往來關係時 (D)得知客戶身分與背景資訊有重大變動時。

( ) **74** 對於高風險客戶應實施加強客戶審查,請問下列何者屬於加強客戶審查措施? (A)取得預期的客戶交易活動等資料 (B)取得客戶財富來源及往來資金來源 (C)瞭解客戶最新商業活動與業務往來資訊 (D)取得客戶國籍、生日、電話及住址等資料。

( ) **75** 下列何者屬於貿易金融類之銀行業疑似洗錢或資恐交易態樣? (A)提貨單與付款單或發票的商品敘述內容不符 (B)貨物運至或來自洗錢或資恐高風險國家或地區 (C)運輸的貨物類型為高價值但量少之商品,如鑽石或藝術品 (D)交易中使用信用狀作為交易模式且曾辦理信用狀修改。

( ) **76** 證券商依據所辨識之風險訂定具體的風險評估項目應至少包括下列何者? (A)地域風險 (B)客戶風險 (C)交易對手風險 (D)產品及服務、交易或支付管道風險。

( ) **77** 證券商將風險評估報告送主管機關備查,其執行頻率依下列何種因素決定之? (A)洗錢及資恐法令變動時 (B)由業者依據風險管理決策及程序 (C)國際上發生洗錢資恐重大事件時 (D)證券商有重大改變時。

( ) **78** 有關為控管或抵減保險公司所判斷的高洗錢/資恐風險情形所採行之強化措施,下列何者錯誤? (A)提高客戶審查層級 (B)提高交易監測頻率 (C)屬較高風險之人壽保險契約,於訂定契約時已採行強化客戶審查措施,則於給付保險金前,無需再辨識及驗證實質受益人之身分 (D)以過去保存資料為身分辨識與驗證依據。

( ) **79** 對於保險公司確認客戶風險等級之時機,下列敘述何者正確? (A)於銷售保險商品時,應確認客戶風險等級 (B)待客戶提出理賠申請時,始確認客戶風險等級 (C)於客戶申請大幅度提高保額時,應確認客戶風險等級 (D)客戶成為重要政治性職務人士時,應確認客戶風險等級。

(　) **80** 防制洗錢金融行動工作組織（FATF）建議對判定「重要性政治職務人士」之資訊來源，包含下列哪幾項？　(A)網路與媒體搜尋　(B)客戶自行申報　(C)商業資料庫　(D)金融主管機關提供。

解答與解析　答案標示為#者，表官方曾公告更正該題答案。

第一部份：單選題

1 (B)。(B)金融機構警示系統尚未全面自動化。

2 (D)。(A)我國於民國86年以創始會員加入亞太洗錢防制組織（APG）。(B)我國非FATF會員，僅以亞太洗錢防制組織（APG）創始會員身分參與FATF會議。(C)APG於107年對我國實施第3輪實地相互評鑑，並於108年6月發布初步報告。

3 (B)。(B)可疑之交易行為縱未完成仍須向我國金融情報中心之機構（法務部調查局）進行申報。

4 (B)。(B)按金融機構防制洗錢辦法第6條第1項第1款：
「一、對於高風險情形，應加強確認客戶身分或持續審查措施，其中至少應額外採取下列強化措施：
(一)在建立或新增業務往來關係前，應取得高階管理人員同意。
(二)應採取合理措施以瞭解客戶財富及資金來源。其中資金來源係指產生該資金之實質來源。
(三)對於業務往來關係應採取強化之持續監督。」

5 (D)。洗錢防制法第20條：「法務部辦理防制洗錢業務，得設置基金。」

6 (D)。銀行評估洗錢及資恐風險及訂定相關防制計畫指引第2條：

「……風險基礎方法（risk-based approach）旨在協助發展與洗錢及資恐風險相當之防制與抵減措施，以利銀行決定其防制洗錢及打擊資恐資源之配置、建置其內部控制制度、以及訂定和執行防制洗錢及打擊資恐計畫應有之政策、程序及控管措施。」

7 (D)。洗錢防制法第5條第3項：「本法所稱指定之非金融事業或人員，指從事下列交易之事業或人員：
一、銀樓業。
二、地政士及不動產經紀業從事與不動產買賣交易有關之行為。
三、律師、公證人、會計師為客戶準備或進行下列交易時：
(一)買賣不動產。
(二)管理客戶金錢、證券或其他資產。
(三)管理銀行、儲蓄或證券帳戶。
(四)有關提供公司設立、營運或管理之資金籌劃。
(五)法人或法律協議之設立、營運或管理以及買賣事業體。」

8 (C)。洗錢防制法第8條第2項：「前項交易紀錄之保存，自交易完成時起，應至少保存五年。但法律另有較長保存期間規定者，從其規定。」

9 (B)。洗錢防制法第7條第5項：「違反第一項至第三項規定及前項所定

辦法者，由中央目的事業主管機關處金融機構新臺幣五十萬元以上一千萬元以下罰鍰、處指定之非金融事業或人員新臺幣五萬元以上一百萬元以下罰鍰。」

10 (#)。洗錢防制物品出入境申報及通報辦法第3條第1項：「旅客或隨交通工具服務之人員出入境，同一人於同日單一航（班）次攜帶下列物品，應依第四條規定向海關申報；海關受理申報後，應依第五條規定向法務部調查局通報：
一、總價值逾等值一萬美元之外幣、香港或澳門發行之貨幣現鈔。
二、總價值逾新臺幣十萬元之新臺幣現鈔。
三、總面額逾等值一萬美元之有價證券。
四、總價值逾等值二萬美元之黃金。
五、總價值逾等值新臺幣五十萬元，且有被利用進行洗錢之虞之物品。」
(A)(B)(C)(D)皆正確

11 (C)。洗錢防制法第15條第1項：「收受、持有或使用之財物或財產上利益，有下列情形之一，而無合理來源且與收入顯不相當者，處六月以上五年以下有期徒刑，得併科新臺幣五百萬元以下罰金：
一、冒名或以假名向金融機構申請開立帳戶。
二、以不正方法取得他人向金融機構申請開立之帳戶。
三、規避第七條至第十條所定洗錢防制程序。」

12 (B)。(B)資恐防制法有關目標性金融制裁之規範對象，包含金融機構

及指定之非金融事業或人員。

13 (B)。洗錢防制法第4條：「本法所稱特定犯罪所得，指犯第三條所列之特定犯罪而取得或變得之財物或財產上利益及其孳息。
前項特定犯罪所得之認定，不以其所犯特定犯罪經有罪判決為必要。」

14 (B)。重要政治性職務之人與其家庭成員及有密切關係之人範圍認定標準第5條：「金融機構及指定之非金融事業或人員，於前三條所列之重要政治性職務之人離職後，仍應以風險為基礎評估其影響力，認定其是否仍適用本法第七條第三項之規定。
金融機構及指定之非金融事業或人員，對於前項之風險評估，至少應考量下列要件：
一、擔任重要政治性職務之時間。
二、離職後所擔任之新職務，與其先前重要政治性職務是否有關連性。」

15 (B)。金融機構防制洗錢辦法第13條第3款：「三、除第十四條規定之情形外，應依法務部調查局（以下簡稱調查局）所定之申報格式，於交易完成後五個營業日內以媒體申報方式，向調查局申報。無法以媒體方式申報而有正當理由者，得報經調查局同意後，以書面申報之。」

16 (C)。按金融機構辦理國內匯款及無摺存款作業確認客戶身分原則：「二、本原則所稱金融機構，指本國銀行、外國銀行在臺分行、信用合作社及中華郵政公司。」

17 (A)。金融機構防制洗錢辦法第3條第2款：「二、金融機構於下列情形

時，應確認客戶身分：

(一)與客戶建立業務關係時。

(二)進行下列臨時性交易：

1.辦理一定金額以上交易（含國內匯款）或一定數量以上儲值卡交易時。多筆顯有關聯之交易合計達一定金額以上時，亦同。

2.辦理新臺幣三萬元（含等值外幣）以上之跨境匯款時。

(三)發現疑似洗錢或資恐交易時。

(四)對於過去所取得客戶身分資料之真實性或妥適性有所懷疑時。」

18 (C)。金融機構防制洗錢辦法第3條第2款：「二、金融機構於下列情形時，應確認客戶身分：

(一)與客戶建立業務關係時。

(二)進行下列臨時性交易：

1.辦理一定金額以上交易（含國內匯款）或一定數量以上儲值卡交易時。多筆顯有關聯之交易合計達一定金額以上時，亦同。

2.辦理新臺幣三萬元(含等值外幣)以上之跨境匯款時。

(三)發現疑似洗錢或資恐交易時。

(四)對於過去所取得客戶身分資料之真實性或妥適性有所懷疑時。」

19 (D)。(D)「銀行業及其他經金融監督管理委員會指定之金融機構防制洗錢及打擊資恐內部控制與稽核制度實施辦法」第6條第6項：「銀行業及其他經本會指定之金融機構之董（理）事會對確保建立及維持適當有效之防制洗錢及打擊資恐內部控制負最終責任。董（理）事會及高階管理人員應瞭解其洗錢及資恐風險，及防制洗錢及打擊資恐計畫之運作，並採取措施以塑造重視防制洗錢及打擊資恐之文化。」

20 (D)。(D)內部稽核單位

銀行業及其他經金融監督管理委員會指定之金融機構防制洗錢及打擊資恐內部控制與稽核制度實施辦法第8條第2項：

「銀行業及其他經本會指定之金融機構內部稽核單位應依規定辦理下列事項之查核，並提具查核意見：

一、洗錢及資恐風險評估與防制洗錢及打擊資恐計畫是否符合法規要求並落實執行。

二、防制洗錢及打擊資恐計畫之有效性。」

21 (A)。實務經驗上GDP（國內生產毛額）不足作為辨識地域風險之指標。

22 (C)。銀行業及其他經金融監督管理委員會指定之金融機構防制洗錢及打擊資恐內部控制與稽核制度實施辦法第7條第2項：「第一項專責主管應至少每半年向董（理）事會及監察人（監事、監事會）或審計委員會報告，如發現有重大違反法令時，應即時向董（理）事會及監察人（監事、監事會）或審計委員會報告。

銀行業及其他經本會指定之金融機構國外營業單位應綜合考量在當地之分公司家數、業務規模及風險等，設置適足之防制洗錢及打擊資恐人員，並指派一人為主管，負責防制洗錢及打擊資恐之協調督導事宜。

銀行業及其他經本會指定之金融機構國外營業單位防制洗錢及打擊資恐主管之設置應符合當地法令規定及當地主管機關之要求，並應具備協調督導防制洗錢及打擊資恐之充分職權，包括可直接向第一項專責主管報告，且除兼任法令遵循主管外，應為專任，如兼任其他職務，

應與當地主管機關溝通，以確認其兼任方式無利益衝突之虞，並報本會備查。」

23 (B)。金融機構對達一定金額以上通貨交易及疑似洗錢交易申報辦法第5條：「金融機構對下列達一定金額以上之通貨交易，得免向法務部調查局申報，但仍應確認客戶身分及留存交易紀錄憑證：

一、與政府機關、公營事業機構、行使公權力機構（於受委託範圍內）、公私立學校、公用事業及政府依法設立之基金，因法令規定或契約關係所生之交易應收應付款項。

二、金融機構間之交易及資金調度。但金融同業之客戶透過金融同業間之同業存款帳戶所生之應付款項，如兌現同業所開立之支票，同一客戶現金交易達一定金額以上者，仍應依規定辦理。

三、公益彩券經銷商申購彩券款項。

四、代收款項交易（不包括存入股款代收專戶之交易），其繳款通知書已明確記載交易對象之姓名、身分證明文件號碼（含代號可追查交易對象之身分者）、交易種類及金額者。但應以繳款通知書副聯作為交易紀錄憑證留存。」

24 (C)。證券期貨業防制洗錢及打擊資恐內部控制要點：「……七、防制洗錢及打擊資恐內部控制制度之執行、稽核及聲明：

(二)證券期貨業內部稽核單位應依規定辦理下列事項之查核，並提具查核意見：

1.洗錢及資恐風險評估與防制洗錢及打擊資恐計畫是否符合法規要求並落實執行。

2.防制洗錢及打擊資恐計畫之有效性。」

故(C)應更正為計畫之有效性。

25 (B)。中華民國銀行公會「銀行防制洗錢及打擊資恐注意事項範本」第4條：「……(六)前款第三目「合理可行之時限」銀行應以風險基礎方法依不同風險等級訂定。釋例如下：

1.應在建立業務關係後，不遲於30個工作天內完成客戶身分驗證程序。……」

26 (D)。實務經驗上薑繳保單為常見之洗錢手法，因此應減少此類保險。

27 (C)。金融機構防制洗錢辦法第3條：「……七、第四款第三目規定於客戶為法人、團體或信託之受託人時，應瞭解客戶或信託之所有權及控制權結構，並透過下列資訊，辨識客戶之實質受益人，及採取合理措施驗證：……

(二)客戶為信託之受託人時：應確認委託人、受託人、信託監察人、信託受益人及其他可有效控制該信託帳戶之人，或與上述人員具相當或類似職務者之身分。」

28 (B)。銀行業及其他經金融監督管理委員會指定之金融機構防制洗錢及打擊資恐內部控制與稽核制度實施辦法第8條第3項：「銀行業及其他經本會指定之金融機構總經理應督導各單位審慎評估及檢討防制洗錢及打擊資恐內部控制制度執行情形，由董（理）事長（主席）、總經理、總稽核（稽核主管）、防制洗

錢及打擊資恐專責主管聯名出具防制洗錢及打擊資恐之內部控制制度聲明書（附表），並提報董（理）事會通過，於每會計年度終了後三個月內將該內部控制制度聲明書內容揭露於該機構網站，並於本會指定網站辦理公告申報。」

29 (B)。由於產險之標的物為實體財物，因此需特別關注與審查持有人與控制人的合理關係。

30 (B)。保險業與金融業在洗錢風險控管上的差異在於交易對象身分之複雜程度不同。

31 (C)。資恐資金常見的小額電匯，不容易被交易監控系統辨識為可疑交易，因此仍必須仰賴專業訓練之銀行人員，藉由其對資恐交易之敏感度、以及嚴謹的銀行內控機制，輔以自動化系統方能有效減低資恐交易的發生。

32 (C)。保險商品的現金價值為洗錢工具之重要特徵。

33 (B)。非營利組織基於組織架構及內部機制不透明，且法令監控程序寬鬆等特性，容易成為隱匿犯罪洗錢之溫床。

34 (C)。按保險業防制洗錢及打擊資恐最佳實務指引：「……四、簡化客戶審查及持續監控措施
(二)宜適用簡化客戶審查及持續監控之情形
下列情形為保險業常見之低風險交易情境，保險公司得進行簡化審查及持續監控措施：
1.客戶投保不具有保單價值準備金之保險商品者，例如短年期人壽

壽險、傷害保險、健康保險。」

35 (A)。吸金犯罪特性：以國外產品、未上市股票或不動產等名義吸引投資人，透過說明會或投資人的群眾關係來擴充犯罪金額，其高利、短期的投資模式，使民眾在投資前期取得報酬，以獲得信任取得更多犯罪資金。

36 (C)。錢騾：運用網路及金融機構進行跨國轉運高價貨物或資金（犯罪所得），並從中收取利益。

37 (A)。證券類疑似洗錢或資恐交易態樣：
(一)客戶大額買賣有價證券者。
(二)客戶未見合理原因，於一定期間內進行鉅額配對交易對象為同一人者。
(三)客戶有異於過去買賣模式買進（賣出）後又迅即賣出（買進）有價證券者，且與其身分不相當或無合理原因者。
(四)新開戶或一定期間無交易之帳戶突然大額交易者。
(五)利用公司員工或特定團體成員集體開立之帳戶大額且頻繁交易者。
(六)交易帳戶連續大額以高價只買進不（或少量）賣出、以低價只賣出不（或少量）買進，或將股票維持在一定價位。
(七)使用數個非本人或擔任代理人之帳戶分散大額交易者。
(八)超過新臺幣五十萬元之交割價款由非本人匯交予證券商；或客戶要求證券商將其超過新臺幣五十萬元之應收價款匯付予一個或多個非本人帳戶；或多個客戶要求

證券商將該等客戶之應收交割價
款匯付入同一帳戶者。

(九)無正當理由短期內連續大量買賣
特定股票。

(十)利用人頭戶、委託第三人或同一
證券商不同分公司同一客戶帳
戶，以相對委託、沖洗買賣或其
他方式，連續大量買賣股票。

(十一)無正當理由客戶申請大幅調整
單日買賣額度且於市場大額買
進一籃子股票或其他有價證券。

(十二)客戶突然大額買進或賣出冷
門、小型或財務業務不佳之有
價證券。

38 (D)。為利於洗錢，非法所得之款項
多存放於資金轉移靈活度較高之產
品，故(D)為錯誤選項。

39 (A)。金融機構防制洗錢辦法第5條
第一項第四款：「……四、金融機
構對客戶身分辨識與驗證程序，得
以過去執行與保存資料為依據，無
須於客戶每次從事交易時，一再辨
識及驗證客戶之身分。但金融機構
對客戶資訊之真實性或妥適性有所
懷疑、發現客戶涉及疑似洗錢或資
恐交易、或客戶之交易或帳戶之運
作方式出現與該客戶業務特性不符
之重大變動時，應依第三條規定對
客戶身分再次確認。」

40 (D)。金融機構防制洗錢辦法第12條
第2款：「二、金融機構對下列資
料，應保存至與客戶業務關係結束
後或臨時性交易結束後，至少五
年。但法律另有較長保存期間規定
者，從其規定：

(一)確認客戶身分所取得之所有紀錄，
如護照、身分證、駕照或類似之

官方身分證明文件影本或紀錄。

(二)帳戶、電子支付帳戶或卡戶檔案
或契約文件檔案。

(三)業務往來資訊，包括對複雜、異
常交易進行詢問所取得之背景或
目的資訊與分析資料。」

41 (A)。依金管會「銀行評估洗錢及資
恐風險及訂定相關防制計畫指引」
規定：……
(二)客戶風險：
1.銀行應綜合考量個別客戶背景、
職業與社會經濟活動特性、地域、
以及非自然人客戶之組織型態與
架構等，以識別該客戶洗錢及資
恐風險。
2.於識別個別客戶風險並決定其風
險等級時，銀行得依據以下風險
因素為評估依據：
(1)客戶之地域風險：依據銀行所定
義之洗錢及資恐風險的區域名
單，決定客戶國籍與居住國家的
風險評分。
(2)客戶職業與行業之洗錢風險：依
據銀行所定義之各職業與行業的
洗錢風險，決定客戶職業與行業
的風險評分。高風險行業如從事
密集性現金交易業務、或屬易被
運用於持有個人資產之公司或信
託等。
(3)個人客戶之任職機構。
(4)客戶開戶與建立業務關係之管道。
(5)首次建立業務關係之往來金額。
(6)申請往來之產品或服務。
(7)客戶是否有其他高洗錢及資恐風
險之表徵，如客戶留存地址與分
行相距過遠而無法提出合理說明
者、客戶為具隱名股東之公司或
可發行無記名股票之公司、法人

客戶之股權複雜度，如股權架構
是否明顯異常或相對其業務性質
過度複雜等。

42 (B)。(B)為地域風險。

43 (D)。金融機構防制洗錢辦法第3條
第7款：「(三)客戶或具控制權者為
下列身分者，除有第六條第一項第
三款但書情形或已發行無記名股票
情形者外，不適用第四款第三目辨
識及驗證實質受益人身分之規定。
1.我國政府機關。
2.我國公營事業機構。
3.外國政府機關。
4.我國公開發行公司或其子公司。
5.於國外掛牌並依掛牌所在地規定，
應揭露其主要股東之股票上市、
上櫃公司及其子公司。
6.受我國監理之金融機構及其管理
之投資工具。
7.設立於我國境外，且所受監理規
範與防制洗錢金融行動工作組織
（FATF）所定防制洗錢及打擊資
恐標準一致之金融機構，及該金
融機構管理之投資工具。
8.我國政府機關管理之基金。
9.員工持股信託、員工福利儲蓄信
託。」

44 (B)。(B)應為戶政機關。

45 (A)。按金管會銀行全面性洗錢及資
恐風險評估作業之實務參考做法：
「(七)風險評估頻率由各銀行自行決
定，未有強制規定。而本會防制洗
錢及打擊資恐注意事項範本之問答
集建議銀行應每1-1.5年間至少辦理
一次全面性洗錢及資恐風險評估作
業。」

46 (B)。金融機構防制洗錢辦法第3條
第9款：「九、金融機構完成確認客
戶身分措施前，不得與該客戶建立
業務關係或進行臨時性交易。但符
合下列各目情形者，得先取得辨識
客戶及實質受益人身分之資料，並
於建立業務關係後，再完成驗證：
(一)洗錢及資恐風險受到有效管理。
包括應針對客戶可能利用交易完
成後才驗證身分之情形，採取風
險管控措施。
(二)為避免對客戶業務之正常運作造
成干擾所必須。
(三)會在合理可行之情形下儘速完成
客戶及實質受益人之身分驗證。
如未能在合理可行之時限內完成
客戶及實質受益人之身分驗證，
須終止該業務關係，並應事先告
知客戶。」

47 (D)。金額閾值=金額門檻，可依照
不同風險標準作調整。

48 (D)。金融機構防制洗錢辦法第9條
第5款：「五、前款完整之監控型態
應依其業務性質，納入各同業公會
所發布之態樣，並應參照金融機構
本身之洗錢及資恐風險評估或日常
交易資訊，增列相關之監控態樣。
其中就電子支付帳戶間款項移轉，
金融機構監控時應將收受兩端之所
有資訊均納入考量，以判定是否申
報疑似洗錢或資恐交易。」

49 (A)。證券期貨業防制洗錢及打擊資
恐注意事項：「……五、證券期貨
業確認客戶身分時，有以下情形之
一者，應予以婉拒建立業務關係或
交易：
(一)疑似使用假名、人頭、虛設行號

或虛設法人團體開設帳戶。

(二)客戶拒絕提供審核客戶身分措施相關文件。

(三)對於得採委託、授權之開戶者，若查證委託、授權之事實及身分資料有困難。

(四)持用偽、變造身分證明文件，或面對面業務往來或交易時，出示之身分證明文件均為影本。

(五)提供文件資料可疑、模糊不清，不願提供其他佐證資料或提供之文件資料無法進行查證。

(六)客戶不尋常拖延應補充之身分證明文件。

(七)建立業務關係時，有其他異常情形，客戶無法提出合理說明。

(八)建立業務關係對象為資恐防制法指定制裁之個人、法人或團體，以及外國政府或國際洗錢防制組織認定或追查之恐怖分子或團體。」

50 (B)。按中華民國證券商業同業公會證券商防制洗錢及打擊資恐注意事項範本：「二、確認客戶身分時機：

(一)與客戶建立業務關係時。

(二)辦理新臺幣五十萬元（含等值外幣）以上之現金交易（如以現金給付之交割價款、單筆申購並以臨櫃交付現金方式交易等）時。

(三)發現疑似洗錢或資恐交易時。

(四)對於過去所取得客戶身分資料之真實性或妥適性有所懷疑時。」

51 (A)。(B)金融機構防制洗錢辦法第10條第1項第4款：「……二、客戶或其實質受益人若為現任國內政府或國際組織之重要政治性職務人士，應於與該客戶建立業務關係時，審視其風險，嗣後並應每年重

新審視。對於經金融機構認定屬高風險業務關係者，應對該客戶採取第六條第一項第一款各目之強化確認客戶身分措施。」

(C)應直接視為高風險客戶。

金融機構防制洗錢辦法第10條第1項第4款：「金融機構於確認客戶身分時，應運用適當之風險管理機制，確認客戶及其實質受益人、高階管理人員是否為現任或曾任國內外政府或國際組織之重要政治性職務人士：一、客戶或其實質受益人若為現任國外政府之重要政治性職務人士，應將該客戶直接視為高風險客戶，並採取第六條第一項第一款各目之強化確認客戶身分措施。」

(D)適用。

按「重要政治性職務之人與其家庭成員及有密切關係之人範圍認定標準」第6條規定：「本法第七條第三項所稱重要政治性職務之人，其家庭成員範圍如下：

一、一親等直系血親或姻親。

二、兄弟姊妹。

三、配偶及其兄弟姊妹。

四、相當於配偶之同居伴侶。」

52 (D)。

(A)有價證券仍有相當高的風險

(B)可依金融機構之實務經驗自行增列相關之監控態樣。

(C)應進行身分驗證

(D)洗錢防制法之特定犯罪即為前置犯罪。

洗錢防制法第3條：「本法所稱特定犯罪，指下列各款之罪：

一、最輕本刑為六月以上有期徒刑以上之刑之罪。

二、刑法第一百二十一條第一項、

第一百二十三條、第二百零一條之一第二項、第二百六十八條、第三百三十九條、第三百三十九條之三、第三百四十二條、第三百四十四條、第三百四十九條之罪。

三、懲治走私條例第二條第一項、第三條第一項之罪。

四、破產法第一百五十四條、第一百五十五條之罪。

五、商標法第九十五條、第九十六條之罪。

六、廢棄物清理法第四十五條第一項後段、第四十七條之罪。

七、稅捐稽徵法第四十一條、第四十二條及第四十三條第一項、第二項之罪。

八、政府採購法第八十七條第三項、第五項、第六項、第八十九條、第九十一條第一項、第三項之罪。

九、電子支付機構管理條例第四十四條第二項、第三項、第四十五條之罪。

十、證券交易法第一百七十二條第一項、第二項之罪。

十一、期貨交易法第一百十三條第一項、第二項之罪。

十二、資恐防制法第八條、第九條之罪。

十三、本法第十四條之罪。」

53 (C)。銀行業及其他經金融監督管理委員會指定之金融機構防制洗錢及打擊資恐內部控制與稽核制度實施辦法第6條第2項：「前項第一款洗錢及資恐風險之辨識、評估及管理，應至少涵蓋客戶、地域、產品及服務、交易或支付管道等面向，

並依下列規定辦理……」

54 (A)。人壽保險業防制洗錢及打擊資恐注意事項範本第4條：「……十四、確認客戶身分其他應遵循之事項：

(一)承保時應注意事項：

1.業務員於個人投保時，應要求要保人、被保險人提供身分證明文件（身分證、護照、駕照，或其他足資證明其身分之文件等）或予以記錄；法人投保時，應要求提供法人合格登記資格證照、代理人之合法證明（如營業執照、其他設立或登記證照等）及持有或控制該法人之實質受益人之身分文件、資料或資訊或予以記錄；並與要保書填載內容核對無誤後於招攬報告註明。」

55 (D)。金融機構防制洗錢辦法第5條第1款：「金融機構確認客戶身分措施，應包括對客戶身分之持續審查，並依下列規定辦理：

一、金融機構應依重要性及風險程度，對現有客戶身分資料進行審查，並於考量前次執行審查之時點及所獲得資料之適足性後，在適當時機對已存在之往來關係進行審查。上開適當時機至少應包括：

(一)客戶加開帳戶、新增儲值卡記名作業、新增註冊電子支付帳戶、保額異常增加或新增業務往來關係時。

(二)依據客戶之重要性及風險程度所定之定期審查時點。

(三)得知客戶身分與背景資訊有重大變動時。」

56 (B)。交易監控的分工若缺乏獨立性，將造成內部控制失去意義。

57 (C)。銀行評估洗錢及資恐風險及訂定相關防制計畫指引：「……八、銀行應建立定期之全面性洗錢及資恐風險評估作業並製作風險評估報告，使管理階層得以適時且有效地瞭解銀行所面對之整體洗錢與資恐風險、決定應建立之機制及發展合宜之抵減措施。
銀行應依據下列指標，建立定期且全面性之洗錢及資恐風險評估作業：
(一)業務之性質、規模、多元性及複雜度。
(二)目標市場。
(三)銀行交易數量與規模：考量銀行一般交易活動與其客戶之特性等。
(四)高風險相關之管理數據與報告：如高風險客戶之數目與比例；高風險產品、服務或交易之金額、數量或比例；客戶之國籍、註冊地或營業地、或交易涉及高風險地域之金額或比例等。
(五)業務與產品，包含提供業務與產品予客戶之管道及方式、執行客戶審查措施之方式，如資訊系統使用的程度以及是否委託第三人執行審查等。
(六)內部稽核與監理機關之檢查結果。」

58 (B)。金融機構防制洗錢辦法第6條第1項第1款：「一、對於高風險情形，應加強確認客戶身分或持續審查措施，其中至少應額外採取下列強化措施：
(一)在建立或新增業務往來關係前，應取得高階管理人員同意。
(二)應採取合理措施以瞭解客戶財富

及資金來源。其中資金來源係指產生該資金之實質來源。
(三)對於業務往來關係應採取強化之持續監督。」

59 (B)。根據「重要政治性職務之人與其家庭成員及有密切關係之人範圍認定標準」問答集：「判斷是不是「重要政治性職務之人」的重點還是在客戶盡職調查程序，包括員工的訓練與充分的資訊，其中最寶貴的判斷資訊，就是客戶本人，因此應善用對於客戶本人之了解方式，而非單純仰賴第三資源。此外，最重要的是要確保客戶資訊即時更新、員工受定期訓練，以及網路及電子媒體資源之使用，例如財產申報系統也是重要資源，或也可以由客戶自行聲明（但客戶聲明不免除金融機構之責任）以及集團內資訊分享來取得相關資訊。至於商業資料庫之使用並非國際規範的強制要求，且使用資料庫本身也不能取代客戶盡職調查之程序，畢竟商業資料庫也有其限制。」

60 (B)。金融機構防制洗錢辦法第4條：「金融機構確認客戶身分時，有下列情形之一者，應予以婉拒建立業務關係或交易：
一、疑似使用匿名、假名、人頭、虛設行號或虛設法人團體開設帳戶、投保或辦理儲值卡記名作業。
二、客戶拒絕提供審核客戶身分措施相關文件。
三、對於由代理人辦理開戶、儲值卡記名作業、註冊電子支付帳戶、投保、保險理賠、保險契約變更或交易者，且查證代理

之事實及身分資料有困難。

四、持用偽、變造身分證明文件。

五、出示之身分證明文件均為影本。但依規定得以身分證明文件影本或影像檔，輔以其他管控措施辦理之業務，不在此限。

六、提供文件資料可疑、模糊不清，不願提供其他佐證資料或提供之文件資料無法進行查證。

七、客戶不尋常拖延應補充之身分證明文件。

第二部份：複選題

61 (ABD)。

(C)得兼任法務及法遵主管。

金融控股公司及銀行業內部控制及稽核制度實施辦法第32條第1項第2款：「二、金融控股公司及不適用前款規定之銀行業，其總機構法令遵循主管除兼任法務單位主管與防制洗錢及打擊資恐專責單位主管外，不得兼任內部其他職務。但主管機關對信用合作社及票券金融公司另有規定者，依其規定。」

62 (ABC)。

資恐防制法第1條：「為防止並遏止對恐怖活動、組織、分子之資助行為（以下簡稱資恐），維護國家安全，保障基本人權，強化資恐防制國際合作，特制定本法。」

63 (ABC)。

洗錢防制法第6條第1項：「金融機構及指定之非金融事業或人員應依洗錢與資恐風險及業務規模，建立洗錢防制內部控制與稽核制度；其內容應包括下列事項：

一、防制洗錢及打擊資恐之作業及

八、建立業務關係對象為資恐防制法指定制裁之個人、法人或團體，以及外國政府或國際組織認定或追查之恐怖分子或團體。但依資恐防制法第六條第一項第一款至第三款所為支付不在此限。

九、建立業務關係或交易時，有其他異常情形，客戶無法提出合理說明。」

控制程序。

二、定期舉辦或參加防制洗錢之在職訓練。

三、指派專責人員負責協調監督第一款事項之執行。

四、備置並定期更新防制洗錢及打擊資恐風險評估報告。

五、稽核程序。

六、其他經中央目的事業主管機關指定之事項。」

64 (AC)。

資恐防制法第4條：「主管機關依法務部調查局提報或依職權，認個人、法人或團體有下列情事之一者，經審議會決議後，得指定為制裁名單，並公告之：

一、涉嫌犯第八條第一項各款所列之罪，以引起不特定人死亡或重傷，而達恐嚇公眾或脅迫政府、外國政府、機構或國際組織目的之行為或計畫。

二、依資恐防制之國際條約或協定要求，或執行國際合作或聯合國相關決議而有必要。

前項指定之制裁名單，不以該個

人、法人或團體在中華民國領域內者為限。

第一項指定制裁個人、法人或團體之除名，應經審議會決議，並公告之。」

資恐防制法第5條：「主管機關依法務部調查局提報或依職權，應即指定下列個人、法人或團體為制裁名單，並公告之：

一、經聯合國安全理事會資恐相關決議案及其後續決議所指定者。

二、聯合國安全理事會依有關防制與阻絕大規模毀滅性武器擴散決議案所指定者。

前項所指定制裁個人、法人或團體之除名，非經聯合國安全理事會除名程序，不得為之。」

65 (ABD)。

金融機構防制洗錢辦法第3條第7款第3目：「……(三)客戶或具控制權者為下列身分者，除有第六條第一項第三款但書情形或已發行無記名股票情形者外，不適用第四款第三目辨識及驗證實質受益人身分之規定。

1.我國政府機關。

2.我國公營事業機構。

3.外國政府機關。

4.我國公開發行公司或其子公司。

5.於國外掛牌並依掛牌所在地規定，應揭露其主要股東之股票上市、上櫃公司及其子公司。

6.受我國監理之金融機構及其管理之投資工具。

7.設立於我國境外，且所受監理規範與防制洗錢金融行動工作組織（FATF）所定防制洗錢及打擊資恐標準一致之金融機構，及該金融機構管理之投資工具。

8.我國政府機關管理之基金。

9.員工持股信託、員工福利儲蓄信託。」

66 (BCD)。

金融機構防制洗錢辦法第3條第4款：「……四、金融機構確認客戶身分應採取下列方式：

(一)以可靠、獨立來源之文件、資料或資訊，辨識及驗證客戶身分，並保存該身分證明文件影本或予以記錄。

(二)對於由代理人辦理者，應確實查證代理之事實，並以可靠、獨立來源之文件、資料或資訊，辨識及驗證代理人身分，並保存該身分證明文件影本或予以記錄。

(三)辨識客戶實質受益人，並以合理措施驗證其身分，包括使用可靠來源之資料或資訊。

(四)確認客戶身分措施，應包括瞭解業務關係之目的與性質，並視情形取得相關資訊。」

67 (AD)。

(B)(C)皆屬正常交易範圍，無須申報。

68 (AD)。

存款帳戶及其疑似不法或顯屬異常交易管理辦法第5條：「存款帳戶依前條之分類標準認定為疑似不法或顯屬異常交易者，銀行應採取下列處理措施：

一、第一類：

(一)存款帳戶如屬偽冒開戶者，應即通知司法警察機關、法務部調查局洗錢防制處及財團法人金融聯合徵信中心，銀行並應即結清該帳戶，其剩餘款項則俟依法可領取者申請給付時處理。

(二)存款帳戶經通報為警示帳戶者，應即通知財團法人金融聯合徵信中心，並暫停該帳戶全部交易功能，匯入款項逕以退匯方式退回匯款行。

(三)存款帳戶屬衍生管制帳戶者，應即暫停該帳戶使用提款卡、語音轉帳、網路轉帳及其他電子支付功能，匯入款項逕以退匯方式退回匯款行。

(四)依其他法令規定之處理措施。

二、第二類：

(一)對該等帳戶進行查證及持續進行監控，如經查證有不法情事者，除通知司法警察機關外，並得採行前款之部分或全部措施。

(二)依洗錢防制法等相關法令規定之處理措施。」

69 (ABC)。
(D)風險評估報告交於金管會備查。

70 (ABD)。
(C)為銀行業之常見洗錢態樣，非保險業。

71 (AB)。
見金管會「附錄：疑似洗錢、資恐或資助武擴交易態樣」：

二、異常交易-客戶異常行為類

(一)客戶投保大額躉繳之保險，對於資金來源無法提出合理說明者或與其身分、收入顯不相當，或與其營業性質無關。

(二)客戶購買保險商品時，對於保障內容或給付項目完全不關心，抑或對於具高保單價值準備金或具高現金價值或躉繳保費之保險商品，僅關注保單借款、解約或變更受益人等程序。

(三)客戶平時以定期付款方式繳交保費，突然要求訂立一次付清保費的大額契約。

(四)客戶短期內密集投保具高保單價值準備金之保險商品（含OIU商品），且投保內容與其身分、收入顯不相當，或與其營業性質無關者。

72 (ACD)。
(A)(C)(D)皆屬存提匯款類的疑似洗錢態樣，(B)屬貿易金融類，與人頭帳戶之操作方式較無關聯。（參考資料：金管會，110，附錄-疑似洗錢或資恐交易態樣）

73 (ACD)。
金融機構防制洗錢辦法第5條：「金融機構確認客戶身分措施，應包括對客戶身分之持續審查，並依下列規定辦理：

一、金融機構應依重要性及風險程度，對現有客戶身分資料進行審查，並於考量前次執行審查之時點及所獲得資料之適足性後，在適當時機對已存在之往來關係進行審查。上開適當時機至少應包括：

(一)客戶加開帳戶、新增儲值卡記名作業、新增註冊電子支付帳戶、保額異常增加或新增業務往來關係時。

(二)依據客戶之重要性及風險程度所定之定期審查時點。

(三)得知客戶身分與背景資訊有重大變動時。」

74 (ABC)。
(D)為一般風險之無須加強審查措施。

75 (ABC)。
四、產品／服務—貿易金融類：
(一)提貨單與付款單或發票的商品敘述內容不符，如進出口的產品數量3或類型不符。
(二)產品和服務之定價，或於發票中所申報的價值，明顯與該商品的市場公平價值不符(低估或高估)。
(三)付款方式不符合該交易的風險特性，如預先支付貨款給一個位於洗錢或資恐高風險國家或地區的新供應商。
(四)交易中所使用的信用狀常頻繁或無合理解釋大幅修改、延期或更換付款地點。
(五)利用無貿易基礎的信用狀、票據貼現或其他方式於境外融資。
(六)運送之物品與客戶所屬產業別、營運項目不符或與本身營業性質無關。
(七)客戶涉及疑似洗錢或資恐高風險之活動，包括輸出入受禁運或限制輸出入貨品者（如外國政府的軍事用品、武器、化學物品，或金屬等天然資源）。
(八)貨物運至或來自洗錢或資恐高風險國家或地區。
(九)運輸的貨物類型容易被利用於洗錢或資恐，如高價值但量少之商品（如鑽石、藝術品）。（參考資料：金管會，110，附錄-疑似洗錢或資恐交易態樣）

76 (ABD)。
按「銀行評估洗錢及資恐風險及訂定相關防制計畫指引」第3條：「銀行應採取合宜措施以識別、評估其洗錢及資恐風險，並依據所辨識之風險訂定具體的風險評估項目，以

進一步管控、降低或預防該風險。具體的風險評估項目應至少包括地域、客戶、產品及服務、交易或支付管道等面向，並應進一步分析各風險項目,以訂定細部的風險因素。」

77 (BD)。
按「證券商評估洗錢及資恐風險及訂定相關防制計畫指引」：「……八、……證券商之全面性洗錢及資恐風險評估結果應做為發展防制洗錢及打擊資恐計畫之基礎；證券商應依據風險評估結果分配適當人力與資源，採取有效的反制措施，以預防或降低風險證券商有重大改變,如發生重大事件、管理及營運上有重大發展、或有相關新威脅產生時,應重新進行評估作業。證券商應於完成或更新風險評估報告時,將風險評估報告送主管機關備查。」

78 (CD)。
金融機構防制洗錢辦法第6條：「第三條第四款與前條規定之確認客戶身分措施及持續審查機制,應以風險基礎方法決定其執行強度,包括:
一、對於高風險情形,應加強確認客戶身分或持續審查措施,其中至少應額外採取下列強化措施:
(一)在建立或新增業務往來關係前,應取得高階管理人員同意。
(二)應採取合理措施以瞭解客戶財富及資金來源。其中資金來源係指產生該資金之實質來源。
(三)對於業務往來關係應採取強化之持續監督。
二、對於來自洗錢或資恐高風險國家或地區之客戶,應採行與其風險相當之強化措施。
三、對於較低風險情形,得採取簡

化措施，該簡化措施應與其較低風險因素相當。但有下列情形者，不得採取簡化確認客戶身分措施：

(一)客戶來自未採取有效防制洗錢或打擊資恐之高風險地區或國家，包括但不限於本會函轉國際防制洗錢組織所公告防制洗錢與打擊資恐有嚴重缺失之國家或地區，及其他未遵循或未充分遵循國際防制洗錢組織建議之國家或地區。

(二)足資懷疑該客戶或交易涉及洗錢或資恐。

辦理儲值卡記名作業時，不適用前項第一款第一目及第二目規定。

保險業應將人壽保險契約之受益人納為是否執行強化確認客戶身分措施之考量因素。人壽保險契約之保險受益人為法人或信託之受託人，經評估屬較高風險者，應採取強化確認客戶身分措施，包括於給付保險金前，採取合理措施辨識及驗證實質受益人身分。」

79 (ACD)。

按保險業評估洗錢及資恐風險及訂定相關防制計畫指引：「……六、對於新建立業務關係的客戶，保險業應在建立業務關係時，確定其風險等級。

對於已確定風險等級之既有客戶，保險業應依據其風險評估政策及程序，重新進行客戶風險評估。

雖然保險業在建立業務關係時已對客戶進行風險評估，但就某些客戶而言，必須待保險事故發生，客戶申請理賠時，其全面風險狀況才會變得明確，爰此，保險業應依重要

性及風險程度，對現有客戶身分資料進行審查，並於考量前次執行審查之時點及所獲得資料之適足性後，在適當時機對已存在之往來關係進行審查及適時調整風險等級。上開適當時機至少應包括：

(一)客戶保額異常增加或新增業務往來關係時。

(二)依據客戶之重要性及風險程度所定之定期審查時點。

(三)得知客戶身分與背景資訊有重大變動時。

保險業應定期檢視其辨識客戶及實質受益人身分所取得之資訊是否足夠，並確保該等資訊之更新，特別是高風險客戶，保險業應至少每年檢視一次。」

80 (ABC)。

判斷是不是「重要政治性職務之人」的重點還是在客戶盡職調查程序，包括員工的訓練與充分的資訊，其中最寶貴的判斷資訊，就是客戶本人，因此應善用對於客戶本人之了解方式，而非單純仰賴第三資源。此外，最重要的是要確保客戶資訊即時更新、員工受定期訓練，以及網路及電子媒體資源之使用，例如財產申報系統也是重要資源，或也可以由客戶自行聲明（但客戶聲明不免除金融機構之責任）以及集團內資訊分享來取得相關資訊。至於商業資料庫之使用並非國際規範的強制要求，且使用資料庫本身也不能取代客戶盡職調查之程序，畢竟商業資料庫也有其限制。

（引用自：有關「重要政治性職務之人與其家庭成員及有密切關係之人範圍認定標準」問答集）

109年 第3次防制洗錢與打擊資恐專業人員測驗試題

第一部份：單選題

( ) **1** 金融機構如發現客戶屬於國內較高風險的重要政治性職務人士
（PEP），應執行強化客戶審查措施，下列敘述何者錯誤？ (A)取
得高階主管的核准 (B)採取合理措施，以了解客戶之財富來源及
交易資金來源 (C)對業務關係進行持續的強化監控 (D)立即向主
管機關金管會通報有PEP。

( ) **2** 下列哪一種運輸的貨物類型容易被利用於洗錢或資恐？ (A)鐵礦
(B)砂石 (C)鑽石 (D)成衣。

( ) **3** 有關紀錄保存之規定，下列何者錯誤？ (A)疑似洗錢或資恐交易之
申報，其申報之相關紀錄憑證，自申報後以原本方式至少保存五年
(B)確認客戶身分所取得之所有紀錄、帳戶檔案、業務往來資訊
等，自確認後以原本方式至少保存五年 (C)達一定金額以上大額
通貨交易，其確認紀錄及申報之相關紀錄憑證，自交易後以原本方
式至少保存五年 (D)交易帳號、姓名、交易日期、貨幣種類及金
額等國內外交易之所有必要紀錄，自交易後應至少保存五年。

( ) **4** 有關防制洗錢及打擊資恐中確認客戶身分措施之敘述，下列何者錯
誤？ (A)對於高風險情形，應加強確認客戶身分或持續審查措施
(B)對於來自洗錢或資恐高風險國家之客戶，應採行與其風險相當
之強化措施 (C)對於較低風險客戶，仍不得採取簡化確認客戶身
分措施 (D)對於高風險客戶，在建立或新增業務往來關係前，應
取得銀行高階管理人員同意。

( ) **5** 以下何者較不可能是高洗錢資恐之職業或行業？ (A)證券投資顧問
(B)從事密集性現金交易業務 (C)會計師、律師、公證人 (D)易被
運用為持有個人資產之公司或信託。

( ) **6** 下列敘述何者錯誤？ (A)銀行不得向客戶透露客戶之風險等級資訊
(B)銀行不得自行定義可直接視為低風險客戶之類型 (C)銀行應在
客戶建立業務關係時，確定客戶風險等級 (D)對於已確定風險等

級之既有客戶，銀行應依據其風險評估政策及程序，重新進行客戶風險評估。

(　) **7** 有關銀行如何利用資訊判定重要政治性職務人士，下列敘述何者錯誤？　(A)銀行必須有效地教導員工如何判定客戶是否擔任重要政治性職務人士　(B)網路與媒體的資訊常不可靠，所以不值得參考　(C)商業資料庫軟體可以用來協助判定客戶是否擔任重要政治性職務人士　(D)可以請客戶自行填報。

(　) **8** 下列何者並非評估洗錢風險時應納入考量的項目？　(A)客戶性質　(B)組織複雜度　(C)業務規模　(D)產品服務複雜度。

(　) **9** 有關防制洗錢金融行動工作組織（FATF）的「評鑑方法論」的敘述，下列何者正確？　(A)包括技術遵循（Technical Compliance）及有效性（Effectiveness）評鑑方法論　(B)只看技術遵循（Technical Compliance）評鑑　(C)只看有效性（Effectiveness）評鑑　(D)無須辨識及評估國家的洗錢與資恐風險。

(　)**10** 在客戶為法人時進行認識客戶，應先查具控制權最終自然人身分。具控制權係指持有該法人股份或資本超過多少者？　(A)百分之十者　(B)百分之二十者　(C)百分之二十五者　(D)百分之三十者。

(　)**11** 下列何者並非認識客戶應包含的資訊範圍？　(A)信託受託人　(B)信託交易對象　(C)信託受益人　(D)信託監察人。

(　)**12** 依據「水桶理論」，全球防制洗錢及打擊資恐系統的有效性，是取決於防護措施最弱的國家而非最強的國家。下列何者不是防制洗錢金融行動工作組織（FATF）公布打擊資恐措施不足國家的目的？　(A)警告其他國家留意與名單上資恐高風險與不合作國家交易　(B)給這些須加強反資恐措施的國家壓力，迫使其改善　(C)維護這些國家在全球經濟體系中的名聲與地位　(D)阻斷國際上恐怖份子從這些國家取得資金的來源。

(　)**13** 對於經保險業檢視屬疑似洗錢或資恐交易者，不論交易金額多寡，於專責主管核定後幾個營業日內應立即向調查局申報？　(A)二日　(B)五日　(C)三日　(D)十日。

( ) **14** 李董為一當鋪業者，為業務需要至A銀行開立活期存款帳戶，若A銀行對李董辦理客戶風險評估之結果為高風險，請問依規定A銀行至少多久需對李董辦理一次資料更新之檢視作業？ (A)每半年 (B)每一年 (C)每二年 (D)每三年。

( ) **15** 有關銀行評估洗錢及資恐風險及訂定相關防制計畫指引，下列敘述何者錯誤？ (A)本指引依「銀行業及電子支付機構電子票證發行機構防制洗錢及打擊資恐內部控制要點」訂定 (B)其內部控制制度，應經董（理）事會通過 (C)風險基礎方法（risk-based approach）旨在協助發展與洗錢及資恐風險相當之防制與抵減措施 (D)指引所舉之各項說明為強制性規範，銀行之風險評估機制應與其業務性質及規模相當。

( ) **16** 對於一個國家而言，落實洗錢防制能增加效率及信任度並推動商業活動，係應以下列何者作為最重要的指標？ (A)金流秩序 (B)社會秩序 (C)經濟秩序 (D)國防秩序。

( ) **17** 確認客戶身分之簡化客戶審查之規定，下列敘述何者錯誤？ (A)對於較低風險之情形，得採簡化措施辦理客戶審查 (B)降低客戶身分資訊更新頻率，為銀行得採行的確認客戶身分之簡化措施之一 (C)對於來自洗錢與資恐高風險地區或國家之客戶，不得適用簡化客戶審查流程 (D)客戶等級僅區分為「高風險」及「一般風險」兩級時，「一般風險」可適用簡化客戶審查。

( ) **18** 保險業的範圍及業務特性廣泛，有關洗錢風險認知上，下列何者錯誤？ (A)具有高保單價值／現金價值的保險商品，風險較高 (B)保經與保代等保險輔助人因為業務範圍較為單一，並無風險問題 (C)產險業由於多為損失填補型的保險商品，普遍也認為風險較低 (D)產險業應關注保險標的物與持有人／控制人的關係，以及保險犯罪的產生。

( ) **19** 有關防制洗錢金融行動工作組織「相互評鑑」有關評鑑員之評估作法的敘述，下列何者正確？ (A)評鑑員應將結構性元素不足記載於相互評鑑報告中 (B)評鑑員對於政府提出的國家洗錢及資恐風險評估報告應照單全收 (C)金融業的規模、整合程度及本質對於

評鑑員而言是不重要的評鑑項目　(D)評鑑員於評鑑過程中，不須考量犯罪組織或恐怖組織的型態、活動，僅須注意是否有非法資金的移轉。

(　) **20** 某銀行規劃設立海外分公司，下列何者敘述錯誤？　(A)應訂定集團層次之防制洗錢與打擊資恐計畫，於集團內之分公司施行　(B)當總公司與分公司所在國防制洗錢及打擊資恐之最低要求不同時，分公司應就兩地選擇較高標準者作為遵循依據　(C)應確保國外分公司，在任何情形下，皆實施與總公司（或母公司）一致之防制洗錢及打擊資恐措施　(D)在符合我國及國外分公司所在地資料保密規定之情形下，訂定為確認客戶身分與洗錢及資恐風險管理目的所需之集團內資訊分享政策及程序。

(　) **21** 下列何者非法定重要政治性職務之人之家庭成員範圍：　(A)相當於配偶之同居伴侶　(B)配偶之叔父　(C)繼母　(D)配偶之兄。

(　) **22** 就保險業執行客戶身分識別（KYC）與盡職調查（CDD）之描述，下列何者為錯誤？　(A)對於部分有可疑跡象，顯示建立業務關係的法人或團體，即便其最終控制權人或法人負責人是資恐防制法所公佈的指定制裁名單對象，或是外國政府或國際組織認定之恐怖份子或團體，仍應再次查證並確認其實質受益人之身分　(B)執行身分識別與盡職調查作業，必須使用可靠獨立的原始文件、資料或資訊來確認客戶身分；不能接受使用匿名或是假名來進行交易或建立關係　(C)於業務關係持續進行中的既有客戶，應按照其客戶風險等級，定期進行盡職調查與持續監控作業　(D)保險業因有執行客戶身分識別（KYC）與盡職調查（CDD），故不需要保留所有交易紀錄資料與變更軌跡，未來僅須透過身分識別與盡職調查結果持續監控即可。

(　) **23** 保險業商品與銀行業主要商品「開戶」之間，在面對洗錢風險上最主要的差異點是下列何者？　(A)銀行帳戶原則上沒有存續期間；保險商品大多具有一定存續期間　(B)銀行客戶通常只會進行一次性的交易；保險業客戶則會持續的往來交易　(C)銀行業客戶開戶的甄審程序較複雜；保險業投保購買保單的程序較簡易　(D)銀行業開戶的作業時程通常比較久；保險業核保的時程通常比較快速。

( ) **24** 在國際實踐上，對於未符合或不遵守洗錢防制國際規範之國家，應由國際社會對之採取加強審查或停止金融活動往來，此項措施稱之為何？ (A)預防措施 (B)懲罰措施 (C)補充性措施 (D)金融反制措施。

( ) **25** 依據洗錢防制法第2條規定所稱洗錢之行為，請問下列何者情形不屬於持有、使用之洗錢態樣？ (A)收受、持有或使用他人之特定犯罪所得 (B)不動產經紀業不知所受委託物件為客戶犯罪所得，而收受之 (C)知悉收受之財物為他人特定犯罪所得，為取得交易之獲利，仍收受該特定犯罪所得 (D)專業人士（如律師或會計師）明知或可得而知收受之財物為客戶特定犯罪所得，仍收受之。

( ) **26** 有關打擊資恐與防制洗錢，下列敘述何者錯誤？ (A)資恐資金來源大都是合法、小額的電匯 (B)多數非營利組織，不需繳納稅賦，易被恐怖組織利用 (C)非營利組織之匿名現金捐款可以不開收據，成為恐怖組織吸收資金的來源之一 (D)受款人不是最終受益人（Ultimate Beneficiary）時，不須再查明最終受益人的姓名、身分與所在國家。

( ) **27** 下列何項表徵與內線交易之洗錢手法無關？ (A)利用員工或特定集團開戶 (B)與同一人進行鉅額配對交易 (C)突然迅速買進或賣出單一有價證券 (D)利用多個非本人帳戶分散大額交易。

( ) **28** 有關通匯往來銀行業務之敘述，下列何者錯誤？ (A)所謂通匯往來銀行業務係指一家銀行對另外一家銀行提供銀行業務服務 (B)由於通匯銀行可能無法獲得實際交易方的資訊，所以提升辦理此項業務之風險 (C)當委託機構為銀行本身之國外分公司或子公司時，則無須評估該委託機構對防制洗錢及打擊資恐之控管政策及執行效力 (D)在與委託機構建立通匯往來關係前，應依銀行內部風險考量，所訂核准層級之高階管理人員核准後始得辦理。

( ) **29** 依金管會規定，對應向調查局申報之「疑似洗錢或資恐交易」，其申報限為何？ (A)完成交易後5個營業日 (B)完成交易後10個營業日 (C)經洗錢防制專責主管核定後不得逾2個營業日 (D)經洗錢防制專責主管核定後不得逾5個營業日。

（　）**30** 對於金融機構的敘述，下列何者不符防制洗錢金融行動工作組織40項建議之規定？　(A)各國政府應禁止空殼銀行設立，金融機構應禁止客戶採匿名開戶　(B)金融機構應嚴格執行客戶身分驗證，驗證完成前，在洗錢與資訊風險均能有效控管前提下，允許先開戶，在一定期間內完成驗證　(C)金融機構在客戶辦理電匯時應將正確的匯款人與受款人資訊，始終伴隨著電匯及相關訊息傳遞　(D)金融機構允許使用第三方協力廠商執行客戶審查，受委託廠商應負最終責任。

（　）**31** 保險業之防制洗錢及打擊資恐專責主管、專責人員及國內營業單位督導主管，每年應至少參加多少時數的防制洗錢及打擊資恐教育訓練？　(A)八小時　(B)十小時　(C)十二小時　(D)三十二小時。

（　）**32** 證券期貨業評估洗錢及資恐風險之時機，下列何者錯誤？　(A)按各業者之風險評估機制辦理選擇性之評估　(B)更新頻率由業者自行決定　(C)推出新產品前，應進行產品之洗錢及資恐風險評估　(D)推出新產品前，應建立相應之風險管理措施。

（　）**33** 有關證券商評估個別產品及服務、交易或支付管道之洗錢及資恐風險因素，下列敘述何者錯誤？　(A)與現金之關聯程度　(B)無需考慮收到款項是否來自於未知或無關係之第三者　(C)是否為高金額之金錢或價值移轉業務　(D)是否為匿名交易。

（　）**34** 下列何者不是洗錢防制法中「指定之非金融機構或人員」？　(A)律師為客戶準備或進行不動產買賣時　(B)地政士從事與不動產買賣交易有關之行為時　(C)銀樓業　(D)旅行業。

（　）**35** 依據「洗錢防制物品出入境申報及通報辦法」第3條規定，旅客或隨交通工具服務之人員出入境，同一人於同日單一航（班）次若攜帶下列物品應向海關申報，下列何者非屬之？　(A)總價值逾等值一萬美元之外幣　(B)總價值逾新臺幣十萬元之新臺幣現鈔　(C)總面額逾等值一萬美元之有價證券　(D)總價值逾等值一萬美元之黃金。

(　　) **36** 大通貿易公司以低估商品價值之發票向復國銀行申請融資，請問該行為符合下列銀行哪一項業務種類之疑似洗錢交易表徵？　(A)通匯銀行類　(B)存提匯款類　(C)一般授信類　(D)貿易金融類。

(　　) **37** 依資恐防制法第5條規定，國際制裁名單之除名程序須由下列何者組織為之？　(A)聯合國安全理事會　(B)亞太防制洗錢組織　(C)經濟合作暨發展組織　(D)防制洗錢金融行動工作組織。

(　　) **38** 下列敘述何者正確？　(A)金融機構使用集保結算所防制洗錢及打擊資恐查詢系統必須先行申請但毋須付費　(B)非金融機構使用集保結算所防制洗錢及打擊資恐查詢系統可以自行向集保結算所申請並且付費使用　(C)集保結算所將管理者帳號及初始密碼以掛號郵件提供使用單位　(D)使用單位應於三日內完成初始密碼變更，並於變更後次一營業日才可使用本系統。

(　　) **39** 關於PEP，何者正確？　(A)被視為中風險客戶的PEP不需要如同高風險客戶一樣每年審視　(B)卸任PEP應屬中低風險客戶　(C)因為銀行主導金流，給付保險金或解約金之前，保險公司無須檢視受益人是否為PEP　(D)公營事業機構負責人為PEP時，不須視為高風險而適用強化措施。

(　　) **40** 某甲透過A公司轉投資子公司進行內線交易，下列何者非屬其有關疑似洗錢表徵？　(A)利用非本人帳戶分散大額交易　(B)利用公司員工集體開立之帳戶大額且頻繁交易者　(C)存入多筆款項且達特定金額以上，後續並無提領　(D)開戶後立即有達特定金額以上款項匯入，且又迅速移轉者。

(　　) **41** 關於重要政治性職務人士屬於洗錢高風險族群所具有的特點，下列敘述何者錯誤？　(A)如果擔任國際組織官員，可能享有外交豁免權　(B)有權力決定外包廠商或供應商，因此有機會向廠商索取回扣　(C)如果開設境外銀行或成立境外空殼公司，本國的廉政單位亦容易監控　(D)如果出國訪問，不論本國或目的地國家，進出境都會受到禮遇，海關免檢。

（　）**42** 客戶投保後具有多次契撤或退保等行為之所以引發洗錢的關注，其主因為何？　(A)契撤或退保對業務員的績效不好　(B)看起來像是客戶正試圖透過此等行為提出放置於金融機構內的可疑金融資產　(C)可能發生了同業間業務競爭的洗單行為，職業道德上太不高尚　(D)客戶可能不知道她/他需要什麼保險商品而總是買錯。

（　）**43** 關於資恐防制法對於受制裁者的資產凍結，下列敘述何者正確？　(A)金融機構帳戶完全禁止使用　(B)得酌留個人之生活所必須的財物或財產上利益　(C)前項金額由受制裁者向金融機構提出申請後使用　(D)既然已經凍結毋須再行通報法務部調查局。

（　）**44** 指定之非金融事業或人員未建立洗錢防制內部控制與稽核制度，或由中央目的事業主管機關限期令其改善，屆期未改善者，應處罰鍰金額為何？　(A)處指定之非金融事業或人員新臺幣一萬元以上十萬元以下罰鍰　(B)處指定之非金融事業或人員新臺幣五萬元以上一百萬元以下罰鍰　(C)處指定之非金融事業或人員新臺幣十萬元以上二百萬元以下罰鍰　(D)處指定之非金融事業或人員新臺幣五十萬元以上一千萬元以下罰鍰。

（　）**45** 對於防制洗錢措施，銀行採用風險基礎方法的第一步工作為何？　(A)訂定防制洗錢應注意事項　(B)辦理客戶姓名檢核　(C)辦理風險評估　(D)落實一定金額以上通貨交易申報。

（　）**46** 依「銀行防制洗錢及打擊資恐注意事項範本」規定，銀行依不同風險等級訂定客戶身分驗證完成期限，其中建立業務關係後，應不遲於多少工作天？　(A)30個工作天　(B)60個工作天　(C)90個工作天　(D)120個工作天。

（　）**47** 有關國際金融業務分行（OBU）的敘述，下列何者錯誤？　(A)國際詐騙案中常有利用OBU帳戶收受、移轉不法所得　(B)OBU帳戶的申辦，通常搭配申請網路銀行服務，風險益形升高　(C)為便利經濟發展，銀行應對於OBU帳戶的客戶及交易審查更為簡化　(D)法務部調查局接獲國外對等機關對OBU帳戶相關詐騙情資時，往往只能轉介法務部尋求司法互助管道協助。

( ) **48** 銀行應將定期完成之洗錢及資恐風險評估報告送下列何者備查？
(A)法務部 (B)金管會 (C)財政部 (D)中央銀行。

( ) **49** 依資恐防制法第12條規定，金融機構違反有關目標性金融制裁，或
違反資恐通報義務者，請問中央目的事業主管機關應處以罰鍰之額
度？ (A)處新臺幣五萬元以上二十萬元以下罰鍰 (B)處新臺幣十
萬元以上五十萬元以下罰鍰 (C)處新臺幣二十萬元以上一百萬元
以下罰鍰 (D)處新臺幣五十萬元以上二百萬元以下罰鍰。

( ) **50** 有關防制洗錢金融行動工作組織（FATF）頒布40項建議中之第24項
及第25項有關法人與法律協議透明度的要求，下列何者敘述正確？
(A)各國應禁止發行無記名股票與無記名認股權證 (B)各國應確保
主管機關針對信託可查詢到足夠且正確的信託人、受託人、受益人
資訊 (C)各國針對法律協議的防制洗錢措施應以由金融機構擔任
的信託業者為規範重點，而非民事信託 (D)考量到個資的保護，
實質受益權的資訊應由金融機構取得，主管機關不宜取得或保有相
關資訊。

( ) **51** 洗錢者常用電匯移轉資金，關於電匯的說明，下列敘述何者錯誤？
(A)電匯必須為跨越國境的國際交易 (B)電匯交易的匯款人與受款
人有可能是同一個人 (C)電匯實際上無須移動實體貨幣，它是一
個從甲地移轉資金到乙地最快速且安全的方法 (D)指個人透過一
個金融機構，以電子傳輸方式，將資金移轉到另一個金融機構的個
人或團體。

( ) **52** 詐騙集團經常利用人頭帳戶詐領款項，下列哪幾項為常見的洗錢手
法？ A.以金融卡領現規避交易軌跡 B.領現後購買珠寶或貴重金屬
C.領現後以租用保險箱保存 (A)僅AB (B)僅AC (C)僅BC
(D)ABC。

( ) **53** 有關姓名及名稱檢核機制，對法人客戶之姓名及名稱掃瞄範圍，應
包括下列何者？ A.客戶 B.客戶及實質受益人 C.客戶之高階管理人
員 D.客戶之交易對象 (A)僅A (B)僅AB (C)僅ABC (D)AB
CD。

( ) **54** A在臺籌措海外投資之資金，因擔心金額太大，未經同意蒐集公司員工身分證件、印章，至不同銀行冒名辦理小額結匯，分散匯出投資款項，請問A的行為是否觸犯洗錢罪？　(A)有，A使用人頭隱匿、移轉款項　(B)有，A冒名並刻意分批匯款，意圖規避主管機關查緝　(C)無，A的資金來源合法，與洗錢防制法定義之特定犯罪行為有異，且匯款目的亦為合法投資，非用以挹注犯罪或資助恐怖活動　(D)無，A的行為在實務上相當常見，並無異常之處。

( ) **55** 有關銀行確認客戶身分應採取之方式，下列敘述何者錯誤？　(A)以可靠、獨立來源之文件、資料或資訊辨識及驗證客戶身分　(B)對於由代理人辦理者，應辨識及驗證代理人身分，但不需查證代理之事實　(C)辨識客戶實質受益人　(D)瞭解業務關係之目的與性質。

( ) **56** 銀行行員在辦理放款業務時，下列哪一種情形可能有疑似洗錢交易之虞，應進一步調查？　(A)客戶以自住的房屋當擔保品來申請投資理財貸款新臺幣100萬元　(B)客戶以配偶的房屋當擔保品來申請投資理財貸款新臺幣150萬元　(C)客戶以剛認識之朋友提供之土地當擔保品來申請投資週轉金貸款新臺幣5,000萬元　(D)客戶以父親當保證人來申請小額信用貸款新臺幣50萬元。

( ) **57** 有關洗錢者利用證券交割帳戶洗錢的信號，以下何者為非？　(A)必然是以現金存入　(B)存放資金而少用於證券交易　(C)資金移動欠缺明顯經濟目的　(D)資金進出與證券交易無關。

( ) **58** 保險業對於較低風險客戶，得採取之簡化確認客戶身分措施，不包含下列何者？　(A)降低客戶身分資訊更新之頻率　(B)對於可推斷其交易目的者，仍然透過電話瞭解業務往來目的　(C)以合理的保單價值準備金作為審查交易之基礎，降低持續性監控之等級　(D)對於客戶增加購買合理之醫療險，無須再執行特別措施。

( ) **59** 洗錢的活動主要有處置、多層化與整合三個主要階段，倘某收賄者將剛剛得到的收賄款項現金拿到保險公司購買具保價保險商品，這個動作屬於三個階段中的哪一階段？　(A)處置　(B)多層化　(C)整合　(D)稀釋。

( ) 60 為協助發展與洗錢及資恐風險相當之防制與抵減措施，以利於金融業決定其資源配置與建置其內部控制制度，應採取下列何種方法為之？ (A)準則方法 (B)風險基礎方法 (C)規範基礎方法 (D)法規方法。

第二部份：複選題

( ) 61 下列何者為銀行業疑似洗錢或資恐交易態樣？ (A)與通匯銀行間的現金運送模式有重大改變 (B)客戶經常性地將小面額鈔票兌換成大面額鈔票，或反之者 (C)客戶突以達特定金額之款項償還放款，而無法釋明合理之還款來源者 (D)付款方式不符合該交易的風險特性，如預先支付貨款給一個位於洗錢或資恐高風險國家或地區的新供應商。

( ) 62 有關透過守門員（Gatekeeper）協助進行洗錢，下列哪些敘述正確？ (A)守門員如律師、會計師，具專業知識，掌握客戶重要資訊，容易察覺客戶是否有洗錢意圖，因此 FATF 規範專業人士必須採取防制洗錢措施 (B)會計師不會提供個人與法人客戶有關投資、信託及稅務諮詢服務 (C)買賣房地產時，守門員代替客戶收付款項，可能被洗錢者用來協助洗錢 (D)專業人士基於傳統觀念，對客戶的隱私嚴加保密，因此各國收到守門員之可疑交易報告數量極少。

( ) 63 依據「證券商評估洗錢及資恐風險及訂定相關防制計畫指引」之規定，下列何種客戶應直接視為高風險？ (A)負面新聞人士 (B)註冊於租稅天堂之公司 (C)依資恐防制法指定制裁之個人、法人或團體 (D)外國政府或國際洗錢防制組織認定或追查之恐怖份子或團體。

( ) 64 證券期貨業確認客戶身分時機，下列敘述何者正確？ (A)與客戶建立業務關係時 (B)以轉帳方式辦理新臺幣五十萬元（含等值外幣）以上之交割價款、申購款給付 (C)發現疑似洗錢或資恐交易時 (D)客戶身分資料之真實性或妥適性有所懷疑時。

(　) **65** 有關金融機構從業人員在洗錢防制法新制下，應有的正確觀念為下列何者？　(A)進行可疑交易申報，應特別注意是否符合可疑表徵　(B)由於金融交易量龐大，金融機構應建構內部法令遵循文化，強化風險辨識與預防　(C)進行可疑交易申報時，應特別注意保密，相關分析資料僅能內參，也不適合再跟金融情報中心等單位交流　(D)新法採行電子化要求，相關交易紀錄保存改為全面電子化紀錄。

(　) **66** 有關證券期貨業及其他經金融監督管理委員會指定之金融機構防制洗錢及打擊資恐內部控制與稽核制度實施辦法中規定的敘述，下列何者正確？　(A)證券期貨業包括證券商、期貨商與證券集中保管事業　(B)證券期貨業推出新產品前，應進行產品之洗錢及資恐風險評估，並建立相應之風險管理措施以降低所辨識之風險　(C)員工遴選及任用程序應列入證券期貨業防制洗錢及打擊資恐計畫中　(D)證券期貨業指派擔任防制洗錢及打擊資恐專責主管應限於副總經理層級。

(　) **67** 有關防制洗錢及打擊資恐內部控制防線，下列敘述何者正確？　(A)在第一道防線方面，要求金融機構國內外營業單位應指派資深管理人員擔任督導主管，負責督導所屬營業單位防制洗錢及打擊資恐事宜　(B)第二道防線則要求金融機構應依其規模風險等配置適足之防制洗錢及打擊資恐專責人員及資源　(C)第三道防線要求銀行內部稽核單位應依規定辦理防制洗錢及打擊資恐計畫有效性之查核，並提具查核意見　(D)第三道防線要求銀行內部稽核單位應依規定辦理「洗錢及資恐風險評估與防制洗錢及打擊資恐計畫是否符合法規要求並落實執行」之查核，並提具查核意見。

(　) **68** 關於資恐應予罪刑化之範圍，包括下列何者？　(A)資助政治異議份子　(B)資助恐怖活動　(C)資助共產主義　(D)資助制裁對象。

(　) **69** 保險業專責單位或專責主管應掌理下列何種事務？　(A)督導洗錢及資恐風險之辨識、評估及監控政策及程序之規劃與執行　(B)發展防制洗錢及打擊資恐計畫　(C)確認防制洗錢及打擊資恐相關法令之遵循，但不包括所屬同業公會所定並經金管會准予備查之相關範

本或自律規範 (D)督導向法務部調查局進行疑似洗錢或資恐交易申報及資恐防制法指定對象之財物或財產上利益及其所在地之通報事宜。

( ) 70 對於保險業的交易持續監控要求,由於相對屬於較靜態的保單活動,故主要的交易持續監控內容通常包含下列哪三者? (A)客戶身分的改變 (B)每次投保商品內容的改變 (C)疑似洗錢態樣的監控 (D)每次繳費的時間。

( ) 71 下列何者為資恐防制法指定制裁之對象? (A)美國政府公告制裁之恐怖份子 (B)國際防制洗錢及打擊資恐組織公告制裁之禁止交易國家 (C)主管機關公告之聯合國安理會資恐決議制裁之對象 (D)外國政府與我國基於國際合作請求我國制裁之對象。

( ) 72 資恐交易不容易被偵測出來,係因為資恐交易有哪些特性? (A)匯款人不一定是罪犯或犯罪組織 (B)匯款人及受款人所在地未必是資恐高風險國家或地區 (C)資恐交易的數額往往非常大,且款項馬上即匯出境外 (D)資金來源為犯罪不法所得,資助對象多為老人或小孩。

( ) 73 有關金融機構確認客戶身分之規定,下列何者錯誤? (A)對於無法完成確認客戶身分相關規定程序者,應考量申報與該客戶有關之疑似洗錢或資恐交易 (B)懷疑某客戶或交易可能涉及洗錢或資恐,且合理相信執行確認客戶身分程序可能對客戶洩露訊息時,應於執行該等程序後,通知主管機關 (C)對客戶身分辨識與驗證程序,在對客戶資訊之真實性或妥適性無懷疑時,仍不得以過去執行與保存資料為依據,應於客戶每次從事交易時,一再辨識及驗證客戶之身分 (D)銀行與客戶之業務關係,除法規規定不應建立業務關係之情形,銀行亦可就得拒絕、暫停業務往來或逕行終止業務關係之情況,以契約與客戶約定。

( ) 74 有關於目標性金融制裁之執行,下列何者敘述錯誤? (A)主管機關得依受制裁者申請,酌留其家庭生活所必需之財物 (B)客戶被制裁後有來銀行借錢,因為銀行方是善意第三人,可例外被許可 (C)金融機構在實務執行上,如知悉持有或管理經指定制裁者之財

物，應踐履通報義務　(D)指定制裁對象受指定後針對如保險費等管理財物所必須之費用，可先從既有的扣款戶頭中扣除，以保障債權。

(　) **75** 金融機構對下列何者達一定金額以上之通貨交易，得免向調查局申報？　(A)金融機構代理公庫業務所生之代收付款項　(B)存入公私立學校所開立帳戶之款項　(C)金融同業之客戶透過金融同業間之同業存款帳戶所生之應付款項，如兌現同業所開立之支票　(D)公益彩券經銷商申購彩券款項。

(　) **76** 防制洗錢金融行動工作組織相互評鑑中，有效的防制洗錢及打擊資恐系統，通常具備下列何者結構性元素？　(A)國際貿易發達程度　(B)法律制度健全　(C)政治穩定性　(D)國民文化及教育程度。

(　) **77** 下列何者屬於一般客戶審查時之確認客戶身分應採取之方式？　(A)取得客戶財富及資金來源　(B)取得客戶進一步之商業資訊　(C)辨識客戶實質受益人，並以合理措施驗證其身分　(D)以可靠、獨立來源之文件、資料或資訊，辨識及驗證客戶身分。

(　) **78** 進行客戶是否為重要政治職務人士之風險評估時，應考量下列哪些風險因子？　(A)客戶之子女人數　(B)客戶能發揮之政治影響力　(C)客戶擔任政治性職務時的職位重要性　(D)客戶的前職與目前從事的工作有無任何關聯。

(　) **79** 下列何者是銀行辦理OBU業務時，可能會出現之疑似洗錢交易態樣？　(A)利用無貿易基礎的信用狀、票據貼現或其他方式於境外融資　(B)客戶帳戶累積大量餘額，並經常匯款至其國外帳戶達特定金額以上　(C)客戶在一定期間內頻繁且大量申購境外結構型產品，該產品並不符合其本身需要　(D)帳戶以依境外公司名義運作，其資金流動屬有規律性質，且該帳戶資金往來在一定期間內達特定金額以上。

(　) **80** 下列哪些保險客戶的行為屬於疑似洗錢活動？　(A)使用本人信用卡繳款購買保險　(B)要求保險公司以現金支付大額保險金　(C)反覆辦理保單借款，隨即短期內迅速還款　(D)投保後於短期內透過契撤或解約取回保險。

解答與解析　答案標示為#者，表官方曾公告更正該題答案。

第一部份：單選題

1 (D)。金融機構防制洗錢辦法第10條第1項第1款規定，客戶或其實質受益人若為現任國外政府之重要政治性職務人士，應將該客戶直接視為高風險客戶，並採取同法第6條第1項第1款各目之強化確認客戶身分措施，包括：
(一)在建立或新增業務往來關係前，應取得高階管理人員同意。
(二)應採取合理措施以瞭解客戶財富及資金來源。其中資金來源係指產生該資金之實質來源。
(三)對於業務往來關係應採取強化之持續監督。
但不包括立即向主管機關通報。

2 (C)。依據銀行公會所制定之「銀行防制貿易洗錢之實務參考」，運輸的貨物類型容易被利用於洗錢或資恐，如高價值但量少之商品（如鑽石、藝術品），可能就是洗錢防制所需防範的可疑交易。

3 (B)。金融機構防制洗錢辦法第12條第2款規定，金融機構對確認客戶身分所取得之所有紀錄，如護照、身分證、駕照或類似之官方身分證明文件影本或紀錄，應保存至與客戶業務關係結束後或臨時性交易結束後，至少五年。但法律另有較長保存期間規定者，從其規定。

4 (C)。金融機構防制洗錢辦法第6條第1項第3款規定：
「三、對於較低風險情形，得採取簡化措施，該簡化措施應與其較低風險因素相當。」

5 (A)。依「銀行評估洗錢及資恐風險及訂定相關防制計畫指引」，高風險行業如從事密集性現金交易業務、或屬易被運用於持有個人資產之公司或信託等。會計師、律師、公證人則是洗錢防制法第5條規範的客體之一。

6 (B)。依「銀行評估洗錢及資恐風險及訂定相關防制計畫指引」，銀行就客戶之風險等級分類，至少應有兩級（含）以上之風險級數，即「高風險」與「一般風險」兩種風險等級，作為加強客戶審查措施及持續監控機制執行強度之依據，不含「低風險」等級。

7 (B)。依法務部發布之「有關『重要政治性職務之人與其家庭成員及有密切關係之人範圍認定標準』問答集」，判斷是不是「重要政治性職務之人」的重點還是在客戶盡職調查程序，包括員工的訓練與充分的資訊，其中最寶貴的判斷資訊，就是客戶本人，因此應善用對於客戶本人之了解方式，而非單純仰賴第三資源。此外，最重要的是要確保客戶資訊即時更新、員工受定期訓練，以及網路及電子媒體資源之使用，例如財產申報系統也是重要資源，或也可以由客戶自行聲明（但客戶聲明不免除金融機構之責任）以及集團內資訊分享來取得相關資訊。至於商業資料庫之使用並非國際規範的強制要求，且使用資料庫

際規範的強制要求，且使用資料庫本身也不能取代客戶盡職調查之程序，畢竟商業資料庫也有其限制。

8 (B)。依據銀行評估洗錢及資恐風險及訂定相關防制計畫指引，銀行應依據下列指標進行洗錢及資恐風險評估作業：
(一)業務之性質、規模、多元性及複雜度。
(二)目標市場。
(三)銀行交易數量與規模
(四)高風險相關之管理數據與報告
(五)業務與產品
(六)內部稽核與監理機關之檢查結果。

9 (A)。
(B)(C)FATF評鑑方法論包含以下兩部分：技術遵循評鑑和效能評鑑
(D)根據FATF評鑑方法論，評鑑員應從廣泛瞭解被評鑑國的風險、背景，以及相關的因素等，作為評鑑的啟始。

10 (C)。「金融機構防制洗錢辦法」第3條第7款第1目規定，具控制權之最終自然人身分。所稱具控制權係指直接、間接持有該法人股份或資本超過百分之二十五者，即為具有最終控制權之自然人。

11 (B)。金融機構防制洗錢辦法第3條第7款第2目規定，客戶為信託之受託人時：應確認委託人、受託人、信託監察人、信託受益人及其他可有效控制該信託帳戶之人，或與上述人員具相當或類似職務者之身分。不包括信託交易對象。

12 (D)。

13 (A)。依「人壽保險業防制洗錢及打擊資恐注意事項範本」第12條規定，保險公司、辦理簡易人壽保險業務之郵政機構依資恐防制法第7條進行經指定制裁對象之財物或財產上利益及所在地之通報，應依下列規定辦理：一、於知悉後即依法務部調查局所定之通報格式及方式，由專責主管核定後，立即向法務部調查局通報，核定後之通報期限不得逾二個營業日。

14 (B)。金融機構防制洗錢辦法第5條第3款規定，金融機構應定期檢視其辨識客戶及實質受益人身分所取得之資訊是否足夠，並確保該等資訊之更新，特別是高風險客戶，金融機構應至少每年檢視一次。

15 (D)。
(A)本指引依「銀行業及其他經金融監督管理委員會指定之金融機構防制洗錢及打擊資恐內部控制與稽核制度實施辦法」訂定。官方公告答案為(D)，但也因「銀行業及電子支付機構電子票證發行機構防制洗錢及打擊資恐內部控制要點」已於107年11月11日廢止，故選項(A)亦為錯誤，本題答案應修正為(A)(D)。
(D)「銀行評估洗錢及資恐風險及訂定相關防制計畫指引」第2點明定，「本指引所舉例之各項說明並非強制性規範，銀行之風險評估機制應與其業務性質及規模相當。」

16 (A)。洗錢防制的核心即為金流秩序的控管。

17 (D)。依「銀行評估洗錢及資恐風險及訂定相關防制計畫指引」，若僅採取兩級風險級數之銀行，因「一般風險」等級仍高於本指引第五點

與第七點所指之「低風險」等級，
故不得對「一般風險」等級之客戶
採取簡化措施。

18 (B)。犯罪者透過專業人士代理購買
保單，進行隱匿金流及洗錢的行
為，為常見的保險業洗錢態樣。

19 (A)。依據FATF評鑑方法論：
(B)評鑑員應運用該國自身的風險評
估，作為瞭解風險最初的基礎，但
不應未經判斷，即認定該風險評估
為正確的，亦不應全部依該國風險
評估的結論。
(C)金融業的規模、綜合性及結構是
評論員應考慮的重要性議題。
(D)在評鑑最初階段及全部過程，評
鑑員應考量該國洗錢／資恐風險因
子的本質與程度，包括：該國涉及
犯罪所得之犯罪類型及嚴重程度、
恐怖組織活動及籌資情形、犯罪資
產及非法資產跨境流動曝險程度。

20 (C)。(C)依「銀行業及其他經金融
監督管理委員會指定之金融機構防
制洗錢及打擊資恐內部控制與稽核
制度實施辦法」第6條第5項後段規
定：當總公司（或母公司）與分公
司（或子公司）所在地之最低要求
不同時，分公司（或子公司）應就
兩地選擇較高標準者作為遵循依
據，惟就標準高低之認定有疑義
時，以銀行業及其他經本會指定之
金融機構總公司（或母公司）所在
地之主管機關之認定為依據。

21 (B)。依「重要政治性職務之人與其
家庭成員及有密切關係之人範圍認
定標準」第6條規定，本法第7條第3
項所稱重要政治性職務之人，其家
庭成員範圍如下：

一、一親等直系血親或姻親。
二、兄弟姊妹。
三、配偶及其兄弟姊妹。
四、相當於配偶之同居伴侶。

22 (D)。(D)依「人壽保險業防制洗錢
及打擊資恐注意事項範本」第5條規
定，保險公司、辦理簡易人壽保險
業務之郵政機構確認客戶身分措
施，應包括對客戶身分之持續審
查，並依下列規定辦理：
一、應依重要性及風險程度，對現
有客戶身分資料進行審查，並
於考量前次執行審查之時點及
所獲得資料之適足性後，在適
當時機對已存在之往來關係進
行審查。上開適當時機至少應
包括：
(一)客戶保額異常增加或新增業務往
來關係時。
(二)依據客戶之重要性及風險程度所
定之定期審查時點。
(三)得知客戶身分與背景資訊有重大
變動時。
二、應對客戶業務關係中之交易進
行詳細審視，以確保所進行之交
易與客戶及其業務、風險相符，
必要時並應瞭解其資金來源。
三、應定期檢視其辨識客戶及實質
受益人身分所取得之資訊是否
足夠，並確保該等資訊之更
新，特別是高風險客戶，應至
少每年檢視一次，除前述客戶
外，應依風險基礎方法決定檢
視頻率。
四、對客戶身分辨識與驗證程序，
得以過去執行與保存資料為依
據，無須於客戶每次從事交易
時，一再辨識及驗證客戶之身

分。但對客戶資訊之真實性或妥適性有所懷疑、發現客戶涉及疑似洗錢或資恐交易,或客戶之交易運作方式出現與該客戶業務特性不符之重大變動時,應依第4條規定對客戶身分再次確認。

23 (A)。
(B)保險業客戶通常只會進行一次性的交易;銀行客戶則會持續的往來交易。
(C)一樣複雜,都要執行KYC程序。
(D)銀行業開戶的作業時程通常比較快速;保險業核保的時程通常需要一段時間。

24 (D)。

25 (B)。依據洗錢防制法第2條第3款規定之「收受、持有或使用他人之特定犯罪所得」情形,應指收受者「明知」所受之物為犯罪所得為限,因此(B)錯誤。

26 (D)。(D)受款人不是最終受益人(Ultimate Beneficiary)時,需查明最終受益人的姓名、身分與所在國家。(參財團法人台灣金融研訓院出版,《防制洗錢與打擊資恐實務與案例》2021年版第8頁)。

27 (B)。洗錢手法通常為小額、分散多人的交易模式,較不容易追查金流;鉅額配對交易可能為廠商之訂單。

28 (C)。(C)當委託機構為銀行本身之國外分公司或子公司時,仍須評估該委託機構對防制洗錢及打擊資恐之控管政策及執行效力

29 (C)。金融機構防制洗錢辦法第15條

第2款:「二、對於經檢視屬疑似洗錢或資恐交易者,不論交易金額多寡,均應依調查局所定之申報格式簽報,並於專責主管核定後立即向調查局申報,核定後之申報期限不得逾二個營業日。交易未完成者,亦同。」

30 (D)。金融機構防制洗錢辦法第7條:「金融機構確認客戶身分作業應自行辦理,如法令或本會另有規定金融機構得依賴第三方執行辨識及驗證客戶本人身分、代理人身分、實質受益人身分或業務關係之目的及性質時,該依賴第三方之金融機構仍應負確認客戶身分之最終責任,並應符合下列規定……」

31 (C)。保險業防制洗錢及打擊資恐內部控制要點第8點:「(四)保險業之防制洗錢及打擊資恐專責主管、專責人員及國內營業單位督導主管,每年應至少參加經第六點第一款專責主管同意之內部或外部訓練單位所辦十二小時防制洗錢及打擊資恐教育訓練,訓練內容應至少包括新修正法令、洗錢及資恐風險趨勢及態樣。當年度取得本會認定機構舉辦之國內或國際防制洗錢及打擊資恐專業人員證照者,得抵免當年度之訓練時數。」

32 (A)。風險評估機制由法律所規範,業者不得任意評估。

33 (B)。利用保單隱匿犯罪所得為常見保險業洗錢態樣,業者面對不明款項須提高警覺。

34 (D)。洗錢防制法第5條第3項:「本法所稱指定之非金融事業或人員,指從事下列交易之事業或人員:

一、銀樓業。

二、地政士及不動產經紀業從事與不動產買賣交易有關之行為。

三、律師、公證人、會計師為客戶準備或進行下列交易時：

(一)買賣不動產。

(二)管理客戶金錢、證券或其他資產。

(三)管理銀行、儲蓄或證券帳戶。

(四)有關提供公司設立、營運或管理之資金籌劃。

(五)法人或法律協議之設立、營運或管理以及買賣事業體。」

35 (D)。洗錢防制物品出入境申報及通報辦法」第3條第1項：「旅客或隨交通工具服務之人員出入境，同一人於同日單一航（班）次攜帶下列物品，應依第四條規定向海關申報；海關受理申報後，應依第五條規定向法務部調查局通報：

一、總價值逾等值一萬美元之外幣、香港或澳門發行之貨幣現鈔。

二、總價值逾新臺幣十萬元之新臺幣現鈔。

三、總面額逾等值一萬美元之有價證券。

四、總價值逾等值二萬美元之黃金。

五、總價值逾等值新臺幣五十萬元，且有被利用進行洗錢之虞之物品。」

36 (D)。銀行防制洗錢及打擊資恐注意事項範本附錄：「四、產品／服務－貿易金融類

(一)提貨單與付款單或發票的商品敘述內容不符，如進出口的產品數量或類型不符。

(二)產品和服務之定價，或於發票中所申報的價值，明顯與該商品的市場公平價值不符(低估或高估)。

(三)付款方式不符合該交易的風險特性，如預先支付貨款給一個位於洗錢或資恐高風險國家或地區的新供應商。

(四)交易中所使用的信用狀常頻繁或無合理解釋大幅修改、延期或更換付款地點。

(五)利用無貿易基礎的信用狀、票據貼現或其他方式於境外融資。

(六)運送之物品與客戶所屬產業別、營運項目不符或與本身營業性質無關。

(七)客戶涉及疑似洗錢或資恐高風險之活動，包括輸出入受禁運或限制輸出入貨品者（如外國政府的軍事用品、武器、化學物品，或金屬等天然資源）。

(八)貨物運至或來自洗錢或資恐高風險國家或地區。

(九)運輸的貨物類型容易被利用於洗錢或資恐，如高價值但量少之商品（如鑽石、藝術品）。」

37 (A)。資恐防制法第5條：「主管機關依法務部調查局提報或依職權，應即指定下列個人、法人或團體為制裁名單，並公告之：

一、經聯合國安全理事會資恐相關決議案及其後續決議所指定者。

二、聯合國安全理事會依有關防制與阻絕大規模毀滅性武器擴散決議案所指定者。

前項所指定制裁個人、法人或團體之除名，非經聯合國安全理事會除名程序，不得為之。」

38 (D)。臺灣集中保管結算所股份有限公司防制洗錢及打擊資恐查詢作業要點第4條：「使用單位接獲本公司傳送前條第三項之訊息後，管理者

及使用者應依下列程序辦理：

一、管理者應辦理變更密碼並得建置使用者資料。

二、使用者資料建置完成後，管理者接獲本公司通知之使用者帳號及初始密碼訊息，應將該密碼提供使用者辦理變更密碼。

三、使用者於取得管理者交付之密碼後應辦理變更密碼。使用單位應於三日內完成前項密碼變更，並於變更後次一營業日即可使用本系統。未於三日內辦理變更密碼者，則初始密碼失效，應洽本公司重新 傳送初始密碼。使用單位應設一組管理者帳號，管理者為當然使用者，並得依使用單位需112求另設定二組授權使用者。」

39 (D)。金融機構防制洗錢辦法第10條第1項及第2項規定：「金融機構於確認客戶身分時，應運用適當之風險管理機制，確認客戶及其實質受益人、高階管理人員是否為現任或曾任國內外政府或國際組織之重要政治性職務人士：

一、客戶或其實質受益人若為現任國外政府之重要政治性職務人士，應將該客戶直接視為高風險客戶，並採取第六條第一項第一款各目之強化確認客戶身分措施。

二、客戶或其實質受益人若為現任國內政府或國際組織之重要政治性職務人士，應於與該客戶建立業務關係時，審視其風險，嗣後並應每年重新審視。對於經金融機構認定屬高風險業務關係者，應對該客戶採取

第六條第一項第一款各目之強化確認客戶身分措施。

三、客戶之高階管理人員若為現任國內外政府或國際組織之重要政治性職務人士，金融機構應考量該高階管理人員對該客戶之影響力，決定是否對該客戶採取第六條第一項第一款各目之強化確認客戶身分措施。

四、對於非現任國內外政府或國際組織之重要政治性職務人士，金融機構應考量相關風險因子後評估其影響力，依風險基礎方法認定其是否應適用前三款之規定。

五、前四款規定於重要政治性職務人士之家庭成員及有密切關係之人，亦適用之。前述家庭成員及有密切關係之人之範圍，依本法第七條第四項後段所定辦法之規定認定之。

第三條第七款第三目第一小目至第三小目及第八小目所列對象，其實質受益人或高階管理人員為重要政治性職務人士時，不適用前項規定。」第三條第七款第三目所列對象雖包含公營事業機構，但不可忽略第三目之但書（除有第六條第一項第三款但書情形或已發行無記名股票情形者外），因此公營事業機構負責人為PEP，仍應適當運用風險管理機制評估審視。

40 (C)。(A)(B)(D)皆符合疑似洗錢、資恐或武擴交易態樣一交易類之態樣。

41 (C)。(C)本國的廉政單位不易監控

42 (B)。客戶透過多次契撤或退保行為

分散提領隱匿於保單下之非法所得為常見洗錢手法。

43 (B)。資恐防制法第6條第1項:「主管機關得依職權或申請,許可下列措施:
一、酌留經指定制裁之個人或其受扶養親屬家庭生活所必需之財物或財產上利益。
二、酌留經指定制裁之個人、法人或團體管理財物或財產上利益之必要費用。
三、對經指定制裁之個人、法人或團體以外之第三人,許可支付受制裁者於受制裁前對善意第三人負擔之債務。」

44 (B)。洗錢防制法第6條第4項:「違反第一項規定未建立制度,或前項辦法中有關制度之實施內容、作業程序、執行措施之規定者,由中央目的事業主管機關限期令其改善,屆期未改善者,處金融機構新臺幣五十萬元以上一千萬元以下罰鍰;處指定之非金融事業或人員新臺幣五萬元以上一百萬元以下罰鍰。」

45 (C)。風險基礎方法為防制洗錢之基礎,因此銀行的第一步工作為指定負責協調評估風險行動的機構或機制。

46 (A)。銀行防制洗錢及打擊資恐注意事項範本第4條第11款第6目:「1.應在建立業務關係後,不遲於30個工作天內完成客戶身分驗證程序。2.倘在建立業務關係30個工作天後,仍未能完成客戶身分驗證程序,則銀行應暫時中止與客戶的業務關係,及避免進行進一步的交易(在可行狀況下,將資金退回原資

金來源則不在此限)。3.倘在建立業務關係120天後,仍未能完成客戶身分驗證程序,則銀行應終止與客戶之業務關係。」

47 (C)。應採取較嚴謹之審查方法。金管會表示,強化OBU確認客戶身分之作法,主要是因為防制洗錢及打擊資恐(AML/CFT)議題為世界各國所重視。

48 (B)。證券期貨業防制洗錢及打擊資恐內部控制要點第五點:「(二)前款第一目洗錢及資恐風險之辨識、評估及管理,應至少涵蓋客戶、地域、產品及服務、交易或支付管道等面向,並依下列規定辦理:
1.應製作風險評估報告。
2.應考量所有風險因素,以決定整體風險等級,及降低風險之適當措施。
3.應訂定更新風險評估報告之機制,以確保風險資料之更新。
4.應於完成或更新風險評估報告時,將風險評估報告送金融監督管理委員會(以下簡稱本會)備查。」

49 (C)。資恐防制法第12條:「洗錢防制法第五條第一項至第三項所定之機構、事業或人員違反第七條第一項至第三項規定者,由中央目的事業主管機關處新臺幣二十萬元以上一百萬元以下罰鍰。」

50 (B)。(FATF)頒布40項建議中之第25項之一:
「25.1各國應要求:
(a)受任何法律規範意定信託之受託人56取得並持有適當、正確及最新有關信託之委託人、受託人、保護人(若有)、受益人或受益人類別及任何其他最終有效控制該信託之

自然人的身分資訊；

(b)受任何法律規範信託之受託人持有其他信託代理人、信託服務業者基本資訊，包括投資顧問或管理人、會計師及稅務顧問等；

(c)專業受託人在信託終止後，應保存資訊至少5年。」

（資料來源：行政院洗錢防制辦公室，評鑑方法論）

51 (A)。(A)國內亦有電匯交易。

52 (D)。

A.金融卡領現為洗錢之處置階段。

B.以合法商品隱匿非法所得，為多層化階段。

C.放在保險箱是持有犯罪所得之常見行為。

53 (D)。

金融機構防制洗錢辦法第8條：「金融機構對客戶及交易有關對象之姓名及名稱檢核，應依下列規定辦理：

一、金融機構應依據風險基礎方法，建立客戶及交易有關對象之姓名及名稱檢核政策及程序，以偵測、比對、篩檢客戶、客戶之高階管理人員、實質受益人或交易有關對象是否為資恐防制法指定制裁之個人、法人或團體，以及外國政府或國際組織認定或追查之恐怖分子或團體。

二、金融機構之客戶及交易有關對象之姓名及名稱檢核政策及程序，至少應包括比對與篩檢邏輯、檢核作業之執行程序，以及檢視標準，並將其書面化。

三、金融機構執行姓名及名稱檢核

情形應予記錄，並依第十二條規定之期限進行保存。」

54 (C)。冒名辦理小額結匯與洗錢防制法第15條所指涉之冒名開戶不同。

55 (B)。金融機構防制洗錢辦法第3條：「四、金融機構確認客戶身分應採取下列方式：

(一)以可靠、獨立來源之文件、資料或資訊，辨識及驗證客戶身分，並保存該身分證明文件影本或予以記錄。

(二)對於由代理人辦理者，應確實查證代理之事實，並以可靠、獨立來源之文件、資料或資訊，辨識及驗證代理人身分，並保存該身分證明文件影本或予以記錄。

(三)辨識客戶實質受益人，並以合理措施驗證其身分，包括使用可靠來源之資料或資訊。

(四)確認客戶身分措施，應包括瞭解業務關係之目的與性質，並視情形取得相關資訊。」

56 (C)。(C)鉅額資金流動以及實質受益人身分不明。

57 (A)。交割項目可能為期貨或實物。

58 (B)。保險業評估洗錢及資恐風險及訂定相關防制計畫指引第7點：「……

(一)降低客戶身分資訊更新之頻率。

(二)降低持續性監控之等級，並以合理的保單價值準備金或帳戶價值門檻作為審查交易之基礎。

(三)從交易類型或已建立業務往來關係可推斷其目的及性質者，得無須再針對瞭解業務往來關係之目的及其性質，蒐集特定資訊或執行特別措施。」

59 (A)。根據FATA分類，洗錢大致可
歸為三個階段進行：
第一階段：處置（Placement）
此階段進行方式為將其不法所得投
入金融體系。
第二階段：分層化（Layering）
洗錢者為掩飾洗錢目的或模糊資金
來源，而利用投資工具分散資金。
第三個階段：整合（Integration）
將非法資金透過買賣行為，變造為
合法資產的形式（例如不動產交
易），使非法資金重新流入市場。
（參考資料：劉金龍(2018)。證券暨
期貨月刊，36，16-30。）

第二部份：複選題

61 (ABCD)。
四個選項均為「符合附錄疑似洗錢
或資恐交易態樣」中第一種類型
（產品／服務—存提匯款類）

62 (ACD)。
守門人（Gatekeepers）協助涉及資
金流動交易的律師、公證人、會計
師、投資顧問、信託與公司服務供
應商等，該等被視為在識別、防範
和報告洗錢活動中具有特殊任務的
專業人員。有些國家和地區要求守
門人從事金融機構工作人員相同的
客戶盡職調查。（引用資料來源：
ACAMS公認反洗錢師協會官網）

63 (CD)。
按「證券商評估洗錢及資恐風險及
訂定相關防制計畫指引」：「五、
除外國政府之重要政治性職務人士
與受經濟制裁、外國政府或國際洗
錢防制組織認定或追查之恐怖分子
或團體，及依資恐防制法指定指定

60 (B)。依「銀行評估洗錢及資恐風險
及訂定相關防制計畫指引」規定：
風險基礎方法（risk-based approach）
旨在：
協助發展與洗錢及資恐風險相當之
防制與抵減措施。
協助指引銀行決定其防制洗錢及打
擊資恐資源之配置、建置其內部控
制制度。
協助銀行訂定和執行防制洗錢及打
擊資恐計畫應有之政策、程序及控
管措施。

制裁之個人、法人或團體，應直接
視為高風險客戶外，證券商得依自
身之業務型態及考量相關風險因素，
訂定應直接視為高風險客戶之類型。」

64 (ACD)。
中華民國證券商業同業公會證券商
防制洗錢及打擊資恐注意事項範
本：「二、確認客戶身分時機：
(一)與客戶建立業務關係時。
(二)辦理新臺幣五十萬元（含等值外
　　幣）以上之現金交易（如以現金
　　給付之交割價款、單筆申購並以
　　臨櫃交付現金方式交易等）時。
(三)發現疑似洗錢或資恐交易時。
(四)對於過去所取得客戶身分資料之
　　真實性或妥適性有所懷疑時。」

65 (AB)。
(C)需通報法務部調查局。
(D)尚未全面電子化。

66 (ABC)。
按證券期貨業防制洗錢及打擊資恐

內部控制要點：「六、專責主管：
(一)證券期貨業應依其規模、風險等
配置適足之防制洗錢及打擊資恐專
責人員及資源，並由董事會指派高
階主管一人擔任專責主管，賦予協
調監督防制洗錢及打擊資恐之充分
職權，及確保該等人員及主管無與
其防制洗錢及打擊資恐職責有利益
衝突之兼職。」

67 (ABCD)。
金管會於2017年修正發布「證券期
貨業防制洗錢及打擊資恐注意事項」
新聞稿內容：
一、強化內部控制制度，塑造證券
　　期貨業重視AML／CFT之文化：
(一)內部控制及治理：明定證券期貨
　　業內部控制應運用內控三道防線
　　落實執行防制洗錢及打擊資恐
　　（AML／CFT）計畫，包括明定
　　證券期貨業國內外營業單位應指
　　派資深管理人員擔任督導主管負
　　責督導所屬營業單位執行AML
　　／CFT政策及程序（第一道防
　　線）、明定應配置適足之防制洗
　　錢及打擊資恐人員及專責主管
　　（第二道防線），及內部稽核單
　　位應依相關規定辦理查核，以確
　　認AML／CFT計畫之有效性（第
　　三道防線）。另證券期貨業之董
　　事會及高階管理人員應瞭解其洗
　　錢及資恐風險，及其AML／CFT
　　計畫之運作，並採取措施以塑造
　　重視AML／CFT之文化。

68 (BD)。
資恐防制法第9條：「明知為下列個
人、法人或團體，而仍直接或間接
為其收集或提供財物或財產上利益
者，處六月以上五年以下有期徒刑，

得併科新臺幣五百萬元以下罰金：
一、依第四條第一項或第五條第一
　　項指定制裁之個人、法人或團
　　體。
二、以犯前條第一項各款之罪，而
　　恐嚇公眾或脅迫政府、外國政
　　府、機構或國際組織為其設立
　　目的之團體。
三、以犯前條第一項各款之罪，而
　　達恐嚇公眾或脅迫政府、外國
　　政府、機構或國際組織之目的
　　或計畫之個人、法人或團體。
明知為前項各款所列之個人、法人
或團體訓練所需之相關費用，而直
接或間接提供財物或財產上利益之
資助者，亦同。
前二項所列犯罪之成立，不以證明
該財物或財產上利益為供特定恐怖
活動為必要。
第一項及第二項之未遂犯罰之。」

69 (ABD)。
保險公司與辦理簡易人壽保險業務
之郵政機構及其他經金融監督管理
委員會指定之金融機構防制洗錢及
打擊資恐內部控制與稽核制度實施
辦法：
第6條「第一項專責單位或專責主管
掌理下列事務：
一、督導洗錢及資恐風險之辨識、
　　評估及監控政策及程序之規劃
　　與執行。
二、協調督導全面性洗錢及資恐風
　　險辨識及評估之執行。
三、監控與洗錢及資恐有關之風險。
四、發展防制洗錢及打擊資恐計畫。
五、協調督導防制洗錢及打擊資恐
　　計畫之執行。
六、確認防制洗錢及打擊資恐相關

法令之遵循，包括所屬同業公會所定並經本會備查之相關範本或自律規範。

七、督導向法務部調查局進行疑似洗錢或資恐交易申報及資恐防制法指定對象之財物或財產上利益及其所在地之通報事宜。

八、其他與防制洗錢及打擊資恐有關之事務。

第一項專責主管應至少每半年向董（理）事會及監察人（監事、監事會）或審計委員會報告，如發現有重大違反法令時，應即時向董事（理）會及監察人（監事、監事會）或審計委員會報告。

保險公司、辦理簡易人壽保險業務之郵政機構及其他經本會指定機構國外營業單位應綜合考量在當地之分公司家數、業務規模及風險等，設置適足之防制洗錢及打擊資恐人員，並指派一人為主管，負責執行防制洗錢及打擊資恐法令之協調督導事宜。

保險公司、辦理簡易人壽保險業務之郵政機構及其他經本會指定機構國外營業單位防制洗錢及打擊資恐主管之設置應符合當地法令規定及當地主管機關之要求，並應具備協調督導防制洗錢及打擊資恐之充分職權，包括可直接向第一項專責主管報告，且除兼任法令遵循主管外，應為專任，如兼任其他職務，應與當地主管機關溝通，以確認其兼任方式無職務衝突之虞，並報本會備查。」

70 (ABC)。

保險業防制洗錢及打擊資恐最佳實務指引：「……2.高風險客戶之持續

監控對於高風險客戶，宜對於業務往來關係採取下列之持續監控措施：

(A)持續監控宜全面性考量與客戶間之業務關係，包括客戶盡職調查、加強客戶審查之資訊和客戶之交易活動內容，並注意任何交易內容之變化或客戶不尋常之交易狀況。

(B)適當執行客戶及交易有關對象之姓名及名稱檢核，以偵測、比對、篩檢客戶、客戶之高階管理人員、實質受益人或交易有關對象是否為媒體報導之特殊重大案件涉案人、現任或曾任國內外政府或國際組織之重要政治性職務人士、資恐防制法指定制裁之個人、法人或團體，以及外國政府或國際組織認定或追查之恐怖分子或團體，而採取凍結、疑似洗錢或資恐交易申報或其他相對應之風險管理措施。

(C)除定期檢視（宜至少每年一次）其高風險客戶身分所取得之資訊是否足夠，並確保該等資訊之更新外，於高風險客戶辦理契約變更或保險給付時，檢視其身分資訊內容。」

71 (CD)。

資恐防制法第4條：「主管機關依法務部調查局提報或依職權，認個人、法人或團體有下列情事之一者，經審議會決議後，得指定為制裁名單，並公告之：

一、涉嫌犯第八條第一項各款所列之罪，以引起不特定人死亡或重傷，而達恐嚇公眾或脅迫政府、外國政府、機構或國際組織目的之行為或計畫。

二、依資恐防制之國際條約或協定要求，或執行國際合作或聯合國相關決議而有必要。

前項指定之制裁名單，不以該個人、法人或團體在中華民國領域內者為限。

第一項指定制裁個人、法人或團體之除名，應經審議會決議，並公告之。」

72 (AB)。
(C)交易金額小且分散，不易追查金流。(D)資助對象多為犯罪團體或恐怖組織。

73 (BC)。
(B)金融機構防制洗錢辦法第三條：「十一、金融機構懷疑某客戶或交易可能涉及洗錢或資恐，且合理相信執行確認客戶身分程序可能對客戶洩露訊息時，得不執行該等程序，而改以申報疑似洗錢或資恐交易。」
(C)得採取簡化措施以有效分配資源

74 (BD)。
資恐防制法第7條：「對於依第四條第一項或第五條第一項指定制裁之個人、法人或團體，除前條第一項、第二項所列許可或限制措施外，不得為下列行為：
一、對其金融帳戶、通貨或其他支付工具，為提款、匯款、轉帳、付款、交付或轉讓。
二、對其所有財物或財產上利益，為移轉、變更、處分、利用或其他足以變動其數量、品質、價值及所在地。
三、為其收集或提供財物或財產上利益。
前項規定，於第三人受指定制裁之個人、法人或團體委任、委託、信託或其他原因而為其持有或管理之財物或財產上利益，亦適用之。

洗錢防制法第五條第一項至第三項所定之機構、事業或人員，因業務關係知悉下列情事，應即通報法務部調查局：
一、其本身持有或管理經指定制裁之個人、法人或團體之財物或財產上利益。
二、經指定制裁之個人、法人或團體之財物或財產上利益所在地。
依前項規定辦理通報者，免除其業務上應保守秘密之義務。
第三項通報方式、程序及其他應遵行事項之辦法，由該機構、事業或人員之中央目的事業主管機關會商主管機關及中央銀行定之；其事務涉及司法院者，由司法院會商行政院定之。」
資恐防制法第6條：「主管機關得依職權或申請，許可下列措施：
一、酌留經指定制裁之個人或其受扶養親屬家庭生活所必需之財物或財產上利益。
二、酌留經指定制裁之個人、法人或團體管理財物或財產上利益之必要費用。
三、對經指定制裁之個人、法人或團體以外之第三人，許可支付受制裁者於受制裁前對善意第三人負擔之債務。
前項情形，得於必要範圍內，限制經指定制裁之個人、法人或團體之財物或財產上利益之使用方式。
前二項之許可或限制，主管機關得請各中央目的事業主管機關提供意見。
違反第二項之限制或於限制期間疑似有第四條第一項各款情事之一者，主管機關得廢止第一項許可之措施。

第一項許可措施及第二項限制相關事項之辦法，由主管機關定之。」

75 (ABD)。

金融機構防制洗錢辦法第14條：「金融機構對下列達一定金額以上之通貨交易，免向調查局申報，但仍應確認客戶身分及留存相關紀錄憑證：

一、存入政府機關、公營事業機構、行使公權力機構（於受委託範圍內）、公私立學校、公用事業及政府依法設立之基金所開立帳戶之款項。

二、金融機構代理公庫業務所生之代收付款項。

三、金融機構間之交易及資金調度。但金融同業之客戶透過金融同業間之同業存款帳戶所生之應付款項，如兌現同業所開立之支票，同一客戶現金交易達一定金額以上者，仍應依規定辦理。

四、公益彩券經銷商申購彩券款項。

五、代收款項交易（不包括存入股款代收專戶之交易、代收信用卡消費帳款之交易），其繳款通知書已明確記載交易對象之姓名、身分證明文件號碼（含代號可追查交易對象之身分者）、交易種類及金額者。但應以繳款通知書副聯作為交易紀錄憑證留存。

非個人帳戶基於業務需要經常或例行性須存入現金達一定金額以上之百貨公司、量販店、連鎖超商、加油站、醫療院所、交通運輸業及餐飲旅館業等，經金融機構確認有事實需要者，得將名單轉送調查局核

備，如調查局於十日內無反對意見，其後該帳戶存入款項免逐次確認與申報。金融機構每年至少應審視交易對象一次。如與交易對象已無本項往來關係，應報調查局備查。」

76 (BC)。

結構性元素：
・政治穩定性。
・解決防制洗錢／打擊資恐問題的強烈承諾。
・穩定且可靠、誠信而透明的機構。
・健全的法治。
・獨立有效的司法體系。

參考資料：行政院洗錢防制辦公室，（2017），《防制洗錢/打擊資恐相關數據及統計資料》

77 (CD)。

金融機構防制洗錢辦法第3條：「四、金融機構確認客戶身分應採取下列方式：

(一)以可靠、獨立來源之文件、資料或資訊，辨識及驗證客戶身分，並保存該身分證明文件影本或予以記錄。

(二)對於由代理人辦理者，應確實查證代理之事實，並以可靠、獨立來源之文件、資料或資訊，辨識及驗證代理人身分，並保存該身分證明文件影本或予以記錄。

(三)辨識客戶實質受益人，並以合理措施驗證其身分，包括使用可靠來源之資料或資訊。

(四)確認客戶身分措施，應包括瞭解業務關係之目的與性質，並視情形取得相關資訊。」

78 (BCD)。

重要政治性職務之人與其家庭成員

及有密切關係之人範圍認定標準第5條:「金融機構及指定之非金融事業或人員,於前三條所列之重要政治性職務之人離職後,仍應以風險為基礎評估其影響力,認定其是否仍適用本法第七條第三項之規定。

金融機構及指定之非金融事業或人員,對於前項之風險評估,至少應考量下列要件:

一、擔任重要政治性職務之時間。

二、離職後所擔任之新職務,與其先前重要政治性職務是否有關連性。」

79 (BCD)。

銀行防制洗錢及打擊資恐注意事項範本附錄:「三、產品/服務─OBU類

(一)在一定期間內,多個境內居民接受一個境外帳戶匯款,其資金的調撥和結匯均由一人或者少數人操作。

(二)帳戶以一境外公司名義運作,或境內企業利用境外法人或自然人之境外帳戶,其資金流動屬有規律性質,且該帳戶資金往來在一定期間內達特定金額以上。

(三)客戶帳戶累積大量餘額,並經常匯款至其國外帳戶達特定金額以上。

(四)客戶經常存入境外發行之旅行支票及外幣匯票。

(五)客戶在一定期間內頻繁且大量申購境外結構型產品,該產品並不符合其本身需要。」

80 (BCD)。

依「人壽保險業防制洗錢及打擊資恐注意事項範本」之附錄:疑似洗錢、資恐或資助武擴交易態樣,將異常交易行為區分為交易前-客戶異常行為,以及各類型的異常交易(身分資訊類、密集行為類、短進短出類、大額交易類、規避申報類等),本題選項中,(B)屬於規避申報類,(C)、(D)屬於短進短出類的異常交易。

110年 中華郵政股份有限公司專業職(二)內勤

( ) **1** 在馬斯洛的需求層級理論中,將需求分成五種基本型態。組織中的工作頭銜主要是屬於下列何者? (A)安全需求 (B)社會需求 (C)自尊需求 (D)自我實現需求。

( ) **2** 在自由企業制度下,依照競爭的程度可區分成不同的形態。市場或產業中的買方家數眾多,但賣方 試圖採取產品差異化以提升競爭力。此種市場競爭型態稱為下列何者? (A)完全競爭 (B)獨占競爭 (C)寡占 (D)區域競爭。

( ) **3** 赫茲伯格針對工作滿足與工作不滿足,提出保健因子與激勵因子的兩因子理論,下列何者屬於激勵因子? (A)責任 (B)人際關係 (C)薪酬與保障 (D)工作環境。

( ) **4** 企業在運作的過程中,需要因應各種內在環境與外在環境的變化,調整經營的策略與作法,下列何者不屬於企業的外在環境? (A)企業文化環境 (B)科技環境 (C)政治與法律環境 (D)經濟環境。

( ) **5** 在電視新聞與許多媒體新聞中經常會聽到WTO這個名稱,WTO指的是下列何者? (A)歐盟 (B)東南亞國協 (C)世界貿易組織 (D)關稅暨貿易總協定。

( ) **6** 我們可以將組織內成員分為作業人員與管理者兩類,下列何者為管理者的工作? (A)在汽車裝配線上裝擋泥板 (B)在麥當勞煎漢堡 (C)在監理所中辦理證件更新 (D)負責制定組織方向決策。

( ) **7** 有效的管理人員應該具備的管理技能中,使用某一特別領域的知識或專業的能力,為下列何者? (A)觀念化能力 (B)人際關係能力 (C)政治能力 (D)技術能力。

( ) **8** 消費者產品根據購買者的行為可分為:便利品、選購品、特殊品,下列何者屬於選購品? (A)電視機 (B)速食 (C)珠寶 (D)報紙。

(　) **9** 企業在進行各項改善活動時經常使用PDCA循環，下列何者不是
PDCA循環的內容？　(A)規劃　(B)執行　(C)分析　(D)行動。

(　) **10** 結合兩種不同結構的組織架構，而且可以比任何一種簡單的結構運
作得更好。此種組織結構稱為下列何者？　(A)矩陣式組織　(B)非
正式組織　(C)虛擬組織　(D)學習型組織。

(　) **11** 在企業中由於不同的人對工作有不同的需求，藉著改變工作內涵，
使員工更適合於該工作，進而能促進員工的工作滿足。此種方式稱
為下列何者？　(A)工作豐富化　(B)工作擴大化　(C)工作分攤
(D)工作再設計。

(　) **12** 在企業組織內，許多的決策是由集體所決定的，有關群體決策，下
列敘述何者錯誤？　(A)群體決策能提供更多完整的資訊　(B)透過
群體思考能快速獲得決策結果　(C)容易產生服從的壓力與模糊的
責任　(D)採用名目群體技術可使得決策過程與結果獲得改善。

(　) **13** 在許多的企業研究中，對於企業人力資源的本質，有許多不同的看
法。下列何種論點認為人是天性 懶惰與不合作的，因此必須以懲
罰或獎賞的方式使之提高生產力？　(A)X理論　(B)Y理論　(C)T理
論　(D)霍桑效應。

(　) **14** 企業在評估員工績效時，透過上司、同事、團隊成員、顧客以及供
應商來了解其績效，此種評估方 式稱為下列何者？　(A)目標管理
(B)360度評估　(C)多人比較　(D)行為定錨等級尺度。

(　) **15** 管理方格理論主要被發展來描述領導風格，有關管理方格內容，下
列敘述何者正確？　(A)橫軸為對人的關心，縱軸為對生產的關心
(B)(1,9)型稱為任務管理風格　(C)(5,5)型稱為中間路線管理風格
(D)(1,1)型稱為放任管理風格。

(　) **16** 有關權力基礎的來源中，基於某人因為擁有令人欽羨的資源或個人
特質而受人認同的權利，此為下列何者？　(A)獎賞權力　(B)法制
權力　(C)專家權力　(D)參考權力。

(　　) **17** 管理者運用影響力來激勵員工達成組織的目標，為下列哪一項管理功能？　(A)規劃　(B)控制　(C)組織　(D)領導。

(　　) **18** 下列哪一個管理者角色是將資訊傳播給組織內的員工？　(A)代表人　(B)傳訊人　(C)發言人　(D)聯絡人。

(　　) **19** BCG矩陣中所處產業的市場成長率高，且市場占有率也高於其最大競爭對手的事業為下列何者？　(A)明星　(B)問號　(C)金牛　(D)落水狗。

(　　) **20** A公司將產品的銷售對象侷限於某個地區的市場或某一層級的消費者，是採取波特的哪一種基本競爭策略？　(A)集中策略　(B)差異化策略　(C)多角化策略　(D)成本領導策略。

(　　) **21** 甲公司在總經理下設有生產、行銷、人力資源、財務四個部門，甲公司使用的是下列哪一種部門化？　(A)產品別　(B)功能別　(C)顧客別　(D)地區別。

(　　) **22** 生產要素是指企業用來生產商品及服務的基本資源，便利商店的店員屬於下列哪一類生產要素？　(A)自然資源　(B)人力資源　(C)資本設備　(D)企業家精神。

(　　) **23** 行銷策略STP程序的「S」是指下列何者？　(A)策略strategy　(B)系統system　(C)優勢strength　(D)區隔市場segmentation。

(　　) **24** 裁減垂直的組織層級數目使組織更扁平化，屬於下列哪一種組織變革？　(A)態度變革　(B)人員變革　(C)結構變革　(D)技術變革。

(　　) **25** 由企業提供資金、人力、設備等後盾，鼓勵企業編制內的員工進行創業專案，並與企業分享成果，這種模式稱為下列何者？　(A)組織再造　(B)虛實整合　(C)產學合作　(D)內部創業。

(　　) **26** 對第一線管理者而言，三項管理核心能力的重要性依序排列，下列敘述何者正確？　(A)技術能力＞概念化能力＞人際關係能力　(B)概念化能力＞人際關係能力＞技術能力　(C)技術能力＞人際關係能力＞概念化能力　(D)人際關係能力＞技術能力＞概念化能力。

( ) **27** 矩陣式組織違反了費堯的哪一項管理原則？　(A)紀律　(B)秩序　(C)員工薪酬　(D)統一指揮。

( ) **28** 下列何者不是組織激發創新的有效做法？　(A)有機式組織結構　(B)有豐富資源支持　(C)組織內部頻繁交流互動　(D)對未能成功獲利的創新活動施以處罰。

( ) **29** 決策者未充分考量其他競爭者的行為，以致對採購或競標之標的物付出過高的價格而蒙受鉅額損失，此種現象稱為下列何者？　(A)擴大承諾　(B)贏家詛咒　(C)月暈效果　(D)完全理性。

( ) **30** 管理者可利用四項原則來進行倫理決策。其中「所做的倫理決策能為大多數人謀取最大福祉」是哪一項原則？　(A)功利原則　(B)正義原則　(C)務實原則　(D)道德權利原則。

( ) **31** 洗錢防制法所稱「指定之非金融事業或人員」，不包括下列何者？　(A)銀樓業　(B)地政士及不動產經紀業　(C)當舖業　(D)律師、公證人、會計師。

( ) **32** 依洗錢防制法規定，金融機構確認客戶身分程序所得資料，應自業務關係終止時起至少保存多久？　(A)一年　(B)五年　(C)十年　(D)永久。

( ) **33** 金融機構對於達一定金額以上之通貨交易，應向下列何者申報？　(A)財政部　(B)中央銀行　(C)法務部調查局　(D)金管會。

( ) **34** 下列何者非屬洗錢防制法所稱之洗錢行為？　(A)意圖掩飾或隱匿特定犯罪所得來源，或使他人逃避刑事追訴，而移轉或變更特定犯罪所得　(B)掩飾或隱匿特定犯罪所得之本質、來源、去向、所在、所有權、處分權或其他權益者　(C)社區居民籌募現金集體購買樂透彩券，將贏得之金錢捐給非營利慈善組織　(D)收受、持有或使用他人之特定犯罪所得。

( ) **35** 金融機構對待現任或曾任國內政府重要政治性職務之客戶的方式，下列敘述何者正確？　(A)應以風險為基礎，執行加強客戶審查程序　(B)應給予特別禮遇，無須執行客戶審查程序　(C)建立業務關係前，應取得金管會同意　(D)一律婉拒開戶。

( ) **36** 洗錢防制法對洗錢或資恐高風險國家或地區的定義，不包括下列何者？ (A)經國際防制洗錢組織公告防制洗錢及打擊資恐有嚴重缺失之國家或地區 (B)實施共產制度之國家或地區 (C)經國際防制洗錢組織公告未遵循或未充分遵循國際防制洗錢組織建議之國家或地區 (D)有具體事證認有洗錢及資恐高風險之國家或地區。

( ) **37** 金融機構確認客戶身分時，有下列何種情形者，應予以婉拒建立業務關係或交易？A.疑似使用匿名、假名、人頭、虛設行號或虛設法人團體開設帳戶 B.持用偽、變造身分證明文件 C.客戶拒絕提供審核客戶身分措施相關文件 D.由代理人辦理開戶，且查證代理之事實及身分資料有困難 (A)僅AB (B)僅ABC (C)僅ABD (D)ABCD。

( ) **38** 依金融機構防制洗錢辦法規定，金融機構應定期檢視其辦識客戶及實質受益人身分所取得之資訊是否足夠，並確保該等資訊之更新，特別是高風險客戶，金融機構應至少多久檢視一次？ (A)每季 (B)每年 (C)每三年 (D)每五年。

( ) **39** 金融機構應依重要性及風險程度，對現有客戶身分資料進行審查，並於考量前次執行審查之時點及所獲得資料之適足性後，在適當時機對已存在之往來關係進行審查。該適當時機不包括下列何者？ (A)客戶加開帳戶時 (B)客戶向金管會投訴時 (C)依據客戶之重要性及風險程度所定之定期審查時點 (D)得知客戶身分與背景資訊有重大變動時。

( ) **40** 金融機構辦理下列何種保險商品時，應辨識及驗證實質受益人身分？ (A)財產保險 (B)傷害保險 (C)健康保險 (D)年金保險。

( ) **41** 「實質受益人」係指下列何者？A.對客戶具最終所有權或控制權之自然人 B.由他人代理交易之自然人本人 C.對法人或法律協議具最終有效控制權之自然人 D.直接、間接持有法人股份或資本超過百分之二十五者 (A)僅ABC (B)僅ACD (C)僅BCD (D)ABCD。

（　）**42** 金融機構於下列何種情形時，無須確認客戶身分？　(A)與客戶建立業務關係時　(B)辦理臨時性交易新臺幣一萬元之跨境匯款時　(C)發現疑似洗錢或資恐交易時　(D)對於過去所取得客戶身分資料之真實性或妥適性有所懷疑時。

（　）**43** 依主管機關規定，銀行業應於每會計年度終了後多久內，將防制洗錢及打擊資恐內部控制制度聲明書內容揭露於該機構網站，並於金管會指定網站辦理公告申報？　(A)一個月　(B)二個月　(C)三個月　(D)六個月。

（　）**44** 本國銀行之防制洗錢及打擊資恐專責單位不得設置於下列何單位下？　(A)總經理　(B)總機構法令遵循單位　(C)風險控管單位　(D)稽核單位。

（　）**45** 銀行業之下列何者對確保建立及維持適當有效之防制洗錢及打擊資恐內部控制負最終責任？　(A)總經理　(B)董事會　(C)法令遵循主管　(D)防制洗錢及打擊資恐專責主管。

（　）**46** 銀行業應確保其國外分公司在符合當地法令情形下，實施與總公司一致之防制洗錢及打擊資恐措施。當總公司與分公司所在地之最低要求不同時，分公司應以下列何者作為遵循依據？　(A)就兩地選擇較高標準者　(B)就兩地選擇較低標準者　(C)就兩地高低標準，求取平均值　(D)由國外分公司防制洗錢及打擊資恐專責主管訂定標準。

（　）**47** 保險公司哪個單位應辦理防制洗錢及打擊資恐計畫之有效性查核？　(A)風險管理單位　(B)法令遵循單位　(C)內部稽核單位　(D)董事會監察人。

（　）**48** 依主管機關規定，保險公司防制洗錢及打擊資恐專責主管應至少多久向董事會及監察人或審計委員會報告？　(A)每月　(B)每季　(C)每半年　(D)每年。

（　）**49** 保險公司國外營業單位防制洗錢及打擊資恐主管，可以兼任下列何種職務？　(A)法務主管　(B)稽核主管　(C)法令遵循主管　(D)風險管理主管。

(　　) **50** 保險公司洗錢及資恐風險之辨識、評估及管理，應至少涵蓋下列哪些面向？ A.客戶 B.地域 C. 產品及服務 D.交易及通路　(A)僅ABC (B)僅ABD　(C)僅BCD　(D)ABCD

解答與解析　答案標示為#者，表官方曾公告更正該題答案。

1(C)	2(B)	3(A)	4(A)
5(C)	6(D)	7(D)	8(A)
9(C)	10(A)	11(D)	12(B)
13(A)	14(B)	15(CorD)	16(D)
17(D)	18(B)	19(A)	20(A)
21(B)	22(B)	23(D)	24(C)
25(D)	26(C)	27(D)	28(D)
29(B)	30(A)		

31 (C)。洗錢防制法第5條第3項規定：本法所稱指定之非金融事業或人員，指從事下列交易之事業或人員：

一、銀樓業。

二、地政士及不動產經紀業從事與不動產買賣交易有關之行為。

三、律師、公證人、會計師為客戶準備或進行下列交易時：

(一)買賣不動產。

(二)管理客戶金錢、證券或其他資產。

(三)管理銀行、儲蓄或證券帳戶。

(四)有關提供公司設立、營運或管理之資金籌劃。

(五)法人或法律協議之設立、營運或管理以及買賣事業體。

四、信託及公司服務提供業為客戶準備或進行下列交易時：

(一)關於法人之籌備或設立事項。

(二)擔任或安排他人擔任公司董事或秘書、合夥之合夥人或在其他法人組織之類似職位。

(三)提供公司、合夥、信託、其他法人或協議註冊之辦公室、營業地址、居住所、通訊或管理地址。

(四)擔任或安排他人擔任信託或其他類似契約性質之受託人或其他相同角色。

(五)擔任或安排他人擔任實質持股股東。

五、其他業務特性或交易型態易為洗錢犯罪利用之事業或從業人員。

32 (B)。洗錢防制法第7條第2項規定：前項確認客戶身分程序所得資料，應自業務關係終止時起至少保存五年；臨時性交易者，應自臨時性交易終止時起至少保存五年。但法律另有較長保存期間規定者，從其規定。

33 (C)。洗錢防制法第9條第1項規定，金融機構及指定之非金融事業或人員對於達一定金額以上之通貨交易，除本法另有規定外，應向法務部調查局申報。

34 (C)。洗錢防制法第2條規定：本法所稱洗錢，指下列行為：

一、意圖掩飾或隱匿特定犯罪所得來源，或使他人逃避刑事追訴，而移轉或變更特定犯罪所得。

二、掩飾或隱匿特定犯罪所得之本質、來源、去向、所在、所有權、處分權或其他權益者。

三、收受、持有或使用他人之特定犯罪所得。

35 (A)。洗錢防制法第7條第3項規定，金融機構及指定之非金融事業或人員對現任或曾任國內外政府或國際組織重要政治性職務之客戶或受益人與其家庭成員及有密切關係之人，應以風險為基礎，執行加強客戶審查程序。

36 (B)。洗錢防制法第11條第2項規定，前項所稱洗錢或資恐高風險國家或地區，指下列之一者：
一、經國際防制洗錢組織公告防制洗錢及打擊資恐有嚴重缺失之國家或地區。
二、經國際防制洗錢組織公告未遵循或未充分遵循國際防制洗錢組織建議之國家或地區。
三、其他有具體事證認有洗錢及資恐高風險之國家或地區。

37 (D)。金融機構防制洗錢辦法第4條規定，金融機構確認客戶身分時，有下列情形之一者，應予以婉拒建立業務關係或交易：
一、疑似使用匿名、假名、人頭、虛設行號或虛設法人團體開設帳戶、投保或辦理儲值卡記名作業。
二、客戶拒絕提供審核客戶身分措施相關文件。
三、對於由代理人辦理開戶、儲值卡記名作業、註冊電子支付帳戶、投保、保險理賠、保險契約變更或交易者，且查證代理之事實及身分資料有困難。
四、持用偽、變造身分證明文件。
五、出示之身分證明文件均為影本。

但依規定得以身分證明文件影本或影像檔，輔以其他管控措施辦理之業務，不在此限。
六、提供文件資料可疑、模糊不清，不願提供其他佐證資料或提供之文件資料無法進行查證。
七、客戶不尋常拖延應補充之身分證明文件。
八、建立業務關係對象為資恐防制法指定制裁之個人、法人或團體，以及外國政府或國際組織認定或追查之恐怖分子或團體。但依資恐防制法第6條第1項第1款至第3款所為支付不在此限。
九、建立業務關係或交易時，有其他異常情形，客戶無法提出合理說明。

38 (B)。金融機構防制洗錢辦法第5條第3款規定，金融機構應定期檢視其辨識客戶及實質受益人身分所取得之資訊是否足夠，並確保該等資訊之更新，特別是高風險客戶，金融機構應至少每年檢視一次。

39 (B)。金融機構防制洗錢辦法第5條第1款規定：「一、金融機構應依重要性及風險程度，對現有客戶身分資料進行審查，並於考量前次執行審查之時點及所獲得資料之適足性後，在適當時機對已存在之往來關係進行審查。上開適當時機至少應包括：
(一)客戶加開帳戶、新增儲值卡記名作業、新增註冊電子支付帳戶、保額異常增加或新增業務往來關係時。
(二)依據客戶之重要性及風險程度所定之定期審查時點。

(三)得知客戶身分與背景資訊有重大變動時。」

40 (D)。金融機構防制洗錢辦法第6條第3項規定，保險業應將人壽保險契約之受益人納為是否執行強化確認客戶身分措施之考量因素。人壽保險契約之保險受益人為法人或信託之受託人，經評估屬較高風險者，應採取強化確認客戶身分措施，包括於給付保險金前，採取合理措施辨識及驗證實質受益人身分。

同法第3條第7款第4目規定，金融機構辦理財產保險、傷害保險、健康保險或不具有保單價值準備金之保險商品，除客戶有第6條第1項第3款但書情形者外，不適用第4款第3目辨識及驗證實質受益人身分之規定。

41 (D)。金融機構防制洗錢辦法第2條第8款規定：「實質受益人：指對客戶具最終所有權或控制權之自然人，或由他人代理交易之自然人本人，包括對法人或法律協議具最終有效控制權之自然人。」

42 (B)。依金融機構防制洗錢辦法第3條第2款第2目之反面解釋，辦理臨時性交易新臺幣一萬元之跨境匯款時，應無需確認客戶身分。

二、金融機構於下列情形時，應確認客戶身分：
(一)與客戶建立業務關係時。
(二)進行下列臨時性交易：
1.辦理一定金額以上交易（含國內匯款）或一定數量以上儲值卡交易時。多筆顯有關聯之交易合計達一定金額以上時，亦同。
2.辦理新臺幣三萬元（含等值外幣）以上之跨境匯款時。

43 (C)。依「銀行業及其他經金融監督管理委員會指定之金融機構防制洗錢及打擊資恐內部控制與稽核制度實施辦法」第8條第3項規定，銀行業及其他經本會指定之金融機構總經理應督導各單位審慎評估及檢討防制洗錢及打擊資恐內部控制制度執行情形，由董（理）事長（主席）、總經理、總稽核（稽核主管）、防制洗錢及打擊資恐專責主管聯名出具防制洗錢及打擊資恐之內部控制制度聲明書（附表），並提報董（理）事會通過，於每會計年度終了後三個月內將該內部控制制度聲明書內容揭露於該機構網站，並於本會指定網站辦理公告申報。

44 (D)。「銀行業及其他經金融監督管理委員會指定之金融機構防制洗錢及打擊資恐內部控制與稽核制度實施辦法」第7條第1項後段規定，其中本國銀行並應於總經理、總機構法令遵循單位或風險控管單位下設置獨立之防制洗錢及打擊資恐專責單位，該單位不得兼辦防制洗錢及打擊資恐以外之其他業務。

45 (B)。「銀行業及其他經金融監督管理委員會指定之金融機構防制洗錢及打擊資恐內部控制與稽核制度實施辦法」第6條第6項規定，銀行業及其他經本會指定之金融機構之董（理）事會對確保建立及維持適當有效之防制洗錢及打擊資恐內部控制負最終責任。

46 (A)。「銀行業及其他經金融監督管理委員會指定之金融機構防制洗錢及打擊資恐內部控制與稽核制度實施辦法」第6條第5項規定，當總公

司（或母公司）與分公司（或子公司）所在地之最低要求不同時，分公司（或子公司）應就兩地選擇較高標準者作為遵循依據。

47 (C)。「保險公司與辦理簡易人壽保險業務之郵政機構及其他經金融監督管理委員會指定之金融機構防制洗錢及打擊資恐內部控制與稽核制度實施辦法」第7條第2項規定，保險公司、辦理簡易人壽保險業務之郵政機構、第3項以外之其他經本會指定機構內部稽核單位應依規定辦理下列事項之查核，並提具查核意見：

一、洗錢及資恐風險評估與防制洗錢及打擊資恐計畫是否符合法規要求並落實執行。

二、防制洗錢及打擊資恐計畫之有效性。

48 (C)。「保險公司與辦理簡易人壽保險業務之郵政機構及其他經金融監督管理委員會指定之金融機構防制洗錢及打擊資恐內部控制與稽核制度實施辦法」第6條第4項規定：第1項專責主管應至少每半年向董（理）事會及監察人（監事、監事會）或審計委員會報告，如發現有重大違反法令時，應即時向董事（理）會及監察人（監事、監事會）或審計委員會報告。

49 (C)。「保險公司與辦理簡易人壽保險業務之郵政機構及其他經金融監督管理委員會指定之金融機構防制洗錢及打擊資恐內部控制與稽核制度實施辦法」第6條第6項規定，保險公司、辦理簡易人壽保險業務之郵政機構及其他經本會指定機構國外營業單位防制洗錢及打擊資恐主管之設置應符合當地法令規定及當地主管機關之要求，並應具備協調督導防制洗錢及打擊資恐之充分職權，包括可直接向第1項專責主管報告，且除兼任法令遵循主管外，應為專任……。

50 (D)。「保險公司與辦理簡易人壽保險業務之郵政機構及其他經金融監督管理委員會指定之金融機構防制洗錢及打擊資恐內部控制與稽核制度實施辦法」第5條第2項規定：

前項第1款洗錢及資恐風險之辨識、評估及管理，應至少涵蓋客戶、地域、產品及服務、交易及通路等面向，並依下列規定辦理：

一、製作風險評估報告。

二、考量所有風險因素，以決定整體風險等級，及降低風險之適當措施。

三、訂定更新風險評估報告之機制，以確保風險資料之更新。

四、於完成或更新風險評估報告時，將風險評估報告送本會備查。

110年 第2次防制洗錢與打擊資恐專業人員測驗（第一場）

第一部份：單選題

( ) 1 下列何者不是重要政治性職務人士在業務關係或交易之洗錢及資恐警示表徵？ (A)交易金額經常是整數 (B)個人資金與企業相關資金混淆不清 (C)重要政治性職務人士使用記名票據支付款項 (D)重要政治性職務人士曾多次被陳報涉及可疑交易。

( ) 2 依「金融機構防制洗錢辦法」規定，下列何者不是銀行應辦理客戶審查之時機？ (A)與客戶建立業務關係時 (B)進行50萬元以上通貨交易 (C)使用ATM轉帳時 (D)發現疑似洗錢或資恐交易時。

( ) 3 有關於證券期貨業防制洗錢營業單位督導主管的敘述，下列何者錯誤？ (A)應指派資深管理人員擔任 (B)必須於充任後三個月內符合資格條件 (C)負責督導所屬營業單位執行防制洗錢及打擊資恐相關事宜 (D)只有國內營業單位才要指定。

( ) 4 有關對於防制洗錢及打擊資恐之保密規定，下列何者錯誤？ (A)疑似洗錢或資恐交易申報事項，各級人員應保守秘密不得任意洩漏 (B)申報事項有關之文書，均應以機密文件處理 (C)銀行應提供員工如何避免資訊洩漏之訓練或教材，避免員工與客戶應對或辦理日常作業時發生資訊洩漏情形 (D)申報疑似洗錢交易後，應通知客戶。

( ) 5 證券期貨業防制洗錢及打擊資恐內部控制要點第六點規定，專責主管應至少多久向董事會及監察人（或審計委員會）報告？ (A)每月 (B)每季 (C)每半年 (D)每年。

( ) 6 銀行經營之業務中，下列何者屬於洗錢較高風險之商品或服務？ (A)授信業務 (B)私人銀行 (C)信用卡 (D)保管箱。

( ) 7 下列哪一個國家目前屬於洗錢或資恐高風險國家？ (A)伊朗 (B)美國 (C)希臘 (D)南非。

(　) **8** 以下何者非防制洗錢計畫應包含之項目？　(A)姓名檢核　(B)帳戶與交易之持續監控　(C)專責主管負責遵循事宜　(D)同業金流資訊共享機制。

(　) **9** 有關防制洗錢金融行動工作組織「相互評鑑」有關評鑑員之評估作法的敘述，下列何者正確？　(A)評鑑員應將結構性元素不足記載於相互評鑑報告中　(B)評鑑員對於政府提出的國家洗錢及資恐風險評估報告應照單全收　(C)金融業的規模、整合程度及本質對於評鑑員而言是不重要的評鑑項目　(D)評鑑員於評鑑過程中，不須考量犯罪組織或恐怖組織的型態、活動，僅須注意是否有非法資金的移轉。

(　) **10** 下列何者並非評估洗錢風險時應納入考量的項目？　(A)客戶性質　(B)組織人員數　(C)業務規模　(D)產品服務複雜度。

(　) **11** 依洗錢防制相關法規。金融機構事業或人員對法人客戶進行確認客戶身分程序時，所需取得的資料不包括下列何者？　(A)公司登記文件　(B)公司章程　(C)公司財報　(D)公司登記地址。

(　) **12** 洗錢防制法第二條所稱洗錢，不包括下列哪一項行為？　(A)對恐怖活動、組織、分子之資助行為　(B)意圖掩飾或隱匿特定犯罪所得來源，或使他人逃避刑事追訴，而移轉或變更特定犯罪所得　(C)掩飾或隱匿特定犯罪所得之本質、來源、去向、所在、所有權、處分權或其他權益者　(D)收受、持有或使用他人之特定犯罪所得。

(　) **13** 保險產品與服務在洗錢及資恐扮演重要的角色，關於該風險因子之判斷，下列敘述何者正確？　(A)公司對於熱賣商品，開放使用ATM轉帳、存現金方式繳保費。因為產品一樣，風險值應皆無改變　(B)壽險公司的所有商品，都應屬於高風險商品　(C)財產保險無現金價值，完全不可能作為洗錢工具　(D)保險業應同步考量「產品」與「服務」分別或併同的風險特性。

(　) **14** 金融機構依賴第三方進行客戶審查工作，客戶審查之最終責任由誰負責？　(A)金管會　(B)第三方　(C)金融機構　(D)金管機構與第三方共同負擔。

( ) **15** 銀行識別個別客戶風險並決定其風險等級所依據之風險因素，下列何者非屬之？ (A)職業 (B)國籍 (C)申請之產品或服務 (D)年齡。

( ) **16** 有關我國資恐防制法所定之目標性制裁措施，下列何者為非？ (A)目標性金融制裁對象係指資恐防制法第4條所定之國內名單及第5條所定之國際名單 (B)我國目前分別有依資恐防制法第4條及第5條所指定制裁之案例各一例 (C)國內名單之審查，係由法務部設置資恐防制審議會，審查是否符合資恐防制法第4條所定之要件 (D)資恐防制法第4條國內名單與第5條國際名單之分別，主要在於國際名單是來自於聯合國安全理事會公告名單，因此一經聯合國安理會公告，即自動生效。

( ) **17** 依「金融機構防制洗錢辦法」規定，有關客戶審查事項，下列敘述何者錯誤？ (A)不得接受客戶以匿名或使用假名建立或維持業務關係 (B)無法完成確認客戶身分相關規定程序者，應考量申報疑似洗錢或資恐交易 (C)客戶不尋常拖延應補充之身分證明文件，但不需申報疑似洗錢或資恐交易 (D)客戶為法人時，應瞭解客戶之所有權及控制權結構，辨識客戶之實質受益人。

( ) **18** 要保人（被保險人）是某大型律師事務所的受雇律師，請問下列敘述何者正確？ (A)該客戶職業為律師，故應列為高風險客戶 (B)該客戶任職於大型律師事務所，所以應為高風險客戶 (C)該客戶職業為律師，屬於 DNFBP's，所以應該直接視為高風險客戶 (D)該客戶職業為律師，但並非律師事務所負責人或高階管理人，故應該僅於風險因子計算時納入考量。

( ) **19** 有關判定「重要政治性職務人士」之指引，下列敘述何者錯誤？ (A)持續性的員工訓練，有效教導員工如何判定 (B)完全不可採信客戶自行填報及申報資料 (C)政府公布的重要官員財產申報資料為參考資料之一 (D)要確保客戶資訊即時更新。

( ) **20** 有關FATF技術遵循評鑑準則之判定等級中，輕微缺失（Minor Shortcomings）對應之評鑑等級為： (A)遵循（Compliant） (B)大部分遵循（Largely Compliant） (C)部分遵循（Partially Compliant） (D)未遵循（Non-compliant）。

( ) **21** 有關資恐罪刑化，請問下列何者錯誤？　(A)金融機構從業人員如為受制裁對象提供借貸、保險等服務，從業人員及金融機構都可能涉犯資恐罪嫌　(B)外國戰士模式是國際恐怖主義之新興手法，目前我國資恐防制法正研議納入規範，以符國際規範　(C)不論是資助恐怖活動或是資助恐怖份子，除了追訴資恐罪外，都可追訴其洗錢犯罪　(D)由於資助恐怖活動的實害更高，因此法定刑較資助恐怖份子罪為高。

( ) **22** 對於交易監控中的疑似洗錢警示觸發，下列敘述何者為非？　(A)觸發警示後即表示應該予以申報　(B)應關注設定合理的情境或態樣　(C)其中可能涉及到設定合宜的金額門檻、頻率、次數、比率等　(D)警示觸發並非所有皆為自動化觸發，人為觀察亦有可能。

( ) **23** 保險業商品與銀行業主要商品「開戶」之間，在面對洗錢風險上最主要的差異點是下列何者？　(A)銀行帳戶原則上沒有存續期間；保險商品大多具有一定存續期間　(B)銀行客戶通常只會進行一次性的交易；保險業客戶則會持續的往來交易　(C)銀行業客戶開戶的甄審程序較複雜；保險業投保購買保單的程序較簡易　(D)銀行業開戶的作業時程通常比較久；保險業核保的時程通常比較快速。

( ) **24** 下列何者不是金融機構防制洗錢辦法的保險業？　(A)保險代理人公司　(B)專業再保險公司　(C)辦理簡易人壽保險業務之郵政機構　(D)財產保險公司。

( ) **25** 下列何者並非客戶風險評估的觀點？　(A)客戶端　(B)地理端　(C)交易端　(D)系統端。

( ) **26** 下列何者並非恐怖組織利用非營利組織進行洗錢的原因？　(A)非營利組織容易受民眾信任，可利用作為公開募款管道　(B)非營利組織均無賦稅優惠　(C)非營利組織可依設立宗旨，公開地在特定族群或宗教地區中活動　(D)各國法令雖有不同，但是通常對非營利組織的成立條件與營運監理要求比較寬鬆。

( ) **27** 利用人頭於金融機構開戶進行洗錢之手法，較常見的疑似洗錢交易態樣中，以下何者錯誤？　(A)資金停泊時間通常較長　(B)存款帳

戶密集存入多筆款項 (C)存款金額與身分收入、顯不相當 (D)開戶後立即有特定金額款項存入。

( ) **28** 對於一定金額以上通貨交易,銀行不須向調查局申報之項目,下列哪一項錯誤? (A)存入股款代收帳戶 (B)公營事業機構存入款 (C)代理公庫業務所生之代付款項 (D)公益彩券經銷商申購彩券款項。

( ) **29** 有關為控管或抵減保險公司所判斷的高洗錢/資恐風險情形所採行之強化措施,下列何者錯誤? (A)提高客戶審查層級 (B)提高交易監測頻率 (C)屬較高風險之人壽保險契約,於訂定契約時已採行強化客戶審查措施,則於給付保險金前,無需再辨識及驗證實質受益人之身分 (D)不仰賴過去保存的資料,作為身分辨識與驗證依據。

( ) **30** 防制洗錢金融行動工作組織的40項建議,其中對於建議11之紀錄留存,下列敘述何者錯誤? (A)金融機構留存的紀錄須足以重建個別的交易 (B)金融機構應將所有國內與國際的交易紀錄保存至少3年 (C)金融機構留存的紀錄便於必要時作為起訴犯罪行為的證據 (D)金融機構應確保交易紀錄在主管機關要求時可以立即提供。

( ) **31** 保險業對於較低風險客戶,得採取之簡化確認客戶身分措施,不包含下列何者? (A)降低客戶身分資訊更新之頻率 (B)對於可推斷其交易目的者,仍然透過電話瞭解業務往來目的 (C)以合理的保單價值準備金作為審查交易之基礎,降低持續性監控之等級 (D)對於客戶增加購買合理之醫療險,無須再執行特別措施。

( ) **32** 以下何者非證券業具有高洗錢風險的原因? (A)可跨境移轉資金 (B)無買賣額度之限制 (C)不易追查客戶資金來源 (D)證券交易可輕易轉換成現金。

( ) **33** 在洗錢活動的「整合」階段中,由於犯罪者欲將犯罪所得轉移回經濟體系供其運用,下列哪一項敘述符合此階段的描述: (A)客戶躉繳購買大額保單 (B)客戶具有不明原因的契撤或退保紀錄 (C)客戶欲加保的金額超過其投保的能力 (D)客戶的法定受益人中具有洗錢高風險的對象。

(　) **34** 對於構成洗錢防制法第2條各款所列之洗錢犯罪行為者，依現行洗錢防制法第14條規定之刑責為何？　(A)處三年以下有期徒刑，併科新臺幣三百萬元以下罰金　(B)處五年以下有期徒刑，併科新臺幣三百萬元以下罰金　(C)處七年以下有期徒刑，併科新臺幣五百萬元以下罰金　(D)處十年以下有期徒刑，併科新臺幣八百萬元以下罰金。

(　) **35** 確認客戶身分機制，應以風險基礎方法決定執行強度。請問於高風險情形，應額外採取之強化措施，下列敘述何者錯誤？　(A)對於業務往來關係應採取強化之持續監督　(B)強制透過中介機構或專業人士辦理確認客戶身分程序　(C)在建立或新增業務往來關係前，應取得高階管理人員同意　(D)應採取合理措施以瞭解客戶財富及資金來源。其中資金來源係指產生該資金之實質來源。

(　) **36** 銀行行員在辦理貿易金融業務時，下列哪一種情形符合疑似洗錢之態樣？　(A)提貨單與發票的商品敘述內容相符　(B)發票中所申報之商品價值，與該商品的市場公平價值不符　(C)付款方式符合該交易的風險特性　(D)貨運非來自洗錢或資恐高風險國家或地區。

(　) **37** 張小姐最近經營網購，每月收入甚多，為恐個人所得稅率過高，遂向其鄰居及室友多人租用銀行帳戶，收取客戶支付之貨款，並約定如有收到稅單由張小姐代為繳納，其所為是否構成何種犯罪？　(A)張小姐所為涉及逃稅及洗錢罪　(B)只有逃稅，並未洗錢　(C)張小姐有代為納稅，其所為僅為避稅，不構成逃稅，故亦不會構成洗錢犯罪　(D)張小姐雖然未逃稅，但是利用他人帳戶之行為仍然構成特殊洗錢罪。

(　) **38** 下列敘述何者正確？　(A)我國洗錢防制相關法規規定，對於客戶風險評級級數至少應有三級　(B)證券期貨業對於客戶風險可以只分為高風險、一般風險　(C)依前述區分兩級時對於屬一般風險的客戶審查，可以採取簡化措施　(D)客戶如果為申請信用交易額度所需，可以向證券期貨商申請知悉自己的風險評級。

(　) **39** 關於交易監控，何者正確？　(A)由於防火牆及保密義務，單位間不應互相調取及查詢客戶之資料　(B)海外分子行得依循當地規定，選擇不利用全公司系統整合的客戶及交易資料　(C)金融機構得依風險基礎方法，不利用資訊系統發現可疑交易　(D)監控電子支付帳戶間款項移轉，應將收受兩端之所有資訊均納入考量。

(　) **40** 保險公司懷疑客戶甲之交易可能涉及洗錢或資恐，且合理相信執行確認客戶身分程序可能對客戶洩露訊息時，保險公司應如何處理為正確？　(A)明白告知客戶公司所懷疑之事項，懇請客戶坦白告知　(B)縱然可能對客戶洩露訊息，仍應執行確認客戶身分程序　(C)執行確認客戶身分程序並告知客戶公司可能會將其申報　(D)保險公司得不執行確認客戶身分程序，而改以申報疑似洗錢或資恐交易處理。

(　) **41** 關於洗錢者利用守門員協助洗錢的情形，下列敘述何者錯誤？　(A)越來越多洗錢者向專家尋求協助，替他們管理財務　(B)合法的專業服務，也可能被洗錢者用來協助洗錢　(C)有些洗錢者也會收買知情的專業人士，為他們設計洗錢架構　(D)買賣房地產時代替客戶收付款項不可能被洗錢者用來協助洗錢。

(　) **42** 在對OIU業務的防制洗錢與打擊資恐的強化措施中，下列何者「並非」其中要求：　(A)強化確認客戶身分程序　(B)針對應取得或驗證之客戶身分文件、資料或資訊，為一致性之規範　(C)允許接受代辦公司自行簽發的證明　(D)明定保險公司不得勸誘或協助境內客戶轉換為非居民身分投保。

(　) **43** 保險公司與保險輔助人瞭解客戶目的在確定各個客戶、實質受益人、保單受益人的真實身分，下列那些程序並不適當？　(A)在建立業務關係之前或過程中，辨識並驗證客戶的身分　(B)在支付保險金時，或保戶欲行使保單既有權利前，辨識並驗證受益人的身分　(C)通常保險公司對於低風險客群，採取5年1次之風險評估，雖可能存在該類客戶在第2年因職業改變而與其應有風險程度不相稱的情況，惟無需再思考相應措施　(D)經由非面對面管道引薦的客戶，應落實客戶身分的辨識或驗證。

(　) 44 依據我國資恐防制法的現行規定，關於主管機關指定制裁名單前的處理程序，下列敘述何者正確？　(A)主管機關應給予該個人、法人或團體陳述意見之機會　(B)主管機關得不給予該個人、法人或團體陳述意見之機會　(C)主管機關應給予該個人、法人或團體參與程序及陳述意見之機會　(D)主管機關應先行告知，並給予該個人、法人或團體陳述意見之機會。

(　) 45 有關風險基礎方法及風險評估，下列敘述何者錯誤？　(A)風險評估是銀行風險基礎方法的第一步　(B)內部稽核報告為銀行辨識及評估洗錢及資恐風險時應考慮的因素之一　(C)房貸業務因以房子當抵押品通常為十足擔保，故不會帶來洗錢及資恐風險　(D)利用風險基礎法的風險分級，銀行可有效地分配防制洗錢及打擊資恐資源，以降低風險。

(　) 46 有關OBU之敘述，下列何者錯誤？　(A)OBU客戶應強化確認客戶身分程序，審慎控管相關風險　(B)OBU之業務屬性係提供境外客戶離岸外幣金融服務，有涉及較高風險之可能性　(C)OBU屬境外業務，不適用我國洗錢防制相關法令及銀行公會自律規範等規定　(D)OBU辦理新開戶時，不得勸誘或協助境內客戶轉換為非居住民身分開戶。

(　) 47 李小明到金融機構欲進行交易，金融機構在何種情況下必須進行確認客戶身分？　(A)李小明辦理存款新臺幣二萬元存入已開立之存款帳戶時　(B)李小明辦理新臺幣一萬元的跨境匯款時　(C)李小明要購買投資型保單時　(D)李小明繳交兒子李天才學費新臺幣五萬元。

(　) 48 下列何者不是洗錢或資恐所謂之國內重要政治性職務之人？　(A)台北市長　(B)少校編階　(C)台東縣議長　(D)司法院大法官。

(　) 49 依照國際規範建議，各國應該設立洗錢防制的金融情報中心，請問下列何者為我國的金融情報中心？　(A)中央銀行　(B)財政部國稅局　(C)法務部調查局　(D)金融監督管理委員會檢查局。

（　）**50** 下列敘述何者正確？　(A)我國不是亞太防制洗錢組織之會員　(B)我國為防制洗錢金融行動工作組織（FATF）的會員，應依該組織要求，遵守亞太防治洗錢組織頒布的相關建議　(C)我國於107年正式接受防制洗錢組織金融行動工作第二輪相互評鑑　(D)防制洗錢金融行動工作組織（FATF）頒布的40項建議為全球洗錢防制與打擊資恐遵循之標準。

（　）**51** 洗錢者常用電匯移轉資金，關於電匯的說明，下列敘述何者錯誤？　(A)電匯必須為跨越國境的國際交易　(B)電匯交易的匯款人與受款人有可能是同一個人　(C)電匯實際上無須移動實體貨幣，它是一個從甲地移轉資金到乙地最快速且安全的方法　(D)指個人透過一個金融機構，以電子傳輸方式，將資金移轉到另一個金融機構的個人或團體。

（　）**52** 下列何者不是洗錢防制法中「指定之非金融機構或人員」？　(A)律師為客戶準備或進行不動產買賣時　(B)地政士從事與不動產買賣交易有關之行為時　(C)銀樓業　(D)旅行業。

（　）**53** 機構剩餘風險不包括下列何者？　(A)國家面臨毒品販運、貪污賄賂等前置犯罪之威脅程度　(B)實質受益人缺乏可驗證之資料　(C)缺乏內部執行標準　(D)系統功能及人員訓練不足。

（　）**54** 客戶以大量假美鈔通過銀行員肉眼與機器檢查，將款項匯往他國，有關主管機關之規定，下列敘述何者錯誤？　(A)銀行發現大量假美鈔來行辦理結匯，應立刻通報當地調查局　(B)對於可疑人士使用之偽鈔，應擦拭乾淨，妥適保管　(C)本案有關之監視錄影系統應妥善保留至結案為止　(D)銀行應檢視驗鈔機辨識功能。

（　）**55** 請問防制洗錢金融行動工作組織（FATF）係透過何種機制督促會員落實防制洗錢與打擊資恐國際標準？　(A)經貿互助　(B)法律制裁　(C)自行調查　(D)相互評鑑。

（　）**56** 銀行對較高風險的國內重要政治性職務人士，應執行之強化客戶審查措施，不包括下列何者？　(A)取得高階管理人員的核准　(B)採取合理措施以了解客戶之財富來源及交易資金來源　(C)對業務關係進行持續的強化監控　(D)申報疑似洗錢或資恐交易。

(　) **57** 依據注意事項範本之規定，證券商對於已發行無記名股票之客戶，確保實質受益人更新之方式不包括以下何者：　(A)請客戶提供全部持有無記名股票之身分證明文件　(B)請客戶要求具控制權之無記名股票股東辦理登記身分　(C)請客戶於知悉具控制權股東身分發生變動時通知證券商　(D)請客戶於每次股東會後，向證券商更新實質受益人資訊。

(　) **58** 依金融機構防制洗錢辦法規定，當客戶是法人、團體時，關於辨識實質受益人之敘述，下列何者正確？　(A)客戶無論是否為公開發行公司，都應辨識實質受益人　(B)所謂具控制權之最終自然人，是指直接、間接持有該法人股份或資本超過百分之二十五者　(C)對於所有於國外掛牌上市公司之客戶，都應辨識其實質受益人　(D)客戶是台電、中油等公營事業機構，非政府機關，仍應辨識實質受益人。

(　) **59** 金融機構應於特定時機進行客戶審查，惟下列哪個時機非屬必要？(A)建立業務關係時　(B)終止業務關係時　(C)與客戶進行臨時性通貨交易且達一定金額以上時　(D)對於過去取得客戶資料之真實性或妥適性有所懷疑時。

(　) **60** 為降低洗錢及資恐風險，下列敘述何者錯誤？　(A)A國的洗錢防制措施嚴謹，因此就不會有洗錢行為發生　(B)B國缺乏有效地洗錢防制政策、法律及監理機關，因此擁有較高的洗錢及資恐風險　(C)C國的金融體系較健全，有嚴密且周延的內部控制措施，因此擁有較低的洗錢及資恐風險　(D)由於洗錢活動經常涉及跨境交易，因此D國與國際團體或各國政府合作，藉由交換資訊與經驗，可有效降低洗錢及資恐風險。

第二部份：複選題

(　) **61** 有關銀行對洗錢及資恐的風險評估，下列敘述何者錯誤？　(A)銀行採風險基礎方法評估風險　(B)新產品推出前，應進行新產品洗錢及資恐風險評估　(C)銀行的風險評估機制不因其業務性質及規模而有所不同　(D)客戶風險等級不因客戶所處之國籍與居住國家而有所區別。

（　）62 雖然專業人士被要求必須陳報可疑交易，但實際上各國收到報告數
量極少，防制洗錢專家分析可能的原因為下列何者？　(A)專業人
士對防制洗錢的認識不足　(B)專業人士基於傳統觀念，對客戶的
隱私嚴加保密　(C)專業人士均會協助洗錢　(D)專業人士對防制洗
錢風險意識不足。

（　）63 證券商將風險評估報告送主管機關備查，其執行頻率依下列何種因
素決定之？　(A)洗錢及資恐法令變動時　(B)由業者依據風險管理
決策及程序　(C)國際上發生洗錢資恐重大事件時　(D)證券商有重
大改變時。

（　）64 證券商防制洗錢與打擊資恐之內部控制制度聲明書，於提報董事會
通過後，應揭露並於下列何者辦理公告申報？　(A)證券商營業處
所　(B)證券商網站　(C)每日於全國發行之報紙　(D)主管機關指定
網站。

（　）65 FATF40項建議最新規範係採用風險基礎方法來貫穿40項建議，在評
鑑方法論中，哪些風險評估更受強調？　(A)信用風險評估　(B)系
統風險評估　(C)國家風險評估　(D)機構風險評估。

（　）66 證券期貨業洗錢風險之辨識、評估及管理應包含哪些面向？　(A)客
戶　(B)地域　(C)系統　(D)專責單位。

（　）67 存款帳戶如經認定為疑似不法或顯屬異常交易者，銀行應採取之處
理措施，下列敘述何者正確？　(A)應於銀行內部資訊系統中加以
註記，提醒各分支機構加強防範　(B)存款帳戶經通報為警示帳戶
者，應即暫停該帳戶使用提款卡、語音轉帳、網路轉帳及其他電子
支付功能，匯入款項逕以退匯方式退回匯款行　(C)存款帳戶屬衍
生管制帳戶者，應即通知財團法人金融聯合徵信中心，並暫停該帳
戶全部交易功能，匯入款項逕以退匯方式退回匯款行　(D)存款帳
戶如屬偽冒開戶者，應即通知司法警察機關、法務部調查局洗錢防
制處及財團法人金融聯合徵信中心，銀行並應即結清該帳戶，其剩
餘款項則俟依法可領取者申請給付時處理。

( ) **68** 下列決策，何者應採風險基礎方法？　(A)內部風險考量所訂高階管理人員之層級　(B)帳戶及交易監控政策與程序　(C)確認客戶身分措施之執行強度　(D)持續審查機制之執行強度。

( ) **69** 非營利組織（NPO）易被恐怖分子利用作為移轉資金之平台，此與NPO之何等特性有關？　(A)無管轄機關　(B)提供跨國平台　(C)可從事公開募款活動　(D)容許匿名捐款，得不開立收據。

( ) **70** 下列哪些屬於協助保險業業者判斷是否為疑似洗錢或資恐交易的小技巧？　(A)當要保人為境外的個人或法人時即屬於洗錢　(B)要保人因為婚姻狀況改變而欲改變受益人　(C)當支付保險費的金額來自非要保人或保險關聯人，且無法理解為何由此支付保費時　(D)指定的保險金付款方式、對象等與常理不符，且未具有令人信服的理由。

( ) **71** 金融機構對於大額現金交易，於申報前，應該進行何程序？　(A)告知客戶改為匯款交易，可以免去申報作業　(B)確認客戶身分　(C)詢問交易目的，並要求客戶提供相關資料　(D)請客戶填寫大額交易申報表。

( ) **72** 保險業接受非保險契約利害關係人繳款或接受ATM繳款等情形，下列敘述何者正確？　(A)上述繳款人通常非客戶盡職調查對象或難以得知其身分，會有難以評估被利用於洗錢的風險之可能　(B)保險公司無須統計並評估上述擴大繳費服務情形發生對公司的影響　(C)保險公司應計算上述擴大繳費服務情形之剩餘風險，並訂定風險胃納政策及調整客群交易政策　(D)保險公司的產品雖無實質改變，但因有以未知第三人付款的特性，故保險公司應僅考量上開服務所衍生之風險屬性。

( ) **73** 下列何者屬於「存款帳戶及其疑似不法或顯屬異常交易管理辦法」所稱疑似不法或顯屬異常交易之存款帳戶？　(A)屬偽冒開戶者　(B)屬警示帳戶者　(C)短期間內頻繁申請開立存款帳戶，且無法提出合理說明者　(D)存款帳戶久未往來，突有異常交易者。

（　　）**74** 106年6月28日施行「洗錢防制法」其修正內容，下列敘述何者正確？　(A)放寬洗錢犯罪之定義　(B)降低洗錢犯罪之前置犯罪門檻　(C)特殊洗錢犯罪之處罰以前置犯罪為必要條件　(D)引進擴大沒收制度。

（　　）**75** 下列何者為進行客戶審查之合理敘述？　(A)應評估客戶實際保險需求　(B)考慮客戶的道德風險　(C)瞭解客戶購買保單的資金來源　(D)客戶過往的理賠紀錄為已發生之歷史資料，無助於瞭解客戶，可直接忽略。

（　　）**76** 客戶或具控制權者如為下列何種對象，得無需適用辨識實質受益人之查核？　(A)員工持股信託客戶　(B)未公開發行之公司　(C)金融機構辦理之財產保險　(D)我國公開發行公司之子公司。

（　　）**77** 甲公司為一從事進口不同廠牌國外高級二手汽車，再銷售給國內消費者之公司，在銀行開立一個帳戶。請問下列哪些行為為疑似洗錢或資恐交易之態樣？　(A)甲公司向銀行申請辦理外匯避險交易　(B)國內消費者將購車款項匯入甲公司帳戶　(C)甲公司定期匯款固定金額之美元至落後國家，而無合理理由　(D)甲公司帳戶常收到國外達特定金額以上之美元匯入款，而無合理理由。

（　　）**78** 下列何者為保險業常見的洗錢類型？　(A)利用躉繳保費洗錢　(B)利用跨境交易洗錢　(C)透過犯罪收益，買賣不動產洗錢　(D)透過犯罪收益，購買保單洗錢。

（　　）**79** 有關銀行確認客戶身分，下列敘述何者正確？　(A)辨識及驗證為確認客戶身分之基礎　(B)查證代理之事實及身分資料有困難，應婉拒建立業務關係　(C)應以風險基礎方法決定其執行強度，分為加強審查及簡化審查二種　(D)客戶為法人時，應瞭解客戶之所有權及控制權結構，並辨識客戶之實質受益人。

（　　）**80** 保險公司經過評估後，發現某甲屬於較高風險的國內重要政治性職務人士，應執行下列哪些步驟？　(A)針對某甲應執行強化客戶審查措施　(B)對此業務關係應進行持續的強化監控及追蹤　(C)進行核保前應了解某甲的財富或交易資金來源　(D)保險公司承保後，應立即向法務部調查局申報。

解答與解析　答案標示為#者，表官方曾公告更正該題答案。

第一部份：單選題

1 (C)。(C)使用無記名支票或其他支付工具交易大額款項，為PEPs的交易警訊。

2 (C)。金融機構防制洗錢辦法第3條第1款及第2款：「金融機構確認客戶身分措施，應依下列規定辦理：
一、金融機構不得接受客戶以匿名或使用假名建立或維持業務關係。
二、金融機構於下列情形時，應確認客戶身分：
(一)與客戶建立業務關係時。
(二)進行下列臨時性交易：
1.辦理一定金額以上交易（含國內匯款）或一定數量以上儲值卡交易時。多筆顯有關聯之交易合計達一定金額以上時，亦同。
2.辦理新臺幣三萬元（含等值外幣）以上之跨境匯款時。
(三)發現疑似洗錢或資恐交易時。
(四)對於過去所取得客戶身分資料之真實性或妥適性有所懷疑時。」

3 (D)。證券期貨業及其他經金融監督管理委員會指定之金融機構防制洗錢及打擊資恐內部控制與稽核制度實施辦法第6條第1項：「證券期貨業及其他經本會指定之金融機構國內外營業單位應指派資深管理人員擔任督導主管，負責督導所屬營業單位執行防制洗錢及打擊資恐相關事宜，並依證券暨期貨市場各服務事業建立內部控制制度處理準則相關規定辦理自行評估。」

4 (D)。中華民國期貨業商業同業公會「期貨商暨槓桿交易商防制洗錢及打擊資恐注意事項」範本第9條：「……防止申報資料及消息洩露之保密規定：
一、疑似洗錢或資恐交易申報事項，各級人員應保守秘密，不得任意洩露。並應提供員工如何避免資訊洩露之訓練或教材，避免員工與客戶應對或辦理日常作業時，發生資訊洩露情形。
二、申報事項有關之文書，均應以機密文件處理，如有洩密案件應依有關規定處理。
三、防制洗錢及打擊資恐人員、法令遵循人員或稽核人員為執行職務需要，應得及時取得客戶資料與交易紀錄，惟仍應遵循保密之規定。」

5 (C)。證券期貨業防制洗錢及打擊資恐內部控制要點第六點：「……(三)第一款專責主管應至少每半年向董事會及監察人（或審計委員會）報告，如發現有重大違反法令時，應即時向董事會及監察人（或審計委員會）報告。」

6 (B)。私人銀行屬銀行新種業務，並牽涉高額資產流動，為高風險商品。

7 (A)。依據調查局洗錢防制處金融情報中心發布之「防制洗錢與打擊資助恐怖份子有嚴重缺失之國家或地區名單」，北韓和伊朗為洗錢或資恐高風險國家。

8 (D)。銀行業及其他經金融監督管理委員會指定之金融機構防制洗錢及打擊資恐內部控制與稽核制度實施辦法第6條第3項:「第一項第二款之防制洗錢及打擊資恐計畫,應包括下列政策、程序及控管機制:

一、確認客戶身分。

二、客戶及交易有關對象之姓名及名稱檢核。

三、帳戶及交易之持續監控。

四、通匯往來銀行業務。

五、紀錄保存。

六、一定金額以上通貨交易申報。

七、疑似洗錢或資恐交易申報。

八、指定防制洗錢及打擊資恐專責主管負責遵循事宜。

九、員工遴選及任用程序。

十、持續性員工訓練計畫。

十一、測試防制洗錢及打擊資恐制度有效性之獨立稽核功能。

十二、其他依防制洗錢及打擊資恐相關法令及本會規定之事項。」

9 (A)。有效能之防制洗錢/打擊資恐機制通常需具備特定之結構性因素,例如:政治穩定、高階官員承諾處理防制洗錢/打擊資恐議題、具有可靠廉潔及透明之穩定機構、法律規範及有能力、獨立且具效率之司法體系。如缺乏上述結構性要件、在整體架構下有明顯弱點及缺陷者,顯然將妨礙具有效能的防制洗錢/打擊資恐機制的運作,若評鑑員發現結構性要件不足是造成技術遵循或效能不足的原因時,應在相互評鑑報告中加以指陳。(引用資料來源:行政院洗錢防制辦公室,(2017),《防制洗錢/打擊資恐相關數據及統計資料》)

10 (B)。銀行評估洗錢及資恐風險及訂定相關防制計畫指引:「……八、銀行應建立定期之全面性洗錢及資恐風險評估作業並製作風險評估報告,使管理階層得以適時且有效地瞭解銀行所面對之整體洗錢與資恐風險、決定應建立之機制及發展合宜之抵減措施。銀行應依據下列指標,建立定期且全面性之洗錢及資恐風險評估作業:

(一)業務之性質、規模、多元性及複雜度。

(二)目標市場。

(三)銀行交易數量與規模:考量銀行一般交易活動與其客戶之特性等。

(四)高風險相關之管理數據與報告:如高風險客戶之數目與比例;高風險產品、服務或交易之金額、數量或比例;客戶之國籍、註冊地或營業地、或交易涉及高風險地域之金額或比例等。

(五)業務與產品,包含提供業務與產品予客戶之管道及方式、執行客戶審查措施之方式,如資訊系統使用的程度以及是否委託第三人執行審查等。

(六)內部稽核與監理機關之檢查結果。」

11 (C)。金融機構防制洗錢辦法第3條第5款:「五、前款規定於客戶為法人、團體或信託之受託人時,應瞭解客戶或信託(包括類似信託之法律協議)之業務性質,並至少取得客戶或信託之下列資訊,辨識及驗證客戶身分:

(一)客戶或信託之名稱、法律形式及存在證明。

(二)規範及約束客戶或信託之章程或類似之權力文件。但下列情形得不適用：

1.第七款第三目所列對象及辦理第七款第四目所列保險商品，其無第六條第一項第三款但書情形者。

2.辦理儲值卡記名業務者。

3.團體客戶經確認其未訂定章程或類似之權力文件者。

(三)在客戶中擔任高階管理人員者之姓名。

(四)客戶註冊登記之辦公室地址，及其主要之營業處所地址。」

12 (A)。洗錢防制法第2條：「本法所稱洗錢，指下列行為：

一、意圖掩飾或隱匿特定犯罪所得來源，或使他人逃避刑事追訴，而移轉或變更特定犯罪所得。

二、掩飾或隱匿特定犯罪所得之本質、來源、去向、所在、所有權、處分權或其他權益者。

三、收受、持有或使用他人之特定犯罪所得。」

13 (D)。躉繳保單為常見之洗錢態樣，不可不慎。

14 (C)。金融機構防制洗錢辦法第7條：「金融機構確認客戶身分作業應自行辦理，如法令或本會另有規定金融機構得依賴第三方執行辨識及驗證客戶本人身分、代理人身分、實質受益人身分或業務關係之目的及性質時，該依賴第三方之金融機構仍應負確認客戶身分之最終責任，並應符合下列規定：

一、應能立即取得確認客戶身分所需資訊。

二、應採取符合金融機構本身需求

之措施，確保所依賴之第三方將依金融機構之要求，毫不延遲提供確認客戶身分所需之客戶身分資料或其他相關文件影本。

三、確認所依賴之第三方受到規範、監督或監控，並有適當措施遵循確認客戶身分及紀錄保存之相關規範。

四、確認所依賴之第三方之所在地，其防制洗錢及打擊資恐規範與防制洗錢金融行動工作組織所定之標準一致。

15 (D)。銀行評估洗錢及資恐風險及訂定相關防制計畫指引

「客戶風險：

1.銀行應綜合考量個別客戶背景、職業與社會經濟活動特性、地域、以及非自然人客戶之組織型態與架構等，以識別該客戶洗錢及資恐風險。

2.於識別個別客戶風險並決定其風險等級時，銀行得依據以下風險因素為評估依據：

(1)客戶之地域風險：依據銀行所定義之洗錢及資恐風險的區域名單，決定客戶國籍與居住國家的風險評分。

(2)客戶職業與行業之洗錢風險：依據銀行所定義之各職業與行業 的洗錢風險，決定客戶職業與行業的風險評分。高風險行業 如從事密集性現金交易業務、或屬易被運用於持有個人資產之公司或信託等。

(3)個人客戶之任職機構。

(4)客戶開戶與建立業務關係之管道。

(5)首次建立業務關係之往來金額。

(6)申請往來之產品或服務。

(7)客戶是否有其他高洗錢及資恐風險之表徵，如客戶留存地址」

16 (BorDorB.D)。資恐防制法第4條：「主管機關依法務部調查局提報或依職權，認個人、法人或團體有下列情事之一者，經審議會決議後，得指定為制裁名單，並公告之：

一、涉嫌犯第八條第一項各款所列之罪，以引起不特定人死亡或重傷，而達恐嚇公眾或脅迫政府、外國政府、機構或國際組織目的之行為或計畫。

二、依資恐防制之國際條約或協定要求，或執行國際合作或聯合國相關決議而有必要。

前項指定之制裁名單，不以該個人、法人或團體在中華民國領域內者為限。

第一項指定制裁個人、法人或團體之除名，應經審議會決議，並公告之。」

資恐防制法第5條：「主管機關依法務部調查局提報或依職權，應即指定下列個人、法人或團體為制裁名單，並公告之：

一、經聯合國安全理事會資恐相關決議案及其後續決議所指定者。

二、聯合國安全理事會依有關防制與阻絕大規模毀滅性武器擴散決議案所指定者。

前項所指定制裁個人、法人或團體之除名，非經聯合國安全理事會除名程序，不得為之。」

17 (C)。(C)客戶不尋常拖延應補充之身分證明文件，應予以婉拒建立業務關係或交易，並應考量申報疑似洗錢或資恐交易。

18 (D)。銀行評估洗錢及資恐風險及訂定相關防制計畫指引：「五、除外國政府之重要政治性職務人士與受經濟制裁、外國政府或國際洗錢防制組織認定或追查之恐怖分子或團體，及依資恐防制法指定指定制裁之個人、法人或團體，應直接視為高風險客戶外，銀行得依自身之業務型態及考量相關風險因素，訂定應直接視為高風險客戶之類型。

銀行得依據完整之書面風險分析結果，自行定義可直接視為低風險客戶之類型，而書面風險分析結果須能充分說明此類型客戶與較低之風險因素相稱。」

19 (B)。根據「重要政治性職務之人與其家庭成員及有密切關係之人範圍認定標準」問答集：

「判斷是不是「重要政治性職務之人」的重點還是在客戶盡職調查程序，包括員工的訓練與充分的資訊，其中最寶貴的判斷資訊，就是客戶本人，因此應善用對於客戶本人之了解方式，而非單純仰賴第三資源。此外，最重要的是要確保客戶資訊即時更新、員工受定期訓練，以及網路及電子媒體資源之使用，例如財產申報系統也是重要資源，或也可以由客戶自行聲明（但客戶聲明不免除金融機構之責任）以及集團內資訊分享來取得相關資訊。至於商業資料庫之使用並非國際規範的強制要求，且使用資料庫本身也不能取代客戶盡職調查之程序，畢竟商業資料庫也有其限制。」

20 (B)。FATF技術遵循評鑑等級：
遵循=C=無缺失
大部分遵循=LC=僅有輕微缺失

部分遵循=PC=有中度之缺失

未遵循=NC=有重大缺失

不適用=NA=由於結構上、法律上或制度的因素，無法適用該項要求

21 (B)。(B)我國於資恐防制法中已有相關規範，見105年資恐防制法第九條立法說明：「……二、復參考聯合國安全理事會第二一七八號決議，要求各國對於為滲透、規劃、準備或參與恐怖活動，或提供及獲得訓練，而赴其居住國或國籍國以外國家之個人，資助與訓練目的相關之移動、旅行等費用，應課予刑責，即外國恐怖主義戰鬥人員條款（foreign terroristfighters），爰為第二項規定。」

22 (A)。(A)應先呈報專責督導主管。產物保險業洗錢防制注意事項範本第3條：

「(一)申報流程

1.各單位承辦人員發現異常交易，應立即呈報專責督導主管。

2.專責督導主管應儘速裁決是否確屬應行申報事項。

3.如裁定應行申報，應立即交由原承辦人員依附表格式填寫申報書。

4.將申報書呈經單位主管核定後轉送總公司。

5.由總公司主管單位簽報副總經理或相當職位人員核定後，應立即向法務部調查局申報。」

23 (A)。銀行業主會與客戶有長期往來之持續交易，保險反之。

24 (A)。金融機構防制洗錢辦法第2條第1款第3目：「(三)保險業：包括保險公司、專業再保險公司及辦理簡易人壽保險業務之郵政機構。」

25 (D)。銀行評估洗錢及資恐風險及訂定相關防制計畫指引：「三、銀行應採取合宜措施以識別、評估其洗錢及資恐風險，並依據所辦識之風險訂定具體的風險評估項目，以進一步管控、降低或預防該風險。

具體的風險評估項目應至少包括地域、客戶、產品及服務、交易或支付管道等面向，並應進一步分析各風險項目，以訂定細部的風險因素。」

26 (B)。政府常透過賦稅優惠方式鼓勵民間非營利組織從事公益行為。

27 (A)。(A)洗錢交易態樣中，犯罪所得往往經由多樣的交易管道分散或快速轉移，停泊時間較短。

28 (A)。金融機構對達一定金額以上通貨交易及疑似洗錢交易申報辦法第5條：「金融機構對下列達一定金額以上之通貨交易，得免向法務部調查局申報，但仍應確認客戶身分及留存交易紀錄憑證：

一、與政府機關、公營事業機構、行使公權力機構（於受委託範圍內）、公私立學校、公用事業及政府依法設立之基金，因法令規定或契約關係所生之交易應收應付款項。

二、金融機構間之交易及資金調度。但金融同業之客戶透過金融同業間之同業存款帳戶所生之應付款項，如兌現同業所開立之支票，同一客戶現金交易達一定金額以上者，仍應依規定辦理。

三、公益彩券經銷商申購彩券款項。

四、代收款項交易（不包括存入股款代收專戶之交易），其繳款

通知書已明確記載交易對象之姓名、身分證明文件號碼（含代號可追查交易對象之身分者）、交易種類及金額者。但應以繳款通知書副聯作為交易紀錄憑證留存。」

29 (C)。金融機構防制洗錢辦法第6條第3項：「保險業應將人壽保險契約之受益人納為是否執行強化確認客戶身分措施之考量因素。人壽保險契約之保險受益人為法人或信託之受託人，經評估屬較高風險者，應採取強化確認客戶身分措施，包括於給付保險金前，採取合理措施辨識及驗證實質受益人身分。」以及同辦法第6條第1項：「（三）對於業務往來關係應採取強化之持續監督。」

30 (B)。(B)金融機構應依權責機關的要求儘速提供情報，其有關國內及國際的全部必要交易紀錄至少應保存五年。

31 (B)。保險業評估洗錢及資恐風險及訂定相關防制計畫指引第7點：「……
(一)降低客戶身分資訊更新之頻率。
(二)降低持續性監控之等級，並以合理的保單價值準備金或帳戶價值門檻作為審查交易之基礎。
(三)從交易類型或已建立業務往來關係可推斷其目的及性質者，得無須再針對瞭解業務往來關係之目的及其性質，蒐集特定資訊或執行特別措施。」

32 (B)。(B)證券交易有單日買賣最高額度及信用額度的限制。

33 (B)。根據FATA分類，洗錢大致可歸為三個階段進行：

第一階段：處置（Placement）
此階段進行方式為將其不法所得投入金融體系。
第二階段：分層化（Layering）
洗錢者為掩飾洗錢目的或模糊資金來源，而利用投資工具分散資金。
第三個階段：整合（Integration）
將非法資金透過買賣行為，變造為合法資產的形式（例如不動產交易），使非法資金重新流入市場。
（參考資料：劉金龍(2018)。證券暨期貨月刊，36，16-30。）

34 (C)。洗錢防制法第14條：「有第二條各款所列洗錢行為者，處七年以下有期徒刑，併科新臺幣五百萬元以下罰金。
前項之未遂犯罰之。
前二項情形，不得科以超過其特定犯罪所定最重本刑之刑。」

35 (B)。金融機構防制洗錢辦法第6條第1項第1款：「第三條第四款與前條規定之確認客戶身分措施及持續審查機制，應以風險基礎方法決定其執行強度，包括：
一、對於高風險情形，應加強確認客戶身分或持續審查措施，其中至少應額外採取下列強化措施：
(一)在建立或新增業務往來關係前，應取得高階管理人員同意。
(二)應採取合理措施以瞭解客戶財富及資金來源。其中資金來源係指產生該資金之實質來源。
(三)對於業務往來關係應採取強化之持續監督。」

36 (B)。(B)符合金管會「附錄疑似洗錢或資恐交易態樣」中：「……

四、產品／服務—貿易金融類……

(二)產品和服務之定價，或於發票中所申報的價值，明顯與該商品的市場公平價值不符（低估或高估）。」

37 (A)。張小姐之行為觸犯洗錢防制法及稅捐稽徵法，涉及逃稅及洗錢罪。

洗錢防制法第15條：

「收受、持有或使用之財物或財產上利益，有下列情形之一，而無合理來源且與收入顯不相當者，處六月以上五年以下有期徒刑，得併科新臺幣五百萬元以下罰金：

一、冒名或以假名向金融機構申請開立帳戶。

二、以不正方法取得他人向金融機構申請開立之帳戶。

三、規避第七條至第十條所定洗錢防制程序。」

洗錢罪之前制犯罪列於洗錢防制法第3條：「本法所稱特定犯罪，指下列各款之罪：

一、最輕本刑為六月以上有期徒刑以上之刑之罪。

……

七、稅捐稽徵法第四十一條、第四十二條及第四十三條第一項、第二項之罪。」

38 (B)。

(A)風險評級級數至少兩級（含以上）。

(C)僅低風險客戶可採取簡化措施。

(D)銀行不得向客戶或與執行防制洗錢或打擊資恐義務無關者，透露客戶之風險等級資訊。

39 (D)。金融機構防制洗錢辦法第9條：「金融機構對帳戶或交易之持續監控，應依下列規定辦理：

一、金融機構應逐步以資訊系統整合全公司（社）客戶之基本資料及交易資料，供總（分）公司（社）進行基於防制洗錢及打擊資恐目的之查詢，以強化其帳戶或交易監控能力。對於各單位調取及查詢客戶之資料，應建立內部控制程序，並注意資料之保密性。

二、金融機構應依據風險基礎方法，建立帳戶或交易監控政策與程序，並利用資訊系統，輔助發現疑似洗錢或資恐交易。

三、金融機構應依據防制洗錢與打擊資恐法令規範、其客戶性質、業務規模及複雜度、內部與外部來源取得之洗錢與資恐相關趨勢與資訊、金融機構內部風險評估結果等，檢討其帳戶或交易監控政策及程序，並定期更新之。

四、金融機構之帳戶或交易監控政策及程序，至少應包括完整之監控型態、參數設定、金額門檻、預警案件與監控作業之執行程序與監控案件之檢視程序及申報標準，並將其書面化。

五、前款完整之監控型態應依其業務性質，納入各同業公會所發布之態樣，並應參照金融機構本身之洗錢及資恐風險評估或日常交易資訊，增列相關之監控態樣。其中就電子支付帳戶間款項移轉，金融機構監控時應將收受兩端之所有資訊均納入考量，以判定是否申報疑似洗錢或資恐交易。

六、金融機構執行帳戶或交易持續
　監控之情形應予記錄，並依第
　十二條規定之期限進行保存。」

40 (D)。金融機構防制洗錢辦法第3條
　第11款：「十一、金融機構懷疑某
　客戶或交易可能涉及洗錢或資恐，
　且合理相信執行確認客戶身分程序
　可能對客戶洩露訊息時，得不執行
　該等程序，而改以申報疑似洗錢或
　資恐交易。」

41 (D)。守門人（Gatekeepers）
　協助涉及資金流動交易的律師、公
　證人、會計師、投資顧問、信託與
　公司服務供應商等，該等被視為在
　識別、防範和報告洗錢活動中具有
　特殊任務的專業人員。有些國家和
　地區要求守門人從事金融機構工作
　人員相同的客戶盡職調查。（引用
　資料來源：ACAMS公認反洗錢師協
　會官網）

42 (C)。國際保險業務分公司管理辦
　法：「……(二)對OIU應取得或驗證
　之客戶身分文件、資料或資訊為一
　致性規範。對境外法人所徵提文件
　以註冊地政府認證或核發文件或註
　冊地政府核定之註冊代理人簽發之
　證明為原則，不得接受代辦公司自
　行簽發之證明。（第16條之1之附
　件）」

43 (C)。(C)應隨客戶身分職業轉換調
　整風險級別並實施相應的監控措
　施。

44 (B)。資恐防制法第5-1條：「主管
　機關依第四條第一項或前條第一項
　指定制裁名單前，得不給予該個人、
　法人或團體陳述意見之機會。」

45 (C)。(C)貸款業務可能因商品價值
　高而陷入洗錢及資恐風險。

46 (C)。(C)國際金融業務分行（OBU）
　在我國仍有防制洗錢及打擊資恐相
　關法規。

47 (C)。
　(A)50萬元。
　(B)3萬元。
　(D)50萬元。

48 (B)。按「重要政治性職務之人與其
　家庭成員及有密切關係之人範圍認
　定標準」第2條：「本法第七條第三
　項所稱國內重要政治性職務之人，
　其範圍如下：
　一、總統、副總統。
　二、總統府秘書長、副秘書長。
　三、國家安全會議秘書長、副秘書
　　長。
　四、中央研究院院長、副院長。
　五、國家安全局局長、副局長。
　六、五院院長、副院長。
　七、五院秘書長、副秘書長。
　八、立法委員、考試委員及監察委
　　員。
　九、司法院以外之中央二級機關首
　　長、政務副首長、相當中央二
　　級獨立機關委員及行政院政務
　　委員。
　十、司法院大法官。
　十一、最高法院院長、最高行政法
　　　院院長、公務員懲戒委員會
　　　委員長及最高檢察署檢察總
　　　長。
　十二、直轄市、縣（市）政府之首
　　　長、副首長。
　十三、直轄市及縣（市）議會正、
　　　副議長。

十四、駐外大使及常任代表。

十五、編階中將以上人員。

十六、國營事業相當簡任第十三職等以上之董事長、總經理及其他相當職務。

十七、中央、直轄市及縣（市）民意機關組成黨團之政黨負責人。

十八、擔任前十七款以外職務，對於與重大公共事務之推動、執行，或鉅額公有財產、國家資源之業務有核定權限，經法務部報請行政院核定之人員。」

49 (C)。依據洗錢防制法第八條之授權命令，我國擔任金融情報中心之機構即法務部調查局。

50 (D)。
(A)我國於民國86年以創始會員加入亞太洗錢防制組織（APG）。
(B)我國非FATF會員，僅以亞太洗錢防制組織（APG）創始會員身分參與FATF會議。
(C)APG於107年對我國實施第3輪實地相互評鑑，並於108年6月發布初步報告。

51 (A)。(A)境內亦可從事電匯交易。

52 (D)。洗錢防制法第5條第3項：「本法所稱指定之非金融事業或人員，指從事下列交易之事業或人員：
一、銀樓業。
二、地政士及不動產經紀業從事與不動產買賣交易有關之行為。
三、律師、公證人、會計師為客戶準備或進行下列交易時：
(一)買賣不動產。
(二)管理客戶金錢、證券或其他資產。

(三)管理銀行、儲蓄或證券帳戶。
(四)有關提供公司設立、營運或管理之資金籌劃。
(五)法人或法律協議之設立、營運或管理以及買賣事業體。」

53 (A)。機構剩餘風險包含：
・缺乏可靠資料
・第三方查核發現缺失
・缺乏可驗證資料
・監理機關檢查缺失
・資料遲延／落後
・人員訓練不足
・系統功能不足
・缺乏內部執行標準
（引用資料來源：金管會保險局）

54 (B)。依據金管會銀行局93年8月5日銀局(三)字第0933000603號函，應減少觸碰並妥適保管，以利往後蒐證工作。

55 (D)。由FATF和相關區域性組織所發起之相互評鑑以及「國際貨幣基金會」（IMF）和「世界銀行」（World Bank）之評鑑，均是確保FATF建議在所有國家能夠有效遂行的重要機制。（截取自FATF二〇〇三年新修正四十項建議）

56 (D)。金融機構防制洗錢辦法第6條第1項第1款：「第三條第四款與前條規定之確認客戶身分措施及持續審查機制，應以風險基礎方法決定其執行強度，包括：
一、對於高風險情形，應加強確認客戶身分或持續審查措施，其中至少應額外採取下列強化措施：
(一)在建立或新增業務往來關係前，應取得高階管理人員同意。

(二)應採取合理措施以瞭解客戶財富及資金來源。其中資金來源係指產生該資金之實質來源。

(三)對於業務往來關係應採取強化之持續監督」

57 (A)。中華民國證券商業同業公會證券商防制洗錢及打擊資恐注意事項範本第2條第12款：「十二、客戶為法人時，應以檢視公司章程或請客戶出具聲明書或其他方式，瞭解其是否可發行無記名股票，並對已發行無記名股票之客戶採取下列措施之一以確保其實質受益人之更新：

(一)請客戶要求具控制權之無記名股票股東，應通知客戶登記身分，並請客戶於具控制權股東身分發生變動時通知證券商。

(二)請客戶於每次股東會後，應向證券商更新其實質受益人資訊，並提供持有無記名股票達一定比率以上股東之資料。但客戶因其他原因獲悉具控制權股東身分發生變動時，應即通知證券商。」

58 (B)。金融機構防制洗錢辦法第3條第7款：「七、第四款第三目規定於客戶為法人、團體或信託之受託人時，應瞭解客戶或信託之所有權及控制權結構，並透過下列資訊，辨識客戶之實質受益人，及採取合理措施驗證：

(一)客戶為法人、團體時：

1.具控制權之最終自然人身分。所稱具控制權係指直接、間接持有該法人股份或資本超過百分之二十五者，金融機構得請客戶提供股東名冊或其他文件協助完成辨識。

2.依前小目規定未發現具控制權之自然人，或對具控制權自然人是

否為實質受益人有所懷疑時，應辨識有無透過其他方式對客戶行使控制權之自然人。

3.依前二小目規定均未發現具控制權之自然人時，金融機構應辨識高階管理人員之身分。

(二)客戶為信託之受託人時：應確認委託人、受託人、信託監察人、信託受益人及其他可有效控制該信託帳戶之人，或與上述人員相當或類似職務者之身分。

(三)客戶或具控制權者為下列身分者，除有第六條第一項第三款但書情形或已發行無記名股票情形者外，不適用第四款第三目辨識及驗證實質受益人身分之規定。

1.我國政府機關。

2.我國公營事業機構。

3.外國政府機關。

4.我國公開發行公司或其子公司。

5.於國外掛牌並依掛牌所在地規定，應揭露其主要股東之股票上市、上櫃公司及其子公司。

6.受我國監理之金融機構及其管理之投資工具。

7.設立於我國境外，且所受監理規範與防制洗錢金融行動工作組織（FATF）所定防制洗錢及打擊資恐標準一致之金融機構，及該金融機構管理之投資工具。

8.我國政府機關管理之基金。

9.員工持股信託、員工福利儲蓄信託。

(四)金融機構辦理財產保險、傷害保險、健康保險或不具有保單價值準備金之保險商品，除客戶有第六條第一項第三款但書情形者外，不適用第四款第三目辨識及驗證實質受益人身分之規定。」

59 (B)。金融機構防制洗錢辦法第3條第1款：「金融機構確認客戶身分措施，應依下列規定辦理：
一、金融機構不得接受客戶以匿名或使用假名建立或維持業務關係。
二、金融機構於下列情形時，應確認客戶身分：
(一)與客戶建立業務關係時。
(二)進行下列臨時性交易：

1.辦理一定金額以上交易（含國內匯款）或一定數量以上儲值卡交易時。多筆顯有關聯之交易合計達一定金額以上時，亦同。
2.辦理新臺幣三萬元（含等值外幣）以上之跨境匯款時。
(三)發現疑似洗錢或資恐交易時。
(四)對於過去所取得客戶身分資料之真實性或妥適性有所懷疑時。」

60 (A)。(A)仍有洗錢及資恐風險。

第二部份：複選題

61 (CD)。
依據銀行評估洗錢及資恐風險及訂定相關防制計畫指引：
(C)銀行之風險評估機制應與其業務性質及規模相當。對較小型或業務較單純之銀行，簡單之風險評估即足夠；惟對於產品與服務較複雜之銀行、有多家分公司（或子公司）提供廣泛多樣之產品、或其客戶群較多元者，則需進行較高度的風險評估程序。
(D)客戶之地域風險：依據銀行所定義之洗錢及資恐風險的區域名單，決定客戶國籍與居住國家的風險評分。

62 (ABD)。
專業人士受限於傳統經驗、對防制洗錢之風險評估不夠敏銳，或相關知識的不足，皆為陳報案件數量稀少之可能原因。

63 (BD)。
按「證券商評估洗錢及資恐風險及訂定相關防制計畫指引」：
「……八、……證券商之全面性洗錢及資恐風險評估結果應做為發展防制洗錢及打擊資恐計畫之基礎；證券商應依據風險評估結果分配適當人力與資源，採取有效的反制措施，以預防或降低風險。
證券商有重大改變，如發生重大事件、管理及營運上有重大發展、或有相關新威脅產生時，應重新進行評估作業。證券商應於完成或更新風險評估報告時，將風險評估報告送主管機關備查。」

64 (BD)。
證券期貨業防制洗錢及打擊資恐內部控制要點：「七、……
(三)證券期貨業總經理應督導各單位審慎評估及檢討防制洗錢及打擊資恐內部控制制度執行情形，由董事長、總經理、稽核主管、防制洗錢及打擊資恐專責主管聯名出具防制洗錢及打擊資恐之內部控制制度聲明書（附表），並提報董事會通過，於每會計年度終了後三個月內將該內部控制制度聲明書內容揭露於證券期貨業網站，並於本會指定網站辦理公告申報。」

65 (CD)。

1.國家風險評估（NRA）。

2.產業風險評估（SRA）。

3.機構風險評估（IRA）。

66 (AB)。

證券期貨業防制洗錢及打擊資恐內部控制要點第5點：「……(二)前款第一目洗錢及資恐風險之辨識、評估及管理，應至少涵蓋客戶、地域、產品及服務、交易或支付管道等面向，並依下列規定辦理：

1.應製作風險評估報告。

2.應考量所有風險因素，以決定整體風險等級，及降低風險之適當措施。

3.應訂定更新風險評估報告之機制，以確保風險資料之更新。

4.應於完成或更新風險評估報告時，將風險評估報告送金融監督管理委員會（以下簡稱本會）備查。」

67 (AD)。

存款帳戶及其疑似不法或顯屬異常交易管理辦法：

第5條

「存款帳戶依前條之分類標準認定為疑似不法或顯屬異常交易者，銀行應採取下列處理措施：

一、第一類：

(一)存款帳戶如屬偽冒開戶者，應即通知司法警察機關、法務部調查局洗錢防制處及財團法人金融聯合徵信中心，銀行並應即結清該帳戶，其剩餘款項則俟依法可領取者申請給付時處理。

(二)存款帳戶經通報為警示帳戶者，應即通知財團法人金融聯合徵信中心，並暫停該帳戶全部交易功能，匯入款項逕以退匯方式退回匯款行。

(三)存款帳戶屬衍生管制帳戶者，應即暫停該帳戶使用提款卡、語音轉帳、網路轉帳及其他電子支付功能，匯入款項逕以退匯方式退回匯款行。

(四)依其他法令規定之處理措施。

二、第二類：

(一)對該等帳戶進行查證及持續進行監控，如經查證有不法情事者，除通知司法警察機關外，並得採行前款之部分或全部措施。

(二)依洗錢防制法等相關法令規定之處理措施。」

第6條

「銀行除依前條所列措施辦理外，並應於內部採取下列措施：

一、循內部程序通報所屬總行或總管理機構之專責單位。

二、將已採行及擬採行之處理措施一併陳報總行或總管理機構之專責單位。

三、於銀行內部資訊系統中加以註記，提醒各分支機構加強防範。」

68 (ABCD)。

金融機構防制洗錢辦法第6條：「第三條第四款與前條規定之確認客戶身分措施及持續審查機制，應以風險基礎方法決定其執行強度，包括：

一、對於高風險情形，應加強確認客戶身分或持續審查措施，其中至少應額外採取下列強化措施：

(一)在建立或新增業務往來關係前，應取得高階管理人員同意。

(二)應採取合理措施以瞭解客戶財富及資金來源。其中資金來源係指產生該資金之實質來源。

(三)對於業務往來關係應採取強化之

持續監督。

二、對於來自洗錢或資恐高風險國家或地區之客戶，應採行與其風險相當之強化措施。

三、對於較低風險情形，得採取簡化措施，該簡化措施應與其較低風險因素相當。但有下列情形者，不得採取簡化確認客戶身分措施：

(一)客戶來自未採取有效防制洗錢或打擊資恐之高風險地區或國家，包括但不限於本會函轉國際防制洗錢組織所公告防制洗錢與打擊資恐有嚴重缺失之國家或地區，及其他未遵循或未充分遵循國際防制洗錢組織建議之國家或地區。

(二)足資懷疑該客戶或交易涉及洗錢或資恐。

辦理儲值卡記名作業時，不適用前項第一款第一目及第二目規定。

保險業應將人壽保險契約之受益人納為是否執行強化確認客戶身分措施之考量因素。人壽保險契約之保險受益人為法人或信託之受託人，經評估屬較高風險者，應採取強化確認客戶身分措施，包括於給付保險金前，採取合理措施辨識及驗證實質受益人身分。」

69 (BCD)。

(A)NPO由主管機關指導及監督。

70 (CD)。

建立業務關係時，若客戶對於交易內容無法提出合理說明，或提供之證明文件有模糊不清等異常現象，保險業者得以婉拒建立業務關係。

71 (BC)。

金融機構防制洗錢辦法第3條：「金融機構確認客戶身分措施，應依下列規定辦理：

一、金融機構不得接受客戶以匿名或使用假名建立或維持業務關係。

二、金融機構於下列情形時，應確認客戶身分：

(一)與客戶建立業務關係時。

(二)進行下列臨時性交易：

1.辦理一定金額以上交易（含國內匯款）或一定數量以上儲值卡交易時。多筆顯有關聯之交易合計達一定金額以上時，亦同。

2.辦理新臺幣三萬元（含等值外幣）以上之跨境匯款時。

(三)發現疑似洗錢或資恐交易時。

(四)對於過去所取得客戶身分資料之真實性或妥適性有所懷疑時。

三、前款第一目於電子支付機構，係指接受客戶申請註冊及開立電子支付帳戶或辦理儲值卡記名作業時；於外籍移工匯兌公司辦理外籍移工國外小額匯兌業務，係指接受客戶申請註冊時。

四、金融機構確認客戶身分應採取下列方式：

(一)以可靠、獨立來源之文件、資料或資訊，辨識及驗證客戶身分，並保存該身分證明文件影本或予以記錄。

(二)對於由代理人辦理者，應確實查證代理之事實，並以可靠、獨立來源之文件、資料或資訊，辨識及驗證代理人身分，並保存該身分證明文件影本或予以記錄。

(三)辨識客戶實質受益人，並以合理措施驗證其身分，包括使用可靠來源之資料或資訊。

(四)確認客戶身分措施，應包括瞭解

業務關係之目的與性質，並視情形取得相關資訊。」

(D)大額交易申報表應由機構人員填寫。

72 (AC)。

(B)、(D)不明繳交保單費用之資金來源，可能有保險商品被利用洗錢之風險。

73 (ABCD)。

存款帳戶及其疑似不法或顯屬異常交易管理辦法第4條：「本辦法所稱疑似不法或顯屬異常交易存款帳戶之認定標準及分類如下：

一、第一類：

(一)屬偽冒開戶者。

(二)屬警示帳戶者。

(三)屬衍生管制帳戶者。

二、第二類：

(一)短期間內頻繁申請開立存款帳戶，且無法提出合理說明者。

(二)客戶申請之交易功能與其年齡或背景顯不相當者。

(三)客戶提供之聯絡資料均無法以合理之方式查證者。

(四)存款帳戶經金融機構或民眾通知，疑為犯罪行為人使用者。

(五)存款帳戶內常有多筆小額轉出入交易，近似測試行為者。

(六)短期間內密集使用銀行之電子服務或設備，與客戶日常交易習慣明顯不符者。

(七)存款帳戶久未往來，突有異常交易者。

(八)符合銀行防制洗錢注意事項範本所列疑似洗錢表徵之交易者。

(九)其他經主管機關或銀行認定為疑似不法或顯屬異常之存款帳戶者。」

74 (ABD)。

106年「洗錢防制法」修正重點：

(一)提升洗錢犯罪追訴可能性：增訂洗錢擴大沒收、放寬洗錢前置犯罪門檻、擴充洗錢行為定義、增訂特殊洗錢犯罪、洗錢犯罪不以前置犯罪經有罪判決為必要等，未來提供人頭帳戶或擔任車手均可能構成洗錢罪，可處6個月以上有期徒刑。

(二)建立透明化金流軌跡：繼金融機構、銀樓業之後，將不動產經紀業、地政士、律師、會計師和公證人等指定之非金融事業或人員納入防制體系，全面要求確認客戶身分、留存交易紀錄、通報大額或可疑交易，同時加強對重要政治性職務人士之審查、強化邊境金流管制等，如旅客出入境可攜帶限額為現鈔新台幣10萬元、人民幣2萬元、外幣、香港或澳門發行之貨幣等值1萬美元，有價證券總面額等值1萬美元，黃金價值2萬美元，超越自用目的之鑽石、寶石、白金總價值新台幣50萬元。超逾限額未申報或申報不實者，將沒入或處以罰鍰；以貨物運送、快遞、郵寄等方式運送者亦同。

(三)增強我國洗錢防制體制：強化洗錢防制規範對象之內部管制程序與教育訓練、設置洗錢防制基金等。

(四)強化國際合作：如明定《洗錢防制法》與《資恐防制法》之反制措施法源、沒收洗錢犯罪所得之分享與返還、強化我國與外國政府、機構或國際組織之洗錢防制

合作等。（資料來源：行政院新聞傳播處）

75 (ABC)。
(D)客戶過往的理賠紀錄亦為評估客戶風險之重要因素，業務關係確認後亦須關注客戶基本資料的變動以調整審查強度。

76 (ACD)。
金融機構防制洗錢辦法第3條第7款第3目：「(三)客戶或具控制權者為下列身分者，除有第六條第一項第三款但書情形或已發行無記名股票情形者外，不適用第四款第三目辨識及驗證實質受益人身分之規定。
1.我國政府機關。
2.我國公營事業機構。
3.外國政府機關。
4.我國公開發行公司或其子公司。
5.於國外掛牌並依掛牌所在地規定，應揭露其主要股東之股票上市、上櫃公司及其子公司。
6.受我國監理之金融機構及其管理之投資工具。
7.設立於我國境外，且所受監理規範與防制洗錢金融行動工作組織（FATF）所定防制洗錢及打擊資恐標準一致之金融機構，及該金融機構管理之投資工具。
8.我國政府機關管理之基金。
9.員工持股信託、員工福利儲蓄信託。」

77 (CD)。
見「附錄疑似洗錢或資恐交易態樣」一、產品／服務—存提匯款類
(C)(六)客戶開戶後立即有達特定金額以上款項存、匯入，且又迅速移轉者。(D)(十五)自洗錢或資恐高風險國家或地區匯入（或匯至該等國家或地區）之交易款項達特定金額以上。本範本所述之高風險國家或地區，包括但不限於金融監督管理委員會函轉國際洗錢防制組織所公告防制洗錢及打擊資恐有嚴重缺失之國家或地區、及其他未遵循或未充分遵循國際洗錢防制組織建議之國家或地區。

78 (ABD)。
保險業常見之洗錢態樣包含利用外匯保單或躉繳保單的方式進行洗錢。
(C)與保險業無關。

79 (ABD)。
(C)銀行應至少建立兩級（含）以上之風險級數，即「高風險」與「一般風險」兩種風險等級，作為加強客戶審查措施及持續監控機制執行強度之依據。

80 (ABC)。
對於高風險客戶，保險業者應加強確認客戶身分或持續審查措施，其中至少應額外採取下列強化措施：
1.在建立或新增業務關係前，應取得高階管理層級同意。
2.應採取合理措施以瞭解客戶財富及資金來源。
3.對於業務關係應採取強化之持續監督。
4.應將人壽保險契約之受益人納為是否執行強化客戶確認措施之考量因素。人壽保險契約之受益人為法人或信託之受託人，經評估屬較高風險者，應採取強化確認客戶身分措施，包括於給付保險金前，採取合理措施辨識及驗證實際受益人身分。（保險業防制洗錢及打擊資恐注意事項）

110年　第2次防制洗錢與打擊資恐專業人員測驗（第二場）

第一部份：單選題

(　) **1** 防制洗錢金融行動工作組織期待金融機構採取下列何種方法辨識、評估所面臨之洗錢及資恐風險？　(A)原則基礎法　(B)風險基礎法　(C)收益基礎法　(D)市價基礎法。

(　) **2** 依「金融機構防制洗錢辦法」規定，銀行得先取得辨識客戶身分之資料，建立業務關係後再完成驗證之情形，不含下列何者？　(A)洗錢及資恐風險受到有效管理　(B)取得高階管理人員同意　(C)為避免對客戶業務之正常運作造成干擾所必須　(D)會在合理可行之情形下儘速完成客戶及實質受益人之身分驗證。

(　) **3** 金融業於辦理確認客戶身分時，下列何者錯誤？　(A)原則上，完成確認客戶身分措施前，不得與該客戶建立業務關係或進行臨時性交易　(B)依洗錢防制法第7條之規範，確認客戶身分之程序必須以了解為基礎　(C)客戶為已發行無記名股票之法人時，應請客戶於每次股東會後，向機構或事業更新其實質受益人資訊　(D)有關強化確認客戶身分之措施於重要政治性職務人士之家庭成員亦應適用。

(　) **4** 下列何者非集團層次防制洗錢計畫應包含之資料相關事項？　(A)風險評估方法論　(B)資訊分享政策　(C)要求提供資訊　(D)資訊保密安全防護。

(　) **5** 對較小型或業務較單純之　證券商而言，風險評估程序之敘述何者正確？　(A)另制定一套強化措施　(B)仍須採嚴密措施　(C)容許忽略　(D)可相對簡化。

(　) **6** 銀行應建立不同之客戶風險等級與分級規則。就客戶之風險等級，至少應有幾級以上之風險級數？　(A)2級以上　(B)3級以上　(C)4級以上　(D)5級以上。

( ) **7** 下列何者在做客戶審查時，不需依「擔任重要政治性職務人士」，強制適用加強客戶審查程序？ (A)行政院長本人 (B)行政院長之配偶 (C)行政院主計處之副科長 (D)與行政院長有密切關係之人。

( ) **8** 為確保辨識客戶及實質受益人身分資訊之適足性與即時性，公司在訂定審查頻率時，下列考量何者錯誤？ (A)高風險客戶至少每年檢視一次 (B)依重要性及風險程度，對現有客戶身分資料進行審查 (C)根據前次執行審查之時點及所獲得資料之適足性，決定適當時機 (D)由於公司對於具有高風險因子者一律婉拒開戶，已排除高風險客戶存在之可能，故只要訂定中低風險客戶之審查頻率即可。

( ) **9** 對有效的防制洗錢及打擊資恐系統，通常都具備某些結構性元素，下列哪一項不是結構性元素？ (A)政治穩定性 (B)法律制度建全 (C)司法系統獨立、健全與有效率 (D)銀行服務的親切度。

( ) **10** 當國外分（子）公司當地防制洗錢與打擊資恐標準與國內不同時，何者敘述為非？ (A)原則上應實施母子／總分公司一致的措施 (B)分／子公司選擇兩地較高標準者依循 (C)標準高低的認定有疑義時，以外國主管機關的認定為依據 (D)外國法規禁止致無法採行與母公司相同標準時，應採取額外措施。

( ) **11** 有關證券期貨業是由下列何者指派防制洗錢及打擊資恐專責主管？ (A)董事會 (B)董事長 (C)總經理 (D)公司自行規定。

( ) **12** 有關犯罪洗錢常見的三階段，不包括下列何者？ (A)化整為零的處置（placement） (B)層層掩飾的多層化（layering） (C)整合彙整（integration） (D)法規套利（arbitrage）。

( ) **13** 下列何者不是保險業洗錢及資恐固有風險的評估面向？ (A)保險公司之主要客群 (B)保險商品之淨危險保額 (C)保險公司本身營運內容的複雜度 (D)監管機構對於保險業於防制洗錢與打擊資恐方面的監管程度。

（　）**14** 銀行為判定客戶或實質受益人是否為重要政治性職務人士，應根據下列何項之評估等級，採取合理措施？　(A)業務　(B)風險　(C)職位　(D)時間。

（　）**15** 下列與洗錢防制法資料保存規定有關之敘述何者錯誤？　(A)存款業務於帳戶關閉後5年保存義務才終了　(B)放款業務於客戶結清後5年保存義務才終了　(C)信用卡業務於客戶發卡後5年保存義務才終了　(D)臨時性交易於客戶交易結束後5年保存義務才終了。

（　）**16** 洗錢防制法規定之特定犯罪所得，不包含下列何者？　(A)因特定犯罪而取得之財產上利益　(B)因特定犯罪而變得之財物　(C)因特定犯罪而取得之孳息　(D)因特定犯罪而取得之文件。

（　）**17** 依「金融機構防制洗錢辦法」規定，下列敘述何者錯誤？　(A)疑似洗錢或資恐交易申報標準應書面化　(B)銀行應利用資訊系統，輔助發現疑似洗錢或資恐交易　(C)銀行應依據風險基礎方法，建立帳戶或交易監控政策與程序　(D)監控型態限於同業公會所發布之態樣，各銀行不得增列自行監控態樣。

（　）**18** 國際保險業務分公司（OIU）業務的洗錢風險比較高，主要原因為下列何者？　(A)offshore本身即代表著比較低的透明度　(B)主管機關對於OIU的法規監理密度較鬆綁　(C)OIU商品客戶都是台灣籍客戶在購買　(D)OIU通常做為再保險安排的交易管道。

（　）**19** 下列何者是銀行風險基礎方法的第一步，有助銀行了解其暴露在何種洗錢及資恐風險之下？　(A)資產評估　(B)風險評估　(C)資訊安全評估　(D)法令遵循評估。

（　）**20** 金融機構在完成確認客戶身分措施前，原則上不得與該客戶建立業務關係。下列何種情形不屬於得先建立業務關係後再完成驗證的例外情況？　(A)屬於臨時性交易　(B)洗錢及資恐風險已受到有效管理　(C)為避免對客戶業務之正常運作造成干擾所必須　(D)可在合理可行之情形下儘速完成客戶及實質受益人之身分驗證。

（　）**21** 關於洗錢防制法第十七條洩密罪的敘述何者正確？　(A)處罰對象僅限金融機構從業人員　(B)對於違反者科處罰鍰　(C)違反者應負民事、刑事責任　(D)處罰對象包含公務員與金融機構從業人員。

（　）**22** 下列何者非屬保險業對客戶通常會進行加強盡職調查（EDD）的狀況？　(A)客戶屬於重要政治性職務之人（PEPs）　(B)客戶透過電話行銷購買保險商品　(C)客戶在境外並且透過OIU購買保險商品　(D)客戶在近期曾經被保險公司申報具有疑似洗錢交易。

（　）**23** 下列何種保險商品屬於洗錢防制高風險商品？　(A)損害填補型保險　(B)健康保險　(C)傷害保險　(D)具高保單價值準備金人身保險商品。

（　）**24** 有關客戶審查之進行何者正確：　(A)採用風險評估原則全面進行　(B)僅針對來自境外高風險地區之法人，審查實質受益人　(C)所有政治職位之客戶不論現任或卸任，均視為高風險客戶，並一律執行相同之強化審查措施　(D)若非大額交易則執行簡化之客戶盡職審查。

（　）**25** 依洗錢防制法規定，所稱特定犯罪係指下列何者？　(A)最輕本刑為六月以上有期徒刑以上之刑之罪　(B)最輕本刑為一年以上有期徒刑以上之刑之罪　(C)最輕本刑為三年以上有期徒刑以上之刑之罪　(D)最輕本刑為五年以上有期徒刑以上之刑之罪。

（　）**26** 下列何者不是洗錢者偏好使用電子支付系統之因素？　(A)可以快速且大量匯款　(B)不同銀行經營者之價值觀及道德感不同　(C)電子系統可以自動產生與儲存交易紀錄　(D)不同銀行對法令遵循的重視程度有差異。

（　）**27** 下列何者非為國際貿易被利用作為洗錢手法之疑似洗錢表徵？　(A)以現金替代貿易融資支付貨款　(B)客戶不願配合辦理客戶審查作業　(C)買受人以外匯方式付款予出賣人　(D)進口國為X國，貨款由Y國與無關第三人支付。

（　）**28** 有關防制洗錢及打擊資恐中確認客戶身分措施之敘述，下列何者錯誤？　(A)對於高風險情形，應加強確認客戶身分或持續審查措施　(B)對於來自洗錢或資恐高風險國家之客戶，應採行與其風險相當之強化措施　(C)對於較低風險客戶，仍不得採取簡化確認客戶身分措施　(D)對於高風險客戶，在建立或新增業務往來關係前，應取得銀行高階管理人員同意。

（　）**29** 下列何者不是適用「金融機構辦理國內匯款作業確認客戶身分原則」之金融機構？　(A)外國銀行在臺分行　(B)信用合作社　(C)證券金融公司　(D)中華郵政公司。

（　）**30** 為確保在主管機關提出要求時可以立即提供，防制洗錢金融行動工作組織（FATF）建議金融機構應將所有國內外的交易紀錄保存幾年？　(A)至少一年　(B)至少三年　(C)至少五年　(D)至少七年。

（　）**31** 建立集團層次的洗錢防制與打擊資恐資訊分享機制，下列哪一資訊不包括在得分享的資訊範圍內？　(A)申報疑似洗錢交易報告　(B)風險計算因子與權重　(C)媒體負面報導資訊　(D)客戶國籍是否屬於高風險國家地區。

（　）**32** 對於外國政府或國際洗錢防制組織認定或追查之恐怖分子或團體，以下何等作為不正確？　(A)凍結資產　(B)新戶應婉拒開戶　(C)舊戶應直接視為高風險　(D)申報疑似洗錢或資恐交易。

（　）**33** 證券商對帳戶及交易之持續監控作業，下列敘述何者正確？　(A)證券商不會碰到現金，具有低洗錢及資恐風險　(B)證券商防制洗錢及打擊資恐倘已完全依據證券商公會發布之態樣進行監控，則無須再另行增列　(C)客戶為零售業，屬於從事密集性現金交易業務，應直接視為高風險客戶　(D)透過證券商進行內線交易或市場操縱，屬洗錢前置犯罪。

（　）**34** 金融機構及指定之非金融事業或人員對於達一定金額以上（含等值外幣）之通貨交易應進行申報，此一金額為何？　(A)新臺幣30萬元　(B)新臺幣50萬元　(C)新臺幣100萬元　(D)新臺幣500萬元。

(　) **35** 下列何者非檢討並更新帳戶或交易監控政策及程序的依據？　(A)董事會決議　(B)客戶性質　(C)內部或外部的相關趨勢與資訊　(D)內部風險評估結果。

(　) **36** 請問下列哪一個客戶需辦理實質受益人辨識及驗證？　(A)台北市政府　(B)台灣電力股份有限公司　(C)遠傳電信股份有限公司　(D)中華登山協會。

(　) **37** 就資恐防制法指定制裁之個人，下列敘述何者錯誤？　(A)不得就其受扶養親屬家庭生活所需之財產上利益為交付　(B)得酌留管理財物之必要費用　(C)他人不得為其提供財物　(D)不得對其金融帳戶為轉帳。

(　) **38** 下列何職位應為專責／專任而無例外？　(A)總機構洗錢防制主管　(B)總機構洗錢防制人員　(C)國外營業單位洗錢防制主管　(D)國外營業單位法遵主管。

(　) **39** 在國際實踐上，對於未符合或不遵守洗錢防制國際規範之國家，應由國際社會對之採取加強審查或停止金融活動往來，此項措施稱之為何？　(A)預防措施　(B)懲罰措施　(C)補充性措施　(D)金融反制措施。

(　) **40** 國際金融業務之洗錢資恐風險，與以下何等因素無直接關聯？　(A)可跨境交易　(B)限高淨值客戶　(C)可非面對面交易　(D)容許境外非居民交易。

(　) **41** 律師、會計師等專業人員陳報可疑交易數量極少的主因為何？　(A)絕不受理有洗錢嫌疑之客戶　(B)重視客戶隱私的保密　(C)律師、會計師無協助洗錢之風險　(D)申報可疑交易會遭到報復。

(　) **42** 下列有關保險公司與保險輔助人（保險經紀人或保險代理人）應負義務之敘述，何者有誤？　(A)保險公司既已仰賴保險輔助人執行客戶盡職調查流程環節，則無需負擔確認客戶身分之最終責任　(B)保險輔助人有提供保險公司索取客戶識別資料之義務　(C)保險輔助人應為確認客戶身分資訊之正確性負責　(D)保險輔助人針對其客戶盡職調查流程有紀錄保存義務。

( ) **43** 關於防制洗錢和打擊資恐,下列敘述何者正確? (A)先進國家因法令完備且制度完善,因此並無洗錢風險存在 (B)因金融業為資金流通的管道,故在防制洗錢上扮演的角色無足輕重 (C)洗錢行為將使消費者對金融機構和監理機關失去信心,對金融業是為一大傷害 (D)因各國風俗民情不同,洗錢防制及打擊資恐係為個別國家之問題,與其他國家無關。

( ) **44** 下列何者達洗錢防制物品出入境申報及通報辦法的申報標準? (A)相當於2萬美金的港幣 (B)新臺幣5萬現鈔 (C)價值1萬美金的黃金 (D)面額8,000美金的匯票。

( ) **45** 為評估防制洗錢金融行動工作組織(FATF)發布40項建議的遵循程度,FATF公布的「方法論」,對於相互評鑑的第一步是什麼? (A)了解該國的風險及環境 (B)了解該國是否為英語系國家 (C)了解該國人口成長率 (D)了解該國的都市化程度。

( ) **46** 有關假借全權委託投資而透過保管銀行進行洗錢行為之可疑態樣,下列對該類態樣的敘述何項錯誤? (A)委託投資者之委託資產與其身分、收入顯不相當或與本身營業性質無關 (B)於全權委託投資契約存續期間要求增加委託投資資金且無合理原因 (C)簽訂全權委託投資契約及委任保管契約後即迅速終止契約且無正當原因 (D)委託投資之資產係自某些特定地區如開曼群島、巴哈馬群島等地匯入,或於契約終止後要求直接自我國境內匯往上開地區。

( ) **47** 下列可疑交易態樣何者與股市作手利用人頭戶炒作股票無關? (A)大額買進一籃子股票 (B)不尋常買賣冷門、小型股 (C)短期內連續大量買賣特定股票 (D)利用擔任代理人之帳戶分散大額交易。

( ) **48** 銀行行員在辦理放款業務時,下列哪一種情形可能有疑似洗錢交易之虞,應進一步調查? (A)客戶以自住的房屋當擔保品來申請投資理財貸款新臺幣100萬元 (B)客戶以配偶的房屋當擔保品來申請投資理財貸款新臺幣150萬元 (C)客戶以剛認識之朋友提供之土地當擔保品來申請投資週轉金貸款新臺幣5,000萬元 (D)客戶以父親當保證人來申請小額信用貸款新臺幣50萬元。

（　）49 甲、乙約定由乙將甲之販毒犯罪共新臺幣（下同）一千萬元所得移轉至海外人頭帳戶，乙則收取手續費五十萬元。今甲、乙二人行為被查獲，乙持有該五十萬元遭政府凍結，是基於以下何種理由？ (A)民事賠償　(B)犯罪所得　(C)行政罰鍰　(D)刑事罰金。

（　）50 下列何者不屬於防制洗錢金融行動工作組織40項建議對於客戶審查的時機？　(A)與客戶建立業務關係時　(B)客戶辦理未超過等值美元或歐元15,000元之臨時性轉帳時　(C)發現疑似洗錢表徵態樣時 (D)對於舊有客戶身分真實性懷疑時。

（　）51 對於已在我國其他金融同業開戶之客戶，執行盡職調查之必要性及理由，以下何者正確？　(A)有必要，因業務往來關係之目的與性質可能改變　(B)無必要，得合理信賴金融同業已執行盡職調查 (C)有必要，因無從驗證客戶是否已在金融同業開戶　(D)無必要，因交割款係來自於同名帳戶之電匯轉帳。

（　）52 客戶甲表示因其身分特殊，故欲利用匿名或假名投保，保險公司應該如何處理？　(A)應予以婉拒建立業務關係　(B)可以允許客戶以假名，但不可匿名投保　(C)可以允許客戶匿名，但不可以假名投保　(D)保險業為金融服務業，應以顧客至上，故應允許客戶以匿名或假名投保，但須註記為高風險客戶。

（　）53 甲為A銀行營業單位防制洗錢及打擊資恐督導主管，依規定甲每年應至少參加經專責主管同意之內（外）部訓練單位所辦幾小時防制洗錢及打擊資恐教育訓練？　(A)12小時　(B)24小時　(C)30小時 (D)48小時。

（　）54 以下哪個業者經營地下通匯業務的可能性較低？　(A)外勞雜貨店 (B)旅行社　(C)臺南的機車經銷商　(D)貿易公司。

（　）55 銀行行員在下列哪一種情形依法不需重新對客戶進行風險評估？ (A)客戶申請開立存款帳戶　(B)客戶臨櫃辦理提款新臺幣十萬元 (C)客戶申請開立網路銀行　(D)客戶申請增貸新臺幣五十萬元。

（　　）**56** 下列何者非銀行辦理授信業務之疑似洗錢或資恐交易態樣？　(A)以無關聯第三方作保證人　(B)出口收到貨款償還銀行借款　(C)以高價住宅做為擔保品申請貸款　(D)利用大量現金作為擔保品申請貸款。

（　　）**57** 客戶為信託之受託人時，以下驗證客戶身分之方法，何者有誤？(A)信託契約　(B)信託登記文件　(C)由律師擔任受託人時，得以該律師出具之書面文件替代　(D)官方辨識編號，如統一編號、稅籍編號、註冊號碼等。

（　　）**58** 客戶是否異常密集投保，必須仰賴下述哪一種資訊系統的建制來做為檢視是否為可疑交易的基礎？　(A)可疑交易申報系統　(B)姓名檢核系統　(C)可疑交易態樣預警系統　(D)客戶姓名與ID總歸戶系統。

（　　）**59** 當業務員、核保單位或保戶服務單位聯絡客戶洽詢客戶資料與投保資訊正確性時，倘遇到客戶不配合時，以下敘述何者為錯誤的做法：　(A)婉轉說明保持資料正確性為提供客戶服務與了解保險需求必要的作為　(B)旁徵博引以確認該客戶身分與背景上是否有其他值得注意之處　(C)跟客戶說明不配合就只能將其申報到法務部調查局　(D)倘真正無法辨識其身分時婉拒業務，並依疑義狀況判斷是否有需要呈報疑似洗錢交易。

（　　）**60** 防制洗錢行動工作組織防制洗錢及打擊資恐40項建議，當中的建議10：客戶審查，是最重要的建議之一。關於建議10，下列敘述何者錯誤？　(A)金融機構應禁止客戶以匿名或明顯假名開戶　(B)金融機構於建立業務關係時應執行客戶審查　(C)金融機構替臨時性客戶進行交易時，應驗證客戶身分　(D)當金融機構無法透過可靠的獨立來源文件、資料或資訊，驗證客戶身分之真實性時，應於完成交易時，立即申報可疑交易。

第二部份：複選題

(　) **61** 以下何者為法人客戶高洗錢及資恐風險之因子？　(A)有隱名股東　(B)股權結構複雜　(C)屬中小型企業　(D)留存地址欠缺地緣性。

(　) **62** 為有效防堵洗錢者及恐怖組織利用非營利組織移動資金，下列何者為關鍵監控措施？　(A)留意非營利組織的宗旨與活動是否相符　(B)留意非營利組織的董事有無外籍人士　(C)留意非營利組織的管理者及董事背景　(D)留意捐款來源是否來以境外捐款為主。

(　) **63** 防制洗錢與打擊資恐計畫，應包括以下哪些政策、程序及控管機制？　(A)確認客戶身分及客戶交易對象之姓名與名稱之檢驗　(B)針對帳戶交易進行持續監控　(C)針對一定金額以上之通貨與疑似洗錢或資恐交易進行申報　(D)指定防制洗錢及打擊資恐專責主管。

(　) **64** 下列人員何者為證券商防制洗錢及打擊資恐注意事項範本所規範需每年應至少參加經防制洗錢及打擊資恐專責主管同意之內部或外部訓練單位所辦十二小時防制洗錢及打擊資恐教育訓練？　(A)內部稽核人員　(B)專責主管　(C)證券商董事、監察人　(D)國內營業單位督導主管。

(　) **65** 下列何種客戶有可能符合疑似洗錢樣態？　(A)客戶不斷詢問健康保險保障範圍　(B)客戶投保強制汽車責任保險　(C)客戶希望業務員能夠規劃數筆保額較小且不引人注目之保單　(D)客戶不斷詢問如何辦理解除保險契約。

(　) **66** 證券期貨業防制洗錢及打擊資恐之內部控制制度聲明書係由下列何人聯名出具？　(A)董事長　(B)總經理　(C)監察人（或審計委員會）　(D)防制洗錢及打擊資恐專責主管。

(　) **67** 金融機構施行哪些措施有助防堵或偵測重要政治性職務人士之可疑交易？　(A)重要政治性職務人士跟高層熟識，不論本人或其配偶、親屬開戶時，均應特別禮遇　(B)隨時更新重要政治性職務人士名單　(C)重要政治性職務人士開戶時，依照一般客戶審查程序辦理，不應給予特殊禮遇　(D)密切注意媒體或社會上有關重要政治性職務人士之負面新聞，並落實客戶審查、申報可疑交易。

( ) **68** 依洗錢防制法第5條第3項規定，請問本法所稱指定之非金融事業或人員，係指從事下列交易之事業或人員？ (A)銀樓業 (B)運輸業 (C)地政士及不動產經紀業從事與不動產買賣交易有關之行為 (D)律師、公證人、會計師為客戶準備或進行買賣不動產等之交易。

( ) **69** 保險業接受非保險契約利害關係人繳款或接受ATM繳款等情形，下列敘述何者為正確？ (A)上述繳款人通常非客戶盡職調查對象或難以得知其身分，會有難以評估被利用於洗錢的風險之可能 (B)保險公司無須統計並評估上述擴大繳費服務情形發生對公司的影響 (C)保險公司應計算上述擴大繳費服務情形之剩餘風險，並訂定風險胃納政策及調整客群交易政策 (D)保險公司的產品雖無實質改變，但因有以未知第三人付款的特性，故保險公司應僅考量上開服務所衍生之風險屬性。

( ) **70** 保險業在下列哪些時機應該再次審核客戶風險分數與等級？ (A)制裁名單有異動時 (B)客戶申請批改或保全時 (C)客戶住院申請健康險理賠時 (D)低或中風險客戶遭申報疑似洗錢時。

( ) **71** 下列何者具有洗錢或資恐高風險因素？ (A)客戶為位居外國重要政治職位之高知名人物 (B)客戶來自高風險國家 (C)客戶為小吃店基層員工，購買人壽保單，每月繳納保險費2,800元 (D)客戶為學生，每月以現金存款1,500元。

( ) **72** 下列何者為交易監控實務的合理敘述？ (A)客戶所發生的負面新聞，因屬於其個人隱私，無需探究 (B)監控繳款行為 (C)監控持有保單種類的變化 (D)監控客戶保單借還款情形。

( ) **73** 金融機構於推出哪些產品或服務或業務前，應進行產品之洗錢及資恐風險評估，並建立相應之風險管理措施以降低所辨識之風險？ (A)新支付機制 (B)運用新科技於現有之產品 (C)運用新科技於全新之產品 (D)運用新科技於現有之業務。

（　）**74** 為配合防制洗錢及打擊資恐之國際合作，金融目的事業主管機關得對洗錢或資恐高風險國家或地區，採取必要防制措施。請問洗錢或資恐高風險國家或地區，係指下列何者？　(A)發展中國家或第三世界　(B)有具體事證認有洗錢及資恐高風險之國家或地區　(C)經國際防制洗錢組織公告防制洗錢及打擊資恐有嚴重缺失之國家或地區　(D)經國際防制洗錢組織公告未遵循或未充分遵循國際防制洗錢組織建議之國家或地區。

（　）**75** 下列何者為銀行防制洗錢及打擊資恐專責單位掌理之事務？　(A)監控與洗錢及資恐有關之風險　(B)開發銀行新產品及服務　(C)確認防制洗錢及打擊資恐相關法令之遵循　(D)發展防制洗錢及打擊資恐計畫。

（　）**76** 銀行識別個別產品與服務之風險因素，下列何者屬之？　(A)與現金之關聯程度　(B)匿名交易　(C)銀行獲利率　(D)收到款項來自於未知第三者。

（　）**77** 依「銀行評估洗錢及資恐風險及訂定相關防制計畫指引」規定，銀行建立定期且全面性之洗錢及資恐風險評估作業，應依據下列哪些指標？　(A)個別客戶背景、職業　(B)目標市場　(C)銀行交易數量與規模　(D)個人客戶之任職機構。

（　）**78** 保險業與客戶建立業務關係時應進行盡職調查（又稱客戶審查或CDD）。下列哪些時機適用？　(A)客戶投保時　(B)客戶住院申請理賠時　(C)客戶申請貸款業務放款時　(D)理賠予被保險人以外之第三人時。

（　）**79** 依防制洗錢金融行動工作組織（FATF）相互評鑑方法論之一般指引，下列何者規定應明訂於法律或其他可執行的工具中？　(A)客戶審查　(B)紀錄留存　(C)資訊分享　(D)申報可疑交易。

（　）**80** 下列何者屬於保險業對於客戶審查之受審查對象？　(A)要保人　(B)受益人　(C)被保險人　(D)最終實質受益人。

解答與解析　答案標示為#者，表官方曾公告更正該題答案。

第一部份：單選題

1 (B)。金融機構防制洗錢辦法：
「……九、風險基礎方法：指金融
機構應確認、評估及瞭解其暴露之
洗錢及資恐風險，並採取適當防制
洗錢及打擊資恐措施，以有效降低
此類風險。依該方法，金融機構對
於較高風險情形應採取加強措施，
對於較低風險情形，則可採取相對
簡化措施，以有效分配資源，並以
最適當且有效之方法，降低經其確
認之洗錢及資恐風險。」

2 (B)。金融機構防制洗錢法第6條：
「第三條第四款與前條規定之確認
客戶身分措施及持續審查機制，應
以風險基礎方法決定其執行強度，
包括：
一、對於高風險情形，應加強確認
　　客戶身分或持續審查措施，其
　　中至少應額外採取下列強化措
　　施：
(一)在建立或新增業務往來關係前，
　　應取得高階管理人員同意。
(二)應採取合理措施以瞭解客戶財富
　　及資金來源。其中資金來源係指
　　產生該資金之實質來源。
(三)對於業務往來關係應採取強化之
　　持續監督。」

3 (B)。(B)應以風險為基礎。

4 (A)。「銀行業及其他經金融監督管
理委員會指定之金融機構防制洗錢
及打擊資恐內部控制與稽核制度實
施辦法」第6條第4項：「銀行業及
其他經本會指定之金融機構如有分

公司（或子公司）者，應訂定集團
層次之防制洗錢與打擊資恐計畫，
於集團內之分公司（或子公司）施
行。內容包括前項政策、程序及控
管機制，並應在符合我國及國外分
公司（或子公司）所在地資料保密
法令規定下，訂定下列事項：
一、確認客戶身分與洗錢及資恐風
　　險管理目的所需之集團內資訊
　　分享政策及程序。
二、為防制洗錢及打擊資恐目的，
　　於有必要時，依集團層次法令
　　遵循、稽核及防制洗錢及打擊
　　資恐功能，得要求分公司（或
　　子公司）提供有關客戶、帳戶
　　及交易資訊，並應包括異常交
　　易或活動之資訊及所為之分
　　析；必要時，亦得透過集團管
　　理功能使分公司（或子公司）
　　取得上述資訊。
三、運用被交換資訊及其保密之安
　　全防護，包括防範資料洩露之
　　安全防護。」

5 (D)。金融機構防制洗錢辦法第2條
第9款：「……九、風險基礎方法：
指金融機構應確認、評估及瞭解其
暴露之洗錢及資恐風險，並採取適
當防制洗錢及打擊資恐措施，以有
效降低此類風險。依該方法，金融
機構對於較高風險情形應採取加強
措施，對於較低風險情形，則可採
取相對簡化措施，以有效分配資
源，並以最適當且有效之方法，降
低經其確認之洗錢及資恐風險。」

6 (A)。銀行應至少建立兩級（含）以上之風險級數，即「高風險」與「一般風險」兩種風險等級，作為加強客戶審查措施及持續監控機制執行強度之依據。

7 (C)。洗錢防制法第7條第3項：「金融機構及指定之非金融事業或人員對現任或曾任國內外政府或國際組織重要政治性職務之客戶或受益人與其家庭成員及有密切關係之人，應以風險為基礎，執行加強客戶審查程序。」

8 (D)。銀行防制洗錢及打擊資恐注意事項範本第6條：「第四條第三款及前條規定之確認客戶身分措施及持續審查機制，應以風險
基礎方法決定其執行強度，包括：
一、對於高風險情形，應加強確認客戶身分或持續審查措施，其中至少應額外採取下列強化措施：
(一)在建立或新增業務往來關係前，銀行應取得依內部風險考量，所訂核准層級之高階管理人員同意。
(二)應採取合理措施以瞭解客戶財富及資金來源。其中資金來源係指產生該資金之實質來源（例如薪資、投資收益、買賣不動產等）。
(三)對於業務往來關係應採取強化之持續監督。」……

9 (D)。結構性元素：
‧政治穩定性。
‧解決防制洗錢／打擊資恐問題的強烈承諾。
‧穩定且可靠、誠信而透明的機構。
‧健全的法治。
‧獨立有效的司法體系。
（參考資料：行政院洗錢防制辦公室，(2017)，《防制洗錢／打擊資恐相關數據及統計資料》）

10 (C)。「銀行業及其他經金融監督管理委員會指定之金融機構防制洗錢及打擊資恐內部控制與稽核制度實施辦法」第6條第5項：「銀行業及其他經本會指定之金融機構應確保其國外分公司（或子公司），在符合當地法令情形下，實施與總公司（或母公司）一致之防制洗錢及打擊資恐措施。當總公司（或母公司）與分公司（或子公司）所在地之最低要求不同時，分公司（或子公司）應就兩地選擇較高標準者作為遵循依據，惟就標準高低之認定有疑義時，以銀行業及其他經本會指定之金融機構總公司（或母公司）所在地之主管機關之認定為依據；倘因外國法規禁止，致無法採行與總公司（或母公司）相同標準時，應採取合宜之額外措施，以管理洗錢及資恐風險，並向本會申報。」

11 (A)。「銀行業及其他經金融監督管理委員會指定之金融機構防制洗錢及打擊資恐內部控制與稽核制度實施辦法」第7條：「銀行業及其他經本會指定之金融機構應依其規模、風險等配置適足之防制洗錢及打擊資恐專責人員及資源，並由董（理）事會指派高階主管一人擔任專責主管，賦予協調監督防制洗錢及打擊資恐之充分職權，及確保該等人員及主管無與其防制洗錢及打

擊資恐職責有利益衝突之兼職。其中本國銀行並應於總經理、總機構法令遵循單位或風險控管單位下設置獨立之防制洗錢及打擊資恐專責單位，該單位不得兼辦防制洗錢及打擊資恐以外之其他業務。」

12 (D)。根據FATA分類，洗錢大致可歸為三個階段進行：
第一階段：處置（Placement）
此階段進行方式為將其不法所得投入金融體系。
第二階段：分層化（Layering）
洗錢者為掩飾洗錢目的或模糊資金來源，而利用投資工具分散資金。
第三個階段：整合（Integration）
將非法資金透過買賣行為，變造為合法資產的形式（例如不動產交易），使非法資金重新流入市場。
（參考資料：劉金龍(2018)。證券暨期貨月刊，36，16-30。）

13 (B)。金融機構防制洗錢辦法第9條第3款：「……三、金融機構應依據防制洗錢與打擊資恐法令規範、其客戶性質、業務規模及複雜度、內部與外部來源取得之洗錢與資恐相關趨勢與資訊、金融機構內部風險評估結果等，檢討其帳戶或交易監控政策及程序，並定期更新之。」

14 (B)。應採用風險評估等級。

15 (C)。金融機構防制洗錢辦法第12條：「金融機構應以紙本或電子資料保存與客戶往來及交易之紀錄憑證，並依下列規定辦理：
一、金融機構對國內外交易之所有必要紀錄，應至少保存五年。但法律另有較長保存期間規定者，從其規定。

二、金融機構對下列資料，應保存至與客戶業務關係結束後或臨時性交易結束後，至少五年。但法律另有較長保存期間規定者，從其規定：
(一)確認客戶身分所取得之所有紀錄，如護照、身分證、駕照或類似之官方身分證明文件影本或紀錄。
(二)帳戶、電子支付帳戶或卡戶檔案或契約文件檔案。
(三)業務往來資訊，包括對複雜、異常交易進行詢問所取得之背景或目的資訊與分析資料。
三、金融機構保存之交易紀錄應足以重建個別交易，以備作為認定不法活動之證據。
四、金融機構對權責機關依適當授權要求提供交易紀錄及確認客戶身分等相關資訊時，應確保能夠迅速提供。」

16 (D)。洗錢防制法第4條：「本法所稱特定犯罪所得，指犯第三條所列之特定犯罪而取得或變得之財物或財產上利益及其孳息。
前項特定犯罪所得之認定，不以其所犯特定犯罪經有罪判決為必要。」

17 (D)。金融機構防制洗錢辦法第9條第5款：「五、前款完整之監控型態應依其業務性質，納入各同業公會所發布之態樣，並應參照金融機構本身之洗錢及資恐風險評估或日常交易資訊，增列相關之監控態樣。其中就電子支付帳戶間款項移轉，金融機構監控時應將收受兩端之所有資訊均納入考量，以判定是否申報疑似洗錢或資恐交易。」

18 (A)。因OIU業務係以外幣收付，並以境外客戶（包括：中華民國境外個人、法人、政府機關或金融機構）為銷售對象，且現行OIU業務所提供之保險商品屬高保單價值準備金，具潛在洗錢可疑交易之風險。（引用資料來源：保險業防制洗錢及打擊資恐最佳實務指引）

19 (B)。金融機構防制洗錢辦法第6條：「第三條第四款與前條規定之確認客戶身分措施及持續審查機制，應以風險基礎方法決定其執行強度……。」

20 (A)。金融機構防制洗錢辦法第3條第9款：「九、金融機構完成確認客戶身分措施前，不得與該客戶建立業務關係或進行臨時性交易。但符合下列各目情形者，得先取得辨識客戶及實質受益人身分之資料，並於建立業務關係後，再完成驗證：
(一)洗錢及資恐風險受到有效管理。包括應針對客戶可能利用交易完成後才驗證身分之情形，採取風險管控措施。
(二)為避免對客戶業務之正常運作造成干擾所必須。
(三)會在合理可行之情形下儘速完成客戶及實質受益人之身分驗證。如未能在合理可行之時限內完成客戶及實質受益人之身分驗證，須終止該業務關係，並應事先告知客戶。」

21 (D)。洗錢防制法第17條：「公務員洩漏或交付關於申報疑似犯第十四條、第十五條之罪之交易或犯第十四條、第十五條之罪嫌疑之文書、圖畫、消息或物品者，處三年以下有期徒刑。

第五條第一項至第三項不具公務員身分之人洩漏或交付關於申報疑似犯第十四條、第十五條之罪之交易或犯第十四條、第十五條之罪嫌疑之文書、圖畫、消息或物品者，處二年以下有期徒刑、拘役或新臺幣五十萬元以下罰金。」

22 (B)。(A)(C)(D)為高風險客戶，需執行持續監控，包括客戶盡職調查、加強客戶審查之資訊和客戶之交易活動內容，並注意任何交易內容之變化或客戶不尋常之交易狀況等。

23 (D)。洗錢防制高風險商品容易被利用於洗錢交易，包含：
‧高保單價值準備金。
‧具高現金價值保單。
‧或躉繳保費之保險商品。

24 (A)。
(B)應全面性進行審查。
(C)視其政治影響力及風險評估結果，執行分級審查措施。
(D)仍需以風險基礎方法審查客戶背景及地域風險。

25 (A)。洗錢防制法第3條：「本法所稱特定犯罪，指下列各款之罪：
一、最輕本刑為六月以上有期徒刑以上之刑之罪。
二、刑法第一百二十一條第一項、第一百二十三條、第二百零一條之一第二項、第二百六十八條、第三百三十九條、第三百三十九條之三、第三百四十二條、第三百四十四條、第三百四十九條之罪。
三、懲治走私條例第二條第一項、第三條第一項之罪。

四、破產法第一百五十四條、第一百五十五條之罪。

五、商標法第九十五條、第九十六條之罪。

六、廢棄物清理法第四十五條第一項後段、第四十七條之罪。

七、稅捐稽徵法第四十一條、第四十二條及第四十三條第一項、第二項之罪。

八、政府採購法第八十七條第三項、第五項、第六項、第八十九條、第九十一條第一項、第三項之罪。

九、電子支付機構管理條例第四十四條第二項、第三項、第四十五條之罪。

十、證券交易法第一百七十二條第一項、第二項之罪。

十一、期貨交易法第一百十三條第一項、第二項之罪。

十二、資恐防制法第八條、第九條之罪。

十三、本法第十四條之罪。」

26 (C)。自動產生與儲存交易紀錄之功能為電子系統利於洗錢防制之處。

27 (C)。國際貿易疑似洗錢之警訊：
1.以異常複雜的交易結構掩飾交易的真實性質。
2.交易之商品不符合進口或出口法規、涉及軍民兩用品和高風險商品、或相對於公平市場價值，商品和服務的價格明顯過高或過低時。
3.從沒有明顯連繫的第三方接收現金或其他付款。
4.其他未有明確原因或合理解釋之交易模式的重大改變。
（資料來源：銀行防制貿易洗錢之實務參考）

28 (C)。金融機構防制洗錢辦法第2條第9款：「九、風險基礎方法：指金融機構應確認、評估及瞭解其暴露之洗錢及資恐風險，並採取適當防制洗錢及打擊資恐措施，以有效降低此類風險。依該方法，金融機構對於較高風險情形應採取加強措施，對於較低風險情形，則可採取相對簡化措施，以有效分配資源，並以最適當且有效之方法，降低經其確認之洗錢及資恐風險。」

29 (C)。金融機構辦理國內匯款及無摺存款作業確認客戶身分原則：「……二、本原則所稱金融機構，指本國銀行、外國銀行在臺分行、信用合作社及中華郵政公司。」

30 (C)。金融機構防制洗錢辦法第12條第一款規定：「金融機構應以紙本或電子資料保存與客戶往來及交易之紀錄憑證，並依下列規定辦理：
一、金融機構對國內外交易之所有必要紀錄，應至少保存五年。但法律另有較長保存期間規定者，從其規定。」

31 (A)。(A)不得明確分享客戶已被申報疑似洗錢交易之資訊。

32 (A)。(A)須有確定裁處之法源依據才可執行資產凍結。

33 (D)。
(A)證券商之業務交易性質具高洗錢及資恐風險。
(B)得另行增列。
(C)應經過風險評估審查。

34 (B)。金融機構防制洗錢辦法第二條：「二、一定金額：指新臺幣五十萬元（含等值外幣）」

35 (A)。金融機構防制洗錢辦法第9條第3款：「三、金融機構應依據防制洗錢與打擊資恐法令規範、其客戶性質、業務規模及複雜度、內部與外部來源取得之洗錢與資恐相關趨勢與資訊、金融機構內部風險評估結果等，檢討其帳戶或交易監控政策及程序，並定期更新之。」

36 (D)。金融機構防制洗錢辦法第3條第7款第3目：「(三)客戶或具控制權者為下列身分者，除有第六條第一項第三款但書情形或已發行無記名股票情形者外，不適用第四款第三目辨識及驗證實質受益人身分之規定。
1.我國政府機關。
2.我國公營事業機構。
3.外國政府機關。
4.我國公開發行公司或其子公司。
5.於國外掛牌並依掛牌所在地規定，應揭露其主要股東之股票上市、上櫃公司及其子公司。
6.受我國監理之金融機構及其管理之投資工具。
7.設立於我國境外，且所受監理規範與防制洗錢金融行動工作組織（FATF）所定防制洗錢及打擊資恐標準一致之金融機構，及該金融機構管理之投資工具。
8.我國政府機關管理之基金。
9.員工持股信託、員工福利儲蓄信託。」

37 (A)。資恐防制法第6條第1項：「主管機關得依職權或申請，許可下列措施：
一、酌留經指定制裁之個人或其受扶養親屬家庭生活所必需之財物或財產上利益。

二、酌留經指定制裁之個人、法人或團體管理財物或財產上利益之必要費用。
三、對經指定制裁之個人、法人或團體以外之第三人，許可支付受制裁者於受制裁前對善意第三人負擔之債務。」

38 (A)。銀行業及其他經金融監督管理委員會指定之金融機構防制洗錢及打擊資恐內部控制與稽核制度實施辦法第7條第1項：「銀行業及其他經本會指定之金融機構應依其規模、風險等配置適足之防制洗錢及打擊資恐專責人員及資源，並由董（理）事會指派高階主管一人擔任專責主管，賦予協調監督防制洗錢及打擊資恐之充分職權，及確保該等人員及主管無與其防制洗錢及打擊資恐職責有利益衝突之兼職。其中本國銀行並應於總經理、總機構法令遵循單位或風險控管單位下設置獨立之防制洗錢及打擊資恐專責單位，該單位不得兼辦防制洗錢及打擊資恐以外之其他業務。」

39 (D)。FATF於109年第31屆第2次大會提列防制洗錢與打擊資恐有嚴重缺失之高風險名單，呼籲其成員及其他司法管轄體應對該國採取反制措施，以保護國際金融體系，避免來自該國之洗錢與資恐風險。
（引用資料來源：法務部調查局函）

40 (B)。國際金融業務分行(OBU)業務屬性提供境外客戶金融服務，其洗錢資恐風險因素含：可跨境交易、可非面對面交易、容許境外非居民交易。

41 (B)。專業人士基於傳統觀念,對客戶的隱私嚴加保密,因此各國收到守門員之可疑交易報告數量極少。

42 (A)。已設董(理)事會之保險代理人公司其董(理)事會及個人執業之保險代理人,對確保建立及維持適當有效之防制洗錢及打擊資恐內部控制負最終責任。

43 (C)。
(A)各國家皆有洗錢風險
(B)金融業為洗錢防制之重要角色
(D)洗錢防制為國際問題,須仰賴國家間的合作才能有效減低風險。

44 (A)。洗錢防制物品出入境申報及通報辦法第3條:「旅客或隨交通工具服務之人員出入境,同一人於同日單一航(班)次攜帶下列物品,應依第四條規定向海關申報;海關受理申報後,應依第五條規定向法務部調查局通報:
一、總價值逾等值一萬美元之外幣、香港或澳門發行之貨幣現鈔。
二、總價值逾新臺幣十萬元之新臺幣現鈔。
三、總面額逾等值一萬美元之有價證券。
四、總價值逾等值二萬美元之黃金。
五、總價值逾等值新臺幣五十萬元,且有被利用進行洗錢之虞之物品。」

45 (A)。相互評鑑應使用風險基礎方法。

46 (B)。(B)應為減少投資資金
假借全權委託投資而透過保管銀行進行洗錢行為之態樣:「
一、委託投資者之委託資產與其身分、收入顯不相當或與本身營業性質無關者。
二、委託投資之資產係自某些特定地區如開曼群島、巴哈馬群島、中南半島、中南美洲、香港等地匯入,或於契約終止後要求直接自我國境內匯往上開地區。
三、以現金存入或自他人之帳戶匯入,或於契約終止後要求匯入他人帳戶,而無法釋明合理之資金來源或用途者。
四、簽訂全權委託投資契約及委任保管契約後即迅速終止契約且無正當原因者。
五、於全權委託投資契約存續期間增加大額之委託投資資金或密集增加委託投資資金,而該款項與客戶之身分、收入顯不相當者。
六、於全權委託投資契約存續期間要求減少委託投資資金且無合理原因者。
七、客戶否認有全權委託投資或有相當之證據或事實使人確信該客戶係被他人冒用之人頭戶。
八、客戶申請書件內容有偽造,虛偽不實之情形。
九、客戶於全權委託投資契約存續期間,有密集增減其委託金額之異常情形。」

47 (A)。證券類疑似洗錢或資恐交易態樣:「
(一)客戶大額買賣有價證券者。
(二)客戶未見合理原因,於一定期間內進行鉅額配對交易對象為同一人者。
(三)客戶有異於過去買賣模式買進(賣出)後又迅即賣出(買進)有價證券者,且與其身分不相當或無合理原因者。

(四)新開戶或一定期間無交易之帳戶突然大額交易者。

(五)利用公司員工或特定團體成員集體開立之帳戶大額且頻繁交易者。

(六)交易帳戶連續大額以高價只買進不（或少量）賣出、以低價只賣出不（或少量）買進，或將股票維持在一定價位。

(七)使用數個非本人或擔任代理人之帳戶分散大額交易者。

(八)超過新臺幣五十萬元之交割價款由非本人匯交予證券商；或客戶要求證券商將其超過新臺幣五十萬元之應收價款匯付予一個或多個非本人帳戶；或多個客戶要求證券商將該等客戶之應收交割價款匯付入同一帳戶者。

(九)無正當理由短期內連續大量買賣特定股票。

(十)利用人頭戶、委託第三人或同一證券商不同分公司同一客戶帳戶，以相對委託、沖洗買賣或其他方式，連續大量買賣股票。

(十一)無正當理由客戶申請大幅調整單日買賣額度且於市場大額買進一籃子股票或其他有價證券。

(十二)客戶突然大額買進或賣出冷門、小型或財務業務不佳之有價證券。」

48 (C)。(C)鉅額資金流動以及實質受益人身分不明。

49 (B)。乙持有之五十萬元為協助洗錢犯罪之收益，為犯罪所得。

50 (B)。中華民國銀行公會銀行防制洗錢及打擊資恐注意事項範本：「二、確認客戶身分時機：

(一)與客戶建立業務關係時。

(二)進行下列臨時性交易：

1.辦理達一定金額以上交易（含國內匯款）時。多筆顯有關聯之交易合計達一定金額以上時，亦同。

2.辦理新臺幣三萬元（含等值外幣）以上之跨境匯款時。

(三)發現疑似洗錢或資恐交易時。

(四)對於過去所取得客戶身分資料之真實性或妥適性有所懷疑時。」

51 (A)。業務往來關係之目的與性質可能改變，客戶之職業風險也可能不同，因此必須經過再次審查。

52 (A)。金融機構防制洗錢辦法第4條：「金融機構確認客戶身分時，有下列情形之一者，應予以婉拒建立業務關係或交易：

一、疑似使用匿名、假名、人頭、虛設行號或虛設法人團體開設帳戶、投保或辦理儲值卡記名作業。

二、客戶拒絕提供審核客戶身分措施相關文件。

三、對於由代理人辦理開戶、儲值卡記名作業、註冊電子支付帳戶、投保、保險理賠、保險契約變更或交易者，且查證代理之事實及身分資料有困難。

四、持用偽、變造身分證明文件。

五、出示之身分證明文件均為影本。但依規定得以身分證明文件影本或影像檔，輔以其他管控措施辦理之業務，不在此限。

六、提供文件資料可疑、模糊不清，不願提供其他佐證資料或提供之文件資料無法進行查證。

七、客戶不尋常拖延應補充之身分證明文件。

八、建立業務關係對象為資恐防制
　　法指定制裁之個人、法人或團
　　體，以及外國政府或國際組織
　　認定或追查之恐怖分子或團
　　體。但依資恐防制法第六條第
　　一項第一款至第三款所為支付
　　不在此限。
九、建立業務關係或交易時，有其
　　他異常情形，客戶無法提出合
　　理說明。」

53 (A)。銀行業及其他經金融監督管理
委員會指定之金融機構防制洗錢及
打擊資恐內部控制與稽核制度實施
辦法第9條第3項：「銀行業及其他
經本會指定之金融機構之防制洗錢
及打擊資恐專責主管、專責人員及
國內營業單位督導主管，每年應至
少參加經第七條第一項專責主管同
意之內部或外部訓練單位所辦十二
小時防制洗錢及打擊資恐教育訓
練，訓練內容應至少包括新修正法
令、洗錢及資恐風險趨勢及態樣。
當年度取得本會認定機構舉辦之國
內或國際防制洗錢及打擊資恐專業
人員證照者，得抵免當年度之訓練
時數。」

54 (C)。地下通匯是由於便利性、逃避
外匯管制等因素所產生之特殊業
務。但是對於犯罪行為人而言，因
地下通匯業者不會執行諸如確認客
戶、留存交易紀錄及申報大額通貨
與疑似洗錢交易報告等防制洗錢義
務，匯款人幾乎可以不留任何蛛絲
馬跡即可將資金游走於兩岸之間，
故地下通匯不僅成為台商經常利用
之匯款管道，更成為犯罪者洗錢
（包括資助恐怖活動）的最愛。近

年來刮刮樂詐騙集團及擄人勒贖等
重大犯罪案件，均常利用地下通匯
管道將犯罪所得匯往大陸等海外地
區，造成犯罪調查及沒收、凍結犯
罪所得之困難性。因此可以認為：
地下通匯對於獲得鉅額不法利益之
犯罪，具有推波助瀾的效果。（引
用資料來源：銀行防制地下通匯指
引）

55 (B)。(B)五十萬元才需要重新進行
風險評估。

56 (B)。銀行防制洗錢及打擊資恐注意
事項範本附錄：「二、產品/服務—
授信類
(一)客戶突以達特定金額之款項償還
　　放款，而無法釋明合理之還款來
　　源者。
(二)客戶利用大量現金、約當現金、
　　高價值商品、或不動產等，或使
　　用無關連之第三方的資金、資產
　　或信用，作為擔保品或保證申請
　　貸款者。
(三)以現金、約當現金或易於變現之
　　資產所擔保之貸款發生違約事
　　件，意圖使銀行處分擔保品。」

57 (C)。金融機構防制洗錢辦法第3
條：「……五、前款規定於客戶為
法人、團體或信託之受託人時，應
瞭解客戶或信託（包括類似信託之
法律協議）之業務性質，並至少取
得客戶或信託之下列資訊，辨識及
驗證客戶身分：
(一)客戶或信託之名稱、法律形式及
　　存在證明。
(二)規範及約束客戶或信託之章程或
　　類似之權力文件。但下列情形得
　　不適用：

1.第七款第三目所列對象及辦理第七款第四目所列保險商品，其無第六條第一項第三款但書情形者。

2.辦理儲值卡記名業務者。

3.團體客戶經確認其未訂定章程或類似之權力文件者。

(三)在客戶中擔任高階管理人員者之姓名。

(四)客戶註冊登記之辦公室地址，及其主要之營業處所地址。」

第二部份：複選題

61 (ABD)。
銀行評估洗錢及資恐風險及訂定相關防制計畫指引第3點第2項第7目：「(7)客戶是否有其他高洗錢及資恐風險之表徵，如客戶留存地址與分行相距過遠而無法提出合理說明者、客戶為具隱名股東之公司或可發行無記名股票之公司、法人客戶之股權複雜度，如股權架構是否明顯異常或相對其業務性質過度複雜等。」

62 (ABCD)。
非營利組織特性容易被犯罪組織利用洗錢的因素，包含：
・內部營運監理要求寬鬆。
・提供跨國平台接收境外捐款。
・可從事公開募款活動。
・容許匿名捐款，得不開立收據。

63 (ABCD)。
銀行業及其他經金融監督管理委員會指定之金融機構防制洗錢及打擊資恐內部控制與稽核制度實施辦法第6條第3項：「第一項第二款之防制洗錢及打擊資恐計畫，應包括下列政策、程序及控管機制：

58 (D)。透過客戶姓名與ID總歸戶系統可檢視客戶所有保險商品，判斷是否為異常密集投保客戶。

59 (C)。(C)應依疑義狀況及風險評估方法判斷是否有需要呈報疑似洗錢交易

60 (D)。(D)金融機構完成確認客戶身分措施前，不得與該客戶建立業務關係或進行臨時性交易。

一、確認客戶身分。
二、客戶及交易有關對象之姓名及名稱檢核。
三、帳戶及交易之持續監控。
四、通匯往來銀行業務。
五、紀錄保存。
六、一定金額以上通貨交易申報。
七、疑似洗錢或資恐交易申報。
八、指定防制洗錢及打擊資恐專責主管負責遵循事宜。
九、員工遴選及任用程序。
十、持續性員工訓練計畫。
十一、測試防制洗錢及打擊資恐制度有效性之獨立稽核功能。
十二、其他依防制洗錢及打擊資恐相關法令及本會規定之事項。」

64 (BD)。
證券期貨業防制洗錢及打擊資恐內部控制要點第8點：「(四)證券期貨業之防制洗錢及打擊資恐專責人員、專責主管及國內營業單位督導主管，每年應至少參加經第六點第一款專責主管同意之內部或外部訓練單位所辦十二小時防制洗錢及打擊資恐教育訓練，訓練內容應至少包括新修正法令、洗錢及資恐風險

趨勢及態樣。當年度取得本會認定機構舉辦之國內或國際防制洗錢及打擊資恐專業人員證照者，得抵免當年度之訓練時數。」

65 (CD)。
(C)(D)為保險業常見疑似洗錢態樣。

66 (ABD)。
證券期貨業及其他經金融監督管理委員會指定之金融機構防制洗錢及打擊資恐內部控制與稽核制度實施辦法第6條第3項：「證券期貨業及其他經本會指定之金融機構總經理應督導各單位審慎評估及檢討防制洗錢及打擊資恐內部控制制度執行情形，由董事長、總經理、稽核主管、防制洗錢及打擊資恐專責主管聯名出具防制洗錢及打擊資恐之內部控制制度聲明書（附表），並提報董事會通過，於每會計年度終了後三個月內將該內部控制制度聲明書內容揭露於證券期貨業及其他經本會指定之金融機構網站，並於本會指定網站辦理公告申報。」

67 (BD)。
(A)(C)與重要政治性職務人士在建立業務關係前應經由多方管道評估客戶風險為首要考量。

68 (ACD)。
洗錢防制法第5條第3項：「本法所稱指定之非金融事業或人員，指從事下列交易之事業或人員：
一、銀樓業。
二、地政士及不動產經紀業從事與不動產買賣交易有關之行為。
三、律師、公證人、會計師為客戶準備或進行下列交易時：
(一)買賣不動產。

(二)管理客戶金錢、證券或其他資產。
(三)管理銀行、儲蓄或證券帳戶。
(四)有關提供公司設立、營運或管理之資金籌劃。
(五)法人或法律協議之設立、營運或管理以及買賣事業體。」

69 (AC)。
保險業評估洗錢及資恐風險及訂定相關防制計畫指引附件：「(三)具有保單價值準備金或現金價值之產品及與金錢有關之服務、交易或通路風險：
1.保險業應依據個別產品與服務、交易或通路的性質，識別可能會為其帶來較高的洗錢及資恐風險者。
2.於推出新產品、新服務或辦理新種業務（包括新支付機制、運用新科技於現有或全新之產品或業務）前，應進行洗錢及資恐風險評估，並建立相應之風險管理措施以降低所辨識之風險。
3.個別產品與服務、交易或通路之風險因素舉例如下：
(1)與現金之關聯程度。
(2)建立業務關係或交易之管道，包括是否為面對面交易、電子商務、透過國際保險業務分公司交易等新型態交易管道等。
(3)是否為高額保費或高保單現金價值。
(4)收到款項來自於未知或無關係之第三者。」

70 (ABD)。
(C)客戶住院申請健康險理賠為要求保險業主履行保險契約內容，不需再次審核客戶風險分數與等級。

71 (AB)。
(A)為客戶身分風險。
(B)為客戶地域風險。

72 (BCD)。
(A)客戶之負面新聞亦為風險評估及交易監控之一環。

73 (ABCD)。
「銀行防制洗錢及打擊資恐注意事項範本」第12條：「銀行於推出新產品或服務或辦理新種業務（包括新支付機制、運用新科技於現有或全新之產品或業務）前，應進行產品之洗錢及資恐風險評估，並建立相應之風險管理措施以降低所辨識之風險。」

74 (BCD)。
洗錢防制法第11條第2項：
「前項所稱洗錢或資恐高風險國家或地區，指下列之一者：
一、經國際防制洗錢組織公告防制洗錢及打擊資恐有嚴重缺失之國家或地區。
二、經國際防制洗錢組織公告未遵循或未充分遵循國際防制洗錢組織建議之國家或地區。
三、其他有具體事證認有洗錢及資恐高風險之國家或地區。」

75 (ACD)。
銀行業及其他經金融監督管理委員會指定之金融機構防制洗錢及打擊資恐內部控制與稽核制度實施辦法第7條第2項：「前項專責單位或專責主管掌理下列事務：
一、督導洗錢及資恐風險之辨識、評估及監控政策及程序之規劃與執行。

二、協調督導全面性洗錢及資恐風險辨識及評估之執行。
三、監控與洗錢及資恐有關之風險。
四、發展防制洗錢及打擊資恐計畫。
五、協調督導防制洗錢及打擊資恐計畫之執行。
六、確認防制洗錢及打擊資恐相關法令之遵循，包括所屬金融同業公會所定並經本會准予備查之相關範本或自律規範。
七、督導向法務部調查局進行疑似洗錢或資恐交易申報及資恐防制法指定對象之財物或財產上利益及其所在地之通報事宜。」

76 (ABD)。
銀行評估洗錢及資恐風險及訂定相關防制計畫指引：「3、個別產品與服務、交易或支付管道之風險因素舉例如下：
(1)與現金之關聯程度。
(2)建立業務關係或交易之管道，包括是否為面對面交易及是否為電子銀行等新型態支付工具等。
(3)是否為高金額之金錢或價值移轉業務。
(4)匿名交易。
(5)收到款項來自於未知或無關係之第三者。」

77 (BC)。
銀行評估洗錢及資恐風險及訂定相關防制計畫指引：「八、銀行應建立定期之全面性洗錢及資恐風險評估作業並製作風險評估報告，使管理階層得以適時且有效地瞭解銀行所面對之整體洗錢與資恐風險、決定應建立之機制及發展合宜之抵減措施。

銀行應依據下列指標，建立定期且全面性之洗錢及資恐風險評估作業：

(一)業務之性質、規模、多元性及複雜度。

(二)目標市場。

(三)銀行交易數量與規模：考量銀行一般交易活動與其客戶之特性等。

(四)高風險相關之管理數據與報告：如高風險客戶之數目與比例；高風險產品、服務或交易之金額、數量或比例；客戶之國籍、註冊地或營業地、或交易涉及高風險地域之金額或比例等。

(五)業務與產品，包含提供業務與產品予客戶之管道及方式、執行客戶審查措施之方式，如資訊系統使用的程度以及是否委託第三人執行審查等。

(六)內部稽核與監理機關之檢查結果。」

78 (ACD)。

(B)客戶住院申請理賠，要求保險業主履行保險契約內容，不需再次審核客戶風險分數與等級。

79 (ABD)。

「對金融機構及指定之非金融事業或人員要求的法律基礎」註解（附於FATF建議之註釋末節），列出執行相關要求所需的法源依據。評鑑員應衡量該等用於執行相關要求之機制是否合於前述註解中所界定「強制性規範」之規定。評鑑員應明白「建議第10（客戶審查）、11（紀錄留存）及20項（可疑交易申報）」所涵蓋之要求必須以法律明定，而其他要求則可以法律抑或強制性規範訂定。其他認定為非「強

制性規範」之文件或措施，亦可能對增進效能有所幫助，可在效能分析時納入考量，但不計入符合技術遵循要求（如由私部門發布的行為自律規範，或監理機關頒布的無約束性指引）。（引用資料來源：行政院洗錢防制辦公室，評鑑方法論）

80 (ABCD)。

保險業防制洗錢及打擊資恐注意事項範本及相關規定問答集：「防制洗錢及打擊資恐計畫。該計畫之內容應包括下列政策、程序及控管機制：

a. 確認客戶身分。

b. 客戶及交易有關對象之姓名及名稱檢核。

c. 交易之持續監控。

d. 紀錄保存。

e. 一定金額以上通貨交易申報。

f. 疑似洗錢或資恐交易申報及依據資恐防制法之通報。

g. 指定防制洗錢及打擊資恐專責主管負責遵循事宜。

h. 員工遴選及任用程序。

i. 持續性員工訓練計畫。

j. 測試防制洗錢及打擊資恐機制有效性之獨立稽核功能。

k. 其他依防制洗錢及打擊資恐相關法令及金管會規定之事項。」

其中「b.客戶及交易有關對象之姓名及名稱檢核。」的「交易有關對象」定義為：指交易過程中，所涉及之客戶以外之第三人，如被保險人、受益人、信用卡／自動轉帳扣款繳費授權人、法人客戶之實質受益人或其高階管理人員。

111年　第1次防制洗錢與打擊資恐專業人員測驗

第一部份：單選題

(　　) **1** 有關政府於「防制洗錢」裡所扮演之角色，下列敘述何者錯誤？
(A)為使各機構分享資訊與經驗之內容更為豐富，不必設有權責機關統籌相關事宜　(B)推動政府單位及民間機構認識防制洗錢之重要性 (C)為制定符合實務運作之有效政策，立相關法規時應廣邀執法單位、金融監理、金融機構等共同參與 (D)訂定防制相關法律及規定時，應將協助或進行洗錢視為犯罪行為。

(　　) **2** 防制洗錢金融行動工作組織2012年的40項建議，其中建議20有關陳報可疑交易之規定，下列敘述何者錯誤？　(A)只要案件可疑，不論金額大小，金融機構都應陳報金融情報中心　(B)金融情報中心通常不建議金融機構耗費太多時間與資源，去討論要不要陳報個案 (C)金融機構若懷疑資金為犯罪所得或與資恐有關，皆應依法立即向金融情報中心陳報　(D)為避免浪費司法資源，若僅可疑但不確定與洗錢或資恐有關之案件，金融機構都應避免陳報。

(　　) **3** 有關亞太防制洗錢組織（Asia/Pacific Group on Money Laundering, APG），下列敘述何者錯誤？　(A)1997年成立於泰國曼谷、祕書處設於澳大利亞雪梨，我國為創始成員國之一　(B)「相互評鑑、技術協助與訓練、洗錢及資恐態樣研究、參與制定全球防制洗錢及打擊資恐政策、作為民間機構溝通平台」為APG五大主要功能 (C)APG對於執行防制洗錢金融行動工作組織0項建議，採保留態度 (D)APG亦會積極協助會員國建立全國性協調機制。

(　　) **4** 依據防制洗錢金融行動工作組織（Financial Action Task Force, FATF）所公布之40項建議，其中有關於主管機關之權責相關規範，下列敘述何者錯誤？　(A)金融監理機關應採必要措施，防止罪犯成為金融機構之實質受益人　(B)金融監理機關應即時分析可疑交易報告並分送　(C)金融監理機關應具備適當權限監理，例如執行金融檢查　(D)金融監理機關應提供指引或相關反饋資訊，以利於洗錢防制。

（　）**5** 洗錢防制基金的主管機關為何？　(A)內政部　(B)金管會　(C)司法院　(D)法務部。

（　）**6** 甲為A股份有限公司（下稱A公司）股東，當甲持有多少比率以上A公司股份時，會被認定為A公司實質受益人？　(A)10%　(B)15%　(C)20%　(D)25%。

（　）**7** 有關確認客戶身分，下列敘述何者錯誤？　(A)以可靠、獨立來源之文件為之　(B)由代理人辦理者，應查證代理之事實　(C)使用可靠來源之資料辨識實質受益人　(D)只有在高風險情形才需要瞭解業務關係之目的與性質。

（　）**8** 對於洗錢高風險國家應為之措施，下列何者錯誤？　(A)金融目的事業主管機關得令金融機構強化相關交易之確認客戶身分措施　(B)金融機構應向法院聲請凍結高風險地區之交易　(C)金融機構得依風險評估決定採取與風險相當且有效之必要防制措施　(D)金融目的事業主管機關得限制或禁止金融機構與洗錢或資恐高風險國家為匯款。

（　）**9** 洗錢犯罪行為者，其所移轉、變更、掩飾、隱匿、收受、取得、持有、使用之財物或財產上利益，依法應該如何處置？　(A)抵充其賠償金額　(B)沒收之　(C)由其法定繼承人繼受　(D)撥交於犯罪受害人保護基金。

（　）**10** 有關FATF40項建議要求各國之洗錢犯罪前置特定犯罪應包括之特定犯罪類型，下列敘述何者錯誤？　(A)參與組織犯罪　(B)酒駕與交通肇事逃逸　(C)內線交易及市場操作　(D)恐怖主義行為（含資助恐怖主義）。

（　）**11** 金融機構對高風險客戶之確認客戶身分措施及持續審查機制，應採強化措施，至少應包括下列何者？　(A)要求客戶每次交易均需由本人或負責人親自臨櫃辦理　(B)在建立或新增業務往來關係前，應取得高階管理人員同意　(C)要求客戶出具切結書，確保其形式資金及財富來源合法　(D)定期要求客戶出具出入境資料，確認客戶有無進出洗錢或資恐高風險國家或地區。

(　)**12** 依資恐防制法規定，有關國內制裁名單指定對象之敘述，下列何者錯誤？ 　(A)國內制裁名單之指定，以我國人民為限 　(B)國內制裁名單之指定，不以在中華民國境內者為限 　(C)國內制裁名單之指定，包含團體在內 　(D)國內制裁名單之指定，包含法人在內。

(　)**13** 下列何者非屬免申報一定金額以上通貨交易？ 　(A)繳納房屋稅 (B)公益彩券經銷商申購彩券 　(C)代收信用卡消費帳款 　(D)繳納學費。

(　)**14** 下列何者並非洗錢防制法規範之內容？ 　(A)洗錢行為之定義及處罰 (B)金融機構、指定非金融事業或人員之範圍及防制義務 　(C)辦理洗錢防制得設立基金 　(D)金融機構相互間得基於洗錢防制目的，分享交換因洗錢防制而搜集或評估客戶及交易洗錢風險之相關資訊。

(　)**15** 金融機構在客戶持續審查時，對於高風險客戶應至少多久要檢視一次？ 　(A)六個月 　(B)一年 　(C)三年 　(D)五年。

(　)**16** 銀行業之何者對確保建立及維持適當有效之防制洗錢及打擊資恐內部控制負最終責任？ 　(A)董事會 　(B)股東會 　(C)審計委員會 (D)總經理。

(　)**17** 依金融機構防制洗錢辦法規定，金融機構辦理幾張以上電子票證之臨時性交易時，應確認客戶身分？ 　(A)10張 　(B)15 張 　(C)50 張 (D)100 張。

(　)**18** 依「銀行業及其他經金融監督管理委員會指定之金融機構防制洗錢及打擊資恐內部控制與稽核制度實施辦法」規定，新台幣境內匯款之匯款金融機構，在收到受款金融機構或權責機關請求時，需於幾個營業日內提供匯款人及受款人資訊？ 　(A)二個營業日 　(B)三個營業日 　(C)五個營業日 　(D)十個營業日。

(　)**19** 重要政治性職務人士為何屬於高風險族群？ 　(A)知名度高 　(B)交易金額往往很高 　(C)多委託他人進行銀行交易 　(D)對政府的政策或計畫有一定的權力、影響力，如果濫用職權，可能貪汙或受賄。

( ) **20** 有關可能判定某個國家具較高的國家／地理風險之因素，下列敘述何者錯誤？　(A)經防制洗錢金融行動工作組織（FATF）認定為防制洗錢及打擊資恐制度有漏洞的國家或地區　(B)便於建立空殼公司或發行無記名股票的國家或地區　(C)接受國際機構或各國政府制裁、禁運或發出關切聲明的國家或地區　(D)客戶隱私權過度保護的國家或地區，原則上並無礙於有效執行防制洗錢及打擊資恐機制。

( ) **21** 下列何者並非評估個別客戶風險時得考量之因素？　(A)個人客戶的任職機構　(B)建立業務關係之目的　(C)法人客戶的資本額　(D)申請往來之產品或服務。

( ) **22** 證券商如允許客戶未完成身分驗證前即建立業務關係，下列何者為應採取之風險管控措施？　(A)以2個月為限，訂定客戶身分驗證完成期限　(B)限制客戶交易次數及交易類型　(C)防制洗錢及打擊資恐專責主管應定期檢視與該客戶之往來關係　(D)定期向董事會報告客戶身分驗證處理進度。

( ) **23** 關於證券期貨業防制洗錢及打擊資恐之專責主管之例行報告，下列敘述何者正確？　(A)至少每半年向董事會及監察人（或審計委員會）報告　(B)至少每半年向董事會或監察人（或審計委員會）報告　(C)至少每年向董事會及監察人（或審計委員會）報告　(D)至少每年向董事會或監察人（或審計委員會）報告。

( ) **24** 經姓名檢核發現為資恐防制法指定制裁之個人、法人或團體，或為外國政府或國際組織認定或追查之恐怖分子或團體時，下列何種處理方式顯有不當？　(A)婉拒開戶　(B)拒絕業務往來關係　(C)申報疑似洗錢或資恐交易　(D)視有無完成交易決定是否申報可疑交易。

( ) **25** 下列敘述何者正確？　(A)我國洗錢防制相關法規規定，對於客戶風險評級級數至少應有三級　(B)證券期貨業對於客戶風險可以只分為高風險、一般風險　(C)有效的風險評估可透過一次性程序完成，無須持續執行　(D)客戶如果為申請信用交易額度所需，可以向證券期貨商申請知悉自己的風險評級。

(　) **26** 在保險業之範疇，人壽保險業普遍被認為需要考量的洗錢及資恐風險最全面，係基於下列何項理由？　(A)具有高度的國際保險業務　(B)具有複雜的交易及通路風險　(C)易推出新產品或辦理新種業務　(D)具有高保單價值／現金價值的保險商品。

(　) **27** 依據公司規模及風險，「保險公司」依法應於總經理、總機構法令遵循單位或風險控管單位下設置獨立之 防制洗錢及打擊資恐專責單位，且該單位不得兼辦防制洗錢及打擊資恐以外之其他業務者。請問前述之「保險公司」，係指下列何者？　(A)本國人身保險公司　(B)本國財產保險公司　(C)外國人身保險公司　(D)國際保險業務分公司（OIU）。

(　) **28** 不法份子欲利用低保價金或無保價金的保險商品（例如健康險）來獲取不法利益，大多會被歸類為哪一類型的行為而為保險業所熟悉並加以控管？　(A)侵害消費者權益　(B)保險詐欺　(C)招攬爭議　(D)告知不實。

(　) **29** 保險業應於人壽保險、投資型保險及年金保險契約給付保險金前，採取何種措施？ A.對於經指定為受益人之自然人、法人或信託之受託人，應取得其姓名或名稱 B.對於依據契約特性或其他方式指定為受益人者，應取得充分資訊，以確認受益人身分　(A)僅A　(B)僅B　(C)AB皆要　(D)AB皆不用。

(　) **30** 下列何者不是保險業應該採行的風險控管措施？　(A)熟知保險產品可用作洗錢的方式　(B)良好的內部警示與調查機制　(C)透過盡職審查篩選出好客戶，以避免自身成為動機不明客戶利用對象　(D)判定可疑交易背後是否隱藏有犯罪行為。

(　) **31** 電匯是洗錢者快速且大量移轉資金的有效工具，下列何項非屬洗錢者為了躲避監控採取的作法？　(A)將一筆資金透過多人進行多次電匯至多個帳戶，讓金融機構不容易看出資金的來源及去處　(B)找一個可以提供真實身份證明與無不良紀錄的第三者充當匯款人或受款人　(C)透過多家銀行的多個白手套，將非法資金化整為零　(D)將非法資金進行一次性電匯以避免支出多次手續費。

(　　) **32** 有關恐怖組織利用非營利組織洗錢的原因，下列敘述何者錯誤？
(A)有些非營利組織設有匿名現金捐款箱，可以不開收據　(B)非營
利組織容易獲得民眾信任，可能被恐怖份子利用，作為公開募款管
道　(C)非營利組織之間的跨國資金移轉通常會引人注目，有助於
資恐資金之募集　(D)各國法令雖有不同，但是通常對非營利組織
的成立條件與營運監理要求比較寬鬆。

(　　) **33** 律師、會計師等專業人士陳報可疑交易數量極少最可能的主因為
何？　(A)絕不受理有洗錢嫌疑之客戶　(B)重視客戶隱私的保密
(C)律師、會計師無協助洗錢之風險　(D)申報可疑交易會遭到報
復。

(　　) **34** 防制洗錢金融行動工作組織（FATF）要求各會員國應舉行相互評
鑑。評鑑員認識受評鑑國風險的第一步參考資訊為何？　(A)國際
新聞報導　(B)該國之國家洗錢及資恐風險評估報告　(C)信用評等
公司所發布之報告　(D)受評鑑國近2年來股匯市之表現。

(　　) **35** 各國防制洗錢金融行動工作組織評鑑人員，於評鑑過程中，應考量
該國的洗錢及資恐的本質與各個風險因子的嚴重性，不包括下列何
者？　(A)貪腐程度及反貪措施的強度　(B)犯罪組織的型態及猖獗
程度　(C)恐怖組織活動及募款的普遍性　(D)跨境移轉犯罪不法資
產的嚴重性。

(　　) **36** 若重要政治性職務人士涉及高風險產業，金融機構與該位重要政治
性職務人士之業務關係風險將會升高，下列何者不是重要政治性職
務人士主管之高風險產業？　(A)產物保險業　(B)武器貿易及國防
工業　(C)營造及大型公共工程　(D)與政府採購相關之企業。

(　　) **37** 依防制洗錢金融行動工作組織重要政治性職務之人的指引，下列敘
述何者錯誤？　(A)「重要政治性職務之人」是指目前或曾經被委
任「重要」公眾職務的人士　(B)重要政治性職務之人的「家庭成
員」是指血親或姻親　(C)重要政治性職務之人的「有密切關係之
人」指與重要政治性職務之人有緊密社交或專業關係的人士
(D)指引文件明確的訂定了「重要」公眾職務範圍，供金融機構及
指定之非金融事業或人員統一遵循。

( ) **38** 有關FATF重要政治性職務之人的指引,下列敘述何者錯誤? A.指引文件具約束力 B.對政治性職務之人士定義範圍與聯合國反貪腐協議相同 C.重要政治性職務之人不包括中低階人員 D.可利用商業資料 庫軟體取代傳統客戶審查流程 (A)僅AB (B)僅AD (C)僅BD (D)僅CD。

( ) **39** 下列何種疑似洗錢或資恐交易態樣,亦常見用於洗錢防制法所指特定犯罪之逃漏稅捐所運用之手法? (A)客戶結購或結售達特定金額以上外匯、外幣現鈔、旅行支票、外幣匯票或其他無記名金融工具者 (B)產品和服務之定價,或於發票中所申報的價值,明顯於該商品的市場公平價值不符(低估或高估) (C)與通匯銀行間的現金運送模式有重大改變 (D)數人夥同至銀行辦理存款、提款或匯款等交易。

( ) **40** 下列何者不屬於個別產品與服務、交易或支付管道之風險因素? (A)與現金之關聯程度 (B)客戶之居住國家 (C)建立業務關係或交易之管道 (D)高金額之金錢或價值移轉業務。

( ) **41** 除法律另有規定外,下列何種法人應辨識其實質受益人? (A)政府機構 (B)國營事業 (C)員工持股信託 (D)已發行無記名股票之公開發行公司。

( ) **42** 根據「銀行評估洗錢及資恐風險及訂定相關防制計畫指引」,下列敘述何者錯誤? (A)防制洗錢及打擊資恐內控制度應由總經理核定 (B)內控制度應包含風險辨識、評估、管理 (C)金融機構應該根據風險評估之結果制定風險抵減計畫 (D)風險抵減計畫應以風險基礎方法(RBA),以利資源之配置。

( ) **43** 下列何者不是金管會准予備查有關「授信類」之洗錢及資恐交易表徵? (A)客戶突以達特定金額之款項償還放款而無合理之理由 (B)客戶利用大量現金或使用無關連第三方的資金,作為擔保申請放款 (C)以現金或易於變現之資產所擔保之貸款發生違約,意圖使銀行處分擔保品 (D)負責人提供不動產作擔保,由公司向銀行辦理借款,以供經營週轉使用。

（　　）**44** 有關通匯往來銀行業務之管理，下列敘述何者錯誤？　(A)是由委託銀行Respondent Bank對通匯銀行Correspondent Bank提供銀行業務服務　(B)其業務涵蓋現金管理、國際電匯、票據清算、外匯服務等　(C)該業務未經通匯銀行自行驗證客戶身分且未獲得客戶的第一手資訊　(D)通匯銀行可能無法獲得實際交易方的資訊來辨識交易是否合理。

（　　）**45** 依「金融機構防制洗錢辦法」規定，下列哪一類重要政治性職務之人（PEP）應直接視為高風險客戶？　(A)現任國外政府之PEP　(B)現任國內政府PEP　(C)現任國際組織之PEP　(D)非現任PEP。

（　　）**46** 銀行全面性評估洗錢及資恐風險應考慮之指標，不包含下列何者？　(A)業務性質　(B)銀行交易數量與規模　(C)目標市場　(D)銀行內部管理階層。

（　　）**47** 有關帳戶與交易之持續監控，下列敘述何者錯誤？　(A)金融機構應整合客戶之基本資料及交易資料，以強化交易監控功能　(B)交易監控時應利用資訊系統，輔助發現疑似洗錢交易，但觀察臨櫃交易行為是否異常也很重要　(C)交易監控態樣應納入公會態樣，不可自行增列監控表徵　(D)對於風險等級較低之客戶，可以以合理較寬鬆之金額門檻作為審查交易之基礎。

（　　）**48** 有關金融機構防制洗錢及打擊資恐執行實務，下列敘述何者錯誤？　(A)數人夥同至銀行辦理存款、提款或匯款等交易者，為疑似洗錢或資恐交易態樣　(B)執行客戶初次審查時機，包含對過去取得之客戶身分資料之真實性有所懷疑時　(C)疑似洗錢或資恐交易申報標準應書面化　(D)經認定疑似洗錢或資恐交易時，應向金管會辦理疑似洗錢或資恐交易申報。

（　　）**49** 在證券商防制洗錢及打擊資恐計畫中，有關國內外交易記錄保存的方式，下列敘述何者錯誤？　(A)原則上以紙本或電子資料來保存　(B)資料保存內容應包括進行交易的各方姓名或帳號、交易日期與貨幣種類及金額　(C)應至少保存3年，但法律另有較長保存期間規定者，從其規定　(D)在依法進行調查中的案件，雖其相關交易紀錄已達保存年限，但在其結案前仍不得予以銷毀。

( ) **50** 客戶為法人、團體或信託之受託人時，有關身分辨識方法之敘述，下列何者錯誤？　(A)應瞭解客戶或信託之業務性質　(B)應取得高階管理人員之姓名及其他必要資訊　(C)客戶已在我國其他金融同業開戶者，得免重覆辨識身分　(D)高階管理人員之範圍依風險基礎方法決定之，無絕對標準。

( ) **51** 下列何者非屬具高洗錢及資恐風險之客戶表徵？　(A)留存地址與分支機構相距過遠而無法提出合理說明　(B)可發行無記名股票之公司　(C)客戶從事密集性現金交易業務　(D)客戶委託代理人下單，代理人身分可辨識。

( ) **52** 「客戶申請往來之產品或服務」，屬於下列何種風險面向之風險因素？　(A)地域風險　(B)客戶風險　(C)產品及服務風險　(D)交易或支付管道風險。

( ) **53** 對於金融機構採取風險基礎方法（Risk-based Approach）的敘述，下列何者錯誤？　(A)真實認知自身於洗錢及資恐上之風險　(B)針對認知的風險導入相對應的資源配置　(C)針對認知的風險採取相對應的風險抵減措施　(D)依循業界已採行最嚴格的風險評估結果辦理。

( ) **54** 保險業業者對於投保過程中已經發現有疑似洗錢及資恐交易疑慮並拒絕承保者，下列敘述何者正確？　(A)既然已經婉拒，則沒有建立業務關係，不須處置　(B)告訴客戶其具有洗錢與資恐交易疑慮，故公司拒絕承保　(C)考慮疑似洗錢及資恐交易的金額後，再決定是否要申報給法務部調查局　(D)不論金額大小，確認客戶有洗錢或資恐交易的疑慮時，即應申報給法務部調查局。

( ) **55** 保險業在下列哪一種時機，無須對客戶進行盡職調查？　(A)要保人投保時　(B)大額保費由境外不知名第三人轉帳繳交　(C)客戶從事與投保時職業不符之工作，卻未主動告知　(D)客戶申請透過信用卡自動扣款繳納定期人壽保險續期保費。

（　）**56** 在保險公司進行客戶審查（核保）時往往也會注意「保險關係」是否合理，在防制洗錢與打擊資恐的領域下，這樣的關注最有助於瞭解哪方面的洗錢風險？　(A)可以理解到客戶洗錢的動機與能力　(B)可以瞭解到客戶是不是曾有過異常的交易行為　(C)可以瞭解到潛在的道德風險，或是可能使用人頭來移轉資產　(D)可以理解到客戶是否有行、職業與年收入上的變化。

（　）**57** 某甲利用證券公司營業員、金主提供人頭戶、法人戶，進行特定股票交易，請問此最有可能涉及下列何種洗錢手法？　(A)操縱股價　(B)掏空資產　(C)不法吸金　(D)美化財報。

（　）**58** 某甲透過A公司轉投資子公司進行內線交易，下列何者非屬其有關疑似洗錢表徵？　(A)利用非本人帳戶分散大額交易　(B)利用公司員工集體開立之帳戶大額且頻繁交易者　(C)存入多筆款項且達特定金額以上，後續並無提領　(D)開戶後立即有達特定金額以上款項匯入，且又迅速移轉者。

（　）**59** 陳先生為國際毒品犯罪組織成員，透過會計師李先生尋找最有利的投資目標與最適當的財務技術，將所得分散多國投資，並取得最佳獲利。此種形式為何種洗錢態樣？　(A)利用守門員協助洗錢　(B)利用保險公司洗清資金　(C)利用重要政治性職務人士漂白不法所得　(D)犯罪組織利用非營利組織取得資金後洗清不法所得。

（　）**60** 有關不法吸金犯罪特徵，不包括下列何者？　(A)大額買進一籃子股票　(B)以定期固定金額高利率為幌，對外向不特定人收受存款　(C)以投資、發行股票招募股東等方式，約定給付顯不相當之紅利、股息或其他報酬為名，對外募集資金　(D)以多層次傳銷方式經營，與會員約定投資期、投資單位金額、紅利與介紹抽佣。

第二部分：複選題

（　）**61** 有關資恐防制法，下列敘述何者正確？　(A)主管機關為法務部調查局　(B)制裁名單以在中華民國領域內者為限　(C)資恐防制審議會成員包括中央銀行　(D)經指定為制裁名單者，除個人及親屬生活所需外，不得對其金融帳戶提存款。

(　) **62** 依洗錢防制法第5條第3項規定，本法所稱指定之非金融事業或人員，係指從事下列哪些交易之事業或人員？　(A)銀樓業　(B)運輸業　(C)地政士及不動產經紀業從事與不動產買賣交易有關之行為　(D)律師、公證人、會計師為客戶準備或進行買賣不動產等之交易。

(　) **63** 對我國產生非常高度威脅之洗錢犯罪類型，包含下列何種類型？　(A)毒品販運　(B)組織犯罪　(C)第三方洗錢　(D)人口販賣。

(　) **64** 有關客戶審查之進行，實務上應從哪些層面評估其風險高低？　(A)從地理端了解業務關係之建立在地緣關係上之合理性　(B)從時間端了解何時是高風險時間並就開戶者強化審查　(C)從客戶端了解客戶背景，以風險為基礎進行客戶審查程序　(D)從交易端了解交易是否符合可疑表徵，有無異常交易等情形。

(　) **65** 有關為控管或抵減保險公司所判斷的高洗錢／資恐風險情形所採行之強化措施，下列敘述何者錯誤？　(A)提高客戶審查層級　(B)提高交易監測頻率　(C)屬較高風險之人壽保險契約，於訂定契約時已採行強化客戶審查措施，則於給付保險金前，無需再辨識及驗證實質受益人之身分　(D)以過去保存資料為身分辨識與驗證依據。

(　) **66** 存款帳戶如經認定為疑似不法或顯屬異常交易者，銀行應採取之處理措施，下列敘述何者正確？　(A)應於銀行內部資訊系統中加以註記，提醒各分支機構加強防範　(B)存款帳戶經通報為警示帳戶者，應即暫停該帳戶使用提款卡、語音轉帳、網路轉帳及其他電子支付功能，匯入款項逐以退匯方式退回匯款行　(C)存款帳戶屬衍生管制帳戶者，應即通知財團法人金融聯合徵信中心，並暫停該帳戶全部交易功能，匯入款項逐以退匯方式退回匯款行　(D)存款帳戶如屬偽冒開戶者，應即通知司法警察機關、法務部調查局洗錢防制處及財團法人金融聯合徵信中心，銀行並應即結清該帳戶，其剩餘款項則俟依法可領取者申請給付時處理。

(　) **67** 金融機構於推出哪些產品、服務或業務前，應進行產品之洗錢及資恐風險評估，並建立相應之風險管理措施以降低所辨識之風險？　(A)新支付機制　(B)運用新科技於現有之產品　(C)運用新科技於全新之產品　(D)運用新科技於現有之業務。

( ) **68** 一名客戶到銀行辦理開立公司帳戶，下列哪些情況屬於可疑行為？ (A)客戶不斷提出警示帳戶通報相關問題　(B)客戶在開立公司帳戶的同時開立個人理財帳戶　(C)客戶公司地址與分行距離較遠，且無法提出合理解釋　(D)客戶只關心公司戶與個人戶間移轉資金相關問題，但與投資無關。

( ) **69** 有關大額交易之敘述，下列何者正確？　(A)發生一定金額以上之通貨交易時，應確認客戶身分並留存相關紀錄憑證　(B)對於一定金額以上之通貨交易，應於交易完成後十個營業日內向法務部調查局申報　(C)一定金額以上之通貨交易係指新臺幣一百萬元（含等值外幣）以上之單筆現金收或付　(D)如能確認客戶為交易帳戶本人者，可免確認身分，但應於交易紀錄上敘明係本人交易。

( ) **70** 為消弭或抵減洗錢與資恐的風險，保險業應採取下列哪些手段？ (A)強化法令遵循與內稽內控制度　(B)進行可疑交易申報　(C)透過對客戶的盡職調查　(D)運用金融商品交叉行銷。

( ) **71** 有關洗錢及資恐，下列敘述何者正確？　(A)白手套是指可以提供無不良紀錄與真實身份證明的第三人　(B)由第三方間接銷售保單的模式，較傳統直接由聘僱之業務員銷售，管理上更為直接有效 (C)全球銀行代碼系統（SWIFT）的建置，提升支付系統的效率性 (D)保險費由境外匯入也屬於洗錢表徵之一。

( ) **72** 下列何種因素是銀行辨識及評估洗錢及資恐風險時，應考慮的因素？　(A)銀行業務的本質規模商品及服務的多樣性與複雜度 (B)該國地下經濟的規模　(C)該銀行的正常交易筆數及金額　(D)該國人口總數與開發程度。

( ) **73** 下列何者為銀行對於高風險客戶所採取之強化措施？　(A)一律婉拒交易　(B)取得較高管理階層核准　(C)增加客戶審查之頻率　(D)加強客戶審查（EDD）。

( ) **74** 銀行業訂定的具體風險評估項目，至少應包括下列何面向？　(A)地域　(B)客戶　(C)產品及服務　(D)交易或支付管道。

(　) **75** 銀行對於現有客戶在適當時機應對已存在往來關係進行審查及適時調整風險等級，請問下列哪些情形符合 前述「適當時機」？
(A)客戶加開存款帳戶時　(B)得知客戶身分與背景資訊有重大變動
(C)客戶提領存款時　(D)客戶定期審查時。

(　) **76** 依金融機構防制洗錢辦法規定，下列何者符合實質受益人之定義？
(A)由他人代理交易之法人　(B)對客戶具最終控制權之自然人
(C)對客戶具最終所有權之自然人　(D)對法人或法律協議具控制權之母公司。

(　) **77** 下列何者應辨識為重要政治性職務人士？　(A)中華民國海軍上將
(B)中央研究院副院長　(C)租稅正義聯盟(TJN)執行長　(D)外國國營企業副總裁。

(　) **78** 保險業在下列哪些時機應該再次審核客戶風險分數與等級？　(A)制裁名單有異動時　(B)客戶申請批改或保全時　(C)客戶住院申請健康險理賠時　(D)低或中風險客戶遭申報疑似洗錢時。

(　) **79** 有關保險業交易監控實務上重點，下列敘述何者正確？　(A)監控保單質押的金額　(B)監控持有保單的變化　(C)監控客戶行為的異常
(D)監控可議事件的發生。

(　) **80** 進行客戶是否為重要政治職務人士之風險評估時，應考量下列哪些風險因子？　(A)客戶之子女人數　(B)客戶能發揮之政治影響力
(C)客戶擔任政治性職務時的職位重要性　(D)客戶的前職與目前從事的工作有無任何關聯。

解答與解析　　答案標示為#者，表官方曾公告更正該題答案。

第一部份：單選題

1 (A)。《防制洗錢與打擊資恐政策及法令解析》第一章第五節提到政府在防制洗錢與打擊資恐所扮演的角色：「……(四)指定權責機關負責統籌、協調防制洗錢及打擊資恐相關事務。」因此，(A)選項「為使各機構分享資訊與經驗之內容更為豐富，『不必』設有權責機關統籌相關事宜。」是錯誤的，應為「必須」。故本題答案為(A)。

2 (D)。依據「防制洗錢金融行動工作

組織」2012年提出的40項建議中，其中建議20內容：「建議20：可疑交易報告

如果金融機構懷疑或有合理理由懷疑資金為犯罪收益，或與恐怖融資有關，金融機構應當依據法律要求，立即向金融情報中心報告。」。(D)錯誤。

3 (C)。「打擊清洗黑錢財務行動特別組織」（FATF）注意到洗錢手法愈趨複雜與專業，諸如利用法人等團體控制「非法所得」並掩飾「利益真實擁有者」，以及利用專業人士提供清洗犯罪資金諮詢與協助等。考量這些因素以及處理「不合作國家與地區」之相關經驗和一些國際間採取的行動作為，使得FATF訂立「四十項建議」，強化其架構以打擊「洗錢和資助恐怖活動」。其包括「防制資助恐怖活動九項特別建議」中有關防制洗錢及防制資助恐怖活動之精髓，不僅針對洗錢，亦將涵蓋資助恐怖活動之反制作為，並非題幹所言之「保留」態度，故本題選(C)。

4 (B)。有關於主管機關之權責相關規範內容在其「建議30」，內容為：「各國應確保被指定之法律執行機關具有偵查洗錢及打擊資恐之權責。被指定之法律執行機關，應主動進行洗錢及洗錢前置犯罪與資恐調查，各國應確保指定的執法機關能夠迅速辨識、追查並發動凍結或查封已確認或可能為沒收標的之犯罪所得財物。」另「建議29」則提到「各國應設立『金融情報中心』作為統一受理、分析及提供可疑交易報告及其他可能與洗錢及提供恐

怖活動資金有關情報任務之行政機關。金融情報中心為執行包括分析可疑交易報告在內的各項工作，得及時且直接或間接的利用金融、行政及法律執行機關有關的情報。」故(B)錯誤。

5 (D)。洗錢防制法第20條：「法務部辦理防制洗錢業務，得設置基金。」故選(D)。

6 (D)。可參照「金融機構防制洗錢辦法」第2條第1項第7款、第3條第7款第1目第1小目之內容，因此，受益人為持有該法人股份或資本超過25%之自然人股東／出資人或其他具控制權人。故選(D)。

7 (D)。依金融機構防制洗錢法第3條第4款：……四、金融機構確認客戶身分應採取下列方式：

(一)以可靠、獨立來源之文件、資料或資訊，辨識及驗證客戶身分，並保存該身分證明文件影本或予以記錄。(A)正確。

(二)對於由代理人辦理者，應確實查證代理之事實，並以可靠、獨立來源之文件、資料或資訊，辨識及驗證代理人身分，並保存該身分證明文件影本或予以記錄。(B)正確。

(三)辨識客戶實質受益人，並以合理措施驗證其身分，包括使用可靠來源之資料或資訊。(C)正確。

(四)確認客戶身分措施，應包括瞭解業務關係之目的與性質，並視情形取得相關資訊。(D)錯誤。

8 (B)。

1.洗錢防制法第11條第1項規定：「為配合防制洗錢及打擊資恐之

國際合作，金融目的事業主管機關及指定之非金融事業或人員之中央目的事業主管機關得自行或經法務部調查局通報，對洗錢或資恐高風險國家或地區，為下列措施：

一、令金融機構、指定之非金融事業或人員強化相關交易之確認客戶身分措施。

二、限制或禁止金融機構、指定之非金融事業或人員與洗錢或資恐高風險國家或地區為匯款或其他交易。

三、採取其他與風險相當且有效之必要防制措施。」因此，選項(A)(C)(D)正確。

2.金融機構防制洗錢辦法第6條第1和2款：「第三條第四款與前條規定之確認客戶身分措施及持續審查機制，應以風險基礎方法決定其執行強度，包括：

一、對於高風險情形，應加強確認客戶身分或持續審查措施，其中至少應額外採取下列強化措施：

(一)在建立或新增業務往來關係前，應取得高階管理人員同意。

(二)應採取合理措施以瞭解客戶財富及資金來源。其中資金來源係指產生該資金之實質來源。

(三)對於業務往來關係應採取強化之持續監督。……」由此可知，金融機構僅能「持續審查」，並無「向法院聲請凍結」之權力。

9 (B)。依洗錢防制法第18條第1項規定：「犯第十四條之罪，其所移轉、變更、掩飾、隱匿、收受、取得、持有、使用之財物或財產上利益，沒收之；犯第十五條之罪，其所收受、持有、使用之財物或財產上利益，亦同。……」

10 (B)。FATF 40項建議之通用詞彙一章（GENERAL GLOSSARY）提到指定的犯罪類別是指：「1.參加組織的犯罪集團和敲詐勒索；2.進行恐怖主義，包括資助恐怖主義；3.人口販運和偷運移民；4.性剝削，包括對兒童的性剝削；5.非法販運麻醉藥品和精神藥物；6.非法武器販運；7.非法販運贓物和其他物品；8.貪污和賄賂；9.詐欺；10.偽造貨幣；11.偽造產品和盜版；12.環保犯罪；13.謀殺，嚴重身體傷害；14.綁架，非法拘禁和挾持人質；15.搶劫或竊盜；16.走私；17.稅收犯罪；18.勒索；19.內幕交易和市場操縱。」

11 (B)。依金融機構防制洗錢辦法第6條第1項：「第三條第四款與前條規定之確認客戶身分措施及持續審查機制，應以風險基礎方法決定其執行強度，包括：

一、對於高風險情形，應加強確認客戶身分或持續審查措施，其中至少應額外採取下列強化措施：

(一)在建立或新增業務往來關係前，應取得高階管理人員同意。

(二)應採取合理措施以瞭解客戶財富及資金來源。其中資金來源係指產生該資金之實質來源。

(三)對於業務往來關係應採取強化之持續監督。

二、對於來自洗錢或資恐高風險國家或地區之客戶，應採行與其風險相當之強化措施。

三、對於較低風險情形，得採取簡化措施，該簡化措施應與其較低風險因素相當。但有下列情形者，不得採取簡化確認客戶身分措施：

(一)客戶來自未採取有效防制洗錢或打擊資恐之高風險地區或國家，包括但不限於本會函轉國際防制洗錢組織所公告防制洗錢與打擊資恐有嚴重缺失之國家或地區，及其他未遵循或未充分遵循國際防制洗錢組織建議之國家或地區。

(二)足資懷疑該客戶或交易涉及洗錢或資恐。」故選(B)。

12 (A)。依資恐防制法第4條規定：「
Ⅰ主管機關依法務部調查局提報或依職權，認個人、法人或團體有下列情事之一者，經審議會決議後，得指定為制裁名單，並公告之：……
Ⅱ前項指定之制裁名單，不以該個人、法人或團體在中華民國領域內者為限。
Ⅲ第一項指定制裁個人、法人或團體之除名，應經審議會決議，並公告之。」

13 (C)。依金融機構防制洗錢辦法第14條第1項：「金融機構對下列達一定金額以上之通貨交易，免向調查局申報，但仍應確認客戶身分及留存相關紀錄憑證：……五、代收款項交易（不包括存入股款代收專戶之交易、代信用卡消費帳款之交易），其繳款通知書已明確記載交易對象之姓名、身分證明文件號碼（含代號可追查交易對象之身分者）、交易種類及金額者。但應以繳款通知書副聯作為交易紀錄憑證留存。」故選(C)。

14 (D)。洗錢防制法
第2條：「本法所稱洗錢，指下列行為：……」(A)正確。
第5條：「本法所稱金融機構，包括下列機構：……」(B)正確。
第20條：「法務部辦理防制洗錢業務，得設置基金。」(C)正確。
法規內容並無提到(D)之內容。

15 (B)。金融機構防制洗錢法第5條第3款規定：「三、金融機構應定期檢視其辨識客戶及實質受益人身分所取得之資訊是否足夠，並確保該等資訊之更新，特別是高風險客戶，金融機構應至少每年檢視一次。」

16 (A)。銀行業及其他經金融監督管理委員會指定之金融機構防制洗錢及打擊資恐內部控制與稽核制度實施辦法第6條第6項：「銀行業及其他經本會指定之金融機構之董（理）事會對確保建立及維持適當有效之防制洗錢及打擊資恐內部控制負最終責任。董（理）事會及高階管理人員應瞭解其洗錢及資恐風險，及防制洗錢及打擊資恐計畫之運作，並採取措施以塑造重視防制洗錢及打擊資恐之文化。」

17 (C)。金融機構防制洗錢辦法第3條第2款第2目第1小目：「金融機構確認客戶身分措施，應依下列規定辦理：……二、金融機構於下列情形時，應確認客戶身分：……(二)進行下列臨時性交易：
1.辦理一定金額以上交易（含國內匯款）或一定數量以上電子票證交易時。多筆顯有關聯之交易合計達一定金額以上時，亦同。……」又同辦法之第2條第1項第3款：「三、一定數量：指五十張儲值卡。」

18 (B)。銀行業及其他經金融監督管理委員會指定之金融機構防制洗錢及打擊資恐內部控制與稽核制度實施辦法第5條第2項第1款第2目：「新臺幣境內匯款之匯款金融機構，應依下列規定辦理：

一、應採下列方式之一提供必要且正確之匯款人資訊及必要之受款人資訊：

(一)隨匯款交易提供匯款人及受款人資訊。

(二)隨匯款交易提供匯款人及受款人之帳戶號碼或可供追蹤之交易碼，並於收到受款金融機構或權責機關請求時，於『三個營業日』內提供匯款人及受款人資訊。但檢察機關及司法警察機關要求立即提供時，應配合辦理。……」

19 (D)。《有關「重要政治性職務之人與其家庭成員及有密切關係之人範圍認定標準」問答集》中提到：「依據FATF40項建議定義，PEPs係指具有重要公眾職務（prominent public function）者，因其地位與影響力（position and influence）而須加以規範，主要是考量其地位可能被濫用。……

20 (D)。應改為「客戶隱私權過度保護的國家或地區，原則上並『有』礙於有效執行防制洗錢及打擊資恐機制。

21 (C)。銀行評估洗錢及資恐風險及訂定相關防制計畫指引第3點第2項第2款第2目：「具體的風險評估項目應至少包括地域、客戶、產品及服務、交易或支付管道等面向，並應進一步分析各風險項目，以訂定細部的風險因素。……(二)客戶風險：

1.銀行應綜合考量個別客戶背景、職業與社會經濟活動特性、地域、以及非自然人客戶之組織型態與架構等，以識別該客戶洗錢及資恐風險。

2.於識別個別客戶風險並決定其風險等級時，得依以下風險因素為評估依：

(1)客戶之地域風險。

(2)客戶職業與行業之洗錢風險。

(3)個人客戶之任職機構。

(4)客戶開戶與建立業務關係之管道。

(5)首次建立業務關係之往來金額。

(6)申請往來之產品或服務。

(7)客戶是否有其他高洗錢及資恐風險之表徵。……」

22 (B)。中華民國證券商業同業公會證券商防制洗錢及打擊資恐注意事項範本第2點11款：「十一、證券商如允許客戶未完成身分驗證前建立業務關係，則應採取相關的風險管控措施，包括：

(一)訂定客戶身分驗證完成期限。

(二)於客戶身分驗證完成前，營業單位督導主管應定期檢視與該客戶之往來關係，並定期向高階主管報告客戶身分驗證處理進度。

(三)於客戶身分驗證完成前，限制該客戶之交易次數與交易類型。

(四)前款第三目『合理可行之時限』證券商應以風險基礎方法依不同風險等級訂定。釋例如下：1.應在建立業務關係後，不遲於30個工作天內完成客戶身分驗證程序。……」故選(B)。

23 (A)。證券期貨業及其他經金融監督管理委員會指定之金融機構防制洗錢及打擊資恐內部控制與稽核制度實施辦法第5條第3項規定：「……第一項專責主管應至少每『半年』向董事會及監察人（或審計委員會）報告，如發現有重大違反法令時，應即時向董事會及監察人（或審計委員會）報告。」故選(A)。

24 (D)。金融機構防制洗錢辦法第3條規定：「金融機構確認客戶身分措施，應依下列規定辦理：……十一、金融機構懷疑某客戶或交易可能涉及洗錢或資恐，且合理相信執行確認客戶身分程序可能對客戶洩露訊息時，得不執行該等程序，而改以申報疑似洗錢或資恐交易。（(C)正確）」同辦法第4條：「金融機構確認客戶身分時，有下列情形之一者，應予以婉拒建立業務關係或交易：……八、建立業務關係對象為資恐防制法指定制裁之個人、法人或團體，以及外國政府或國際組織認定或追查之恐怖分子或團體。但依資恐防制法第六條第一項第一款至第三款所為支付不在此限。……（(A)(B)正確）」

25 (B)。證券商評估洗錢及資恐風險及訂定相關防制計畫指引第4點：「……就客戶之風險等級，至少應有『兩級』之風險級數，即「『高風險』與『一般風險』兩種風險等級，作為加強客戶審查措施及持續監控機制執行強度之依據。若僅採行兩級風險級數之證券商，因「一般風險」等級仍高於本指引第五點與第七點所指之「低風險」等級，『故不得對一般風險等級之客戶採

取簡化措施』。」
證券商『不得』向客戶或與執行防制洗錢或打擊資恐義務無關者，透露客戶之風險等級資訊。

26 (D)。壽險公司經評估為較易被利用為洗錢之產品，為具有保單價值準備金或現金價值之保險商品，如人壽保險、投資型保險、年金保險等，其保費收入於整體壽險業務營運都有顯著之比重。（國際間已發現有犯罪者利用人壽保險或年金保險商品，以躉繳保費方式在保單審閱期或短期內解約或以現金償還保單貸款方式從事洗錢之情形。）（資料來源：桂先農，《洗錢防制之推動現況與展望－以保險業為中心》）

27 (A)。保險公司與辦理簡易人壽保險業務之郵政機構及其他經金融監督管理委員會指定之金融機構防制洗錢及打擊資恐內部控制與稽核制度實施辦法第6條第1項規定：「……其中『本國人身保險公司』並應於總經理、總機構法令遵循單位或風險控管單位下設置獨立之防制洗錢及打擊資恐專責單位，該單位不得兼辦防制洗錢及打擊資恐以外之其他業務。」

28 (B)。保險業保險詐欺風險管理工作指引第3點：「三、保險詐欺可分為下列類型：
1.外部詐欺，係指保單持有人（如要保人、被保險人、受益人及其他保險金請求權人）、保險輔助人（如保險經紀人、保險代理人及保險公證人）或其他往來對象於投保、理賠申請及保險契約存

續期間行使保險詐欺之行為。

2.內部詐欺，係指保險業之董事會成員、高階經理人、員工或保險業務員勾結內、外部人士行使保險詐欺之行為。

四、保險詐欺行為通常涉及投保時誇大財務狀況、異常變更受益人、誇大保險事故理賠金額、預謀或故意製造或捏造保險事故、陳述或提供不實資訊等行為。……」

29 (C)。保險業防制洗錢及打擊資恐注意事項第4點第7項：「(七)保險業應於人壽保險、投資型保險及年金保險契約給付保險金前，採取下列措施：

1.對於經指定為受益人之自然人、法人或信託之受託人，應取得其姓名或名稱。

2.對於依據契約特性或其他方式指定為受益人者，應取得充分資訊，以確認受益人身分。……」故AB皆要，選(C)。

30 (D)。

31 (D)。洗錢人士會企圖使金流複雜化，讓人無法看出資金的來源與動向，所以通常會將一筆資金進行多次電匯而非一次性電匯，目的在於躲避交易監控。

32 (C)。恐怖組織利用非營利組織的原因有：1.非營利組織容易獲得民眾信任，可以被恐怖份子或恐怖組織利用，作為公開募款管道。2.有些非營利組織是跨國性或世界性組織，提供極佳的國際作業及資金移轉平台。3.各國法令雖有不同，但是通常對非營利組織的成立條件與營運監理要求比較寬鬆。4.許多非營利組織享有賦稅優惠，更是一大誘因。5.非營利組織可依設立宗旨，公開地在特定族群或宗教社區中活動。6.有些人基於宗教或慈善目的的捐獻現金，不會堅持非營利組織必須開立收據。7.有些非營利組織設有匿名現金捐款箱，可以不開收據。8.許多金融機構或其員工，對非營利組織極為友善，於作業上會給予方便或協助。9.非營利組織之間的跨國資金移轉通常不會特別引人注目。10.恐怖組織甚至可以掛羊頭賣狗肉，以合法的非營利組織掩飾非法的恐怖活動，跨國公開營運。（資料來源：台灣金融研訓院編輯委員會，《防制洗錢與打擊資恐實務與案例》，2018年。）

33 (B)。專業人士對服務對象負有法律上的保密義務，包括律師、會計師、醫師等皆屬專業人員。

34 (B)。依據「『防制洗錢金融行動工作組織建議』之技術遵循及防制洗錢／打擊資恐之效能評鑑-評鑑方法論」之論述：「評鑑該國的風險評估－評鑑員評鑑『第1項建議』及『直接成果1』時，不須自己進行獨立之風險評估，亦不必完全接受該國之風險評估。於檢視該國風險評估時，應考量評估過程及做法的嚴謹度，及評估內容的一致性（如透過資訊及運用分析，檢視結論是否合理）。評鑑員應著重高層面之議題而非細節，並應依常理檢視評估結果是否合理。必要時，評鑑員亦應考慮有關該國風險的其他可靠資訊，以辨識是否有任何重大性差異應再進一步探討。若評鑑團認定該國風險評估合理，則本評鑑方法論

中，以風險為基礎的評估，則可考量以此作為評估基礎。

35 (A)。依據「『防制洗錢金融行動工作組織建議』之技術遵循及防制洗錢／打擊資恐之效能評鑑-評鑑方法論」之論述：「洗錢／資恐風險對於「第1項建議」及其他以風險為基礎「建議」之技術遵循評鑑及效能評鑑，具有重要的關聯性。在評鑑最初階段及全部過程，評鑑員應考量該國洗錢／資恐風險因子的本質與程度，包括：該國涉及犯罪所得之犯罪類型及嚴重程度、恐怖組織活動及籌資情形、犯罪資產及非法資產跨境流動曝險程度。」不包括(A)貪腐程度及反貪措施的強度。

36 (A)。ATF重要政治性職務人士（第12項及第22項建議）：「……7.與高風險產業有關可能提高與PEP進行業務往來的風險。依據建議第1項規定……。高風險產業的範例包括：■武器買賣與國防產業（選項(B)）。■銀行與金融業。■政府採購產業，亦即：將產品售予政府或國有機構的產業（選項(D)）。■營造與（大型）基礎建設（選項(C)）。■開發與其他種類援助。■人類健康活動。■採礦與探勘。■私有化企業。■提供公共商品、水電設施。」

37 (D)。《重要政治性職務之人與其家庭成員及有密切關係之人範圍認定標準問答集》：「法務部列出的重要公眾職務範圍其實是最核心範圍，便於政府與執行者之間有最基礎之執行共識，但並不表示不在範圍之內者，就不需要依照洗錢防制

法第7條進行客戶審查及辨識「重要政治性職務之人」之程序。例如：縣市局處首長、鎮代表等，依照金融機構或非金融機構之弱點，進行風險評估之結果，評估為高風險者，亦應認屬「重要政治性職務之人」，採取相關強化措施。雖有建議法務部應公告「重要政治性職務之人」之特定名單，但國際防制洗錢金融行動工作組織（FATF）並不肯定此種作法。由此可知，指引文件明確並無明確訂定，選(D)。

38 (B)。

1.FATF重要政治性職務之人的指引文件最初於2011年發表，其後依據2012年FATF新公布的建議進行修訂。本指引「無約束力」，亦不會超越國家機關的職權範圍……（參考資料來源：月旦知識庫，http://lawdata.com.tw/File/PDF/J1377/MC0260026_044.pdf）

2.商業資料庫應作為輔助，非將風險評估作業委外直行。

39 (B)。《銀行防制貿易洗錢之實務參考》附錄三第一點：「可疑交易表徵參考：「……(二)產品和服務之定價，或於發票中所申報的價值，明顯與該商品的市場公平價值不符（低估或高估）。」

40 (B)。依銀行評估洗錢及資恐風險及訂定相關防制計畫指引第3點第2項第3款第3目：「具體的風險評估項目應至少包括地域、客戶、產品及服務、交易或支付管道等面向，並應進一步分析各風險項目，以訂定細部的風險因素。……3.個別產品與服務、交易或支付管道之風險因

素舉例如下：(1)與現金之關聯程度（選項(A)）。(2)建立業務關係或交易之管道（選項(C)），包括是否為面對面交易及是否為電子銀行等新型態支付工具等。(3)是否為高金額之金錢或價值移轉業務（選項(D)）。(4)匿名交易。(5)收到款項來自於未知或無關係之第三者。

41 (D)。金融機構防制洗錢辦法第3條第7款第3目：「（三）客戶或具控制權者為下列身分者，除有第六條第一項第三款但書情形或已發行無記名股票情形者外，不適用第四款第三目辨識及驗證實質受益人身分之規定。
1.我國政府機關（選項(A)）。2.我國公營事業機構（選項(B)）。3.外國政府機關。4.我國公開發行公司或其子公司。5.於國外掛牌並依掛牌所在地規定，應揭露其主要股東之股票上市、上櫃公司及其子公司。6.受我國監理之金融機構及其管理之投資工具。7.設立於我國境外，且所受監理規範與防制洗錢金融行動工作組織（FATF）所定防制洗錢及打擊資恐標準一致之金融機構，及該金融機構管理之投資工具。8.我國政府機關管理之基金。9.員工持股信託、員工福利儲蓄信託（選項(C)）。」法律規定內容不包含(D)，選之。

42 (A)。依銀行評估洗錢及資恐風險及訂定相關防制計畫指引第2點第1項：「…」銀行之內部控制制度，應經董（理）事會通過；修正時，亦同。」

43 (D)。中華民國銀行公會銀行防制洗錢及打擊資恐注意事項範本附錄：「二、產品／服務─授信類：
(一)客戶突以達特定金額之款項償還放款，而無法釋明合理之還款來源者。
(二)客戶利用大量現金、約當現金、高價值商品、或不動產等，或使用無關連之第三方的資金、資產或信用，作為擔保品或保證申請貸款者。
(三)以現金、約當現金或易於變現之資產所擔保之貸款發生違約事件，意圖使銀行處分擔保品。」

44 (A)。通匯往來銀行業務係指一家銀行（通匯銀行，Correspondent Bank）對另外一家銀行（委託銀行，Respondent Bank）提供銀行業務服務稱之。選項(A)錯誤。

45 (A)。融機構防制洗錢辦法第10條第1項第1款：「金融機構於確認客戶身分時，應運用適當之風險管理機制，確認客戶及其實質受益人、高階管理人員是否為現任或曾任國內外政府或國際組織之重要政治性職務人士：一、客戶或其實質受益人若為『現任國外政府之重要政治性職務人士，應將該客戶直接視為高風險客戶』，並採取第六條第一項第一款各目之強化確認客戶身分措施。……」

46 (D)。依銀行評估洗錢及資恐風險及訂定相關防制計畫指引第8點第2項：「銀行應依據下列指標，建立定期且全面性之洗錢及資恐風險評估作業：
(一)業務之性質、規模、多元性及複雜度。

(二)目標市場。

(三)銀行交易數量與規模：考量銀行一般交易活動與其客戶之特性等。

(四)高風險相關之管理數據與報告：如高風險客戶之數目與比例；高風險產品、服務或交易之金額、數量或比例；客戶之國籍、註冊地或營業地、或交易涉及高風險地域之金額或比例等。

(五)業務與產品，包含提供業務與產品予客戶之管道及方式、執行客戶審查措施之方式，如資訊系統使用的程度以及是否委託第三人執行審查等。

(六)內部稽核與監理機關之檢查結果。」內容不包含(D)，選之。

47 (C)。依金融機構防制洗錢辦法第9條第5款：「金融機構對帳戶或交易之持續監控，應依下列規定辦理：……五、前款完整之監控型態應依其業務性質，納入各同業公會所發布之態樣，『並應參照金融機構本身之洗錢及資恐風險評估或日常交易資訊，增列相關之監控態樣』。其中就電子支付帳戶間款項移轉，金融機構監控時應將收受兩端之所有資訊均納入考量，以判定是否申報疑似洗錢或資恐交易。

48 (D)。金融機構防制洗錢辦法第15條第2款：「金融機構對疑似洗錢或資恐交易之申報，應依下列規定辦理：……二、對於經檢視屬疑似洗錢或資恐交易者，不論交易金額多寡，均應依調查局所定之申報格式簽報，並於專責主管核定後立即向『調查局』申報，核定後之申報期限不得逾二個營業日。交易未完成者，亦同。」

49 (C)。中華民國證券商業同業公會證券商防制洗錢及打擊資恐注意事項範本第11點第1款：「證券商應以紙本或電子資料保存與客戶往來及交易之紀錄憑證，並依下列規定辦理：一、對國內外交易之所有必要紀錄，『應至少保存五年』。但法律另有較長保存期間規定者，從其規定。……」(D)錯誤，選之。

50 (C)。金融機構防制洗錢辦法：

1.第3條第5款：「金融機構確認客戶身分措施，應依下列規定辦理：……五、前款規定於客戶為法人、團體或信託之受託人時，應瞭解客戶或信託（包括類似信託之法律協議）之業務性質，並至少取得客戶或信託之下列資訊，辨識及驗證客戶身分：

(一)客戶或信託之名稱、法律形式及存在證明。

(二)規範及約束客戶或信託之章程或類似之權力文件。但下列情形得不適用：

1.第七款第三目所列對象及辦理第七款第四目所列保險商品，其無第六條第一項第三款但書情形者。

2.辦理儲值卡記名業務者。

3.團體客戶經確認其未訂定章程或類似之權力文件者。

(三)在客戶中擔任高階管理人員者之姓名。

(四)客戶註冊登記之辦公室地址，及其主要之營業處所地址。」

2.第8條第1款：「金融機構對客戶及交易有關對象之姓名及名稱檢核，應依下列規定辦理：一、金融機構應依據風險基礎方法，建立客戶及交易有關對象之姓名及

名稱檢核政策及程序，以偵測、比對、篩檢客戶、客戶之高階管理人員、實質受益人或交易有關對象是否為資恐防制法指定制裁之個人、法人或團體，以及外國政府或國際組織認定或追查之恐怖分子或團體。……」

51 (D)。依銀行評估洗錢及資恐風險及訂定相關防制計畫指引第3點第2項第2款：「具體的風險評估項目應至少包括地域、客戶、產品及服務、交易或支付管道等面向，並應進一步分析各風險項目，以訂定細部的風險因素。……（二）客戶風險：1.銀行應綜合考量個別客戶背景、職業與社會經濟活動特性、地域、以及非自然人客戶之組織型態與架構等，以識別該客戶洗錢及資恐風險。2.於識別個別客戶風險並決定其風險等級時，銀行得依據以下風險因素為評估依據：(1)客戶之地域風險：依據銀行所定義之洗錢及資恐風險的區域名單，決定客戶國籍與居住國家的風險評分。(2)客戶職業與行業之洗錢風險：依據銀行所定義之各職業與行業的洗錢風險，決定客戶職業與行業的風險評分。高風險行業如從事密集性現金交易業務、或屬易被運用於持有個人資產之公司或信託等。(3)個人客戶之任職機構。(4)客戶開戶與建立業務關係之管道。(5)首次建立業務關係之往來金額。(6)申請往來之產品或服務。(7)客戶是否有其他高洗錢及資恐風險之表徵，如客戶留存地址與分行相距過遠而無法提出合理說明者、客戶為具隱名股東之公司或可發行無記名股票之公司、法人客

戶之股權複雜度，如股權架構是否明顯異常或相對其業務性質過度複雜等。

52 (B)。請參考第51題解析。

53 (D)。依金融機構防制洗錢辦法第2條第9款：「九、風險基礎方法：指金融機構應確認、評估及瞭解其暴露之洗錢及資恐風險，並採取適當防制洗錢及打擊資恐措施，以有效降低此類風險。依該方法，金融機構對於較高風險情形應採取加強措施，對於較低風險情形，則可採取相對簡化措施，以有效分配資源，並以最適當且有效之方法，降低經其確認之洗錢及資恐風險。」

54 (D)。
(A)雖婉拒，但各單位承辦人員發現異常交易，應立即陳報督導主管。如屬明顯重大緊急案，應以傳真或其他可行方式儘速向法務部調查局申報。（人壽保險業防制洗錢及打擊資恐注意事項範本第9條第2項）
(B)金融機構人員「不可」將申報疑似洗錢交易報告，或者司法機關調查洗錢犯罪的情形洩漏給客戶，因為被申報的對象或者犯罪嫌疑人將因此提高警覺並有所防備，進而妨礙偵查之進行。（法務部調查局，《疑似洗錢交易Q&A》）
(C)金融機構對疑似洗錢或資恐交易之申報，應依下列規定辦理：……二、對於經檢視屬疑似洗錢或資恐交易者，不論交易金額多寡，均應依調查局所定之申報格式簽報。（金融機構防制洗錢辦法第15條）

55 (D)。依人壽保險業防制洗錢及打擊資恐注意事項範本第4條第2款……確認客戶身分時機：

(一)與客戶建立業務關係時（選項(A)）。

(二)辦理新臺幣五十萬元（含等值外幣）以上之單筆現金收或付（在會計處理上凡以現金收支傳票記帳皆屬之）時（選項(B)）。

(三)發現疑似洗錢或資恐交易時。

(四)對於過去所取得客戶身分資料之真實性或妥適性有所懷疑時（選項(C)）。

56 (C)。《產物保險業洗錢防制注意事項範本》中提到：「二、防制洗錢之作業……承保時應確認保戶身分1.於個人投保時，應要求要保人、被保險人提供身分證明文件……承保後再確認保戶資料之程序……1.對鉅額保費之保件（金額由各公司自訂）退保時要求退還所繳保費者，應確認保戶之身分及動機，防制其藉投保為洗錢之行為。」由此可知確認保險關係也是防止不肖人士利用人頭來做轉移。另外，因為要保人與被保險人之間即使是債權、債務關係者，保險契約也可成立，所以在投保時需附上法院證明文件（就是要避免保險契約中的道德風險）。

57 (A)。證券交易法第155條第1項：「對於在證券交易所上市之有價證券，不得有下列各款之行為：……三、意圖抬高或壓低集中交易市場某種有價證券之交易價格，與他人通謀，以約定價格於自己出售，或購買有價證券時，使約定人同時為購買或出售之相對行為。

四、意圖抬高或壓低集中交易市場某種有價證券之交易價格，自行或以他人名義，對該有價證券，連續以高價買入或以低價賣出，而有影響市場價格或市場秩序之虞。……」因此選(A)。

58 (C)。

59 (A)。為建立透明化之金流軌跡，除了全面要求客戶審查義務、交易紀錄保存義務及通報義務等，並進行高知名度政治人物之審查、實質受益人之審查等，並納入融資性租賃、非金融機構之事業及人員，包括律師、會計師、公證人、地政士及不動產經銷業、信託及公司服務業等，上述人士均可謂洗錢防制的「守門員」。

60 (A)。《證券商評估洗錢及資恐風險及訂定相關防制計畫指引》之附錄疑似洗錢、資恐或武擴交易態樣：「……二、交易類：……(七)使用數個非本人或擔任代理人之帳戶分散大額交易者。(九)無正當理由短期內連續大量買賣特定股票。(十一)無正當理由客戶申請大幅調整單日買賣額度且於市場大額買進一籃子股票或其他有價證券。(十二)客戶突然大額匯入或買賣冷門、小型或財務業務不佳之有價證券，且無合理原因者。……」

第二部分：複選題

61 (CD)。
資恐防制法
第2條：「本法之主管機關為法務部」。(A)錯誤。
第4條：「主管機關依法務部調查局提報或依職權，認個人、法人或團體有下列情事之一者，經審議會決議後，得指定為制裁名單，並公告之：……前項指定之制裁名單，不以該個人、法人或團體在中華民國領域內者為限。」(B)錯誤。
故應選(C)(D)。

62 (ACD)。
依洗錢防制法第5條第3項：
本法所稱指定之非金融事業或人員，指從事下列交易之事業或人員：
一、銀樓業。（選項(A)）
二、地政士及不動產經紀業從事與不動產買賣交易有關之行為。（選項(C)）
三、律師、公證人、會計師為客戶準備或進行下列交易時(選項(D)：
(一)買賣不動產。
(二)管理客戶金錢、證券或其他資產。
(三)管理銀行、儲蓄或證券帳戶。
(四)有關提供公司設立、營運或管理之資金籌劃。
(五)法人或法律協議之設立、營運或管理以及買賣事業體。
四、信託及公司服務提供業為客戶準備或進行下列交易時：
(一)關於法人之籌備或設立事項。
(二)擔任或安排他人擔任公司董事或秘書、合夥之合夥人或在其他法人組織之類似職位。
(三)提供公司、合夥、信託、其他法人或協議註冊之辦公室、營業地址、居住所、通訊或管理地址。
(四)擔任或安排他人擔任信託或其他類似契約性質之受託人或其他相同角色。
(五)擔任或安排他人擔任實質持股股東。
五、其他業務特性或交易型態易為洗錢犯罪利用之事業或從業人員。

63 (ABC)。
《國家洗錢及資恐風險評估報告》：「洗錢威脅辨識結果發現，臺灣深受洗錢非常高度威脅的犯罪共有8大類型，包含毒品販運、詐欺、組織犯罪、貪污、走私、證券犯罪、第三方洗錢、稅務犯罪等。高度威脅的犯罪則為智慧財產犯罪。在非常高度與高度威脅之犯罪中，犯罪所得流出前五大國家或地區分別為中國大陸、香港、澳門、馬來西亞、……」。

64 (ACD)。
銀行評估洗錢及資恐風險及訂定相關防制計畫指引第3點第2項第2款第2目：「具體的風險評估項目應至少包括地域（選項(A)）、客戶（選項(C)）、產品及服務、交易（選項(D)）或支付管道等面向，並應進一步分析各風險項目，以訂定細部的風險因素。……(二)客戶風險：
1.銀行應綜合考量個別客戶背景、職業與社會經濟活動特性、地域、以及非自然人客戶之組織型態與架構等，以識別該客戶洗錢及資恐風險。
2.於識別個別客戶風險並決定其風險等級時，得依以下風險因素為

評估依：
(1)客戶之地域風險。
(2)客戶職業與行業之洗錢風險。
(3)個人客戶之任職機構。
(4)客戶開戶與建立業務關係之管道。
(5)首次建立業務關係之往來金額。
(6)申請往來之產品或服務。
(7)客戶是否有其他高洗錢及資恐風險之表徵。……」

65 (CD)。
(C)人壽保險業防制洗錢及打擊資恐注意事項範本第5條第3、4項：「……三、應定期檢視其辨識客戶及實質受益人身分所取得之資訊是否足夠，並確保該等資訊之更新，特別是高風險客戶，『應至少每年檢視一次』，除前述客戶外，應依風險基礎方法決定檢視頻率。四、對客戶身分辨識與驗證程序，得以過去執行與保存資料為依據，無須於客戶每次從事交易時，一再辨識及驗證客戶之身分。但『對客戶資訊之真實性或妥適性有所懷疑、發現客戶涉及疑似洗錢或資恐交易，或客戶之交易運作方式出現與該客戶業務特性不符之重大變動時』，應依第四條規定對客戶身分再次確認。」(C)(D)錯誤。

66 (AD)。
存款帳戶及其疑似不法或顯屬異常交易管理辦法第5條：
存款帳戶依前條之分類標準認定為疑似不法或顯屬異常交易者，銀行應採取下列處理措施：
一、第一類：
(一)存款帳戶如屬偽冒開戶者，應即通知司法警察機關、法務部調查局洗錢防制處及財團法人金融聯

合徵信中心，銀行並應即結清該帳戶，其剩餘款項則俟依法可領取者申請給付時處理。(D)正確。
(二)存款帳戶經通報為警示帳戶者，應即『通知財團法人金融聯合徵信中心』，並暫停該帳戶全部交易功能，匯入款項逐以退匯方式退回匯款行。(B)錯誤。
(三)存款帳戶屬衍生管制帳戶者，應『即暫停該帳戶使用提款卡、語音轉帳、網路轉帳及其他電子支付功能，匯入款項逐以退匯方式退回匯款行。』(C)錯誤。
(四)依其他法令規定之處理措施。
二、第二類：
(一)對該等帳戶進行查證及持續進行監控，如經查證有不法情事者，除通知司法警察機關外，並得採行前款之部分或全部措施。
(二)依洗錢防制法等相關法令規定之處理措施。
另依同辦法第6條：
銀行除依前條所列措施辦理外，並應於內部採取下列措施：
一、循內部程序通報所屬總行或總管理機構之專責單位。
二、將已採行及擬採行之處理措施一併陳報總行或總管理機構之專責單位。
三、於銀行內部資訊系統中加以註記，提醒各分支機構加強防範。(A)正確。

67 (ABCD)。
銀行業及其他經金融監督管理委員會指定之金融機構防制洗錢及打擊資恐內部控制與稽核制度實施辦法第4條：「銀行業及其他經本會指定

之金融機構於推出新產品或服務或辦理新種業務前，應進行產品之洗錢及資恐風險評估，並建立相應之風險管理措施以降低所辨識之風險。」

68 (ACD)。

69 (AD)。
金融機構洗錢防制法
第2條：「本辦法用詞定義如下：二、一定金額：指新臺幣五十萬元（含等值外幣）。」(C)錯誤。
第13條：「金融機構對達一定金額以上之通貨交易，應依下列規定辦理：
一、應確認客戶身分並留存相關紀錄憑證。(A)正確。
二、確認客戶身分措施，應依下列規定辦理：
(一)憑客戶提供之身分證明文件或護照確認其身分，並將其姓名、出生年月日、住址、電話、交易帳戶號碼、交易金額及身分證明文件號碼等事項加以記錄。但如能確認客戶為交易帳戶本人者，可免確認身分，惟應於交易紀錄上敘明係本人交易。(D)正確。
……三、除第十四條規定之情形外，應依法務部調查局（以下簡稱調查局）所定之申報格式，於交易完成後五個營業日內以媒體申報方式，向調查局申報。無法以媒體方式申報而有正當理由者，得報經調查局同意後，以書面申報之。(B)錯誤。

70 (ABC)。
「交叉行銷」（cross-selling），又稱之為「整合行銷」（integrated marketing），著重將某種行銷通路

的效用發揮到極致，目的是產生「一次購足」（one-stop shopping）的效果，而非消弭或抵減洗錢與資恐風險之手段。

71 (ACD)。
由第三方間接銷售保單的模式，是保險公司為增加保單銷售量，而另外透過其他管道販售，由於無法確切掌握第三方知銷售方式，比傳統直接由聘僱之業務員銷售，管理上更為困難。

72 (AC)。
銀行評估洗錢及資恐風險及訂定相關防制計畫指引第8點第2項：「銀行應依據下列指標，建立定期且全面性之洗錢及資恐風險評估作業：
(一)業務之性質、規模、多元性及複雜度。(A)正確。
(二)目標市場。
(三)銀行交易數量與規模：考量銀行一般交易活動與其客戶之特性等。(C)正確。
(四)高風險相關之管理數據與報告：如高風險客戶之數目與比例；高風險產品、服務或交易之金額、數量或比例；客戶之國籍、註冊地或營業地、或交易涉及高風險地域之金額或比例等。
(五)業務與產品，包含提供業務與產品予客戶之管道及方式、執行客戶審查措施之方式，如資訊系統使用的程度以及是否委託第三人執行審查等。
(六)內部稽核與監理機關之檢查結果。」

73 (BCD)。
金融機構防制洗錢辦法第6條第1項

第1款：「……一、對於高風險情
形，應加強確認客戶身分或持續審
查措施，其中至少應額外採取下列
強化措施：
(一)在建立或新增業務往來關係前，
　　應取得高階管理人員同意。
(二)應採取合理措施以瞭解客戶財富
　　及資金來源。其中資金來源係指
　　產生該資金之實質來源。
(三)對於業務往來關係應採取強化之
　　持續監督。」

74 (ABCD)。
依銀行評估洗錢及資恐風險及訂定
相關防制計畫指引第3點：「具體的
風險評估項目應至少包括地域、客
戶、產品及服務、交易或支付管道
等面向，並應進一步分析各風險項
目，以訂定細部的風險因素。……」

75 (ABD)。
依金融機構防制洗錢辦法第5條第1
款：「金融機構確認客戶身分措施，
應包括對客戶身分之持續審查，並
依下列規定辦理：
一、金融機構應依重要性及風險程
　　度，對現有客戶身分資料進行
　　審查，並於考量前次執行審查
　　之時點及所獲得資料之適足性
　　後，在適當時機對已存在之往
　　來關係進行審查。上開適當時
　　機至少應包括：
(一)客戶加開帳戶、新增電子票證記
　　名作業、新增註冊電子支付帳
　　戶、保額異常增加或新增業務往
　　來關係時。
(二)依據客戶之重要性及風險程度所
　　定之定期審查時點。
(三)得知客戶身分與背景資訊有重大
　　變動時。」

76 (BC)。
依金融機構防制洗錢辦法第2條第1
項第7款：「……七、實質受益人：
指對客戶具最終所有權或控制權之
自然人，或由他人代理交易之自然
人本人，包括對法人或法律協議具
最終有效控制權之自然人。……」

77 (ABD)。
重要政治性職務之人與其家庭成員
及有密切關係之人範圍認定標準第2
條：「本法第七條第三項所稱國內重
要政治性職務之人，其範圍如下：
一、總統、副總統。二、總統府秘
書長、副秘書長。三、國家安全會
議秘書長、副秘書長。四、中央研
究院院長、副院長（選項(B)）。
五、國家安全局局長、副局長。
六、五院院長、副院長。七、五院
秘書長、副秘書長。八、立法委
員、考試委員及監察委員。九、司
法院以外之中央二級機關首長、政
務副首長、相當中央二級獨立機關
委員及行政院政務委員。十、司法
院大法官。十一、最高法院院長、
最高行政法院院長、公務員懲戒委
員會委員長及最高檢察署檢察總
長。十二、直轄市、縣（市）政府
之首長、副首長。十三、直轄市及
縣（市）議會正、副議長。十四、
駐外大使及常任代表。十五、編階
中將以上人員（選項(A)）。十六、
國營事業相當簡任第十三職等以上
之董事長、總經理及其他相當職務
（選項(D)）。十七、中央、直轄市
及縣（市）民意機關組成黨團之政
黨負責人。十八、擔任前十七款以
外職務，對於與重大公共事務之推
動、執行，或鉅額公有財產、國家

資源之業務有核定權限，經法務部報請行政院核定之人員。」

78 (ABD)。

79 (BCD)。

《保險業防制洗錢及打擊資恐最佳實務指引》第三點提到：「三、簡化客戶審查及持續監控措施……下列情形為保險業常見之低風險交易情境，保險公司得進行簡化審查及持續監控措施：1.客戶投保不具有保單價值準備金之保險商品者，例如短年期人壽壽險、傷害保險、健康保險。……」除(A)以外，均正確。

80 (BCD)。

金融機構防制洗錢辦法第10條：金融機構於確認客戶身分時，應運用適當之風險管理機制，確認客戶及其實質受益人、高階管理人員是否為現任或曾任國內外政府或國際組織之重要政治性職務人士：一、客戶或其實質受益人若為現任國外政府之重要政治性職務人士，應將該客戶直接視為高風險客戶，……。二、客戶或其實質受益人若為現任國內政府或國際組織之重要政治性職務人士，應於與該客戶建立業務關係時，審視其風險，嗣後並應每年重新審視。……三、客戶之高階管理人員若為現任國內外政府或國際組織之重要政治性職務人士，金融機構應考量該高階管理人員對該客戶之影響力，決定是否對該客戶採取第六條第一項第一款各目之強化確認客戶身分措施。四、對於非現任國內外政府或國際組織之重要政治性職務人士，金融機構應考量相關風險因子後評估其影響力，依風險基礎方法認定其是否應適用前三款之規定。五、前四款規定於重要政治性職務人士之家庭成員及有密切關係之人，亦適用之。前述家庭成員及有密切關係之人之範圍，依本法第七條第四項後段所定辦法之規定認定之。第三條第七款第三目第一小目至第三小目及第八小目所列對象，其實質受益人或高階管理人員為重要政治性職務人士時，不適用前項規定。……」故僅有(A)不須列入考量。

Notes

郵政從業人員招考 專用系列

內勤

2A111111	國文 (短文寫作、閱讀測驗) 焦點總複習	高朋等	450 元
2A121091	郵政三法大意百分百必勝精鑰	以明	490 元
2A131081	搶救郵政國文特訓	徐弘縉	570 元
2A171111	郵政專家陳金城老師開講：郵政三法大意	陳金城	570 元
2A191111	企業管理 (含大意)	陳金城	近期出版
2A261111	郵政英文勝經	劉似蓉	530 元
2A361081	主題式企業管理 (含大意)	張恆	590 元
2A411111	企業管理大意滿分必殺絕技	楊均	670 元
2A471091	郵政三法大意 -- 逐條白話解構	畢慧	460 元
2A481091	郵政內勤四合一 -- 快速搶分便利帶	千華名師群	630 元
2A541091	絕對高分！郵政企業管理 (含大意)	高芬	650 元

外勤

2A061111	台灣自然及人文地理一次過關	謝坤鐘	近期出版
2A131081	搶救郵政國文特訓	徐弘縉	570 元
2A181111	郵政專家陳金城老師開講：郵政法規大意及交通安全常識	陳金城	650 元
2A191111	企業管理 (含大意)	陳金城	近期出版
2A241091	超級犯規！郵政國文高分關鍵的八堂課	李宜藍	530 元
2A361081	主題式企業管理 (含大意)	張恆	590 元
2A411111	企業管理大意滿分必殺絕技	楊均	670 元
2A491091	郵政外勤三合一 -- 快速搶分便利帶	千華名師群	630 元

郵政從業人員招考
專用系列

主題式題庫＋歷年試題

2A271111	勝出！國文主題式題庫＋歷年試題	高朋等	390 元
2A281101	勝出！英文主題式題庫＋歷年試題	德芬	420 元
2A371111	勝出！企業管理（含大意）主題式題庫＋歷年試題大解碼	陳金城	690 元
2A431111	勝出！外勤郵政法規大意及交通安全常識條文對照式題庫	陳金城	470 元
2A441111	郵政三法大意全真模擬題庫	陳金城	390 元
2A451111	勝出！國文（短文寫作、閱讀測驗）主題式題庫＋歷年試題	高朋等	390 元
2A461111	勝出！臺灣自然及人文地理主題式命題焦點＋題庫	白文傑	490 元
2A481091	郵政內勤四合一 -- 快速搶分便利帶	千華名師群	630 元
2A491091	郵政外勤三合一 -- 快速搶分便利帶	千華名師群	630 元
2A501111	郵政英文焦點速成＋模擬試題演練	雁子	420 元
2A511091	臺灣自然及人文地理主題式題庫＋歷年試題	李詰	430 元
2A521091	郵政三法大意主題式題庫＋歷年試題	畢慧	360 元
2A561111	洗錢防制法大意考點破解＋題庫	郭秀英	460 元

以上定價，以正式出版書籍封底之標價為準

歡迎至千華網路書店選購
服務電話 (02)2228-9070
千華網路書店

更多網路書店及實體書店

 博客來網路書店　PChome 24hr書店　三民網路書店

 MOMO 購物網　金石堂網路書店　誠品網路書店

查詢實體書店

信託業務｜銀行內控｜
初階授信｜初階外匯｜
理財規劃｜保險人員推薦用書

千華出品
有口皆碑

2F021111	初階外匯人員專業測驗重點整理+模擬試題	蘇育群	470元
2F031111	債權委外催收人員專業能力測驗重點整理+模擬試題	王文宏 邱雯瑄	470元
2F041101	外幣保單證照 7日速成	陳宣仲	430元
2F051111	無形資產評價師(初級、中級)能力鑑定速成	陳善	460元
2F061111	證券商高級業務員(重點整理+試題演練)	蘇育群	650元
2F071111	證券商業務員(重點整理+試題演練)	金永瑩	590元
2F081101	金融科技力知識檢定(重點整理+模擬試題)	李宗翰	390元
2F091101	風險管理基本能力測驗一次過關	金善英	470元
2F101121	理財規劃人員專業證照10日速成	楊昊軒	近期出版
2F111101	外匯交易專業能力測驗一次過關	蘇育群	390元

2F141121	防制洗錢與打擊資恐(重點整理+試題演練)	成琳	630元
2F151111	金融科技力知識檢定主題式題庫(含歷年試題解析)	黃秋樺	390元
2F161111	防制洗錢與打擊資恐7日速成	艾辰	530元
2F171111	14堂人身保險業務員資格測驗課	陳宣仲 李元富	410元
2F181111	證券交易相關法規與實務	尹安	550元
2F191121	投資學與財務分析	王志成	近期出版
2F621111	信託業務專業測驗考前猜題及歷屆試題	龍田	590元
2F791111	圖解式金融市場常識與職業道德	金融編輯小組	410元
2F811121	銀行內部控制與內部稽核測驗焦點速成+歷屆試題	薛常湧	近期出版
2F851101	信託業務人員專業測驗一次過關	蔡季霖	650元
2F861101	衍生性金融商品銷售人員資格測驗一次過關	可樂	430元
2F881091	理財規劃人員專業能力測驗一次過關	可樂	530元
2F901121	初階授信人員專業能力測驗重點整理+歷年試題解析二合一過關寶典	艾帕斯	560元
2F911101	投信投顧相關法規(含自律規範)重點統整+歷年試題解析二合一過關寶典	陳怡如	470元
2F951101	財產保險業務員資格測驗(重點整理+試題演練)	楊昊軒	490元
2F121121	投資型保險商品第一科7日速成	葉佳洺	590元
2F131121	投資型保險商品第二科7日速成	葉佳洺	近期出版
2F981091	投資型保險商品第二科(含投資學概要、債券與證券之評價分析、投資組合)重點整理+試題演練	陳宜	360元
2F991081	企業內部控制基本能力測驗(重點統整+歷年試題)	高瀅	450元

 千華數位文化股份有限公司

■新北市中和區中山路三段136巷10弄17號　■千華公職資訊網 http://www.chienhua.com.tw
■TEL: 02-22289070　FAX: 02-22289076

頂尖名師精編紙本教材

超強編審團隊特邀頂尖名師編撰，
最適合學生自修、教師教學選用！

千華影音課程

超高畫質，清晰音效環
繞猶如教師親臨！

TTQS 銅牌獎

多元教育培訓
數位創新

面授

實戰面授課程

不定期規劃辦理各類超完美
考前衝刺班、密集班與猜題
班，完整的培訓系統，提供
多種好康講座陪您應戰！

現在考生們可以在「Line」、「Facebook」
粉絲團、「YouTube」三大平台上，搜尋【千
華數位文化】。即可獲得最新考訊、書
籍、電子書及線上線下課程。千華數位
文化精心打造數位學習生活圈，與考生
一同為備考加油！

遍布全國的經銷網絡

實體書店：全國各大書店通路

電子書城：
▶ Google play、 Hami 書城 …
P Pube 電子書城

網路書店：
千華網路書店、博客來
MOMO 網路書店…

書籍及數位內容委製
服務方案

課程製作顧問服務、局部委外製
作、全課程委外製作，為單位與教
師打造最適切的課程樣貌，共創
1+1＝無限大的合作曝光機會！

多元服務專屬社群 @ f YouTube

千華官方網站、FB 公職證照粉絲團、Line@ 專屬服務、YouTube、
考情資訊、新書簡介、課程預覽，隨觸可及！

國家圖書館出版品預行編目 (CIP) 資料

(金融證照) 防制洗錢與打擊資恐 (重點整理 + 試題演練) / 成琳編著. -- 第二版. -- 新北市：千華數位文化股份有限公司, 2022.06
　面；　公分
ISBN 978-626-337-087-6(平裝)

1.CST: 洗錢防制法

561.2　　　　　　　111006734

防制洗錢與打擊資恐
(重點整理+試題演練)

[金融證照]

編 著 者：成　琳

發 行 人：廖 雪 鳳
登 記 證：行政院新聞局局版台業字第 3388 號
出 版 者：千華數位文化股份有限公司
　　　　　地址／新北市中和區中山路三段 136 巷 10 弄 17 號
　　　　　電話／ (02)2228-9070　　傳真／ (02)2228-9076
　　　　　郵撥／第 19924628 號　千華數位文化公司帳戶
　　　　　千華公職資訊網：http://www.chienhua.com.tw
　　　　　千華網路書店：http://www.chienhua.com.tw/bookstore
　　　　　網路客服信箱：chienhua@chienhua.com.tw

法律顧問：永然聯合法律事務所
編輯經理：甯開遠　　　　　校　　對：千華資深編輯群
主　　編：甯開遠　　　　　排版主任：陳春花
執行編輯：尤家瑋　　　　　排　　版：林婕瀅

出版日期：2022 年 6 月 10 日　　第二版／第一刷

本書如有勘誤或其他補充資料，
將刊於千華公職資訊網　http://www.chienhua.com.tw
歡迎上網下載。